KB041792

제2판

개인정보보호법

박노형 지음

박영사

제 2 판 서 문

2023년 9월 15일 「개인정보보호법」('법')의 소위 2차 개정이 발효하였다. 이 법의 2차 개정에서 개인정보의 국외 이전, 자동화된 결정 및 전송 요구 등 중요한 내용이 신설되고 정보통신서비스 제공자등의 특례가 삭제되면서 대부분 일반 규정이 되는 등 다소 많은 내용이 수정되었다. 이 법의 개정에 따라 동 시행령('영')도 상당한 수준으로 수정되었다. 따라서, 본서도 상당한 수준에서 내용과 형식이 수정되었다.

이 법은 가명정보, 자동화된 결정과 전송 요구 등 EU 「일반개인정보보호규칙」('GDPR')의 규정을 도입함으로써 두 법이 서로 일치하는 과정에 있다. 따라서, 본서의 개정에서 이 법의 구체적인 규정에 대하여 GDPR의 상응하는 규정을 가능한 한 충실하게 추가하고 보완하였다. 세계적 표준이 되는 GDPR과의 비교를 통하여 이 법의 내용이 올바르게 이해될 수 있기 때문이다. 또한, 본서의 개정에서 2011년 이 법이 제정된 이후 개정된 주요 내용을 가능한 한 포함하였다. 이 법의 발전 흐름을 이해할 필요가 있기 때문이다.

개인정보보호에 있어서 국회 등 소위 헌법기관에 주어진 특별한 지위에 대한 고민이 필요하다. 개인정보보호에 있어서 개인정보처리자로서 헌법기관이 다른 공공기관과 달라야 할 특별한 이유가 없을 것이다. 권력분립 원칙에도 불구하고, 이 법은 헌법기관을 포함한 공공기관에게 일반적으로 적용되어야 할 것이다. 또한, 이 법의 2차 개정은 2023년 3월 14일 공포되고 6개월 뒤인 동년 9월 15일 발효하였다. 이 영의 개정은 이 법의 개정이 발효되기 3일 전인 9월 12일 공포되었다. 법의 개정과 발효에 6개월의 기간을 두는 것은 수범자가 동 개정에 대한 준비 시간을 갖게 하는 것이다. 입법 과정에서 개인정보보호위원회의 어려움은 충분히 이해되지만, 이 법의 개정에 맞추어 충분한 시간을 두고 이 영이 확정되었어야 하는 아쉬움이 크다.

3년 전 본서의 출간 후 고려대 법전원 개인정보보호법 수업에서 학생들과 토론을 통하여 본서의 내용과 형식에 대한 많은 생각을 할 수 있었다. 이 기회에 우리 학생들에게 고마움을 전한다. 개인정보보호법 분야는 학계보다 실무계가 더 활발한 것이 사실이다. 최근 숭실대학교 오선영 교수와 부경대학교 김효권 교수 등 중견·신진 학자들께서 개인정보보호법과 사이버 관련 법의 교육과 연구에 활발한 활동을 하고 있어서 학계를 포함한 우리 사회에 고무적인 일이고, 학계 동료로서 깊이 감사드린다. 또한, 입법 과정의 자문을 해준 국회사무처 김형섭 서기관, 자료 정리를 도와준 고려대 석사과정의 정숙현 학생에게도 고마움을 전하며, 본서의 다소 복잡한 개정의 편집을 훌륭하게 처리해주신 박영사 장유나 차장께도 감사드린다.

　　개인정보보호는 그 자체로서 중요하지만, 디지털통상과 사이버안전의 관계에서도 서로 중요하다. 사이버안전이 확보되어야 개인정보보호가 보장되고, 개인정보보호가 보장되어야 디지털통상이 발전할 수 있기 때문이다. 이 점에서 여러 분야에서 개인정보보호법의 연구와 교육은 더욱 활성화되어야 한다. 여전히 더 공부해야 한다는 생각을 다짐한다.

2023년 10월
박노형

제 2 판 일러두기

2023년 9월 15일 2차 개정의 효력이 발생한 「개인정보보호법」은 본서에서 '법'이라 표기하고, 동 시행령은 '영'이라 표기한다. 개인정보보호위원회는 '보호위원회', 개인정보분쟁조정위원회는 '분쟁조정위원회'라 표기한다. 이 법의 2차 개정에 맞추어 표준지침의 개정이 행정예고 되어서, 2020년 8월 11일 제정되고 시행된 보호위원회의 표준지침은 '2020년 표준지침'이라 표기한다. 본서에서 자주 인용된 보호위원회의 '개인정보보호 법령 및 지침고시 해설'(2020.12.)은 '2020년 해설서'라 표기한다.

본서에서 인용된 법령과 참고자료는 그 명칭이 긴 경우가 많아서 약어를 사용하였다. 예컨대, '정보통신망 이용촉진 및 정보보호 등에 관한 법률'은 '정보통신망법'이라 표기하였다. 이들 약어는 약어표에서 확인할 수 있다.

본서는 2023년 9월 15일 발효한 이 법과 이 영의 개정된 내용을 반영하였다. 이 법과 이 영의 규정에도 불구하고, 「개인정보 국외 이전 운영 등에 관한 규정(안)」 등 다양한 내용의 고시와 가이드라인이 제정되거나 개정되고 있다. 최근 개정 행정예고된 표준지침도 곧 확정될 것이다. 독자는 보호위원회의 홈페이지 등을 통하여 이 법에 관련된 고시와 가이드라인 등 새로운 내용을 계속 확인하여야 한다.

서 문

한국의 개인정보보호를 위한 기본법은 2011년 9월 30일 시행된 '개인정보
보호법'('법')이다. 흥미롭게도 이 법의 제목은 '개인정보'와 '보호' 사이를 나누어
서 개인정보를 보호하는 법으로 보이게 한다. 이 법의 주된 목적은 정부나 기업
등 개인정보처리자가 개인정보를 처리함에 있어 개인정보의 주체인 개인, 즉
정보주체를 보호하는 것이다. 물론 개인정보 그 자체의 안전한 보호도 중요하
지만, 결국은 정보주체의 보호로 귀결된다. 개인정보보호를 위한 최초의 다자조
약인 유럽평의회의 1981년 '개인정보의 자동화 처리에 관하여 개인의 보호를
위한 협약'(Convention for the Protection of Individuals with regard to Automatic
Processing of Personal Data)에서도 확인되듯이, 이 법의 주된 목적은 개인정보
처리에서 개인의 보호이다.※ 본서에서 개인정보 그 자체를 보호하는 경우에는
'개인정보 보호'라고 표기하고, 개인정보 처리에서 개인, 즉 정보주체의 보호를
의미하는 경우에 '개인정보보호'라고 표기한다. 따라서 본서의 제목도 '개인정보
보호법'이 아니고 '개인정보보호법'이다.

교수의 전공분야는 대체로 박사학위 논문에서 다룬 분야가 되고, 평생 그
분야에 집중하여 공부하게 마련이다. 본인은 국제경제법/통상법으로 학문 활동
을 시작하여서, 개인정보보호법은 본인에게 새로운 전공분야이다. 국내 개인정
보보호/사이버안보 학문의 선두자이신 고려대학교 정보보호대학원 임종인 원장
님께서 2000년대 초반 이후 본인에게 누누이 개인정보와 사이버안보 분야의 법
적 연구의 중요성을 강조하셨다. 이에 본인은 2008년 새로운 금융위기가 도래
하였을 당시, 영국 런던에서 1주일 동안 EU 개인정보보호지침에 관한 연수를

※ 이 점은 1995년 EU 개인정보보호지침과 동 지침을 개정하는 2016년 EU 일반개인정보보
  호규칙(GDPR)의 제목 중 '개인정보의 처리에 관하여 자연인의 보호'(protection of
  natural persons with regard to the processing of personal data)에서도 확인된다.

받고서 개인정보보호법에 입문하였다. 그 후 계속하여 고려대학교 대학원에서 EU 개인정보보호법인 지침과 GDPR 강의를, 법학전문대학원에서 개인정보보호법 강의를 맡았다. 지난 10년 가까이 준비한 강의안이 A4 7백장이 넘게 되었고, 교과서로 정리할 욕심을 가지고 있었다. 마침 금년 초반부터 몰아친 코로나바이러스 창궐로 보고 싶은 친구들을 보지 못하는 등 생활이 단순해지면서 본서의 완성에 집중할 수 있었다.

개인정보보호법의 국내외 전문도서들은 조문 순서에 따라 설명하는 것이 일반적인데, 본서는 교과서 방식으로 개인정보보호에 관한 실체법, 특히 개인정보보호 원칙을 중심으로 개인정보처리자의 의무와 정보주체의 권리에 중점을 두었다. 실제 수업에서도 이들 실체법에 집중하고 제도와 절차는 거의 다루지 못하였다. 또한, 본서는 개인정보보호 법체계의 세계적 기준이 되는 EU GDPR을 참조하면서 우리 개인정보보호법을 이해할 수 있게 노력하였다.

본서의 출판에 즈음하여 감사드릴 분이 많다. 우선, 개인정보보호법과 사이버안보에 관한 법제도에 관심을 가지도록 재촉해주신 고려대학교 정보보호대학원 임종인 원장님께 감사드린다. 둘째, 고려대학교 대학원과 법학전문대학원에서 EU GDPR과 한국의 개인정보보호법 강의에서 토론을 통하여 저자의 이 분야 공부에 자극을 주고 이해의 폭과 깊이를 더해준 우리 학생들에게 감사드린다. 가르치면서 배운다는 것을 실감하였다. 셋째, 개인정보보호법을 공부하는 중에 이해하기 어려운 점을 잘 설명해주신 이창범 박사님 등 이 분야의 전문가들께 감사드린다. 특히 한국인터넷진흥원이 주관한 조찬토론모임에서 교류하였던 전문가들께 많이 배울 수 있었다. 넷째, 본인의 은사이신 국제법률경영대학 유병화 총장님께 감사드린다. 30년 전 고려대학교 법학과 조교수로 부임했을 때 유 총장님께서는 본인이 원하는 강의를 마음대로 맡게 해주셨다. 개인정보보호법을 감히 입문하여 연구와 강의를 거쳐 본서를 집필하게 된 것은 유 총장님께서 키워주신 학문적 개방성과 다양성의 덕이라고 생각한다. 다섯째, 개인정보보호법, 사이버안전법, 디지털통상법, 협상과 조정의 교육과 연구에 꾸준히 참여해준 고려대학교 사이버법센터 정명현 연구교수와 홍진형, 천영환 연구원에게 감사드린다. 여섯째, 본서의 출간을 기꺼이 맡아주신 국내 전문서적 출판의 선두자인 박영사에 감사드린다. 일곱째, 늘 미안하고 고마운 가족에게 이 기회를 빌려서 감사드린다. 지난 10년 개인정보보호법을 공부하는 동안 자녀들 모두 가정을 꾸리고 사회에서도 나름대로 자리잡고 있다. 다만, 작년 이맘때 홀연히 돌아가신 아버님께 본서의 출간을 보여드리지 못하는 것이 크게 아쉽다.

금년 9월 1일 본인이 고려대학교에서 교육과 연구를 맡은 지 만 30년이 되었다. 원래 법과 경제 내지 과학기술의 측면에 관심을 가지고 있었기에 개인정보보호법과 사이버안전에 관한 법 등 새롭게 대두되는 분야를 두려움 없이 공부할 수 있었다. 지난 10년 본인은 원래 전공분야인 국제경제법/통상법으로부터 외도한 것으로 보였을 것이다. 그런데 최근에 세계무역기구(WTO)에서는 물론 최근에 체결된 USMCA와 CPTPP 등 중요한 자유무역협정에서 디지털통상에 관한 국제규범이 논의되고 발전하기 시작하였다. 디지털통상은 종래의 전자상거래에 더하여 정보의 국경간 이동 내지 정보의 국제무역으로 이해할 수 있고, 이러한 정보에서 개인정보가 중요한 비중을 가지며, 이러한 정보의 국경간 이동은 사이버공간에서 이루어지는 점에서 사이버안전이 특히 중요하다. 디지털통상에 관한 법을 올바로 이해하려면 개인정보보호법과 사이버안전에 관한 법의 올바른 이해가 필요하다. 따라서, 본인은 디지털통상에 관한 새로운 법의 올바르고 충실한 연구를 위하여 개인정보보호법과 사이버안전에 관한 법을 공부한 것이라 감히 말할 수 있게 되었다.

개인정보보호법과 사이버안전에 관한 법 및 디지털통상법을 공부하면서 국제법과 국내법의 경계가 무의미하게 된 것을 확인하였다. 이들 분야의 규범 발전에서 국내법과 국제법이 상호작용하여 국제법의 내용과 개별 국가의 국내법 내용이 상호조화되고 있기 때문이다. 거듭 개인정보보호법은 개인정보보호에 관한 법으로서 그 자체로서 중요하지만, 디지털통상 내지 디지털경제에 관한 규범을 올바로 이해하기 위하여도 필요하다. 이 점에서 본서는 개인정보보호법을 이해하려는 독자는 물론 디지털통상법을 이해하려는 독자에게도 도움이 되고자 한다. 아직 개인정보보호법에 관하여 부족한 점이 많음에도 감히 본서를 출판하는 것이 마음의 부담이 되지만, 더 열심히 공부하겠다는 생각을 다짐한다.

2020년 10월
박노형

일러두기

2011년 3월 29일 제정되고 9월 30일 시행된 개인정보보호법은 본서에서 '법' 또는 '이 법'이라 표기하고, 동 시행령은 '영'이라 표기한다. 이 법과 영과 함께 표준지침도 가능한대로 많이 소개하는데, 2011년 9월 30일 제정되고 시행된 행정안전부 고시인 표준지침은 '2011년 표준지침', 2016년 6월 30일 전부개정되고 당일 시행된 행정자치부 고시인 표준지침은 '2016년 표준지침', 2020년 8월 11일 제정되고 당일 시행된 개인정보보호위원회 고시인 표준지침은 '표준지침'이라 표기한다. 본서에서 자주 인용된 행정자치부가 발간한 '개인정보보호 법령 및 지침고시 해설(2016.12.)'은 '2016년 해설서'라 표기한다. 또한, 개인정보보호위원회는 '보호위원회', 개인정보분쟁조정위원회는 '분쟁조정위원회', 한국인터넷진흥원은 '인터넷진흥원'이라 표기한다.

본서는 개인정보보호법을 분석하면서, 이해의 편의를 위하여 EU GDPR의 상응하는 조문과 상설(recital)을 일부 소개하였다. 상설은 해당 조문에 대한 설명과 보완을 제공하는데, 조문과 상설을 함께 이해해야 GDPR의 해석과 적용이 올바르게 될 것이다.※ 본서는 대법원 판결과 헌법재판소 결정을 일부 소개하는데, 본문의 이해에 지장이 없도록 가능하면 각주에서 소개하였다.

개인정보보호법은 규정의 입법적 편의를 위하여 '등'을 자주 사용하고, 특히 관련된 용어를 함께 표기하기 위하여 '등'을 앞의 단어와 붙여 쓰고 있다. 해당 조문을 직접 확인할 때는 이러한 용례가 이해되겠는데, 본서는 이런 경우에는 해당 조문의 용례를 따라 '등'을 앞의 단어에 붙였다. 예컨대, 개인정보보호법 제39조의4 제1항에서 '개인정보의 분실·도난·유출'은 '유출등'이라 표기되는데, 문맥에 따라서 '등'을 띄어 써야 할 때는 그렇게 하였다.

본서에서 인용된 법령과 참고자료는 그 명칭이 긴 경우가 많아서 약어를 사용하였다. 예컨대, '정보통신망 이용촉진 및 정보보호 등에 관한 법률'은 '정보통신망법'이라 표기하였다. 이들 약어는 약어표에서 확인할 수 있다.

본서는 개인정보보호법을 조문에 따라 설명하지 않고, 교과서의 편제에 따라 개인정보보호에 관한 실체법 중심으로 관련 조문을 분석하였다. 따라서, 개인정보의 처리에 관하여 정보주체의 보호와 개인정보처리자의 의무가 중심이 되고, 개인정보보호위원회의 활동 등은 본서의 후반부에서 다루었다. 이 점에서 조문과 본문 내용을 연결하는 조문대비표를 참조할 필요가 있다.

※ GDPR에 관하여 박노형 외 8인, EU 개인정보보호법 −GDPR을 중심으로− (박영사, 2017년) 참조.

차 례

Chapter 01
개인정보보호법 입문 ◆ 1

Chapter 02
총 칙 ◆ 49

Chapter 03

개인정보의 처리 ◆ 147

Chapter 04
개인정보의 처리 제한 ◆ 267

Chapter 05
가명정보의 처리에 관한 특례 ◆ 363

Chapter 08
개인정보의 안전한 관리 ◆ 511

Chapter 09
개인정보 분쟁해결 ◆ 591

Chapter 10
벌 칙 ◆ 627

표 차례

조문과 본문 연결표

조문	본문
제1장 총칙	
제1조 (목적)	제2장 Ⅰ.1.
제2조 (정의)	제2장 Ⅲ.
제3조 (개인정보보호 원칙)	제2장 Ⅳ.2.
제4조 (정보주체의 권리)	제7장 Ⅰ.2.
제5조 (국가 등의 책무)	제11장 Ⅰ.
제6조 (다른 법률과의 관계)	제2장 Ⅴ.
제2장 개인정보보호정책의 수립 등	
제7조 (개인정보보호위원회)	제11장 Ⅱ.1.(1)
제7조의2 (보호위원회의 구성 등)	제11장 Ⅱ.1.(2)
제7조의3 (위원장)	제11장 Ⅱ.1.(3)
제7조의4 (위원의 임기)	제11장 Ⅱ.1.(2)
제7조의5 (위원의 신분보장)	제11장 Ⅱ.1.(2)
제7조의6 (겸직금지 등)	제11장 Ⅱ.1.(2)
제7조의7 (결격사유)	제11장 Ⅱ.1.(2)
제7조의8 (보호위원회의 소관 사무)	제11장 Ⅱ.2.(1)
제7조의9 (보호위원회의 심의 · 의결 사항 등)	제11장 Ⅱ.2.(2)
제7조의10 (회의)	제11장 Ⅱ.1.(3)
제7조의11 (위원의 제척 · 기피 · 회피)	제11장 Ⅱ.1.(3)
제7조의12 (소위원회)	제11장 Ⅱ.1.(3)

제3장 개인정보의 처리

제1절 개인정보의 수집, 이용, 제공 등

Chapter

01
개인정보보호법 입문

개인정보보호법은 개인정보의 처리에서 정보주체를 보호하고자 한다. 1945년 UN 출범 후 1948년 세계인권선언의 채택으로 국제사회가 프라이버시 등 인권 보호에 관심을 가지게 되고, 유럽평의회와 OECD를 중심으로 개인정보의 처리에서 정보주체의 보호와 개인정보의 국경간 이전의 조화가 추구되었다. EU는 1995년 개인정보보호지침과 2016년 GDPR을 통하여 개인정보보호의 국제기준을 선도하고 있는데, 종래 프라이버시 보호로부터 개인정보보호를 독립시키는데 큰 역할을 하였다. 한국의 개인정보보호법은 아시아에서는 물론 국제적으로도 높은 수준으로 평가되는데, 2020년 2월 4일 소위 '데이터 3법 개정'과 2023년 3월 14일 대폭적인 개정을 통하여 개인정보의 활용과 개인정보보호의 균형을 추구하고 있다. 이제 개인정보보호는 우리 생활의 기본이 되어서 인권은 물론 사이버안전과 디지털통상의 경제사회적 발전 차원에서 함께 고민해야 한다.

01

개인정보보호법 입문

■ I. 개인정보보호 법제화의 국제적 발전

개인정보의 처리에서 개인, 즉 정보주체를 보호하는 개인정보보호법의 역사
는 UN의 출범으로 국제사회에서 프라이버시 등 인권에 대한 관심이 높아지면
서 시작되었다고 볼 수 있다. 이후 개인정보보호는 프라이버시 보호와 구별되
는 독립된 개념으로 발전하고 있다. 한국도 국제적으로 아주 높은 수준의 개인
정보보호에 관한 법제도를 지속적으로 발전시키고 있다. 2023년 초 현재 162
개 국가가 개인정보보호 관련 법을 가지고 있고, 20개 국가가 관련 법안을 검
토하고 있다.[1]

---

1) Graham Greenleaf, "Global data privacy laws 2023: 162 national laws and 20 Bills",
   (2023) 181 Privacy Laws & Business International Report, 1, 2-4. UNCTAD에 따르
   면, 194개 국가 중에서 71%에 해당하는 137개 국가가 개인정보보호 내지 프라이버시 보
   호에 관한 법을 채택하였고, 9%에 해당하는 국가가 관련 법안을 검토 중이고, 아직 15%
   에 해당하는 국가가 관련 법을 가지지 않고 있다. UNCTAD, "Data Protection and
   Privacy Legislation Worldwide", https://unctad.org/page/data-protection-and-
   privacy-legislation-worldwide.

〈개인정보보호법 발전의 연대표〉

1890년 12월 15일 Harvard Law Review에 게재된 "The Right to Privacy" 논문에서 Samuel D. Warren과 Louis D. Brandeis는 프라이버시 개념으로서 '홀로 있을 권리'를 주장함.

1948년 12월 10일 파리에서 개최된 UN총회에서 채택된 세계인권선언은 누구도 프라이버시 등에 대한 자의적 개입을 받지 않을 권리를 인정함.

1950년 11월 4일 유럽평의회에서 채택된 유럽인권협약은 모든 사람의 사생활 등에 대한 존중의 권리를 규정함.

1980년 9월 23일 OECD이사회에서 채택된 OECD 프라이버시 가이드라인은 개인정보보호의 국제기준이 되는 8개 기본원칙을 제시함.

1981년 1월 28일 유럽평의회에서 「개인정보의 자동적 처리에 관하여 개인의 보호를 위한 협약」(CoE 108협약)이 채택됨. 개인정보보호의 첫 다자조약인 동 협약은 1985년 10월 1일 발효함.

1983년 12월 15일 독일 연방헌법법원은 인구센서스를 통하여 수집된 개인정보에 관하여 독일 기본법의 일반적 개인의 권리로서 정보의 자기결정을 확인함.

1985년 4월 11일 OECD 각료회의에서 「국경간 데이터 이동에 관한 선언」이 채택됨.

1990년 12월 14일 UN총회에서 「전산화된 개인정보파일의 규제를 위한 가이드라인」이 채택됨.

1994년 1월 7일 공공기관개인정보보호법이 제정되고 1995년 1월 8일 시행됨. 동 법은 2011년 9월 30일 개인정보보호법의 시행으로 폐지됨.

1995년 1월 5일 신용정보법이 제정되고 1995년 7월 6일 시행됨.

1995년 10월 24일 EU는 개인정보보호지침을 채택함.

1999년 2월 8일 정보통신망법에 정보통신서비스 제공에서 개인정보보호 규정이 신설되고 1999년 7월 1일 시행됨. 2020년 2월 4일 '데이터 3법 개정'으로 동 법의 개인정보보호 규정은 개인정보보호법에 '특례'로서 통합되고, 2023년 3월 14일 개정으로 동 특례 규정은 삭제되거나 일반적으로 통합됨.

2000년 10월 2일 채택된 EU기본권헌장은 프라이버시에 대한 권리에서 독립된 개인정보보호에 관한 조문을 규정함. 동 헌장은 리스본조약의 발효로 2009년 12월 1일 발효함.

2001년 11월 8일 유럽평의회의 108협약에 대한 추가의정서(CoE 181협약)가 채택되고, 2004년 7월 1일 발효함.

2002년 7월 12일 EU는 소위 ePrivacy지침을 채택함. 동 지침은 GDPR의 채택에 따라 규칙(regulation)의 형식으로 개정 중임.

2004년 11월 17-18일 APEC은 9개 정보 프라이버시 원칙을 포함한 프라이버시 프레임워크를 채택함. 동 프레임워크는 2015년 개정됨.

2005년 1월 27일 위치정보법이 제정되고 2005년 7월 28일 시행됨.

2005년 5월 26일 헌법재판소는 개인정보자기결정권을 헌법상 기본권으로 확인함.

2011년 3월 29일 개인정보보호법이 제정되어 동년 9월 30일 시행됨.

2011년 APEC은 「국경간 프라이버시 규칙」(CBPR) 체제를 채택함. 한국은 2017년 6월 가입함.

2013년 6월 5일 영국 일간지 Guardian은 미국 정보기관 NSA가 미국 통신사 Verizon으로부터 무차별적으로 이메일과 통화 메타데이터를 감청하여 수집한다는 Snowden의 폭로를 보도함.

2013년 7월 11일 개정된 OECD 프라이버시 가이드라인이 채택됨.

2013년 12월 18일 UN총회에서 「디지털시대에서 프라이버시에 대한 권리」 결의가 채택됨. 프라이버시에 대한 권리를 포함하여 오프라인에서 사람이 가지는 동일한 권리가 온라인에서도 보호되어야 함이 확인됨.

2014년 4월 8일 EU사법법원은 Digital Rights Ireland 사건에서 2006년 3월 15일 채택된 「공공전자통신서비스 등의 제공에 연결되어 처리된 개인정보의 보유에 관한 지침」이 사생활 존중과 개인정보보호에 대한 기본적 권리에 특별히 심각하게 개입한다는 이유로 무효라고 결정함.

2014년 5월 13일 EU사법법원은 Google 검색엔진 사건에서 잊힐 권리를 인정함. 2019년 9월 24일 EU사법법원은 잊힐 권리가 EU 내에서만 인정된다고 결정함.

2016년 4월 27일 EU는 1995년 개인정보보호지침을 대체하는 일반개인정보보호규칙(GDPR)을 채택함. GDPR은 동년 5월 24일 발효함.

2016년 4월 27일 EU는 법집행지침을 채택함.

2016년 10월 6일 EU사법법원 결정(Schrems I)으로 EU에서 미국으로 개인정보의 자유로운 이전을 보장한 'Safe Harbour 체제'가 무효가 됨.

2018년 3월 8일 서명된 CPTPP(포괄적·점진적환태평양동반자협정)는 자유무역협정으로서 전자상거래 챕터에 개인정보보호와 사이버안전의 협력에 관한 규정을 둠. 동 협정은 2018년 12월 30일 발효함.

2018년 5월 25일 EU GDPR이 적용되기 시작함.

2018년 10월 10일 유럽평의회의 108협약을 현대화하는 의정서인 223협약이 채택됨.

2018년 11월 30일 서명된(수정본에 대하여 2019년 12월 10일) USMCA(미국·멕시코·캐나다협정)는 NAFTA를 대체하는 자유무역협정으로서 디지털통상 챕터에 개인정보보호와 사이버안전에 관한 규정을 둠. 동 협정은 2020년 7월 1일 발효함.

2020년 1월 1일 미국 「캘리포니아주 소비자 프라이버시법」이 발효함. 2023년 7월 21일 현재 11개 주가 관련 법을 채택함.

2020년 1월 9일 국회에서 소위 '데이터 3법 개정'의 통과로 개인정보보호법이 동년 2월 4일 일부개정(1차 개정)되고, 2020년 8월 5일 시행됨.

2020년 7월 16일 EU사법법원 결정(Schrems II)으로 EU에서 미국으로 개인정보의 자유로운 이전을 보장한 'Privacy Shield 체제'가 무효가 됨.

2021년 12월 17일 EU 유럽위원회는 한국의 개인정보보호에 대한 적정성 결정을 채택함.

2022년 12월 14일 「민간부문 실체가 보유한 개인정보에 대한 정부의 접근에 관한 OECD 선언」이 채택됨.

2023년 3월 14일 개인정보보호법이 일부개정(2차 개정)되고, 2023년 9월 15일 시행됨.

2023년 7월 10일 EU 유럽위원회는 「EU-미국 데이터 프라이버시 프레임워크」에 대한 적정성 결정을 채택함.

개인정보보호의 법제화는 1970년대부터 유럽과 미국을 중심으로 본격적으로 추진되기 시작하였다. 1970년 당시 서독의 헤센(Hessen)주가 개인정보보호법(Datenschutzgesetz)을 제정하였고, 1973년 스웨덴이 최초로 국가 차원에서 개인정보보호에 관한 법을 제정하였다. 1974년 미국은 공공부문의 연방법인 프라이버시법(Privacy Act of 1974)을 제정하였고, 1977년 독일과 1978년 프랑스가 각각 개인정보보호에 관한 법을 제정하였다. 이후 많은 국가들이 프라이버시 보호와 개인정보보호를 위한 법을 제정하고 있다.

개인정보보호법에 대한 접근은 국가마다 다르다. 예컨대, 정부와 공공기관의 공적부문과 기업 등 민간부문을 구별하거나 이들을 통합적으로 규율하기도 하고, 의료 등 분야 별로 규율하기도 한다. 또한, 정부의 개입 또는 자율적 규율에 따른 차이를 보이기도 한다. 개인정보보호에 있어서 EU가 정부의 보다 강한 개입에 따른 통합적인 접근을 지향하고 미국은 기업 등의 자율적 규율에 따른 분야별 접근을 지향하는 것으로 이해되고 있다. 개인정보 침해가 일상화되는 중에 2016년 EU의 GDPR 채택으로 국제적으로 정부의 보다 강한 개입을 통한 개인정보보호의 움직임이 보이고 있다. 미국도 캘리포니아주가 GDPR과 유사한 개인정보보호법인 「캘리포니아주 소비자 프라이버시법」(California Consumer Privacy Act)을 2020년 1월 1일부터 시행하고, 연방 차원에서 이와 유사한 법의 채택이 시도되고 있다.

2013년 6월 5일 영국 일간지 Guardian이 미국 정보기관 NSA가 미국 통신사 Verizon으로부터 무차별적으로 이메일과 통화 메타데이터를 감청하여 수집한다는 Snowden의 폭로를 보도함으로써 개인정보 내지 프라이버시 침해에 대한 세계적인 경각심이 높아졌다. 이에 UN을 비롯한 국제기구들은 디지털시대에서 프라이버시 보호와 개인정보보호에 더 큰 관심을 가지게 되었다. 또한, 세계화의 진전으로 상품과 서비스 등 국제무역이 활성화되면서 관련 개인정보를 포함한 정보가 국가 간에 활발하게 교환 또는 이전되고 있다. 그러나, 국가들마다 서로 다른 개인정보보호법의 채택으로 개인정보보호 수준이 불일치하고, 그 결과 국제경제 특히 디지털통상의 성장과 발전이 지장을 받게 되었다. 이에 포괄적·점진적환태평양동반자협정(CPTPP), 미국·멕시코·캐나다협정(USMCA)과 한국－싱가포르디지털동반자협정(한싱DPA) 등 최근에 채택된 통상조약은 전자상거래 또는 디지털통상의 챕터에서 개인정보보호와 사이버안전에 관한 규정을 도입하고 있다.[2] 따라서, 개인정보보호는 개인정보 처리에서 정보주체의 보호라는 자체적인 목적을 가지지만, 디지털경제의 발전에서 소비자의 신뢰를 얻고 이를 공고히 하는 새로운 법적 기반이 되고 있다.

1. UN

국제연합(United Nations, UN)에서 프라이버시 보호와 개인정보보호를 위한 다양한 조약과 결의가 채택되고 있다. 1948년 12월 10일 UN총회에서 채택된 세계인권선언(Universal Declaration of Human Rights) 제12조는 "어느 누구도 자신의 프라이버시, 가정, 주거 또는 통신에 대하여 자의적인 간섭을 받지 않고, 자신의 명예와 명성에 대하여 공격을 받지 아니한다. 모든 사람은 그러한 간섭 또는 공격으로부터 법의 보호를 받을 권리를 가진다."고 규정한다. 1966년 12월 16일 UN총회에서 채택된 「시민적 및 정치적 권리에 관한 국제규약」 (International Covenant on Civil and Political Rights) 제17조는 "1. 어느 누구도 자신의 프라이버시, 가정, 주거 또는 통신에 대하여 자의적이거나 불법적인 간

---

2) 「포괄적·점진적환태평양동반자협정」(Comprehensive and Progressive Agreement for Trans－Pacific Partnership, CPTPP)은 2018년 3월 8일 11개 아시아태평양 국가들이 서명한 자유무역협정인데, 2018년 12월 30일 일본, 멕시코, 뉴질랜드, 싱가포르, 캐나다, 호주, 2019년 1월 14일 베트남, 2021년 9월 19일 페루, 2023년 2월 21일 칠레, 동년 7월 12일 브루나이에 대하여 발효하여 모든 서명국들에 대하여 발효하였다. 2023년 7월 16일 영국이 서명하였다. 전자상거래에 관한 제14장의 제14.8조는 개인정보보호를 규정한다. 미국·멕시코·캐나다협정(United States－Mexico－Canada Agreement, USMCA)은 미국, 멕시코 및 캐나다의 NAFTA를 대체하기 위하여 2018년 11월 30일과 2019년 12월 10일(수정본) 서명되었고, 2020년 7월 1일 발효하였다. 디지털통상에 관한 제19장의 제19.8조는 개인정보보호를 규정한다. 한싱DPA는 2020년 6월 22일 협상 개시가 선언되었고, 2021년 12월 15일 협상 타결이 선언되었으며, 2023년 1월 14일 발효하였다. 한싱 DPA는 독립된 디지털통상협정이지만, 한국－싱가포르FTA 제14장(전자상거래)을 대체한다. 제14.17조는 개인정보보호를 규정한다.

섭을 받거나 또는 그의 명예와 명성에 대하여 불법적인 공격을 받지 아니한다. 2. 모든 사람은 그러한 간섭 또는 공격으로부터 법의 보호를 받을 권리를 가진다.”고 규정한다. 1989년 11월 20일 UN총회에서 채택된 「아동의 권리에 관한 협약」(Convention on the Rights of the Child) 제16조와 1990년 12월 14일 UN총회에서 채택된 「이주근로자와 그의 가족의 보호에 관한 국제협약」(International Convention on the Protection of the Rights of All Migrant Workers and Members of Their Families) 제14조는 1966년 국제인권규약의 프라이버시 보호에 관한 제17조와 거의 같은 내용을 규정한다.

1990년 12월 14일 UN총회에서 채택된 「전산화된 개인정보파일의 규제를 위한 가이드라인」(Guidelines for the regulation of computerized personal data files)은 개인정보파일의 컴퓨터 처리에 관련된 정보주체의 프라이버시권과 인권 보장을 위한 기준을 제시한다. 동 가이드라인은 대체로 OECD 프라이버시 가이드라인과 유사하지만, 정보주체의 종교·인종·성 등의 차이에 따른 차별 금지 등 인권의 보호 측면을 더 강조한다. 동 가이드라인은 컴퓨터에 의한 개인정보의 처리를 위하여 국내 입법에서 제공되어야 하는 최소한의 보장에 관한 원칙으로서 다음을 규정한다: 적법성과 공정성 원칙, 정확성 원칙, 목적 구체화 원칙, 이해당사자 접근 원칙, 비차별 원칙, 예외의 권한, 안전 원칙, 감독과 제재, 초국경 데이터 이동 및 적용 대상. 동 가이드라인은 정부간 국제기구가 보유한 개인정보파일에도 적용된다.

2013년 12월 18일 UN총회에서 「디지털시대의 프라이버시에 대한 권리」(The Right to Privacy in the Digital Age)에 관한 결의가 총의로 채택되었다. 동 결의는 미국 국가안보국(NSA)의 세계적 무차별 감청 등에 대한 Snowden의 폭로와 이에 대한 국제사회의 반발에 따라 독일과 브라질의 주도로 채택되었다. 동 결의는 프라이버시권을 포함하여 사람이 오프라인에서 보유한 권리는 온라인에서도 보호되어야 함을 확인하고,[3] 모든 국가들이 디지털통신에서 프라이버시권을 존중하고 보호하도록 요구하였다.[4]

---

3) 동 결의 제3항.
4) 동 결의 제4항(a).

2. OECD

1980년 9월 23일 경제협력개발기구(Organisation for Economic Co-operation and Development, OECD) 이사회는 국가들 사이에서 개인정보의 자유로운 이전을 보호하기 위하여 「프라이버시와 개인정보의 초국경 이동의 보호를 규율하는 가이드라인」(Guidelines Governing the Protection of Privacy and Transborder Flow of Personal Data, 1980년 OECD 프라이버시 가이드라인)을 채택하였다. OECD 이사회의 권고 형식으로 채택된 1980년 OECD 프라이버시 가이드라인은 그 자체로서 법적 구속력을 가지지 않는다. 그러나, 동 가이드라인은 회원국들이 프라이버시 보호를 명목으로 개인정보의 국가간 자유로운 이전을 부당하게 저해하지 않고, 동 가이드라인의 원칙을 국내법에 반영하는 등 협력할 것을 권고한다. 경제사회적 발전을 목적으로 하는 OECD에서 프라이버시 보호, 즉 개인정보보호의 추구는 기본적으로 개인정보의 경제사회적 활용을 전제로 한 것으로 볼 수 있다.

1980년 OECD 프라이버시 가이드라인은 공공부문과 민간부문에서 처리되는 수단, 성질이나 사용되는 정황을 이유로 프라이버시와 개인의 자유에 위험을 야기하는 개인정보 처리에 적용된다.5) 동 가이드라인은 프라이버시 보호 내지 개인정보보호에 관하여 처음으로 채택된 국제적 원칙으로서 '국내 적용 기본원칙'(Basic Principles of National Application)을 제시한다. 동 8개 기본원칙은 이후 채택된 주요 국제기구들과 국가들의 개인정보보호에 관한 법의 모델이 된다.

1998년 10월 7-9일 OECD 회원국들은 캐나다 오타와에서 「세계적 네트워크에서 프라이버시 보호에 관한 각료선언」(Ministerial Declaration on the Protection of Privacy on Global Networks)을 채택하였다. 회원국들은 1980년 OECD 프라이버시 가이드라인의 기술 중립적 원칙이 어느 매체에서도 개인정보의 수집과 처리에 관한 국제적 총의와 가이던스를 지속적으로 대표함을 확인하였다.

1980년 OECD 프라이버시 가이드라인은 30여년 만에 개정되었다.6) 즉

---

5) 1980년 OECD 프라이버시 가이드라인 제2항.
6) 1980년 OECD 프라이버시 가이드라인의 8개 기본원칙은 수정되지 않았고, 지난 30년의

2013년 7월 11일 OECD 이사회는 프라이버시 가이드라인에 관한 권고에서 회원국들이 '프라이버시, 개인적 자유 및 정보의 세계적 자유이동의 기본적 가치를 촉진하고 보호하는데 공동의 이익'을 가지고 있음을 인정하였다.[7] OECD 이사회는 개인정보의 보다 광대하고 혁신적 이용으로 보다 큰 경제사회적 이익이 발생하지만 프라이버시 위험도 증대됨을 인정하였다.[8] 또한, 개인정보가 점차 가치 있는 자산이 되는 공개되고 상호연결된 환경에서 개인정보의 안전에 대한 도전을 인정하였다.[9] 2013년 OECD 프라이버시 가이드라인은 프라이버시보호법(laws protecting privacy)의 중요성을 강조하는데, 동 법은 '동 가이드라인에 일치하여 개인정보를 보호하는 효과를 가지는 집행력 있는 국내법규정'(national laws or regulations, the enforcement of which has the effect of protecting personal data consistent with these Guidelines)이라고 정의된다.[10] 여기서 프라이버시보호법은 실제로는 개인정보보호법을 의미할 것이다.

2022년 12월 14일 OECD 회원국들은 국가안보 또는 법집행 목적으로 정부의 개인정보에 대한 접근에서 개인의 프라이버시와 인권을 보호하기 위한 공동의 접근에 관한 첫 정부간 합의인 「민간부문 실체가 보유한 개인정보에 대한 정부의 접근에 관한 OECD 선언」(OECD Declaration on Government Access to Personal Data Held by Private Sector Entities)을 채택하였다. 동 선언을 통하여 국경간 개인정보의 이동에 대한 신뢰가 증대되어 세계 경제의 디지털 변환이 촉진될 것으로 예상된다. 스페인에서 개최된 OECD 디지털경제각료회의에서 채택된 동 선언은 38개 OECD 회원국과 EU는 물론 비회원국들이 채택할 것으로 기대된다.

3. 유럽평의회

인권 보호에 있어 대표적 국제기구인 유럽평의회(Council of Europe, CoE)는

기술적 발전에 따른 개인정보보호를 위하여 컨트롤러의 책임성 강화 등이 보완되었다.

7) 2013년 OECD이사회 권고 전문.
8) 2013년 OECD이사회 권고 전문.
9) 2013년 OECD이사회 권고 전문.
10) 2013년 OECD 프라이버시 가이드라인 제1항c).

1950년 11월 4일 유럽인권협약(European Convention on Human Rights)을 채택
하였다.[11] 동 협약 제8조는 "모든 사람은 자신의 사생활과 가정생활, 자신의
주거 및 자신의 통신을 존중받을 권리를 가진다. 민주사회에서 국가안보, 공공
안전 또는 경제적 복지를 위하여, 무질서나 범죄를 방지하기 위하여, 건강 또
는 도덕을 보호하기 위하여 또는 다른 사람의 권리와 자유의 보호를 위하여 필
요하고 법에 따르는 간섭을 제외하고 공공당국은 이러한 권리의 행사에 대하
여 간섭할 수 없다."고 규정한다.[12] 개인의 사생활에 관련된 정보의 저장과 공
개는 물론 '공적 정보'(public information)도 당국이 보유한 파일에 체계적으로
수집되고 저장되는 경우 사생활의 범위에 포함되어 동 협약 제8조의 적용을
받는다.[13]

유럽인권협약 제8조는 프라이버시 대신 사생활(private life)의 용어를 사용
하고, 사생활에 대한 권리가 공공당국에 의하여 법에 따라 간섭, 즉 제한받을
수 있는 상황을 구체적으로 규정한다. 또한, 동 협약 제10조는 정보를 수령하고
전하는 자유를 포함한 표현의 자유에 대한 기본권을 규정하는데, 동 조문의 '정
보를 수령할 자유'(freedom to receive information)는 '정보를 구할 자유'(freedom
to seek information)로 이해된다.[14] 이들 두 개 조문은 보완적 관계이지만, 실

---

11) 원래 명칭은 「인권과 기본적 자유의 보호를 위한 협약」(Convention for the Protection
of Human Rights and Fundamental Freedoms)이다. 유럽인권협약에 관하여 박노형,
"유럽인권협약의 법적 분석: 개론적 접근", 고려법학 45권(2005년 11월) 참조. 1947년
설립되어 46개 회원국들로 구성된 유럽평의회는 유럽연합(European Union) 또는 유럽
연합의 EU이사회(Council of Ministers of the EU)와 구별된다. EU 27개 회원국들과
영국은 유럽평의회의 회원국이고, 러시아는 우크라이나에 대한 침공으로 2022년 3월 16
일부로 회원국이 아니다.

12) 유럽인권법원은 개인정보보호(personal data protection)와 '새로운 기술'(new technologies)
에 대한 Fact sheet를 각각 발간하고 있는데, 주로 동 협약 제8조의 적용에 관한 내용이다.

13) ECtHR, M.M. v UK App no. 24029/07(13 November 2012), para. 187. 동 사건에서
제소자가 자신의 아들 내외의 화해를 도모하기 위하여 손자를 이틀 동안 납치한 행위에
대하여 정식 형사절차의 개시 대신 경찰의 훈계를 받았는데, 유럽인권법원은 '훈계 데이
터'(caution data)는 민감한 개인정보라고 확인하고, 동 데이터는 제소자의 형사기록을
구성한다고 확인하였다. 동 법원은 형사기록에 포함된 데이터가 공적 정보가 되지만, 중
앙기록부에 체계적 저장으로 본인이 아닌 사람들이 잊어버린 한참 후에도 공개될 수 있
고, 동 훈계가 비공개로 이루어졌음을 고려할 때, 과거에 대한 훈계는 존중되어야 할 제
소자의 사생활의 일부가 된다고 판단하였다.

14) Council of Europe, "Data Protection History", http://www.coe.int/t/dghl/standard

제에 있어서 이들 중 한 권리의 행사로 다른 권리의 행사가 제한받을 수 있다.[15]

1981년 1월 28일 유럽평의회는 「개인정보의 자동적 처리에 관하여 개인의 보호를 위한 협약」(Convention for the Protection of Individuals with regard to Automatic Processing of Personal Data, 'CoE 108협약')을 채택하였다.[16] 1985년 10월 1일 발효한 CoE 108협약은 개인정보보호에 관한 첫 다자조약이다.[17] CoE 108협약은 다음의 8개 개인정보보호 원칙을 포함한다.[18] 첫째, 개인정보의 공정하고 적법한 획득과 처리이다. 둘째, 특정 목적만을 위한 개인정보의 보유이다. 셋째, 개인정보는 특정 목적에 일치하지 않는 방식으로 이용될 수 없다. 넷째, 개인정보는 보유 목적의 관계에서 적절하고, 관련되고 지나치지 않아야 한다. 다섯째, 개인정보는 정확하여야 하고, 필요한 경우 최신으로 유지되어야 한다. 여섯째, 개인정보는 저장되는 목적으로 요구되는 기간 동안만 정보주체의 식별을 허용하는 형식으로 보존되어야 한다. 일곱째, 개인정보의 적절한 안전이 유지되어야 한다. 여덟째, 개인정보는 교정과 삭제의 권리를 가지는 개인에 의하여 접근 가능하여야 한다. 또한, 개인정보보호를 위한 보다 강력한 국제포럼의 창설에서 유럽평의회와 유럽공동체의 협력을 위하여 당시 유럽공

---

setting/DataProtection/History_more_en.asp.

15) Council of Europe, "Data Protection History", http://www.coe.int/t/dghl/standard setting/DataProtection/History_more_en.asp. CoE 108＋협약 전문은 개인정보의 보호에 대한 권리가 표현의 자유를 포함하여 다른 인권과 기본적 자유와 조화되어야 함을 인정한다.

16) 2023년 8월 5일 현재 46개 회원국들과 9개 비회원국들이 비준 또는 가입하였다.

17) 1968년 유럽평의회 의회(Parliamentary Assembly)는 각료위원회(Committee of Ministers)에게 1950년 유럽인권협약이 현대기술의 남용으로부터 개인을 보호하는 범위를 고려할 것을 요청하였다. 동 의회는 유럽인권협약과 세계인권선언이 채택된 후 컴퓨터기술의 급격한 발전에 주목하였다. 1973년 9월 각료위원회는 "일반적으로 해당 개인이 자신에 관하여 저장된 정보, 그 기록된 목적 및 동 정보의 각각의 공개 내용에 대하여 알 권리를 가진다."를 포함한 원칙들에 대한 결의를 채택하였다. 이후 점차 회원국들이 개인정보보호에 관한 국내법을 채택하면서, 이들 법의 적용으로 '정보의 국제무역'(international trade of information) 또는 '국경간 데이터 이동'(transborder data flows)의 문제가 제기되었다. 정보의 국경간 이동에 대한 제한을 최소화하면서 회원국들의 개인정보보호에 관한 법의 차이를 방지하기 위하여 CoE 108협약이 채택된 것이다.

18) CoE 108협약 제5조, 제7조 및 제8조 참조.

동체가 CoE 108협약에 가입할 수 있도록 유럽평의회 각료위원회는 1999년 6월 15일 CoE 108협약에 대한 개정을 채택하였다.

2001년 11월 8일 유럽평의회는 개인정보의 국경간 교환의 증가에 따라 인권과 기본적 자유, 특히 개인정보의 이러한 교환에 관련하여 프라이버시 권리의 효과적인 보호를 보장하는데 필요한 감독당국과 국경간 데이터 이동에 관한 108협약에 대한 추가의정서(CoE 181협약)를 채택하였다.[19] 2004년 7월 1일 발효한 CoE 181협약은 CoE 108협약 당사국들이 개인정보 처리에 관하여 개인의 효과적인 보호의 요소가 되는 완전히 독립된 감독당국의 설치를 요구한다.

2018년 5월 18일 유럽평의회 각료위원회는 108협약을 현대화하고 개선하는 목적으로 의정서(CoE 223협약)를 채택하였다.[20] 동 의정서는 108협약의 채택 이후 EU의 새로운 개인정보보호법인 GDPR의 채택 등 변화를 반영하여 108협약을 「개인정보의 처리에 관하여 개인의 보호를 위한 현대화된 협약」(CoE 108＋협약)으로 개정한다. 108＋협약의 제1조에 규정된 목적은 '개인정보의 처리에 관하여 그의 국적이나 거주지에 무관하게 모든 개인을 보호하여 그의 인권과 기본적 자유 및 특히 그의 프라이버시에 대한 권리의 존중에 기여함'이다. CoE 108협약은 개인정보의 자동적 처리를 대상으로 하는데, 108＋협약은 개인정보의 처리를 대상으로 한다. 동 협약은 세계적 차원에서 프라이버시 존중과 개인정보보호의 기본적 가치를 촉진하여 사람들 사이의 정보의 자유로운 이동에 기여할 필요를 인정한다.[21] 동 협약은 개인정보 침해의 통지 의무와 컨트롤러의 책임성 강화 등 개인정보보호의 강화를 위한 새로운 규정을

---

19) 원래 명칭은 「감독당국과 국경간 데이터 이동에 있어서 개인정보의 자동적 처리에 관하여 개인의 보호를 위한 협약에 대한 추가의정서」(Additional Protocol to the Convention for the Protection of Individuals with regard to Automatic Processing of Personal Data, regarding supervisory authorities and transborder data flows)이다. 2023년 8월 5일 현재 8개 비회원국을 포함하여 44개 국가가 비준 또는 가입하였다.

20) 원래 명칭은 「개인정보의 자동적 처리에 관하여 개인의 보호를 위한 협약을 개정하는 의정서」(Protocol amending the Convention for the Protection of Individuals with regard to Automatic Processing of Personal Data)이다. 동 협약은 108협약의 모든 당사국들의 비준으로 또는 38개 협약 당사국이 비준하면 2023년 10월 11일 비준국들 사이에서 발효하게 된다. 2023년 8월 5일 현재 3개 비회원국을 포함한 27개 국가가 비준하였다.

21) CoE 108＋협약 전문.

도입한다.

4. 유럽연합

유럽연합(European Union, EU)의 근간인 유럽경제공동체를 창설한 로마조약은 기본권에 관한 규정을 두지 않았지만, EU사법법원은 공동체질서에서 기본권의 존중을 확인하고 있었다.[22] 이후 기본권에 관한 별도의 법적 문서인 EU기본권헌장이 채택되면서, 기본권은 EU의 핵심적인 법적 기반이 되었다. 특히 독일과 프랑스 등은 엄격한 수준의 개인정보보호를 주도하여서 EU의 개인정보보호 정책과 법은 개인정보보호의 국제기준으로 자리 잡게 되었다. EU의 개인정보보호법은 1995년 10월 24일 채택된 개인정보보호지침을 대체하여 2016년 4월 27일 채택되어 2018년 5월 28일 적용되기 시작한 일반개인정보보호규칙(GDPR)을 기반으로 한다.

(1) 개인정보보호지침

1995년 10월 24일 EU의 개인정보보호지침[23]이 채택되기 전에도 회원국들은 개별적으로 개인정보보호를 위한 국내법을 가지고 있었다. 이들 국내법은 개인정보보호라는 공통의 목적을 가지고 있었지만, 각 회원국의 국내 사정과 전통에 따라 개인정보보호의 수준에서 차이가 있었다. 이러한 개인정보보호 수준의 차이는 회원국들 사이에서 개인정보의 자유로운 이전을 제한하여 EU의

---

22) CJEU, Joined Cases C-402/05 P and C-415/05 P *Kadi and Al Barakaat International Foundation v Council and Commission(3 September 2008)*, para. 285.

23) 원래 명칭은 「개인정보의 처리에 관하여 개인의 보호와 개인정보의 자유 이동에 관한 95/46 지침」(Directive 95/46/EC of the European Parliament and of the Council of 24 October 1995 on the Protection of Individuals with regard to the Processing of Personal Data and on the Free Movement of Such Data)이다. 개인정보보호지침은 1995년 12월 13일 발효하였고, 회원국들은 1998년 10월 24일까지 국내법에 따라 동 지침을 이행하도록 요구되었다. 회원국들 중에서 스웨덴이 동 이행일자를 준수하였고, 동 지침의 이행은 2001년 10월 24일로 연기되었다. EU회원국들은 물론 아이슬란드, 리히텐슈타인과 노르웨이도 개인정보보호지침을 채택하였다.

단일시장 운영에 장애가 되었다. 예컨대, 개인정보가 회원국들 사이에서 이동되기 위하여 해당 회원국 정보보호당국의 등록 또는 허가가 요구되었고, 각 회원국마다 서로 다른 기준이 적용되었다. 개인정보보호에 관한 법을 가지고 있지 않은 회원국도 있었다. 이러한 현실에서 EU차원의 통일된 개인정보보호를 위한 입법이 요구되었고, EU 개인정보보호지침이 채택되었다.

EU 개인정보보호지침의 제1조에 규정된 목적은 다음과 같다: "1. 이 지침에 따라 회원국들은 자연인의 기본적 권리와 자유 및 특히 개인정보 처리에 관하여 프라이버시에 대한 권리를 보호하여야 한다. 2. 회원국들은 위 제1항에 근거하여 주어지는 보호와 관련된 이유를 들어 회원국들 사이의 개인정보의 자유로운 이동을 제한하거나 금지해서는 아니 된다." 동 지침의 주된 목적은 개인의 기본적 권리와 자유 중에서 특히 '개인정보 처리에 관하여 프라이버시에 대한 권리'(right to privacy with respect to the processing of personal data)의 보호이다. 이 점에서 개인정보보호지침은 유럽평의회 108협약과 함께 개인정보보호를 개인정보 처리에 관하여 프라이버시에 대한 권리로서 기본권 차원에서 접근한다.

EU 개인정보보호지침의 또 다른 목적은 개인정보 처리에 관한 프라이버시에 대한 권리를 포함한 기본적 권리와 자유의 보호로 회원국들 사이에서 '개인정보의 자유로운 이동'(free flow of personal data)이 제한되지 않는 것이다. 동 지침은 개인정보보호를 주된 내용으로 하면서 개인정보의 자유로운 이동, 즉 개인정보 활용을 개인정보보호와 같은 지위로 인정하였다. 따라서, 개인정보의 처리에 관하여 프라이버시에 대한 권리, 즉 개인정보보호와 개인정보의 자유로운 이동 사이의 균형이 요구되었다.

EU법에서 지침(directive)은 회원국에서 법적 효력을 가지기 위하여 해당 회원국의 국내법상 조치가 필요한데, 이들 회원국의 관련 법 등의 조치는 해당 지침의 목적과 내용을 벗어날 수 없다.24) 그럼에도 각 회원국이 해당 지침을 국내법에 따라 이행하면서 그 구체적인 내용은 각 회원국별로 다를 수 있다. 개인정보보호지침은 당시 28개 회원국들에서 대체로 동일한 내용으로 이행되

---

24) 각 회원국은 지침이 달성하도록 요구하는 목적을 자신의 국내실정에 맞는 형식과 수단에 따라 이행하여야 한다. EU기능조약 제288조.

고 있었지만, 그럼에도 회원국들 사이에서 개인정보보호 수준의 차이가 존재하였다. 이러한 차이는 진정한 의미에서 EU 단일시장의 완성과 발전에 장애가 되었다.

(2) EU기본권헌장

EU기본권헌장(Charter of Fundamental Rights of the European Union)은 유럽평의회의 유럽인권협약에 규정된 기본권과 자유 및 EU사법법원이 확인한 기본권 등 EU가 인정한 기본권을 모아서 규정한 법적으로 구속력 있는 문서이다.[25] EU기본권헌장은 개인정보의 보호에 관한 독립된 조문에서 모든 사람이 '자신에 관한 개인정보의 보호에 대한 권리'(right to the protection of personal data concerning him or her)를 가진다고 규정하여 기본권으로서 개인정보의 보호에 대한 권리를 명시적으로 규정한다.[26] 개인정보의 보호에 대한 권리는 '사생활과 가정생활, 주거 및 통신의 존중에 대한 권리'와 구별되어 규정된다.[27] EU기본권헌장이 개인정보보호를 프라이버시 보호로부터 분리하여 별도의 기본권으로 명시한 것은 개인정보보호의 규범적 발전에서 중요한 전기가 된다.[28] 개인정보는 특정된 목적으로 및 해당 개인의 동의 또는 법으로 규정된 다른 정당한 사유에 근거하여 공정하게(fairly) 처리되어야 한다.[29] 또한 모든 사람은 자신에 관하여 수집된 개인정보에 대한 접근의 권리 및 개인정보를 정정할 권

---

25) 동 헌장 초안은 2000년 10월 2일 채택되었고, 동 헌장은 2000년 12월 7일 선포되었으며 리스본조약(Treaty of Lisbon)이 발효한 2009년 12월 1일 EU 조약의 법적 지위를 인정받으면서 발효하였다. EU사법법원은 EU기본권헌장의 해석에서 유럽인권법원의 유럽인권협약의 해석을 참조한다. 특히 EU기본권헌장 제52조 제3항은 동 헌장이 유럽인권협약이 보장한 권리에 상응하는 권리를 규정한 경우, 이들 권리의 의미와 범위는 동 협약이 규정한 의미와 범위와 동일하다고 규정한다.

26) EU기본권헌장 제8조 제1항. 리스본조약으로 채택된 EU기능조약(Treaty on the Functioning of the European Union) 제16조 제1항도 EU기본권헌장 제8조 제1항과 사실상 동일한 규정이다. EU기능조약 제16조는 EU의 활동에서 개인정보보호의 법적 근거가 된다.

27) EU기본권헌장 제7조.

28) 프라이버시 보호와 개인정보보호의 구별은 개인정보보호지침을 대체한 GDPR에서도 확인된다.

29) EU기본권헌장 제8조 제2항 제1문.

리를 가진다.[30] 이들 규정의 준수는 독립된 당국의 통제를 받아야 한다.[31]

(3) GDPR

2010년 유럽위원회(European Commission)의 개인정보보호에 대한 여론조사에서 다음과 같은 흥미로운 결과가 나타났다.[32] 첫째, EU시민이 EU기업, 특히 온라인사업자보다 개인정보보호 당국을 더 신뢰하였다. 둘째, 조사 대상의 88%가 대기업이 개인정보 보호책임자를 두도록 요구된다면 자신의 개인정보가 보다 더 보호될 수 있을 것이라고 믿었다. 셋째, 조사 대상의 70%는 기업이 보유한 자신의 개인정보가 수집된 목적이 아닌 다른 목적으로 이용될 수 있을 것이라 우려하였다. 넷째, 조사 대상의 51%는 개인정보보호법을 위반하는 기업에게 벌금이 부과되어야 하고, 40%는 이러한 개인정보를 향후 이용하지 못하게 하여야 하며, 39%는 피해자에게 보상하도록 요구되어야 한다고 생각하였다.

EU 개인정보보호지침이 회원국들의 개인정보보호에 기여하였지만, 동 지침의 채택 이후 일반화된 인터넷의 사용 등 기술적 발전을 반영하여 현대화될 필요가 인정되었다. 이에 EU기본권헌장 제8조에서 인정된 개인정보보호에 대한 기본적 권리가 디지털시대에서도 효과적이도록 유럽위원회는 2012년 1월 25일 디지털시대의 'EU 개인정보보호 개혁'(EU Data Protection Reform)을 제시하였다. 이러한 개혁에 따른 일반개인정보보호규칙(General Data Protection Regulation, GDPR)은 디지털시대에서 EU시민의 기본권을 강화하고 디지털단일시장(Digital Single Market)에서 기업을 위하여 개인정보보호 관련 법제도를 단순화하여 사업을 촉진하는 중요한 단계로서 의도되었다.[33] GDPR이 규칙(regulation)으로서

---

30) EU기본권헌장 제8조 제2항 제2문.

31) EU기본권헌장 제8조 제3항.

32) European Commission, Attitudes on Data Protection and Electronic Identity in the European Union: Report(Special Eurobarometer 359), 2011.

33) GDPR의 원래 명칭은 「지침 95/46/EC를 폐지하고, 개인정보 처리에 관하여 자연인의 보호와 개인정보의 자유로운 이동에 관한 규칙(EU) 2016/679」(REGULATION(EU) 2016/679 OF THE EUROPEAN PARLIAMENT AND OF THE COUNCIL of 27 April 2016 on the protection of natural persons with regard to the processing of personal data and on the free movement of such data, and repealing Directive

EU내에서 전체로서 구속력 있고 직접적으로 적용됨으로써 개인정보보호지침에 따른 회원국들 사이에서의 개인정보보호법의 불일치와 이에 따른 불필요한 장애와 비용이 제거될 것으로 기대되었다.

GDPR은 2012년 1월 25일 유럽위원회가 초안을 발표한 이후, 2015년 6월부터 유럽위원회, 유럽의회 및 EU이사회의 '3자 협의'(trilogue discussion)를 거쳐 2015년 12월 15일 최종 합의되었고, 2015년 12월 17일 유럽의회의 시민자유위원회(Committee on Civil Liberties, Justice and Home Affairs)에 이어서 2016년 1월 12일 EU이사회의 상설대표위원회(Coreper)가 최종 합의문을 승인하였다. 유럽이사회(European Council)는 2015년 12월 17−18일 '디지털단일시장전략'(Digital Single Market Strategy) 이행의 주요 단계로서 동 합의를 환영하였다. 또한 형사법집행당국의 개인정보 이용에서 EU시민의 개인정보에 대한 기본권을 보호하기 위하여 GDPR과 함께 '경찰과 사법정의를 위한 지침'(Data Protection Law Enforcement Directive, '법집행지침')이 채택되었다.[34] 법집행지침은 피해자, 증인 및 범죄혐의자의 개인정보가 적법하게 보호되고 범죄와 테러에 대한 국경간 협력을 촉진하고자 한다. 2016년 4월 27일 채택된 GDPR은 2016년 5월 24일 발효하였고, 2018년 5월 25일부터 적용되기 시작하였다.[35] 법집행지침은 2016년 5월 5일 발효하였는데, 회원국들은 2018년 5월 6일까지 자신의 국내법으로 이행하도록 요구되었다.

국제사회에서 가장 포괄적이고 진보적인 개인정보보호법인 GDPR의 규율

95/46/EC)이다.

34) Framework Decision 2008/977/JHA를 대체하는 동 지침은 필요성, 비례성 및 적법성의 원칙에 따라 EU 회원국들의 형사사법 목적으로 개인정보 교환에 관한 서로 다른 법집행체계를 조화하는 첫 법적 문서이다. 회원국은 자신이 원한다면 동 지침에 규정된 수준보다 더 높은 수준의 개인정보보호 기준을 정할 수 있다. 동 지침의 원래 명칭은 다음과 같다: Directive (EU) 2016/680 of the European Parliament and of the Council of 27 April 2016 on the protection of natural persons with regard to the processing of personal data by competent authorities for the purposes of the prevention, investigation, detection or prosecution of criminal offences or the execution of criminal penalties, and on the free movement of such data, and repealing Council Framework Decision 2008/977/JHA.

35) GDPR의 발효 후 2년 뒤 실제 적용이 개시된 것은 2년의 기간 회원국들과 컨트롤러 등이 GDPR의 적용에 준비하도록 한 것이다.

대상은 개인정보의 처리에 관하여 자연인의 보호에 관련된 규정과 개인정보의 자유로운 이동에 관련된 규정이다.[36] 따라서, GDPR의 주된 규정이 개인정보 보호에 관한 것임에도 개인정보보호와 개인정보의 자유로운 이동, 즉 활용이 등가적인 규율 대상이다. 이는 개인정보보호와 개인정보 활용이 불가분의 관계임을 보여준다.

GDPR의 주된 목적은 자연인의 기본적 권리와 자유 및 '특히 개인정보의 보호에 대한 그의 권리'(in particular their right to the protection of personal data)의 보호이다.[37] 개인정보보호지침과 같이 GDPR은 개인정보 보호에 대한 권리를 자연인의 기본권과 자유의 일부임을 명시하여 개인정보보호를 기본권 측면에서 접근한다. 또한, GDPR은 개인정보보호지침과 같이 개인정보 처리에 관하여 자연인을 보호한다는 이유로 EU 내에서 개인정보의 자유로운 이동이 제한되거나 금지되지 말 것을 규정한다.[38] 이 점에서 개인정보보호와 개인정보의 자유로운 이동, 즉 활용 사이의 균형이 요구된다. EU시민은 자신의 개인정보의 위치와 무관하게 이에 대한 보다 큰 통제를 행사할 수 있으면서 기업은 디지털시장에서의 경쟁을 위한 명확성과 법적 안정성을 가지게 된다.

개인정보보호지침과 GDPR의 미묘하고 중요한 차이가 있다.[39] 즉 개인정보보호지침의 목적은 '개인정보의 처리에 관하여 프라이버시에 대한 권리'의 보호인데, GDPR의 목적은 '개인정보의 처리에 관하여 자연인의 보호'와 '개인정보의 보호에 대한 권리'이다. EU기본권헌장의 예에 따라 GDPR은 개인정보보호를 프라이버시 보호로부터 분리하여 접근한 것으로 볼 수 있다. 개인정보의 처리에 있어서 자연인의 보호와 개인정보의 보호를 구별한 것으로 볼 수 있다. 개인정보보호의 대상이 개인정보와 함께 자연인임이 명백해진다. 이렇게 GDPR은 프라이버시의 언급 없이 직접적으로 개인정보의 처리에 관하여 자연인의 보호, 즉 개

---

36) GDPR 제1조 제1항.

37) GDPR 제1조 제2항.

38) GDPR 제1조 제3항.

39) 개인정보보호지침에 비교하여 GDPR은 보다 다양한 개인정보보호 규정으로 구성된다. 개인정보보호지침은 72개 항의 상설(recital)과 34개 조문으로 구성되었는데, GDPR은 173개 상설과 99개 조문으로 구성된다. 특히 상설은 본문 조문의 내용을 올바르게 이해하도록 설명하는 점에서 중요하다.

인정보보호와 개인정보의 보호에 대한 권리를 명시적으로 규정한다.

▌표.1 개인정보보호지침과 GDPR의 목적 비교(밑줄 추가)

개인정보보호지침 제1조(지침의 목적)	GDPR 제1조(대상과 목적)
1. 이 지침에 따라 회원국들은 자연인의 기본적 권리와 자유 및 특히 <u>개인정보의 처리에 관하여 프라이버시에 대한 권리를 보호</u>하여야 한다. 2. 회원국들은 위 제1항에 근거하여 주어지는 보호와 관련된 이유를 들어 회원국들 사이의 <u>개인정보의 자유로운 이동을 제한</u>하거나 금지해서는 아니 된다.	1. 본 규칙은 <u>개인정보의 처리에 관하여 자연인의 보호에 관련된 규정 및 개인정보의 자유로운 이동에 관련된 규정</u>을 정한다. 2. 본 규칙은 자연인의 기본적 권리와 자유 및 특히 <u>개인정보의 보호에 대한 그의 권리</u>를 보호한다. 3. EU 내에서 <u>개인정보의 자유로운 이동</u>은 개인정보의 처리에 관하여 자연인의 보호에 관련된 이유로 제한되거나 금지되어서는 안 된다.

GDPR의 내용은 정보주체를 위한 개선과 컨트롤러/프로세서를 위한 개선으로 구별할 수 있다.[40] 정보주체의 보호를 위한 개선으로서 GDPR은 다음과 같이 EU시민은 물론 EU 내에서 수집이나 보유 등 처리되는 개인정보의 해당 정보주체를 위하여 보다 강력한 보호를 제공한다. 첫째, '잊힐 권리'(right to be forgotten)로서 개인이 자신의 정보가 더 이상 처리되는 것을 원하지 않고 그 개인정보를 유지할 정당한 이유가 없으면 그 개인정보는 삭제되어야 한다. 잊힐 권리는 알 권리나 언론의 자유가 절대적이지 않고, 개인정보에 대한 보호의 권리와 조화되어야 함을 인정한 것이다. 둘째, 개인정보에 대한 보다 용이한 '접근의 권리'(right of access)로서 개인은 자신의 개인정보가 어떻게 처리되는지에 대하여 보다 많은 정보를 가지게 되고, 동 정보는 분명하게 이해하기 쉬운 방법으로 제공될 수 있어야 한다. 셋째, '개인정보 이동의 권리'(right to data portability)로서 개인은 자신의 개인정보를 서비스제공자들 사이에서 보다 용이하게 전송하게 할 권리를 가진다. 넷째, '개인정보 침해를 통지받을 권리'(right to be notified of data breaches)로서 기업 등은 개인을 위험에 처하는 개인정보 침해를 회원국 감독당국에 신고하고 가능한 한 곧 모든 높은 위험한 침해를 정

---

40) GDPR의 일반적 내용은 박노형 외, EU개인정보보호법-GDPR을 중심으로(박영사, 2017년) 참조. 국내 9명의 개인정보보호법 전문가들이 GDPR의 내용을 분석하였다.

보주체에게 통지해야 한다. 다섯째, '개인정보보호 기본디자인/기본설정'(data protection by design/data protection by default)으로서 개인정보보호 장치는 상품과 서비스의 개발 단계부터 설치되고, 프라이버시－친화 기본세팅은 SNS나 모바일 앱의 표준이 된다. 여섯째, 개인정보보호 규범의 강화된 집행으로서 개인정보보호 당국은 GDPR의 주요 규정을 준수하지 않는 기업 등에게 그의 세계적 연매출의 4% 이하 또는 2천만 유로 이하 중 높은 금액의 과징금을 부과할 수 있다.

GDPR은 정보주체의 개인정보보호 수준을 보다 강력하게 높임으로서 개인정보를 처리하여 이익을 추구하는 기업 등에게 상당한 부담이 될 수 있다. 그럼에도 기업 등 컨트롤러가 개인정보를 처리함에 있어서 디지털단일시장에서 합리적으로 규제되는 혜택이 규정된다. 또한, GDPR은 개인정보보호에 있어 중소기업(SMEs)을 위한 특별 규정을 두고 있다. 기업 등 컨트롤러를 위한 개선으로서 GDPR은 다음의 내용을 규정한다. 첫째, '단일 EU법 적용'(one continent, one law)으로서 개인정보보호지침에 따른 회원국들의 완전하게 일치하지 않은 개인정보보호법을 대체하여 개인정보보호를 위한 단일의 EU법이 적용된다. 둘째, '감독 업무 일원화'(one－stop－shop)로서 기업 등은 개인정보보호 관련하여 EU의 회원국(2020년 1월 31일 영국의 EU 탈퇴로 27개 회원국) 감독당국들 대신 하나의 감독당국을 상대하게 되어 EU 내에서 개인정보의 처리 운용이 보다 간단하게 되고 그 규제비용도 감소하게 된다. 셋째, '역내외 기업에 대한 동일한 규범의 적용'(European rules on European soils)으로서 역외 설립된 기업도 EU시장에서 상품이나 서비스를 제공할 때 동일한 규범인 GDPR을 적용하여야 한다. GDPR의 역외 적용을 통하여 EU 기업의 입장에서 개인정보보호에 관하여 EU 내에서 공평한 경쟁의 장이 마련된다고 볼 수 있다.

GDPR의 큰 특징은 개인정보보호지침의 채택 이후 20년 가까운 시간 동안 인터넷 등으로 변화된 디지털경제의 새로운 상황을 반영하면서 동시에 EU시민의 개인정보에 대한 통제를 강화함과 동시에 EU기업의 개인정보 이용에 대한 법제도적 개선을 이루려는 노력이다. 특히 유럽위원회, 유럽의회 및 EU이사회는 3자 협의 과정에서 정보주체를 위한 개인정보보호와 컨트롤러의 개인정보 이용 사이에서 균형을 합의하였다. GDPR은 개인정보보호지침에 비교하여 자신의 개인정보에 대한 정보주체의 통제 가능성을 강화하고 컨트롤러의 개인정보보호 책임과 처벌 수준을 제고하였다. 이렇게 강화되는 EU 개인정보보호법이 개인정보를 이용하여 사업을 하는 기업 등 컨트롤러에게 큰 부담을 주는 것으로 보이지만, 그럼에도 컨트롤러와 프로세서는 디지털단일시장의 기치 아래 모든 회원국들에서 단일의 개인정보보호법이 직접적으로 적용되고 감독당국의 간소화된 감독 등을 통하여 GDPR의 적용에서 시간과 비용의 혜택을 누릴 것으로 예상된다. 이러한 결과 컨트롤러와 프로세서는 소비자들의 신뢰를 얻어서 빅데이터 등 변화된 상황에서 보다 큰 사업적 이익을 추구할 것으로 기대된다. GDPR을 통한 개인정보보호법의 큰 변혁은 EU 내에 국한되지 않고 한국을 포함하여 세계적으로 영향을 주고 있으며, 이 점에서 한국의 기업과 정부도 GDPR의 내용을 이해하고 그 적용의 실례를 지속적으로 파악할 필요가 있다.

(4) ePrivacy지침/결정

EU는 2002년 7월 12일 소위 ePrivacy지침을 채택하였다.[41] ePrivacy지침은 EU의 공공통신네트워크에서 공공전자통신서비스 제공에 관련된 개인정보의 처리에 적용되는데, 인터넷상 전자통신 및 전자상거래에만 적용되는 추가적 규범으로 이해할 수 있다. ePrivacy지침은 회원국들이 국내법을 통하여 공공전자통신네트워크상 '통신의 비밀성'(confidentiality of communications)을 보장하여야 한다는 기본원칙을 규정한다. 당사자의 동의 없이 다른 자가 통신을 듣고, 도청하거나 저장하는 것이 금지된다. 또한, 소위 스팸 등 '요청되지 않은 전자메시지'(unsolicited electronic messages)의 발송에 관하여, ePrivacy지침은 '사전동의'(opt-in)의 접근을 한다. 따라서, 전자메시지가 사용자에게 전달되기 전에 그의 사전 동의가 주어져야 한다. 쿠키(cookies)에 관하여, ePrivacy지침은 사용자가 자신의 터미널장치에 쿠키나 유사한 장치가 저장되는 것을 거부할 권

---

41) 원래 명칭은 「전자통신 부문에서 개인정보 처리와 프라이버시 보호에 관한 지침 2002/58/EC」(Directive 2002/58/EC of the European Parliament and of the Council of 12 July 2002 concerning the Processing of Personal Data and the Protection of Privacy in the Electronic Communications Sector)이다.

리를 가질 것을 규정한다.[42) 이러한 목적으로 사용자들은 쿠키의 목적과 역할에 대한 분명하고 정확한 정보를 제공받아야 한다. 또한, 2009년 11월 25일 ePrivacy지침을 개정하는 지침(ePrivacy Directive 2009/136/EC)이 채택되었는데, 동 지침은 인터넷서비스 제공자 등 공공통신서비스 제공자로 하여금 개인정보의 침해를 개인정보보호 당국에게 신고할 것을 요구한다.

GDPR이 개인정보보호지침을 대체함에 따라 ePrivacy지침과 GDPR의 관계가 분명하게 될 필요가 있다. 통신 부문에서 적용되는 ePrivacy지침에 규정된 동일한 목적의 특정 의무를 따르지 않는 개인정보 처리에 대하여 GDPR이 개인정보보호의 일반 규범으로서 기본권과 자유의 보호에 관련된 모든 사안에 적용되기 때문이다. 따라서, GDPR은 EU의 공공통신망에서 공용의 전자통신서비스 제공과 관계되는 처리에 관련한 자연인 또는 법인에게 ePrivacy지침에 규정된 동일한 목적의 특정 의무를 따라야 하는 사안에 관련된 추가적 의무를 부과해서는 아니 된다.

이러한 목적에서 2017년 1월 10일 유럽위원회는 ePrivacy지침의 개정안을 제시하였다.[43) 그 주요 내용은 다음과 같다. 첫째, 유럽위원회는 현재의 지침 (directive)의 형식에서 규칙(regulation)의 형식으로 전환하고자 한다. 규칙 형식으로 개정되면, GDPR과 같이 회원국의 별도 입법절차 없이 EU 내에서 직접적으로 균일하게 적용된다. 둘째, ePrivacy규칙(안)은 ePrivacy지침의 적용을 받지 않는 인터넷 기반 앱을 통한 서비스를 제공하는 소위 'over−the−top'(ott) 통신서비스에도 적용된다. 셋째, ePrivacy규칙(안)은 ott통신서비스 제공자가 전자통신에서 얻어진 통화(call)의 시간과 위치 등 메타데이터(metadata)의 이용을 제한하지만, 적절한 소비자의 동의를 얻어 이러한 메타데이터의 이용이 허용된다. 넷째, ePrivacy규칙(안)은 쿠키의 이용에 관한 ePrivacy지침에서의 동의 요

---

42) 쿠키는 인터넷 사용자와 웹서버 사이에서 교환되는 감추어진 정보이다. 쿠키는 사용자의 하드디스크 파일에 저장된다. 쿠키의 원래 목적은 인터넷 사용 사이의 정보를 보유하는 것인데, 검색자의 활동을 감시하는 유용한 수단이 된다.

43) ePrivacy규칙(안)의 원래 명칭은 「지침2002/58/EC의 폐지 및 전자통신에서 사생활 존중과 개인정보 보호에 관한 규칙(안)」(proposed Regulation concerning the Respect for Private Life and the Protection of Personal Data in Electronic Communications and Repealing Directive 2002/58/EC(Regulation on Privacy and Electronic Communications)) 이다.

건을 간소화한다. 유럽위원회의 제안 이후 4년 정도 EU이사회에서의 논의가 지체되었다. 결국 2020년 12월 17일 유럽의회, EU이사회와 유럽위원회의 공동 선언에 따라 2021년 2월 10일 EU회원국들은 유럽의회와의 협상 명령에 합의하였고, 2021년 2월 10일 3자 협의가 개시되었다. 2022년 3월 28일 당시 의장국인 프랑스가 3자 협의에 대한 마지막 제안을 제시하였다.[44]

5. APEC

아시아태평양경제협력체(Asia Pacific Economic Cooperation, APEC)는 개인정보보호를 위한 9개 '정보 프라이버시 원칙'(Information Privacy Principles)을 포함한 'APEC 프라이버시 프레임워크'(APEC Privacy Framework)를 채택하였다.[45] 9개 정보 프라이버시 원칙은 다음과 같다: 개인정보의 수집과 처리로부터 개인에 대한 위해의 방지(Preventing Harm), 개인정보 수집에 관하여 개인에게 수집 전후에 통지(Notice), 개인정보 수집의 제한(Collection Limitation), 개인정보의 수집 목적에 따른 이용(Uses of Personal Information), 개인정보 수집 등에 대한 정보주체의 선택 권리(Choice), 개인정보의 정확성과 완결성의 보장(Integrity of Personal Information), 개인정보의 안전(Security Safeguards), 정보주체의 접근과 정정의 권리(Access and Correction), 컨트롤러의 책임성(Accountability). 동 프레임워크에서 회원국들은 개인정보의 국경간 자유로운 이동을 유지하면서 프라이버시 보호의 중요성을 인정하고, 정보 이동에 대한 장벽을 피하는 효과적인 프라이버시 보호의 중요성을 인정하는 국내 프라이버시법을 위한 원칙 기반 모델을 제시하고자 하였다.

2005년 APEC 프라이버시 프레임워크의 「국제적 이행을 위한 지침」(Guidance for International Implementation)은 법적 구속력이 없는 내용이어서

---

44) Hendrik Mildebrath, "Proposal for a Regulation on Privacy and Electronic Communications", Legislative Train 06.2023(20 June 2023) 참조.

45) 동 프레임워크는 2003년부터 논의되어 2004년 채택되었고 2015년 개정되었다, APEC 역내 프라이버시를 보호하고 역내 개인정보 이전을 가능하게 하려는 동 프레임워크는 각각 1980년과 2013년 OECD 프라이버시 가이드라인과 일치한다. APEC Privacy Framework(2015), 제5항.

APEC회원국들 사이에서 이전되는 개인정보의 안전한 보호를 위한 회원국간 협력 체제가 요구되었다. 2011년 회원국들 사이의 전자상거래 활성화와 개인정보의 안전한 이전을 위하여 「국경간 프라이버시 규칙」(Cross Border Privacy Rules: CBPR) 체제가 채택되었다.[46] CBPR체제는 APEC 회원국들 사이의 자유롭고 안전한 개인정보 이전을 지원하기 위하여 APEC 프라이버시 프레임워크를 기반으로 해당 기업의 개인정보보호 체제를 평가하여 인증하는 다자적 인증제도이다. 또한, CBPR체제는 회원국 간 '프라이버시를 존중하는 개인정보 이동을 원활화하기 위한 자발적인 책임성-기반 제도'(a voluntary accountability-based scheme to facilitate privacy- respecting personal information flow)이다.[47]

또한, 개인정보프로세서(personal information processor)가 개인정보컨트롤러의 관련 프라이버시 의무의 효과적인 이행을 제공하는 능력을 나타내는 것을 도와주기 위한 「프로세서를 위한 프라이버시 인정」(Privacy Recognition for Processors, PRP) 문서가 2015년 2월 승인되었다.[48] 프라이버시집행당국(Privacy Enforcement Authority, PEA)의 자발적 정보 공유 등을 위한 국경간 프라이버시 집행에서의 협력을 위하여 실질적 다자적 메커니즘인 'APEC 국경간 프라이버시 집행 협력제도'(APEC Cooperation Arrangement for Cross-border Privacy Enforcement, CPEA)가 2010년 7월 16일 출범하였고, 2019년 개선되었다.[49] CBPR체제 인증을 취득한 기업은 CBPR체제 참여국들 사이에서 정보주체의 별

---

46) 2023년 5월 현재 미국, 멕시코, 일본, 캐나다, 한국, 호주, 싱가포르, 대만, 필리핀이 CBPR체제에 가입하고 있다. 한국은 2016년 12월 28일 CBPR체제에 가입하는 의향서를 APEC 운영위원회(Steering Group)에 제출하였고, 2017년 6월 7일 가입 승인을 통보받았다.

47) APEC Privacy Framework(2015), 제12항 주석.

48) PRP 문서는 책임기관(Accountability Agent)이 이러한 인정을 구하는 프로세서를 평가하기 위한 기본요건을 정한다. APEC Privacy Framework(2015), 제16항 주석. 2019년 한국인터넷진흥원이 책임기관으로 승인되었는데, 국내에서 인증기관이라 불린다.

49) CPEA를 통하여 프라이버시법의 국경간 집행에서 PEA의 협력이 가능하게 된다. APEC Privacy Framework(2015), 제13항 주석. 여기서 프라이버시법(privacy law)은 APEC 프라이버시 프레임워크에 일치하여 개인정보보호 효과를 가지는 법규정을 가리킨다. APEC Privacy Framework(2015), 제15항. CPEA에 관하여 APEC, APEC Cross-border Privacy Enforcement Arrangement(CPEA)(May, 2023) 참조. 한국이 CBPR체제에 가입할 당시 PEA는 행자부와 방송통신위원회이었고, 현재는 보호위원회이다.

도 동의나 표준계약 등 별도의 안전장치 없이 개인정보를 이전받을 수 있다.[50]

미국은 CBPR체제의 활성화에 큰 노력을 하고 있고, 동 체제에 참여하는 국가들이 계속 늘고 있다. 또한, USMCA는 CBPR체제가 개인정보를 보호하면서 국경간 개인정보 이전을 원활화하는 유효한 메커니즘이라고 인정한다.[51] 한싱 DPA도 CBPR 및/또는 PRP 시스템이 개인정보를 보호하면서 국경간 정보 이전을 촉진하는 유효한 메커니즘임을 인정한다.[52] 또한, 2017년 5월 30일 발효한 일본의 개정된 개인정보보호법 제24조에 대한 시행령은 CBPR체제의 인증을 받은 기업에게 '동등한 필요한 조치를 지속적으로 이행하는' 개인정보보호위원회의 규정을 충족하는 제3자로서 개인정보의 국외 이전을 예외적으로 허용한다.

한편, 2022년 4월 21일 미국 주도로 CBPR체제 참여국들이 '글로벌 CBPR 포럼'(Global CBPR Forum)을 출범하였다. 동 포럼은 CBPR체제와 PRP체제를 APEC 역외로 확대하려는 것인데, 중국을 배제하려는 의도가 있는 것으로 보인다.[53] 이렇게 미국과 가까운 국가들이 글로벌 CBPR 포럼을 출범함으로써 디지털통상에서 이들 국가와 중국과의 관계는 새로운 국면에 접어들 수 있다.

---

50) 예컨대, 첫째, GDPR의 BCRs와 유사하게, 인증받은 동일한 기업 그룹 내의 다른 APEC 회원국 소재 구성원 기업들 사이의 이전이 가능하고, 둘째, 서로 다른 APEC 회원국 소재 다른 인증받은 기업들 사이의 이전이 가능하다. 특히 일본과 싱가포르는 자국법에 따라 CBPR 인증 기업에 대하여 개인정보보호 수준을 인정하여 개인정보 국외이전을 허용한다. 한국인터넷진흥원, "APEC CBPR 인증", https://www. privacy.go.kr/pic/cbpr_in fo.do. 보호위원회와 한국인터넷진흥원은 2022년 12월 22일 CBPR체제의 50개 기준을 충족한 네이버(주)에 인증서를 수여하였다. 보호위원회, "국내 최초 아태지역 개인정보 국제인증 부여", 보호위원회 보도자료(2022. 12. 22.). 2013년 8월 IBM이 처음 인증을 받았고, 2014년 HP는 CBPR체제의 인증과 GDPR의 BCRs을 동시에 처음으로 받았다. 애플, 시스코, 야후재팬 등 50여 기업이 CBPR체제 인증을 부여받았다.

51) USMCA 제19.8조 제6항.

52) 한싱DPA 제14.17조 제8항.

53) 글로벌 CBPR 포럼의 참여는 개방적이지만, 새로운 참여의 결정에 기존 참여국의 총의(consensus) 결정이 요구된다. Global Cross-Border Privacy Rules(CBPR) Declaration (Apr. 21, 2022).

■ II. 프라이버시 보호와 개인정보보호의 관계

컴퓨터와 인터넷 이용의 생활화로 국내 및 국제사회에서 정보화가 가속되고 있다. 정보사회 또는 디지털사회는 국내 및 국제적 공간을 극복하고, 기업과 사람들 사이의 자유로운 정보 교환을 촉진하며, 전자거래 등을 통한 경제활동을 확대하는 등 긍정적인 효과를 가지고 있다. 그러나, 정보통신기술의 지속적인 발전에 따라 가속되는 정보화로 개인의 프라이버시가 끊임없이 침해되는 등 부정적인 효과도 있다. 또한, 과거에는 정부와 공공기관이 행정업무를 추진하면서 개인정보를 주도적으로 수집 및 이용하였으나, 인터넷의 일상적 활용으로 기업과 개인에 의한 개인정보의 수집과 이용도 활성화되고 있다. 이에 따라 개인정보의 무분별한 수집 및 이용으로 개인정보 침해 가능성이 높아지면서 정보사회의 긍정적인 효과가 크게 상쇄될 우려가 커지고 있다.

개인정보보호를 위한 법, 즉 개인정보보호법의 제정이 세계적으로 확산되는 중에, 개인정보보호와 사생활 내지 프라이버시 보호의 관계 변화가 흥미롭다. 일반적으로 프라이버시 보호와 개인정보보호는 종종 혼용되어 이해되고, 전자가 후자보다 큰 개념으로 이해되는데, 두 개념은 구별될 수 있다. 예컨대, 통신 내용을 감청하거나 개인의 비밀을 들추어 공표하는 행위는 개인정보 침해의 문제가 아니라 프라이버시 침해에 해당한다. 그럼에도 개인정보의 잘못된 처리로 프라이버시가 쉽게 침해될 수 있어서 두 개념은 밀접하게 연관되어 있다.54)

---

54) 대법원은 '사생활의 비밀에 관한 사항을 함부로 타인에게 공개당하지 아니할 법적 이익'을 사생활 권리로서 인정한다. 다만, 은밀한 사생활 정보를 공표한 경우에도 그 정보가 '공공의 이해와 관련되어 공중의 정당한 관심의 대상이 되는 정보'인 경우에 위법성을 인정하지 않는다. 대법원 1998.9.4. 선고 96다11327 판결. 따라서, 사생활에 관한 은밀한 정보를 대외적으로 공표하는 행위는 사생활 침해를 구성할 수 있는데, 그 공표의 정당한 이익이 인정되는 경우에는 위법성이 조각된다. 또한, 개인정보 수집도 제한적이지만 사생활 침해로 인정될 수 있다. 즉 특정 개인을 추적·감시하여 그의 일거수일투족에 관한 정보를 수집하는 경우에 사생활 침해에 해당하여 민사상 손해배상책임을 지게 된다. 대법원 1998.7.24. 선고 96다42789 판결. 동 사건에서 대법원은 국군보안사령부가 법령에 규정된 직무범위를 벗어나 민간인들을 대상으로 사생활에 관한 정보를 비밀리에 수집하는 것은 헌법이 보장한 기본권을 침해하여 불법행위를 구성한다고 밝혔다. 또한, 코로나바이러스(Covid-19)의 방역 과정에서 의심되는 환자 등의 동선이 확인되는데,

1. 프라이버시, 데이터 프라이버시, 개인정보보호의 개념

프라이버시(privacy) 용어는 자주 사용되면서도 그 개념은 명확하게 이해되지 않는다. 프라이버시에 관한 법적 논의는 1890년 미국의 Warren과 후일 연방대법원 판사가 된 Brandeis가 함께 집필한 논문에서 시작된 것으로 이해되고 있다.[55] 이들이 파악한 프라이버시 개념은 당시 유명인사의 사생활을 파헤치는 인쇄매체의 선정주의에 대한 대응으로서 주장되었다. 이들은 프라이버시가 진보된 문명세계에서 살고 있는 개인에게 필수적이어서 헌법에 반영되어야 한다고 주장하였다. 이렇게 프라이버시는 타인의 방해나 간섭을 받지 않고 '사적 공간'(personal space)을 유지할 수 있는, 즉 '홀로 있을 권리'(right to be left alone)로서 이해되었다.[56] 프라이버시 권리를 헌법상 권리로 인정한 미국 연방대법원은 프라이버시의 두 가지 중요한 법익을 확인하였다. 첫째, '사적인 사안의 공개를 피하는 이익'이고, 둘째, '중요한 결정을 내리는데 있어 독립성의 이익'이다.[57]

또한, 프라이버시는 공간적 프라이버시, 개인적 프라이버시 및 정보적 프라이버시의 세 가지 범주로 구별되기도 한다.[58] '공간적 프라이버시'(territorial privacy)

예방 차원에서 이러한 동선 등 개인의 민감한 정보의 수집과 공개가 해당 개인의 프라이버시를 침해하는 우려가 제기되었다. 결국 효과적인 방역을 위하여 지방자치단체들은 검사를 받아야 할 사람들의 개인정보를 익명으로 처리하여 프라이버시를 적극적으로 보호하였다.

55) Samuel D. Warren and Louis D. Brandeis, "The Right to Privacy," 4 Harv.L.Rev. 193(1890).

56) 한국법제연구원, 개인정보보호법제에 관한 입법평가 70면(2008).

57) *Griswold v. Connecticut*, 381 U.S. 479(1965) 및 *Whalen v. Roe*, 429 U.S. 589(1977) 등 참조. 미국 연방대법원이 확인한 프라이버시의 두 가지 법익은 한국 헌법 제17조의 '사생활의 비밀과 자유'에 의하여 보호되고 있는 것으로 이해된다. 성낙인 교수는 '사생활의 평온을 침해받지 아니하고 사생활의 비밀을 함부로 공개당하지 아니할 권리'와 '자유로이 사생활을 형성·영위하는 권리'라 하고, 권영성 교수는 '사생활의 내용을 공개당하지 아니할 권리'와 '사생활의 자유로운 형성과 전개를 방해받지 아니할 권리'라고 주장한다. 각각 성낙인 569-74면 및 권영성 448면 참조.

58) Joseph I. Rosenbaum, "Privacy on the Internet: Whose information is it anyway?", 38 Jurimetrics 565, 566-567(1998).

는 홀로 있을 또는 방해받지 않고 있을 물리적 권리와 전통적으로 연관되어 있다. '개인적 프라이버시'(personal privacy)는 사회적 또는 문화적 가치를 반영하는 의미에서 개인이 가지는 존엄의 의식 보호에 관련된다. 공간적 프라이버시와 달리 개인적 프라이버시는 정신적 침해로부터 보호된다. '정보적 프라이버시'(informational privacy) 또는 '데이터 프라이버시'(data privacy)는 개인이 자신의 존엄과 일체성을 보전할 권리가 있음에 근거하여 자신의 개인정보에 대한 통제권을 가리킨다. 특히 1980년대 이후 컴퓨터의 발달로 개인정보가 타인에 의해 전자적 형태로 무한하게 수집 등 처리될 수 있게 되어서 타인이 보유한 개인정보에 대한 정보주체의 개인정보자기결정권 차원에서 데이터 프라이버시가 주목받기 시작하였다.59)

개인정보보호의 개념은 프라이버시 보호로부터 발전하여서, 개인정보의 처리에 관하여 프라이버시에 대한 권리가 개인정보보호로 이해되기도 한다. 개인정보보호(data protection)는 정보적 또는 데이터 프라이버시와 같이 이해되기도 한다. 유럽에서의 개인정보보호가 유럽 이외의 국가들에서는 데이터 프라이버시 보호로 불리기도 한다. 또한, 개인정보의 보호는 '데이터 안전'(data security) 또는 '정보 안전'(information security)과 같은 의미로 보기도 한다.

2. 프라이버시 보호로부터 개인정보보호의 분리

개인정보보호의 개념은 프라이버시 보호의 개념에서 도출된 것으로 보이는데, 이러한 관계는 특히 EU의 개인정보보호에 관한 규범의 발전에서 확인될 수 있다.60) 1995년 10월 24일 채택된 EU 개인정보보호지침은 당시 강력한 수준의 개인정보보호를 규정한 대표적인 법이다. EU 개인정보보호지침의 주된

---

59) 또한, 우편, 전화 및 이메일 등 통신 보안에 관련된 프라이버시를 의미하는 '통신 프라이버시'(privacy of communications)의 개념도 이와 유사하다. David Banisar and Simon Davies, "Global Trends in Privacy Protection: An International Survey of Privacy, Data Protection, and Surveillance Laws and Developments," 18 J.MarshallJ.Computer&Info.L. 6(1999).

60) 전통적으로 유럽 국가들은 개인정보보호법을 데이터법(data law) 또는 개인정보보호법(data protection law)이라고 부르고, 영어권에서는 프라이버시보호법(privacy protection law)이라고 부르는 경향이 있다. 1980년 OECD 프라이버시 가이드라인 주석.

목적은 개인의 기본적 권리와 자유 중에서 특히 '개인정보의 처리에 관하여 프라이버시에 대한 권리'의 보호이다.[61] 이 점에서 EU는 유럽평의회와 함께 개인정보보호를 개인정보 처리에 관한 프라이버시에 대한 권리로서 기본권 차원에서 접근한다. 동 지침의 또 다른 목적은 개인정보 처리에 관한 프라이버시에 대한 권리를 포함한 기본적 권리와 자유의 보호로 회원국들 사이에서 '개인정보의 자유로운 이동'이 제한되지 않는 것이다. 동 지침은 개인정보보호를 주된 내용으로 하면서 개인정보의 자유로운 이전 즉 개인정보 활용을 개인정보보호와 같은 지위로 인정하였다.

EU기본권헌장은 유럽평의회의 유럽인권협약에 규정된 기본권과 자유 및 EU사법법원이 확인한 기본권 등 EU가 인정한 기본권을 모아서 규정한 법적으로 구속력 있는 문서이다. EU기본권헌장은 개인정보의 보호에 관한 독립된 조문에서 모든 사람이 '자신에 관한 개인정보의 보호에 대한 권리'를 가진다고 규정하여 기본권으로서 개인정보의 보호에 대한 권리를 명시적으로 규정한다.[62] 개인정보의 보호에 대한 권리는 '자신의 사생활과 가정생활, 주거 및 통신의 존중에 대한 권리'와 구별되어 규정된다.[63] EU기본권헌장이 개인정보보호를 프라이버시 보호로부터 분리하여 별도의 기본권으로 명시한 것은 개인정보보호의 규범적 발전에서 중요한 전기가 된다.[64]

EU 개인정보보호지침은 1995년 채택된 이후의 인터넷 등의 기술적 발전을 반영하여 2016년 4월 27일 채택된 일반개인정보보호규칙(GDPR)에 의하여 대체되었다. GDPR의 규율 대상은 개인정보의 처리에 관하여 자연인의 보호에 관련된 규정과 개인정보의 자유로운 이동에 관련된 규정이다.[65] GDPR의 주된 목적은 자연인의 기본적 권리와 자유 및 '특히 개인정보의 보호에 대한 그의 권리'(in particular their right to the protection of personal data)의 보호이다.[66]

---

61) 이는 유럽평의회의 CoE 108협약＋의 목적과 일치한다.
62) EU기본권헌장 제8조 제1항.
63) EU기본권헌장 제7조.
64) 이러한 프라이버시 보호와 개인정보보호의 구별은 개인정보보호지침을 대체한 GDPR에서 확인된다.
65) GDPR 제1조 제1항.
66) GDPR 제1조 제2항.

GDPR은 개인정보보호지침과 같이 개인정보의 처리에 관한 자연인의 보호를 이유로 EU 내에서 개인정보의 자유로운 이동이 제한되거나 금지되지 말 것을 규정한다.[67] 이 점에서 개인정보보호와 개인정보의 자유로운 이전, 즉 활용 사이의 균형이 요구된다.

개인정보보호지침의 목적은 '개인정보의 처리에 관하여 프라이버시에 대한 권리'의 보호인데, GDPR의 목적은 '개인정보의 처리에 관하여 자연인의 보호'와 '개인정보의 보호에 대한 권리'인 점에 주목할 필요가 있다. EU기본권헌장의 예에 따라 GDPR은 개인정보보호를 프라이버시 보호로부터 분리한 것으로 볼 수 있다. 또한 개인정보의 처리에 있어서 자연인의 보호와 개인정보의 보호를 구별한 것으로도 볼 수 있다. 개인정보보호의 대상이 개인정보와 함께 자연인임이 명백해진다. 이렇게 GDPR은 프라이버시의 언급 없이 직접적으로 개인정보 처리에 관하여 자연인의 보호, 즉 개인정보보호와 개인정보의 보호에 대한 권리를 명시적으로 규정한다.

한편, 한국의 개인정보보호법도 2014년 3월 24일 개정으로 제1조의 목적에서 '사생활의 비밀 등을 보호' 문구를 삭제하고 개인정보의 '처리 및 보호'를 추가하였다. 이 점에서 일응 개인정보보호를 프라이버시 보호로부터 분리하는 접근을 하는 것으로 이해할 수 있다.

3. 개인정보보호의 현대적 의의

역사적으로 개인정보보호는 프라이버시에 대한 권리에서 파생된 점에서, 개인정보보호와 프라이버시 보호의 두 개념은 서로 밀접하게 관련되어 있다. EU를 중심으로, 특히 EU기본권헌장과 GDPR의 채택을 통하여 개인정보보호는 프라이버시 보호와 별개의 독립된 기본권으로서 자리 잡고 있다. EU기본권헌장 등은 '모든 사람'(everyone)이 자신에 관한 개인정보의 보호에 대한 권리를 가진다고 규정한다.[68] 한국에서도 개인정보보호는 헌법에 명시되지 않지만 개인정보자기결정권으로서 프라이버시 보호와 구별되는 별개의 기본권으로 인정

---

67) GDPR 제1조 제3항.
68) EU기본권헌장 제8조 제1항과 EU기능조약 제16조 제1항.

된다.[69] 이렇게 개인정보보호가 프라이버시 보호와 구별되기 시작하였지만, 여전히 두 개념은 상호보완적으로 인간의 존엄성의 보호를 위하여 특히 디지털 시대에서 민주주의의 발전에 기여하고 있다.

정보통신기술의 발달로 컴퓨터를 통한 개인정보의 데이터베이스화가 진행되어 개인정보의 처리가 간편하고 신속하게 이루어질 수 있게 되었다. 이에 개인에 관한 정보, 즉 개인정보가 정보주체의 의사와 무관하게 정부, 기업 등에 의하여 무단하게 수집되고 이용 또는 공개될 수 있게 되었다. 이러한 새로운 정보환경에 대응하기 위하여 기본권으로서 개인정보보호에 대한 분명한 권리가 인정될 필요가 있다. 개인정보보호는 EU에서 기본권으로서 인정된 후 프라이버시 보호와 별개의 기본권으로서 분리되어 인정된다. 개인정보보호는 식별되거나 식별가능한 자연인에 관한 정보의 보호로서 종종 이해되지만, 보다 중요하게는 이러한 개인정보의 처리에서 해당 자연인, 즉 정보주체의 보호를 의미한다. 이러한 점에서 개인정보보호는 개인정보의 수집, 저장과 이용 등의 처리가 공정하고 적법해야 함을 요구한다. 특히 GDPR의 주된 목적은 개인정보의 처리에서 자연인을 보호하는 점에서 개인정보보호의 주된 대상은 자연인이지만, 이러한 개인정보보호를 위하여 개인정보 그 자체의 보호, 즉 안전한 처리가 요구되는 점에 주목하여야 한다.

개인정보보호가 기본권으로서 인정되고 있지만, 절대적으로 보호되는 것은 아니다.[70] 개인정보보호는 표현의 자유나 알 권리 등 다른 중요한 기본권과 비례성의 원칙에 따라 서로 조화를 이루어야 한다.[71] 예컨대, 최근 주목받고 있는 잊힐 권리는 표현의 자유 내지 알 권리가 개인정보보호에 의하여 타협된 결과로서 이해할 수 있다.[72] 또한, 개인정보보호는 국가안보 등 중요한 사회적 공익의 목적으로 제한될 수 있다.

개인정보보호는 그 자체로서 중요한 기본권이지만, 데이터 활용에 기반한

---

69) 헌재 2005.5.26. 99헌마513.

70) GDPR 상설 제4항. EU에서도 프라이버시 보호와 개인정보보호는 절대적인 기본권이 되지 못하고, EU기본권헌장에 따라 일정한 조건에서 제한될 수 있다.

71) GDPR 제85조 제1항 및 상설 제4항.

72) 잊힐 권리 내지 삭제권은 표현과 정보의 자유의 권리 행사에 필요한 개인정보 처리에는 적용되지 않는다. GDPR 제17조 제3항(a).

디지털시대의 발전에 기여하여야 한다. 디지털경제 내지 디지털통상은 특히 국경간 정보의 자유로운 이전을 전제로 하는데, 개인정보는 이러한 정보의 중요한 구성부분이다. 개인정보보호를 통하여 이러한 개인정보의 주체가 되는 자연인 또는 소비자의 개인정보 처리에 대한 신뢰가 만들어지고, 그 결과 디지털경제 내지 디지털통상이 발전할 수 있다. 또한, 개인정보를 포함한 정보의 자유로운 이전은 인터넷을 포함한 사이버공간에서 이루어지는데, 디지털경제 내지 디지털통상의 원활한 활동은 인터넷 등 사이버공간의 안전, 즉 사이버안전 (cybersecurity)을 요구한다. 이 점에서 개인정보보호는 사이버안전과 디지털경제/통상과 깊이 관련된다. 최근에 체결된 CPTPP, USMCA, 한싱DPA와 같은 통상조약의 전자상거래 내지 디지털통상에 관한 챕터에서 데이터의 국경간 이전에 관한 규정에 더하여 개인정보보호와 사이버안전에 관한 규정이 포함된 것은 이들 개념의 상호연관성을 확인한다. 개인정보보호, 사이버안전, 디지털경제/통상 사이의 합리적이고 적절한 규범적 균형이 요구되고, 이들 분야 각각에 대한 이해는 물론 이들 분야의 종합적인 이해도 요구된다.

1. 개인정보보호에 대한 헌법적 권리의 확인

국내에서 프라이버시는 대체로 사생활의 개념으로 이해되었다.[73] 사생활의 비밀과 자유는 1980년 제5공화국 헌법에서 도입되었는데, 헌법 제17조는 "모든 국민은 사생활의 비밀과 자유를 침해받지 아니 한다"고 규정한다. 헌법 제17조에 규정된 사생활의 보호는 개인적 기본권으로서 개인의 신상에 관련되고 인격과 관련된 안전에 관한 기본권이라고 이해된다.[74] 사생활 비밀의 불가침은 매스미디어에 의한 사적인 일의 공개 금지, 허위 또는 과장된 사실로 오해를 낳게 하는 공표의 금지 및 성명과 초상 등 인격과 불가분의 관계에 있는 인격적 징표의 영리적 이용 금지를 포함한다.[75] 사생활 자유의 불가침은 감시나 도청 등에 의한 사생활 평온의 불가침 및 자유로운 사생활 형성 · 영위의 억제나 위협의 금지를 포함한다.[76] 헌법은 사생활의 비밀과 자유에 관한 제17조 이외에 주거의 자유에 관한 제16조와 통신의 자유에 관한 제18조를 함께 규정한다. 헌법의 이들 규정은 UN에서 채택된 1948년 세계인권선언과 1966년 시민 · 정치적권리규약의 규정과 일치한다.

한국 헌법은 개인정보보호에 대한 권리를 명시하지 않는데, 사생활 보호에 관한 프라이버시권을 적극적으로 이해함으로써 개인정보보호의 권리를 인정하기도 한다. '사생활의 평온을 침해받지 아니하고 사생활의 비밀을 함부로 공개 당하지 아니할 권리'라는 소극적 의미에서 '자신에 관한 정보를 관리 · 통제할 수 있는 권리'를 포함하는 적극적 의미로 발전시켜 이해하는 것이다.[77] 사생활의 비밀과 자유는 사생활 비밀의 불가침과 사생활 자유의 불가침 이외에 자기

---

73) 인격권은 프라이버시권을 포함하고, 프라이버시권은 사생활의 비밀과 자유를 포함한다. 권영성 445면 참조.

74) 성낙인 569면.

75) 성낙인 572–73면.

76) 성낙인 573–74면.

77) 성낙인 570면.

정보에 대한 통제권으로 구별할 수 있다고 한다.[78] 또는 헌법 제17조의 사생활의 비밀과 자유는 소극적인 권리로 이해하고 정보에 대한 자기결정권은 헌법 제10조의 행복추구권에서 보장된다는 주장도 있다.[79]

헌법재판소는 개인정보보호에 대한 권리의 헌법적 지위를 적극적으로 인정하였다. 2005년 헌법재판소는 다음과 같이 개인정보자기결정권의 존재를 확인하였다:[80]

> 개인정보자기결정권은 자신에 관한 정보가 언제 누구에게 어느 범위까지 알려지고 또 이용되도록 할 것인지를 그 정보주체가 스스로 결정할 수 있는 권리이다. 즉 정보주체가 개인정보의 공개와 이용에 관하여 스스로 결정할 권리를 말한다. … 개인정보를 대상으로 한 조사·수집·보관·처리·이용 등의 행위는 모두 원칙적으로 개인정보자기결정권에 대한 제한에 해당한다. … 개인정보자기결정권을 헌법상 기본권으로 승인하는 것은 현대의 정보통신기술의 발달에 내재된 위험성으로부터 개인정보를 보호함으로써 궁극적으로는 개인의 결정의 자유를 보호하고, 나아가 자유민주체제의 근간이 총체적으로 훼손될 가능성을 차단하기 위하여 필요한 최소한의 헌법적 보장장치라고 할 수 있다. 개인정보자기결정권의 헌법상 근거로는 헌법 제17조의 사생활의 비밀과 자유, 헌법 제10조 제1문의 인간의 존엄과 가치 및 행복추구권에 근거를 둔 일반적 인격권 또는 위 조문들과 동시에 우리 헌법의 자유민주적 기본질서 규정 또는 국민주권원리와 민주주의원리 등을 고려할 수 있으나, 개인정보자기결정권으로 보호하려는 내용을 위 각 기본권들 및 헌법원리들 중 일부에 완전히 포섭시키는 것은 불가능하다고 할 것이므로, 그 헌법적 근거를 굳이 어느 한두 개에 국한시키는 것은 바람직하지 않은 것으로 보이고, 오히려 개인정보자기결정권은 이들을 이념적 기초로 하는 독자적 기본권으로서 헌법에 명시되지 아니한 기본권이라고 보아야 할 것이다.

---

78) 서울고판 1996.8.20. 95나44148 참조.
79) 김철수 620면. 행복추구권은 1980년 제5공화국 헌법에서 제10조에 새로이 규정되었다.
80) 헌재 2005.5.26. 99헌마513.

종래에는 개인정보자기결정권의 헌법적 근거로서 사생활의 비밀과 자유에 관한 헌법 제17조, 인간의 존엄과 가치 및 행복추구권에 관한 제10조 또는 이들 두 규정의 결합으로서 이해되고 있었는데,[81] 2005년 헌법재판소는 개인정보자기결정권을 '독자적 기본권으로서 헌법에 명시되지 아니한 기본권'으로 본 점이 획기적이다.[82] 개인정보자기결정권을 새로운 기본권으로서 인정하는 헌법재판소의 이러한 판단은 헌법 제10조와 제17조가 명시적으로 개인정보자기결정권 내지 개인정보보호를 규정하지 않은 점과 이들 두 조문이 개인정보보호와 명확하게 일치하지 않는 점을 고려할 때 타당할 것이다. 이렇게 개인정보보호에 대한 권리를 기본권으로 접근하는 것은 EU의 접근과 일치하는 것이고, 추후 헌법의 개정에서 개인정보보호에 대한 권리가 명시될 필요가 있다.

개인정보자기결정권 또는 자기정보통제권은 정보주체가 자신에 관한 정보, 즉 개인정보의 이용에 관하여 스스로 결정할 권리를 의미하는 점에서 개인정보보호의 근거가 된다고 볼 수 있다. 그럼에도 개인정보보호가 개인정보자기결정권에 국한되는지에 대하여 이견이 제기될 수 있다. 1983년 독일헌법법원의 센서스결정에서 유래하는 것으로 보는 개인정보자기결정권은 개인정보 처리에 있어 개인의 보호와 비교할 때에 한참 나중의 발전이기 때문이다. 역사적으로 개인정보보호는 개인정보의 수집 등 처리를 장악한 국가로부터 개인을 보호하기 위하여 발전한 것을 고려하면, 자신의 개인정보 처리를 스스로 결정할 수 있어야 한다는 개인정보자기결정권과 일치한다고 볼 수 없을 것이다. 개인정보보호에 관한 법은 개인정보의 처리에 대한 규율을 통하여 개인의 개인정보자기결정권을 보호하는 것을 포함하여 폭넓게 개인을 보호하는 것으로 이해해야 할 것이다.

---

81) 헌법재판소와 대법원은 그동안 헌법 제10조와 제17조 모두를 자기정보통제권의 근거로 보았다. 헌재 1995.12.28. 91헌마114 및 대법원 1998.7.24. 선고 96다42789 판결 참조.
82) 국민의 자유와 권리는 헌법에 열거되지 아니한 이유로 경시되지 아니한다. 헌법 제37조 제1항.

2. 개인정보보호법의 제정

2011년 3월 11일 제18대 국회는 당시 행정안전위원회 위원장이 제안한 개인정보보호법(안)을 채택하였다. 2011년 3월 29일 제정된 개인정보보호법(이하 '이 법'이라 함)은 2011년 9월 30일 발효하였다. 시행령도 2011년 9월 30일 발효하였다. 2008년 하반기 제18대 국회에서 이혜훈 의원(한나라당)과 변재일 의원(민주당), 정부가 각각 발의한 지 3년 만에 이 법이 국회에서 채택되었다. 2004년 제17대 국회에서 의원 발의되어 입법 논의가 시작된 시간까지 합치면 무려 7년이나 걸린 셈이다. 2008년 이후 통신사와 포털, 유통사 등에서 대규모 개인정보 유출 사고가 잇달아 터지면서 이 법 제정의 필요성에 대한 사회적 공감대가 이루어졌다.

(1) 개인정보보호법의 지위

개인정보보호에 관하여 일반법 내지 기본법으로서 지위를 가지는 이 법의 채택으로 종래 민간부문과 공공부문 및 개별 분야에서 분열되어 있던 개인정보보호법제도가 어느 정도 통일되도록 기대되었다. 공공과 민간, 온·오프라인 사업자를 포함한 모든 개인정보처리자들이 개인정보의 수집에서 파기에 이르는 처리의 전 과정에서 원칙적으로 이 법을 준수하여야 하기 때문이다. 그럼에도 '정보통신서비스를 이용하는 자의 개인정보를 보호'함을 목적으로 하는 정보통신망법과 '신용정보의 오용·남용으로부터 사생활의 비밀 등을 적절히 보호'함을 목적으로 하는 신용정보법 등 이 법에 대한 특별법의 지위를 가지는 법들이 실제로는 보다 더 큰 영향력을 가지고 있었다. 결국, 2020년 1월 9일 소위 '데이터 3법 개정'이 국회에서 통과하여 정보통신망법의 개인정보보호에 관한 규정이 이 법에 통합됨으로써 이 법이 개인정보보호에 관한 일반적인 기본법의 지위를 공고히 하게 되었다. 그러나, 금융 부문에서의 개인정보보호는 여전히 신용정보법의 규율을 받고 있다.

(2) 개인정보보호법의 개정 경과[83]

이 법은 제정된 이후 예컨대, 2014년 1월 드러난 카드 3사 개인정보 유출[84] 등 대형 개인정보 침해 사고를 극복하는 과정에서 또한 제4차 산업혁명 시대에서 개인정보의 보다 적극적인 활용 등을 위하여 여러 차례 개정되었다. 이렇게 이 법이 개정되면서 개인정보처리자의 의무와 벌칙이 점점 강화되었다.

1) 부분 개정

2013년 8월 6일 개정으로 모든 개인정보처리자에 대하여 원칙적으로 주민등록번호의 처리를 금지하고, 주민등록번호가 분실·도난·유출·변조·훼손된 경우 5억원 이하의 과징금을 부과·징수할 수 있도록 하며, 개인정보 보호와 관련된 법규의 위반행위가 있다고 인정될 만한 상당한 이유가 있을 때에는 대표자 또는 책임 있는 임원을 징계할 것을 권고할 수 있도록 명확히 규정하여, 주민등록번호 유출사고를 방지하고 기업이 주민등록번호 등 개인정보 보호의 책임을 강화하도록 개정되었다.

2014년 1월 드러난 카드 3사 관련 등 대규모 개인정보 유출 사고가 빈번하게 발생하여 사회문제가 되었고, 유출된 개인정보가 무분별하게 상업적으로 활용되거나 각종 범죄에 악용되는 등 2차 피해가 발생할 수 있어서, 이에 대한 피해를 최소화하기 위한 대책이 필요하였다. 이에 2014년 3월 24일 개정으로 주민등록번호를 보관하는 개인정보처리자는 주민등록번호를 암호화하도록 의무화하였다. 또한, 법 제1조는 동 법의 목적을 사생활의 비밀 등 프라이버시 보호 대신 개인정보의 처리와 보호로 변경하였고, 또한 개인정보보호에 대한 권리를 국민이 아닌 개인의 권리로 변경하여 인류보편적 권리임을 확인하였다.

2015년 7월 24일 개정으로 보호위원회의 총괄·조정 기능 강화, 개인정보 보호 인증기관 지정 근거 마련 등을 통한 이 법의 운영상 미비사항을 보완하

---

83) 이 법의 개별적 개정 이유 참조.
84) 2013년 6월 경 신용평가사 직원이 3개사 신용카드 이용자의 1억 건 이상의 개인정보를 유출하여 이를 대출광고업자와 대출모집인에게 넘겼는데, 2014년 1월 창원지방검찰청의 수사로 알려지게 되었다.

고, 징벌적 손해배상제도와 법정손해배상제도를 도입하여 개인정보 유출에 대한 처벌 수준을 강화하며, 개인정보의 불법 유통으로 얻은 범죄 수익을 몰수·추징하고, 부정한 방법으로 개인정보를 취득하여 영리 등의 목적으로 타인에게 제공한 자에 대한 벌칙을 신설하는 등 개인정보 침해에 대한 제재 수준이 강화되었다. 또한, 개인정보 침해요인 평가가 도입되었다.

2016년 3월 29일 개정으로 개인정보처리자가 민감정보를 처리하는 경우 안전성 확보에 필요한 조치를 하고, 개인정보처리자가 고유식별정보를 처리하는 경우 안전성 확보 조치를 하였는지 정기적 조사를 하는 등 안전성 확보를 위한 규정이 강화되었고, 주민등록번호를 수집할 수 있는 법령의 범위를 법률·대통령령·국회규칙·대법원규칙·헌법재판소규칙·중앙선거관리위원회규칙 및 감사원규칙으로 한정하여 주민등록번호의 사용이 보다 엄격하게 통제되었다. 또한, 대통령령으로 정하는 기준에 해당하는 개인정보처리자가 정보주체 이외로부터 개인정보를 수집하여 처리하는 때에는 정보주체에게 수집 출처와 처리 목적 등을 고지하도록 요구하는 등 개인정보보호가 보다 강화되었다.

2017년 4월 18일 개정으로 개인정보처리자가 서면 등으로 정보주체의 동의를 받을 때에는 정보의 수집·이용 목적, 수집·이용하려는 개인정보의 항목 등 대통령령으로 정하는 중요한 내용을 행정자치부령으로 정하는 방법에 따라 명확히 표시하여 알아보기 쉽게 하도록 개정되었다.

2) 1차 개정

제4차 산업혁명시대에서 핵심 자원인 데이터의 이용 활성화를 통한 신산업 육성을 위해서 인공지능, 클라우드, 사물인터넷 등 신기술을 활용한 데이터의 안전하고 효과적인 이용이 요구되는데, 이 법이 이에 대한 장애가 된다고 비판을 받고 있었다. 2020년 2월 4일 소위 '데이터 3법 개정'으로 이 법은 정보통신망법과 신용정보법과 함께 개인정보보호에 관한 법제도의 발전에 있어서 상당히 의미있게 대폭적으로 개정되었다. 행정안전부, 방송통신위원회와 보호위원회 등으로 분산된 개인정보보호 감독기능은 보호위원회로 일원화하고, 정보통신망법의 개인정보보호에 관한 규정은 이 법으로 통합되었다. 또한, 정보주체의 동의 없이 과학적 연구, 통계작성, 공익적 기록보존 등의 목적으로 가명정보를 이용할 수 있는 근거가 마련되고, 개인정보처리자의 책임성 강화 등 개인정보를 안전하게 보호하기 위한 제도적 장치가 마련되었다. 이로써 이 법이 개인정보보호에 대한 일반적인 기본법으로서 지위를 확고히 하게 되었다.[85]

3) 2차 개정

2020년 2월 4일 '데이터 3법 개정'에서 디지털 전환에 부응하는 개인정보이동권, 자동화된 결정에 대한 대응권 등 정보주체의 새로운 권리의 도입이 추가 입법과제로 유보되었고, 정보통신망법의 개인정보보호 규정을 특례 형태로 단순 편입함에 따라 오프라인 분야와 온라인 분야에 대한 이원적 규제체계가 유지되었으며, EU, 미국, 중국 등 국제적으로 변화되고 있는 개인정보의 국외이전 방식, 국경 없는 온라인 플랫폼 기업 제재체계 등과 같은 글로벌 개인정보 이슈 사항이 반영되지 않았다.[86]

보호위원회는 전문가 의견 수렴 후 2020년 12월 23일 보호위원회의 개정안을 마련하여 2021년 1월 6일 이를 입법예고하였고, 미국 무역대표부(USTR) 등과 회의를 거쳐 2021년 9월 28일 정부 개정안을 국회에 제출하였다.[87] 2022년 11월 22일 제400회 국회(정기회) 제2차 법안심사 제1소위원회는 정부 개정안을 포함한 21건의 개인정보보호법 법률안을 통합·조정하여 위원회의 대안으로 「개인정보보호법 일부개정법률안」을 제안하기로 하였고, 2022년 12월 5일 제400회 국회(정기회) 제15차 정무위원회는 법안심사 제1소위원회에서 마련한 대안을 위원회안으로 제안하기로 의결하였다.

대안의 제안 이유는 다음과 같다. 정보주체의 개인정보에 대한 통제권을 강화하기 위하여 정보주체가 개인정보처리자에게 자신의 개인정보를 정보주체

---

85) 이 법의 개정에 따른 시행령 개정안은 2020년 3월 31일 공표되고 5월 11일까지 40일의 입법예고에 들어갔다. 그러나 동 시행령 개정안의 내용이 정보주체의 동의 없이 개인정보를 추가로 이용·제공할 수 있는 기준과 가명정보의 결합 등에 있어서 이 법의 규정에 일치하지 않는다는 비판을 받게 되었다. 결국 규제개혁위원회와 협의를 거쳐 동 시행령은 재입법되어 2020년 7월 28일 국무회의에서 의결되었고, 2020년 8월 4일 개정되어 2020년 8월 5일 시행되었다.

86) 2021년 개정안 설명자료 2면.

87) 2021년 개정안 설명자료 2면.

본인, 개인정보관리 전문기관 또는 안전조치의무를 이행하고 대통령령으로 정하는 시설 및 기술 기준을 충족하는 자에게 전송할 것을 요구할 수 있도록 하고, 인공지능 등을 이용한 자동화된 결정이 정보주체의 권리 또는 의무에 중대한 영향을 미치는 경우 정보주체가 이를 거부하거나 해당 결정에 대한 설명 등을 요구할 수 있도록 하며, 종전에 정보통신망법에서 이관된 개인정보보호 관련 규정이 온라인 사업자인 정보통신서비스 제공자에 대한 특례로 규정되어 동일한 행위에 대하여 온라인 사업자와 오프라인 사업자간 적용되는 규정이 달라 불필요한 혼란이 발생한 점을 고려하여 관련 규정을 정비하는 한편, 개인정보의 국외 이전이 증가함에 따라 개인정보를 국외로 이전할 수 있는 경우를 확대하여 국제기준에 부합하도록 하는 등 현행 제도의 운영상 나타난 일부 미비점을 개선·보완하려는 것이다.[88]

2023년 2월 27일 제403회 국회(임시회)에서 동 일부개정법률안(대안)은 재석 190인 중 찬성 184인, 반대 1인, 기권 5인으로서 가결되었다. 2023년 3월 3일 정부에 이송된 동 일부개정법률안은 법률 제19234호로서 2023년 3월 14일 공포되었고, 2023년 9월 15일 시행되었다.

(3) 개인정보보호법의 구조

2023년 3월 14일 개정되고 9월 15일 시행된 이 법은 본문 124개 조로 구성되는 9개 장 및 부칙 11개 조문으로 구성된다.[89] 제1장 총칙은 6개 조문, 제

---

88) 국회 정무위원장, 「개인정보 보호법 일부개정법률안(대안)」(의안번호 2120089, 2023.2. 17.), 5-6면.

89) 다음 각 호의 개정 규정은 그 구분에 따른 날부터 시행한다. 법 제11조의2, 제31조, 제35조의3, 제37조의2, 제39조의7, 제60조 제5호, 제75조 제2항 제16호·제20호·제21호·제24호 및 같은 조 제4항 제1호·제9호의 개정 규정은 2024년 3월 15일 시행한다. 법 부칙 제1조 제1호. 법 제35조의2의 개정 규정은 2024년 3월 15일부터 2025년 3월 14일까지 대통령령으로 정하는 날 시행한다. 법 부칙 제1조 제2호. 이 법은 형식적으로는 '과태료에 관한 규정 적용의 특례'에 관한 제76조가 마지막 조문이지만, 그동안의 여러 차례 개정을 통하여 많은 조문이 추가되었다. 2023년 3월 14일 개정에서 '제6장 정보통신서비스 제공자등의 개인정보 처리 특례'가 삭제된 점을 감안하면, 상당수의 조문이 신설되었다.

2장 '개인정보 보호정책의 수립 등'은 23개 조문, 제3장 '개인정보의 처리'의 제1절 '개인정보의 수집, 이용, 제공 등'은 10개 조문, 제2절 '개인정보의 처리 제한'은 8개 조문, 제3절 '가명정보의 처리에 관한 특례'는 5개 조문, 2023년 3월 14일 개정에서 신설된 제4절 '개인정보의 국외 이전'은 4개 조문으로 구성된다.[90] 제4장 '개인정보의 안전한 관리'는 10개 조문,[91] 제5장 '정보주체의 권리보장'은 15개 조문, 제7장 '개인정보 분쟁조정위원회'는 13개 조문, 제8장 '개인정보 단체소송'은 7개 조문, 제9장 보칙은 15개 조문, 제10장 벌칙은 8개 조문으로 구성된다. 2023년 3월 14일 개정에서 제6장 '정보통신서비스 제공자 등의 개인정보 처리 등 특례'는 삭제되었다.[92]

이 법의 하위규범은 다음과 같다. 대통령령으로 「개인정보보호법 시행령」, 「검찰 및 특별사법경찰관리 등의 개인정보 처리에 관한 규정」, 「고위공직자범죄수사처의 개인정보 처리에 관한 규정」, 「군검찰 및 군사법경찰관리의 개인정보 처리에 관한 규정」이 있다. 고시로 「표준 개인정보 보호지침」[93], 「개인정보 보호 법규 위반에 대한 과징금 부과기준」, 「개인정보 영향평가에 관한 고시」, 「개인정보의 기술적·관리적 보호조치 기준」, 「개인정보의 안전성 확보조치 기준」, 「개인정보 처리 방법에 관한 고시」, 「정보보호 및 개인정보보호 관리체계 인증 등에 관한 고시」, 「개인정보 보호 자율규제단체 지정 등에 관한 규정」, 「한국으로 이전된 개인정보의 처리와 관련한 「개인정보 보호법」의 해석과 적용을 위한 보완규정」등이 있다. 이외에 「개인정보보호위원회 개인정보보호지침」등 다양한 훈령이 있다. 또한, 헌법기관은 다음과 같이 별도의 규칙을 가진다: 「개인정보 단체소송규칙」, 「법원 개인정보 보호에 관한 규칙」, 「헌법재판소 개인정보 보호 규칙」, 「선거관리위원회 개인정보 보호에 관한 규칙」.

---

90) 제3장 제1절은 개인정보의 수집, 이용, 제공, 파기에 이르는 각 단계별로 개인정보처리자가 준수하여야 할 처리기준을 구체적으로 규정한다. 국회 행정안전위원장, 「개인정보 보호법안(대안)」(의안번호 11087, 2011.3.10.), 5면.

91) 제4장은 개인정보의 안전한 관리, 즉 개인정보 그 자체를 직접적으로 보호하는 규정이다.

92) 제6장은 2020년 2월 4일 개정으로 정보통신망법의 개인정보보호에 관한 규정이 이 법으로 통합된 것이다.

93) 표준지침은 2020년 8월 11일 제정되어 같은 날 시행되었고, 그 내용은 이 법의 2020년 2월 4일 개정 전 행정안전부의 표준지침과 사실상 동일하였다. 2023년 3월 14일 이 법의 개정에 따라 동년 8월 1일 표준지침의 일부개정고시(안)이 행정예고되었다.

(4) 개인정보보호에 관한 다른 국내법

2020년 1월 9일 국회에서 소위 '데이터 3법 개정'이 통과된 후 동년 2월 4일 개정되고 8월 5일 시행된 이 법은 개인정보보호에 관하여 명실상부한 기본법의 역할을 하게 되었다. 이 법 이외에도 개인정보보호에 관하여 다양한 법률이 시행되고 있는데,[94] 입법론적으로 이 법 중심의 단일화가 지속되어야 할 것이다.

1) 정보통신망법

정보통신망법은 이 법의 제정 전에는 민간부문에서 적용되는 개인정보보호에 관한 대표적 법률이었고, 이 법이 시행된 후에도 동 법은 정보통신서비스 제공에 관한 개인정보보호를 규율하는 점에서 인터넷의 일상화로 개인정보보호에 관한 보다 더 효과적인 법이었다.[95] 결국, 2020년 2월 4일 정보통신망법의 개인정보보호에 관한 규정은 '정보통신서비스 제공자 등의 개인정보 처리 등 특례'로서 이 법의 제6장으로 통합되었고, 2023년 3월 14일 개정에서 동 특례 규정은 삭제되어, 이 법에서 개인정보보호에 있어서 온라인과 오프라인의 구별은 사라지게 되었다.

2) 신용정보법

신용정보법은 특히 신용정보의 오용·남용으로부터 사생활의 비밀 등을 적절히 보호하고자 1995년 1월 5일 제정되고 1995년 7월 6일 시행되었다.[96] 동 법은 개인신용정보의 처리에 있어서 이 법에 대하여 특별법이 된다. 금융위원

---

94) 공공기관의 컴퓨터에 의하여 처리되는 개인정보에 관하여 국민의 권리와 이익을 보호하기 위하여 공공기관개인정보보호법이 1994년 1월 7일 제정되어 1995년 1월 8일 시행되었는데, 2011년 9월 30일 이 법의 시행으로 폐지되었다.

95) 동 법은 2001년 1월 16일 개인정보보호 사항이 대폭 규정됨에 따라 「정보통신망 이용촉진 등에 관한 법률」에서 「정보통신망 이용촉진 및 정보보호 등에 관한 법률」로 명칭 변경을 포함하여 전부 개정되고, 2001년 7월 1일 시행되었다.

96) 동 법의 보호를 받는 신용정보는 살아있는 개인에 관한 신용정보인 개인신용정보는 물론 기업 및 법인에 관한 신용정보도 포함한다.

회가 동 법의 시행을 담당한다.

3) 위치정보법

위치정보법은 위치정보의 유출·오용 및 남용으로부터 사생활의 비밀 등을 보호하고자 2005년 1월 27일 제정되고 2005년 7월 28일 시행되었다. 동 법은 위치정보의 수집, 저장, 보호 및 이용 등에 관하여 기본법이 되지만,[97] 특정 개인의 위치정보인 개인위치정보에 관하여 동 법은 이 법에 대하여 특별법이 된다. 방송통신위원회가 동 법의 시행을 담당한다.

4) 다른 관련 법률

법률 자체의 주된 목적과 대상이 개인정보 처리가 아니면서, 개인정보 처리에 관한 규정을 두고 있는 많은 법률이 제정되어 있다. 예컨대, 교육 부문에서 「초·중등교육법」, 「고등교육법」, 「교육관련기관의 정보공개에 관한 특례법」 등이 있고, 건강·의료 부문에서 「의료법」, 「감염병의 예방 및 관리에 관한 법률」 등이 있으며, 보험 부문에서 「보험업법」 등 다양한 분야의 법률이 개인정보보호에 관련된 규정을 두고 있다.

3. 개인정보보호법의 의의

이 법은 개인인 정보주체를 보호하기 위하여 개인정보의 적법하고 공정한 처리를 규정한 점에서 특히 컴퓨터와 인터넷 이용이 일상화되는 디지털사회의 현실에서 중요한 의의를 가진다. 2011년 이 법의 제정 이후 거듭되는 개인정보의 대규모 유출 등 침해사고가 발생할 때마다 그 반작용으로서 이 법은 개인정보의 보호 내지 개인정보 처리에서 개인의 보호를 위하여 보다 더 엄격한 내용으로 개정되었다. 그 결과 이 법은 적어도 아시아에서는 물론 국제적으로도 강력한 수준의 개인정보보호를 규정한 것으로 인정되었고, 그만큼 데이터경제 내지 제4차 산업혁명시대에서 개인정보의 활용에 대한 중대한 장애로 비판받았다.

---

97) 동 법 제4조.

이 법은 민간과 공공, 온·오프라인의 개인정보 처리에 일반적으로 적용되는 점에서 제정된 당시 정보통신망법을 비롯하여 신용정보법, 의료법, 교육법 등 다양한 개별법의 개인정보보호에 관한 특별한 규정의 법적 사각지대를 해소할 수 있을 것으로 기대되었다. 그러나, 경제활동에서 중요한 역할을 하는 정보통신서비스 제공자인 개인정보처리자에게 적용되는 정보통신망법의 존재 등으로 이 법은 실제로는 개인정보보호에 관한 기본법의 지위를 확고하게 보장받지 못하였다.98) 또한, 이 법의 담당 부처가 행정안전부와 보호위원회로 이원화된 점도 이 법의 집행과 발전에서 부담이 되었다.99)

마침내 2020년 2월 4일 개정으로 이 법은 개인정보의 가명처리 내지 가명정보의 처리에 관한 규정을 신설하는 등 개인정보의 활용 가능성을 제고하고, 정보통신망법의 개인정보보호에 관한 규정을 통합하며, 보호위원회가 종래 행정안전부의 권한을 승계하면서 국무총리 소속의 중앙행정기관이 되게 하여 명실상부하게 개인정보보호 사무를 독립적으로 수행할 수 있게 되었다. 이 법의 제정 후 10년이 다 되어서야 개인정보보호에 관한 일반법 내지 기본법으로서 자리를 확고하게 정리하게 된 것이다. 또한, 2023년 3월 14일 개정으로 이동형 영상정보처리기기, 개인정보의 국외 이전, 개인정보의 전송 요구, 자동화된 결정에 대한 정보주체의 권리 등의 규정을 신설하는 등 개인정보보호에 관한 규정을 일신·보완하였다.

그럼에도, 이 법은 개인정보 처리에서 정보주체의 보호는 물론 개인정보의 활용과 관련하여 균형을 유지해야 하는 등 끊임없이 발전되어야 할 것이다. 특히 그동안 여론 등에 떠밀려 땜질과 같은 수정을 수 없이 겪은 이 법은 각 규정의 적정성은 물론 전체적으로 체계적 통일성을 유지할 필요가 있고, 이 점에서 의미있는 수준의 보완이 필요할 것이다. 예컨대, 이 법은 개인정보의 수집

---

98) 금융부문에서 신용정보법과 금융위원회의 존재도 개인정보보호의 일반법으로서 이 법의 지위를 제한하고 있다.

99) 예컨대, 빅데이터 등 관련 산업의 육성에 걸림돌이 된다는 이 법의 엄격한 규정의 적용을 완화하기 위하여 행정자치부, 방송통신위원회, 금융위원회, 보건복지부(의료법) 등 개인정보보호 관련 법의 담당 부처들이 2016년 6월 30일 「개인정보 비식별 조치 가이드라인」을 발표하였다. 그러나, 보호위원회는 동 가이드라인의 작성에 참여하지 않은 것으로 보인다. 동 가이드라인은 2020년 8월 5일 시행된 이 법에 따른 것이 아니므로 더 이상 활용하지 않는다. 가명정보 가이드라인 6면.

부터 이용, 제공, 파기에 이르는 소위 수명주기 단계별 규정을 하는데, 이렇게 개인정보의 처리에 해당하는 개별 행위를 구별하여 규정하는 것이 오히려 개인정보 처리의 전 과정에서 정보주체의 보호에 공백을 초래할 수 있다. 이 법은 이러한 수명주기에 따른 단계별 접근 대신 개인정보의 처리 전반을 대상으로 일반적으로 규정하는 것이 바람직할 것이다. 또한, 이 법의 목적이 개인정보의 활용 측면을 인지하지 않고 오로지 개인정보 보호 측면만 규정하는 것은 개인정보의 활용을 통한 우리 사회의 균형된 발전의 관점에서 바람직하지 않다. 개인정보보호는 기본권의 차원에서 인정되지만, 그런 만큼 개인정보보호에 대한 권리는 다른 기본권과의 관계에서 절대적일 수 없고, 우리 사회의 경제사회적 발전에서 개인정보의 적극적 활용을 장려해야 하는 점에서도 개인정보보호와 개인정보 활용 사이에서 알맞은 수준의 시의적이고 합리적인 균형이 요구된다. 또한, 개인정보보호는 더 이상 개별 국가가 별도로 접근하는 법적 가치가 아니라 인류보편적 성격을 가지는 점에서 개인정보보호법은 단순히 국내법 영역을 넘어서 세계법(world law) 영역에서 이해해야 할 것이다. 이 점에서 이 법은 예컨대 EU GDPR 등 동일한 가치를 추구하는 외국의 주요 법과 그 내용에서 조화가 요구된다.

Chapter

02

총 칙

이 법은 모든 경우의 개인정보의 처리에 적용되는 것은 아니다. 개인정보의 처리에서 정보주체를 보호하는 이 법은 일정한 경우 적용 범위가 제한된다. 국가안전보장이나 언론 등의 자유와 같이 헌법적 중요한 가치가 훼손되지 말아야 하기 때문이다. 특정한 상황에서 이 법의 실체적 규정이 적용되지 않지만, 제1장 제3조의 개인정보보호 원칙과 제4조의 정보주체의 권리는 어느 경우에도 기본적으로 적용되는 점에 유의해야 한다. 또한 이 법의 실제적 적용 여부는 개인정보, 정보주체, 개인정보처리자 등 주요 개념의 정의에 따라 결정된다. 이 법에 규정된 개념의 정의 범위에 대한 올바른 이해가 필요하다.

Chapter

02

총 칙

I. 개인정보보호법의 목적

■ **I. 개인정보보호법의 목적**

2011년 3월 29일 제정된 당시 이 법의 목적은 '개인정보의 수집·유출·오용·남용으로부터 사생활의 비밀 등을 보호함으로써 국민의 권리와 이익을 증진하고, 나아가 개인의 존엄과 가치를 구현하기 위하여 개인정보 처리에 관한 사항을 규정함'이었다. 2014년 3월 24일 개정으로 이 목적은 '개인정보의 처리 및 보호에 관한 사항을 정함으로써 개인의 자유와 권리를 보호하고, 나아가 개인의 존엄과 가치를 구현함'으로 수정되었다.[1]

1. 개인정보보호법의 목적

이 법의 목적은 '개인의 자유와 권리를 보호'하고, '개인의 존엄과 가치를 구현'하는 것이다.[2] 이러한 목적을 위하여 이 법은 '개인정보의 처리 및 보호에

---

1) 법 제1조.
2) 헌법 제10조는 "모든 국민은 인간으로서의 존엄과 가치를 가지며, 행복을 추구할 권리를 가진다. 국가는 개인이 가지는 불가침의 기본적 인권을 확인하고 이를 보장할 의무를 진

관한 사항'을 대상으로 규정한다. 이러한 목적에 따라 이 법은 개인정보의 처리와 안전한 관리 및 정보주체의 권리 등 개인정보의 처리에 있어서 정보주체의 보호에 관하여 구체적으로 규정한다.

2014년 3월 24일 개정으로 이 법의 원래 목적에서 '개인정보의 수집·유출·오용·남용으로부터 사생활의 비밀 등을 보호함'이 삭제되었다. 이 법이 프라이버시 보호와의 전통적인 연계를 떠나서 개인정보보호가 독립적으로 개인의 자유와 권리의 보호에 관련된 기본권임을 확인한 것으로 보인다.[3]

한편, 이 법의 원래 목적에서 국민의 권리와 이익의 증진이 언급되어 이 법의 수혜자, 즉 정보주체가 대한민국 국민으로 제한되는 것으로 볼 수 있었다. 또한, 바로 다음에서 '인간으로서의 존엄과 가치'를 언급하여서 정보주체가 반드시 대한민국 국민에 한정되지 않는다고 볼 수 있었다.[4] 2014년 3월 14일 개정으로 이 법의 목적은 '국민의 권리와 이익' 대신 '개인의 자유와 권리'를 언급함으로써, 개인정보보호가 대한민국 국민에 국한되지 않고 모든 개인의 보호를 위한 인류 보편적 기본권임을 확인한다.

EU GDPR

GDPR은 그 명칭과 일치하게 개인정보의 처리에 관하여 자연인의 보호에 관련한 규정(rules)과 개인정보의 자유로운 이동에 관련한 규정(rules)을 대상으로서 명시한다.[5] GDPR은 그 목적으로서 개인정보 보호에 대한 권리가 자연인의 기본적

다"고 규정한다.
3) 법 제5조 제1항은 국가 등의 책무에 개인정보의 목적 외 수집, 오용·남용 및 무분별한 감시·추적 등에 따른 폐해를 방지하여 인간의 존엄과 '개인의 사생활 보호'를 도모하기 위한 시책을 강구하도록 규정하는 점에서 이 법은 여전히 개인정보보호와 사생활 보호를 연계하고 있는 것으로 보인다.
4) 국가 등은 '인간의 존엄' 보호를 위한 시책을 강구하도록 요구된다. 법 제5조 제1항.
5) GDPR 제1조 제1항. GDPR의 제목 'REGULATION(EU) 2016/679 OF THE EUROPEAN PARLIAMENT AND OF THE COUNCIL of 27 April 2016 on the protection of natural persons with regard to the processing of personal data and on the free movement of such data, and repealing Directive 95/46/EC'(밑줄 추가)도 GDPR의 대상이 다음 두 가지임을 가리킨다: 개인정보의 처리에서 자연인의 보호와 개인정보의 자유로운 이동.

권리와 자유의 일부임을 명시하여 개인정보보호를 기본권으로서 접근한다.[6] 동시에 GDPR은 또 다른 목적으로 EU 내에서 개인정보의 자유로운 이동이 개인정보의 처리에 관하여 자연인의 보호라는 이유로 제한되거나 금지될 수 없음을 명시한다.[7] 따라서, GDPR의 적용 대상 및 목적으로서 개인정보의 처리에 관한 개인의 보호와 EU 내에서 개인정보의 자유이동이 동등한 지위를 가지는 것으로 볼 수 있다.

■ 표.2 이 법과 GDPR의 대상과 목적 비교

법 제1조	GDPR 제1조
이 법은 개인정보의 처리 및 보호에 관한 사항을 정함으로써 개인의 자유와 권리를 보호하고, 나아가 개인의 존엄과 가치를 구현함을 목적으로 한다.	1. 이 규칙은 개인정보의 처리에 관하여 자연인의 보호에 관련된 규정 및 개인정보의 자유로운 이동에 관련된 규정을 정한다. 2. 이 규칙은 자연인의 기본적 권리와 자유 및 특히 개인정보의 보호에 대한 그의 권리를 보호한다. 3. EU 내에서 개인정보의 자유로운 이동은 개인정보의 처리에 관하여 자연인의 보호에 관련된 이유로 제한되거나 금지되어서는 안 된다.

GDPR과 달리, 이 법은 원래 목적이나 개정된 목적에서도 개인정보의 자유로운 이동 즉 활용을 명시하지 않는다. GDPR처럼 이 법이 개인정보의 자유이동, 즉 활용도 그 대상이라고 명시하여 개인정보를 포함한 데이터의 사회경제적 가치도 같이 인정하는 것이 바람직할 것이다.[8] EU와 OECD[9]의 관련 규범에서 확인되듯이, 개인정보 활용의 사회경제적 유용성을 고려할 때, 이 법의 보호 대상이 주로 개인정보의 처리에 관한 개인의 권리와 자유이지만, 개인정보 이동을 포함한 활용도 명시하는 것이 바람직하다.[10] 이 법이 적용 대상으로

---

6) GDPR 제1조 제2항.

7) GDPR 제1조 제3항.

8) 물론 개인정보의 처리가 이용이나 활용을 포함하지만, 그럼에도 이 법의 목적이 개인정보의 활용 측면을 보호 측면과 함께 균형 있게 고려한다고 볼 수 없을 것이다.

9) 1980년 OECD 프라이버시 가이드라인과 동 가이드라인을 개정한 2013년 OECD 프라이버시 가이드라인 및 1985년 「국경간 데이터 이동에 관한 선언」(Declaration on Transborder Data Flows) 등 참조.

10) 2008년 8월 당시 이혜훈 의원이 대표 발의한 개인정보보호법(안)은 개인정보의 처리에

서 개인정보보호와 개인정보 활용을 명시하면, 이 법의 구체적 규정은 개인정보보호 일변도가 아닌 개인정보의 활용과 균형이 되도록 해석되고 적용될 수 있다.

또한, 이 법의 목적은 개인정보의 처리에 있어서 개인의 보호라고 명시하는 것이 바람직할 것이다. 이 법의 목적에서 '개인정보의 처리 및 보호'에 관한 사항을 정한 것이라고 규정하는데, 이 법의 주된 보호 대상은 개인정보가 아니라 개인정보의 처리에 있어서 개인이어야 한다. 실제로 이 법은 전체로서 개인정보의 처리에 있어 정보주체를 보호하는 것이고 개인정보 그 자체의 보호, 즉 안전한 관리도 규정하고 있다.[11] 이 점에서 개인정보의 처리에서 정보주체의 보호는 '개인정보보호'라고 부르고, 개인정보 그 자체의 보호는 '개인정보 보호'라고 부르는 것이 정확할 것이다.

2. 개인정보보호 관련 다른 법률의 목적

이 법 이외에 개인정보보호에 관한 특별한 규정을 둔 법률이 다수 있다. 이들 법률의 목적을 검토하면 국내법상 개인정보보호의 방향을 가늠할 수 있다. 즉 개인정보의 처리에 관하여 개인정보보호와 개인정보 활용의 두 가지 목적 사이의 균형을 유지하는지 확인할 수 있다.

(1) 공공기관개인정보보호법

개인정보보호에 관한 국내 최초의 법률인 공공기관개인정보보호법은 제1조에서 동 법의 목적을 '공공기관의 컴퓨터·폐쇄회로 텔레비전 등 정보의 처리 또는 송·수신 기능을 가진 장치에 의하여 처리되는 개인정보의 보호를 위하여 그 취급에 관하여 필요한 사항을 정함으로써 공공업무의 적정한 수행을 도모

관한 개인의 자유와 권리의 보호와 함께 '개인정보의 적정한 이용'의 보장을 명시하였다.

11) 안전조치 의무에 관하여 법 제29조 참조. 개인정보처리자의 안전조치 의무도 개인정보 그 자체를 보호하지만 궁극적으로는 정보주체인 개인을 보호하는 것으로 볼 수 있다.

함과 아울러 국민의 권리와 이익을 보호함'이라고 규정하였다.[12) 동 법은 처리되는 개인정보의 보호를 위하여 그 취급에 필요한 사항을 정한다고 규정하면서 공공업무의 적정한 수행과 국민의 권리와 이익의 보호 사이의 균형을 유지하려 하였다.

(2) 정보통신망법

이 법의 채택 이전까지 민간부문에서 개인정보보호의 일반법 역할을 수행하고 2020년 2월 4일 '데이터 3법 개정' 전까지 개인정보보호의 주된 역할을 수행한 정보통신망법은 제1조에서 동 법의 목적을 '정보통신망의 이용을 촉진하고 정보통신서비스를 이용하는 자의 개인정보를 보호함과 아울러 정보통신망을 건전하고 안전하게 이용할 수 있는 환경을 조성하여 국민생활의 향상과 공공복리의 증진에 이바지함'이라고 규정하였다.[13)

(3) 신용정보법

신용정보법은 제1조에서 동 법의 목적을 '신용정보 관련 산업을 건전하게 육성하고 신용정보의 효율적 이용과 체계적 관리를 도모하며 신용정보의 오용·남용으로부터 사생활의 비밀 등을 적절히 보호함으로써 건전한 신용질서를 확립하고 국민경제의 발전에 이바지함'이라고 규정한다. 동 법의 목적은 개인신용정보를 포함한 신용정보의 오용·남용으로부터 사생활의 비밀 등을 적절히 보호하는 점에서 이 법의 원래 목적과 유사하다. 이 법과 달리 신용정보법은 신용정보의 효율적 이용을 도모하고 또한 신용정보의 오용·남용으로부터 사생활의 비밀 등을 적절히 보호하는 점에서 신용정보의 이용과 사생활의 비밀 등 보호 사이의 균형을 이루려는 것으로 볼 수 있다.

---

12) 동 법은 1994년 1월 7일 제정되고 1995년 1월 8일 시행되었는데, 이 법의 시행으로 2011년 9월 30일 폐지되었다.

13) 2020년 2월 4일 개정으로 정보통신망법의 개인정보보호에 관한 규정은 이 법으로 통합되었고, 동 법의 목적은 '정보통신서비스를 이용하는 자의 개인정보'의 보호 대신 '정보통신서비스를 이용하는 자'의 보호로 개정되었다.

(4) 위치정보법

위치정보법은 제1조에서 동 법의 목적을 '위치정보의 유출·오용 및 남용으로부터 사생활의 비밀 등을 보호하고 위치정보의 안전한 이용환경을 조성하여 위치정보의 이용을 활성화함으로써 국민생활의 향상과 공공복리의 증진에 이바지함'이라고 규정한다. 위치정보법은 개인위치정보를 포함한 위치정보의 수집과 이용 등에 관련된 사생활의 비밀 등의 보호와 함께 위치정보의 이용 활성화를 목적으로서 규정한 점에서 두 가지 법익의 보호에서 균형을 이루려고 한다.

이 법은 그 적용 범위를 구체적으로 명시하지 않는다. 참고로 GDPR은 제2조에서 물적 범위(material scope)와 제3조에서 영토적 범위(territorial scope)를 규정한다. 예컨대, GDPR은 개인정보의 자동화된 처리는 물론 수동적 처리에 적용되고, 회원국 국내 형사법과 관련된 회원국의 활동과 같이 EU법의 범위를 벗어나는 활동 등에 적용되지 않음을 명시한다. 또한, GDPR이 EU 역내는 물론 역외의 컨트롤러와 프로세서에게 적용된다는, 즉 역외 적용을 명시한다.[14] 이와 달리 이 법은 그 적용범위로서 소극적으로 이 법이 적용되지 않는 경우를 명시한다. 물론, 이 법은 전자적으로 처리되는 개인정보는 물론 수기(手記) 문서에도 적용된다.[15]

1. 익명정보에 대한 전면적 적용 제외

이 법의 적용을 받는 개인정보는 '살아 있는 개인에 관한 정보'로서 세 가지 유형이 규정된다. 첫째 유형은 '성명, 주민등록번호 및 영상 등을 통하여 개인을 알아볼 수 있는 정보'이다.[16] 둘째 유형은 '해당 정보만으로는 특정 개인을 알아볼 수 없더라도 다른 정보와 쉽게 결합하여 알아볼 수 있는 정보'이다.[17] 셋째 유형은 2020년 2월 4일 개정으로 신설된 가명정보이다.[18]

중요한 점은 이들 세 가지 유형의 개인정보가 아니면 이 법의 적용을 받지 않는다는 것이다. 즉 개인에 관련되지 않는 익명정보 또는 정보주체가 식별가능하지 않은 방식으로 익명처리된 개인정보는 이 법의 적용을 받지 않는다.[19]

---

14) GDPR의 컨트롤러(controller)와 프로세서(processor)는 각각 이 법의 개인정보처리자와 처리수탁자와 유사한 개념이다.
15) 국회 행정안전위원회, 「개인정보보호법안(대안)」(의안번호 11087, 2011.3.10.), 4면.
16) 법 제2조 제1호 가목.
17) 법 제2조 제1호 나목.
18) 법 제2조 제1호 다목.
19) GDPR 상설 제26항 참조.

익명정보는 개인정보가 아니어서 당연히 이 법의 적용을 받지 않지만, 2020년 2월 4일 개정으로 익명정보에 대한 이 법의 적용 제외의 규정이 신설되었다. 즉 이 법은 시간·비용·기술 등을 합리적으로 고려할 때 다른 정보를 사용하여도 더 이상 개인을 알아볼 수 없는 정보에는 적용하지 아니한다.[20] '시간·비용·기술 등' 합리적으로 고려되는 사항은 다른 정보의 입수 가능성 등 개인을 알아보는데 소요되는 사항의 예가 된다.[21] 즉 해당 정보만으로는 특정 개인을 알아볼 수 없더라도 다른 정보와 쉽게 결합하여 알아볼 수 있는 정보는 개인정보의 둘째 유형인데, 이렇게 다른 정보의 입수 가능성이 없어서 쉽게 결합할 수 없어서 개인을 알아볼 수 없으면 해당 정보는 개인정보가 되지 못하여, 즉 익명정보가 되어서 그의 처리에 관하여 이 법이 적용되지 않는다.[22] 특히 개인정보처리자는 익명으로 처리하여도 개인정보 수집목적을 달성할 수 있는 경우 익명처리가 가능한 경우에는 익명에 의하여 처리될 수 있도록 하여야 한다.[23] 개인정보처리자는 자신과 정보주체를 위하여 익명처리를 통하여 개인정보를 처리하면 이 법의 적용을 받지 않게 된다.[24]

EU GDPR

자연인, 즉 개인을 식별할 수 있는지 결정하기 위하여 '컨트롤러 또는 다른 자가'(by the controller or by another person) 그 개인을 직접적으로 또는 간접적으로 식별하는데 '합리적으로 사용될 수 있을 것 같은 모든 수단'(all the means reasonably likely to be used)이 고려되어야 한다.[25] 개인을 식별하는데 합리적으로 사용될 것 같은 수단인지 확정하기 위하여, '모든 객관적 요소'(all objective

---

20) 법 제58조의2.
21) 법 제2조 제1호 나목 및 GDPR 상설 제26항 참조.
22) 신용정보법은 익명처리를 '더 이상 특정 개인인 신용정보주체를 알아볼 수 없도록 개인신용정보를 처리하는 것'이라고 정의한다. 신용정보법 제2조 제17호.
23) 법 제3조 제7항.
24) 개인정보처리자가 익명정보의 생성을 위하여 개인정보를 처리하는 경우에는 정보주체의 동의를 받을 필요가 없다. 2020년 해설서 531면.
25) GDPR 상설 제26항.

factors)가 고려되어야 하는데, 이러한 요소에는 처리 당시 이용가능한 기술과 기술적 발전을 고려하여 식별하는데 요구되는 비용과 시간이 포함된다.[26]

2. 특정 상황에서의 포괄적 적용 제외

이 법은 두 가지 유형의 개인정보 처리에 관하여 이 법의 핵심적 내용인 제 3장에서 제8장까지 규정이 적용되지 않도록 규정한다.[27] 즉 이 법의 제3장(개인정보의 처리), 제4장(개인정보의 안전한 관리), 제5장(정보주체의 권리 보장), 제7장(개인정보분쟁조정위원회) 및 제8장(개인정보 단체소송)이 적용되지 않는다. 예컨대, 이러한 두 가지 유형의 개인정보에 관하여 법 제3장의 제18조가 적용되지 않으므로, 수집한 목적 범위를 초과하여 제3자에게 해당 정보를 제공할 수 있다. 물론 이러한 경우에도 정보주체의 개인정보자기결정권의 보호를 위하여 이러한 예외는 구체적이고 명확한 경우로 엄격하게 해석되어야 한다.[28]

포괄적 적용 제외가 인정되는 아래 두 가지 유형의 개인정보를 처리하는 개인정보처리자는 다음과 같이 개인정보보호를 위한 최소한의 기본원칙을 준

---

26) GDPR 상설 제26항.
27) 법 제58조 제1항. 2023년 3월 14일 개정으로 '공공기관이 처리하는 개인정보 중 「통계법」에 따라 수집되는 개인정보'와 '공중위생 등 공공의 안전과 안녕을 위하여 긴급히 필요한 경우로서 일시적으로 처리되는 개인정보'를 규정한 제1호와 제3호가 삭제되었다. 동 개정규정은 이 법 시행, 즉 2023년 9월 15일 이후 개인정보를 처리하는 경우부터 적용한다. 법 부칙 제5조. 2020년 2월 4일 개정으로 신설된 법 제3절 가명정보의 처리에 관한 특례는 통계작성 등을 위하여 정보주체의 동의 없이 가명정보를 처리할 수 있게 규정하면서 가명정보도 개인정보와 같이 이 법의 적용을 받게 된 점에서 공공기관의 통계법에 따라 수집되는 개인정보에 대한 이 법의 포괄적 적용 제외는 타당하지 않았을 것이다. 또한, 통계법은 이 법의 적용이 제외되는 지정통계의 지정 및 통계의 승인을 통계청장 단독으로 결정할 수 있도록 하고 있으며, 통계작성을 위한 개인정보 처리와 관련하여 안전성 확보 등에 관한 사항을 구체적으로 규정하지 않고 있다는 문제도 제기되었다. 보호위원회, '행정안전부의 장애인 관련 통계작성을 위한 개인정보 제공에 관한 건'(제2017-23-176호, 2017.11.27.). 한편, 공공 안전과 안녕을 위하여 긴급히 필요하여 처리되는 개인정보는 2023년 3월 14일 개정에서 개인정보의 수집·이용과 제3자 제공 및 목적 외 이용·제공의 근거로 신설되어 이 법의 정상적인 적용을 받게 되었다. 법 제15조 제1항 제7호, 제17조 제1항 제2호 및 제18조 제2항 제10호 참조.
28) 보호위원회, '지방자치단체 통합관제센터 영상정보의 군부대 제공에 관한 건'(제2017-20-167호, 2017.10.16.).

수하여야 한다.[29] 첫째, 개인정보처리자는 그 목적을 위하여 필요한 범위에서 최소한의 기간에 최소한의 개인정보만을 처리하여야 한다. 둘째, 개인정보처리자는 개인정보의 안전한 관리를 위하여 필요한 기술적·관리적 및 물리적 보호조치를 취하여야 한다. 셋째, 개인정보처리자는 개인정보의 처리에 관한 고충처리, 그 밖에 개인정보의 적절한 처리를 위하여 필요한 조치를 마련하여야 한다. 따라서, 이 법의 적용이 배제되지 않는 제1장의 개인정보보호 원칙에 관한 제3조와 정보주체의 권리에 관한 제4조에 따라 구체적이지는 않지만 개인정보 처리에 관한 기본원칙은 적용된다고 보아야 한다. 또한, 개인정보처리자의 안전조치 의무에 관한 제29조와 개인정보 보호책임자에 관한 제31조 등도 사실상 적용된다.

(1) 국가안전보장과 관련된 정보 분석을 목적으로 수집 또는 제공 요청되는 개인정보

국가안전보장과 관련된 정보 분석을 목적으로 수집 또는 제공 요청되는 개인정보에 법 제3장부터 제8장까지 규정이 적용되지 않는다.[30] 이 경우 개인정보의 수집 또는 제공은 이용을 포함한다.[31] 간첩 색출과 국가기밀 누출 방지 등 국가안보를 위하여 비밀리에 개인정보를 수집하거나 다른 기관으로부터 개인정보를 제공받아야 하는데, 이러한 개인정보 처리에 대하여 이 법의 완전한 적용은 국가안보에 장애가 될 수 있기 때문이다.[32] 예컨대, 국가정보원 원장은

---

29) 법 제58조 제4항.

30) 법 제58조 제1항 제2호.

31) 법 제15조 제1항이 개인정보의 수집 요건을 규정하면서 그 이용을 전제로 하고, 법 제58조 제1항 제2호의 '정보 분석'은 그 자체 이용에 해당하며, 동 호가 제3자 제공을 허용하는 점에서 그 이용도 포함하는 것으로 해석된다. 보호위원회, '보령시의 통합방위작전 지원을 위한 CCTV 영상정보 처리에 관한 건'(제2019-04-044호, 2019.2.25.).

32) 예컨대, 국가안전보장에 상당한 위험이 예상되는 경우 또는 관련 법에 따른 대테러활동에 필요한 경우에 한하여 그 위해를 방지하기 위하여 이에 관한 정보수집이 특히 필요한 때에는 명시적으로 규정된 범위의 통신제한조치가 허용된다. 통신비밀보호법 제7조. 통신제한조치는 우편물의 검열 또는 전기통신의 감청을 의미하는데, 이러한 통신제한조치는 범죄수사 또는 국가안전보장을 위하여 보충적인 수단으로 이용되어야 하며, 국민의 통신비밀에 대한 침해가 최소한에 그치도록 노력하여야 한다. 동 법 제3조 제2항 참조.

직무 수행과 관련하여 필요한 경우 국가기관이나 그 밖의 관계 기관 또는 단체에 대하여 사실의 조회·확인 등 필요한 협조 또는 지원을 요청할 수 있다.[33] 또한, 국가정보원장은 테러위험인물에 대한 개인정보(이 법의 민감정보 포함한다)와 위치정보를 개인정보처리자와 위치정보법에 따른 개인위치정보사업자 및 사물위치정보사업자에게 요구할 수 있다.[34]

국가안전보장과 관련된 정보 분석을 목적으로 수집 또는 제공 요청되는 개인정보에 관하여 법 제3장부터 제8장까지 적용되지 않지만, 제1장에 규정된 개인정보보호 원칙에 관한 제3조와 정보주체의 권리에 관한 제4조는 그 자체로서 구체적이지는 않지만 적용된다. 또한, 이 경우 개인정보처리자는 그 목적을 위하여 필요한 범위에서 최소한의 기간에 최소한의 개인정보만을 처리하고, 개인정보의 안전한 관리를 위하여 필요한 기술적·관리적 및 물리적 보호조치를 취하며, 개인정보의 처리에 관한 고충처리, 그 밖에 개인정보의 적절한 처리를 위하여 필요한 조치를 마련하여야 한다.[35] 따라서, 법 제4장에 규정된 개인정보처리자의 안전조치 의무에 관한 제29조와 개인정보 보호책임자에 관한 제31조 등도 사실상 적용된다고 보아야 한다.

2021년 12월 17일 EU 유럽위원회는 한국에 대한 개인정보보호의 적정성 결정을 내렸는데, 이와 관련하여 보호위원회는 보완규정을 채택하였다. 그런데, 보완규정은 법 제3조와 제4조의 개인정보보호에 관한 원칙적인 규정을 이들 규정을 구체화한 법 제3장과 제5장이 적용되는 것과 같은 법적 효과가 있는 것으로 설명한다. 예컨대, 국가안보와 관련하여, 개인정보처리자는 법 제3조 제5항에 따라 개인정보 처리방침 등 개인정보의 처리에 관한 사항을 공개하여야 하며, 열람청구권 등 정보주체의 권리를 보장하여야 한다는 것이다.[36] 그러나,

---

33) 국가정보원법 제5조. 국정원 원장·차장·기획조정실장 및 그 밖의 직원은 통신비밀보호법, 위치정보법, 형사소송법 또는 군사법원법 등에서 정한 적법절차에 따르지 아니하고는 우편물의 검열, 전기통신의 감청 또는 공개되지 아니한 타인간의 대화를 녹음·청취하거나 위치정보 또는 통신사실확인자료를 수집하여서는 아니 된다. 국가정보원법 제14조.

34) 테러방지법 제9조 제3항. 테러 발생 시 군부대의 소관 업무 수행을 위해 필요한 영상정보는 국가안전보장과 관련된 정보 분석 목적으로 수집 또는 제공 요청되는 개인정보로서 법 제58조 제1항 제2호에 해당한다. 보호위원회, '지방자치단체 통합관제센터 영상정보의 군부대 제공에 관한 건'(제2017-20-167호, 2017.10.16.).

35) 법 제58조 제4항.

36) 보완규정 제3절 제6조 제(i)항 제(6)호.

공공기관은 보호위원회에 등록해야 하는 개인정보파일에 대하여 개인정보 처리방침을 정해야 하지만, '국가 안전, 외교상 비밀, 그밖에 국가의 중대한 이익에 관한 사항을 기록한 개인정보파일'은 등록에서 제외된다.[37) 따라서, 국가안보를 목적으로 처리되는 개인정보에 대하여 개인정보 처리방침 등 개인정보의 처리에 관한 사항이 공개되어야 한다는 보완규정의 해석은 법 제32조와 제30조에 명시적으로 반한다.[38) 일반적이고 원칙적인 규정을 통하여 국가안보와 관련하여 이들보다 구체적이고 실천적인 규정들의 적용 결과를 도출하려는 것은 무리일 것이다.[39)

(2) 언론, 종교단체, 정당이 각각 취재·보도, 선교, 선거 입후보자 추천 등 고유 목적을 달성하기 위하여 수집·이용하는 개인정보

언론, 종교단체, 정당이 각각 취재·보도, 선교, 선거 입후보자 추천 등 고유 목적을 달성하기 위하여 수집·이용하는 개인정보에 법 제3장부터 제8장까지 규정이 적용되지 않는다.[40) 취재·보도, 선교, 정당의 당원 모집 등과 관련

---

37) 법 제32조 제1항 및 제2항 제1호.

38) 이 법의 제4장에 규정된 제32조와 제30조는 국가안전보장에 관련된 개인정보에 대하여 적용되지 않는다. 그럼에도 보완규정은 이 경우에 특별히 규정한 법 제32조와 제30조의 취지를 넘어서 법 제3조 제5항을 해석한 것으로 보인다.

39) 보완규정은 EU 적정성 결정의 채택에 필요하여 한국이 제시한 보완적 법적 문서이면서, 이 법의 주요 규정에 대한 보호위원회의 해석을 포함하고 있는데, 행정규칙의 지위를 가진 보완규정이 법률인 이 법의 기본적인 의미와 입법적 맥락을 무시하거나 뛰어 넘는 것으로 보인다. 보완규정에 관하여 박노형, "EU 적정성 결정에 따른 개인정보보호위원회 고시인 보완규정의 법적 분석", 고려법학 제106호(2022.9) 참조.

40) 법 제58조 제1항 제4호. 개인정보의 이러한 목적을 달성하기 위한 경우라도 개인정보의 수집·이용이 아닌 제3자 제공은 이러한 비적용에 해당하지 않을 것이다. 2021년 12월 17일 EU의 한국에 대한 적정성 결정은 종교활동으로 개인정보를 처리하는 종교단체와 후보의 추천 맥락에서 개인정보를 처리하는 정당인 수령인으로 이전되는 개인정보에 적용되지 않는다. European Commission, "Commission Implementing Decision of 17.12.2021 pursuant to Regulation (EU) 2016/679 of the European Parliament and of the Council on the adequate protection of personal data by the Republic of Korea under the Personal Information Protection Act", Arts. 1(2)(a), (b), Official Journal of European Union, Volume 65 (24 February 2022)('EU의 한국에 대한 적정

하여 이 법의 적용으로 개인정보의 수집·이용에 대한 동의와 고지 등의 요구는 헌법상 보장된 언론·종교·정당 활동의 자유를 저해할 가능성이 높기 때문이다. 그러나, 언론기관의 인물정보사업, 종교단체의 사회복지사업, 정당의 청년정치인 양성사업 등 이들의 고유 목적이 아닌 경우는 해당하지 않는다.[41]

예컨대, 공직선거의 후보자가 되고자 하는 자 또는 정당은 선거기간 개시일 전 150일부터 본인 또는 후보자가 되고자 하는 소속 당원의 전과기록을 국가경찰관서의 장에게 조회할 수 있으며, 그 요청을 받은 국가경찰관서의 장은 지체없이 그 전과기록을 회보하여야 하고, 관할선거구선거관리위원회는 그 확인이 필요하다고 인정되는 후보자에 대하여 후보자등록마감 후 지체 없이 해당 선거구를 관할하는 검찰청의 장에게 그 후보자의 전과기록을 조회할 수 있고, 당해 검찰청의 장은 그 전과기록의 진위여부를 지체 없이 회보하여야 한다.[42]

선거 등의 고유 목적을 달성하기 위하여 수집·이용하는 개인정보에 관하여 법 제3장부터 제8장까지 적용되지 않지만, 제1장에 규정된 개인정보보호 원칙에 관한 제3조와 정보주체의 권리에 관한 제4조는 그 자체로서 구체적이지는 않지만 적용된다. 또한, 이 경우 개인정보처리자는 그 목적을 위하여 필요한 범위에서 최소한의 기간에 최소한의 개인정보만을 처리하고, 개인정보의 안전한 관리를 위하여 필요한 기술적·관리적 및 물리적 보호조치를 취하며, 개인정보의 처리에 관한 고충처리, 그 밖에 개인정보의 적절한 처리를 위하여 필요한 조치를 마련하여야 한다.[43] 따라서, 법 제4장에 규정된 개인정보처리자의 안전조치 의무에 관한 제29조와 개인정보 보호책임자에 관한 제31조 등도 사실상 적용된다고 보아야 한다.

3. 특정 상황에서 부분적 적용 제외

위의 두 가지 경우 이 법의 핵심적 규정의 포괄적 적용 제외와 달리, 다음의 특수한 상황에서 이 법 규정의 부분적 적용 제외가 인정된다.

성 결정').
41) 2020년 해설서 526면 참조.
42) 공직선거법 제49조 제10항 참조.
43) 법 제58조 제4항.

(1) 고정형 영상정보처리기기를 설치·운영하여 처리되는 개인 정보

공개된 장소에 고정형 영상정보처리기기를 설치·운영하여 처리되는 개인 정보에 대하여는 이 법의 다음 규정이 적용되지 않는다:[44] 개인정보의 수집·이용에 관한 제15조, 동의를 받는 방법에 관한 제22조, 아동의 개인정보보호에 관한 제22조의2, 영업양도 등에 따른 개인정보의 이전 제한에 관한 제27조 제1항과 제2항, 개인정보 유출등의 통지·신고에 관한 제34조 및 개인정보의 처리 정지 등에 관한 제37조. 이들 조문을 적용하지 않는 것은 공개된 장소에서 허용되는 고정형 영상정보처리기기에 의한 개인영상정보의 수집 목적이 제한 적이고 그 수집 방식 등이 일반적인 개인정보와 다르기 때문이다. 따라서, 이 법은 고정형 영상정보처리기기의 설치·운영의 제한에 관하여 별도의 상세한 규정을 둔다.[45]

(2) 동창회 등 친목 단체를 운영하기 위하여 처리되는 개인정보

개인정보처리자가 동창회, 동호회 등 친목 도모를 위한 단체를 운영하기 위하여 개인정보를 처리하는 경우에는 이 법의 다음 규정이 적용되지 않는다:[46] 개인정보의 수집·이용에 관한 제15조,[47] 개인정보 처리방침의 수립 및 공개에

---

44) 법 제58조 제2항. 2023년 3월 14일 개정으로 이동형 영상정보처리기기에 관한 제25조의 2가 신설되었는데, 이동형 영상정보처리기기의 경우 이러한 비적용이 해당하지 않는다.

45) 법 제25조 참조.

46) 법 제58조 제3항. 친목단체는 '학교, 지역, 기업, 인터넷 커뮤니티 등을 단위로 구성되는 것으로서 자원봉사, 취미, 정치, 종교 등 공통의 관심사나 목표를 가진 사람간의 친목도 모를 위한 각종 동창회, 동호회, 향우회, 반상회 및 동아리 등의 모임'을 말한다. 표준지 침 제2조 제4호.

47) 개인정보처리자가 친목단체를 운영하기 위하여 다음 각 호의 어느 하나에 해당하는 개 인정보를 수집하는 경우에는 정보주체의 동의 없이 개인정보를 수집·이용할 수 있다: 1. 친목단체의 가입을 위한 성명, 연락처 및 친목단체의 회칙으로 정한 공통의 관심사나 목표와 관련된 인적 사항, 2. 친목단체의 회비 등 친목유지를 위해 필요한 비용의 납부 현황에 관한 사항, 3. 친목단체의 활동에 대한 구성원의 참석여부 및 활동내용에 관한 사항, 4. 기타 친목단체의 구성원 상호 간의 친교와 화합을 위해 구성원이 다른 구성원

관한 제30조 및 개인정보 보호책임자의 지정에 관한 제31조. 친목단체는 친목을 위하여 그 구성원들이 자발적인 활동을 하는 것이어서 외부에 대하여 자신의 개인정보 처리방침을 공개할 필요가 없을 것이고, 그 성격상 자신의 개인정보 처리에 관한 업무를 총괄하여 책임을 질 개인정보 보호책임자를 지정할 필요가 없을 것이다. 그럼에도 안전조치 의무에 관한 법 제29조 등 이 법의 규정 대부분이 적용된다. 또한 제3자 제공에 관한 법 제17조 제1항이 친목 단체 운영에 적용되는 점에서, 예컨대 학교가 졸업생 성명과 졸업 연도를 졸업생의 동의 없이 총동창회에 제공하는 것은 허용되지 않을 것이다.[48]

(3) 가명정보

가명정보는 정보주체의 동의 없이도 통계작성, 과학적 연구, 공익적 기록보존 등을 위하여 처리될 수 있어서, 가명정보의 처리에 있어서 정보주체의 동의를 전제로 하는 권리는 제한될 수밖에 없다. 따라서, 법 제28조의2 또는 제28조의3에 따라 처리된 가명정보에 대하여 이 법의 다음 규정은 적용되지 않는다:[49] 정보주체 이외로부터 수집한 개인정보의 수집 출처 등 고지에 관한 제20조, 개인정보 이용·제공 내역의 통지에 관한 제20조의2,[50] 영업양도 등에 따른 개인정보의 이전 제한에 관한 제27조, 개인정보 유출등의 통지에 관한 제34조 제1항, 개인정보의 열람에 관한 제35조, 개인정보의 전송 요구에 관한 제35

에게 알리기를 원하는 생일, 취향 및 가족의 애경사 등에 관한 사항. 표준지침 제12조 제7항.

48) 2022 표준해석례 26면.

49) 법 제28조의7. 2023년 3월 14일 개정으로 개인정보의 파기에 관한 제21조는 법 제28조의7의 적용 배제에서 삭제되었다. 이 법에서 가명정보는 개인정보에 해당하는 점에서 개인정보의 파기 규정이 가명정보에 적용되지 않도록 하지 않은 것은 합리적이다. 한편, 개인정보처리자가 통계작성, 과학적 연구, 공익적 기록보존 등의 목적으로 가명정보를 처리함에 있어 그 구체적인 처리 목적을 달성한 이후에도 헌법 제37조 및 법 제3조(개인정보 보호 원칙)에 따라 이를 파기하지 아니하는 경우에는 해당 정보를 법 제58조의2의 '시간·비용·기술 등을 합리적으로 고려할 때 다른 정보를 사용하여도 더 이상 개인을 알아볼 수 없는 정보', 즉 익명정보로 처리하여야 한다. 보완규정 제3절 제4조 제(iii)항.

50) 법 제20조의2는 2023년 3월 14일 개정으로 정보통신서비스 제공자등에 대한 법 제39조의8을 대체하면서 신설되었다.

조의2,[51] 개인정보의 정정·삭제에 관한 제36조, 개인정보의 처리정지 등에 관한 제37조.

EU GDPR

GDPR은 다음의 개인정보 처리에는 적용되지 않는다:[52] (a) 국내 형사법과 관련되는 회원국의 활동과 같이 EU법의 범위를 벗어나는 활동의 과정에서의 경우, (b) 공동외교안보정책(Common Foreign and Security Policy)에 속하는 활동을 수행하는 회원국에 의한 경우, (c) 순수한 개인적 또는 가사 활동의 과정에서 개인에 의한 경우, (d) 공공안전의 보호 및 공공안전에 대한 위협의 방지를 비롯하여 범죄의 예방, 수사, 탐지, 또는 소추 및 형사처벌의 집행 목적으로 회원국 소관 기관에 의한 경우.

---

51) 법 제35조의2는 2023년 3월 14일 개정으로 신설되었다. 동 개정 규정은 2024년 3월 15일부터 2025년 3월 14일까지 대통령령으로 정하는 날 시행한다. 법 부칙 제1조 제2호.
52) GDPR 제2조 제2항.

■ III. 용어 정의

이 법은 '개인정보의 처리 및 보호에 관한 사항'을 규정한다.[53) 개인정보와
처리 등 일정한 용어는 이 법의 해석과 적용에 중요하고, 이렇게 중요한 용어
의 개념은 별도로 정의된다. 법 제2조는 이 법에서 사용되는 주요 용어인 가명
정보를 포함한 개인정보, 가명처리를 포함한 처리, 정보주체, 개인정보파일, 개
인정보처리자, 공공기관, 고정형 영상정보처리기기와 이동형 영상정보처리기기
및 과학적 연구의 개념을 정의한다.[54) 이외에 민감정보, 고유식별정보, 개인정
보취급자 등 개인정보보호에 중요한 개념은 관련 조문에서 정의된다.[55) 개인정
보와 처리 등 주요 개념의 정의에 따라 이 법의 적용 범위가 결정되므로, 이
법에 규정된 이들 용어의 개념은 올바로 이해되어야 한다.

1. 개인정보

이 법의 적용을 받는 개인정보는 '살아 있는 개인에 관한 정보'인데, 다음의
세 가지 유형으로 구별된다.[56) 개인정보는 전자적으로 처리되는 개인정보 이외

---

53) 법 제1조.
54) 가명정보, 가명처리 및 과학적 연구의 정의는 2020년 2월 4일 개정으로, 이동형 영상정
  보처리기기의 정의는 2023년 3월 14일 개정으로 신설되었다.
55) 예컨대, 민감정보의 개념은 법 제23조 제1항, 고유식별정보의 개념은 법 제24조 제1항,
  개인정보취급자의 개념은 법 제28조 제1항 참조.
56) 보호위원회는 분쟁조정 신청의 목적으로 개인정보를 다음과 같이 세 가지로 분류한다.
  첫째, 일반 개인정보(개인을 특정할 수 있는 정보, 결합시 쉽게 개인을 식별할 수 있는
  정보로서 성명, 생년월일, 전화번호, 주소, 아이디(혹은 닉네임), 이메일 주소 등 개인을
  직접 식별할 수 있는 정보)이다. 둘째, 중요 개인정보(일반 개인정보 외에 개인에 관한
  추가정보로서 ① 금융·채무·소득·학력·성적 등 경제적·사회적 상황 등에 대한 정보,
  ② 온라인 접속 및 활동정보(로그 혹은 쿠키, 행태 기록 등), 위치정보 등 ③ 개인의 관
  심·성향·활동 상황 등을 나타내는 정보 등)이다. 셋째, 민감한 개인정보(보호법상 규정
  된 민감정보와 그에 준하는 민감도를 가진 정보로서 ① 건강, 사상, 신념, 정당 가입 등
  이 법의 민감정보, ② 성형·징계정보 등 보호법상 민감정보에 준하는 명예훼손적 성격
  이 있는 정보, ③ 고유식별정보 및 생체·영상·음성정보 등 일신전속적 성격의 정보 등)
  이다. 개인정보 포털, https://www.privacy.go.kr/front/reqDis/reqDisStep1.do#none

에 수기(手記) 문서도 포함한다.[57)]

　　2005년 헌법재판소는 개인정보자기결정권의 존재를 확인하면서, 동 기본권의 보호대상이 되는 개인정보를 '개인의 신체, 신념, 사회적 지위, 신분 등과 같이 개인의 인격주체성을 특징짓는 사항으로서 그 개인의 동일성을 식별할 수 있게 하는 일체의 정보'라고 파악하고, 개인정보는 '반드시 개인의 내밀한 영역이나 사사(私事)의 영역에 속하는 정보'에 국한되지 않고 '공적 생활에서 형성되었거나 이미 공개된 개인정보'까지 포함한다고 밝혔다.[58)]

(1) 제1유형의 개인정보

1) 기본 정의

　　제1유형의 개인정보는 살아있는 개인에 관한 정보로서 '성명, 주민등록번호 및 영상 등을 통하여 개인을 알아볼 수 있는 정보'이다.[59)]

　　참조. 또한, 개인정보는 자체의 식별 위험성을 고려하여, 식별정보, 식별가능정보, 특이정보로 분류할 수 있다. 식별정보는 특정 개인과 직접적으로 연결되는 정보로서, 성명, 고유식별정보, 개인의 휴대전화번호, 개인의 전자우편주소, 의료기록번호, 건강보험번호 등이 있다. 식별가능정보는 다른 항목과 결합하는 경우 식별가능성이 높아지는 항목으로서, 성별, 연령, 거주 지역, 국적, 직업, 위치정보 등 해당 정보를 처리하는 개인정보처리자의 입장에서 개인을 알아볼 수 있는 정보이다. 특이정보는 전체데이터에 식별가능성을 가지는 고유(희소)값, 편중된 분포를 가지는 단일·다중이용항목으로서, 희귀 성씨, 희귀 혈액형, 희귀 눈동자 색, 희귀 병명, 희귀 직업 등 특이한 값, 국내 최고령, 최장신, 고액급여 수급자 등 극단값, 도서·산간 지역주민의 영유아에 대한 정보 등 특정 데이터 분석집단에서 희소한 값 등이 있다. 가명정보 가이드라인 16-17면 참조.

57) 국회 행정안전위원장, 「개인정보보호법안(대안)」(의안번호 11087, 2011.3.10.), 4면. 개인정보보호에 관한 세부사항을 규정한 표준지침은 '전자적 파일과 인쇄물, 서면 등 모든 형태의 개인정보파일'을 운용하는 개인정보처리자에게 적용된다. 표준지침 제3조.

58) 헌재 2005.5.26. 99헌마513. 동 결정에서 헌법재판소는 지문은 그 정보주체를 타인으로부터 식별가능하게 하는 개인정보라고 확인하였다.

59) 법 제2조 제1호 가목.

개인정보(personal data)는 '식별된 또는 식별가능한 자연인(정보주체)에 관련된 정보'(any information relating to an identified or identifiable natural person ('data subject'))라고 정의된다.[60] 정보주체가 되는 식별가능한 자연인은 특히 이름, 식별번호, 위치데이터(location data), 온라인식별자[61]와 같은 식별자 또는 '해당 자연인의 신체적, 생리적, 유전적, 정신적, 경제적, 문화적 또는 사회적 신원에 특정적인 요소(들)'(one or more factors specific to the physical, physiological, genetic, mental, economic, cultural or social identity of that natural person)를 참조하여 '직접적으로 또는 간접적으로' 식별될 수 있는 자연인이다.[62] 1995년 개인정보보호지침의 채택 이후 과학기술의 변화를 반영하여 위치데이터, 온라인식별자와 유전적 신원이 명시적으로 추가되었다. GDPR의 자연인을 '직접적으로 또는 간접적으로' 식별할 수 있는 개인정보는 이 법의 제1유형과 제2유형의 개인정보에 상응한다고 볼 수 있다.[63] 또한, GDPR은 가명정보를 식별가능한 자연인에 관한 정보로서 고려하는데,[64] 가명정보는 이 법에서 제3유형의 개인정보이다. 따라서 GDPR과 이 법의 개인정보 개념의 범주는 사실상 동일하다.

---

60) GDPR 제4조 제1호. 개인정보의 개념에 관한 논의는 제29조 작업반 Opinion 4/2007 참조.

61) 자연인을 식별가능하게 하는 온라인식별자(online identifier)는 IP주소, 쿠키식별자 또는 무선주파수식별태그(radio frequency identification tags)와 같은 다른 식별자 등 '기기, 앱, 툴 및 프로토콜'(devices, applications, tools and protocols)에 의하여 제공된다. 온라인식별자는, '고유한 식별자'(unique identifiers)와 서버가 입수한 다른 정보와 결합하여, 자연인의 프로파일을 만들고 그를 식별하는데 이용될 수 있다. GDPR 상설 제30항. 자동차의 차선이탈방지경고기능에 따라 차선이탈 사실의 집적으로 해당 운전자는 자칫 위험한 운전자라는 프로파일이 생성될 수 있을 것이다. 2016년 10월 19일 EU사법법원은 온라인 미디어 서비스 제공자가 등록한 유동IP주소(dynamic IP addresses)는 그 제공자에 대한 관계에서 해당 웹사이트에 접속하는 고객의 개인정보가 된다고 결정하였다. ECJ, Judgment in Case C−582/14, *Patrick Breyer v Bundesrepublik Deutschland* (19 October 2016), para. 49.

62) GDPR 제4조 제1호.

63) GDPR 상설 제30항 참조.

64) 개인정보가 가명처리를 거친 경우에도, '추가 정보'(additional information)의 이용으로 자연인에게 귀속할 수 있다면, 이러한 개인정보는 식별가능한 자연인에 관한 정보라고 간주된다. GDPR 상설 제26항.

2) 개인정보의 구성 요소

제1유형의 개인정보 개념은 적어도 다음의 네 가지 요소로 구성된다. 첫째, 개인정보는 '정보'이고, 둘째, 개인정보는 '살아 있는 개인'에 관한 정보이며, 셋째, 개인정보는 살아 있는 개인에 '관한' 정보이고, 넷째, 개인정보는 성명, 주민등록번호 및 영상 등을 통하여 '개인을 알아볼 수 있는' 정보이다.

① 정보

이 법은 정보의 종류나 형태를 한정하지 않으므로, 문자, 음성, 음향, 영상, 부호 등 다양한 형식의 정보가 그 적용 대상이 된다.[65] 또한, 정보가 저장되는 매체의 종류나 형태도 한정되지 않아서, 회원가입신청서나 행정서식지 등의 종이문서상의 정보, 컴퓨터에 저장된 정보, CCTV에 찍힌 영상정보 등도 정보가 된다.[66]

정보주체가 자신에 관한 정보에 접근하여 사실이 아닌 정보를 정정할 수 있는 점에서 개인정보가 사실이어야 할 필요는 없을 것이다.[67] 이 법도 정보를 객관적 사실만을 의미하는 것으로 한정하고 있지 않다.[68] 따라서, 정보주체와 관련되어 있으면 키, 나이, 몸무게 등 객관적 사실에 관한 정보나 그 사람에 대한 제3자의 의견 등 주관적 평가도 모두 개인정보가 될 수 있다.[69]

---

65) 정보는 '특정 목적을 위하여 광(光) 또는 전자적 방식으로 처리되어 부호, 문자, 음성, 음향 및 영상 등으로 표현된 모든 종류의 자료 또는 지식'이다. 국가정보화기본법 제3조 제1호.

66) 개인정보는 국가에 따라 'personal data' 또는 'personal information'이라고 불리는데, 'data'와 'information'의 구별이 뚜렷하지 않은 점에서 'personal data'와 'personal information'의 차이도 없을 것이다. 대체로 유럽에서는 'personal data'로, 미국과 한국, 일본 등에서는 'personal information'으로 불린다. 한편, 미국에서는 개인정보(personal information)와 함께 '개인적으로 식별가능한 정보'(personally identifiable information, PII)의 용어도 많이 사용된다. 한편, 포괄적·점진적환태평양동반자협정(CPTPP)은 개인정보(personal information)를 식별된 또는 식별될 수 있는 자연인에 관한 '데이터를 포함한 정보'(any information, including data)라고 규정함으로써 'information'을 'data'보다 더 넓은 개념으로 이해하는 것으로 보인다. 그럼에도 실제에 있어서 정보와 데이터는 혼용되고 있다.

67) 제29조 작업반 Opinion 4/2007, p. 4.

68) 개인정보의 정정 요구권에 관한 법 제36조 제1항 참조.

69) 2020년 해설서 11면.

② 살아 있는 개인에 관한 정보

개인정보는 '살아 있는 개인'에 관한 정보이기 때문에, 해당 정보주체가 죽은 경우에 그 정보는 개인정보가 될 수 없다.[70] 개인정보보호는 일반적으로 정보주체의 인격권을 보호하는 것이어서 이 법은 살아 있는 개인에 관한 정보에 적용된다. 개인이 죽으면, 이 법에서 개인, 즉 정보주체로서의 권리와 그 개인에 대한 개인정보처리자의 의무는 소멸한다.

그러나, 사망한 개인에 관련된 정보가 그의 가족 등 다른 개인에 관련된 정보로서 의미를 가지는 경우에는 별도의 개인정보보호 문제가 제기될 수 있다. 예컨대, 유전적 혈우병에 걸린 엄마의 아들은 동일한 병에 걸리게 마련이다. 이 경우 그 엄마의 혈우병에 관한 조건을 나타내는 정보는 그녀가 사망한 경우에도 살아 있는 아들의 유병적 조건에 관한 정보, 즉 민감정보를 드러낼 수 있다.[71] 이 경우 아들은 유전적 혈우병의 보유에 관한 개인정보의 처리에서 보호받아야 할 것이다.[72]

개인정보는 살아있는 개인에 관한 것이기 때문에, 법인이나 단체에 관한 정보는 원칙적으로 이 법의 적용을 받지 않는다. 예컨대, 김정보씨가 대표인 회사에 대한 은행대출에 관한 정보는 김정보씨의 개인정보가 되지 않는다. 그러나, 동 정보에 포함된 개인, 즉 대표이사인 김씨나 재무담당 임원의 성명과 주소 등은 개인정보이다. 회사 등 법인의 경우에는 지재권이나 영업비밀 보호를 통하여 자연인에 대한 개인정보보호와 같은 법적 보호가 이루어진다. 예컨대, 부정경쟁방지법에 따라 은행의 VVIP고객명단 등의 데이터베이스는 경제적 가치를 가지는 기업의 자산인 영업비밀로서 보호될 수 있는데, 동 데이터베이스에 포함된 고객인 정보주체의 개인정보로서도 보호될 수 있다. 한편, 개인이 아닌 사물에 관한 정보는 개인정보가 되지 못한다. 다만, 아파트 등의 소유자가 개인인 경우 그 주소가 소유자를 알아보는데 이용될 수 있다면 개인정보가

---

70) 실종선고 등 관계 법령에 의하여 사망한 것으로 간주되는 자에 관한 정보도 개인정보가 되지 않는다. 2020년 해설서 10면.

71) 혈우병은 선천적으로 혈액응고 인자가 부족하여 나타나는 선천성 출혈질환이다.

72) 개인정보보호 차원에서 보호받지 못하는 사망한 엄마는 형법 제308조에 따른 사자(死者) 명예훼손 등 다른 법의 보호를 받을 수 있다.

된다.[73]

이 법의 목적은 개인정보의 처리 및 보호에 관한 사항을 정함으로써 '개인의 자유와 권리를 보호하고, 나아가 개인의 존엄과 가치를 구현함'이어서, 이 법의 보호를 받는 개인은 한국 국민으로 국한되지 않는다.[74] 또한, 정보주체는 '처리되는 정보에 의하여 알아볼 수 있는 사람'으로서 '그 정보의 주체가 되는 사람'이라고 정의되어서, 역시 한국 국민으로 국한되지 않는다.[75] 개인정보보호가 개인의 기본권 차원에서 다루어지는 것이 세계적 추세임을 고려할 때 이 법의 보호를 받는 개인이 한국 국민으로 국한되지 않는 것은 당연하다.

EU GDPR ────────────────────────────────

개인정보 처리에 관련된 자연인의 보호는 기본권(a fundamental right)이다.[76] 개인정보의 처리에 관한 자연인의 보호에 관한 원칙과 규칙은 '국적이나 거소에 불문하고'(whatever their nationality or residence) 적용된다.[77]

③ 개인에 관한 정보

개인정보는 살아 있는 개인에 '관한' 정보이다. 정보가 개인에 관련되는 여부는 사실의 문제로서 사안마다 결정된다. 개인정보는 개인에 관한 정보이므로 개인과 해당 정보의 연관성이 고려되어야 하고, 개인정보로서 생체인식정보(biometric data)가 특히 중요할 것이다. 생체정보는 '지문, 얼굴, 홍채, 정맥, 음성, 필적 등 개인의 신체적, 생리적, 행동적 특징에 관한 정보로서 특정 개인을 인증·식별하거나 개인에 관한 특징을 알아보기 위해 일정한 기술적 수단을 통해 처리되는 정보'이다.[78] 이 법에서 민감정보인 생체인식정보는 생체정보 중

---

73) 2020년 해설서 11면.
74) 법 제1조.
75) 법 제2조 제3호.
76) GDPR 상설 제1항.
77) GDPR 상설 제2항. CoE 108＋협약 제1조 참조.
78) 개인정보 안전성기준 제2조 제16호.

에서 특정 개인을 인증 또는 식별할 목적으로 일정한 기술적 수단을 통해 처리되는 정보이다.79)

예컨대, RFID(Radio Frequency Identification)칩 기술에 관련하여 정보가 개인의 신원, 특징 또는 행태를 가리키거나 또는 그러한 정보가 그 사람이 다루어지거나 평가되는 방식을 결정하거나 그에 영향을 주는데 사용된다면 동 정보는 그 개인에 관련된다.80) 어린이가 그린 자신의 가족에 관한 그림도 개인정보가 될 수 있다.81) 그 그림이 어린이의 심경과 가족 구성원에 대한 느낌에 관한 정보를 제공하기 때문이다. 그 그림은 정신의학적 견지에서 어린이의 건강 상태 등 자신에 관련된 정보와 그의 부모의 행태에 관한 정보를 제공할 수 있다.

정보는 한 개인에게만 관련될 필요는 없다. 동일한 정보의 집단은 둘 이상의 개인에게 관련될 수 있을 것이고, 이 경우 그들 각각에 관한 개인정보가 된다. 예컨대, 한 주택의 공동거주자들, 은행의 공동계좌 개설자들 또는 동일한 전화나 이메일주소를 사용하는 개인들 각각에 대하여 개인정보로서 인정된다. 또한, SNS에 게시된 단체 사진은 영상정보로서 사진에 있는 인물 모두의 개인정보가 된다.82) 정보는 개인의 사생활이 아닌 개인의 사업에 관련될 수 있는데, 1인 사업자의 경우 사업에 관한 정보는 그 사업자에 관한 것이기 때문에 개인정보가 될 수 있다.83)

개인정보가 되기 위하여 개인과 정보 사이에 관련성이 있어야 하는데, 이러한 관련성이 명확하지 않을 수 있다. 물론 이러한 관련성이 이름과 같이 고유

---

79) 개인정보 안전성기준 제2조 제16호의2.

80) 제29조 작업반 Working document on RFID, p. 8. RFID는 주파수를 이용하여 대상을 식별할 수 있게 하고, 전자태그로 불린다.

81) 제29조 작업반 Opinion 4/2007, p. 8.

82) 보호자는 영유아보육법 제15조의5 제1항 제1호에 따라 자녀 또는 보호아동이 아동학대, 안전사고 등으로 정신적 피해 또는 신체적 피해를 입었다고 의심되는 등의 경우에는 폐쇄회로 텔레비전을 설치·관리하는 자에게 영상정보 열람요청서나 의사소견서를 제출하여 영상정보의 원본 또는 사본 등의 열람을 요청할 수 있다. 동 법 시행규칙 제9조의4 제1항.

83) 개인사업자의 상호명, 사업장 주소, 전화번호, 사업자등록번호, 매출액, 납세액 등은 사업체의 운영과 관련한 정보로서 원칙적으로 개인정보에 해당하지 않지만, 예외적으로 해당 정보가 사업자 개인의 직업·소득수준·활동영역·사회적 지위 등을 나타내는 정보로 이용되는 경우 개인정보로 보아야 할 것이다.

하게 부여된 경우, 예컨대 '홍길동'과 같은 경우에는 크게 문제가 되지 않는다. 이와 관련하여, 정보가 특정 개인에게 관련되는지는 내용, 목적 및 결과의 세 가지 요소에 의하여 판단될 수 있는데, 이들 중에서 하나의 요소만 필요하다고 한다.[84] 첫째, 내용 요소는 병원기록이나 군복무기록과 같이 개인에 관한 정보를 다루는 점에서 가장 분명하게 관련성을 입증하여 특정 개인을 식별하게 한다. 둘째, 목적 요소는 회사 전화의 통화기록과 같이 달리 개인정보로 고려될 수 없는 정보도 직원의 통화 행위를 감시하여 상벌 등의 목적으로 사용되는 경우 개인정보가 되게 한다.[85] 셋째, 내용 요소나 목적 요소가 결여된 경우에도 결과 요소는 개인의 권리나 이익이 영향을 받는 경우에 개인정보가 되게 할 수 있다. 예컨대, 위성위치결정시스템(satellite positioning system)은 택시 등의 효율적 배차를 보장할 목적으로 사용된다. 동 시스템의 운영에 따른 위치정보는 택시 기사인 개인의 위치와 행태를 감시하는 결과를 주어서 개인정보가 될 수 있다. 원래의 목적으로 수집되지 않은 정보의 사용이 개인의 권리와 이익에 영향을 줄 것 같으면 결과 요소가 충족되는 것이다. 따라서, 개인에 관한 이름이 없어도 개인을 식별하는 정보는 처리되어 개인에 관한 것을 알거나 기록하는 경우 또는 동 정보의 처리가 개인에게 영향을 주는 경우 개인정보가 될 수 있다.

④ 개인을 알아볼 수 있는 정보

개인정보는 원칙적으로 '성명, 주민등록번호 및 영상 등을 통하여 개인을 알아볼 수 있는 정보'를 의미한다.[86] 해당 정보를 처리하는 자의 입장에서 합리적으로 활용될 가능성이 있는 수단을 고려하여 개인을 알아볼 수 있다면 개인정보에 해당한다.[87]

---

84) 제29조 작업반 Opinion 4/2007, pp. 10−12.

85) 이 경우 통화기록은 통화의 발신자와 수신자 모두에 관하여 개인정보가 된다.

86) 법 제2조 제1호 가목. '성명 … 등을 통하여'는 GDPR에서 'by reference to an identifier such as a name …'에 상응하는 규정이다. GDPR 제4조 제1호 참조.

87) 2020년 해설서 12면. 개인을 '알아볼 수 있는지'는 정보의 제공 관계에 있어서는 해당 정보를 제공받는 자를 기준으로 판단한다. 가명정보 가이드라인 17면. 만약 '알아볼 수 있는'의 주체를 불특정 제3자로 확대 해석하게 되면, 모든 정보가 다른 정보와 결합하여 개인정보가 될 수 있는 불합리한 결과가 초래되기 때문이다. 개인정보를 처리하는 자는 현재 처리하는 자는 물론 제공 등으로 향후 처리가 예정된 자도 포함된다고 한다. 2020년 해설서 12면. GDPR은 이 경우 컨트롤러 또는 '다른 자'(another person)도 식별할

개인정보는 개인을 '알아볼 수 있는' 정보인데, '알아보다'의 사전적 의미는 '눈으로 보고 분간하다'이고, '분별하여 알아보다'를 의미하는 '식별하다'와 혼용된다. GDPR에서 개인정보의 정의에 사용되는 'identify'는 '식별하다'로서 이 법의 '알아보다'에 상응하는 것으로 이해할 수 있다. 개인정보보호에 있어서 개인을 알아본, 즉 '식별된'은 예컨대 그룹 내에서 다른 구성원들로부터 '구별된'(distinguished)을 의미한다.[88] 많은 국가들의 개인정보보호법은 '식별된'(identified)과 함께 '식별가능한'(identifiable)을 규정하는 점에서, 식별가능성만 있어도 해당 정보는 개인정보가 될 수 있다.[89] 이 법에서 '알아볼 수 있는' 정보는 '알아본' 정보를 포함하는 것으로 이해할 수 있다.

EU GDPR ─────────────────────────────────

자연인, 즉 개인이 식별 가능한지 결정하기 위하여 '컨트롤러 또는 다른 자가'(by the controller or by another person) 그 개인을 직접적으로 또는 간접적으로 식별하는데 '합리적으로 사용될 수 있을 것 같은 모든 수단'(all the means reasonably likely to be used)이 고려되어야 한다.[90]

개인을 알아볼 수 있기 위하여 반드시 특정 개인의 성명과 주소를 알 필요는 없다. 즉 개인의 성명을 모른다고 그를 알아볼 수 없는 것은 아니다. 우리가 이웃의 이름을 모르더라도 그가 소유한 승용차와 아파트의 동수나 층수 등을

수 있게 한다. GDPR 상설 제26항. 이 점에서 식별가능성의 기준으로서 평균적 합리성이 요구된다고 볼 수 있다.

88) 제29조 작업반 Opinion 4/2007, p. 12. 법령에 따라 개인을 고유하게 '구별하기' 위하여 부여된 식별정보는 고유식별정보이다. 법 제24조 제1항. 생년월일의 경우 같은 날 태어난 사람이 여럿 있을 수 있으므로 다른 정보 없이 그 자체만으로는 개인을 알아볼 수 없을 것이다. 2020년 해설서 12면. 식별의 의미는 영어로 'singling out'(골라내다)이 보다 적확할 것이다. GDPR 상설 제26항 참조.

89) 1980년 OECD 프라이버시 가이드라인은 개인정보를 '식별되거나 식별가능한 개인에 관련된 정보'(any information relating to an identified or identifiable individual)라고 정의한다. GDPR도 개인정보를 '식별되거나 식별가능한 자연인에 관련된 정보'(any information relating to an identified or identifiable natural person)로 정의한다. GDPR 제4조 제1호.

90) GDPR 상설 제26항.

통하여 알아볼 수 있기 때문이다. 정보주체를 다른 개인으로부터 알아볼 수 있도록 개인정보처리자가 정보를 처리할 수 있으면 충분하다. 그 결과 정보주체가 다른 개인과 다르게 대우를 받으면 된다. 예컨대, 2010년부터 2012년까지 A산업협회 회장을 지낸 자의 연봉은 '개인을 알아볼 수 있는 정보'에 해당한다. 그러나, 통계적 처리 등으로 개인을 식별할 수 있는 인자가 제거되면 이 법의 개인정보가 되지 않는다.

(2) 제2유형의 개인정보

제2유형의 개인정보는 살아있는 개인에 관한 정보로서 '해당 정보만으로는 특정 개인을 알아볼 수 없더라도 다른 정보와 쉽게 결합하여 알아볼 수 있는 정보'이다.[91] 이 법에서 개인정보는 원칙적으로 성명 등을 통하여 개인을 알아볼 수 있는 정보이지만, 해당 정보만으로 특정 개인을 알아볼 수 없어도, 다른 정보와 쉽게 결합하여 특정 개인을 간접적으로 알아볼 수 있는 경우에도 개인정보가 된다.[92]

이 경우 쉽게 결합할 수 있는지 여부는 '다른 정보의 입수 가능성 등 개인을 알아보는데 소요되는 시간, 비용, 기술 등'을 합리적으로 고려해야 한다.[93] '쉽게 결합하여'의 의미는 결합의 대상이 되는 정보의 입수 가능성과 결합 가능성이 높아야 함을 의미한다. 입수 가능성에 관하여 두 종 이상의 정보를 결합하기 위해서는 결합에 필요한 정보에 합법적으로 접근·입수할 수 있어야 하는 점에서 해킹이나 절취 등 불법적인 방법으로 취득한 정보는 포함하지 않을 것이다.[94] 결합 가능성에 관하여 합법적인 방법으로 정보를 입수하여도 현재의 기술 수준에 비추어 결합이 사실상 불가능하거나, 결합하는데 비합리적인 수준

---

91) 법 제2조 제1호 나목.
92) 제3유형인 가명정보에서의 추가 정보와 제2유형인 개인정보에서의 다른 정보의 차이는 다음과 같다. 전자의 경우 추가 정보는 가명처리 과정에서 생성된 정보로 국한되고, 후자의 경우 다른 정보는 해당 정보와 결합하여 특정 개인을 알아볼 수 있게 하는 점에서 처리하는 자가 보유하고 있거나 합법적으로 입수할 수 있는 정보가 된다. 2020년 해설서 13면.
93) 법 제2조 제1호 나목.
94) 2020년 해설서 12면.

의 비용이나 노력이 수반된다면 결합이 용이하다고 볼 수 없을 것이다.[95]

다른 정보와 쉽게 결합할 수 있는지 여부의 판단에 다른 정보의 입수 가능성 '등'을 고려해야 하는 점에서 입수 가능성 이외의 다른 고려 대상도 있을 것이다.[96] 이렇게 고려되는 사항은 객관적이어야 할 것이다.[97] 따라서, 공유·공개될 가능성이 희박한 정보는 합법적 입수 가능성이 없다고 보아야 하고, 일반적으로 사업자가 구매하기 어려울 정도로 고가의 컴퓨터가 필요한 경우라면 쉽게 결합하기 어렵다고 보아야 할 것이다.[98] 물론 '합리적' 고려의 의미는 분명하지 않다.[99]

다른 정보와의 결합 가능성의 판단은 구체적인 경우마다 다를 것이다. 예컨대, 범죄인의 실명이나 생년월일을 직접 언급하지 않고 형사사건의 일부 내용을 기술한 신문 기사의 경우 법원 기록이나 다른 신문 기사 등 공개적으로 이용가능한 정보가 있어서 해당 범죄인의 신원을 확인할 수 있으면 해당 범죄인을 직접적으로 알아볼 수 없는 신문 기사도 개인정보가 될 수 있다.[100] 또한, 개인정보처리자가 두 개의 데이터베이스를 보유하고 있을 때, 개인이 이들 두 개의 데이터베이스의 각각의 정보로부터는 직접적으로 알아볼 수 없지만, 두 개의 데이터베이스의 결합된 정보로부터 알아볼 수 있다. 이 경우 결합된 정보

---

95) 2020년 해설서 12면.

96) 신용정보법은 금융거래 등 상거래에서 거래 상대방의 신용을 판단할 때 필요한 정보인 신용정보의 '특정 신용정보주체를 식별할 수 있는 정보'를 다음과 같이 특정된 정보와 결합되는 경우에만 신용정보에 해당한다고 규정한다. 신용정보법 제2조 제1호 가목. 이러한 정보는 신용정보주체의 거래내용을 판단할 수 있는 정보, 신용정보주체의 신용도를 판단할 수 있는 정보, 신용정보주체의 신용거래능력을 판단할 수 있는 정보 및 위의 정보 외에 신용정보주체의 신용을 판단할 때 필요한 정보이다. 신용정보법 제2조 제1호 나목, 다목, 라목 및 마목. 신용정보법의 신용정보주체는 개인은 물론 기업과 법인을 포함한다.

97) 이러한 객관적 요소는 식별에 요구되는 비용과 시간을 포함하는데 처리 당시 이용가능한 기술 및 기술적 발전을 고려하여야 한다. GDPR 상설 제26항.

98) 2020년 해설서 12면.

99) 다른 정보와 '쉽게 결합하여' 알아볼 수 있는 정보이어서, 그 결합을 통하여 알아보는데 소요되는 시간, 비용과 기술 등이 합리적으로 용인될 수 있어야 하는데, '쉽게 결합하여'의 합리적 판단은 개인정보를 처리하는 개인정보처리자와 처리되는 개인정보의 성격과 분량 등에 따라 다를 것이다.

100) 제29조 작업반 *Opinion 4/2007*, p. 14.

를 구성하는 각각의 정보도 개인정보가 될 수 있다.

예컨대, 후불 교통카드번호와 사용자구분코드는 그 자체만으로는 개인을 알아볼 수 없으나, 서울교통공사가 보유하고 있는 승·하차 시간 및 역, 직전 환승 교통수단 등 후불 교통카드 사용 내역과 지하철 역사 내에 설치한 CCTV로부터 수집한 영상정보 등과 결합하여 특정 개인을 알아볼 수 있는 정보로서 개인정보에 해당한다.[101] 자동차등록번호는 자동차등록원부 등 다른 정보와 쉽게 결합하여 개인을 알아볼 수 있는 정보에 해당한다.[102]

이 법은 쉽게 결합하여 특정 개인을 알아볼 수 있게 하는 다른 정보를 개인정보처리자가 보유하는 정보로 제한하지 않는다.[103] 따라서 이 법에서 해당 정보만으로는 특정 개인을 알아볼 수 없는 경우 쉽게 결합하여 알아볼 수 있게 하는 다른 정보는 개인정보처리자의 보유 여부와 관계가 없다. 이 점에서 이 법에서 두 번째 유형의 개인정보가 될 수 있는 가능성은 상당히 크다고 볼 수 있다. 개인정보보호가 추구·강화되면서 동시에 개인정보의 활용을 통한 사회경제적 발전도 도모되어야 한다면, 이렇게 광범위하게 개인정보가 인정되는 것은 이 법의 적용 가능성을 높이는 점에서 개인정보의 활용을 제한한다고 비판받을 수 있다.[104]

---

101) 보호위원회, '모바일앱 광고 가입자 확인을 위한 서울교통공사 보유 개인정보 제공에 관한 건'(제2021−116−030호, 2021.9.8.).

102) 보호위원회, '자동차등록번호 제공 관련 법령해석에 관한 건'(제2019−16−260호, 2019.9.23.).

103) '다른 정보'를 '그 정보를 처리하고 있는 자가 처리하고 있는 다른 정보'로 개정하려는 입법안(의안번호 15647, 2018.9.20.)에 대하여, 보호위원회는 해당 정보만으로 특정 개인을 알아볼 수 없을 때 식별을 위해 결합하는 정보의 범위를 개인정보처리자의 관점에서 자신이 처리하고 있는 정보로 한정함으로써 결과적으로 개인정보의 범위가 축소된다고 지적하고, 동일한 정보라 할지라도 개인정보처리자에 따라 개인정보 여부가 달리 결정될 경우에는 규제 및 보호 대상이 유동적이 되고 이에 따라 정보주체의 개인정보자기결정권은 크게 위협받을 수 있게 되어서 동 개정안에 대한 신중한 접근이 필요하다는 의견을 주었다. 보호위원회, 「개인정보 보호법」 일부개정안 (의안번호 15647) 의견 조회에 관한 건'(제2018−22−249호, 2018.10.29.).

104) 휴대전화번호 뒷자리 4자만으로 그 전화번호 사용자를 식별하지 못한다 하더라도 그 뒷자리 번호 4자와 관련성이 있는 다른 정보(생일, 기념일, 집 전화번호, 가족 전화번호, 기존 통화내역 등)와 쉽게 결합하여 그 전화번호 사용자가 누구인지를 알아볼 수 있어서 휴대전화번호 뒷자리 4자는 개인정보가 된다. 대전지법 논산지원 2013고단17

자연인, 즉 개인이 식별 가능한지 결정하기 위하여 '컨트롤러 또는 다른 자가'(by the controller or by another person) 그 개인을 직접적으로 또는 간접적으로 식별하는데 '합리적으로 사용될 수 있을 것 같은 모든 수단'(all the means reasonably likely to be used)이 고려되어야 한다.[105] 여기서 개인을 '간접적으로 식별하는' 것은 이 법의 개인정보의 두 번째 유형으로서 '다른 정보와 쉽게 결합하여 알 수 있는 정보'를 가리키는 것으로 이해된다. 개인을 식별하는데 합리적으로 사용될 것 같은 수단인지 확정하기 위하여, '모든 객관적 요소'(all objective factors)가 고려되어야 하는데, 이러한 요소에는 처리 당시 이용가능한 기술과 기술적 발전을 고려하여 알아보는데 요구되는 비용과 시간이 포함된다.[106] 또한, 정보주체의 식별을 가능하게 하는 모든 정보는 한 사람의 수중에 있어야 하는 것은 아니다.[107]

(3) 제3유형의 개인정보: 가명정보

제3유형의 개인정보는 살아 있는 개인에 관한 정보로서 위 두 가지 유형의 개인정보를 '가명처리함으로써 원래의 상태로 복원하기 위한 추가 정보의 사용·결합 없이는 특정 개인을 알아볼 수 없는 정보', 즉 가명정보이다.[108] 2020년 2월 4일 개정으로 가명처리와 가명정보의 처리에 관한 규정이 신설되었다.[109] 가명정보는 개인정보의 셋째 유형인데, 개인정보처리자는 법 제28조의2 또는 제28조의3에 따라 가명정보를 처리하는 경우에는 원래의 상태로 복원하기 위한 추가 정보를 별도로 분리하여 보관·관리하는 등 해당 정보가 분실·도난·

판결.

105) GDPR 상설 제26항.

106) GDPR 상설 제26항.

107) Case C-582/14, para. 43.

108) 법 제2조 제1호 다목. 사람이나 자동차 영상 등 개인을 식별할 수 있는 사진에서 그 일부 또는 전체를 마스킹하여도 주변 상황 및 환경 등으로 개인을 식별할 수 있기 때문에 그 정보가 가명정보인지 익명정보인지 일률적으로 판단하기 어려울 것이다. 가명 정보 가이드라인 136면.

109) GDPR의 예에 따라, 개인정보의 활용을 촉진하면서 여전히 이 법의 적용을 받도록 가명정보와 가명처리에 관한 규정이 신설되었다.

유출·위조·변조 또는 훼손되지 않도록 대통령령으로 정하는 바에 따라 안전성 확보에 필요한 기술적·관리적 및 물리적 조치를 하여야 한다.110)

(4) 익명정보

개인정보보호원칙은 식별되거나 식별가능한 자연인에 관련되지 않는 정보인 익명정보(anonymous information) 또는 정보주체가 식별가능하지 않거나 더 이상 식별가능하지 않는 방식으로 익명처리된 개인정보에 적용되지 않는다.111) 이러한 익명정보는 개인을 알아볼 수 없어서 개인정보가 아니므로 당연히 이 법의 적용을 받지 않는다.112)

2020년 2월 4일 개정으로 익명정보에 대한 이 법의 적용 제외 규정이 신설되었다. 이 법은 시간·비용·기술 등을 합리적으로 고려할 때 다른 정보를 사용하여도 더 이상 개인을 알아볼 수 없는 정보에는 적용하지 아니한다.113) 이 법이 적용되지 않는 익명정보는 '시간·비용·기술 등을 합리적으로 고려할 때 다른 정보를 사용하여도 더 이상 개인을 알아볼 수 없는 정보'를 가리킨다. 여기서 '시간·비용·기술 등' 합리적으로 고려되는 사항은 제2유형의 개인정보에 관하여 다른 정보와 쉽게 결합할 수 있는지 결정에서 다른 정보의 입수 가능성

---

110) 법 제28조의4 제1항. 신용정보법 제40조의2 제1항과 제2항 참조.

111) GDPR 상설 제26항.

112) 문제는 이렇게 익명처리된 정보도 재식별될 수 있다는 사실이다. 예컨대, 1997년 미국에서 컴퓨터 전공 대학원생인 Latanya Sweeney는 매사추세츠주가 환자의 이름, 주소와 사회보장번호 등 식별자를 제거하여 발간한 익명화된 병원기록과 20달러로 구입한 Cambridge시의 유권자 명부를 이용하여 당시 William Weld 매사추세츠주 주지사의 의료정보를 확인하였다. 당시 Cambridge시의 6명이 주지사의 생일과 같았고, 이중 3명이 주지사와 같이 남자였으며, 오직 주지사만이 자신의 우편번호를 사용하였다. Sweeney는 후에 Carnegie Mellon University의 Data Privacy Laboratory 소장이 되었다. Testimony of Latanya Sweeney, PhD, June 15, 2005, https://www.dhs.gov/xlibrary/ assets/privacy/ privacy_ advcom_06-2005_testimony_sweeney.pdf. 또한, 15개 인구통계적 속성을 사용하여 미국인 99.98%의 재식별이 가능하다고 하다는 연구 결과도 있다. Luc Rocher, Julien M. Hendrickx & Yves-Alexandre de Montjoye, "Estimating the success of re-identifications in incomplete datasets using generative models", 10 Nature Communications 3069(2019).

113) 법 제58조의2.

등 개인을 알아보는데 소요되는 사항과 일치한다.[114] 즉 해당 정보만으로는 특정 개인을 알아볼 수 없더라도 다른 정보와 쉽게 결합하여 알아볼 수 있는 정보는 제2유형의 개인정보인데, 다른 정보를 사용하여도 더 이상 개인을 알아볼 수 없으면, 해당 정보는 익명정보가 되어서 그의 처리에 이 법이 적용되지 않는다.

또한, 개인정보처리자는 개인정보를 익명 또는 가명으로 처리하여도 개인정보 수집 목적을 달성할 수 있는 경우 익명처리가 가능한 경우에는 익명에 의하여, 익명처리로 목적을 달성할 수 없는 경우에는 가명에 의하여 처리될 수 있도록 하여야 한다.[115] 따라서, 개인정보처리자는 개인정보의 수집 목적을 달성할 수 있다면 익명처리를 우선적으로 하고, 익명처리로 그 목적을 달성할 수 없는 경우에 가명처리를 하는 것이 원칙이다. 익명처리된 개인정보는 더 이상 이 법의 적용을 받지 않게 되니, 개인정보처리자의 해당 익명정보의 활용에 제한이 없게 된다. 가명정보는 여전히 이 법의 적용을 받는 점에서 그의 처리에 주의가 요구된다.

2020년 2월 4일 개정 전에는 통계작성 및 학술연구 등의 목적을 위하여 필요한 경우로서 특정 개인을 알아볼 수 없는 형태로 개인정보를 제공하는 경우 개인정보처리자는 정보주체 또는 제3자의 이익을 부당하게 침해할 우려가 있을 때를 제외하고는 개인정보를 목적 외의 용도로 이용하거나 이를 제3자에게 제공할 수 있었다.[116] 특정 개인을 알아볼 수 없는 형태로 개인정보를 제공하는 경우는 '다른 정보와 결합하여서도 특정 개인을 알아볼 수 없는 형태로 제공'이라고 이해되었다.[117] 이러한 이해에 따른 개인정보의 처리는 익명처리로 보았어야 할 것이다.[118]

---

114) 법 제2조 제1호 나목 참조.
115) 법 제3조 제7항. 동 규정은 2020년 2월 4일 개정으로 가명처리를 포함하였다.
116) 해당 법 제18조 제2항 제4호는 2020년 2월 4일 개정으로 삭제되었다. 삭제된 동 규정은 신설된 가명정보의 처리 등에 관한 법 제28조의2로 대체되었다. 법 제28조의2에 따라, 개인정보처리자는 '통계작성, 과학적 연구, 공익적 기록보존 등을 위하여' 정보주체의 동의 없이 가명정보를 처리할 수 있다. 이러한 특별한 목적을 위한 경우에 익명처리를 대체하여 보다 용이한 가명처리가 도입된 것이다.
117) 2016년 표준지침 제8조 제4항. 동 규정은 2020년 8월 11일 개정으로 삭제되었다.
118) 이러한 이해는 2020년 2월 4일 개정으로 신설된 제58조의2의 내용과 일치한다.

▌표.3 개인정보, 가명정보 및 익명정보 예시119)

	개인정보	가명정보	익명정보
	살아있는 개인에 관한 정보로 성명, 주민등록번호, 영상 등 개인을 알아볼 수 있는 정보	개인정보의 일부 또는 전부를 삭제·대체하는 등 가명처리를 통해 추가 정보 없이는 특정 개인을 알아볼 수 없는 정보	시간·비용·기술 등을 합리적으로 고려할 때 다른 정보를 사용하여도 더 이상 개인을 알아볼 수 없는 정보
성명	홍길동	홍OO	(삭제)
나이	32세	30대 초반	30대
전화번호	010 - 1234 - 5678	010 - **** - ****	(삭제)
주소	서울 종로구 한글길 12	서울특별시	대한민국

(5) 다른 법률의 정의

이 법 이외의 법률도 개인정보보호에 관한 규정을 두면서, 개인정보에 대한 정의를 별도로 규정한다. 다른 법률과 비교할 때 이 법의 개인정보 개념은 다소 구체적이지 않다고 볼 수 있다. 이는 이 법이 개인정보의 처리에 관하여 개인을 보호하는 개인정보보호에 있어서 일반적으로 적용되는 기본법이기 때문이다.

1) 신용정보법

신용정보법과 그 시행령은 개인정보에 해당하는 개인신용정보를 자세히 규정한다. 우선, 개인신용정보는 기업 및 법인에 관한 정보를 제외한 살아 있는 개인에 관한 신용정보로서 다음 각 목의 어느 하나에 해당하는 정보를 말한다:120) 가. 해당 정보의 성명, 주민등록번호 및 영상 등을 통하여 특정 개인을 알아볼 수 있는 정보, 나. 해당 정보만으로는 특정 개인을 알아볼 수 없더라도 다른 정보와 쉽게 결합하여 특정 개인을 알아볼 수 있는 정보. 신용정보법의

---

119) 가명정보 가이드라인 9면.
120) 신용정보법 제2조 제2호.

가명정보는 '가명처리한 개인신용정보'이다.[121] 또한, 신용정보는 '금융거래 등 상거래에서 거래 상대방의 신용을 판단할 때 필요한 정보'인데, 기본적으로 '특정 신용정보주체를 식별할 수 있는 정보'이다.[122] '특정 신용정보주체를 식별할 수 있는 정보'는 '살아 있는 개인에 관한 정보', 기업 및 법인의 정보를 포함한다.[123] 개인정보보호에 있어서 신용정보 중에서 특정 신용정보주체를 식별할 수 있는 정보로서 살아 있는 개인에 관한 정보가 중요하다. 특정 신용정보주체를 식별할 수 있는 정보 중에서 살아 있는 개인에 관한 정보는 다음 각각의 정보를 말한다:[124] 1) 성명, 주소, 전화번호 및 그 밖에 이와 유사한 정보로서 대통령령으로 정하는 정보,[125] 2) 법령에 따라 특정 개인을 고유하게 식별할 수 있도록 부여된 정보로서 대통령령으로 정하는 정보,[126] 3) 개인의 신체 일부의 특징을 컴퓨터 등 정보처리장치에서 처리할 수 있도록 변환한 문자, 번호, 기호 또는 그 밖에 이와 유사한 정보로서 특정 개인을 식별할 수 있는 정보, 4) 1)부터 3)까지와 유사한 정보로서 대통령령으로 정하는 정보.[127]

개인정보와 신용정보의 구별에 관하여, 금융거래 등 상거래에서 개인인 거

---

121) 신용정보법 제2조 제16호.

122) 신용정보법 제2조 제1호 가목.

123) 신용정보법 제2조 제1호의2.

124) 신용정보법 제2조 제1호의2 가목.

125) '대통령령으로 정하는 정보'는 다음 각 호의 정보를 말한다: 1. 전자우편주소, 2. 사회관계망 서비스(Social Network Service) 주소, 3. 그 밖에 제1호 및 제2호의 정보와 유사한 정보로서 금융위원회가 정하여 고시하는 정보. 신용정보법 시행령 제2조 제1항.

126) '대통령령으로 정하는 정보'는 다음 각 호의 정보('개인식별번호')를 말한다: 1. 「주민등록법」 제7조의2 제1항에 따른 주민등록번호, 2. 「여권법」 제7조 제1항 제1호에 따른 여권번호, 3. 「도로교통법」 제80조에 따른 운전면허의 면허번호, 4. 「출입국관리법」 제31조 제5항에 따른 외국인등록번호, 5. 「재외동포의 출입국과 법적지위에 관한 법률」 제7조 제1항에 따른 국내거소신고번호. 신용정보법 시행령 제2조 제2항.

127) '대통령령으로 정하는 정보'는 다음 각 호의 정보를 말한다: 1. 「정보통신망 이용촉진 및 정보보호 등에 관한 법률」 제23조의3에 따른 본인확인기관이 특정 개인을 고유하게 식별할 수 있도록 부여한 정보, 2. 법 제15조 제1항 전단에 따른 신용정보회사등('신용정보회사등')이 개인식별번호를 사용하지 않고 특정 개인을 고유하게 식별하거나 동일한 신용정보주체를 구분하기 위해 부여한 정보, 3. 그 밖에 제1호 및 제2호의 정보와 유사한 정보로서 금융위원회가 정하여 고시하는 정보. 신용정보법 시행령 제2조 제3항.

래 상대방의 신용을 판단할 때 필요한 정보는 신용정보로서 신용정보보호법의 적용을 받을 것이다. 개인의 상거래 정보도 신용정보법의 적용을 받는 신용정보가 아니면, 이 법의 개인정보에 해당할 것이다.[128]

2) 위치정보법

위치정보법은 위치정보와 특정 개인의 위치정보인 개인위치정보를 구별하여 규정한다. 개인위치정보는 '특정 개인의 위치정보(위치정보만으로는 특정 개인의 위치를 알 수 없는 경우에도 다른 정보와 용이하게 결합하여 특정 개인의 위치를 알 수 있는 것을 포함한다)'이다.[129] 이 법의 제1유형과 제2유형의 개인정보에 상응한다.

3) 생명윤리법

생명윤리법은 개인정보를 '개인식별정보, 유전정보 또는 건강에 관한 정보 등 개인에 관한 정보'라고 정의한다.[130] 개인식별정보는 '연구대상자와 배아·난자·정자 또는 인체유래물의 기증자('연구대상자등')의 성명·주민등록번호 등 개인을 식별할 수 있는 정보'이다.[131] 유전정보는 '인체유래물을 분석하여 얻은 개인의 유전적 특징에 관한 정보'이다.[132]

---

128) 신용정보의 범위를 넓게 설정하면 모든 상거래정보가 신용정보법의 적용을 받게 되는 문제가 있다고 한다. 또한, 모든 상거래 정보가 신용정보라고도 한다. 2020년 해설서 39면 참조. 그러나, 신용정보의 범위는 신용정보법의 구체적인 정의에 따라 특별하게 제한되고 이 법의 개인정보와 구별될 것이다.

129) 위치정보법 제2조 제2호. 위치정보는 '이동성이 있는 물건 또는 개인이 특정한 시간에 존재하거나 존재하였던 장소에 관한 정보로서 전기통신사업법 제2조 제2호 및 제3호에 따른 전기통신설비 및 전기통신회선설비를 이용하여 측위(測位)된 것'이다. 위치정보법 제2조 제1호.

130) 생명윤리법 제2조 제18호.

131) 생명윤리법 제2조 제17호. 이러한 개인식별정보는 연구대상자등의 개인정보를 의미하여서, '연구대상자등의 개인정보'로 언급하여 이 법의 개인정보에 상응하게 할 필요가 있다.

132) 생명윤리법 제2조 제14호.

(6) 개인정보 개념의 발전 방향

이 법의 적용 경계를 정하는 점에서 개인정보의 개념은 중요하다. 해당 정보가 법 제2조 제1호의 정의에 해당하면 이 법의 적용을 받고, 그렇지 않으면 이 법의 적용을 받지 않는다. 개인정보의 개념이 확대되면, 이 법의 적용이 확대된다. 기업 등 개인정보처리자는 이 법의 적용을 받지 않기 위하여 해당 정보가 개인정보로 인정되는 경우를 피하려 할 것이다. 가명정보를 통하여 개인정보의 활용 가능성이 높아졌지만, 가명정보도 이 법의 적용을 받는 점에서 그 처리에 유의해야 한다. 한편, 개인의 식별가능성이 제거된 익명정보는 이 법의 적용을 받지 않지만, 과학기술의 지속적인 발전으로 익명정보의 재식별가능성은 상존한다.

디지털경제의 발전으로 국경간 개인정보의 이전이 확산하면서 개인정보처리자에 대한 외국 개인정보보호법의 역외 적용 가능성에 유의해야 한다. 국가에 따라서는 이 법에서 정한 개인정보의 개념과 일치하지 않는 개인정보를 규정할 수 있기 때문이다. 외국 시장을 가진 기업 등 개인정보처리자는 해당 국가의 개인정보보호법 적용 가능성에 유의해야 한다. 국가마다 다른 개인정보의 정의를 이해한 후에 각 국가에서 규율하는 개인정보보호법을 준수하여야 한다. 디지털경제가 발전함에 따라, 우리 정부는 외국과 개인정보의 개념을 포함하여 개인정보보호에 관한 법규범의 조화 내지 일치에 노력해야 한다. 개인정보는 개인에 관한 정보로서 보호되기 때문에, 개인정보보호에 관한 법규범의 세계적 조화 내지 통일이 요구된다.

2. 처리

(1) 정의

개인정보의 처리는 '개인정보의 수집, 생성, 연계, 연동, 기록, 저장, 보유, 가공, 편집, 검색, 출력, 정정(訂正), 복구, 이용, 제공, 공개, 파기(破棄), 그 밖에 이와 유사한 행위'이다.[133] 이 법은 개인정보가 처리되는 다양한 행위를 구

---

133) 법 제2조 제2호.

체적으로 규정하는데, 처리의 정의에 '그 밖에 이와 유사한 행위'가 포함된 점에서 개인정보 처리의 실제 내용은 광범위하다.[134] 따라서 개인정보의 처리는 개인정보에 대하여 수행할 수 있는 어떤 행위도 포함하는 것으로 이해할 수 있다.[135]

수기파일을 열어서 읽거나 컴퓨터 단말기 화면의 정보를 읽는 행위도 개인정보의 처리에 해당한다. 또한, 개인정보의 감시와 추적도 처리에 해당한다.[136] 한편, 우편배달사업자나 인터넷서비스 제공자 등 다른 사람이 처리하고 있는 개인정보를 단순히 전달, 전송 또는 통과만 시켜주는 행위는 개인정보의 처리에 해당하지 않는다고 한다.[137]

EU GDPR

처리(processing)는, 자동화된 수단에 의하거나 그렇지 않거나, 수집, 기록, 구성, 구조화, 저장, 개작 또는 수정, 검색, 참조, 이용, 전송에 의한 공개, 유포 또는 달리 이용가능하게 하기, 정렬 또는 결합, 제한, 삭제 또는 파기와 같이 '개인정보

---

134) 개인정보의 전송, 전달, 이전, 열람, 조회, 수정, 보완, 삭제, 공유, 보전, 파쇄 등이 포함될 수 있다고 한다. 2020년 해설서 15면. 법 제2조 제2호는 개인정보의 수집에서 파기까지 처리의 구체적 행위를 명시하지만, 차단과 같이 이들 명시된 것과 유사하지 않은 행위는 포함되지 않는다고 주장될 수 있다. 참고로 2008년 11월 서명된 「대한민국 정부와 미합중국 정부 간 범죄 예방과 대처를 위한 협력 증진에 관한 협정」은 개인정보의 처리를 다음과 같이 정의한다: 개인정보의 수집, 기록, 구성, 저장, 각색 또는 변경, 분류, 복구, 참고, 사용, 공개, 전파 또는 다른 방식으로 이용 가능하게 하는 것, 결합 또는 정렬, 차단 또는 말소나 파기를 통한 삭제와 같이 자동화된 방식이든 아니든 개인정보에 대하여 행해지는 모든 작업 또는 일련의 작업.(밑줄 추가) 동 협정 제1조 제5항. 동 협정은 개인정보의 처리에 이 법에 열거되지 않은 구성, 각색 또는 변경, 분류, 참고, 전파, 결합 또는 정렬, 차단을 포함한다.

135) 이 법은 개인정보의 수집, 이용, 제공, 파기 등 처리의 중요한 단계별 규정을 하고 있다. 처리의 이들 주요 단계가 중요한 만큼 이들에 특정적인 규정을 하는 것이 가능할 수 있지만, 개인정보보호의 보다 충실한 규율을 위하여 이렇게 단계별 규정이 바람직한지 검토가 필요하다. 예컨대, 2020년 2월 4일 개정으로 신설된 개인정보의 추가적 이용과 제공의 규정은 같은 내용이면서 각각 개인정보의 수집·이용과 제3자 제공에 관한 법 제15조 제3항과 제17조 제4항에 중복되어 규정되어 있다.

136) 법 제5조 제1항 참조.

137) 2020년 해설서 15면. 개인정보로서 안전하게 관리되어 해당 정보주체가 보호되어야 한다면, 이렇게 단순한 전달이라도 이 법의 적용에서 배제하는 것이 합리적이지 않다고 주장될 수 있다.

또는 개인정보셋에 수행되는 아무 작업 또는 작업셋'(any operation or set of operations which is performed on personal data or on sets of personal data)으로 정의된다.[138](밑줄 추가)

개인정보 처리의 시작으로 볼 수 있는 수집은 '정보주체로부터 직접 이름, 주소, 전화번호 등의 개인정보를 제공받는 것뿐만 아니라 정보주체에 관한 모든 형태의 개인정보를 취득하는 것'을 말한다.[139] 개인정보처리자가 개인정보를 정보주체 등으로부터 수집하는 것은 개인정보처리자가 직접 개인정보를 생성하거나 기록하는 것과 구별된다. 개인정보의 연계와 연동은 개인정보처리자에 의한 개인정보의 생성에 관련되는 것으로 볼 수 있지만, 개인정보의 처리 유형에 포함된다.[140]

이 법은 개인정보의 공유를 처리의 정의에 포함하지 않지만, 공유는 처리의 한 유형인 개인정보의 제3자 제공에 포함된다.[141] 개인정보의 제공은 '개인정보의 저장 매체나 개인정보가 담긴 출력물·책자 등을 물리적으로 이전하거나 네트워크를 통한 개인정보의 전송, 개인정보에 대한 제3자의 접근권한 부여, 개인정보처리자와 제3자의 개인정보 공유 등 개인정보의 이전 또는 공동 이용 상태를 초래하는 모든 행위'를 말한다.[142]

---

138) GDPR 제4조 제2호. 'such as'가 포함되어 처리의 예는 예시적이다. '처리의 제한'(restriction of processing)은 장래에 그 처리를 제한할 목적으로 저장된 개인정보를 표시하는 것을 말한다. GDPR 제4조 제3호. 데이터셋은 정보집합물을 의미한다.

139) 표준지침 제6조 제1항.

140) 연계와 연동은 2014년 3월 24일 개정으로 신설되었다. 개인정보의 연계와 연동이 처리에 명시적으로 포함됨으로써 빅데이터 등으로 대표되는 데이터마이닝(data mining), 데이터웨어하우징(data warehousing)에 대한 이 법의 적용이 확인된다. 데이터마이닝은 데이터 베이스 내에서 어떠한 방법(순차 패턴, 유사성 등)에 의해 관심 있는 지식을 찾아내는 과정이다. 컴퓨터인터넷IT용어대사전, https://terms.naver.com/entry.naver?docId=819914&cid=42344&categoryId=42344. 데이터웨어하우징은 개방형 시스템 도입으로 흩어져 있는 각종 기업정보를 최종 사용자가 쉽게 활용, 신속한 의사결정을 유도하도록 해 기업 내 흩어져 있는 방대한 양의 데이터에 쉽게 접근하고 이를 활용할 수 있게 하는 기술이다. 매일경제, https://terms.naver.com/entry.naver?docId=3360&cid=43659&categoryId=43659.

141) 법 제17조 제1항.

142) 표준지침 제7조 제1항.

(2) 가명처리

가명처리는 '개인정보의 일부를 삭제하거나 일부 또는 전부를 대체하는 등의 방법으로 추가 정보가 없이는 특정 개인을 알아볼 수 없도록 처리하는 것'이다.[143] 가명처리는 개인정보의 일부가 삭제되거나, 일부 또는 전부가 대체되는 등의 방법을 거친 후 원래의 상태로 복원하기 위한 추가 정보가 없으면 특정 개인을 알아볼 수 없도록 처리하는 것이다. 추가 정보가 있으면 특정 개인을 알아볼 수 있게 되기 때문에, 가명정보의 처리에 이 법이 적용된다. 추가 정보는 개인정보의 전부 또는 일부를 대체하는 가명처리 과정에서 생성 또는 사용된 정보로서 특정 개인을 알아보기 위하여 사용·결합될 수 있는 정보, 즉 알고리즘, 매핑테이블 정보, 가명처리에 사용된 개인정보 등을 가리킨다. 가명처리 과정에서 생성·사용된 정보에 한정된다는 점에서 다른 정보와 구분된다.[144] 가명처리 시에는 가명정보 그 자체만으로 특정 개인을 알아볼 수 있는지와 가명정보를 처리할 자가 보유하거나 접근·입수 가능한 정보와의 사용·결합을 통해 식별할 수 있는지를 고려해야 한다.[145]

개인정보의 가명처리는 1단계로서 목적 설정 등 사전준비, 2단계로서 위험성 검토, 3단계로서 가명처리, 4단계로서 적정성 검토 및 5단계로서 안전한 관리의 과정을 거친다.[146] 예컨대, 부동산 임대소득 계산 및 인근지역 시세자료 파악을 위한 연구에서 가명처리는 다음과 같이 할 수 있다. 소유자 이름과 연락처는 가명처리(암호화) 하고, 지번은 분석 목적에 관계가 없어서 삭제하며, 시세정보는 분석에 필요한 단위(만원)로 가명처리한다.[147]

---

143) 법 제2조 제1호의2. 주민등록번호를 제외한 다른 고유식별번호 및 민감정보는 가명처리하여 활용할 수 있고, 주민등록번호는 법률, 대통령령 등의 구체적 근거가 있는 경우에 한하여 활용 가능하다. 가명정보 가이드라인 133면.

144) 가명정보 가이드라인 7면. 추가 정보가 삭제된 가명정보가 그 자체만으로 개인을 알아볼 수 없는 정보라고 하더라도 익명정보인지 여부는 법 제58조의2에 따라 시간·비용·기술 등을 합리적으로 고려하여 별도로 판단하여야 한다. 가명정보 가이드라인 136면.

145) 전화번호, 지명, 소속, 대화 상대방과의 관계 등을 추론할 수 있는 대량의 대화 문장 같은 경우 다른 정보와의 사용·결합을 통해 개인을 알아볼 가능성이 있다. 가명정보 가이드라인 15면.

146) 가명정보 가이드라인 10면.

147) 지번은 등기부 열람을 통해 특정 개인식별 가능성이 존재한다. 가명정보 가이드라인 33면.

표.4 가명처리의 예148)

(원래 개인정보)

식별정보						식별가능정보					
소유자 이름	연락처	주택 구분	시도	시군 구	읍면 동	지번	전세 (천원)	보증금 (천원)	월세 (천원)	전용 면적	공급 면적
김철수	090 -1234 -5678	아파트	서울시	동작 구	사당 동	1388 -4	-	25,000	750	104. 00	84.00
이영희	090 -2468 -3579	오피 스텔	대전시	서구	둔산 동	656	81, 250	-	-	56.45	24.32
박민호	090 -9876 -5432	아파트	부산시	해운 대구	우동	111 -13	125, 000	-	-	100. 00	84.00

(가명처리)

ID	주택 구분	시도	시군 구	읍면 동	지번	전세 (천원)	보증금 (천원)	월세 (천원)	전용 면적	공급 면적
wd4e85D2C 1qe89rwqe	아파트	서울시	동작 구	사당 동		-	25, 000	800	104. 00	84.00
r5w1e2SXzi4 wd64qwz	오피 스텔	대전시	서구	둔산 동		81, 300	-	-	56.45	24.32
ghe6W15Z5 ax4Qe24jx	아파트	부산시	해운 대구	우동		125, 000	-	-	100. 00	84.00
Salt값 암호화					삭제	라운딩				

이 법의 엄격하고 높은 수준의 개인정보보호가 빅데이터 등 제4차 산업혁명시대의 발전을 저해한다는 비판을 해소하기 위하여 가명처리를 포함한 소위 비식별조치가 2016년 6월 비식별조치 가이드라인을 통하여 행정적으로 도입되었는데, 시민단체 등의 거센 비판을 받았다.149) 비식별조치에 대한 법적 및 실

---

148) 가명정보 가이드라인 33 - 34면.

149) 경제정의실천시민연합 등 4개 시민단체는 2017년 2월 9일 임시국회에서 논의될 개인

제적 불확실성이 증가한다는 비판은 피할 수 없었고, 결국 2020년 2월 4일 개정으로 보다 명확하게 가명처리가 신설되었다.

예컨대, 질병관리청장은 감염병환자등의 위치정보 등을 분석하거나 이용할 때 다음과 같이 관련 정보를 가명처리하여야 한다. 질병관리청장은 감염병 예방·관리 및 감염 전파의 차단을 위하여 필요한 경우 다음 각 호의 정보를 분석하거나 감염병 관련 연구에 이용할 수 있다:[150] 1. 감염병예방법 제11조 제5항에 따른 신고 및 제13조에 따른 보고를 통하여 수집한 정보, 2. 동 법 제18조에 따른 역학조사 정보, 3. 동 법 제28조의 예방접종 기록 정보, 4. 동 법 제29조의 예방접종에 관한 역학조사 정보, 5. 동 법 제76조의2 제1항 및 제2항에 따라 제공받은 정보, 6. 그 밖에 감염병 예방·관리 및 감염 전파의 차단을 위하여 필요한 정보로서 질병관리청장이 정하는 정보. 질병관리청장이 제1항에 따라 개인정보를 이용하는 경우에는 법 제2조 제1호의2에 따른 가명처리를 하여야 한다.[151] 동 법 제76조의3 제1항에 따라 개인정보를 이용하는 경우에는 그 법적 근거, 목적 및 범위 등에 관하여 필요한 사항을 법 제18조 제4항에 따라 관보 또는 인터넷 홈페이지 등에 게재하여야 한다.[152]

정보의 비식별화에 반대하는 의견을 발표하였다. 이들의 '<보도자료> 규제프리존특별법 중 개인정보 비식별화에 반대 의견 발표'에 따르면, 2016년 11월 국가인권위원회가 비식별화에 대한 비판 의견을 냈고, 2017년 1월 보호위원회도 비식별화에 대한 비판적 검토의견을 냈다. 결국, 2017년 11월 시민단체는 비식별조치 가이드라인에 따라 기업들이 이용자의 동의를 얻지 않고 정보를 제공하였다는 내용으로 이 가이드라인에 따라 빅데이터 서비스를 제공한 기업들과 비식별화조치 전문기관들을 고발하였다. 2019년 3월 22일 서울중앙지검은 정부에서 제시한 동 가이드라인에 따라 비식별조치를 취하였고 비식별화된 정보들은 '재식별이 현저히 어려운 방법'에 의한 것으로서 특정 개인을 알아볼 수 없으므로 개인정보에 해당하지 아니한다고 불기소처분을 내렸고, 2019년 6월 27일 서울고검은 시민단체의 항고를 기각하였다.

150) 감염병예방법 제76조의3 제1항. 동 규정은 2023년 3월 28일 개정으로 신설되었고, 동년 9월 29일 시행되었다.

151) 감염병예방법 제76조의3 제2항. 다음 각 호의 어느 하나에 해당하는 경우에는 그러하지 아니하다: 1. 병상배정 등 긴급한 조치가 필요하여 가명처리를 할 시간적 여유가 없는 경우, 2. 예방접종 후 이상반응 대응, 감염병 후유증 관리, 감염취약계층 지원 등 가명처리한 개인정보로는 원활한 업무 수행이 어려운 경우. 감염병예방법 제76조의3 제2항 단서.

152) 감염병예방법 제76조의3 제3항. 동 조 제2항 각 호 외의 부분 본문에 따라 가명처리하여 이용하는 경우에는 그러하지 아니하다. 감염병예방법 제76조의3 제3항 단서.

가명처리(pseudonymisation)는 '추가 정보의 이용 없이 개인정보가 더 이상 특정 정보주체에게 귀속될 수 없는 방식으로 개인정보의 처리'라고 정의된다.[153] 이러한 '추가 정보'(additional information)는 별도로 보관되어야 하고, 해당 개인정보가 식별된 또는 식별가능한 자연인에게 귀속될 수 없게 보장하도록 기술적 및 관리적 조치가 적용되어야 한다.[154] 따라서, 가명처리 후에 추가 정보의 결합으로 특정 정보주체의 재식별이 가능해진다. 컨트롤러가 처리한 개인정보가 해당 컨트롤러로 하여금 자연인을 식별하게 하지 않는 경우 해당 컨트롤러는 GDPR의 규정(any provision)을 준수할 목적만으로 정보주체를 식별하기 위하여 추가 정보를 획득하도록 요구되지 않는다.[155] 여기서 식별은 컨트롤러가 제공한 온라인서비스에 로그인하기 위하여 정보주체가 이용한 동일한 자격과 같은 인증 기능을 통하는 등 정보주체의 '디지털 식별'(digital identification)을 포함한다.[156]

(3) 다른 법률의 정의

신용정보법은 신용정보의 처리를 신용정보의 수집(조사를 포함한다), 생성, 연계, 연동, 기록, 저장, 보유, 가공, 편집, 검색, 출력, 정정, 복구, 이용, 결합, 제공, 공개, 파기, 그 밖에 이와 유사한 행위라고 정의하여,[157] 이 법의 처리

---

153) GDPR 제4조 제5호. 1995년 개인정보보호지침은 가명처리를 명시하지 않았다. 다만, 제29조 작업반은 다음과 같이 가명처리에 관하여 부분적으로 언급하였다. 즉 개인정보의 '추가적 처리'(further processing)의 한 예로서 익명처리는 처리의 최초 목적과 양립한다고 고려될 수 있다. 제29조 작업반 Opinion 05/2014, p 7. 또한, 가명처리는 정보주체의 원래의 신원과 데이터셋의 연결성을 감소시키는 점에서 유용한 안전조치이지만, 익명처리의 수단이 아니다. 제29조 작업반 Opinion 05/2014, p. 3. 또한, 가명성(pseudonymity)은 식별성을 허용할 가능성이 있어서 개인정보보호법체제 내에서 규율되어야 하고, 이는 특히 '과학적, 통계적 또는 역사적 연구' 맥락에서 타당하다. 제29조 작업반 Opinion 05/2014, p 10.

154) GDPR 제4조 제5호.

155) GDPR 상설 제57항. 컨트롤러는 정보주체가 자신의 권리행사를 지원하기 위하여 제공한 추가 정보의 수령을 거부해서는 아니 된다. GDPR 상설 제57항.

156) GDPR 상설 제57항.

157) 신용정보법 제2조 제13호.

개념과 거의 동일하다. 신용정보법은 신용정보의 처리 개념에 결합을 포함하고, 수집에는 조사를 포함한다. 신용정보법의 가명처리는 '추가정보를 사용하지 아니하고는 특정 개인인 신용정보주체를 알아볼 수 없도록 개인신용정보를 처리(그 처리 결과가 다음 각 목의 어느 하나에 해당하는 경우로서 … 그 추가정보를 분리하여 보관하는 등 특정 개인인 신용정보주체를 알아볼 수 없도록 개인신용정보를 처리한 경우를 포함한다)하는 것'이다:158) 가. 어떤 신용정보주체와 다른 신용정보주체가 구별되는 경우, 나. 하나의 정보집합물(정보를 체계적으로 관리하거나 처리할 목적으로 일정한 규칙에 따라 구성되거나 배열된 둘 이상의 정보들을 말한다)에서나 서로 다른 둘 이상의 정보집합물 간에서 어떤 신용정보주체에 관한 둘 이상의 정보가 연계되거나 연동되는 경우, 다. 가목 및 나목과 유사한 경우로서 대통령령으로 정하는 경우. 익명처리는 '더 이상 특정 개인인 신용정보주체를 알아볼 수 없도록 개인신용정보를 처리하는 것'이다.159)

생명윤리법은 익명화(匿名化)를 '개인식별정보를 영구적으로 삭제하거나, 개인식별정보의 전부 또는 일부를 해당 기관의 고유식별기호로 대체하는 것'이라고 정의한다.160) 동 법의 익명화는 이 법의 익명처리와 가명처리를 포함한다. 인간대상연구자가 개인정보를 제3자에게 제공하는 경우에는 익명화하여야 한다.161) 다만, 연구대상자가 개인식별정보를 포함하는 것에 동의한 경우에는 익명화를 하지 않아도 된다.162) 또한, 인체유래물연구자가 인체유래물등을 다른 연구자에게 제공하는 경우에는 익명화하여야 한다.163) 다만, 인체유래물 기증

---

158) 신용정보법 제2조 제15호.
159) 신용정보법 제2조 제17호.
160) 생명윤리법 제2조 제19호. 동 법의 대상인 인간대상연구는 '사람을 대상으로 물리적으로 개입하거나 의사소통, 대인 접촉 등의 상호작용을 통하여 수행하는 연구 또는 개인을 식별할 수 있는 정보를 이용하는 연구로서 보건복지부령으로 정하는 연구'이다. 동법 제2조 제1호.
161) 생명윤리법 제18조 제2항. 인간대상연구자는 연구대상자로부터 개인정보를 제공하는 것에 대하여 서면동의를 받은 경우에는 기관위원회의 심의를 거쳐 개인정보를 제3자에게 제공할 수 있다. 생명윤리법 제18조 제1항.
162) 생명윤리법 제18조 제2항 단서.
163) 생명윤리법 제38조 제2항. 인체유래물연구자는 인체유래물 기증자로부터 인체유래물등을 제공하는 것에 대하여 서면동의를 받은 경우에는 기관위원회의 심의를 거쳐 인체유래물등을 인체유래물은행이나 다른 연구자에게 제공할 수 있다. 생명윤리법 제38조 제

자가 개인식별정보를 포함하는 것에 동의한 경우에는 익명화를 하지 않아도 된다.164) 이들 두 경우에 익명화를 하지 않는 경우 가명처리를 요구하는 것이 바람직할 것이다.

3. 정보주체

(1) 정의

정보주체는 '처리되는 정보에 의하여 알아볼 수 있는 사람으로서 그 정보의 주체가 되는 사람'이다.165) 개인정보는 살아 있는 개인에 관한 정보를 의미하므로, 이 법의 보호를 받는 정보주체는 살아 있는 개인에 한정된다. 정보주체는 처리되는 정보의 주체가 되는 사람이고, 한국 국민으로 제한하지 않는다.166)

EU GDPR

개인정보의 정의로부터 정보주체(data subject)가 '식별되거나 식별가능한 자연인'(an identified or identifiable natural person)이라는 정의가 확인된다.167) 정보주체를 자연인이라고 규정하여 국적의 개념이 없음을 알 수 있다.168)

1항.

164) 생명윤리법 제38조 제2항 단서.

165) 법 제2조 제3호.

166) 2013년 3월 24일 개정으로 이 법의 목적은 원래의 '국민의 권리와 이익'을 '개인의 자유와 권리'로 수정하여 이 법이 보호하는 정보주체가 대한민국 국민에 한정되지 않음이 명확하게 되었다. 법 제3조, 제15조, 제18조는 정보주체의 국적과 관계없이 한국의 법적 관할권이 미치는 영내에서 제3국으로부터 수집하는 모든 개인정보의 처리에 동일하게 적용된다. 보완규정 제3절 제1조 제(iv)항.

167) GDPR 제4조 제1호.

168) GDPR은 개인정보의 처리에 관하여 자연인의 보호에 관한 원칙과 규칙이 '국적이나 거소에 관계 없이'(whatever their nationality or residence) 그의 기본권과 자유, 특히 개인정보 보호에 대한 권리를 존중해야 한다고 규정한다. GDPR 상설 제2항. 개인정보보호에 관한 첫 다자조약인 유럽평의회 108협약의 목적은 각 당사국 영토에서 각 개인이 '자신의 국적이나 거주지에 무관하게'(whatever his or her nationality or residence) 자신의 권리와 기본적 자유, 특히 자신에 관한 개인정보의 자동적 처리에 관하여 프라이

(2) 다른 법률의 정의

신용정보법에서 신용정보주체는 '처리된 신용정보로 알아볼 수 있는 자로서 그 신용정보의 주체가 되는 자'이다.[169] 처리의 과거 상황이 아닌 진행 상황으로서 '처리되는 신용정보'에 관하여도 정보주체가 보호될 수 있어야 할 것이다. 신용정보주체는 살아있는 개인은 물론 기업과 법인을 포함하는데,[170] 살아있는 개인인 신용정보주체가 이 법의 정보주체에 상응한다.

위치정보법에서 개인위치정보주체는 '개인위치정보에 의하여 식별되는 자'이다.[171]

4. 개인정보파일

(1) 정의

개인정보파일은 '개인정보를 쉽게 검색할 수 있도록 일정한 규칙에 따라 체계적으로 배열하거나 구성한 개인정보의 집합물'을 의미한다.[172] 개인정보파일의 의의는 개인정보처리자의 개념에서 이해될 수 있다. 개인정보처리자는 '업무를 목적으로 개인정보파일을 운용하기 위하여 스스로 또는 다른 사람을 통하여 개인정보를 처리하는 공공기관, 법인, 단체 및 개인 등'이라고 정의하는데,[173] 개인정보처리자는 업무를 목적으로 개인정보파일을 운용할 것이 요구된다. 업무를 목적으로 개인정보파일의 운용을 요구하는 것은 업무가 아닌 사사로운 경우 일회성 또는 단순한 개인적 일까지 이 법의 적용을 받게 할 필요가 없기 때문이다. 개인정보파일은 개인정보처리자의 구성 요소로서 이 법의 적용

버시권 존중을 확보하는 것이라고 규정한다. CoE 108＋협약 제1조.
169) 신용정보법 제2조 제3호.
170) 신용정보법 제2조 제1호의2. 기업은 사업을 경영하는 개인 및 법인과 이들의 단체를 말한다. 동 법 제2조 제1호의2 나목.
171) 위치정보법 제2조 제3호.
172) 법 제2조 제4호.
173) 법 제2조 제5호.

을 받게 하는 기본 요소가 된다.174)

EU GDPR

이 법의 개인정보파일은 GDPR의 파일링시스템(filing system)과 유사한 것으로 보인다. GDPR은 파일링시스템을 '기능적 또는 지리적 기준으로 집중되거나, 분산되거나 또는 분포됨에 관계없이, 특정한 기준에 따라 접근할 수 있는 개인정보의 구조화된 집합물'이라고 정의한다.175) GDPR은 전체적 또는 부분적으로 자동화된 수단에 의한 개인정보의 처리와 파일링시스템의 일부를 구성하거나 파일링시스템의 일부를 구성할 의도가 있는 개인정보의 자동화 수단에 의하지 않은 처리에 적용된다.176) GDPR은 개인정보의 '수동적 처리'(manual processing)에도 적용되는데, 해당 개인정보가 파일링시스템에 포함되거나 그렇게 의도되어야 한다.177) 따라서, GDPR의 파일링시스템은 수작업 파일링시스템을 의미할 것이다.

이 법은 개인정보처리자가 개인정보를 전자적으로 처리하든 수작업으로 처리하든 업무를 목적으로 개인정보파일을 운용하기 위하여 개인정보를 처리하는 것을 상정하고 있다.178) 그러나, 개인정보의 전자적 처리는 컴퓨터를 이용함으로써 일반적으로 체계적 구성과 용이한 검색이 전제되는 점에서 개인정보파일의 운용을 수작업 파일링시스템을 벗어난 경우까지 요구하는 것은 타당하지 않다고 볼 수 있다. 그럼에도 이 법이 개인정보파일의 개념을 도입한 것은 개인정보의 수작업 처리도 그 적용 대상임을 확인한 것이라고 이해할 수 있다.179)

---

174) 공공기관의 장이 운용하는 개인정보파일의 보호위원회에 등록과 공개에 관하여 법 제32조 참조. 개인정보파일의 관리와 공개에 관하여 표준지침 제58조부터 제61조까지 참조.

175) GDPR 제4조 제6호.

176) GDPR 제2조 제1항.

177) GDPR 상설 제15항.

178) 표준지침은 '전자적 파일과 인쇄물, 서면 등 모든 형태의 개인정보파일'을 운용하는 개인정보처리자에게 적용된다. 표준지침 제3조.

179) 이 법이 채택되기 전의 국내 개인정보보호에 관한 법은 주로 컴퓨터·CCTV 등에 의한 개인정보 처리를 대상으로 하기 때문에 개별적 대장의 형태로 존재하는 개인정보, 즉

개인정보파일은 개인의 이름이나 고유식별번호, ID 등을 색인이나 검색값으로 하여 쉽게 검색할 수 있도록 체계적으로 배열·구성한 개인정보의 집합물인데, 예로서 고객정보DB, 주민등록파일, 행정종합정보관리(주민, 민원, 지적, 보건복지, 환경, 위생 등), 통합재정관리 및 건축물관리 등이 있다.[180] 수기문서로 작성된 병원의 진료카드 파일, 백화점의 회원모집서류 파일, 구청 등의 행정민원서류 파일도 개인정보파일이 될 것이다.

개인정보파일의 중심적 구성요소는 일정한 규칙에 따른 개인정보의 체계적 배열 또는 구성과 개인정보의 쉬운 검색이다. 개인정보파일이 수기문서는 물론 전자적 파일을 포함하는 것으로 본다면, 수기 문서와 전자적 파일에서 이들 두 구성요소는 동일한 수준에서 요구되어야 할 것이다.[181]

(2) 구성 요소

1) 개인정보의 일정한 규칙에 따른 체계적 배열 또는 구성

개인정보파일이 되기 위하여 개인정보는 일정한 규칙에 따라 체계적으로 배열하거나 구성하여야 한다. 이 법은 일정한 규칙이 무엇인지 규정하지 않는다. GDPR은 '기능적 또는 지리적 기준으로 집중되거나, 분산되거나 또는 분포됨에 관계없이, 특정한 기준(specific criteria)에 따라'라고 규정한다.[182] 특정한 기준은 이름, ID번호 또는 전화번호를 포함한다.[183] 이 법에서 개인정보파일이

수기정보는 적용대상에서 제외된 것으로 보인다. 공공기관개인정보보호법 제1조와 제2조 및 2020년 2월 4일 개정 전의 정보통신망법 제1조와 제2조 참조.

180) 2020년 해설서 17면 참조. 영상정보는 촬영시간, 촬영위치(장소)에 관한 정보를 포함하여 체계적으로 저장·구성되어 촬영시간 및 위치에 따라 검색이 가능하므로 개인정보파일에 해당한다. 보호위원회, '제주특별자치도 자치경찰단의 공공안전서비스 구축을 위한 블랙박스 영상정보 처리에 관한 건'(제2020−11−199호, 2020.6.8.).

181) 영국 항소법원(Court of Appeal)은 *Durant v. Financial Services Authority* 사건에서 1998년 개인정보보호법(DPA)의 적용을 받는 RFS(relevant filing system) 즉 수기 개인정보는 전자적 개인정보와 '같은 수준에서'(on a par) 용이하게 접근해야 한다고 결정하여, 동 법의 적용을 받는 수기 개인정보를 전자적 개인정보에 근접하도록 제한적으로 인정하였다. [2003] EWCA Civ 1746, para. 46.

182) GDPR 제4조 제6호.

183) White & Case, p. 13.

되기 위하여 요구되는 일정한 규칙은 개인정보가 체계적으로 배열되거나 구성될 수 있는 어떤 기준도 포함하는 것으로 볼 수 있다.

2) 개인정보의 쉬운 검색

개인정보파일이 되기 위하여 개인정보를 쉽게 검색할 수 있어야 한다. 개인정보의 쉬운 검색은 구체적인 경우에 판단될 것이다. 예컨대, 색인화나 세분화의 경우 해당 개인정보는 쉽게 검색할 수 있을 것이다. 임시로 채용된 직원이 전체 업무나 문서에 관한 특별한 지식이 없어도 개인에 관한 특정 정보를 찾아낼 수 있으면 해당 개인정보파일은 쉽게 검색할 수 있는 것으로 볼 것이다.

5. 개인정보처리자

(1) 정의

개인정보처리자는 '업무를 목적으로 개인정보파일을 운용하기 위하여 스스로 또는 다른 사람을 통하여 개인정보를 처리하는 공공기관, 법인, 단체 및 개인 등'을 의미한다.[184] 보다 구체적으로 개인정보처리자는 업무를 목적으로 개인정보파일을 운용하기 위하여 개인정보를 처리하는 모든 공공기관, 영리목적의 사업자, 협회·동창회 등 비영리기관·단체, 개인 등을 가리킨다.[185] 따라서, 개인정보처리자는 특정 분야나 목적으로 한정되지 않고 개인정보의 처리를 중심으로 일반적으로 정의된다.

이 법은 기본적으로 개인정보처리자의 개인정보 처리에서 정보주체를 보호하는 것이므로, 이 법의 대부분의 규정은 정보주체를 위한 개인정보처리자의 의무에 관한 것이다. 개인정보처리자는 이 법과 관련 법령에서 규정하고 있는 책임과 의무를 준수하고 실천함으로써 정보주체의 신뢰를 얻기 위하여 노력하여야 한다.[186] 개인정보처리자가 이 법을 위반한 경우 민사상 손해배상에 더하여

---

184) 법 제2조 제5호.
185) 2020년 표준지침 제2조 제2호.
186) 법 제3조 제8항.

이 법에 규정된 형사처벌, 과징금 및 과태료의 벌칙을 부과받는다.

(2) 구성 요소

1) 공공기관, 법인, 개인 등

개인정보처리자는 공공기관, 법인, 단체 및 개인이 될 수 있고, 이들 외에도 추가로 인정될 수 있다.[187] 이 법의 개인정보처리자는 공공부문과 민간부문을 구별하지 않고, 영리 및 비영리 단체를 포함하며, 개인사업자는 물론 개인도 해당한다.[188] 중앙 정부와 지방 정부, 경찰청, 소방청과 같은 공공기관, 회사, 학교, 병원과 같은 법인이 개인정보처리자의 중요한 예가 된다. 개인정보처리자인 단체는 교우회나 동창회, 동호회와 같은 비영리단체도 포함한다. 또한, 이메일을 보내는 개인이나 인터넷상에서 카페나 블로그를 운영하는 개인도 개인에 관련된 정보를 처리하는 경우 개인정보처리자가 될 수 있다. 그러나, 업무를 목적으로 개인정보파일을 운용해야 하는 점에서 이 법의 적용을 받는 개인인 개인정보처리자는 제한적일 것이다.

2) 업무 목적

개인정보처리자는 업무를 목적으로 개인정보를 처리한다. 업무는 직업상 또는 사회생활상의 지위에 기하여 계속적으로 종사하는 사무나 사업의 일체를 의미하는 것으로, 보수 유무나 영리 여부와는 관계가 없으며, 단 1회의 행위라도 계속·반복의 의사가 있다면 업무로 볼 수 있다.[189] 예컨대, 사적인 친분관계를 위하여 휴대폰에 연락처 정보 등을 저장하거나 자신의 송사에 관한 증거 수집을 위하여 사진 촬영을 하는 경우에 개인정보처리자가 되지 않는다.[190]

---

187) 개인정보처리자는 공공기관, 법인, 단체 및 개인 '등'이라고 정의된다.
188) 1994년 1월 제정된 공공기관개인정보보호법은 공공기관의 개인정보 처리를 규정하였는데, 이 법의 시행으로 2011년 9월 30일 폐지되었다. 개인인 개인정보처리자도 이 법 위반으로 형사처벌 등 벌칙을 부과받는다. 법 제74조 참조.
189) 보호위원회, '제주특별자치도 자치경찰단의 공공안전서비스 구축을 위한 블랙박스 영상 정보 처리에 관한 건'(제2020-11-199호, 2020.6.8.).

이 법에서 개인정보처리자가 업무를 목적으로 개인정보파일을 운용하기 위하여 개인정보를 처리하는 것은 GDPR에서 컨트롤러가 '개인정보 처리의 목적과 방식'을 결정하도록 요구하는 것에 상응하는 것이다. 또한, 개인정보처리자는 개인정보의 처리 목적, 개인정보의 처리 및 보유 기간, 개인정보의 제3자 제공에 관한 사항, 개인정보의 파기절차 및 파기방법 등을 포함하는 개인정보 처리방침을 수립하여 공개해야 한다.[191] 개인정보 처리방침을 통하여 GDPR에서 요구되는 컨트롤러의 개인정보 처리의 목적과 방식을 알 수 있게 된다.

3) 개인정보파일의 운용

개인정보처리자는 개인정보파일을 운용하기 위하여 개인정보를 처리한다. 개인정보파일은 일정한 규칙에 따른 체계적 배열과 구성 및 쉬운 검색을 구성 요건으로 하는데, 이러한 개인정보파일을 운용하지 않는 경우 개인정보처리자의 지위가 인정되지 않는다. 일회성 메모나 문서 작성 등 개인의 사소한 행위는 개인정보파일의 운용이 되지 않고, 개인정보처리자도 되지 않는다.[192]

4) 스스로 또는 다른 사람을 통한 처리

개인정보처리자는 스스로 또는 다른 사람을 통하여 개인정보를 처리한다. 개인정보처리자는 자신이 직접 개인정보를 처리할 수 있고 또는 다른 사람, 즉 제3자에게 위탁하여 개인정보를 처리할 수 있다. 여기서 다른 사람은 일반적으로 개인정보 처리 업무를 위탁받은 회사 등 법인이 될 것이다.[193]

이 법은 업무위탁에 따른 개인정보 처리에 관하여 별도로 규정한다.[194] 개인정보처리자가 제3자에게 개인정보 처리 업무를 위탁하는 경우 위탁자가 되고,

---

190) 2020년 해설서 18면.

191) 법 제30조 제1항.

192) 2020년 해설서 19면.

193) 사람은 권리와 의무의 주체인 인격자로서 자연인과 법인을 포함하는 것으로 이해될 수 있다. 표준국어대사전, https://ko.dict.naver.com/#/entry/koko/851cc4cc9e014a6784 65b20344d1f163.

194) 법 제26조 참조.

개인정보 처리 업무를 위탁받아 처리하는 자는 수탁자가 되는데, 위탁받아 처리하는 자로부터 위탁받은 업무를 다시 위탁받은 제3자를 포함한다.[195] 이 법의 개인정보처리자 또는 개인정보처리 위탁자는 GDPR의 컨트롤러(controller)에 상응하고, 개인정보처리 수탁자는 GDPR의 프로세서(processor)에 상응할 것이다.

EU GDPR

컨트롤러(controller)는 '단독으로 또는 다른 자들과 공동으로'(alone or jointly with others) '개인정보 처리의 목적과 수단'(the purposes and means of the processing of personal data)을 결정하는 자연인 또는 법인, 공공당국, 기관 또는 다른 기구를 의미한다.[196] 처리의 목적과 수단을 공동으로 결정하는 둘 이상의 컨트롤러는 공동컨트롤러(joint controllers)이다.[197] 이 경우 공동으로 결정하는 처리의 목적과 수단이 완전히 동일할 필요는 없다고 보는 것이 일반적이다.[198] 따라서, 한 컨트롤러가 목적을 결정하고 다른 컨트롤러가 수단을 결정하여도 무방하다. 정보주체는 컨트롤러 각각에 관련하여 GDPR에 따른 자신의 권리를 행사할 수 있다.[199] 프로세서는 컨트롤러를 대신하여 개인정보를 처리하는 자연인 또는 법인, 공공당국, 기관 또는 다른 기구를 의미한다.[200]

---

195) 2023년 3월 14일 개정으로 개인정보 처리의 업무 재위탁이 명시되었다. 법 제26조 제2항.

196) GDPR 제4조 제7호. 이러한 처리의 목적과 수단이 EU 또는 회원국 법으로 결정되면, 컨트롤러 또는 그의 지정을 위한 구체적 기준은 EU 또는 회원국 법으로 규정될 수 있다. GDPR 제4조 제7호.

197) GDPR 제26조.

198) 제29조 작업반 Opinion 1/2010, p. 19.

199) GDPR 제26조 제3항.

200) GDPR 제4조 제8호. 1995년 개인정보보호지침에서 프로세서는 개인정보 처리에 있어서 주된 책임을 부담하지 않았으나, GDPR에서 프로세서는 컨트롤러에 준하는 상당한 수준의 책임을 부담한다.

(3) 다른 법률의 정의

신용정보법은 신용정보제공·이용자를 '고객과의 금융거래 등 상거래를 위하여 본인의 영업과 관련하여 얻거나 만들어 낸 신용정보를 타인에게 제공하거나 타인으로부터 신용정보를 제공받아 본인의 영업에 이용하는 자와 그 밖에 이에 준하는 자로서 대통령령으로 정하는 자'라고 정의한다.[201]

위치정보법은 개인위치정보를 대상으로 하는 위치정보사업을 하기 위하여 방송통신위원회에 등록을 한 자를 위치정보사업자라고 한다.[202] 위치정보사업은 '위치정보를 수집하여 위치기반서비스사업을 하는 자에게 제공하는 것을 사업으로 영위하는 것'이고, 위치기반서비스사업은 '위치정보를 이용한 서비스('위치기반서비스')를 제공하는 것을 사업으로 영위하는 것'을 말한다.[203]

6. 공공기관

이 법은 개인정보처리자의 하나인 공공기관의 개념을 별도로 규정한다. 이 법이 공공부문과 민간부문의 개인정보처리자에게 일반적으로 적용되지만, 공공기관에 한정적으로 적용되는 규정이 있기 때문이다. 이 법은 공공기관의 지위와 활동 내용 등을 고려하여 개인정보보호에 대한 보다 강화된 또는 보다 완화된 의무를 부여한다.

---

201) 신용정보법 제2조 제7호. '대통령령으로 정하는 자'는 다음 각 호의 어느 하나에 해당하는 자를 말한다: 1. 「우체국예금·보험에 관한 법률」에 따른 체신관서, 2. 「상호저축은행법」에 따른 상호저축은행중앙회, 3. 「벤처투자 촉진에 관한 법률」에 따른 중소기업창업투자회사 및 벤처투자조합 및 개인투자조합, 4. 「국채법」에 따른 국채등록기관, 5. 특별법에 따라 설립된 조합·금고 및 그 중앙회·연합회, 6. 특별법에 따라 설립된 공사·공단·은행·보증기금·보증재단 및 그 중앙회·연합회, 6의2. 특별법에 따라 설립된 법인 또는 단체로서 다음 각 목의 어느 하나에 해당하는 자, 가. 공제조합, 나. 공제회, 다. 그 밖에 이와 비슷한 법인 또는 단체로서 같은 직장·직종에 종사하거나 같은 지역에 거주하는 구성원의 상호부조, 복리증진 등을 목적으로 구성되어 공제사업을 하는 법인 또는 단체, 7. 감사인, 8. 그 밖에 금융위원회가 정하여 고시하는 자. 신용정보법 시행령 제2조 제18항.
202) 위치정보법 제5조 제1항과 제2항 참조.
203) 위치정보법 제2조 제6호와 제7호.

┃ 표.5 공공기관에게 적용되는 이 법의 특별 규정

보다 강화된 의무 규정	보다 완화된 의무 규정
• 공공기관 중 중앙행정기관 및 그 소속기관, 지방자치단체, 그 밖에 대통령령으로 정하는 기관의 매년 개인정보 보호 정책·업무의 수행 및 이 법에 따른 의무의 준수 여부 등을 평가('개인정보 보호수준 평가')를 받아야 할 의무(제11조의2 제1항) • 개인정보의 목적 외 이용·제공의 법적근거, 목적 및 범위 등에 관하여 필요한 사항을 관보 또는 인터넷 홈페이지에 게재할 의무(제18조 제4항) • 고정형 영상정보처리기기 설치·운영시 공청회·설명회의 개최 등으로 관계 전문가 및 이해관계인의 의견을 수렴할 의무(제25조 제3항) • 고정형 영상정보처리기기 설치·운영에 관한 사무를 위탁하는 경우 대통령령으로 정하는 절차 및 요건 준수(제25조 제8항) • 보호위원회에 개인정보파일의 등록 의무(제32조 제1항) • 개인정보 영향평가의 실시 의무(제33조) • 정보주체의 공공기관에 직접 개인정보 열람 요구 또는 보호위원회를 통한 열람 요구(제35조 제2항)	• 정보주체의 동의 없이 소관 업무 수행을 위한 개인정보 수집·이용(제15조 제1항 제3호) • 정보주체의 동의 없이 소관 업무 수행을 위해 수집한 개인정보의 제3자 제공(제17조 제1항 제2호) • 개인정보의 목적 외 이용·제공의 5개 근거(제18조 제2항 단서) • 보호위원회에 등록 대상이 되는 개인정보파일에 대한 개인정보 처리방침 수립(제30조 제1항) • 정보주체의 개인정보 열람 요구의 제한·거절(제35조 제4항 제3호) • 보호위원회에 등록 대상이 되는 개인정보파일 중 개인정보에 대한 처리 정지 요구 또는 처리에 대한 동의 철회(제37조 제1항) • 정보주체의 개인정보 처리 정지 요구의 거절(제37조 제2항 제3호) • 손해배상책임의 이행을 위하여 보험 또는 공제에 가입하거나 준비금을 적립하는 등 필요한 조치를 하지 아니할 수 있음(제39조의7 제2항 제1호) • 공공기관의 개인정보 처리 업무를 방해할 목적으로 공공기관에서 처리하고 있는 개인정보를 변경하거나 말소하여 공공기관의 업무 수행의 중단·마비 등 심각한 지장을 초래한 자에 대한 벌칙(제70조 제1호)

이 법의 적용을 받는 공공기관은 두 가지 유형으로 구별된다. 첫째 유형은 '국회, 법원, 헌법재판소, 중앙선거관리위원회의 행정사무를 처리하는 기관, 중앙행정기관(대통령 소속 기관과 국무총리 소속 기관을 포함한다) 및 그 소속 기관, 지방자치단체'이다.204) 헌법기관인 국회, 법원, 헌법재판소, 중앙선거관리위원회의 행정사무를 처리하는 기관은 각각 국회사무처, 법원행정처, 헌법재판소사무처, 중앙선거관리위원회 사무처를 말한다. 중앙행정기관은 '국가의 행정사

---

204) 법 제2조 제6호 가목.

무를 담당하기 위하여 설치된 행정기관으로서 그 관할권의 범위가 전국에 미치는 행정기관'이다.[205] 대통령 소속으로 국가정보원 등이 있고, 국무총리실 소속으로 법제처, 식품의약품안전처와 보호위원회 등이 있다. 중앙행정기관의 소속기관은 특별지방행정기관과 부속기관을 포함한다. 지방자치단체는 특별시, 광역시, 특별자치시, 도, 특별자치도인 광역자치단체와 시, 군, 구인 기초지방자치단체로 구별된다.[206]

둘째 유형은 '그 밖의 국가기관과 공공단체 중에서 대통령령으로 정하는 기관'이다.[207] 대통령령으로 정하는 기관은 국가인권위원회, 고위공직자범죄수사처, 공공기관운영법의 공공기관,[208] 지방공기업법에 따른 지방공사와 지방공단, 특별법에 따라 설립된 특수법인, 「초·중등교육법」, 「고등교육법」 및 그 밖의 다른 법률에 따라 설치된 각급 학교를 말한다.[209]

7. 영상정보처리기기

2023년 3월 14일 개정으로 종래 영상정보처리기기는 고정형 영상정보처리기기가 되고, 이에 더하여 이동형 영상정보처리기기에 관한 규정이 신설되었다. CCTV와 같은 고정형 영상정보처리기기 외에 드론, 자율주행 자동차 등을 이용한 이동형 영상정보처리기기의 사용이 증가함에 따라 이동형 영상정보처리기기의 개념이 신설된 것이다.

개인영상정보는 '법 제2조 제1호에 따른 개인정보 중 고정형 또는 이동형

---

205) 「행정기관의 조직과 정원에 관한 통칙」 제2조 제1호.
206) 지방자치법 제2조 제1항.
207) 법 제2조 제6호 나목.
208) 동 법 제5조 제1항에 따른 공공기관은 공기업, 준정부기관과 기타공공기관으로 구별된다.
209) 영 제2조. 예컨대, 「초·중등교육법」에 따른 초등학교, 중학교, 고등학교, 대안학교, 외국인학교 등이 있고, 「고등교육법」에 따른 대학, 전문대학, 방송통신대학 등 원격대학, 대학원대학 등이 있고, '그 밖의 다른 법률'에 따라 육군사관학교, 해군사관학교, 공군사관학교, 국방대학교, 육군3사관학교, 경찰대학, 국가정보대학원, 법학전문대학원 등이 있다. 법학전문대학원은 「법학전문대학원 설치·운영에 관한 법률」에 따라 설립되지만, 학사업무 등이 소속 대학교의 통제를 받는 점에서 독립된 개인정보처리자로 보기 어렵다. 2020년 해설서 25면.

영상정보처리기기에 의하여 촬영·처리되는 영상 형태의 개인정보 중 개인의 초상, 행동 등과 관련된 영상으로서 해당 개인을 식별할 수 있는 정보'라고 정의된다.[210] 이 법은 개인정보를 살아 있는 개인에 관한 정보로서 '영상 등'을 통하여 개인을 알아볼 수 있는 정보라고 정의하여,[211] 개인영상정보의 중요성이 부각된다. 개인영상정보는 개인의 사생활 보호와 개인정보보호에 밀접하게 관련되기 때문에, 이 법은 고정형 및 이동형 영상정보처리기기의 설치·운영을 특별하게 규정한다.[212]

(1) 고정형 영상정보처리기기

고정형 영상정보처리기기는 '일정한 공간에 설치되어 지속적 또는 주기적으로 사람 또는 사물의 영상 등을 촬영하거나 이를 유·무선망을 통하여 전송하는 장치로서 대통령령으로 정하는 장치'이다.[213]

1) 고정형 영상정보처리기기의 요건

고정형 영상정보처리기기는 이 법의 특별한 적용을 받는 만큼 다음과 같은 요건이 충족되어야 한다. 고정형 영상정보처리기기는 일정한 공간에 설치되어

---

210) 표준지침 제2조 제9호. 2016년 개정된 표준지침은 2011년 표준지침에 규정된 '개인의 초상, 행동 등 사생활과 관련된 영상'에서 사생활을 삭제하여 '개인의 초상, 행동 등과 관련된 영상'으로 개정하였다. 사생활의 단어가 삭제되어 개인의 식별성에 따른 개인정보보호를 강조하려는 것으로 보인다.

211) 법 제2조 제1호 가목.

212) 이 법이 규정한 정의에 따르지 않는 영상정보처리기기의 경우 개인정보처리자가 업무를 목적으로 개인정보파일을 운용하기 위하여 개인에 대한 영상을 촬영하는 경우 이 법의 개인정보의 수집·이용 등의 규정의 적용을 받는다. 2020년 해설서 27면. 또한, 카메라나 그 밖에 이와 유사한 기능을 갖춘 기계장치를 이용하여 성적 욕망 또는 수치심을 유발할 수 있는 사람의 신체를 촬영대상자의 의사에 반하여 촬영한 자는 처벌된다. 성폭력처벌법 제14조 참조.

213) 법 제2조 제7호. 2023년 3월 14일 개정 전의 [고정형] 영상정보처리기기의 정의는 '일정한 공간에 지속적으로 설치되어 사람 또는 사물의 영상 등을 촬영하거나 이를 유·무선망을 통하여 전송하는 장치로서 대통령령으로 정하는 장치'이다.(밑줄 추가) '지속적으로 설치'에서 '지속적으로'가 삭제되었다.

야 하고, 지속적 또는 주기적으로 사람 또는 사물의 영상 등을 촬영하거나 이를 유·무선망을 통하여 전송하여야 한다. 고정형 영상정보처리기기는 영상 등을 촬영하거나 이를 전송하는 장치이기 때문에, 촬영과 전송의 어느 하나의 기능만 있어도 이 법의 적용을 받는다. 이동형 영상정보처리기기와의 차이는 해당 기기가 사람이나 이동 가능한 물체에 따라 이동하지 않고 일정한 공간에 설치되어야 하는 점이다.

① 일정한 공간에 설치

이 법의 적용을 받는 고정형 영상정보처리기기는 일정한 공간에 설치되어야 한다. 예컨대, 건물, 공원, 도로 등의 일정한 공간에 설치되는 CCTV 등이 해당된다. 고정형 영상정보처리기기의 촬영 범위는 일정한 공간이나 구역으로 한정될 것이다.[214] 일정한 공간은 고정된 장소를 의미하는 것은 아니다.[215] 즉 버스와 택시 등 이동성 있는 공간이어도 해당 기기의 설치 위치와 촬영 범위가 일정하게 한정된다면 이 법의 고정형 영상정보처리기기에 해당한다.

택시에 설치된 블랙박스나 버스에 설치된 감시카메라는 차량 내부인 일정한 공간에 설치되어 한정된 촬영 범위의 사람 또는 사물을 촬영하므로 이 법의 적용을 받는 고정형 영상정보처리기기에 해당한다.[216] 그러나 차량 내의 블랙박스가 다른 차량과의 교통사고 등을 기록할 목적으로 외부를 촬영하는 것이라면 촬영 범위와 대상이 수시로 변동하므로 이 법의 적용을 받는 고정형 영상정보처리기기에 해당하지 않고, 이동형 영상정보처리기기에 해당할 것이다.[217]

② 지속적 또는 주기적으로 사람 또는 사물의 영상 등의 촬영

이 법의 적용을 받는 고정형 영상정보처리기기는 지속적 또는 주기적으로 사람 또는 사물의 영상 등을 촬영하여야 한다. 이 법의 적용을 받기 위하여 고정형 영상정보처리기기는 지속적 또는 주기적으로 촬영하고 있을 것이 요구된다.

---

214) 2020년 해설서 27면.
215) 2020년 해설서 27면.
216) 회사 차량, 택시나 버스 내부를 촬영하는 CCTV에 대하여 이 법에 따라 안내판 설치 등의 의무가 적용된다. 2021년 공공기관 영상정보처리기기 가이드라인 9면 및 2021년 민간분야 영상정보처리기기 가이드라인 4면 참조.
217) 영 제3조 제2항 제3호 참조.

CCTV 등 고정형 영상정보처리기기가 일정한 공간에 설치되면 동 기기의 촬영 범위 내의 사람들의 대화가 녹음될 수 있다. 통신비밀보호법과 형사소송법 또는 군사법원법의 규정에 의하지 아니하고는 원칙적으로 공개되지 아니한 타인간의 대화의 녹음 또는 청취가 금지된다.[218] 이 점에서 이 법의 적용을 받는 고정형 영상정보처리기기의 촬영은 음성·음향의 녹음이 아닌 영상만을 대상으로 할 것이다.[219]

촬영의 대상인 사물은 이 법의 목적을 고려하여 보호대상인 사람과 일정한 관련성이 있는 것으로 보아야 한다.[220] 예컨대, 천문대 망원경이 일정한 공간에 설치되어 지속적 또는 주기적으로 사물의 영상을 촬영할 수 있지만, 그 촬영 대상이 별을 포함한 우주에 한정되는 경우 개인정보보호와 관련성이 멀어서 이 법의 고정형 영상정보처리기기로 보기 어려울 것이다.[221] 거리에 설치된 CCTV가 운행 중인 차량의 번호를 촬영한 경우 동 CCTV는 그 차량의 운전자나 소유자와 일정한 관련성을 가지는 사물을 촬영한 점에서 고정형 영상정보처리기기가 될 것이다.

③ 유·무선망을 통하여 전송

이 법의 적용을 받는 고정형 영상정보처리기기는 촬영된 사람 또는 사물의 영상 등을 유·무선망을 통하여 전송하여야 한다.

2) 고정형 영상정보처리기기의 종류

고정형 영상정보처리기기로서 대통령령으로 정하는 장치는 폐쇄회로 텔레비전과 네트워크 카메라이다.[222] 첫째, '폐쇄회로 텔레비전'(CCTV)은 '일정한

---

218) 통신비밀보호법 제3조 제1항.

219) 2020년 해설서 28면. 어린이집을 설치·운영하는 자는 폐쇄회로 텔레비전의 설치·관리에 있어서 녹음기능을 사용하는 행위를 하여서는 아니 된다. 영유아보육법 제15조의5 제2항 제2호. 의료기관의 장이나 의료인이 수술을 하는 장면을 폐쇄회로 텔레비전으로 촬영하는 경우 녹음 기능은 사용할 수 없지만, 환자 및 해당 수술에 참여한 의료인 등 정보주체 모두의 동의를 받은 경우에는 녹음 기능을 사용할 수 있다. 의료법 제38조의2 제3항 참조.

220) 2020년 해설서 28면.

221) 2020년 해설서 28면.

공간에 설치된 카메라를 통하여 지속적 또는 주기적으로 영상 등을 촬영하거나 촬영한 영상정보를 유·무선 폐쇄회로 등의 전송로를 통하여 특정 장소에 전송하는 장치'[223] 또는 일정한 공간에 지속적으로 설치된 카메라를 통하여 '촬영되거나 전송된 영상정보를 녹화·기록할 수 있도록 하는 장치'이다.[224] 둘째, 네트워크 카메라는 '일정한 공간에 설치된 기기를 통하여 지속적 또는 주기적으로 촬영한 영상정보를 그 기기를 설치·관리하는 자가 유·무선 인터넷을 통하여 어느 곳에서나 수집·저장 등의 처리를 할 수 있도록 하는 장치'이다.[225] IP카메라로 불리는 네트워크 카메라는 인터넷망을 통한 영상정보의 수집과 원격제어가 가능한 만큼 개인정보보호에 더 큰 위험이 될 수 있다.[226]

(2) 이동형 영상정보처리기기

이동형 영상정보처리기기는 '사람이 신체에 착용 또는 휴대하거나 이동 가능한 물체에 부착 또는 거치(据置)하여 사람 또는 사물의 영상 등을 촬영하거나 이를 유·무선망을 통하여 전송하는 장치로서 대통령령으로 정하는 장치'이다.[227]

1) 이동형 영상정보처리기기의 요건

이동형 영상정보처리기기는 이 법의 특별한 적용을 받는 만큼 다음과 같은

---

222) 법 제2조 제7호. 과학기술의 발달에 따라 다양한 기능의 영상정보처리기기가 생산될 것임을 고려할 때, 동 시행령에 규정된 두 가지 장치의 명칭이 아니라 그 기능에 주목해야 할 것이다.

223) 영 제3조 제1항 제1호 가목. 2023년 9월 12일 개정 전의 정의는 '일정한 공간에 지속적으로 설치된 카메라를 통하여 …'이다.

224) 영 제3조 제1항 제1호 나목.

225) 영 제3조 제1항 제2호. 2023년 9월 12일 개정 전의 정의는 '일정한 공간에 지속적으로 설치된 기기로 촬영한 영상정보 …'이다.

226) 이러한 위험을 고려하여, 전신마취 등 환자의 의식이 없는 상태에서 수술을 시행하는 의료기관의 개설자는 수술실 내부에 이 법 및 관련 법령에 따른 폐쇄회로 텔레비전을 설치하도록 요구되어, 네트워크 카메라는 수술실 내부에 설치될 수 없다. 의료법 제38조의2 제1항 참조.

227) 법 제2조 제7호의2.

요건이 충족되어야 한다. 이동형 영상정보처리기기는 사람이 신체에 착용 또는 휴대하거나 이동 가능한 물체에 부착 또는 거치(据置)하여야 하고, 사람 또는 사물의 영상 등을 촬영하거나 이를 유·무선망을 통하여 전송하여야 한다. 이동형 영상정보처리기기는 영상 등을 촬영하거나 이를 전송하는 장치이기 때문에, 촬영과 전송의 어느 하나의 기능만 있어도 이 법의 적용을 받는다. 고정형 영상정보처리기기와의 차이는 해당 기기가 일정한 공간에 설치되지 않고 사람이나 이동 가능한 물체에 따라 이동할 수 있는 점이다.

2) 이동형 영상정보처리기기의 종류

이동형 영상정보처리기기로서 대통령령으로 정하는 장치는 착용형 장치, 휴대형 장치, 부착·거치형 장치이다. 첫째, 착용형 장치는 '안경 또는 시계 등 사람의 신체 또는 의복에 착용하여 영상 등을 촬영하거나 촬영한 영상정보를 수집·저장 또는 전송하는 장치'이다.[228] 둘째, 휴대형 장치는 '이동통신단말장치 또는 디지털 카메라 등 사람이 휴대하면서 영상 등을 촬영하거나 촬영한 영상정보를 수집·저장 또는 전송하는 장치'이다.[229] 셋째, 부착·거치형 장치는 '차량이나 드론 등 이동 가능한 물체에 부착 또는 거치(据置)하여 영상 등을 촬영하거나 촬영한 영상정보를 수집·저장 또는 전송하는 장치'이다.[230]

8. 과학적 연구

(1) 정의

2020년 2월 4일 개정으로 개인정보처리자가 정보주체의 동의 없이 통계작성, 과학적 연구, 공익적 기록보존 등의 목적으로 가명정보를 처리할 수 있는 가명정보의 처리에 관한 특례가 신설되었다.[231] 이러한 개정 전에는 개인정보

---

228) 영 제3조 제2항 제1호.
229) 영 제3조 제2항 제2호.
230) 영 제3조 제2항 제3호.
231) 법 제28조의2 이하 참조.

의 목적 외 이용·제공이 제한됨에도 불구하고, 통계작성 및 학술연구 등의 목적을 위하여 필요한 경우로서 특정 개인을 알아볼 수 없는 형태로 개인정보를 제공하는 것이 허용되었다.[232] 법 제28조의2 제1항은 가명처리를 위한 목적에 기존의 통계작성을 존치하고 공익적 기록보존을 추가하면서 학술연구를 과학적 연구로 대체하였다.

과학적 연구는 '기술의 개발과 실증, 기초연구, 응용연구 및 민간 투자 연구 등 과학적 방법을 적용하는 연구'라고 정의된다.[233] 이 법은 과학적 연구를 과학적 방법을 적용하는 연구라고 규정하여, 동 연구가 상업이나 산업 등 특정 분야에 국한되지 않음을 알 수 있다. 또한, 과학적 연구에 민간 투자 연구가 포함되어 기업 등의 투자를 위한, 즉 상업이나 산업 차원의 연구도 포함될 수 있다.[234]

EU GDPR

과학적 연구 목적을 위한 개인정보의 처리는 기술적 개발과 시현, 기초연구, 응용연구 및 민간기금 연구를 포함하여 광범위하게 해석되어야 한다.[235] 과학적 연구 목적은 공공보건 분야에서 공익을 위하여 수행된 연구도 포함한다.[236] 과학적 연구 목적을 위한 개인정보 처리의 특수성을 충족하기 위하여 특히 과학적 연구 목적의 상황에서 개인정보의 출간이나 달리 공개에 관하여 특정 조건이 적용되어야 한다.[237] 보건 맥락에서 과학적 연구의 결과가 정보주체의 이익을 위하여 추가적

---

232) 해당 법 제18조 제2항 제4호는 2020년 2월 4일 개정으로 삭제되었다.

233) 법 제2조 제8호.

234) 정부는 '새로운 기술·제품·서비스의 개발 등 산업적 목적을 포함하는 과학적 연구 목적으로 가명정보를 이용할 수 있도록 함'이라는 2020년 2월 4일 개정의 제안 이유 및 과학적 연구에 민간투자 연구가 포함되는 점을 고려하여 원칙적으로 가명정보를 활용하는 산업적 연구가 허용됨을 '개인정보보호 법령 해설서'를 통하여 명확하게 밝히겠다고 하였다. 관계부처합동 정책 설명자료, '데이터 3법 시행령 입법예고 주요사항'(2020년 3월 30일).

235) GDPR 상설 제159항.

236) GDPR 상설 제159항.

237) GDPR 상설 제159항.

조치를 필요로 하면 GDPR의 일반규정이 이들 조치에 관하여 적용된다.[238] 과학적 연구 목적이 '광범위하게'(in a broad manner) 해석되어야 하는 점에서 과학적 연구 목적은 확대하여 해석될 수 있다.

일견 과학적 연구 목적에 관한 이 법과 GDPR의 규정은 동일한 것으로 보인다. 이 법은 과학적 연구의 예를 명시하면서 '과학적 방법을 적용하는 연구'라고 규정하고, GDPR은 과학적 연구의 예를 명시하면서 '광범위하게 해석'할 것을 요구하기 때문이다.

(2) 다른 법률의 정의

신용정보법은 2020년 2월 4일 개정으로 신용정보회사등이 개인신용정보를 제공하는 경우로서 신용정보주체의 동의를 받지 않아도 되는 경우에 '통계작성, 연구, 공익적 기록보존 등을 위하여 가명정보를 제공하는 경우'를 신설하였다.[239] 통계작성은 '시장조사 등 상업적 목적의 통계작성'을 포함하고, 연구는 '산업적 연구'를 포함한다.[240]

2020년 2월 4일 소위 '데이터 3법 개정'에서 이 법과 신용정보법이 개인정보 활용의 활성화를 위하여 가명정보 개념을 도입한 것인데, 이들 두 법률의 가명정보 처리에 관한 규정에서 약간의 차이를 보인다. 그럼에도 제4차 산업혁명시대에 부응하는 개정이라는 취지를 생각할 때, 실제적인 차이를 인정할 필요는 없을 것이다. 신용정보법이 이 법의 과학적 연구와 달리 연구라고 규정하면서 이를 산업적 연구를 포함한다고 명시한 점에서, 이 법의 과학적 연구가 산업적 연구를 포함하지 않는다고 볼 이유는 전혀 없다.

---

238) GDPR 상설 제159항.
239) 신용정보법 제32조 제6항 제9호의2. 신용정보법 제17조의2 제1항에 따른 정보집합물의 결합 목적으로 데이터전문기관에 개인신용정보를 제공하는 경우 데이터전문기관을 포함한다. 동 항 제9호의3 참조.
240) 신용정보법 제32조 제6항 제9호의2.

■ IV. 개인정보보호 원칙

1. OECD 프라이버시 가이드라인과 비교

이 법은 제3조에서 개인정보보호 원칙을 규정한다. 법 제3조의 8개항에 규정된 개인정보보호 원칙은 그 자체 개인정보처리자를 직접적으로 구속하지 않는 선언적 규범에 해당한다고 한다.[241] 법 제3조의 개인정보보호 원칙은 이 법에서 개인정보처리자에 대한 의무와 정보주체에 대한 권리로서 구체화된다.

1980년 채택된 OECD의 프라이버시 가이드라인은 회원국들이 개인정보 처리에 관한 법의 제정에 있어서 고려해야 할 8개 '국내 적용 기본원칙'(Basic Principles of National Application)을 제시한다. 이들 개인정보보호 원칙은 개인정보 처리의 국제적 기준으로 인정된다.[242] 2013년 개정된 OECD 프라이버시 가이드라인은 8개 개인정보보호 원칙을 그대로 유지한다.

OECD 프라이버시 가이드라인의 8개 기본원칙은 다음과 같다. 첫째, '수집 제한 원칙'(Collection Limitation Principle)이다.[243] 개인정보의 수집에 제한이 있어야 하고, 개인정보는 합법적이고 공정한 수단에 의하여, 적절한 경우 정보주체의 인지 또는 동의를 얻어 획득되어야 한다. 둘째, '데이터 정확성 원칙'(Data Quality Principle)이다.[244] 개인정보는 이용되는 목적에 관련되고, 그 목적에 필

---

241) 2016년 해설서 28면. 개인정보보호 원칙은 개인정보처리자에게 행동 지침을 제시하고, 정책담당자에게 정책 수립과 집행 기준을 제시하며, 사법부에게 법해석의 이론적 기초를 제하고 동시에 입법적 공백을 막아줄 수 있다고 한다. 2020년 해설서 32면. 2020년 해설서의 입장은 법 제3조의 '원칙'의 성격을 간과하는 것으로 보인다. 법 제58조 제1항은 두 가지 유형의 개인정보에 대한 이 법의 제3장부터 제8장까지의 적용 제외를 규정하여, 이러한 유형의 개인정보에 대하여 정보주체의 권리 보장에 관한 규정인 제5장 등 구체적이고 실체적 규정이 적용되지 않는다. 개인정보보호 원칙을 규정한 제3조는 제1장에 규정되어서 법 제58조 제1항에 구속되지 않는다.

242) 'APEC 프라이버시 프레임워크'(APEC Privacy Framework)도 대체로 OECD 프라이버시 가이드라인에 유사한 내용의 개인정보보호를 위한 최소기준인 '정보 프라이버시 원칙'(information privacy principles)을 제시한다. GDPR도 유사하게 개인정보 처리에 관련된 원칙을 규정한다. GDPR 제5조 참조.

243) 1980년 OECD 프라이버시 가이드라인 제7항.

244) 1980년 OECD 프라이버시 가이드라인 제8항.

요한 범위 내에서 정확하고, 완전하며, 최신의 것이어야 한다. 셋째, '목적 명확화 원칙'(Purpose Specification Principle)이다.[245] 개인정보가 수집되는 목적은 수집 시점까지 명확하게 되어야 하고, 그 후의 이용은 수집 목적 또는 동 목적과 모순되지 않고 목적이 변경되는 경우마다 명확하게 되는 목적의 충족에 제한되어야 한다. 넷째, '이용 제한 원칙'(Use Limitation Principle)이다.[246] 개인정보는 목적 명확화 원칙에 따라 명확하게 된 목적이 아닌 다른 목적으로 공개되거나 이용가능하게 되거나 또는 달리 이용되어서는 아니 된다. 정보주체의 동의가 있거나 법에 근거하는 경우에는 예외가 허용된다. 다섯째, '안전성 확보 원칙'(Security Safeguards Principle)이다.[247] 개인정보는 그 분실이나 불법적 접근, 파괴, 이용, 수정 또는 공개 등의 위험에 대한 합리적 안전조치에 의하여 보호되어야 한다. 여섯째, '공개 원칙'(Openness Principle)이다.[248] 개인정보에 관하여 '발전, 관행 및 정책'에 대한 공개의 일반원칙이 있어야 한다. 컨트롤러[249]의 신원과 일상적 거소와 함께 개인정보의 존재와 성격 및 그 이용의 주된 목적을 확정할 수 있는 수단이 용이하게 이용가능하여야 한다. 일곱째, '개인 참여 원칙'(Individual Participation Principle)이다.[250] 이 원칙에 따라 개인은 다음의 권리를 가진다: (a) 컨트롤러가 자신에 관한 데이터를 갖고 있는지 여부를 그로부터 또는 달리 확인할 권리,[251] (b) 자신에 관한 데이터를 합리적인 시간 내에, 만일 있다면 과도하지 않은 비용으로, 합리적인 방식으로 및 자신에게 쉽게 이해될 수 있는 형식으로 자신에게 통지하도록 하는 권리, (c) (a)호와 (b)호에 따른 요청이 거부된 경우 그 이유를 받고, 이러한 거부에 이의를 제기할 수 있는 권리, (d) 자신에 관한 데이터에 대하여 이의를 제기하고, 그

---

245) 1980년 OECD 프라이버시 가이드라인 제9항.
246) 1980년 OECD 프라이버시 가이드라인 제10항.
247) 1980년 OECD 프라이버시 가이드라인 제11항.
248) 1980년 OECD 프라이버시 가이드라인 제12항.
249) 컨트롤러(data controller)는 대체로 이 법의 개인정보처리자에 해당한다.
250) 1980년 OECD 프라이버시 가이드라인 제13항.
251) 본문의 '또는 달리'(or otherwise)는 컨트롤러로부터의 직접적인 확인이 어려운 경우를 가리킨다. 예컨대, 의료 부문에서 의사가 정보주체인 환자와 컨트롤러인 병원의 중개자(go-between) 역할을 할 수 있다. 또한 개인정보보호당국과 같은 감독기관도 유사한 역할을 할 수 있다. 1980년 OECD 프라이버시 가이드라인 주석 제59항.

이의가 성공한 경우 그 데이터를 삭제, 정정, 완결, 또는 수정하게 하는 권리. 여덟째, '책임성 원칙'(Accountability Principle)이다.[252] 컨트롤러는 위에서 언급된 원칙들을 따르는 조치의 준수에 책임을 진다.

▌표.6 OECD 프라이버시 가이드라인과 이 법의 개인정보보호 원칙 비교

OECD 프라이버시 가이드라인	법 제3조 및 구체적 법규정	
수집 제한 원칙	처리 목적에 필요한 최소한 수집 및 적법하고 정당한 수집(제1항)	제5조, 제15조, 제16조, 제23조, 제24조, 제24조의2, 제25조, 제25조의2, 제26조 제6항
데이터 정확성 원칙	처리 목적에 필요한 범위에서 정확성, 완전성, 최신성 보장(제3항)	제36조
목적 명확화 원칙	처리 목적 명확화(제1항)	제15조, 제17조, 제18조, 제27조
이용 제한 원칙	처리 목적에 필요한 범위에서 적합하게 처리 및 목적 외 활용 금지(제2항)	제15조, 제17조, 제18조, 제19조, 제26조, 제27조, 제28조의5
안전성 확보 원칙	정보주체의 권리 침해 가능성과 위험정도를 고려하여 안전하게 관리(제4항)	제18조 제5항, 제21조, 제25조 제6항, 제25조의2 제4항, 제28조의4, 제29조, 제33조, 제34조
공개 원칙	개인정보 처리방침 등 처리사항 공개(제5항)	제20조, 제25조 제4항과 제7항, 제25조의2 제3항과 제4항, 제26조 제2항, 제27조 제1항, 제30조, 제32조
개인 참여 원칙	열람청구권 등 정보주체의 권리 보장(제5항)	제5조, 제20조, 제22조, 제35조, 제35조의2, 제36조, 제37조, 제37조의2, 제38조
책임성 원칙	개인정보처리자의 책임 준수·실천, 신뢰 확보 노력(제8항)	제26조 제4항과 제7항, 제28조, 제31조, 제31조의2, 제39조, 제39조의2, 제39조의7
	사생활 침해 최소화(제6항)	제5조, 제23조, 제25조, 제25조의2
	익명처리와 가명처리 장려(제7항)	제28조의2 내지 제28조의5, 제28조의7, 제58조의2

---

252) 1980년 OECD 프라이버시 가이드라인 제14항.

법 제3조에 규정된 8개 조항의 개인정보보호 원칙은 일응 OECD 프라이버시 가이드라인의 8개 개인정보보호 원칙과 대체로 유사하다.[253] 그러나, 법 제3조는 OECD 프라이버시 가이드라인의 8개 개인정보보호 원칙에 더하여 사생활 침해 최소화(제6항)와 익명처리와 가명처리 장려(제7항)도 규정한다. 익명처리와 가명처리는 정보주체의 식별성을 제거하는 등의 방법으로 개인정보의 안전한 처리를 위한 구체적인 방법이 되는 점에서 개인정보의 안전성 확보에 관한 제4항에서 다루어질 수 있을 것이다.

개인정보의 처리에서 정보주체를 보호하기 위한 개인정보처리자의 의무를 주된 내용으로 하는 개인정보보호 원칙은 보다 일반적 원칙과 보다 구체적 원칙으로 구별할 수 있다. 개인정보보호의 일반적 원칙에는 정보주체의 사생활 침해의 최소화와 정보주체의 신뢰 확보 등의 책임이 해당된다. 보다 구체적 원칙에는 개인정보 처리 목적 명확화, 개인정보의 적법하고 정당한 수집, 개인정보의 적합한 처리, 개인정보의 처리 목적 외 활용 금지, 개인정보의 정확성 등 보장, 개인정보의 안전한 관리, 개인정보 처리에 관한 사항 공개, 정보주체의 권리 보장, 개인정보의 익명처리와 가명처리 장려가 해당된다.

2. 개인정보보호 원칙의 내용

법 제3조는 개인정보보호 원칙으로서 8개 조항을 규정하여 OECD 프라이버시 가이드라인의 8개 개인정보보호 원칙에 상응하는 것으로 보이지만, 그 구체적인 내용과 구성은 다음과 같이 다소 차이를 보인다.

(1) 처리 목적의 명확화

개인정보처리자는 개인정보의 처리 목적을 명확하게 하여야 한다.[254] 개인

---

253) 법 제3조의 개인정보보호 원칙은 1980년 OECD 프라이버시 가이드라인의 원칙 및 EU의 1995년 개인정보보호지침과 2016년 GDPR을 참고하였고, 한국이 제정 과정에서 결정적인 역할을 수행한 APEC 프라이버시원칙도 고려하였다고 한다. 그 밖에 개인정보보호 원칙을 상세하게 기술하는 영국, 스웨덴, 캐나다, 홍콩, 호주, 뉴질랜드 등의 개인정보보호법도 참고하였다고 한다. 2020년 해설서 31면.

254) 법 제3조 제1항 전단.

정보처리자는 업무를 목적으로 개인정보를 처리하는 기업 등을 말한다. 개인정보의 처리는 개인정보처리자의 업무 목적으로 제한적으로 허용된다. 따라서, 개인정보처리자는 개인정보의 처리 목적을 명확하게 하여야 한다. 개인정보의 처리는 일반적으로 정보주체로부터 수집되면서 개시된다면, 명확하게 되어야 하는 것은 수집 목적이 될 것이다.[255]

EU GDPR

'목적 제한'(purpose limitation) 원칙으로서 개인정보는 '특정되고, 명시적이며 정당한 목적'으로 수집되고 '해당 목적에 양립하지 않는 방식으로' 더 이상 처리되지 않아야 한다.[256]

이 법은 다음의 경우에 개인정보의 수집·이용 등 처리 목적이 공개되게 한다. 첫째, 개인정보처리자가 정하여 공개하는 개인정보 처리방침에 포함되거나,[257] 둘째, 개인정보처리자가 개인정보의 수집에서 정보주체의 동의를 받을 때 정보주체에게 알리는 고지에 포함되거나,[258] 셋째, 개인정보처리자가 제3자 제공에 관하여 정보주체의 동의를 받을 때 정보주체에게 알리는 고지에 포함되거나,[259] 넷째, 개인정보처리자가 개인정보의 목적 외 이용·제공에 관하여 정보주체의 동의를 받을 때 정보주체에게 알리는 고지에 포함되거나,[260] 다섯째, 공공기관의 개인정보의 목적 외 이용·제공에 관하여 관보 또는 인터넷 홈페이지 등에 게재하거나,[261] 여섯째, 개인정보처리자가 정보주체 이외의 자로부터 수집한 개인정보를 처리할 때 정보주체에게 알리는 통지에 포함되거

---

255) 법 제15조 제1항 참조. 2011년 표준지침 제4조 제1항은 개인정보의 수집 목적이 '수집 당시에 명확히 특정되어' 있을 것을 요구하였는데, 이후 삭제되었다.
256) GDPR 제5조 제1항(b).
257) 법 제30조 제1항 제1호.
258) 법 제15조 제2항 제1호.
259) 법 제17조 제2항 제2호.
260) 법 제18조 제3항 제2호.
261) 법 제18조 제4항.

나,262) 일곱째, 개인정보처리자가 정보주체의 개인정보의 국외 이전에서 동의를 받을 때 개인정보를 이전받는 자의 이용 목적을 정보주체에게 통지하는 경우이다.263)

(2) 최소한의 수집

개인정보처리자는 처리 목적에 필요한 범위에서 최소한의 개인정보만을 수집하여야 한다.264) 개인정보처리자는 개인정보 수집·이용의 일곱 가지 법적 근거에 따라 개인정보를 수집하는 경우에는 그 목적에 필요한 최소한의 개인정보를 수집하여야 한다.265) 최소한의 개인정보 수집 의무는 정보주체의 동의를 받는 경우나 그렇지 않는 경우에도 요구된다.266) 정보주체의 개인정보를 필요 이상으로 보유하게 되면 개인정보처리자에 의한 개인정보의 남용 또는 오용이나 해킹 등으로 유출될 가능성이 커진다. 따라서, 최소한의 개인정보 수집은 정보주체는 물론 개인정보처리자에게도 유익한 원칙이다.

EU GDPR ————————————————————————————————

'데이터 최소화'(data minimisation) 원칙으로서 개인정보의 처리는 개인정보가 처리되는 목적에 관련하여 '필요한 것에 적정하고, 관련 있으며 한정되어야'(adequate, relevant and limited to what is necessary) 한다.267)

필요한 최소한의 개인정보는 해당 개인정보가 없으면 개인정보처리자가 법

---

262) 법 제20조 제1항 제2호 및 제2항.
263) 법 제28조의8 제2항 제4호.
264) 법 제3조 제1항 후단.
265) 법 제16조 제1항 제1문.
266) 정보주체의 동의를 받아 개인정보를 수집하는 경우 개인정보처리자가 정보주체에게 알려야 하는 내용에 수집하려는 개인정보의 항목이 있다. 이 경우 최소 수집 원칙에 따라 개인정보처리자는 목적에 필요한 최소한의 개인정보만을 수집하도록 요구되는 것으로 보아야 한다.
267) GDPR 제5조 제1항(c).

적 의무의 수행, 정보주체와의 계약 이행 등 목적 달성이 가능하지 않은 필수적 개인정보를 의미한다. 필요한 최소한의 개인정보가 무엇인지는 개인정보가 처리되는 목적과 상황에 따라 구체적으로 판단될 것이다. 개인정보의 수집 근거 중에서 법률의 특별한 규정 또는 법령상 의무 준수, 공공기관의 소관 업무 수행 및 정보주체 또는 제3자의 급박한 이익 보호의 경우에는 다분히 공익적 성격인 점에서 필요한 최소한의 개인정보를 확정하는 것이 비교적 어렵지 않을 것이다. 정보주체와의 계약 체결 및 이행이나 개인정보처리자의 정당한 이익 달성의 경우에는 개인정보처리자의 이익이 보다 적극적으로 반영될 수 있는 점에서 필요한 최소한의 개인정보를 확정하는 것이 객관적이지 않을 수 있다. 예컨대, 홈쇼핑업체는 고객에게 주문 상품을 배송하기 위하여 고객의 이름, 주소와 연락처가 필요한 최소한의 개인정보가 될 것이고, 이메일 서비스를 제공하는 인터넷서비스제공자(ISP)는 이용자의 아이디, 암호와 암호의 힌트가 필요한 최소한의 개인정보가 될 것이다. 또한, 백화점 등의 사업자가 회원카드를 발급할 때 동명이인을 구별하도록 이름과 함께 생년월일을 필요로 할 수 있다. 그러나 마케팅 목적으로 이용하기 위하여 고객의 성향 분석에 필요한 결혼 유무, 직업군, 취미 등의 정보는 위의 서비스 이용에 있어서 필수적 개인정보가 되기 어렵다.[268]

최소한의 개인정보 수집이라는 입증책임은 개인정보처리자가 부담한다.[269] 개인정보처리자의 입증책임 부담은 개인정보 처리에 있어 개인정보처리자가 향유하는 이익과 책임 및 정보주체와의 관계에서 가지는 우월적 지위를 반영한 것으로 보인다. 개인정보처리자의 입증책임 부담은 개인정보 수집에 정보주체의 동의 이외에 법령상 의무 준수 등 여섯 가지 요건이 추가로 인정되는 사실에서 의미가 있다. 즉 개인정보처리자는 정보주체의 동의를 받아 개인정보를 수집하는 경우에는 정보주체에게 개인정보의 수집·이용 목적 등을 알리도록 요구된다.[270] 정보주체가 자신에 관한 개인정보가 수집되는지 알지 못하는 동의 이외의 여섯 가지 경우에 최소한의 개인정보 수집에 대한 입증책임을 부담하는 개인정보처리자는 개인정보를 최소한으로 수집하려 할 것이다. 물론, 최

---

268) 이러한 정보는 결혼중개사이트 가입의 경우에는 필요한 최소한의 개인정보가 될 것이다.
269) 법 제16조 제1항 제2문.
270) 법 제15조 제2항.

소한의 개인정보 수집에 대한 개인정보처리자의 입증책임 부담은 정보주체의 동의를 받는 경우에도 해당한다.[271]

개인정보처리자는 정보주체의 동의를 받아 개인정보를 수집하는 경우 필요한 최소한의 정보 외의 개인정보 수집에는 동의하지 아니할 수 있다는 사실을 구체적으로 알리고 개인정보를 수집하여야 한다.[272] 이렇게 개인정보의 최소수집 원칙은 정보주체의 동의를 받는 경우에도 적용된다.[273]

개인정보처리자는 필요한 최소한의 정보 외의 개인정보 수집에 정보주체가 동의하지 아니한다는 이유로 정보주체에게 재화 또는 서비스의 제공을 거부하여서는 아니 된다.[274] 예컨대, 이메일서비스를 제공하는 인터넷서비스제공자가 동 서비스를 신청한 고객에게 그의 혼인 여부 등에 관한 개인정보 제공에 동의하지 않는다고 동 서비스의 제공을 거부할 수 없다. 정보주체가 선택적 정보의 수집에 대한 동의를 거부할 경우, 해당 정보를 통하여 제공되는 재화 또는 서비스의 이용은 제한될 수 있다.[275] 해당 서비스 제공이 유료 또는 무료의 경우와 상관 없다.[276]

국가안전보장과 관련하여 수집되는 개인정보와 언론 등의 고유 목적을 위하여 수집되는 개인정보에 관하여 이 법의 제3장에서 제8장까지의 규정이 적용되지 않는다.[277] 그럼에도, 개인정보처리자는 그 목적을 위하여 필요한 범위에서 최소한의 기간에 최소한의 개인정보만을 처리하여야 한다.[278]

---

271) 법 제16조 제1항 참조.
272) 법 제16조 제2항. 동 규정은 2013년 8월 6일 개정으로 신설되었다.
273) 수집 목적에 필요한 최소한의 개인정보 수집을 규정한 법 제16조 제1항 제1문은 '제15조 제1항 각 호의 어느 하나에 해당하여 개인정보를 수집하는 경우'라고 규정하여 정보주체의 동의를 받은 개인정보 수집을 제외하지 않는다.
274) 법 제16조 제3항. 2023년 3월 14일 개정으로 삭제된 법 제39조의3 제3항 제2문은 정보통신서비스 제공자에 관하여 필요한 최소한의 개인정보는 '해당 서비스의 본질적 기능을 수행하기 위하여 반드시 필요한 정보'라고 규정하였다. 일반적으로 개인정보처리자는 사생활 침해 소지가 있는 결혼기념일, 종교, 배우자 및 가족 정보 등을 수집할 필요는 없을 것이다.
275) 2020년 해설서 103면.
276) 2020년 해설서 103면.
277) 법 제58조 제1항.
278) 법 제58조 제4항.

(3) 적법하고 정당한 수집

개인정보처리자는 개인정보를 적법하고 정당하게 수집하여야 한다.[279] 이 법은 개인정보의 수집에 있어 적법성과 정당성의 개념을 정의하지 않는다. 이들의 통상적 의미로서 이해할 때, 두 개념의 규정은 규범적 판단에 관련되어 실제로 구별하기 어려운 유사한 개념의 반복이라고 볼 수 있다.[280]

개인정보의 적법하고 정당한 수집이 요구되는데, 수집은 개인정보의 처리에 있어 첫 단계이면서 가장 기본적인 작업이다. 한편, 개인정보의 처리에 관하여 적합한 처리가 요구된다.[281] 개인정보의 수집은 적법하고 정당하여야 하면서 그 처리는 적합할 것을 요구하는 것은 이 법의 개인정보 처리의 단계별 구분이 인위적임을 보여준다.[282] 개인정보의 수집은 물론 개인정보에 관련된 작업을 포괄하는 모든 처리가 적법하고 정당하여야 할 것이다.[283]

---

279) 법 제3조 제1항 후단.

280) 고려대 법학전문대학원 이상돈 교수에 따르면 다음과 같이 설명될 수 있다. 적법성은 대체로 실정법과의 합치 여부를 의미하고, 특히 실체법과의 합치 여부에 합법성 개념을, 절차법과의 합치 여부에 적법성 개념이 사용되기도 한다. 정당성은 실정법의 합치 여부가 아니라, 실정법에 위반되거나 합치하거나, 실정법을 초월하거나 실정법 배후를 이루고 있거나 상관없이, '실질적 타당성'(예: 자연법과의 합치, 광범위한 합의 창출 가능성 등)의 의미로 사용된다. 이렇게 구별되지만, 적법성과 정당성은 규범적 당부의 판단 기준이 되는 점에서 공통점을 갖는다고 볼 수 있다. 헌법재판소는 적법절차의 원칙을 독자적인 헌법 원리의 하나로 인정하고, 형식적인 절차뿐만 아니라 실체적 법률 내용이 합리성과 정당성을 갖춘 것이어야 한다는 실질적 의미로 확대하여 해석한다. 헌재 1989.9.8. 88헌가6, 1990.11.19. 90헌가48 등 참조. 적법절차의 원칙은 위와 같이 법률이 정한 절차와 그 실체적 내용이 합리성과 정당성을 갖춘 적정한 것이어야 한다는 것으로 이해한다. 헌재 1992.12.24. 92헌가8 참조.

281) 법 제3조 제2항 참조.

282) 개인정보 중에서 민감정보, 고유식별정보 및 주민등록번호의 처리에 대한 제한이 별도로 각각 법 제23조, 제24조 및 제24조의2에 규정되어 있다. 이들 규정은 '수집'이 아니라 '처리'에 대하여 적용되는데, 개인정보의 처리는 수집을 포함한다. 법 제2조 제2호 참조.

283) GDPR 제6조 제1항 참조. 아래에서 설명되듯이, '정당한' 수집은 '공정한' 수집이 되어야 할 것이다.

EU GDPR ────────────────────────────────────

'적법성, 공정성 및 투명성'(lawfulness, fairness and transparency) 원칙으로서 개인정보는 '정보주체와 관련하여 적법하게, 공정하게 및 투명한 방식으로' 처리되어야 한다.[284]

1) 적법한 수집

이 법은 개인정보처리자의 개인정보 수집 · 이용 요건을 상세하게 규정하고 있어서, 개인정보의 적법한 수집은 이들 규정을 준수하여 이루어진 수집이 된다. 개인정보의 적법하지 않은, 즉 불법적 수집은 이 법에 위반됨은 물론 다음과 같이 개인정보 처리에 직접적으로 관련되지 않는 경우도 포함할 것이다. 개인정보 처리에 관련된 계약이 위반되고, 개인정보처리자가 자신의 권한 외, 즉 월권을 행사하며, 관련 저작권이 침해되고, 개인정보보호에 영향을 미치는 관련 법 등이 위반될 경우이다.

EU GDPR ────────────────────────────────────

GDPR에 따르면, 개인정보 처리는 다음의 한 조건이 충족되면 적법하다:[285] (a) 정보주체가 하나 이상의 특정한 목적을 위한 자신의 개인정보 처리에 동의한 경우, (b) 정보주체가 당사자인 계약의 이행을 위하여 또는 계약 체결 전에 정보주체의 요청에 따른 조치를 취하기 위하여 처리가 필요한 경우, (c) 컨트롤러에게 적용되는 법적 의무의 준수를 위하여 처리가 필요한 경우, (d) 정보주체 또는 다른 자연인의 중대한 이익을 보호하기 위하여 처리가 필요한 경우, (e) 공익을 위하여 또는 공적 권한의 행사로서 수행되고, 컨트롤러에게 부여된 직무의 실행에 처리가 필요한 경우, (f) 컨트롤러 또는 제3자가 추구하는 '정당한 이익'(legitimate interests)의 목적을 위하여 처리가 필요한 경우로서, 특히 정보주체가 아동인 경우와 같이 개인정보 보호를 요구하는 정보주체의 이익 또는 기본권과 자유가 해

---

284) GDPR 제5조 제1항(a).
285) GDPR 제6조 제1항.

당 이익에 우선하는 경우는 예외로 함.286) 즉 GDPR의 개인정보의 적법한 처리는 이 법의 개인정보의 수집·이용에 관한 제15조 제1항의 규정에 대체로 일치한다.287)

2) 정당한 수집

정당함을 규범적으로 실체적 타당함이라고 이해할 때 개인정보 수집의 적법함에 더하여 정당함을 요구하는 것은 사실상 유사한 규범적 요건의 중복이라고 할 것이다. 개인정보가 법 제15조 제1항에 근거하면 적법한 수집이 되는데, 이와 함께 정당한 수집이 요구되는 것은 이러한 명시적 법적 근거에 따르지 않고 달리 개인정보 수집이 가능하다고 해석될 수 있다. 결국 최소한의 개인정보 수집 등 다른 개인정보보호 원칙과 일치하지 않게 될 것이다.

EU GDPR ───────────────────────────────

GDPR은 개인정보보호 원칙으로서 '적법하고 공정한'(lawful and fair) 처리를 요구하여 개인정보 처리의 적법성과 공정성이 서로 보완하게 한다.288) 개인정보 처리에 동의하는 개인들 사이에서는 공정한 처리가 될 수 있어도 이것이 반드시 적법하다고 볼 수는 없다.289) 그러나, 적법하지 않은 처리는 공정한 처리라고 볼 수 없을 것이다. 개인정보의 처리가 공정한지 여부는 부분적으로는 그 개인정보가 어떻게 수집되는지에 달려있다. 개인정보가 '왜 및 어떻게' 수집되고 이용되는지는 공정성의 평가에서 적절하다. 즉 컨트롤러는 해당 정보주체에게 부당하게 해

---

286) (f)의 조건은 공공당국이 자신의 직무 실행을 위하여 수행하는 개인정보의 처리에는 적용되지 않는다. GDPR 제6조 제1항.

287) 2023년 3월 14일 개정으로 개인정보의 수집 근거에 '공중위생 등 공공의 안전과 안녕을 위하여 긴급히 필요한 경우'가 신설되었다.

288) GDPR 제5조 제1항(a). 공정성(fairness)은 둘 이상 개인이나 기관들 사이에 적용되는 개념이고, 적법성(lawfulness)은 국가가 개입하여 집행할 수 있는 공동체 차원의 개념이다. Jay, p. 254.

289) 예컨대, 사창가의 사장이 자신의 고객과 직원의 완전한 동의에 따라 고객 명단과 그들의 선호하는 내용을 컴퓨터 파일에 정리한 경우, 이러한 처리는 그들 사이에서 공정하지 않다고 볼 수 없겠지만, 불법적이다. Jay, p. 254.

롭고 예상하지 못하거나 오도하는 방식으로 개인정보를 처리하지 말고, 처음부터 개인정보를 어떻게 이용할지 정보주체에게 분명하고 정직해야 한다.290)

이 법이 요구하는 개인정보의 정당한 수집은, 적법한 수집과 구별된다면, 실제로는 공정한 수집이라고 보는 것이 타당할 것이다. 이 법의 정당한 수집을 GDPR의 공정한 수집에 상응하는 것으로 이해하는 것이 개인정보 처리에 관한 규범의 세계적 조화 내지 통일이라는 점에서 타당할 것이다. 개인정보의 공정한 수집이 요구되면, 개인정보의 수집에서 정보주체와 개인정보처리자의 이익의 균형이 요구된다. 개인정보의 공정한 수집의 판단에 해당 개인정보처리자의 이익은 물론 정보주체의 이익도 함께 고려될 것이다. 이 법에서 수집의 정당성은 공정성으로 수정되어야 할 것이다.291)

(4) 개인정보의 적합한 처리

개인정보처리자는 개인정보의 처리 목적에 필요한 범위에서 적합하게 개인정보를 처리하여야 한다.292) 개인정보의 적합한 처리는 개인정보의 수집을 포함한 개인정보에 관련되는 처리의 전체 과정의 작업이 적합함을 의미한다. 개인정보의 처리 목적은 그의 수집 단계에서 확정될 것이라서, 개인정보의 적합한 처리는 처리 목적에 필요한 범위가 아니라 수집 목적에 필요한 범위에서 요구되어야 할 것이다.

개인정보의 적합한 처리의 의미는 분명하지 않다. 위에서 개인정보 처리 작

---

290) UK ICO Guide.

291) 신용정보법 제15조 제1항은 신용정보의 수집과 처리의 원칙으로서 '이 법 및 「개인정보 보호법」 제3조 제1항 및 제2항에 따라 그 목적 달성에 필요한 최소한의 범위에서 합리적이고 공정한 수단을 사용하여 신용정보를 수집 및 처리'를 규정한다. 흥미롭게도 신용정보법은 신용정보의 수집과 처리에서 '합리적이고 공정한 수단'을 사용할 것을 요구하는데 이 법의 정당한 수집과 적합한 처리에 상응한 것으로 볼 수 있다. 신용정보법이 신용정보의 수집과 처리에서 적법성, 합리성 및 공정성을 요구한 것은 법 제3조 제1항과 제2항의 적법성, 정당성 및 적합성을 요구한 것보다 명확하고 타당한 규정이라 할 것이다.

292) 법 제3조 제2항 전단.

업의 하나인 수집이 적법하고 정당하도록 요구되는 점에서 개인정보 처리의 적합성은 수집의 적법성과 정당성 또는 공정성과는 구별된다고 볼 수 있다. 적합의 사전적 의미는 '어떤 조건이나 정도에 꼭 알맞게 들어맞음'이다.[293] 이 점에서 개인정보의 적합한 처리는 동 처리 목적에 필요한 범위라는 조건에 꼭 알맞게 들어맞는 합목적적 처리라고 이해될 수 있다.

국가안전보장과 관련하여 수집되는 개인정보와 언론 등의 고유 목적을 위하여 수집되는 개인정보에 관하여 이 법의 제3장에서 제8장까지의 규정이 적용되지 않는다.[294] 이렇게 특별히 이 법의 포괄적 면제가 허용되는 개인정보에 대하여 개인정보의 안전한 관리를 위하여 필요한 기술적·관리적 및 물리적 보호조치, 개인정보의 처리에 관한 고충처리, 그 밖에 개인정보의 적절한 처리를 위하여 필요한 조치가 마련되어야 한다.[295] 여기서 이들 예외가 적용되는 경우에 필요한 조치는 개인정보의 적절한 처리가 아니라 적합한 처리일 것이다.

(5) 처리 목적 외의 활용 금지

개인정보처리자는 개인정보의 처리 목적 외의 용도로 개인정보를 활용해서는 아니 된다.[296] 개인정보 처리의 한 행위로서 명시된 이용과 달리 그렇게 명시되지 않은 활용은 이용에 유사한 행위인 점에서 활용은 처리에 포함될 것이다.[297] 여기서 활용은 개인정보의 이용과 제공을 포괄하는 개념일 수 있다.

개인정보의 처리는 일반적으로 정보주체로부터 수집되면서 개시된다면, 처리 목적이 아니라 수집 목적 외의 활용이 금지되는 것으로 보아야 할 것이다.[298] 예컨대, 개인정보처리자는 개인정보를 수집할 당시 특정된 수집 목적이 아닌

---

293) 고려대 한국어대사전, https://ko.dict.naver.com/#/entry/koko/27549b4fc7c143ca91c382597193762c,
294) 법 제58조 제1항.
295) 법 제58조 제4항.
296) 법 제3조 제2항 후단.
297) 법 제2조 제2호 참조.
298) GDPR 제5조 제1항(b) 참조. 2011년 표준지침 제4조 제1항은 개인정보의 수집 목적이 '수집 당시에 명확히 특정되어' 있을 것을 요구하였는데, 이후 삭제되었다.

다른 목적으로 개인정보를 이용하거나 제3자에게 제공할 수 없다.299) 이러한 요구는 개인정보가 동 처리 목적에 필요한 범위에서 적합하게 처리되어야 한다는 요구와 상통한다.300)

원래의 수집 목적 이외의 용도로 개인정보를 활용, 즉 이용·제공하기 위하여 개인정보처리자는 정보주체로부터 별도의 동의를 받는 등 법적 근거에 따라야 한다.301) 또한, 개인정보처리자는 개인정보가 공개되는 제3자에 의하여 처리되도록 의도된 목적에도 유의하여야 한다. 즉 정보주체의 별도의 동의를 받아 제3자에게 개인정보를 목적 외의 용도로 제공하는 개인정보처리자는 동 정보주체에게 개인정보를 제공받는 자의 이용 목적을 알려야 한다.302)

EU GDPR ─────────────────────────────────────

'목적 제한'(purpose limitation) 원칙으로서 '특정되고, 명시적이며 정당한 목적'으로 수집된 개인정보는 이들 목적과 양립하지 않는 방식으로 더 이상 처리되지 않아야 한다.303) 특히 GDPR 제89조 제1항에 따른 공익을 위한 문서보존 목적, 과학적 또는 역사적 연구 목적 또는 통계적 목적으로 '더 이상 처리'(further processing)는 최초의 수집 목적과 양립하지 않는 것으로 간주되지 않는다.304)

(6) 개인정보의 정확성, 완전성 및 최신성 보장

개인정보처리자는 개인정보의 처리 목적에 필요한 범위에서 개인정보의 정확성, 완전성 및 최신성이 보장되도록 하여야 한다.305) 개인정보의 완전성은 개인정보의 안전한 관리에도 관련된다.306)

---

299) 법 제18조 제1항.
300) 법 제3조 제2항 전단.
301) 법 제18조 제2항 참조.
302) 법 제18조 제3항 제2호.
303) GDPR 제5조 제1항(b) 전단.
304) GDPR 제5조 제1항(b) 후단.
305) 법 제3조 제3항.
306) 법 제29조 참조.

개인정보의 정확성, 완전성 및 최신성의 보장은 개인정보처리자에게 요구되어야 한다. 예컨대, 수집된 개인정보의 변경된 내용을 정보주체가 개인정보처리자에게 통지하도록 요구하는 것은 허용되지 않아야 한다. 그렇다고 개인정보처리자가 개인정보의 정확성을 유지하기 위하여 정보주체의 상황을 적극적으로 조사하도록 허용되지는 않을 것이다. 개인정보처리자는 매년 또는 정기적으로 보유 중인 개인정보를 정보주체로 하여금 검증하게 하여 정확하고 최신의 상태로 유지할 수 있는 기회를 제공하여야 할 것이다.

EU GDPR

정확성(accuracy) 원칙으로서 개인정보는 '정확하고, 필요한 경우, 최신으로 유지되어야' 한다.307) 필요한 경우에 개인정보의 최신성이 유지되어야 하므로 최신성은 항상 요구되는 것은 아니다. 또한, 개인정보가 처리되는 목적을 유념하여 '정확하지 않은'(inaccurate) 개인정보가 지체 없이 삭제되거나 정정되는 것을 보장하기 위하여 모든 합리적 조치가 취해져야 한다.308) 또한, 의견이 합리적이지 않더라도 이러한 의견의 표현은 개인정보의 정확성 요건과 무관하다. 개인정보가 정보주체나 제3자에게서 수집된 것을 정확하게 기록한 것이면 동 개인정보가 부정확하더라도 문제가 되지 않는다.309)

개인정보의 정확성 등의 보장은 개인정보의 처리 목적에 필요한 범위에서 요구된다.310) 따라서, 개인정보가 일률적으로 항상 정확하고, 완전하고 최신일 필요는 없다. 개인정보의 최신성을 유지하는 조치는 동 개인정보의 수집 목적과 처리 유형에 따라 다를 것이다. 예컨대, A기업의 작년도 이사회 회의록은

---

307) GDPR 제5조 제1항(d) 전단.

308) GDPR 제5조 제1항(d) 후단. 영국은 '정확한'의 용어 대신 '부정확한'(inaccurate)의 용어를 '사실의 문제에 관하여 틀리거나 오도하는'(incorrect or misleading as to any matter of fact)이라고 정의한다. UK ICO Guide.

309) 의사의 환자 진단이 후일 실험 등을 거쳐서 정확하지 않은 것으로 판명되어도 그 진단 당시 그 의사의 의견을 반영한 것이라면, 그 진료기록은 부정확한 것은 아니다. UK ICO Guide.

310) 2011년 표준지침 제4조 제2항은 개인정보처리자에게 개인정보의 내용이 처리 당시의 사실에 부합하도록 정확하고 최신의 상태를 유지하도록 요구하였는데, 이후 삭제되었다.

회의 내용을 정확하게 기록한 이상 최신성이 유지되도록 요구되지 않는다. 반대로, 개인의 신용상태를 결정하기 위한 개인정보는 수시로 그 최신성이 유지되어야 할 것이다.

(7) 개인정보의 안전한 관리

개인정보처리자는 개인정보의 처리 방법 및 종류 등에 따라 정보주체의 권리가 침해받을 가능성과 그 위험 정도를 고려하여 개인정보를 안전하게 관리하여야 한다.[311] 개인정보의 안전한 관리는 정보주체의 권리가 침해받을 가능성과 그 위험 정도를 고려하여 그에 상응하는 적절한 관리적·기술적 및 물리적 보호조치를 통하게 된다.[312]

개인정보처리자는 개인정보가 분실·도난·유출·위조·변조 또는 훼손되지 아니하도록 내부 관리계획 수립, 접속기록 보관 등 대통령령으로 정하는 바에 따라 안전성 확보에 필요한 기술적·관리적 및 물리적 조치를 하여야 한다.[313] 개인정보의 안전한 관리는 일반적으로 이해되는 개인정보 그 자체의 보호에 직접적으로 관련된다.

개인정보의 안전한 관리를 위하여 개인정보의 처리 방법 및 종류 등에 따른 정보주체의 권리 침해 가능성과 그 위험 정도가 고려되어서, 개인정보의 안전한 관리는 일률적으로 결정될 수 없다. 예컨대, 개인정보의 민감성, 기밀성 등에 따라 건강이나 성생활 등에 관한 민감정보나 신용정보 및 학생의 교육정보 등에 대하여는 일반적인 개인정보의 경우보다 더 엄격하게 안전한 관리가 요구된다. 이들 민감하거나 기밀인 개인정보가 안전하게 관리되지 않으면 정보주체의 권리가 침해받을 가능성과 그 위험 정도는 보다 더 커질 것이다. 이 점에서 개인정보처리자가 개인정보의 안전성 확보에 필요한 조치를 하는 경우에는 개인정보처리자 유형 및 개인정보 보유량에 따른 안전조치 기준을 적용하여야 한다.[314]

---

311) 법 제3조 제4항.
312) 표준지침 제4조 제4항.
313) 법 제29조 및 영 제30조.
314) 개인정보 안전성기준 제3조.

'무결성 및 기밀성'(integrity and confidentiality) 원칙으로서, 개인정보는 적절한 기술적 또는 관리적 조치를 이용하여, 허가받지 않거나 불법적인 처리 및 우발적 멸실, 파괴 또는 손상에 대한 보호를 포함하여, 개인정보의 '적절한 안전'(appropriate security)을 보장하는 방식으로 처리되어야 한다.[315] 이에 컨트롤러 또는 프로세서는 개인정보 처리에 내재한 위험을 평가하고 암호화 같은 이들 위험을 저감하는 조치를 이행하여야 한다.[316] 이러한 조치는 그 위험과 보호되어야 하는 개인정보의 성질에 관련하여 기술적 수준과 이행 비용을 고려하여 비밀성을 포함한 '적절한 안전 수준'(an appropriate level of security)을 보장하여야 한다.[317] 적절한 안전 수준을 평가할 때, 전송되거나, 저장되거나 또는 달리 처리되는 개인정보의 우발적 또는 불법적 파괴, 멸실, 변조, 허가받지 않은 공개, 또는 접속과 같은 개인정보 처리에 의하여 제시되는 위험이 고려되어야 한다.[318] 이들 위험으로 특히 '물리적, 물질적 또는 비물질적 손해'(physical, material or non-material damage)가 초래될 수 있다.[319]

(8) 개인정보의 처리에 관한 사항의 공개

개인정보처리자는 법 제30조에 따른 개인정보 처리방침 등 개인정보의 처리에 관한 사항을 공개하여야 한다.[320] 개인정보처리자의 개인정보 처리로부터 정보주체가 보호되기 위하여 개인정보의 처리가 투명해야 한다. 이를 위하여 개인정보처리자는 개인정보 처리방침을 통하여 개인정보의 처리에 관한 사항

---

315) GDPR 제5조 제1항(f). 1980년 OECD 프라이버시 가이드라인 제11항과 1981년 유럽평의회 108협약 제7조도 개인정보의 보호를 위하여 각각 '합리적인 안전장치'(reasonable security safeguards)와 '적절한 안전조치'(appropriate security measures)가 취하여질 것을 요구한다.

316) GDPR 상설 제83항.

317) GDPR 상설 제83항.

318) GDPR 제32조 제2항.

319) GDPR 상설 제83항.

320) 법 제3조 제5항. 2023년 3월 14일 개정으로 '제30조에 따른'이 추가되었다.

을 공개하도록 요구된다.321) 개인정보처리자는 정보주체가 열람등 요구를 할
수 있는 구체적인 방법과 절차를 마련하고, 이를 정보주체가 알 수 있도록 공
개하여야 한다.322) 보호위원회는 정보주체의 권리 보장 등을 위하여 필요한 경
우 공공기관의 장이 운용하는 개인정보파일의 등록 현황을 누구든지 쉽게 열
람할 수 있도록 공개할 수 있다.323)

EU GDPR ————————————————————————————————

1995년 개인정보보호지침의 '공정하고 적법한' 처리 요건에 추가하여 GDPR은
'정보주체에 관련하여 투명한 방식으로'(in a transparent manner in relation to
the data subject) 개인정보의 처리를 요구한다.324) 개인정보의 처리에서 투명성
요구는 개인정보의 공정한 처리와 깊은 관련이 있다.

(9) 정보주체의 권리 보장

개인정보처리자는 열람청구권 등 정보주체의 권리를 보장하여야 한다.325)
개인정보처리자는 열람청구권 등 정보주체의 권리가 보장될 수 있도록 합리적
인 절차와 방법 등을 마련하여야 한다.326) 예컨대, 개인정보처리자는 정보주체
의 개인정보에 대한 열람 및 정정 요구 등을 통하여 정확한 정보를 입력할 수
있는 절차나 방법을 마련하고, 오류정보를 발견한 경우 정정이나 삭제할 수 있
는 절차를 마련하여야 할 것이다.327)

이 법은 정보주체의 여섯 가지 권리를 명시한다:328) 1. 개인정보의 처리에

---

321) 법 제30조 제2항 및 영 제31조 제2항과 제3항.
322) 법 제38조 제4항 제1문. 이 경우 열람등 요구의 방법과 절차는 해당 개인정보의 수집
     방법과 절차보다 어렵지 아니하도록 하여야 한다. 법 제38조 제4항 제2문.
323) 법 제32조 제4항. 2023년 3월 14일 개정으로 '공개하여야 한다'가 '공개할 수 있다'로
     변경되었다.
324) GDPR 제5조 제1항(a).
325) 법 제3조 제5항 후문.
326) 표준지침 제4조 제5항 후문.
327) 2020년 해설서 32면.

관한 정보를 제공받을 권리, 2. 개인정보의 처리에 관한 동의 여부, 동의 범위 등을 선택하고 결정할 권리, 3. 개인정보의 처리 여부를 확인하고 개인정보에 대한 열람(사본의 발급을 포함한다) 및 전송을 요구할 권리, 4. 개인정보의 처리 정지, 정정·삭제 및 파기를 요구할 권리, 5. 개인정보의 처리로 인하여 발생한 피해를 신속하고 공정한 절차에 따라 구제받을 권리 및 6. 완전히 자동화된 개인정보 처리에 따른 결정을 거부하거나 그에 대한 설명 등을 요구할 권리. 이 법은 정보주체의 이들 권리의 보장에 관하여 제5장에서 다음과 같이 규정한다: 개인정보의 열람(제35조), 개인정보의 전송 요구(제35조의2), 개인정보의 정정·삭제(제36조), 개인정보의 처리 정지 등(제37조), 자동화된 결정에 대한 정보주체의 권리등(제37조의2), 권리행사 방법 및 절차(제38조), 손해배상책임(제39조), 법정손해배상의 청구(제39조의2), 손해배상의 보장(제39조의7),[329] 분쟁조정위원회(제40조 이하), 집단분쟁조정(제49조) 및 단체소송(제51조).

▌ 표.7 법 제4조의 정보주체의 권리에 대한 개별 규정

정보주체의 권리(제4조)	개별 규정
1. 개인정보의 처리에 관한 정보를 제공받을 권리	정보주체 이외로부터 수집한 개인정보의 수집 출처 등 통지(제20조), 개인정보 이용·제공 내역의 통지(제20조의2)
2. 개인정보의 처리에 관한 동의 여부, 동의 범위 등을 선택하고 결정할 권리	개인정보의 수집·이용(제15조), 개인정보의 수집 제한(제16조), 개인정보의 제공(제17조), 개인정보의 목적 외 이용·제공 제한(제18조), 동의를 받는 방법(제22조)
3. 개인정보의 처리 여부를 확인하고 개인정보에 대한 열람(사본의 발급을 포함한다.) 및 전송을 요구할 권리	개인정보의 열람(제35조), 개인정보의 전송 요구(제35조의2), 개인정보관리 전문기관(제35조의3), 개인정보 전송 관리 및 지원(제35조의4)
4. 개인정보의 처리 정지, 정정·삭제 및 파기를 요구할 권리	개인정보의 처리 정지 등(제37조), 개인정보의 정정·삭제(제36조),

---

328) 법 제4조. 2023년 3월 14일 개정으로 '6. 완전히 자동화된 개인정보 처리에 따른 결정을 거부하거나 그에 대한 설명 등을 요구할 권리'가 신설되었다.

329) 2023년 3월 14일 개정으로 법 제39조의9가 제39조의7로 이동하였는데, 2024년 3월 15일 시행한다.

	개인정보의 파기(제21조)
5. 개인정보의 처리로 인하여 발생한 피해를 신속하고 공정한 절차에 따라 구제받을 권리	권리행사 방법 및 절차(제38조), 손해배상책임(제39조), 법정손해배상의 청구(제39조의2), 손해배상의 보장(제39조의7), 분쟁조정위원회(제40조 이하), 집단분쟁조정(제49조), 단체소송(제51조)
6. 완전히 자동화된 개인정보 처리에 따른 결정을 거부하거나 그에 대한 설명 등을 요구할 권리	자동화된 결정에 대한 정보주체의 권리등(제37조의2)

　　정보주체는 개인정보의 처리에 관한 동의 여부와 동의 범위 등을 선택하고 결정할 권리를 가지며, 이러한 권리는 동의를 주는 권리는 물론 동의를 철회할 권리도 포함한다.[330] 개인정보자기결정권에 따라 정보주체의 동의 관련 권리는 원칙적으로 제한되지 않아야 할 것이다. 또한 정보주체의 동의에 관한 권리는 개인정보의 처리 정지 등의 권리와 구별되는 기본적 권리라는 점에 유의해야 한다. 따라서 개인정보의 처리 정지 등의 권리가 주어진다는 이유를 들어서 정보주체의 동의 철회권이 제한될 수는 없다.

(10) 정보주체의 사생활 침해 최소화

　　개인정보처리자는 정보주체의 사생활 침해를 최소화하는 방법으로 개인정보를 처리하여야 한다.[331] 개인정보처리자는 개인정보의 처리 목적에 필요한 범위에서 적법하게 개인정보를 처리하는 경우에도 정보주체의 사생활 침해를 최소화하는 방법으로 개인정보를 처리하여야 한다.[332]

---

330) 2023년 3월 14일 개정으로 정보주체의 개인정보 처리에 대한 동의 철회권이 제37조 제1항에 신설되었다. 동 개정으로 삭제된 법 제39조의7 제1항은 정보통신서비스 이용자의 정보통신서비스 제공자등에 대한 개인정보 수집·이용·제공 등의 동의를 철회할 권리를 규정하였다.

331) 법 제3조 제6항.

332) 표준지침 제4조 제6항. 표준지침은 개인정보를 '적법하게' 처리하는 경우에도 정보주체의 사생활 침해를 최소화할 것을 요구하면서, 2011년 표준지침의 '가능한 한'의 용어를 삭제하였다. 결과적으로 사생활 침해의 최소화를 절대적으로 요구하는 것으로 보이는

이 법은 정보주체의 사생활, 즉 프라이버시 보호와 개인정보를 이용해야 하는 개인정보처리자의 권리 보호에 있어 균형을 맞추고자 한다. 개인정보처리자가 정보주체의 사생활 침해를 방지하는 것이 아니라 동 침해를 최소화하도록 요구되는 것은 개인정보처리자의 개인정보 처리로 정보주체의 사생활이 침해될 수밖에 없는 현실을 인정한 것이다. 따라서, 개인정보처리자는 정보주체의 개인정보를 처리하면서 정보주체의 사생활이 최소한으로 침해되는 방안을 강구하여야 한다. 이러한 방안 중의 하나는 개인정보의 가명처리 내지 익명처리 및 암호화이다. 정보주체의 사생활이 최소한으로 침해될 수 있는 방식의 개인정보 처리가 가능함에도 개인정보처리자가 정보주체의 사생활이 그 이상으로 침해되는 방식으로 개인정보를 처리하면 개인정보처리자는 이 법에서 규정하고 있는 책임과 의무를 준수한 것으로 볼 수 없다.[333]

(11) 개인정보의 익명처리와 가명처리의 장려

개인정보처리자는 개인정보를 익명 또는 가명으로 처리하여도 개인정보 수집 목적을 달성할 수 있는 경우 익명처리가 가능한 경우에는 익명에 의하여, 익명처리로 목적을 달성할 수 없는 경우에는 가명에 의하여 처리될 수 있도록 하여야 한다.[334] 개인정보처리자는 개인정보를 익명처리하여도 개인정보 수집 목적을 달성할 수 있는 경우 익명처리할 수 있어야 하고, 익명처리로 개인정보 수집 목적을 달성할 수 없는 경우 가명처리할 수 있어야 한다.[335]

데, 코로나바이러스(Covid-19)의 방역을 위한 환자 등의 민감한 정보를 감염병예방법에 따라 적법하게 처리하면서도 해당 개인의 사생활 침해를 최소화해야 하는 현실적 필요에 부합하는 것으로 보인다. 감염병예방법에 따른 Covid-19의 방역과 개인정보 보호에 관하여 Nohyoung Park, "Privacy and the containment of Covid-19: The Korean case", Privacy Laws & Business International Report(August 2020) 참조.

333) 법 제3조 제8항 참조.
334) 법 제3조 제7항. 원래 익명처리의 장려가 규정되었는데, 2020년 2월 4일 개정으로 가명처리의 장려가 신설되었다. 실제에 있어서 익명처리보다 가명처리가 더 현실적일 것이고, 가명처리된 개인정보가 이 법의 적용을 받는 점은 정보주체에게 유리할 것이다.
335) 2011년 표준지침 제4조 제6항은 '개인정보의 처리에 관한 정보주체의 동의를 얻은 경우라도 구체적인 업무의 특성상 가능한 경우에는 특정 개인을 알아볼 수 없는 형태로' 개인정보를 처리하여야 한다고 규정하였다.

개인정보를 익명처리하면서 개인정보처리자는 개인정보를 처리하고 있는 것이고, 이러한 처리에 관하여 개인정보처리자는 이 법을 준수하여야 한다.336) 개인정보가 성공적으로 익명처리된 경우 더 이상 이 법이 적용되지 않는다.337)

(12) 책임과 의무의 준수

개인정보처리자는 이 법 및 관계 법령에서 규정하고 있는 책임과 의무를 준수하고 실천함으로써 정보주체의 신뢰를 얻기 위하여 노력하여야 한다.338) 개인정보처리자의 책임과 의무의 준수는 적어도 두 개의 내용으로 구성된다. 첫째, 개인정보처리자가 개인정보 처리에 관련된 법령에서 규정된 책임과 의무를 준수하고 실천하는 것이다. 개인정보처리자가 개인정보 처리에 관련된 법령을 준수하는 것은 개인정보처리자의 적법한 수집 등 처리에서 당연할 것이다.339) 둘째, 개인정보처리자가 정보주체의 신뢰를 얻기 위하여 노력하는 것이다. 개인정보처리자가 자신의 업무 목적을 위하여 정보주체의 개인정보를 처리하도록 허용되지만, 이러한 처리에서 정보주체의 사생활이 침해될 가능성이 높다. 개인정보처리자는 정보주체의 사생활 침해를 최소화하도록 요구되지만,340) 개인정보 처리를 통하여 개인정보처리자의 정당한 이익이 증대되고 디지털경제가 발전할수록 개인정보처리자는 정보주체의 참여와 협력이 필요하다. 이 점에서 정보주체의 개인정보처리자에 대한 신뢰는 필수적이다.341) 다만, 개인정보처리자는 정보주체의 신뢰를 얻기 위하여 노력하면 되는 것이기 때문에 법적으로 엄격한 의무는 아니다. 개인정보처리자는 개인정보의 처리에 관련된 책임과 의무를 준수하고 실천하면 일응 정보주체의 신뢰를 얻기 위하여 노력하

---

336) 개인정보처리자가 익명정보의 생성을 위하여 개인정보를 처리하는 경우에는 정보주체의 동의를 받을 필요가 없다. 2020년 해설서 531면.

337) 법 제58조의2.

338) 법 제3조 제8항.

339) 법 제3조 제1항 참조.

340) 법 제3조 제6항 참조.

341) 예컨대, 기업은 정보주체인 고객의 신뢰를 얻어야 그의 개인정보 이용 등 처리를 할 수 있게 되고, 그 결과 디지털경제가 활성화될 수 있다.

는 것으로 볼 수 있을 것이다.[342]

　개인정보처리자의 관련 책임과 의무는 이 법은 물론 관계 법령에서 규정될 수 있다. 우선, 개인정보처리자가 준수해야 하는 관계 법령은 신용정보법과 위치정보법과 같이 개인정보의 처리에 직접적으로 관계되는 법령이 될 것이다. 또한, 개인정보처리자는 교육 및 의료 등에 관한 법령에서도 개인정보보호에 관한 규정을 준수해야 한다. 그런데, 개인정보 처리를 주된 대상으로 하지 않는 형법 등 다른 법령도 준수하도록 요구될지 분명하지 않다. 정보주체의 신뢰를 얻기 위하여 개인정보처리자의 개인정보의 처리를 직접적으로 규율하는 법령의 준수는 물론 일반적인 법의 준수도 바람직할 것이다.

---

342) 예컨대, 개인정보처리자는 개인정보의 유출등 되었음을 알게 되었을 때에는 지체 없이 해당 정보주체에게 유출등이 된 개인정보 항목 등을 알리도록 요구된다. 법 제34조 제1항. 또한, 개인정보처리자는 개인정보가 유출등이 된 경우 그 피해를 최소화하기 위한 대책을 마련하고 필요한 조치를 하여야 한다. 법 제34조 제2항. 해당 개인정보처리자는 이러한 법적 의무의 성실한 이행으로 정보주체의 신뢰를 얻을 수 있다.

■ V. 다른 법률과의 관계

1. 문제 제기

개인정보의 처리에서 정보주체의 보호에 관한 일반법인 이 법이 채택되기 전부터 특정 분야별로 개인정보보호에 관한 법률이 시행되고 있었다. 공공기관 개인정보보호법과 함께 정보통신망법, 신용정보법 및 위치정보법이 대표적 예이다. 개인정보의 처리에 관하여 분야별로 개별법이 시행됨으로써 개인정보의 처리에서 정보주체를 통일적으로 일관되게 보호하는 것이 어렵게 되었다. 결국 2011년 3월 29일 이 법이 제정되어, 개인정보보호에 관하여 공공과 민간 부문의 구분이 사라졌다. 그러나, 이 법의 시행에도 불구하고 여전히 정보통신망법과 신용정보법 등이 개인정보보호에 있어서 현실적으로 중요한 지위를 지속하여 유지하고 있었다.

이렇게 개인정보보호에 관하여 일반법과 특별법이 혼재되어 동 법의 수범자인 개인정보처리자에게 법 준수의 혼란이 있게 되고 이는 동 법의 수혜자인 정보주체에게도 피해를 야기할 수 있었다. 마침 2020년 1월 9일 국회에서 소위 '데이터 3법 개정'이 통과되어 2020년 2월 4일 개정으로 정보통신망법의 개인정보보호에 관한 규정이 '정보통신서비스 제공자 등의 개인정보 처리 등 특례'에 관한 제6장으로 이 법에 통합되었다. 이에 2020년 8월 5일부터 온·오프라인 사업자 등 모든 개인정보처리자들이 개인정보 처리의 전 과정에서 일반적으로 이 법을 준수하게 되었다. 또한, 2023년 3월 14일 개정으로 제6장이 삭제되면서 이들 규정 상당수가 이 법의 일반규정으로 전환하여 개인정보처리자에게 동일하게 적용되게 되었다.

개인정보보호가 사회적 핵심가치가 되면서, 다른 목적과 대상에 관한 법률에서도 관련 규정이 포함되고 있다. 개인정보 처리나 개인정보보호와는 직접 관련이 없을 것 같은 의료, 교육, 노사 등 분야의 법령에서도 개인정보보호에 적용되는 별도의 규정이 존재한다. 개인정보보호에서 이러한 다른 법률과 이 법의 일관성 내지 정합성을 유지할 필요가 있다. 개인정보보호에 있어서 이 법의 규정은 일반법이 되고, 다른 법률의 규정은 특별법이 된다.

일반법과 특별법의 관계에 관하여 대법원과 헌법재판소는 다음의 원칙을 확인하였다. 즉 일반법과 특별법이 저촉되면 특별법이 먼저 적용되고, 특별법에 규정이 없는 사항에 대해서는 일반법이 적용된다.[343] 법률이 상호 모순 또는 저촉되는 경우에는 신법이 구법에 우선하고 특별법이 일반법에 우선하지만, 법률이 상호 모순되는지 여부는 각 법률의 입법목적, 규정사항 및 그 적용범위 등을 종합적으로 검토하여 판단하여야 한다.[344]

이렇게 개인정보보호에 관한 일반법으로서 이 법이 적용되면서 동시에 신용정보법 등의 개별적이고 특별한 규정이 적용되어야 한다면, 이들 일견 중복되는 규정들이 구체적으로 어떻게 적용되어야 하는지 현실적인 문제가 제기된다. 이러한 문제를 해결하기 위하여 이 법은 제6조에서 다른 법률과의 관계를 규정한다.

EU GDPR ──

GDPR도 자신과 다른 법률과의 관계를 규정한다. 소위 'ePrivacy 지침'이라 불리는 '지침 2002/58/EC'는 2002년 채택되고 2009년 개정되었다. GDPR은 개인정보보호의 일반 규범으로서 컨트롤러의 의무와 자연인의 권리를 포함하여 통신 부문에서 적용되는 ePrivacy 지침에 규정된 동일한 목적의 특정 의무를 따르지 않는 개인정보의 처리에 대하여 기본권과 자유의 보호에 관련된 모든 사안에 적용된다. 따라서, GDPR은 EU의 공공통신망에서 공용의 전자통신서비스 제공과 관계되는 처리에 관련한 자연인 또는 법인에게 ePrivacy 지침에 규정된 동일한 목적의 특정 의무를 따라야 하는 사안에 관련된 추가적 의무를 부과해서는 아니 된다.[345]

2. 개인정보보호법과 다른 법률의 관계

이 법은 개인정보처리자와 정보주체의 특별한 지위를 구별하지 않고 이들

───────────────────

343) 헌재 2004.9.23. 2004헌가12 참조.
344) 대법원 1989.9.12. 선고 88누6856 판결, 대법원 1995.2.3. 선고 94누2985 판결 참조.
345) GDPR 제95조.

사이의 관계에 일반적으로 적용된다. 그러나, 개인정보의 처리 및 보호에 관하여 다른 법률에 특별한 규정이 있는 경우를 제외하고는 이 법에서 정하는 바에 따른다.346) 개인정보의 처리 및 보호에 관하여 다른 법률에 특별한 규정이 있으면, 이 법의 상응하는 규정이 적용되지 않고, 다른 법률의 특별한 규정이 적용된다.347) 이 법이 아닌 다른 법률, 예컨대 신용정보법 등이 개인정보의 처리 및 보호에서 정보주체의 보호에 관하여 특별한 규정을 두는 경우, 이러한 특별한 규정이 이 법의 상응하는 규정과 상충하면, 그 저촉되는 내용에 관하여 해당 특별한 규정이 적용된다.348)

예컨대, 개인정보처리자인 신용정보회사와 신용정보제공·이용자의 개인신용정보의 처리에 있어서 개인인 신용정보주체의 보호를 위하여 이들에 관하여 신용정보법의 특별한 규정이 우선적으로 적용된다. 금융 분야는 금융기관 등이 개인신용정보를 포함한 신용정보의 효율적 이용의 도모라는 특수성이 인정되어 개인정보보호 관련 특별한 규정이 신용정보법에 포함된다.349)

---

346) 법 제6조 제1항. 2023년 3월 14일 개정으로 '처리'가 신설되었다. 개정되기 전에는 '개인정보 보호에 관하여'로 규정하여 개인정보 그 자체를 보호하는 것으로 이해될 수 있었는데, '처리'가 추가되어 개인정보의 처리에 관련된 정보주체의 보호를 암시하게 되었다.

347) 보호위원회는 판례와 법제처 의견 등을 고려하여 정보통신망법의 규정을 법 제6조의 '특별한 규정'으로 판단할 수 있는 기준이 ① 상호 모순·저촉되는 규정의 존재 여부, ② 보호법 관련 조항을 배제하고자 하는 내용의 포함 여부라고 판단하였다. 보호위원회, 「「정보통신망 이용촉진 및 정보보호 등에 관한 법률」 일부개정안 의견 조회에 관한 건'(제2018-02-006호, 2018.1.22.).

348) 법 제6조 제1항의 다른 법률과의 관계 규정은 다른 법률의 특별한 규정이 저촉(상충)의 범위까지 우선하여 적용된다고 이해하는 것이 정확할 것이다. 예컨대, WTO협정이 채택되면서 GATT와 WTO협정에 부속된 다른 협정들과의 관계에 관하여 다음과 같은 해석노트(General Interpretative Note to Annex 1A)가 채택되었다: "1994GATT의 규정과 WTO창설협정의 부속서1A의 다른 협정의 규정 사이의 저촉의 경우, 다른 협정의 규정이 <u>저촉의 범위까지</u> 우선한다"(In the event of a conflict between a provision of the General Agreement on Tariffs and Trade 1994 and a provision of another agreement of Annex 1A to the Agreement Establishing the World Trade Organization ..., the provision of the other agreement shall prevail <u>to the extent of a conflict</u>).(밑줄 추가)

349) 이 법은 원래 제6조에서 정보통신망법과 신용정보법을 다른 법률의 예로서 명시하였는데, 2014년 3월 24일 개정으로 이들 두 법률의 언급이 삭제되었다. 예시적인 법률의 언급이 삭제된 것에 불과하므로 개정된 후에도 원래의 규정과 그 의미가 달라진 것은

개인정보보호, 즉 개인정보의 처리에 있어서 정보주체의 보호에 관하여 다른 법률의 특별한 규정이 이 법의 상응하는 규정에 우선하여 적용되는 것인데, 여기서 개인정보보호에 관한 다른 법률은 개인정보의 처리를 직접적인 대상으로 할 필요는 없다. 이 법에 대응하는 것은 다른 법률 그 자체가 아니라 다른 법률의 특별한 규정이기 때문이다. 다른 법률은 신용정보법과 위치정보법과 같이 개인정보의 처리가 주된 목적과 대상인 법률은 물론, 의료법과 감염병예방법, 보험업법, 영유아보육법 등 일응 개인정보의 처리가 주된 대상은 아니지만 이에 관한 규정을 포함하는 법률도 포함된다.

개인정보보호에 관하여 다른 법률에 특별한 규정이 있는 경우 이 법에 우선하여 해당 법률의 특별한 규정이 적용되는 것이므로, 시행령, 시행규칙, 고시, 조례 등의 특별한 규정은 이 법의 관련 규정에 우선하여 적용될 수 없다. 그러나, 다른 법률의 시행령 등이 동 법률의 위임을 받아 채택된 경우 동 시행령 등이 우선하여 적용될 것이다.[350]

개인정보보호에 관하여 다른 법률의 특별한 규정은 이 법의 상응하는 규정보다 강화된 내용의 규정은 물론 약화된 내용의 규정도 가능할 것이다. 이 법은 개인정보보호의 일반적 수준을 규정하기 때문이다. 즉 특별한 목적과 대상을 가지는 다른 법률의 특별한 규정은 이 법의 규정보다 정보주체의 보호나 개인정보처리자의 부담에 있어서 완화되거나 강화될 수 있다.[351]

3. 법 제6조 제1항의 적용 예

법 제6조 제1항에 따른 다른 법률의 특별한 규정과 이 법 규정의 적용에 관하여 이론적으로 적어도 다음과 같이 크게 두 가지 또는 세부적으로 세 가지 경우가 발견된다. 즉 동일한 사항에 관하여 이 법과 다른 법률이 각각 규정을 두는 경우 및 서로 다른 사항에 관하여 이 법과 다른 법률이 선택적으로 규정

아니다. 2020년 2월 4일 개정으로 정보통신망법은 더 이상 개인정보보호에 관한 규정을 두지 않으므로, 사실상 신용정보법이 대표적인 다른 법률이 된다.

350) 2020년 해설서 38면.
351) 2020년 해설서 38면.

을 두는 경우이다.

2020년 2월 4일 개정으로 정보통신망법의 개인정보보호에 관한 규정이 이 법에 통합된 이후 개인정보보호에 있어서 이 법과의 관계에서 체계적이고 대등한 법은 신용정보법이다. 신용정보법은 개인정보보호에 관하여 특별한 지위의 개념을 규정한다. 신용정보법의 개인신용정보는 기업 및 법인에 관한 정보를 제외한 살아 있는 개인에 관한 신용정보로서 이 법의 개인정보에 해당한다.352) 신용정보주체는 처리된 신용정보로 알아볼 수 있는 자로서 그 신용정보의 주체가 되는 자인데, 살아 있는 개인인 신용정보주체는 이 법의 정보주체에 해당한다.353) 신용정보회사와 신용정보제공·이용자 등은 이 법의 개인정보처리자에 해당한다.354) 아래에서 이 법의 규정과 신용정보법의 특별한 규정의 적용 예를 검토한다.

(1) 개인정보보호법과 신용정보법이 동일한 사항을 규정하는 경우

이 법과 다른 법률이 동일한 사항에 관하여 각각 다른 내용의 규정을 두고 있는 경우 그 사항에 관하여 다른 법률의 특별한 규정이 이 법 규정에 우선하여 적용된다. 예컨대, 개인정보의 수집과 이용은 법 제15조가 규정하는데, 신용정보법도 제15조에서 신용정보의 수집과 처리를 규정한다.355) 법 제6조 제1항이 정확하게 예정하고 있는 상황이다. 개인신용정보의 수집과 처리에 관하여 신용정보법 제15조는 이 법과의 관계에서 다른 법률의 특별한 규정이 된다. 따

---

352) 신용정보법 제2조 제2호. 신용정보법의 개인신용정보와 개인식별정보는 금융거래 등에 사용되는 개인정보의 특수한 형태로서 이 법의 개인정보 개념에 포섭된다.

353) 신용정보법 제2조 제3호와 제1호의2 가목 참조.

354) 신용정보회사는 '신용정보업에 대하여 금융위원회의 허가를 받은 자'이다. 신용정보법 제2조 제4호와 제5호. 은행 등 금융회사인 신용정보제공·이용자는 '고객과의 금융거래 등 상거래를 위하여 본인의 영업과 관련하여 얻거나 만들어 낸 신용정보를 타인에게 제공하거나 타인으로부터 신용정보를 제공받아 본인의 영업에 이용하는 자와 그 밖에 이에 준하는 자로서 대통령령으로 정하는 자'이다. 신용정보법 제2조 제7호.

355) 또한, 2023년 3월 14일 개정으로 신용정보법의 개인신용정보의 전송 요구와 자동화평가 결과에 대한 설명 및 이의제기에 상응하는 규정이 이 법에 신설되었다. 따라서, 이들 두 규정은 동일한 사항에 대하여 각각 법 제35조의2와 제37조의2의 특별한 규정이 된다.

라서, 개인정보처리자에 해당하는 신용정보회사등은 개인정보에 해당하는 개인신용정보를 수집하여 처리할 때는 법 제15조의 규정에도 불구하고 신용정보법 제15조의 적용을 받게 된다.

흥미로운 점은 2020년 2월 4일 신용정보법의 개정 전에는 제15조 제2항이 개인신용정보의 수집에 대하여 원칙적으로 신용정보주체의 동의를 받고 예외적으로 네 가지 경우에는 동의를 받지 않도록 규정하였다. 이 네 가지 경우는 법 제15조 제2항에서 정보주체의 동의를 받지 않아도 되는 다섯 가지 경우와 사실상 중복되었다.[356] 개정 전에는 신용정보법 제15조의 개인신용정보 수집 근거와 법 제15조의 개인정보 수집 근거가 크게 다르지 않았다. 그런데, 2020년 2월 4일 개정으로 동의가 필요하지 않은 네 가지 경우가 '개인정보보호법 제15조 제1항 제2호부터 제6호까지의 어느 하나'로 대체되고, 다음의 세 가지 경우가 추가되었다.[357] 즉 개인신용정보의 수집 근거를 개인정보의 수집 근거와 일치시키면서, 다음의 어느 하나에 해당하는 정보를 수집하는 경우에 신용정보주체의 동의를 받을 필요가 없다:[358] 가. 법령에 따라 공시되거나 공개된 정보, 나. 출판물이나 방송매체 또는 정보공개법 제2조 제3호에 따른 공공기관의 인터넷 홈페이지 등의 매체를 통하여 공시 또는 공개된 정보, 다. 신용정보주체가 스스로 사회관계망서비스 등에 직접 또는 제3자를 통하여 공개한 정보. 따라서, 신용정보회사등은 이 법에서 정보주체의 동의를 받지 않아도 되는 경우에 추가하여 신용정보법 제15조 제2항 제2호에 규정된 세 가지 유형의 공개된 정보는 개인신용정보주체의 동의를 받지 않고도 수집할 수 있다. 이러한 세 가지 개인신용정보의 수집 근거는 이 법과의 관계에서 다른 법률의 특별한 규정이 된다.

참고로, 영유아보육법은 폐쇄회로 텔레비전의 설치·관리와 그 영상정보의

---

356) 법 제15조 제1항 제3호인 '공공기관이 법령 등에서 정하는 소관 업무의 수행을 위하여 불가피한 경우'는 반영되지 않았다.

357) 2023년 3월 14일 개정으로 법 제15조 제1항에 제7호가 신설되어서 신용정보법도 「개인정보보호법」 제15조 제1항 제2호부터 제7호까지'로 개정되었다.

358) 신용정보법 제15조 제2항 제2호. 마지막 경우인 신용정보주체가 공개한 경우에는 대통령령으로 정하는 바에 따라 해당 신용정보주체의 동의가 있었다고 객관적으로 인정되는 범위 내로 한정한다. 신용정보법 제15조 제2항 제2호 다목 제2문.

열람에 관하여 동 법에서 규정된 것을 제외하고는 이 법을 적용하는데, 고정형 영상정보처리기기의 설치·운영 제한에 관한 제25조는 제외한다.[359] 영유아보육법의 CCTV 설치·관리와 그 영상정보의 열람에 관한 규정은 법 제25조에 대하여 특별한 규정이 된다.

(2) 개인정보보호법과 신용정보법이 다른 사항을 규정하는 경우

이 법과 다른 법률이 서로 다른 사항에 관하여 중복되지 않게 각각 규정을 두고 있는 경우가 있다. 즉, A 사항에 관하여 이 법은 규정을 두는데 다른 법률은 규정을 두지 않거나 또는 B 사항에 관하여 이 법은 규정을 두지 않는데 다른 법률은 규정을 두는 경우이다. 첫 번째 경우인 A 사항에 관하여 이 법의 규정이 일반법으로서 다른 법률의 적용대상자에게도 적용된다. 다른 법률에 특별한 규정이 없기 때문이다. 예컨대, 개인정보의 파기(제21조), 아동의 개인정보 보호(제22조의2), 민감정보의 처리 제한(제23조), 주민등록번호 처리의 제한(제24조의2), 고정형 영상정보처리기기 설치·운영 제한(제25조), 이동형 영상정보처리기기의 운영 제한(제25조의2), 영업양도 등에 따른 개인정보의 이전 제한(제27조) 등에 관하여 이 법은 규정하고 있지만, 신용정보법에 관련 규정이 없다. 따라서 이 법의 이들 규정은 신용정보법의 적용을 받는 신용정보회사등에게도 적용될 것이다.

실제로 신용정보법은 개인신용정보의 보호에 있어서 직접 규정하는 대신 이 법의 규정을 준용한다. 예컨대, 신용정보회사등은 개인신용정보가 업무 목적 외로 누설되었음을 알게 된 때에는 지체 없이 해당 신용정보주체에게 통지하여야 하는데, 통지하여야 할 사항은 개인정보 유출등의 통지·신고에 관한 법 제34조 제1항 각 호의 사항을 준용한다.[360] 법정손해배상 청구의 변경 및 법원의 손해액 인정에 관하여는 법정손해배상의 청구에 관한 법 제39조의2 제2항 및 제3항을 준용한다.[361] 신용정보회사등은 제3자에게 신용정보의 처리

---

359) 영유아보육법 제15조의5 제5항.

360) 신용정보법 제39조의4 제1항.

361) 신용정보법 제43조의2 제2항.

업무를 위탁할 수 있는데, 개인신용정보의 처리 위탁에 대해서 업무위탁에 따른 개인정보의 처리 제한에 관한 법 제26조 제1항부터 제3항까지의 규정을 준용한다.[362] 수탁자가 개인신용정보를 이용하거나 제3자에게 제공하는 경우에도 법 제26조 제5항에 따른다.[363] 신용정보관리·보호인의 업무수행에 관하여는 개인정보 보호책임자의 지정 등에 관한 법 제31조 제3항 및 제5항의 규정을 준용한다.[364]

두 번째 경우인 B 사항에 관하여 다른 법률의 특별한 규정은 별다른 검토 없이도 동 법률의 적용대상자에게 적용된다. 일반법인 이 법에 없는 규정이 다른 법률의 특별한 규정이 된다. 예컨대, 신용정보법의 신용정보의 정확성 및 최신성의 유지와 개인신용정보의 업무처리기록의 보존은 이 법에 규정되지 않는다.[365]

4. 다른 법률의 유사 규정

신용정보법 등 개인정보보호를 규정한 다른 법률도 개인정보보호에 있어서 자신의 입장에서 다른 법률과의 관계를 규정한다. 예컨대, 신용정보법은 "개인정보의 보호에 관하여 이 법에 특별한 규정이 있는 경우를 제외하고는 「개인정보 보호법」에서 정하는 바에 따른다."고 규정한다.[366] 이로써 신용정보법의 개인정보보호에 관한 규정이 이 법과의 관계에서 다른 법률의 특별한 규정임이 확인된다.

위치정보법은 "위치정보의 수집, 저장, 보호 및 이용 등에 관하여 다른 법률에 특별한 규정이 있는 경우를 제외하고는 이 법에서 정하는 바에 의한다."고 규정한다.[367] 그런데, 개인정보보호에 관한 법규정의 적용에 있어서, 신용정보법과 비교할 때, 위치정보법의 위 규정은 바람직하지 않다. 개인위치정보는

---

362) 신용정보법 제17조 제1항.
363) 신용정보법 제17조 제6항.
364) 신용정보법 제20조 제5항.
365) 각각 신용정보법 제18조와 제20조 제2항 참조.
366) 신용정보법 제3조의2 제2항. 동 규정은 2015년 3월 11일 개정으로 신설되었다.
367) 위치정보법 제4조.

'특정 개인의 위치정보(위치정보만으로는 특정 개인의 위치를 알 수 없는 경우에도 다른 정보와 용이하게 결합하여 특정 개인의 위치를 알 수 있는 것을 포함한다)'이다.[368] 개인위치정보는 휴대폰이나 자동차의 지도 찾기 기능 등을 통하여 현대사회에서 주의해서 처리해야 할 중요한 개인정보이다. 따라서, 개인정보인 개인위치정보는 원칙적으로 이 법의 적용을 받아야 한다. 다만, 개인위치정보의 수집, 저장, 보호 및 이용 등 처리에서 위치정보법에 특별한 규정이 포함된 것이다. 위치정보법은 개인위치정보를 포함한 '위치정보의 유출·오용 및 남용으로부터 사생활의 비밀 등을 보호'하는 것이 부분적인 목적인 점에서, 개인위치정보는 위치정보법의 중요한 규범적 대상이 된다. 따라서, 위치정보법의 다른 법률과의 관계는, 신용정보법의 경우처럼, 개인정보보호에 있어서 이 법의 규정에 대하여 위치정보법의 규정이 다른 법률의 특별한 규정임을 명확하게 하는 것이 바람직하다. 위치정보법의 다른 법률과의 관계 규정은 신용정보법처럼 "개인정보의 보호에 관하여 이 법에 특별한 규정이 있는 경우를 제외하고는 「개인정보보호법」에서 정하는 바에 따른다"로 규정하는 것이 바람직하다.

의료법은 진료기록전송지원시스템의 구축·운영 및 수술실 내 폐쇄회로 텔레비전의 설치·운영에 관하여 동 법에서 정한 것 외에는 이 법에 따른다고 규정한다.[369] 감염병예방법은 예방접종통합관리시스템과 감염병관리통합정보시스템의 구축·운영에서 정보의 보호 및 관리에 관한 사항은 동 법에서 규정된 것을 제외하고는 이 법의 규정에 따른다고 규정한다.[370] 이 점에서 신용정보법이나 의료법 등의 적용을 받는 해당 전문 분야 종사자들은 개인정보보호의 일반법인 이 법을 올바로 이해하여야 한다.

5. 결어

이 법과의 관계에서 다른 법률에 특별한 규정이 있는 경우 동 특별한 규정

---

368) 위치정보법 제2조 제2호.
369) 각각 의료법 제21조의2 제9항과 제38조의2 제11항. 이들 규정은 각각 2016년 12월 20일과 2021년 9월 24일 개정으로 신설되었다.
370) 각각 감염병예방법 제33조의4 제6항과 제40조의5 제4항.

이 우선적으로 적용된다. 그러나, 이 법과 다른 법률이 개인정보의 처리에 관하여 서로 다른 규정을 두고 있는 경우에도 실제로는 이렇게 다른 법률의 다른 규정이 반드시 특별한 규정이 아닐 수 있다. 즉 신용정보법 등 다른 법률의 특별한 규정이 이 법의 상응하는 규정과 엄밀하게 다르지 않은 경우에도 적어도 문맥적 차이를 인정하여 신용정보법 등의 해당 규정이 특별한 규정으로서 우선하여 적용된다고 볼 수 있다. 그러나, 이 경우 해당 규정은 실제로는 특별하다고 볼 수 없어서, 이 법의 규정이 일반적으로 적용되도록 개인정보보호에 관한 법령의 지속적인 체계적 정비가 필요하다. 신용정보법 등 다른 법률의 규정이 이 법의 규정과 동일하거나 유사하여 중복되어서 사실상 특별한 규정이 아닌 경우에는 과감하게 정리되어야 한다.

신용정보법 등 다른 법률의 규정은 해당 법률의 관점에서 이 법의 상응하는 규정을 특별하게 강화하든가 완화할 필요성을 반영하면 될 것이다. 또한, 특정 산업이나 분야의 특성에 맞도록 개인정보 처리에 관한 구체적 기준은 법 제12조에 규정된 분야별 개인정보 보호지침으로 해결할 수 있다. 즉 보호위원회의 표준지침에 더하여 중앙행정기관의 장은 동 표준지침에 따라 소관 분야의 개인정보 보호지침을 정하여 개인정보처리자에게 권장할 수 있다.[371] 이 법을 중심으로 개인정보보호 법체계의 통일적 체제가 완성되어야 한다.

또한, 신용정보법 등 다른 법률이 이 법의 규정을 그대로 차용하는 것이 바람직한지 검토가 필요하다. 예컨대, 개인신용정보의 수집에 관한 신용정보법 제15조 제2항 제1호는 이 법의 개인정보 수집에 관한 제15조 제1항 제2호부터 제7호까지를 명시하는데, 이러한 중복적인 규정이 필요한 것인지 검토할 만하다. 신용정보법의 특별한 규정이 없으면 개인정보보호에 관하여 이 법의 일반적 규정이 적용되는데, 이렇게 일반적으로 적용되는 규정을 명시하지 않아야 법 제6조 제1항의 취지가 제대로 반영될 것이다. 이 법의 개인정보보호에 관한 규정이 일반적으로 적용되고, 다른 법률이 특별한 규정만을 규정할 수 있도록 입법적 노력이 필요하다.

이 법과 개인정보보호의 다른 법률과의 일관성 내지 정합성을 위하여 다른 법률의 개인정보보호에 관한 규정은 이 법의 목적과 원칙을 반영하거나 이에

---

371) 법 제12조 제2항.

반하는 내용을 포함하면 안 될 것이다. 이 점에서, 개인정보의 처리 및 보호에 관한 다른 법률을 제정하거나 개정하는 경우에는 이 법의 목적과 원칙에 맞도록 하여야 한다.[372]

---

372) 법 제6조 제2항. 2023년 3월 14일 개정으로 신설되었다. 동 규정은 2023년 3월 14일 개정 전 법 제5조 제4항의 내용과 사실상 일치한다. 2023년 3월 14일 개정 전 제5조 제4항은 "국가와 지방자치단체는 개인정보의 처리에 관한 법령 또는 조례를 제정하거나 개정하는 경우에는 이 법의 목적에 부합되도록 하여야 한다."고 규정하였다.

03

개인정보의 처리

디지털사회에서 개인정보의 대량 수집과 이용이 불가피하지만, 개인정보의 처리에서 정보주체는 보호되어야 한다. 그렇다고 정보주체를 보호하는 목적으로 개인정보의 수집·이용 등 처리를 어렵게만 하는 것은 정보 중심의 디지털사회의 발전에 바람직하지 않다. 개인정보는 이 법에 근거하여 적법하게 수집되어 처리되어야 하지만, 목적 외 이용·제공이 허용되는 등 예외가 인정된다. 개인정보의 처리에 대한 이 법의 규정은 개인정보처리자의 의무가 되어 정보주체의 보호에 기여한다. 개인정보처리자는 정보주체의 개인정보를 최소한으로 수집하여 자신의 업무를 수행할 수 있어야 한다. 공공기관은 물론 민간부문도 마찬가지이다.

03

개인정보의 처리

■ I. 개인정보의 수집 · 이용

　개인정보의 수집은 개인정보의 처리에서 첫 단계에 해당한다. 개인정보의
수집은 '정보주체로부터 직접 이름, 주소, 전화번호 등의 개인정보를 제공받는
것뿐만 아니라 정보주체에 관한 모든 형태의 개인정보를 취득하는 것'을 말한
다.[1] 개인정보는 다양한 방법으로 수집된다. 가장 정상적인 방법은 개인정보처
리자가 정보주체로부터 개인정보를 직접 취득하는 것이다. 이외에 개인정보처
리자는 정부기관이나 신용평가기관 등 제3자로부터 개인정보를 제공받거나, 인
터넷을 검색하거나, 신문기사 등 공개된 자료에서 개인정보를 취득할 수 있다.
또한, 개인정보처리자의 업무 처리 과정에서 개인정보가 자동적으로 생성될 수
있다.[2] 고객의 프로파일링(성향 파악)을 포함하여, 상품주문 내역, 통신 내역,
위험고객 명단, 근무평가 기록, 신용평가 기록이나 고객 위치정보의 생성도 개

---

[1] 표준지침 제6조 제1항.

[2] 개인정보처리자는 개인정보 처리방침을 정하는데, 인터넷 접속정보파일 등 개인정보를
　자동으로 수집하는 장치의 설치 · 운영 및 그 거부에 관한 사항도 포함된다. 법 제30조
　제1항 제7호.

인정보의 수집에 해당한다.[3] 개인정보를 처리하거나 처리하였던 자는 거짓이나 그 밖의 부정한 수단이나 방법으로 개인정보를 취득하거나 처리에 관한 동의를 받는 행위를 하여서는 아니 된다.[4]

1. 개인정보의 수집 · 이용의 법적 근거

이 법은 정보주체를 보호하기 위하여 개인정보의 적법하고 정당한 수집과 적합한 처리를 요구하면서,[5] 개인정보의 수집 · 이용을 위한 일곱 가지 법적 근거를 요구한다: 정보주체의 동의 획득, 개인정보처리자의 법적 의무 준수, 공공기관의 소관 업무 수행, 정보주체와의 계약 이행 및 체결, 정보주체 또는 제3자의 급박한 생명 등 이익 보호, 개인정보처리자의 정당한 이익 달성, 공공의 안전과 안녕. 개인정보 수집의 법적 근거는 개인정보의 이용과 정보주체의 보호 사이에서 합리적 균형을 이루려는 법적 노력으로 볼 수 있다.

EU GDPR ────────────────────────────

1995년 개인정보보호지침처럼 GDPR은 개인정보 처리의 적법성을 위하여 여섯 가지 근거를 요구한다. 이들 근거는 이 법의 개인정보 수집 · 이용의 법적 근거와 유사하다.[6] GDPR의 적법성 요건은 개인정보의 수집을 포함한 처리에 일반적으로 요구되지만, 이 법의 법적 근거는 개인정보의 수집 · 이용에 국한되어 규정된

---

3) 정부와 기업 등의 빅데이터를 이용한 개인정보 처리는 추가적인 개인정보 생성을 포함하여 수집을 용이하게 함으로써 정보주체의 동의 관점에서 개인정보자기결정권을 제한할 수 있다. 2023년 3월 14일 개정으로 자동화된 결정에 대한 정보주체의 권리 등을 규정한 법 제37조의2가 신설되었다. 동 규정은 2024년 3월 15일 시행된다. 법 부칙 제1조 제1호.

4) 법 제59조 제1호. 동 규정을 위반하여 거짓이나 그 밖의 부정한 수단이나 방법으로 개인정보를 취득하거나 개인정보 처리에 관한 동의를 받는 행위를 한 자 및 그 사정을 알면서도 영리 또는 부정한 목적으로 개인정보를 제공받은 자는 3년 이하의 징역 또는 3천만원 이하의 벌금에 처한다. 법 제72조 제2호.

5) 각각 법 제3조 제1항과 제2항.

6) 2023년 3월 14일 개정으로 개인정보의 수집 근거에 '공중위생 등 공공의 안전과 안녕을 위하여 긴급히 필요한 경우'가 신설되어, 이 법의 근거는 하나 더 많게 되었다.

다. 개인정보 수집의 법적 근거는 개인정보의 수집을 포함한 처리의 개시에서 확정되어야 할 것이다.[7]

이 법에 규정된 개인정보의 수집·이용의 일곱 가지 법적 근거 사이에서 규범적 순위는 인정되지 않는다.[8] 민간 부문의 개인정보처리자에게 다른 법적 근거의 원용이 분명하지 않은 경우 정보주체의 동의가 가장 중요한 역할을 할 수 있을 것이다.[9] 그러나, 개인정보 처리에 대한 정보주체의 동의는 언제든지 철회될 수 있어서 해당 개인정보의 처리가 종료될 수 있으므로,[10] 정보주체의 동의가 안정적인 수집 근거가 되지는 않는다. 개인정보처리자는 정보주체의 동의 이외의 다른 수집 근거를 이용하여야 할 것이다. 개인정보의 처리는 그 자체로 정보주체의 개인정보자기결정권 등 자유와 기본권을 침해할 수 있는 점에서, 개인정보가 일곱 가지 법적 근거에 따라 적법하게 수집·이용되어도 정보주체의 개인정보보호가 달리 훼손되지 않아야 한다.[11]

▌표.8 이 법과 GDPR의 개인정보 수집·이용/처리의 법적 근거 비교

법 제15조 제1항	GDPR 제6조 제1항
1. 정보주체의 동의를 받은 경우	(a) 정보주체가 하나 이상의 특정한 목적을 위하여 자신의 개인정보 처리에 동의를 준 경우
2. 법률에 특별한 규정이 있거나 법령상 의무를 준수하기 위하여 불가피한 경우	(c) 컨트롤러에게 적용되는 법적 의무의 준수를 위하여 처리가 필요한 경우
3. 공공기관이 법령 등에서 정하는 소관 업무의 수행을 위하여 불가피한 경우	(e) 공익을 위하여 또는 공적 권한의 행사로서 수행되고, 컨트롤러에게 부여된 직무의 실행에 필요한 경우

---

7) EDPB Guidelines 2/2019, p. 7.

8) 제29조 작업반 Opinion 06/2014, p. 10 참조.

9) Kotschy, p. 329. 이렇게 동의의 현실적 중요성을 반영하여 GDPR은 동의의 조건에 관한 제7조와 정보사회서비스에 관련하여 아동의 동의에 적용 가능한 조건에 관한 제8조를 신설하였다.

10) 법 제37조 제1항 제1문. 정보주체의 동의 철회권은 2023년 3월 14일 개정으로 신설되었다.

11) Kotschy, p. 340 참조.

4. 정보주체와 체결한 계약을 이행하거나 계약을 체결하는 과정에서 정보주체의 요청에 따른 조치를 이행하기 위하여 필요한 경우	(b) 정보주체가 당사자인 계약의 이행을 위하여 또는 계약 체결 전에 정보주체의 요청에 따른 조치를 취하기 위하여 처리가 필요한 경우
5. 명백히 정보주체 또는 제3자의 급박한 생명, 신체, 재산의 이익을 위하여 필요하다고 인정되는 경우	(d) 정보주체 또는 다른 자연인의 중대한 이익을 보호하기 위하여 처리가 필요한 경우
6. 개인정보처리자의 정당한 이익을 달성하기 위하여 필요한 경우로서 명백하게 정보주체의 권리보다 우선하는 경우. 이 경우 개인정보처리자의 정당한 이익과 상당한 관련이 있고 합리적인 범위를 초과하지 아니하는 경우에 한함.	(f) 컨트롤러나 제3자가 추구하는 정당한 이익의 목적을 위하여 처리가 필요한 경우. 다만, 특히 정보주체가 아동인 경우와 같이 개인정보 보호를 요구하는 정보주체의 이익 또는 기본권과 자유가 해당 이익에 우선하는 경우에는 그러하지 아니함.
7. 공중위생 등 공공의 안전과 안녕을 위하여 긴급히 필요한 경우	

개인정보의 수집·이용의 법적 근거 중에서 법령 등에서 정하는 소관 업무 수행을 위하여 불가피한 경우는 공공기관에 한정하여 인정된다.[12] 나머지 여섯 가지 법적 근거의 원용은 개인정보처리자가 민간 부문이든 공공기관이든 구별 하지 않는다.[13]

2. 정보주체의 동의를 받은 경우

개인정보처리자는 정보주체의 동의를 받은 경우 개인정보를 수집할 수 있고, 그 수집 목적의 범위에서 동 개인정보를 이용할 수 있다.[14] 개인정보처리자는 개인정보를 제15조 제1항에 따른 범위를 초과하여 이용하여서는 아니 된다.[15]

---

12) 법 제15조 제1항 제3호.

13) GDPR에 따르면 개인정보처리자의 정당한 이익을 위한 개인정보 처리는 공공기관의 직무 실행에서 수행되는 경우에는 적용되지 않는다. GDPR 제6조 제1항 제2단.

14) 법 제15조 제1항 제1호. 동 규정은 동의의 대상이 되는 개인정보를 공개된 것과 공개되지 아니한 것으로 나누어 달리 규율하지 않는다. 대법원 2016.8.17. 선고 2014다235080 판결.

15) 법 제18조 제1항.

(1) 동의의 의미

이 법은 동의의 개념을 정의하지 않는다.[16] 개인정보의 수집·이용을 정당화하는 정보주체의 동의가 존재하는지에 관하여 다툼이 발생할 수 있으므로 동의의 개념이 분명하게 정의될 필요가 있다. 동의는 '어떤 사람이 일정한 사항에 관하여 다른 사람과 의견의 일치를 보는 것'을 말한다.[17] 여기서 동의는 '개인정보처리자가 개인정보를 수집·이용하는 것에 대한 정보주체의 자발적인 승낙의 의사표시'이다.[18] 정보주체가 손해 없이 동의를 거부 또는 철회할 수 없거나 진정한 또는 자유로운 선택을 할 수 없다면, 동의는 자발적이라고 볼 수 없을 것이다.[19]

정보주체의 동의 여부는 명확히 확인할 수 있어야 한다. 백화점의 회원카드 발급시 개인정보 활용 동의서에 기명날인하거나 공공기관의 인터넷홈페이지에서 회원 가입시 개인정보의 수집과 이용의 동의에 클릭하는 것이 정보주체의 동의를 받는 예가 된다. 전화상으로도 정보주체의 동의를 받을 수 있지만, 개인정보처리자는 어떤 종류의 개인정보를 어떤 목적으로 수집하는지 정보주체가 명확하게 인지할 수 있도록 알려야 한다. 개인정보처리자는 각각의 동의 사항을 구분하여 정보주체가 이를 명확하게 인지할 수 있도록 알리고 동의를 받아야 한다.[20] 따라서 이 법에서 정보주체의 동의는 명시적이고,[21] 사전적이다.[22]

이 법은 정보주체의 동의를 서면으로 받을 것을 요구하지 않는다. 그럼에도 개인정보처리자는 개인정보의 적법하고 정당한 수집을 위하여 정보주체의 동의를 받았음을 확인할 수 있는 기록을 보관하는 것이 필요하다.[23] 향후 분쟁의

---

16) GDPR 제4조 제11호는 동의의 개념을 정의한다. 2023년 9월 12일 개정으로 신설된 영 제17조 제1항은 동의가 적법하기 위한 네 가지 조건을 규정한다.

17) 현암사 1426면.

18) 2020년 해설서 82면.

19) GDPR 상설 제42항 참조.

20) 법 제22조 제1항.

21) 2020년 해설서 82면.

22) 표준지침 제6조 제2항 제1호.

23) 법 제3조 제1항 참조.

발생에서 입증책임의 문제가 제기될 수 있으므로 정보주체의 동의를 받을 때 양해를 구하고 그 통화내용을 녹취할 수 있다.[24] 개인정보를 목적 외의 용도로 이용 또는 제3자에게 제공, 민감정보의 처리 및 고유식별정보의 처리에 대하여는 정보주체의 별도의 동의가 요구된다.[25]

정보주체의 동의가 개인정보의 수집·이용에 대한 가장 확실하고 기본적인 근거로 보이지만, 개인정보처리자는 정보주체의 동의에 의존하지 않는 것이 일반적으로 바람직하다. 동의는 정보주체의 자유로운 의사표시이므로 정보주체는 언제라도 개인정보 처리에 대한 자신의 동의를 철회할 수 있기 때문이다.[26] 또한 정보주체와 개인정보처리자의 상호 지위가 불균형일 때 정보주체의 동의는 개인정보 처리의 유효한 법적 근거가 되지 못할 것이다.[27] 예컨대, 개인정보처리자인 고용주가 정보주체인 피고용자에 대하여 우월한 지위를 갖기 쉬울 것이다. 이 경우 개인정보처리자와 정보주체의 지위 불균형으로 동의가 자유롭게 주어지지 않는다고 주장될 수 있다.[28]

EU GDPR

개인정보의 처리는 정보주체가 하나 이상의 특정한 목적을 위한 자신의 개인정보 처리에 동의한 경우 적법하다.[29] 동의는 '정보주체의 자유롭게 주어지고, 구체적이며, 고지되고 모호하지 않은 의사 표시'(any freely given, specific, informed and unambiguous indication of the data subject's wishes)이다.[30] 정보주체는

---

24) 2020년 해설서 82면.

25) 각각 법 제18조 제2항 제1호, 제23조 제1항 제1호 및 제24조 제1항 제1호 참조.

26) 법 제37조 제1항 제1문. 2023년 3월 14일 개정으로 정보주체의 동의 철회권이 신설되었다.

27) GDPR 상설 제43항. 권력적 권한을 행사하는 공공당국이 개인정보처리자인 경우가 이에 해당한다. 제29조 작업반 Guidelines on Consent, p. 6.

28) 제29조 작업반 Guidelines on Consent, p. 7.

29) GDPR 제6조 제1항(a). GDPR의 채택을 위한 유럽의회, EU이사회 및 유럽위원회의 '3자 협의'(trilogue)에서 정보주체의 동의에 관한 합의는 어려운 사안이었다. Council of the European Union, the consolidated text of the draft General Data Protection Regulation, para. 7.

30) GDPR 제4조 제11호.

자신에 관한 개인정보의 처리에 대한 합의를 '진술이나 명백한 긍정적 행위로'(by a statement or by a clear affirmative action) 표시한다.[31] 침묵, '이미 표시된 박스'(pre-ticked boxes)와 무행동(inactivity)은 동의에 해당하지 않는다.[32] 동의는 전자적 수단을 포함한 서면 또는 구술에 의하여도 줄 수 있다.[33] 정보주체는 언제라도 자신의 동의를 철회할 권리를 가져야 한다.[34] 정보주체의 동의에 관한 요건을 준수하지 않으면 GDPR에 규정된 최고 수준의 행정제재를 받게 된다.[35]

(2) 고지사항

개인정보처리자는 정보주체의 동의를 받아 개인정보를 수집하는 경우 다음 각 호의 사항을 정보주체에게 알려야 한다:[36] 1. 개인정보의 수집·이용 목적, 2. 수집하려는 개인정보의 항목, 3. 개인정보의 보유 및 이용 기간, 4. 동의를 거부할 권리가 있다는 사실 및 동의 거부에 따른 불이익이 있는 경우에는 그 불이익의 내용. 개인정보처리자가 이들 네 가지 고지사항을 변경하는 경우에도 정보주체에게 알리고 동의를 받아야 한다.[37]

정보주체는 개인정보자기결정권의 올바른 행사를 위하여 자신에 관한 개인정보의 수집을 포함한 처리에 관련하여 일정한 정보를 가질 수 있어야 한다. 동의를 받기 위한 정보주체에 대한 고지사항에서 개인정보의 수집·이용 목적은 명확하고 구체적이어야 한다. 개인정보의 수집 목적으로 막연하고 포괄적

---

31) GDPR 제4조 제11호. 명백한 긍정적 행위는 인터넷 웹사이트 방문에서 동의의 박스에 표시하거나, SNS를 위한 기술적 세팅 또는 정보주체가 자신의 개인정보의 제안된 처리를 수락함을 분명히 나타내는 진술이나 행위를 선택하는 것을 포함한다. GDPR 상설 제32항 참조.

32) GDPR 상설 제32항.

33) GDPR 상설 제32항.

34) GDPR 제7조 제3항 제1문. 동의의 철회는 그 철회 전의 동의에 근거한 처리의 적법성에 영향을 주지 않는다. GDPR 제7조 제3항 제2문. 동의를 주기 전에 정보주체는 이러한 철회의 권리와 철회 전 처리의 적법성에 관하여 고지받아야 한다. GDPR 제7조 제3항 제3문. 동의의 철회는 동의를 주는 것처럼 쉬워야 한다. GDPR 제7조 제3항 제4문.

35) GDPR 제83조 제5항(a).

36) 법 제15조 제2항 제1문.

37) 법 제15조 제2항 제2문.

표현은 허용되지 않는다.[38] 보유 및 이용 기간은 구체적으로 기간을 정해서 알려야 하나, 동 기간을 특정할 수 없는 경우 동 기간을 결정하는데 사용되는 기준이라도 알려야 할 것이다.[39] 또한, 개인정보처리자는 정보주체에게 동의를 거부할 권리가 있다는 사실을 알리도록 요구된다. 그러나, 이러한 동의의 거부 권리 이외에도 개인정보 보유기간 중에 동 개인정보에 대한 접근 및 정정이나 삭제 또는 처리정지 등을 개인정보처리자에게 요청할 권리가 포함되는 것이 바람직하다.[40] 또한, 개인정보의 전송 요구권과 자동화된 결정에 대한 정보주체의 권리도 포함되어야 할 것이다. 정보주체가 개인정보처리자의 신원을 알 수 있게 하여야 할 것이다.[41] 정보주체에 대한 고지 내용은 거짓이어서는 안 된다.[42]

▌ 표.9 개인정보처리자가 정보주체에게 고지하는 정보의 비교

정보주체의 동의를 받아 개인정보를 수집할 때 알리는 정보(법 제15조 제2항)	정보주체의 동의를 받아 제3자에게 개인정보를 제공하는 경우 알리는 정보 (법 제17조 제2항)	정보주체의 별도의 동의를 받아 개인정보를 목적 외 용도로 이용하거나 제3자에게 제공하는 경우 알리는 정보 (법 제18조 제3항)	정보주체 이외로부터 개인정보를 수집한 경우 알리는 정보 (법 제20조 제1항, 제2항)
1. 개인정보의 수집·이용 목적	2. 개인정보를 제공받는 자의 개인정보 이용 목적	2. 개인정보의 이용 목적(제공 시에는 제공받는 자의 이용 목적을 말한다)	2. 개인정보의 처리 목적
2. 수집하려는 개인정보의 항목	3. 제공하는 개인정보의 항목	3. 이용 또는 제공하는 개인정보의 항목	
3. 개인정보의 보유 및 이용 기간	4. 개인정보를 제공받는 자의 개인정보 보유 및 이용 기간	4. 개인정보의 보유 및 이용 기간(제공 시에는 제공받	

---

38) GDPR 상설 제42항 참조.

39) 2020년 해설서 82면. GDPR 제13조 제2항(a) 참조. 개인정보처리자는 보유 및 이용 기간을 알릴 수 없는 사유를 입증해야 한다. 2020년 해설서 82면.

40) GDPR 제13조 제2항(b) 참조.

41) GDPR 상설 제42항 참조.

42) 개인정보를 처리하거나 처리하였던 자의 거짓이나 그 밖의 부정한 수단이나 방법으로 개인정보를 취득하거나 처리에 관한 동의를 받는 행위는 금지된다. 법 제59조 제1호.

		는 자의 보유 및 이용 기간을 말한 다)	
4. 동의를 거부할 권 리가 있다는 사실 및 동의 거부에 따 른 불이익이 있는 경우에는 그 불이 익의 내용	5. 동의를 거부할 권 리가 있다는 사실 및 동의 거부에 따 른 불이익이 있는 경우에는 그 불이 익의 내용	5. 동의를 거부할 권 리가 있다는 사실 및 동의 거부에 따 른 불이익이 있는 경우에는 그 불이 익의 내용	
	1. 개인정보를 제공받 는 자	1. 개인정보를 제공받 는 자	
			1. 개인정보의 수집 출처
			3. 개인정보 처리의 정 지를 요구하거나 동의를 철회할 권 리가 있다는 사실

EU GDPR

GDPR은 다음과 같이 정보주체에 대한 고지 내용을 상세하게 요구한다. 정보주체로부터 그에 관한 개인정보가 수집되는 경우, 컨트롤러는 동 개인정보가 획득되는 시점에서 정보주체에게 다음의 모든 정보를 제공하여야 한다:[43] (a) 컨트롤러와, 해당하는 경우, 컨트롤러의 대리인의 신원과 연락정보, (b) 해당하는 경우 개인정보 보호책임자의 연락정보, (c) 개인정보의 예정된 처리 목적과 처리의 법적근거, (d) 컨트롤러나 제3자가 추구하는 정당한 이익의 목적을 위하여 처리가 필요한 경우 이러한 정당한 이익, (e) 해당하는 경우 개인정보의 수령자 또는 그 범주, (f) 해당하는 경우 컨트롤러가 개인정보를 제3국이나 국제기구에 이전할 의사가 있다는 사실과 유럽위원회의 적정성 결정의 유무, 또는 GDPR 제46조의 적절한 안전장치, 제47조의 '구속력 있는 기업규칙'(BCRs) 또는 제49조 제1항의 두 번째 단락[44]에 따르는 경우에는 적절하거나 적합한 안전장치 및 그 사본을 획득하

---

43) GDPR 제13조 제1항. 정보주체가 이미 이러한 정보를 가지고 있는 경우에는 이들 정보 가 제공될 필요는 없다. GDPR 제13조 제4항.
44) GDPR 제49조 제1항의 두 번째 단락은 GDPR 제45조, 제46조에 근거하지 않거나 제49

는 수단 또는 그의 이용가능한 장소에 대한 언급.

위의 고지사항에 더하여, 컨트롤러는 개인정보가 획득되는 시점에서 '공정하고 투명한 처리'(fair and transparent processing)를 보장하는데 필요한 다음의 추가적 정보를 정보주체에게 제공하여야 한다:[45] (a) 개인정보가 저장될 기간 또는 그것이 가능하지 않으면 동 기간을 결정하는데 사용되는 기준, (b) 개인정보에 대한 접근 및 정정이나 삭제 또는 정보주체에 관한 처리 제한을 컨트롤러로부터 요청하거나 처리를 반대할 권리 및 개인정보이동권의 존재, (c) 처리가 정보주체의 동의에 근거하는 경우 철회 이전의 동의에 근거한 처리의 적법성에 영향을 주지 않고 언제든지 동의를 철회할 권리의 존재, (d) 감독당국에게 민원을 제기할 권리, (e) 개인정보의 제공이 법적 또는 계약적 요건인지 또는 계약 체결에 필요한 요건인지 및 정보주체가 개인정보를 제공할 의무가 있는지 여부 및 그 개인정보를 제공하지 않을 때 발생할 수 있는 결과, (f) 프로파일링을 포함한 자동화된 의사결정의 존재 및 최소한 이들 경우 수반된 로직에 관한 중요한 정보와 그러한 처리의 정보주체에 대한 유의성 및 예견된 결과.

(3) 명함 등

1) 명함

개인정보처리자는 정보주체로부터 직접 명함 또는 그와 유사한 매체('명함 등')를 제공받음으로써 개인정보를 수집하는 경우 명함등을 제공하는 정황 등에 비추어 사회통념상 동의 의사가 있었다고 인정되는 범위 내에서만 이용할

조 제1항의 일탈이 적용되지 않는 경우에 이전이 반복적이지 않고, 한정된 숫자의 정보주체에만 관련되며, 정보주체의 이익 또는 권리 및 자유에 우선하는 컨트롤러가 추구하는 납득할만한 정당한 이익의 목적에 필요하며, 컨트롤러가 개인정보 이전과 관련한 모든 상황을 평가하고 동 평가에 근거하여 개인정보의 보호에 관하여 적당한 안전장치가 제공된 경우 역외 이전을 허용한다.

45) GDPR 제13조 제2항. 컨트롤러가 개인정보가 수집된 목적과 다른 목적으로 개인정보를 추가적으로 처리하고자 하는 경우, 컨트롤러는 추가적 처리 전에 다른 목적에 관한 정보와 제13조 제2항에 언급된 관련 있는 모든 추가적 정보를 정보주체에게 제공하여야 한다. GDPR 제13조 제3항.

수 있다.[46] 예컨대, 개인이 자동차를 구매하기 위해 자동차딜러를 방문하고 담당 직원에게 명함을 준 경우, 그 직원은 그 개인의 동의가 없었지만 자동차 구매와 관련한 정보의 제공을 위해 명함에 기재된 연락처를 이용할 수 있다.[47] 그러나, 그 직원이 자동차 판매와 관련하지 않은 목적으로 고객의 정보를 이용하기 위해서는 고객의 별도의 동의를 받아야 한다.

2) 인터넷 홈페이지

개인정보처리자는 인터넷 홈페이지 등 공개된 매체 또는 장소('인터넷 홈페이지등')에서 개인정보를 수집하는 경우 정보주체의 동의 의사가 명확히 표시되거나 인터넷 홈페이지등의 표시 내용에 비추어 사회통념상 동의 의사가 있었다고 인정되는 범위 내에서만 이용할 수 있다.[48] 예컨대, 인터넷 중고거래사이트에서 상품을 팔기 위해서 개인이 판매할 물품에 대한 설명과 자신의 휴대전

---

46) 표준지침 제6조 제3항.

47) 2020년 해설서 83면.

48) 표준지침 제6조 제4항. 대법원은 법률정보 제공 사이트를 운영하는 기업이 공립대학교 법학과 교수의 사진, 성명, 성별, 출생연도, 직업, 직장, 학력, 경력 등의 개인정보를 위 법학과 홈페이지 등을 통해 수집하여 위 사이트 내 '법조인' 항목에서 유료로 제공한 사안에서, 그 기업의 행위는 동 교수의 개인정보자기결정권을 침해하지 않았고, 그 기업이 법 제15조나 제17조를 위반하였다고 볼 수 없다고 판시하였다. 또한 대법원은 "정보주체가 직접 또는 제3자를 통하여 이미 공개한 개인정보는 그 공개 당시 정보주체가 자신의 개인정보에 대한 수집이나 제3자 제공 등의 처리에 대하여 일정한 범위 내에서 동의를 하였다고 할 것이다."고 판단하였다. 또한, "정보주체의 동의가 있었다고 인정되는 범위 내인지는 공개된 개인정보의 성격, 공개의 형태와 대상 범위, 그로부터 추단되는 정보주체의 공개 의도 내지 목적뿐만 아니라, 정보처리자의 정보 제공 등 처리의 형태와 정보 제공으로 공개의 대상 범위가 원래의 것과 달라졌는지, 정보 제공이 정보주체의 원래의 공개 목적과 상당한 관련성이 있는지 등을 검토하여 객관적으로 판단하여야 한다."고 지적하였다. 대법원 2016.8.17. 선고 2014다235080 판결. 한편, 보호위원회는 "[개인정보에 해당하는] 자동차등록번호판을 차량 외부에 부착하는 것은 정보주체의 의사가 아닌 자동차관리법 제10조에 따른 의무 사항으로 도로교통질서의 확보, 차량 방범 등 공익적 목적을 위해 필요한 경우 자동차를 효율적으로 식별하기 위한 것임을 고려할 때, 자동차등록번호가 자동차 외부에 기재되어 누구나 알 수 있다는 이유만으로 정보주체인 차량 소유자가 자신의 자동차등록번호를 신청인 회사의 본 건 [자동차 관련 정보 제공] 서비스를 목적으로 수집·제공하는 것에 대하여 암묵적으로 동의한 것으로 보기는 어려운 것으로" 판단하였다. 보호위원회, '자동차등록번호 제공 관련 법령해석에 관한 건'(제2019-16-260호, 2019.9.23.).

화 번호를 기재한 경우, 이는 해당 상품의 거래 목적으로 개인정보인 휴대전화 번호를 이용해도 된다는 동의의 의사표시를 한 것으로 볼 수 있다.[49)

또한 공공기관의 홈페이지에 담당 직원의 회사 전화번호나 이메일주소가 기재된 경우, 담당 직원이 담당하는 업무와 관련한 목적을 위해서는 그의 전화번호와 이메일주소를 수집·이용할 수 있으나 홈페이지에 게시된 전화번호 또는 이메일주소를 통해 직원에게 직장인 우대대출 등 홍보성 안내를 위해서는 그의 동의를 받아야 한다.[50)

3) 친목단체

개인정보처리자가 동창회, 동호회 등 친목 도모를 위한 단체를 운영하기 위하여 개인정보를 처리하는 경우에는 개인정보의 수집·이용에 관한 법 제15조를 적용하지 아니한다.[51) 그러나, 학생들의 졸업앨범에 교직원들의 사진을 수록하려면 해당 교직원들의 개인정보 수집·이용에 대한 동의를 받아야 한다.[52)

3. 법률에 특별한 규정이 있거나 법령상 의무 준수에 불가피한 경우

개인정보처리자는 법률에 특별한 규정이 있거나 법령상 의무를 준수하기 위하여 불가피한 경우 개인정보를 수집할 수 있고, 그 수집 목적의 범위에서 동 개인정보를 이용할 수 있다.[53) 개인정보처리자는 개인정보를 제15조 제1항에 따른 범위를 초과하여 이용하여서는 아니 된다.[54)

---

49) 2020년 해설서 83면.

50) 2020년 해설서 83–84면.

51) 법 제58조 제3항. 법 제15조와 함께 개인정보 처리방침에 관한 제30조와 개인정보 보호 책임자에 관한 제31조도 적용하지 않는다.

52) 2022 표준해석례 74면.

53) 법 제15조 제1항 제2호.

54) 법 제18조 제1항.

개인정보의 처리는 컨트롤러에게 적용되는 '법적 의무의 준수'(compliance with a legal obligation)를 위하여 필요한 경우 적법하다.[55]

(1) 법률의 특별한 규정

개인정보처리자는 법률에 특별한 규정이 있는 경우 개인정보를 수집할 수 있고, 그 수집 목적의 범위에서 이용할 수 있다.[56] 법률에서 개인정보를 수집·이용할 수 있음을 구체적으로 명시하거나 허용하고 있는 경우이다.[57] 개인정보의 수집·이용을 요구하거나 허용하는 법률의 특별한 규정인 점에서 동 규정은 해당 개인정보 처리에 관하여 처리 목적, 개인정보처리자, 처리되는 개인정보의 유형, 해당 정보주체, 개인정보가 공개될 수 있는 실체(entities), 처리 목적의 제한, 보유기간 등을 특정하여야 할 것이다.[58] 따라서, 개인정보의 수집에 관하여 막연하고 분명하지 않은 규정은 이러한 법률의 특별한 규정에 해당하지 않을 것이다.

법률의 특별한 규정에 따른 개인정보의 수집·이용은 일반적으로 제3자로부터의 수집·이용을 의미하는 경우가 많다.[59] 이 경우 법률에서 수집·이용을 요구하거나 허용하기만 하고 상대방인 제3자에게 제공 의무를 규정하지 않아도 제3자는 정보주체의 동의 없이 개인정보를 제공할 수 있다고 보아야 한다.[60]

---

55) GDPR 제6조 제1항(c).

56) 법 제15조 제1항 제2호.

57) 표준지침 제6조 제2항 제2호.

58) GDPR 상설 제45항 참조.

59) 예컨대, 보험요율 산출기관은 순보험요율을 산출하기 위하여 필요한 경우 또는 보험회사의 보험금 지급업무에 필요한 경우에는 음주운전 등 교통법규 위반 또는 운전면허(건설기계조종사면허 포함)의 효력에 관한 개인정보를 보유하고 있는 기관의 장으로부터 그 정보를 제공받아 보험회사가 보험계약자에게 적용할 순보험료의 산출 또는 보험금 지급업무에 이용하게 할 수 있다. 보험업법 제176조 제10항.

60) 대법원은 "검사 또는 수사관서의 장이 수사를 위하여 전기통신사업법 제[83]조 제3항, 제4항에 의하여 전기통신사업자에게 통신자료의 제공을 요청하고, 이에 전기통신사업자가 위 규정에서 정한 형식적·절차적 요건을 심사하여 검사 또는 수사관서의 장에게 이

개인정보의 수집·이용을 허용하는 근거로서 법률은 헌법에 따라 국회에서 채택된 법률을 의미한다. 법률은 이 법도 포함하는데, 법 제22조의2는 만 14세 미만 아동의 개인정보 수집을 허용하는 특별한 규정에 해당한다. 개인정보의 수집·이용의 근거가 법률의 특별한 규정인 점에서 시행령이나 시행규칙, 고시나 조례 등 법률의 하위규범은 그 근거가 될 수 없다. 법률에서 개인정보의 수집·이용의 목적 등을 구체적으로 규정한 경우 동 목적에 필요한 개인정보의 항목 등을 시행령 등 하위규범에 위임하는 것은 가능할 것이다.[61]

헌법에 의하여 체결·공포된 조약, 특히 국회의 동의를 거친 조약이 여기서의 법률에 해당한다고 주장될 수 있다. 그러나, 헌법에 의하여 체결·공포된 조약과 일반적으로 승인된 국제법규가 국내법과 같은 효력을 가질 뿐이지,[62] 이러한 조약이 국회 동의를 받은 경우라도 여기서의 법률에 해당한다고 볼 수 없다. 참고로 이 법은 '조약, 그 밖의 국제협정의 이행을 위하여 외국정부 또는 국제기구에 제공하기 위하여 필요한 경우' 개인정보의 목적 외 이용·제공을 허용하고,[63] '법률, 대한민국을 당사자로 하는 조약 또는 그 밖의 국제협정에 개인정보의 국외 이전에 관한 특별한 규정이 있는 경우' 개인정보의 국외 이전을 허용한다.[64]

(2) 법령상 의무 준수

개인정보처리자는 법령상 의무를 준수하기 위하여 불가피한 경우 개인정보를 수집·이용할 수 있다.[65] 법령상 의무인 점에서 해당 법령이 개인정보처리

용자의 통신자료를 제공하였다면, 검사 또는 수사관서의 장이 통신자료의 제공 요청 권한을 남용하여 정보주체 또는 제3자의 이익을 부당하게 침해하는 것임이 객관적으로 명백한 경우와 같은 특별한 사정이 없는 한, 이로 인하여 해당 이용자의 개인정보자기결정권이나 익명표현의 자유 등이 위법하게 침해된 것이라고 볼 수 없다."고 확인하였다. 대법원 2016.3.10. 선고 2012다105482 판결.

61) 2020년 해설서 84면.
62) 헌법 제6조 제1항.
63) 법 제18조 제2항 제6호.
64) 법 제28조의8 제1항 제2호.
65) 법 제15조 제1항 제2호.

자에게 개인정보의 수집·이용이 요구되는 구체적인 의무를 부과하여야 한다.[66] 즉 개인정보의 수집·이용을 허용하는 법령상 의무는 개인정보처리자가 용이하게 이해할 수 있도록 구체적일 필요가 있다. 개인정보처리자가 정보주체의 동의 없이 불가피하게 개인정보를 수집·이용하는데, 이렇게 불가피한 경우는 개인정보처리자가 개인정보를 수집·이용하지 않고는 그 의무를 이행하는 것이 불가능하거나 현저히 곤란한 경우를 말한다.[67]

　　법령은 법률은 물론 시행령과 시행규칙을 포함한다.[68] 법령상 의무 준수의 불가피한 경우의 예는 다음과 같다. 책임보험계약의 보험자, 즉 손해배상보험회사는 피보험자가 보험기간 중의 사고로 인하여 제3자에게 배상할 책임을 진 경우에 이를 보상할 책임이 있다.[69] 그런데, 피해자가 손해배상을 부당하게 수취할 목적으로 가해 운전자, 즉 피보험자와 직접 협상을 요구하면서 가해 운전자가 가입한 손해배상보험회사에게 자신의 개인정보를 주지 않을 수 있다. 이 경우 동 보험회사는 보험계약상 보상책임의 의무 이행, 즉 법령상 의무를 준수하기 위하여 피해자의 동의 없이도 피해자의 개인정보 수집·이용이 가능하다. 또한, 전입신고를 한 주민에 대해 통장이 주소지 방문 또는 전화 등으로 전입 사실을 확인하는 것은 주민등록법 시행령 제15조 제1항에 따라 통장이 전입신고 내용이 사실인지를 확인한 후 결과를 시장 등에게 알려야 하는 사실조사 의무를 준수하기 위한 것이므로 법령상 의무를 준수하기 위하여 불가피한 경우에 해당한다.[70]

---

66) 표준지침 제6조 제2항 제3호.

67) 표준지침 제6조 제2항 제3호.

68) 2020년 해설서 제86면. 법령은 1) 법률 및 대통령령·총리령·부령, 2) 국회규칙·대법원규칙·헌법재판소규칙·중앙선거관리위원회규칙 및 감사원규칙, 3) 1) 또는 2)의 위임을 받아 중앙행정기관(「정부조직법」 및 그 밖의 법률에 따라 설치된 중앙행정기관을 말한다.)의 장이 정한 훈령·예규 및 고시 등 행정규칙을 포함한다. 행정기본법 제2조 제1호 가목.

69) 상법 제719조.

70) 2022 표준해석례 10면.

4. 공공기관의 소관 업무 수행을 위하여 불가피한 경우

공공기관은 법령 등에서 정하는 소관 업무의 수행을 위하여 불가피한 경우 개인정보를 수집할 수 있고, 그 수집 목적의 범위에서 동 개인정보를 이용할 수 있다.[71] 개인정보처리자는 개인정보를 제15조 제1항에 따른 범위를 초과하여 이용하여서는 아니 된다.[72] 공공기관인 개인정보처리자는 법률에 자신의 개인정보 수집에 관한 규정이 없는 경우에도 법령 등에서 정하는 소관 업무의 수행을 위하여 불가피한 경우 개인정보를 수집할 수 있다. 즉 공공기관이 개인정보를 수집·이용하지 않고는 법령 등에서 정한 소관 업무를 수행하는 것이 불가능하거나 현저히 곤란한 경우이다.[73]

공공기관의 소관 업무 수행을 위한 개인정보 수집·이용의 법적 근거는 '법령 등'이다. 법령 등은 다음 각 목의 것을 말한다:[74] '가. 법령: 다음의 어느 하나에 해당하는 것: 1) 법률 및 대통령령·총리령·부령, 2) 국회규칙·대법원규칙·헌법재판소규칙·중앙선거관리위원회규칙 및 감사원규칙, 3) 1) 또는 2)의 위임을 받아 중앙행정기관(「정부조직법」 및 그 밖의 법률에 따라 설치된 중앙행정기관을 말한다.)의 장이 정한 훈령·예규 및 고시 등 행정규칙, 나. 자치법규: 지방자치단체의 조례 및 규칙'.

법령 등에서 정하는 소관 업무는 정부조직법과 각 기관별 직제규칙 등에서 정하는 소관 사무 이외에 주민등록법, 국세기본법, 의료법, 감염병예방법, 국민건강보험법 등에서 정한 각 기관별 업무는 물론 공공기관의 정관 등에서 정한 업무 및 동 업무를 수행하기 위한 관련 업무를 말한다. 예컨대, 국민건강보험공단의 업무는 보험급여의 관리를 포함하는데, 이 업무 수행을 위하여 동 공단

---

71) 법 제15조 제1항 제3호. 공공기관의 정의는 법 제2조 제6호 참조.

72) 법 제18조 제1항.

73) 표준지침 제6조 제2항 제4호.

74) 행정기본법 제2조 제1호. 한편, 법령정보법 제2조 제2호는 '법령등'에 '마. 공공기관운영법 제2조에 따른 공공기관의 장이 법령의 위임에 따라 정하는 규정 등 대통령령으로 정하는 정보'를 포함하고, 동 시행령 제2조 제1항은 동 정보에 '2. 공공기관의 정관 또는 이에 준하는 규약'을 포함한다.

은 진료내역 등을 수집·이용할 수 있다.[75]

공공기관이 개인정보를 수집·이용하는 법적 근거가 되는 법령 등의 범위는 위에서 검토된 법적 근거인 법령상 의무 준수의 경우와 다르다.[76] 즉 공공기관이 자신의 소관 업무를 수행하는 과정에서 불가피하게 개인정보를 수집·이용하는 것이기 때문에 이들 법령 등이 직접적이고 구체적으로 개인정보의 수집·이용을 명시할 필요는 없다. 그러나, 개인정보의 수집·이용이 가능하도록 이러한 업무는 구체적이고 명확하게 규정되어야 한다.

공공기관의 확대된 재량적 권한의 행사를 명목으로 개인정보가 쉽게 수집·이용되지 말아야 한다. 공공기관은 재량적 권한을 행사하기 때문에 법령상 의무 준수의 경우와 달리 관련 개인정보를 수집하지 않고도 다른 방법으로 합리적으로 소관 업무를 수행할 수 있는 경우에는 동 개인정보를 수집하지 않아야 할 것이다. 개인정보의 수집·이용의 불가피성에 대한 판단은 공공기관의 장이 결정하여야 하지만, 보호위원회와 관계 중앙행정기관의 장은 공공기관을 포함한 개인정보처리자에게 개인정보 처리 실태의 개선을 권고할 수 있다.[77] 보호위원회는 이 법을 위반한 자에 대하여 필요한 시정조치를 명할 수 있다.[78]

EU GDPR

개인정보의 처리가 공익을 위하여 또는 공적 권한의 행사로서 수행되고, 컨트롤러에게 부여된 직무의 실행에 필요한 경우 적법하다.[79]

---

75) 국민건강보험법 제14조 제1항 제3호와 국민건강보험공단 정관 제37조 제1항 제3호 참조.
76) '법령 등에서 정하는 소관 업무 수행'은 위의 '법령상 의무 준수'에 포함된다고 볼 수 있으나, 이들의 요건 차이에서 발생할 수 있는 불분명함을 방지하고 그 차이를 분명하게 하도록 별도로 규정된다. 2020년 해설서 87−88면.
77) 법 제61조 제2항과 제3항.
78) 법 제64조 제1항.
79) GDPR 제6조 제1항(e). 영문 규정은 '공익을 위하여 수행되는 직무의 실행을 위하여 또는 컨트롤러에게 부여된 공적 권한의 행사에 처리가 필요한 경우'로 읽히는데, GDPR의 독일어 규정은 '컨트롤러에게 부여된' 앞에 콤마가 위치하여 위의 본문과 같이 보다 정확하게 이해된다고 한다. Kotschy, p. 335.

5. 정보주체와 계약 이행 또는 체결에서 정보주체의 요청에 따른 조치의 이행에 필요한 경우

개인정보처리자는 정보주체와 체결한 계약을 이행하거나 계약을 체결하는 과정에서 정보주체의 요청에 따른 조치를 이행하기 위하여 필요한 경우 개인정보를 수집할 수 있고, 그 수집 목적의 범위에서 동 개인정보를 이용할 수 있다.[80] 즉 개인정보처리자는 정보주체와 체결한 계약을 이행하거나 계약을 체결하는 과정에서 정보주체의 요청에 따른 조치를 이행하기 위하여 필요한 경우에 그의 개인정보를 수집할 수 있다. 개인정보처리자는 그 수집 목적의 범위에서 개인정보를 이용할 수 있다. 개인정보처리자는 개인정보를 제15조 제1항에 따른 범위를 초과하여 이용하여서는 아니 된다.[81] 여기서 수집 목적은 계약의 체결 또는 이행에 관련된다.

개인정보처리자가 계약의 이행에 필요하여 개인정보를 처리하려는 경우 정보주체의 동의는 적절한 법적 근거가 될 수 없다.[82] 또한, 개인정보의 수집·이용이 계약의 이행에 필요한 것으로 간주되지 않는 경우, 관련 조건이 충족되는 경우 정보주체의 동의나 개인정보처리자의 정당한 이익의 달성 등 다른 법적 근거에 따라 처리될 수 있다.[83] 예컨대, 서비스의 개선이나 기존 서비스에서 새로운 기능의 개발,[84] 기망의 방지[85] 및 온라인 행태 광고[86]는 온라인 서

---

80) 법 제15조 제1항 제4호. 2023년 3월 14일 개정 전에는 '정보주체와의 계약의 체결 및 이행을 위하여 불가피하게 필요한 경우'로 규정되었다. 동 개정으로 GDPR의 상응하는 규정인 제6조 제1항(b)와 일치하게 되었다.

81) 법 제18조 제1항.

82) 제29조 작업반 Guidelines on Consent, p. 8.

83) EDPB Guidelines 2/2019, p. 7. 법 제15조 제1항 제1호와 제6호 참조.

84) EDPB Guidelines 2/2019, p. 14. 이 경우 개인정보처리자의 정당한 이익이나 정보주체의 동의가 적당한 근거가 될 것이다.

85) EDPB Guidelines 2/2019, p. 14. 이 경우 개인정보처리자의 정당한 이익이나 법령상 의무의 준수가 적당한 근거가 될 것이다. 기망의 방지 목적에 엄격하게 필요한 개인정보 처리는 해당 컨트롤러의 정당한 이익이 된다. GDPR 상설 제47항 참조.

86) EDPB Guidelines 2/2019, pp. 14-15. 개인정보처리자는 행태 광고에서 필요한 쿠키의 설치에 대한 정보주체의 사전 동의를 받아야 할 것이다. Facebook과 Instagram의

비스 계약의 이행을 위하여 개인정보의 처리가 필요한 경우는 아닐 것이다.

개인정보처리자는 특정 개인정보의 처리 없이는 실제로 정보주체와의 특정 계약의 주된 목적이 달성될 수 없음을 증명해야 할 것이다.[87] 개인정보의 처리가 계약의 이행에 필요한 요건은 엄격하게 해석하여야 한다.[88] 따라서, 계약의 범위는 물론 동 계약의 이행에 필요할 정보의 범위는 신중하게 결정되어야 한다. 이 점에서 개인정보처리자는 가능하다면 정보주체의 개인정보를 수집하지 않는 방안을 강구할 필요가 있다.

개인정보의 처리가 필요함은 계약의 기본 목적과 관련되는데, 이러한 목적은 개인정보처리자의 관점은 물론 '합리적인 정보주체'(reasonable data subject)의 관점에서도 확인되어야 한다.[89] 정보주체의 동의에 따른 개인정보의 처리와 달리, 계약의 이행을 위하여 필요한 개인정보의 처리에 대하여 계약 당사자로서 정보주체는 그 처리를 자유롭게 종료시킬 수는 없다. 이러한 처리를 종료시키기 위하여 정보주체는 해당 계약을 종료시켜야 할 것이다.[90]

EU GDPR ───────────────────────────────────

정보주체가 당사자인 계약의 이행을 위하여 또는 계약의 체결 전에 정보주체의

Meta Ireland의 행태 광고 관련 이용자의 개인정보 수집에 대하여 아일랜드 개인정보보호위원회(DPC)는 Meta Ireland의 계약 이행의 법적 근거를 인정하였으나, 일부 다른 회원국들 보호당국들(Concerned Supervisory Authorities)의 반대에 따라, 유럽개인정보보호이사회(EDPB)는 2022년 12월 5일 구속력 있는 결정에서 계약 이행의 법적 근거는 적법하지 않다고 판단하였다. EDPB, "Binding Decision 5/2022 on the dispute submitted by the Irish SA regarding WhatsApp Ireland Limited (Art. 65 GDPR)", Adopted on 5 December 2022. 결국 Meta는 유럽의 이용자들에게 행태 광고를 수락할 것인지 결정하도록, 즉 정보주체의 동의를 받기로 정책을 변경하였다. Wall Street Journal, "Meta Offers to Seek Consent for Highly Personalized Ads in Europe", 2023.08.01., https://www.wsj.com/amp/articles/meta−offers−to−seek−consent−for−highly−personalized−ads−in−europe−b520cbeb.

87) EDPB Guidelines 2/2019, pp. 9−10 참조.
88) 제29조 작업반 Opinion 06/2014, p. 16.
89) EDPB Guidelines 2/2019, p. 10 참조
90) Kotschy, p. 331. 물론 이 경우에도 추후 법적 분쟁 등 조치에 필요한 기록 보관 등은 요구될 것이다.

요청으로 조치를 취하기 위하여 필요한 개인정보의 처리는 적법하다.[91]

계약은 개인정보처리자와 정보주체 사이에서 체결되거나 이행되는 것이다. 즉 개인정보처리자와 정보주체가 당사자인 계약을 이행하거나 체결하는 과정에서 정보주체의 요청에 따른 조치를 이행하기 위하여 필요한 경우 정보주체의 동의가 없어도 개인정보의 수집이 허용된다. 예컨대, 부동산 거래의 경우 계약의 체결 전에 해당 부동산 소유자 및 관련 권리관계 등이 미리 조사되어 확인되어야 한다. 계약의 체결 전에 수집된 개인정보는 동 계약이 체결되지 않은 경우에는 즉시 파기하면 될 것이다.[92] 한편, 계약의 이행은 이미 체결된 계약의 내용에 따른 개인정보처리자의 의무를 이행하기 위한 것이다. 계약의 이행은 상품의 배송이나 서비스의 이행과 같은 주된 의무의 이행은 물론 경품상품의 배달이나 애프터서비스의 이행과 같은 부수적 의무의 이행도 포함한다.[93]

이 경우 개인정보처리자는 주로 민간사업자가 될 것이지만, 공공기관도 포함된다. 개인정보 처리방침의 내용과 개인정보처리자와 정보주체 간에 체결한 계약의 내용이 다른 경우에는 정보주체에게 유리한 것을 적용한다.[94]

개인정보처리자는 계약 등의 상대방인 정보주체가 대리인을 통하여 법률행위 또는 의사표시를 하는 경우 대리인의 대리권 확인을 위한 목적으로만 대리인의 개인정보를 수집·이용할 수 있다.[95] 대리인을 통하여 계약을 체결하는 경우 정당한 대리권을 받았는지 여부가 확인되어야 하기 때문에 대리인의 개인정보를 수집하게 하는 것이다. 대리인의 주민등록번호를 제외한 여권번호 등 고유식별정보가 필요한 경우 다른 개인정보의 처리에 대한 동의와 별도의 동의를 얻어 수집·이용되어야 한다.[96]

예컨대, 근로자와 사용자가 근로계약을 체결하는 경우 근로기준법에 따른 임금 지급, 교육, 증명서 발급, 근로자 복지제공을 위하여 근로자의 동의 없이

---

91) GDPR 제6조 제1항(b).
92) 2020년 해설서 89면.
93) 2020년 해설서 89면.
94) 법 제30조 제3항.
95) 표준지침 제6조 제5항.
96) 법 제24조 제1항 제1호 참조.

개인정보를 수집·이용할 수 있다.[97] 근로자의 근로 제공과 사용자의 임금 지급을 내용으로 하는 근로계약의 이행을 위하여 근로자의 개인정보 수집·이용이 필요하므로 근로자의 동의 없이도 개인정보를 수집·이용할 수 있는 것이다. 근로계약상 의무를 부담하고 있는 근로자들이 보유하는 자기정보통제권은 일반 국민이 공공기관에 대해 갖는 자기정보통제권보다 제한적이라고 한다.[98] 이 경우 근로자의 이익을 위한 것이라 하더라도, 사용자는 자신보다 약자의 지위에 있는 근로자에게 이익이 되도록 근로계약서에 개인정보 수집 목적, 수집 항목, 개인정보 처리에 관한 권리 등을 포함하는 것이 바람직하다.[99]

6. 정보주체 또는 제3자의 급박한 생명 등 이익을 위하여 필요한 경우

개인정보처리자는 명백히 정보주체 또는 제3자의 급박한 생명, 신체, 재산의 이익을 위하여 필요하다고 인정되는 경우 개인정보를 수집할 수 있고, 그 수집 목적의 범위에서 동 개인정보를 이용할 수 있다.[100] 여기서 수집 목적은 정보주체 또는 제3자의 급박한 생명, 신체, 재산의 이익을 보호하는 것으로 이해된다. 개인정보처리자는 개인정보를 제15조 제1항에 따른 범위를 초과하여 이용하여서는 아니 된다.[101] 명백하게 다른 법적 근거에 기반할 수 없는 경우에만 제3자인 다른 자연인의 중대한 이익에 근거하여 개인정보가 처리될 수 있을 것이다.[102] 이 경우의 요건은 다음과 같다.

---

97) 표준지침 제6조 제6항.
98) 대전지방법원 2007.6.15. 자 2007카합527 결정.
99) 2020년 해설서 89−90면.
100) 법 제15조 제1항 제5호. 2023년 3월 14일 개정으로 '정보주체 또는 그 법정대리인이 의사표시를 할 수 없는 상태에 있거나 주소불명 등으로 사전 동의를 받을 수 없는 경우로서'가 삭제되었다. 이러한 요건이 삭제되어서, 보다 용이하게 이러한 수집 근거가 이용될 수 있을 것이다.
101) 법 제18조 제1항.
102) 전염병과 그 전파의 감시를 포함한 인도적 목적이나 인도주의적 위기 상황에서, 특히 자연재해 및 인재의 상황에서 처리가 필요한 경우 등에서는 공익과 정보주체의 중대한 이익의 두 중요한 사유를 위하여 개인정보가 처리될 수 있다. GDPR 상설 제46항.

(1) 명백히 정보주체나 제3자의 급박한 생명 등 이익을 위함

명백히 정보주체 또는 제3자의 급박한 생명 등 이익을 위하여 개인정보의 수집·이용이 필요하여야 한다. 문제는 누가 명백히 급박한 생명 등의 이익을 인정하느냐이다. 정보주체나 그의 법정대리인이 의사표시 등을 할 수 없는 경우에는 일응 개인정보처리자가 이러한 급박한 상황을 인정해야 할 것이다. 자칫 개인정보처리자가 개인정보 수집을 남용할 가능성이 있어서, 최소한의 개인정보만을 수집하도록 요구되는 개인정보처리자의 책임 문제가 제기될 수 있다.[103] 따라서, 개인정보처리자는 당시 상황과 취한 조치 등을 기록으로 남겨두는 것이 바람직하다. 제3자의 급박한 생명 등 이익을 위하여 필요한 경우에도 개인정보가 수집될 수 있는데, 제3자는 정보주체를 제외한 그 밖의 모든 자를 말한다.[104]

제3자의 급박한 생명 등 이익은 정보주체의 개인정보보호 이익에 우선해야 한다.[105] 생명과 신체 이외에 재산의 이익을 위하여 필요하다고 인정되는 경우에도 개인정보가 수집될 수 있어서 개인정보의 수집이 넓게 허용될 수 있다. 예컨대, 재산의 이익을 위하여 필요한 경우는 정보주체 등의 집이 천재지변으로 붕괴 직전에 있거나 그가 거래하는 은행이 치명적인 해킹을 당한 경우에 관련 피해의 방지나 최소화를 위하여 정보주체의 이름, 이동전화번호, 주소, 위치정보나 계좌번호가 공개되어야 하는 경우이다. 그러나, 제3자의 재산상 이익은 정보주체의 생명·신체상 이익에 앞설 수 없다.[106]

(2) 급박한 생명, 신체, 재산의 이익을 위하여 필요함

정보주체 또는 제3자의 급박한 생명, 신체, 재산의 이익을 위하여 개인정보의 수집·이용이 필요하여야 한다. 개인정보가 수집되지 않으면 정보주체나 제

---

103) 법 제3조 제1항과 제16조 제1항 참조.
104) 표준지침 제6조 제2항 제6호.
105) Kotschy, p. 334.
106) 2020년 해설서 91면.

3자의 생명, 신체 또는 재산의 이익을 회복할 수 없을 정도로 급박한 상황인 것으로 이해된다. 정보주체나 법정대리인의 동의를 받을 수 있는 충분한 시간적 여유가 있거나 다른 수단으로도 정보주체 또는 제3자의 생명, 신체 또는 재산의 이익을 보호할 수 있다면 급박한 상태로 인정되지 않을 것이다.[107) 의식불명이나 중태에 빠진 환자의 치료를 위하여 환자의 나이, 혈액형, 과거병력 등 필요한 개인정보의 수집이 이에 해당할 것이다.

EU GDPR

개인정보의 처리는 정보주체 또는 다른 자연인의 중대한 이익을 보호하기 위하여 필요한 경우 적법하다.[108) '중대한 이익'(vital interests)은 정보주체나 다른 자연인의 '생명에 필수적인 이익'(an interest which is essential for the life)을 말한다.[109) 이 점에서 GDPR의 중대한 이익은 신체는 물론 재산 이익을 포함하지 않는다.

7. 개인정보처리자의 정당한 이익 달성을 위하여 필요한 경우

개인정보처리자의 정당한 이익을 달성하기 위하여 필요한 경우로서 명백하게 정보주체의 권리보다 우선하는 경우 개인정보처리자는 개인정보를 수집할 수 있고, 그 수집 목적의 범위에서 동 개인정보를 이용할 수 있다.[110) 개인정보처리자는 개인정보를 제15조 제1항에 따른 범위를 초과하여 이용하여서는 아니 된다.[111) 이 경우 개인정보의 수집·이용은 개인정보처리자의 정당한 이익과 상당한 관련이 있고 합리적인 범위를 초과하지 아니하는 경우에 한한다.[112) 개인정보처리자는 공공기관이든 민간 부문이든 상관없는 것으로 보이지

---

107) 2020년 해설서 91면.
108) GDPR 제6조 제1항(d).
109) GDPR 상설 제46항.
110) 법 제15조 제1항 제6호.
111) 법 제18조 제1항.
112) 법 제15조 제1항 제6호 제2문.

만, 입법론적으로는 공공기관을 제외하는 것이 바람직하다.[113] 개인정보처리자의 개인정보 수집·이용이 자신의 정당한 이익을 달성하기 위하여 필요한 경우이므로, 다른 방법으로 자신의 정당한 이익을 달성할 수 있으면 굳이 이러한 목적의 개인정보 수집은 허용되지 않을 것이다.

개인정보처리자의 정당한 이익을 달성하기 위하여 필요한 경우의 개인정보 처리는 적어도 두 가지 균형시험을 거쳐야 한다. 첫째, 개인정보처리자의 정당한 이익은 정보주체의 권리보다 우선해야 하고, 둘째, 개인정보의 수집·이용은 개인정보처리자의 정당한 이익과 상당한 관련이 있고 합리적인 범위를 초과하지 않아야 한다. 개인정보처리자는 자신의 정당한 이익의 존재는 물론 이러한 두 가지 균형시험을 통한 요건이 충족되는지 확인해야 한다.[114]

EU GDPR

개인정보의 처리는 컨트롤러나 제3자가 추구하는 '정당한 이익'(legitimate interests)의 목적을 위하여 필요한 경우 적법하다.[115] 특히 정보주체가 아동인 경우와 같이 개인정보 보호를 요구하는 정보주체의 이익 또는 기본권과 자유가 해당 이익에 우선하는 경우에는 컨트롤러 등의 정당한 이익은 적법한 근거가 되지 않는다.[116] 컨트롤러의 정당한 이익의 예로서 재산권에 기반하여 기망 방지 목적에 엄격하게 필요한 개인정보 처리가 해당한다.[117] 또한, 직접 마케팅 목적의 개인정보 처리가 해당할 수 있다.[118] 또한, 기업들 그룹 내에서 고객이나 직원의 개인정

---

113) GDPR은 개인정보처리자의 정당한 이익을 위한 개인정보의 처리에서 공공당국이 자신의 직무 수행을 위하여 실행하는 경우는 배제한다. GDPR 제6조 제1항 제2단. 공공기관인 개인정보처리자의 개인정보 처리를 위하여 공공기관의 법령 등에서 정하는 소관 업무의 수행이 적당한 법적 근거가 될 수 있기 때문이다. 법 제15조 제1항 제3호 참조.

114) 이 점에서 개인정보처리자에게 법규정 준수를 증명할 '책임성 원칙'(accountability principle)이 적용된다. 제29조 작업반 Opinion 08/2012, p. 13 및 GDPR 제5조 제2항 참조.

115) GDPR 제6조 제1항(f).

116) GDPR 제6조 제1항(f) 단서.

117) GDPR 상설 제47항.

118) 직접 마케팅 목적으로 개인정보의 처리는 정당한 이익을 위한 수행으로 간주될 수 있다. GDPR 상설 제47항.

보 처리를 포함한 내부 행정적 목적의 전송도 정당한 이익에 해당할 수 있고,[119] '네트워크와 정보 보안'(network and information security)을 보장하는 목적의 개인정보 처리도 해당 컨트롤러의 정당한 이익에 해당한다.[120]

(1) 개인정보처리자의 정당한 이익 달성

개인정보의 수집이 개인정보처리자의 정당한 이익의 달성에 필요하여야 한다. 일응 개인정보처리자의 정당한 이익은 정보주체와의 관계에서, 즉 이들의 계약관계에서 고려될 수 있지만, 개인정보처리자는 정보주체와 체결한 계약을 이행하거나 계약을 체결하는 과정에서 정보주체의 요청에 따른 조치를 이행하기 위하여 필요한 경우 개인정보를 수집하여 이용할 수 있다.[121] 개인정보처리자와 정보주체의 계약적 이익의 달성을 위한 것과 달리 정보주체의 권리보다 우선하는 개인정보처리자의 정당한 이익의 달성을 위하여 개인정보의 수집·이용이 허용되는 것이다.

개인정보의 수집이 개인정보처리자의 정당한 이익의 달성을 위한 것인데, 개인정보처리자의 이익이 이치에 맞아 올바르고 마땅하면 되기 때문에 개인정보처리자의 정당한 이익은 비교적 넓게 인정될 수 있다. 예컨대, 개인정보처리자가 기업인 경우 그의 정당한 이익은 상품, 서비스, 사람이나 자본의 자유로운 이동과 같은 통상적인 사업 활동을 추구할 능력을 포함할 것이다. 개인정보처리자의 정당한 이익은 '법령 또는 정보주체와의 계약 등'에 따른다.[122]

---

119) GDPR 상설 제48항.
120) GDPR 상설 제49항. 따라서, 전자통신망에 대한 불법적 접근과 유해한 코드 배포의 방지, 서비스 거부 공격과 컴퓨터와 전자통신시스템에 대한 피해의 차단을 위하여 개인정보 처리가 가능하다.
121) 법 제15조 제1항 제4호.
122) 표준지침 제6조 제2항 제7호. 2011년 표준지침의 2016년 개정에서 '등'이 추가되었다. 개인정보처리자의 정당한 이익을 위하여 정보주체의 동의 없이 개인정보 수집·이용의 가능성이 확대될 수 있음을 의미한다. GDPR에서는 정당한 이익은 반드시 명시적이 아니라도 EU 또는 회원국 법에서 인정되어야 하는 점에서, '단순한 상업적 이익'(mere commercial interests)은 정당한 이익의 확정에 충분하지 않다. Kotschy, p. 337.

컨트롤러가 가능한 범죄행위 또는 공공안전에 대한 위협을 나타내고 개별적 경우 또는 동일한 범죄행위나 공공안전에 대한 위협에 관련된 여러 경우에 소관 당국 에 관련 개인정보를 전송하는 것은 컨트롤러가 추구하는 정당한 이익으로 간주된 다. 그러나, 처리가 법적, 전문가적 또는 다른 구속력 있는 비밀 의무와 양립하지 않는 경우, 컨트롤러의 공익을 위한 이러한 전송 또는 개인정보의 추가적 처리는 금지된다.[123]

(2) 명백하게 정보주체의 권리보다 우선함

개인정보처리자의 정당한 이익이 명백하게 정보주체의 권리보다 우선하여 야 한다. 개인정보처리자의 정당한 이익과 정보주체의 권리가 비교되어 개인정 보처리자의 정당한 이익이 분명하고 확실하게 정보주체의 권리보다 더 중대하 거나 더 커야 한다. 개인정보처리자의 정당한 이익이 추구되어도 정보주체의 권리가 부당하게 침해받을 수 없기 때문이다. 이 법의 목적이 개인정보의 처리 에 관하여 정보주체를 보호하는 점에서 당연하다. 이 점에서, 예컨대, 개인정보 처리자의 빅데이터 활용을 위하여 정보주체의 동의 권리를 무단히 배제하는 것은 개인정보처리자의 이익에 비교하여 정보주체의 기본적인 권리가 부당하 게 침해되는 것이라고 볼 수 있다. 개인정보처리자의 정당한 이익 달성에 필요 한 경우에도 정보주체의 권리보다 우선하지 않는다면, 개인정보처리자의 정당 한 이익을 위하여 개인정보 수집이 허용될 수 없다. 정보주체가 합리적으로 추 가적 처리를 기대하지 않는 상황에서 개인정보가 처리되는 경우 정보주체의 이익과 기본권이 개인정보처리자의 이익에 우선할 수 있다.[124]

이 법에서 개인정보처리자의 정당한 이익과 균형의 대상을 정보주체의 권 리로 국한하는 것은 지나치게 제한적이다. 정보주체의 권리는 개인정보처리자 의 이익에 상응하도록 보다 넓게 이해되어서 자유와 이익도 포함하는 것으로

---

123) GDPR 상설 제50항.
124) GDPR 상설 제47항 참조.

이해되어야 할 것이다.

GDPR은 정보주체의 '이익 또는 기본권과 자유'(interests or fundamental rights and freedoms)가 컨트롤러나 제3자의 정당한 이익에 우선하는 경우에는 후자의 정당한 이익의 목적으로 개인정보 처리를 허용하지 않는다.125) 정보주체의 기본권과 자유에 더하여 그의 모든 관련된 이익이 고려되는 점에서 정보주체는 보다 더 보호된다.126)

예컨대, 회사가 영업비밀의 보호, 사내 정보시스템에 대한 해킹 등 외부의 침해로부터 보호를 위하여 직원의 컴퓨터 암호의 사용이나 이메일 수신과 발신 내역을 관리하는 것은 인정될 수 있다. 그러나, 이를 위하여 직원의 동의 없이 그의 이메일 내용을 열람하고 컴퓨터 사용 내용을 파악하는 경우 개인정보처리자의 정당한 이익이 명백하게 정보주체의 권리보다 우선한다고 볼 수 없을 것이다.127)

(3) 개인정보처리자의 정당한 이익과 상당한 관련성 및 합리적 범위 내의 수집

개인정보의 수집·이용은 개인정보처리자의 정당한 이익과 상당한 관련이 있고 합리적인 범위를 초과하지 아니하는 경우에 한한다.128) 개인정보처리자의 정당한 이익이 정보주체의 권리보다 명백하게 우선한다고 하더라도, 개인정보처리자의 개인정보 수집·이용은 그의 정당한 이익과 상당한 관련을 가져야 하고 합리적 범위를 초과하지 않도록 요구된다. 개인정보처리자의 정당한 이익을

---

125) GDPR 제6조 제1항(f) 단서.
126) 제29조 작업반 Opinion 06/2014, pp. 29-30.
127) 이 경우 노사합의에 따라 직원에 대하여 고지를 하거나 동의를 얻어야 할 것이다. 2020년 해설서 92면.
128) 법 제15조 제1항 제6호 제2문.

달성하기 위하여 필요한 경우이니 개인정보의 수집·이용은 그의 정당한 이익과 상당한 관련을 가지는 것은 당연할 것이다. 예컨대, 채권추심에 있어서 채무자의 주소와 재산목록은 상관성을 인정할 수 있지만, 채무자의 가족과 동료에 관한 개인정보는 상관성을 인정하기 어려울 것이다.

개인정보처리자가 자신의 정당한 이익의 달성을 위하여 개인정보를 수집할 수 있어도 그 수집은 합리적 범위를 초과할 수 없어서 그의 개인정보 수집은 남용될 수 없다. 일종의 비례성 원칙이 적용된다. 여기서 합리적 범위의 판단에 개인정보처리자와의 관계에 기반한 정보주체의 '합리적 기대'(reasonable expectation)가 고려될 수 있다. 예컨대, 정보주체가 개인정보처리자의 고객이거나 그의 서비스를 받는 등의 상황에서 그 둘의 '관련되고 적절한 관계'(a relevant and appropriate relationship)가 존재할 경우이다.129) 따라서, 정보주체가 개인정보가 수집될 당시 및 그 문맥에서 이러한 처리가 발생할 수 있을 것이라고 합리적으로 기대할 수 있는지를 포함한 주의 깊은 평가가 필요하다.130)

8. 공공의 안전과 안녕을 위하여 긴급히 필요한 경우

공중위생 등 공공의 안전과 안녕을 위하여 긴급히 필요한 경우 개인정보처리자는 개인정보를 수집할 수 있고, 그 수집 목적의 범위에서 이용할 수 있다.131) 개인정보처리자는 개인정보를 제15조 제1항에 따른 범위를 초과하여 이용하여서는 아니 된다.132) 개인정보처리자는 공공기관이든 민간 부문이든 상

---

129) GDPR 상설 제47항 참조.

130) GDPR 상설 제47항 참조. 한국철도공사가 철도차량 운전실에 CCTV를 설치하여 기관사의 두 손 등을 촬영한 경우에, 보호위원회는 '철도사고 원인규명'과 '승객의 안전 확보'는 철도운영자인 동 공사의 정당한 이익에 해당한다고 볼 수 있고, 본 건 영상정보 수집이 철도사고 시 기관사가 안전운행장치를 정상 작동하였는지를 확인하는데 필요하고, 기관사로 하여금 본연의 업무인 운전에 더욱 집중하도록 하고자 하는 점 등을 감안하면, 영상정보 수집이 사고원인 규명과 승객의 안전 확보와 상당한 관련성이 있다고 판단하였다. 보호위원회, '철도차량 운전실 폐쇄회로 텔레비전 설치 관련 심의·의결 건'(제2015-12-22호, 2015.7.13.).

131) 법 제15조 제1항 제7호.

132) 법 제18조 제1항.

관 없을 것이다. 그러나, 공공의 안전과 안녕을 위한 개인정보의 수집과 이용 주체는 사실상 공공기관에 해당하는 것으로 볼 수 있다.[133]

공공의 안전과 안녕을 위하여 긴급히 필요한 경우의 개인정보 수집·이용의 근거는 2023년 3월 14일 개정으로 신설되었다. 같은 개정으로 이 법의 제3장부터 제8장까지 적용하지 않는 개인정보로서 '공중위생 등 공공의 안전과 안녕을 위하여 긴급히 필요한 경우로서 일시적으로 처리되는 개인정보'는 삭제되었다.[134] 따라서, 공공의 안전과 안녕을 위하여 긴급히 필요한 경우 수집·이용되는 개인정보는 이 법의 정상적인 적용을 받는다. 일시적으로 처리되는 것이 아닌 점에서 공중위생 등 공공의 안전과 안녕의 목적으로 한시적으로 처리되는 것은 아닐 것이다. 그러나, 개인정보 수집의 다른 근거인 '명백히 정보주체 또는 제3자의 급박한 생명, 신체, 재산의 이익을 위하여 필요하다고 인정되는 경우'와 현실적으로 명백히 구별되지 않을 수 있을 것이다.

공중위생 등 공공의 안전과 안녕을 위하여 긴급히 필요한 경우 개인정보의 수집·이용이 허용되는데, 예컨대, 전염병의 확산 방지 등을 위하여 적법하게 개인정보의 수집·이용을 허용함으로써 이렇게 긴급히 필요한 경우에도 해당 개인정보의 처리에서 정보주체가 보호될 수 있다. 공중위생 등 공공의 안전과 안녕을 위하여 긴급히 필요한 경우로서 예외적인 상황이지만, 이러한 예외적 상황에 대한 대처를 위한 특정 법률이 존재해야 할 것이다. 예컨대, 재난안전법과 감염병예방법 등 공공의 안전과 안녕에 관련된 법률의 특별한 규정이 개인정보 수집·이용의 근거가 될 수 있다.[135]

---

133) 그러나, 개인정보의 목적 외 이용·제공을 규정한 법 제18조 제2항은 2023년 3월 14일 개정으로 '공중위생 등 공공의 안전과 안녕을 위하여 긴급히 필요한 경우'의 제10호를 신설하였는데, 개인정보처리자는 공공기관으로 한정하지 않는다. 법 제18조 제2항 단서 참조. 또한, 공공기관의 장이 개인정보파일을 운용하는 경우 개인정보파일의 명칭 등을 보호위원회에 등록해야 하는데, '공중위생 등 공공의 안전과 안녕을 위하여 긴급히 필요한 경우로서 일시적으로 처리되는 개인정보파일'은 등록하도록 요구되지 않는다. 법 제32조 제2항 제4호 및 영 제33조 제2항 제2호. 한편, 공공기관은 공공의 안전과 안녕을 위하여 긴급히 필요한 경우 개인정보를 목적 외의 용도로 이용하거나 이를 제3자에게 제공하는 경우 관보 또는 인터넷 홈페이지 등에 게재해야 한다. 법 제18조 제4항.

134) 2023년 3월 14일 개정으로 삭제된 법 제58조 제1항 제3호 참조.

135) 재난안전법의 목적은 '각종 재난으로부터 국토를 보존하고 국민의 생명·신체 및 재산

공중위생 등 공공의 안전과 안녕의 목적은 궁극적으로 국민의 생명·신체·재산 등 중대한 위협의 발생을 방지하려는 것이고, 긴급히 필요한 경우는 급박한 상황을 전제로 할 것이다.[136] 공중위생은 다수의 건강을 유지 및 증진하기 위한 위생을 의미할 것이다.[137] 예컨대, 재난, 재해, 구급상황이 발생하여 지역책임부대가 현장 확인, 상황 수습 등을 할 필요가 있는 경우 지방자치단체의 통합관제센터에서 처리되는 영상정보는 공공의 안전과 안녕을 위하여 긴급히 필요한 경우로서 일시적으로 처리되는 개인정보에 해당한다.[138] 그러나, 해외 국가를 방문한 뒤 국내로 입국한 자는 코로나19 전파 우려가 있는 상태에서 병원을 방문할 가능성이 거의 없으므로, 병원이 방문자 전원의 주민등록번호를 처리하여 해외여행력 정보를 실시간으로 활용하는 것이 코로나19 감염 전파를 차단하기 위하여 긴급히 필요하다고 볼 수 없을 것이다.[139]

을 보호하기 위하여 국가와 지방자치단체의 재난 및 안전관리체제를 확립하고, 재난의 예방·대비·대응·복구와 안전문화활동, 그 밖에 재난 및 안전관리에 필요한 사항을 규정함'이다. 재난안전법 제1조. 감염병의 목적은 '국민 건강에 위해(危害)가 되는 감염병의 발생과 유행을 방지하고, 그 예방 및 관리를 위하여 필요한 사항을 규정함으로써 국민 건강의 증진 및 유지에 이바지함'이다. 감염병예방법 제1조.

136) 보호위원회, '병원의 코로나바이러스−19 감염 점파의 차단 등을 위한 방문자 주민등록번호 처리에 관한 건'(제2021−119−036호, 2021.10.13.).

137) 수산생물질병법에서 '공중위생상의 중대한 위해'는 다음 각 호의 어느 하나에 해당하는 위해를 말한다: 1. 수산생물 체내의 잔류물로 인한 국민건강에의 위해, 2. 수질 또는 수중 생태계의 심각한 오염이나 파괴. 수산생물질병관리법 시행규칙 제40조 제1항. 해양수산부장관은 수산생물양식시설에서 수산생물용의약품의 오용·남용으로 인하여 해양수산부령으로 정하는 공중위생상의 중대한 위해가 발생할 우려가 있다고 인정되는 경우에는 수산생물양식자에게 해당 수산생물용의약품에 대한 사용제한 또는 사용금지를 명할 수 있다. 수산생물질병법 제40조 제2항.

138) 보호위원회, '지방자치단체 통합관제센터 영상정보의 군부대 제공에 관한 건'(제2017−20−167호, 2017.10.16.).

139) 보호위원회, '병원의 코로나바이러스−19 감염 점파의 차단 등을 위한 방문자 주민등록번호 처리에 관한 건'(제2021−119−036호, 2021.10.13.). 동 결정에서 보호위원회는 2021년 9월 30일 기준 코로나19 신규 확진자 수가 1일 2,486명에 달하였는데, 이 중에서 해외 유입 사례는 1일 35명에 불과하고, 국내 지역발생은 1일 2,451명에 이를 정도로 지역사회 전파가 만연하여, 해외여행력이 있다는 이유만으로 병원 방문을 통제하는 등의 별도 조치를 할 필요성이 현저히 낮아졌다고 판단하였다. 또한, 보호위원회는 코로나19가 발생한 지 약 2년이 지나서 장기화·일상화된 상황으로 파악함으로써 법 제58조 제1항 제3호에 해당하지 않는다고 판단하였다.

9. 수집 목적과 양립가능한 추가적 이용

개인정보처리자는 당초 수집 목적과 합리적으로 관련된 범위에서 정보주체에게 불이익이 발생하는지 여부, 암호화 등 안전성 확보에 필요한 조치를 하였는지 여부 등을 고려하여 대통령령으로 정하는 바에 따라 정보주체의 동의 없이 개인정보를 이용할 수 있다.[140] 즉 일정한 경우에 개인정보처리자는 정보주체의 동의 없이도 개인정보가 최초 수집된 목적과 다른 목적으로 개인정보를 이용할 수 있다. 이는 지나치게 경직적으로 개인정보를 수집 목적 내에서만 이용하게 하는 경우, 정보주체의 개인정보자기결정권 보호에 기여하지 못하면서 사회적 비용이나 비효율을 초래하는 것을 방지하기 위한 것이다.[141] 이로써 개인정보처리자의 개인정보 활용의 가능성이 커지게 된다.

개인정보처리자가 정보주체의 동의 없이도 개인정보가 최초 수집된 목적과 다른 목적으로 개인정보를 이용할 수 있다는 것은 일응 개인정보의 처리 목적에 필요한 범위에서 적합하게 개인정보를 처리하고 그 목적 외의 용도로 활용하여서는 아니 된다는 개인정보보호 원칙에 위배될 것이다.[142] 이 점에서 최초 수집된 목적과 다른 목적의 개인정보 이용은 정보주체의 보호를 위하여 일정한 사항을 고려하게 하여 제한적으로 허용된다. 이 법은 정보주체의 동의 없이 당초 수집 목적과 달리 개인정보를 이용하는데 고려될 사항을 '당초 수집 목적과 합리적으로 관련된 범위'에서 '정보주체에게 불이익이 발생하는지' 여부, '암호화 등 안전성 확보에 필요한 조치'를 하였는지 여부를 명시한다. 물론 정보주체의 보호를 위하여 구체적인 상황에서 다른 사항도 고려될 수 있어야 한다.[143]

---

140) 법 제15조 제3항. 동 규정은 2020년 2월 4일 개정으로 신설되었다.

141) 2020년 해설서 94면.

142) 법 제3조 제2항 참조.

143) 법 제15조 제3항은 '여부 등을 고려하여'라고 규정하여 명시된 세 가지 고려 사항 외에도 다른 사항이 더 고려될 수 있을 것이다. 또한 안전성 확보에 필요한 조치도 '암호화 등'이라고 규정하여, 암호화가 아닌 다른 조치도 고려될 수 있다.

개인정보가 수집된 목적과 다른 목적으로 처리가 정보주체의 동의나 민주사회에서 필요하고 비례적인 조치를 구성하는 EU 또는 회원국 법에 근거하지 않는 경우, 컨트롤러는 최초 수집된 목적과 다른 목적의 처리가 최초 수집된 목적과 양립하는지를 확인하기 위하여 적어도 다섯 가지 사항을 고려하도록 요구된다:[144] (a) 개인정보가 수집된 목적과 의도된 추가적 처리 목적 사이의 모든 관련성, (b) 특히 정보주체와 컨트롤러의 관계와 관련하여 개인정보가 수집된 문맥, (c) 개인정보의 성격 특히 민감정보 또는 범죄경력에 관련된 개인정보가 처리되는 여부, (d) 의도된 추가적 처리의 정보주체에 대한 가능한 결과, (e) 암호화 또는 가명처리를 포함할 수 있는 적절한 안전장치의 존재.

(1) 2020년 영 제14조의2 채택

2020년 3월 제시된 시행령(안) 제14조의2는 개인정보의 추가적 이용·제공의 기준을 제시하였는데, 동 기준은 업계 등에서 큰 반발을 초래하였고, 결국 2020년 7월 동 규정(안)은 재입법되었다. 원래 제시된 규정은 다음의 네 가지 사항 모두를 충족하도록 요구하였다: 1. 개인정보를 추가적으로 이용(제공)하려는 목적이 당초 수집 목적과 상당한 관련성이 있을 것, 2. 개인정보를 수집한 정황과 처리 관행에 비추어 볼 때 추가적으로 이용(제공)할 수 있을 것으로 예측 가능할 것, 3. 개인정보의 추가적 이용(제공)이 정보주체 또는 제3자의 이익을 부당하게 침해하지 아니할 것, 4. 가명처리를 하여도 추가적 이용(제공) 목적을 달성할 수 있는 경우에는 가명처리하여 이용할 것. 2020년 8월 4일 신설된 규정은 다음 각 호의 사항을 고려할 것을 요구한다: 1. 당초 수집 목적과 관련성이 있는지 여부, 2. 개인정보를 수집한 정황 또는 처리 관행에 비추어 볼 때 개인정보의 추가적인 이용 또는 제공에 대한 예측 가능성이 있는지 여부, 3. 정보주체의 이익을 부당하게 침해하는지 여부, 4. 가명처리 또는 암호화 등 안전성 확보에 필요한 조치를 하였는지 여부.

---

144) GDPR 제6조 제4항.

▌표.10 영 제14조의2 제1항의 개인정보의 추가적 이용·제공의 기준 변경

2020년 3월 개정 초안	2020년 8월 4일 개정
"... 다음 각 호의 사항을 모두 충족하는 경우를 말한다."	"... 다음 각 호의 사항을 고려해야 한다."
1. 개인정보를 추가적으로 이용하려는 목적이 당초 수집 목적과 상당한 관련성이 있을 것	1. 당초 수집 목적과 관련성이 있는지 여부
2. 개인정보를 수집한 정황과 처리 관행에 비추어 볼 때 추가적으로 이용할 수 있을 것으로 예측 가능할 것	2. 개인정보를 수집한 정황 또는 처리 관행에 비추어 볼 때 개인정보의 추가적인 이용 또는 제공에 대한 예측 가능성이 있는지 여부
3. 개인정보의 추가적 이용이 정보주체 또는 제3자의 이익을 부당하게 침해하지 아니할 것	3. 정보주체의 이익을 부당하게 침해하는지 여부
4. 가명처리를 하여도 추가적 이용 목적을 달성할 수 있는 경우에는 가명처리하여 이용할 것	4. 가명처리 또는 암호화 등 안전성 확보에 필요한 조치를 하였는지 여부

개인정보의 추가적 이용·제공의 기준에 관하여 변경된 내용은 다음과 같다. 첫째, 개인정보의 추가적 이용·제공을 위하여 고려되는 네 가지 사항이 모두 충족되는 대신 단순히 고려되는 것으로 변경되었다. 이러한 변경은 실제에 있어서는 큰 의미가 없을 것이다. 예외적으로 허용되는 개인정보의 이용에서 개인정보처리자는 정보주체를 보호하기 위하여 가능한 한 여러 가지 사항을 고려해야 할 것이어서, 이 영에서 모두 충족하라고 요구하지 않아도 실제로 모두 고려해야 할 것이기 때문이다. 둘째, 추가적 이용·제공 목적이 최초 수집 목적과 관련성을 가져야 하는데, 원래의 '상당한 관련성'에서 '상당한'이 삭제되었다. 이러한 변경은 실제에 있어서 큰 의미가 없을 것이다. 개인정보처리자 입장에서는 수집 목적과 다른 추가적 목적의 개인정보 이용·제공에 신중해야 할 것이고, 그렇다면 '단순한' 그 이상의 관련성을 필요로 할 것이기 때문이다. 셋째, 추가적 이용·제공의 예측 가능성은 동일하다. 넷째, 원래 제시된 규정은 추가적 이용·제공이 '정보주체 또는 제3자의 이익을' 부당하게 침해하지 않도록 요구하였는데, 제3자의 이익이 삭제되고 정보주체의 이익을 부당하게 침해

하지 않도록 되었다.[145] 이 변경은 실제에 있어서 개인정보처리자의 추가적 이용·제공을 제한할 수 있다는 부담을 저감하는데 의미가 있을 것이다. 다섯째, 법 제15조 제3항은 가명처리를 안전성 확보에 필요한 조치로서 명시하지 않는다. 원래의 '가명처리하여 이용할 것'이 '가명처리 또는 암호화 등 안전성 확보에 필요한 조치'로 변경되었다. 이로써 이 영에서 가명처리가 안전성 확보에 필요한 조치로서 명시적으로 인정되었고, 가명처리와 암호화 이외에도 다른 안전성 확보에 필요한 조치의 가능성이 확인되었다.[146] 개인정보처리자는 추가적 이용을 위한 안전성 확보에 필요한 조치로서 암호화 또는 가명처리 또는 다른 조치를 선택적으로 이용할 수 있게 된다.

▌ 표.11 수집 목적과 양립가능한 개인정보 이용·제공의 고려 사항 비교[147]

법 제15조 제3항(이용)	신용정보법 제32조 제6항 제9호의4(제공)	GDPR 제6조 제4항(처리)
당초 수집 목적과 합리적으로 관련된 범위(당초 수집 목적과 관련성이 있는지 여부, 영 제14조의2 제1항 제1호)	가. 양 목적 간의 관련성	(a) 개인정보가 수집된 목적과 의도된 추가적 처리 목적 사이의 모든 관련성
정보주체에게 불이익이 발생하는지 여부(정보주체의 이익을 부당하게 침해하는지 여부, 영 제14조의2 제1항 제3호)	다. 해당 개인신용정보의 제공이 신용정보주체에게 미치는 영향	(d) 의도된 추가적 처리의 정보주체에 대한 가능한 결과
암호화 등 안전성 확보에 필요한 조치를 하였는지 여부(가명처리 또는 암호화 등 안전성 확보에 필요한 조치를 하였는지 여부, 영 제14조의2 제1항 제4호)	라. 해당 개인신용정보에 대하여 가명처리를 하는 등 신용정보의 보안대책을 적절히 시행하였는지 여부	(e) 암호화 또는 가명처리를 포함할 수 있는 적절한 안전장치의 존재

---

145) 법 제15조 제3항이 정보주체의 불이익이 발생하는지 여부를 고려하도록 규정하는데, 그 시행령의 규정이 정보주체에 더하여 제3자의 이익도 고려하게 하는 것은 상위 규범의 취지를 부당하게 제한하는 것으로 볼 수 있었다.

146) 법 제15조 제3항에 암호화와 함께 가명처리를 추가하는 것이 바람직할 것이다.

147) GDPR과 이 법 및 신용정보법의 큰 차이는 GDPR이 민감정보가 처리되는 여부를 명시적으로 고려하도록 규정한 것이다.

개인정보를 수집한 정황 또는 처리 관행에 비추어 볼 때 개인정보의 추가적인 이용 또는 제공에 대한 예측 가능성이 있는지 여부(영 제14조의2 제1항 제2호)	나. 신용정보회사 등이 신용정보주체로부터 개인신용정보를 수집한 경우	(b) 특히 정보주체와 컨트롤러의 관계와 관련하여 개인정보가 수집된 문맥
		(c) 개인정보의 성격 특히 민감정보 또는 범죄경력에 관련된 개인정보가 처리되는 여부

(2) 수집 목적과 양립가능한 추가적 이용이 허용되는 기준

개인정보처리자는 개인정보의 추가적인 이용 또는 제공이 지속적으로 발생하는 경우에는 영 제14조의2 제1항에 규정된 각 호의 고려사항에 대한 판단 기준을 법 제30조 제1항에 따른 개인정보 처리방침에 공개하고, 법 제31조 제1항에 따른 개인정보 보호책임자가 해당 기준에 따라 개인정보의 추가적인 이용 또는 제공을 하고 있는지 여부를 점검해야 한다.[148]

1) 당초 수집 목적과 합리적으로 관련된 범위[149]

추가적 이용의 목적은 당초 수집 목적과 합리적으로 관련된 범위에 있어야 한다.[150] 이렇게 추가적 이용의 목적이 당초 수집 목적과 합리적으로 관련된 범위에 있다는 것은 당초 수집 목적과 관련성이 있는지 여부의 문제이다.[151] 당초 수집 목적과 추가적 이용 목적이 서로 그 성질이나 경향 등에서 연관이 있어야 한다.[152] 정보주체를 위하여 개인정보처리자의 추가적 이용 목적이 최초 수집 목적과 관련성이 높을수록 더 바람직할 것이다.[153]

---

148) 영 제14조의2 제2항. 2023년 9월 12일 개정으로 이러한 공개를 미리 하지 않아도 된다. 표준지침 제19조 제5호 참조.

149) 이하에서 '당초'와 '최초' 단어를 병용한다.

150) 따라서, 법 제15조 제1항에 따른 적법한 개인정보의 수집을 전제로 한다.

151) 영 제14조의2 제1항 제1호. 이 영은 이 법의 '합리적'을 판단할 기준을 주지 않는다.

152) 2020년 해설서 94면.

153) 예컨대, 약국에서 다른 환자의 의약품을 잘못 가져간 경우, 약국이 이러한 사실을 해당

새로운 추가적 이용 목적이 최초 수집 목적의 '하부 목적'(sub‒purpose)일 필요는 없다.154) 다만, 다른 목적의 추가적 이용이 반드시 최초 수집 목적과 양립하지 않는다고 자동적으로 볼 수 없다.155) 이들 다른 목적들의 양립가능성은 '일반적이고 특정 상황에서 기대되어야 하는 것'(what is usual and what is to be expected in certain circumstances)에 달려 있다.156) 예컨대, 상품을 고객에게 판매하는 과정에서 수집한 정보를 배달자가 그 상품을 그 고객에게 배달하기 위하여 사용하는 것은 양립가능한 추가적 이용이 될 것이다.157) 배달자에게 개인정보의 전송은 최초 수집 목적인 판매를 완결하는데 필요하기 때문이다.

2) 정보주체에게 불이익이 발생하는지 여부

당초 수집 목적과 다른 목적의 추가적 이용이 허용되기 위하여 정보주체에게 추가적 위험이 발생하지 않아야 하는 점에서, 그 추가적 이용의 결과 정보주체에게 불이익이 발생하지 않을 것이 고려되어야 한다. 이 점에서 개인정보처리자는 개인정보의 추가적 이용으로 정보주체의 이익을 부당하게 침해하는지 여부를 고려해야 한다.158)

추가적 이용의 정보주체에 대한 가능한 결과가 면밀하게 분석되어야 할 것이다. 즉 정보주체의 이익이 실질적으로 침해되는지와 해당 이익 침해가 부당한지 고려되어야 한다.159) 이러한 고려는 추가적 이용의 목적이나 의도와의 관계에서 판단된다.160)

정보주체에 대한 불이익의 발생이라는 관점에서 특히 범죄경력 관련 정보를 포함한 민감정보의 처리 여부도 고려되어야 할 것이다.161) 민감정보, 고유

환자에게 알리기 위하여 처방 병원으로부터 해당 환자의 연락처를 제공받아 연락하는 경우는 정보주체에게 이익이 되는 상황이다. 2020년 해설서 96면 참조.

154) Kotschy, p. 341.
155) 제29조 작업반 Opinion 03/2013, p. 21.
156) Kotschy, p. 342.
157) 양립가능한 추가적 처리의 예는 제29조 작업반 Opinion 03/2013의 Annex 4 참조.
158) 영 제14조의2 제1항 제3호.
159) 2020년 해설서 95면.
160) 2020년 해설서 95면.
161) GDPR 제6조 제4항(c) 참조.

식별정보와 주민등록번호의 처리는 원칙적으로 금지되고, 정보주체의 별도의 동의와 법령 등 극히 제한된 경우에 허용되는 점에서 추가적 이용의 대상이 되기는 어려울 것이다.[162]

3) 암호화 등 안전성 확보에 필요한 조치를 하였는지 여부

수집 목적과 다른 목적의 추가적 이용이 허용되기 위하여 정보주체의 보호를 위한 안전성 확보에 필요한 조치가 필요하다. 이러한 안전성 확보를 위하여 가장 기본적 원칙은 개인정보의 최소한 수집이다.[163] 이외에 암호화는 물론 가명처리도 안전성 확보에 필요한 조치가 될 수 있다. 따라서, 개인정보처리자는 가명처리 또는 암호화 등 안전성 확보에 필요한 조치를 하였는지 여부를 고려해야 한다.[164] 이렇게 가명처리가 암호화와 함께 안전성 확보에 필요한 조치로서 인정된 것은 개인정보처리자의 이익이 되는 점에서 의미가 있다.[165]

4) 추가적 이용 또는 제공에 대한 예측 가능성이 있는지 여부

당초 수집 목적과 다른 목적의 추가적 이용이 허용되기 위하여 개인정보처리자는 개인정보를 수집한 정황 또는 처리 관행에 비추어 볼 때 개인정보의 추가적인 이용에 대한 예측 가능성이 있는지 여부를 고려해야 한다.[166] 여기서 정황은 개인정보의 수집 목적 · 내용, 추가적 처리를 하는 개인정보처리자와 정보주체의 관계, 현재의 기술 수준과 그 기술의 발전 속도 등 비교적 구체적 사정을 의미하고, 관행은 개인정보 처리가 비교적 오랜 기간 정립된 일반적 사정을 의미한다.[167] 개인정보의 수집 시 정보주체에게 주어진 정보는 이러한 합리적 기대의 결정에 적절할 수 있다.[168]

---

162) 법 제23조, 제24조 및 제24조의2 참조.

163) 법 제3조 제1항과 제16조 제1항 참조.

164) 영 제14조의2 제1항 제4호. GDPR 제6조 제4항(e) 참조. 안전조치는 가명처리나 암호화 등의 조치에 그치지 않는다. 2020년 해설서 96면.

165) 개인정보의 가명처리는 암호화와 함께 개인정보 처리의 안전성 확보에 필요한 조치로서 이 영이 아닌 이 법에 명시되어야 할 것이다.

166) 영 제14조의2 제1항 제2호.

167) 2020년 해설서 95면.

168) Kotschy, p. 342.

개인정보의 추가적인 이용에 대한 예측 가능성이 있는지 여부의 고려에서, GDPR 은 특히 정보주체와 컨트롤러의 관계에 기반하여 '추가적 이용에 대한 정보주체 의 합리적 기대'(the reasonable expectations of data subjects ⋯ as to their further use)를 포함한 개인정보가 수집된 문맥의 고려를 규정한다.169) 또한, 컨트 롤러가 개인정보가 수집된 목적과 다른 목적으로 개인정보를 추가적으로 처리하 고자 하는 경우, 추가적 처리 전에 다른 목적에 관한 정보와 제13조 제2항에 언 급된 관련 있는 모든 추가적 정보를 정보주체에게 제공하여야 한다.170)

(3) 결어

개인정보가 최초 수집된 목적과 다른 목적의 개인정보 이용은 동 이용이 최초 수집된 목적과 양립하는 경우에만 허용되고, 이 경우 개인정보의 수집을 허락한 법적 근거와 다른 별도의 법적 근거가 요구되지 않는다.171) 특히 GDPR에서 공익을 위한 문서보존 목적, 과학적 또는 역사적 연구 목적 또는 통계적 목적을 위한 추가적 처리는 '최초 목적과 양립하지 않는 것으로 간주되 지 않는다'(shall ⋯ not be considered to be incompatible with the initial purposes).172) 이 법도 이러한 세 가지 특별한 목적을 위하여 정보주체의 동의 없이 가명정보를 처리할 수 있도록 규정하는데,173) 이러한 경우 양립가능한 추 가적 처리로서 가명처리가 기본적으로 허용되도록 이 법에 명시할 필요가 있다.

정보주체의 동의 없이 최초 수집 목적과 다른 목적으로 개인정보를 추가적 으로 이용하기 위하여 법 제15조 제3항과 영 제14조의2 제1항에 규정된 사항 을 고려하는 주체는 개인정보처리자이다. 따라서, 개인정보처리자는 '당초 수집 목적과 합리적으로 관련된 범위'에서 '정보주체에게 불이익이 발생하는지' 여부

---

169) GDPR 상설 제50항.
170) GDPR 제13조 제3항.
171) GDPR 상설 제50항.
172) GDPR 제5조 제1항(b)와 GDPR 상설 제50항 참조.
173) 법 제28조의2 제1항.

및 '암호화 등 안전성 확보에 필요한 조치'를 하였는지 여부는 반드시 고려하여야 하고, 이외에도 구체적 상황에서 필요한 사항을 고려해야 할 것이다. 이러한 고려의 결과 추가적 이용이 최초 수집 목적과 합리적으로 관련되지 않는 등 양립하지 않는다면, 개인정보처리자는 정보주체의 별도의 동의를 얻어야 할 것이다. 이 경우 개인정보처리자의 정당한 이익의 달성은 추가적 개인정보 이용의 적법한 근거가 될 수 없을 것이다. 어느 경우이든, 개인정보의 처리에 반대할 권리를 포함한 정보주체의 권리는 보장되어야 한다.[174]

---

174) 법 제37조 제1항 및 GDPR 상설 제50항 제2단 참조.

■ II. 개인정보의 수집 제한

정보주체의 개인정보를 필요 이상으로 보유하게 되면 개인정보처리자에 의한 개인정보의 남용 또는 오용이나 해킹 등으로 유출될 가능성이 커진다. 따라서, 개인정보처리자는 처리 목적에 필요한 범위에서 최소한의 개인정보만을 수집하여야 한다.[175]

국가안전보장과 관련하여 수집되는 개인정보와 언론 등의 고유 목적을 위하여 수집되는 개인정보에 관하여 이 법의 제3장에서 제8장까지의 규정이 적용되지 않는다.[176] 그럼에도, 개인정보처리자는 그 목적을 위하여 필요한 범위에서 최소한의 기간에 최소한의 개인정보만을 처리하여야 한다.[177]

1. 개인정보의 최소 수집

개인정보처리자는 개인정보 수집 · 이용의 일곱 가지 법적 근거에 따라 개인정보를 수집하는 경우에는 그 목적에 필요한 최소한의 개인정보를 수집하여야 한다.[178] 최소한의 개인정보 수집 의무는 정보주체의 동의를 받는 경우나 그렇지 않은 경우에도 요구된다.[179]

---

175) 법 제3조 제1항 후단.

176) 법 제58조 제1항.

177) 법 제58조 제4항.

178) 법 제16조 제1항 제1문. 정보주체의 동의를 받아 개인정보를 수집하는 경우 개인정보처리자가 정보주체에게 알려야 하는 내용에 수집하려는 개인정보의 항목이 있다. 이 경우 보유기간을 알리고 동의를 받으면 그 보유기간을 정할 때에는 필요 최소한으로 정해야 한다. 2020년 해설서 138면. 정보주체의 자발적 동의를 받으면 개인정보처리자는 필요 최소한의 정보 이외의 것도 수집 · 이용할 수 있다. 2020년 해설서 102면.

179) 수집 목적에 필요한 최소한의 개인정보 수집을 규정한 법 제16조 제1항 제1문은 '제15조 제1항 각 호의 어느 하나에 해당하여 개인정보를 수집하는 경우'라고 규정하여 정보주체의 동의를 받은 개인정보 수집을 제외하지 않는다.

'데이터 최소화'(data minimisation) 원칙으로서 개인정보의 처리는 개인정보가 처리되는 목적에 관련하여 '필요한 것에 적정하고, 관련 있으며 한정되어야'(adequate, relevant and limited to what is necessary) 한다.[180]

　　필요한 최소한의 개인정보는 해당 개인정보가 없으면 개인정보처리자가 법적 의무의 수행, 정보주체와의 계약 이행 등 목적 달성이 가능하지 않은 필수적 개인정보를 의미한다.[181] 필요한 최소한의 개인정보가 무엇인지는 개인정보가 처리되는 목적과 상황에 따라 구체적으로 판단될 것이다. 개인정보의 수집 근거 중에서 법률의 특별한 규정 또는 법령상 의무 준수, 공공기관의 소관 업무 수행 및 정보주체 또는 제3자의 급박한 이익 보호의 경우에는 다분히 공익적 성격인 점에서 필요한 최소한의 개인정보를 확정하는 것이 비교적 어렵지 않을 것이다. 정보주체와의 계약 체결 및 이행이나 개인정보처리자의 정당한 이익 달성의 경우에는 개인정보처리자의 이익이 보다 적극적으로 반영될 수 있는 점에서 필요한 최소한의 개인정보를 확정하는 것이 객관적이지 않을 수 있다.

　　예컨대, 홈쇼핑업체의 경우 고객에게 주문 상품을 배송하기 위하여 고객의 이름, 주소와 연락처가 필요한 최소한의 개인정보가 될 것이고, 이메일 서비스를 제공하는 인터넷서비스제공자(ISP)의 경우 이용자의 아이디, 암호와 암호의 힌트가 필요한 최소한의 개인정보가 될 것이다. 또한, 백화점 등의 사업자는 회원카드를 발급할 때 동명이인을 구별하도록 이름과 함께 생년월일을 필요로 할 수 있다. 그러나, 마케팅 목적으로 이용하기 위하여 고객의 성향 분석에 필요한 결혼 유무, 직업군, 취미 등의 정보는 위의 서비스 이용에 있어서 필수적 개인정보가 되기 어렵다.[182]

---

180) GDPR 제5조 제1항(c).

181) 2023년 3월 14일 개정으로 삭제된 법 제39조의3 제3항 제2문은 정보통신서비스 제공자에 관하여 필요한 최소한의 개인정보는 '해당 서비스의 본질적 기능을 수행하기 위하여 반드시 필요한 정보'라고 규정하였다. 일반적으로 개인정보처리자는 사생활 침해 소지가 있는 결혼기념일, 종교, 배우자 및 가족 정보 등을 수집할 필요는 없을 것이다.

182) 이러한 정보는 결혼중개사이트 가입의 경우에는 필요한 최소한의 개인정보가 될 것이다.

2. 최소한의 개인정보 수집에 대한 입증책임

최소한의 개인정보 수집이라는 입증책임은 개인정보처리자가 부담한다.[183] 개인정보처리자의 입증책임 부담은 개인정보의 처리에 있어 개인정보처리자가 향유하는 이익과 책임 및 정보주체와의 관계에서 가지는 우월적 지위를 반영한 것으로 보인다. 개인정보처리자의 입증책임 부담은 개인정보 수집에 정보주체의 동의 이외에 법령상 의무 준수 등 여섯 가지 요건이 추가로 인정되는 사실에서 의미가 있다. 즉 개인정보처리자는 정보주체의 동의를 받아 개인정보를 수집하는 경우에는 정보주체에게 개인정보의 수집·이용 목적 등을 알리도록 요구된다.[184] 정보주체가 자신에 관한 개인정보가 수집되는지 알지 못하는 동의 이외의 여섯 가지 경우에 최소한의 개인정보 수집에 대한 입증책임을 부담하는 개인정보처리자는 개인정보를 최소한으로 수집하려 할 것이다. 물론, 최소한의 개인정보 수집에 대한 개인정보처리자의 입증책임 부담은 정보주체의 동의를 받는 경우에도 해당할 것이다.[185]

3. 동의 거부권의 통지

개인정보처리자는 정보주체의 동의를 받아 개인정보를 수집하는 경우 필요한 최소한의 정보 외의 개인정보 수집에는 동의하지 아니할 수 있다는 사실을 구체적으로 알리고 개인정보를 수집하여야 한다.[186] 구체적으로 알리는 것은 어떤 정보가 필요 최소한의 것인지 아닌지를 정보주체가 쉽게 알아볼 수 있게 구분하여 알리는 것이다.[187]

---

183) 법 제16조 제1항 제2문.
184) 법 제15조 제2항.
185) 법 제16조 제1항 참조.
186) 법 제16조 제2항. 동 규정은 2013년 8월 6일 개정으로 신설되었다.
187) 2020년 해설서 103면.

4. 서비스 등 제공 거부의 금지

개인정보처리자는 필요한 최소한의 정보 외의 개인정보 수집에 정보주체가 동의하지 아니한다는 이유로 정보주체에게 재화 또는 서비스의 제공을 거부하여서는 아니 된다.[188] 예컨대, 이메일서비스를 제공하는 인터넷서비스제공자가 동 서비스를 신청한 고객에게 그의 혼인 여부 등에 관한 개인정보 제공에 동의하지 않는다고 동 서비스의 제공을 거부할 수 없다. 정보주체가 선택적 정보의 수집에 대한 동의를 거부할 경우, 해당 정보를 통하여 제공되는 재화 또는 서비스의 이용은 제한될 수 있다.[189] 해당 서비스 제공이 유료 또는 무료의 경우와 상관 없다.[190]

---

188) 법 제16조 제3항.
189) 2020년 해설서 103면.
190) 2020년 해설서 103면.

기업 등 개인정보처리자는 사업 목적으로 자신이 보유한 개인정보를 제3자에게 제공하거나 그렇게 요청될 수 있다. 이 법은 국내 제3자에 대한 개인정보 제공을 허용하여 개인정보의 이용을 도모하면서 이에 일정한 요건을 부과하는 방식으로 정보주체를 보호하고자 한다.[191]

1. 개인정보의 제3자 제공의 의미

(1) 제공의 개념

개인정보를 제3자에게 제공하는 것('개인정보 제3자 제공')은 개인정보의 지배·관리권이 제3자에게 이전되는 것을 의미한다.[192] 개인정보 제3자 제공은 '개인정보의 저장 매체나 개인정보가 담긴 출력물·책자 등을 물리적으로 이전하거나 네트워크를 통한 개인정보의 전송, 개인정보에 대한 제3자의 접근권한 부여, 개인정보처리자와 제3자의 개인정보 공유 등 개인정보의 이전 또는 공동 이용 상태를 초래하는 모든 행위'를 말한다.[193] 개인정보를 제공받는 제3자는

---

191) 2023년 3월 14일 개정으로 개인정보의 국외 이전에 관한 법 제28조의8이 신설되면서, 개인정보처리자의 국외 제3자 제공에 관한 제17조 제3항과 정보통신서비스 제공자등의 국외 이전에 관한 제39조의12는 삭제되었다. 따라서, 아래에서 검토되는 법 제17조는 국내 제3자 제공을 규율하게 된다.

192) 2020년 해설서 106면. 개인정보의 제공과 구별되는 이용은 개인정보처리자 내에서 개인정보의 지배·관리권 이전 없이 스스로의 목적으로 사용하는 것이다. 2020년 해설서 106면. GDPR 제6조에 따른 개인정보 처리의 적법성은 개인정보의 수집·이용이나 제공을 포함하여 처리를 포괄적으로 규율하지만, 이 법은 개인정보의 수집·이용과 별도로 제공을 규율한다. 처리는 수집, 이용, 제공 등을 포함한다. 법 제2조 제2호.

193) 표준지침 제7조 제1항. 표준지침의 동 정의에서 '개인정보에 대한 제3자의 접근권한 부여'와 '개인정보처리자와 제3자의 개인정보 공유'는 '공동으로 이용할 수 있는 상태를 초래하는 모든 행위'의 일부가 되어서 이의 바로 앞에 위치하는 것이 합리적일 것이다. 따라서, 개인정보 제3자 제공의 정의는 '개인정보의 저장매체나 개인정보가 담긴 출력물·책자 등을 물리적으로 이전하거나 네트워크를 통한 개인정보의 전송 등 개인정보의 이전 또는 개인정보에 대한 제3자의 접근권한 부여, 개인정보처리자와 제3자의 개인

정보주체와 정보주체에 관한 개인정보를 수집·보유하고 있는 개인정보처리자를 제외한 모든 자를 의미하고, 정보주체의 대리인과 처리업무 수탁자는 제외한다.[194]

　개인정보처리자의 개인정보 제3자 제공은 제3자와 공유를 포함한다.[195] 제3자로 하여금 개인정보처리자의 데이터베이스에 접속하게 허용하는 등의 공유는 개인정보처리자가 제3자인 개인정보처리자와 개인정보를 공유하면서 각자 독립적으로 동 개인정보를 처리하는 경우이다. 따라서, 이 법의 공유는 GDPR의 공동컨트롤러(joint controllers), 즉 개인정보 처리의 목적과 수단을 공동으로 결정하는 경우와는 다를 것이다.[196] 전자의 경우 개인정보처리자가 제3자와 공유한 개인정보의 각자 처리에 대하여 개별적 책임을 부담할 것이고, 후자의 경우 복수의 개인정보처리자는 동일한 개인정보 처리에 대하여 공동의 책임을 부담할 것이다.

　개인정보 제3자 제공은 개인정보를 불특정 다수에게 공개하는 것과 구별된다. 개인정보의 제공은 그 수령자인 제3자를 특정하기 때문이다. 따라서, 개인정보 제3자 제공에 관한 법 제17조는 개인정보의 공개에 적용되지 않는다. 그러나, 개인정보의 공개는 개인정보 처리의 한 유형이어서,[197] 이 법의 일반적인 적용을 받는다. 예컨대, 민감정보와 고유식별정보를 제3자에게 제공하는 것을 포함하여 처리하는 경우 각각 법 제23조 제1항과 제24조 제1항 및 제24조의2 제1항에 따라 정보주체의 별도의 동의를 받거나 법령의 명시적 근거 등이 필요하다. 개인정보처리자에 의한 개인정보의 공개는 해당 개인의 사생활 비밀이나 자유의 침해로 이어질 수 있다.[198]

　정보 공유 등 공동 이용 상태를 초래하는 모든 행위'로 수정하는 것이 논리적일 것이다.
194) 표준지침 제7조 제2항. 대리인은 명백히 대리의 범위 내에 있는 경우에 한한다. 개인정보 처리 업무의 수탁자가 위탁받은 업무와 관련하여 개인정보를 처리하는 과정에서 이 법을 위반하여 발생한 손해배상책임에 대하여 수탁자는 개인정보처리자의 소속 직원으로 본다. 법 제26조 제7항.
195) 법 제17조 제1항.
196) GDPR 제26조 참조.
197) 법 제2조 제2호.
198) 예컨대, 국민은 감염병 발생 상황, 감염병 예방 및 관리 등에 관한 정보와 대응방법을 알 권리가 있고, 국가와 지방자치단체는 신속하게 이러한 정보를 공개하여야 한다. 감

(2) 제3자 제공과 유사한 개념

1) 목적 외 이용

개인정보 제3자 제공은 개인정보처리자 외의 제3자에게 개인정보의 지배·관리권이 이전되는 것이고, 개인정보의 목적 외 이용은 개인정보처리자가 개인정보의 지배·관리권을 그대로 유지하면서 원래의 수집 목적과 다른 목적으로 개인정보를 이용하는 것이다.[199) 개인정보처리자가 원래의 수집 목적과 다른 목적으로 이용하기 위하여 내부적으로 서로 다른 부서간에 개인정보를 제공하는 것은 제3자 제공이 아니라 목적 외 이용이다.[200)

2) 처리 업무 위탁

개인정보의 처리 업무 위탁과 제3자 제공은 개인정보가 개인정보처리자로부터 제3자에게 이전되는 측면에서 동일하다.[201) 처리 업무 위탁의 경우에 위탁자인 개인정보처리자의 업무를 처리할 목적으로 개인정보가 제3자인 수탁자에게 이전되지만, 제3자 제공은 제3자의 업무를 처리할 목적 및 제3자의 이익을 위해서 개인정보가 이전된다.[202) 또한, 처리 업무 위탁의 경우에 개인정보

염병예방법 제6조 제2항. 질병관리청장 등은 국민의 건강에 위해가 되는 감염병 확산으로 인하여 재난안전법 제38조 제2항에 따른 주의 이상의 위기경보가 발령되면 감염병 환자의 이동경로, 이동수단, 진료의료기관 및 접촉자 현황 등 국민들이 감염병 예방을 위하여 알아야 하는 정보를 정보통신망 게재 또는 보도자료 배포 등의 방법으로 신속히 공개하여야 한다. 감염병예방법 제34조의2 제1항 참조.

199) 법 제18조 참조.

200) 2020년 해설서 106면.

201) 어떠한 행위가 개인정보 제3자 제공인지 처리위탁인지는 개인정보의 취득 목적과 방법, 대가 수수 여부, 수탁자에 대한 실질적인 관리·감독 여부, 정보주체 또는 이용자의 개인정보보호 필요성에 미치는 영향 및 이러한 개인정보를 이용할 필요가 있는 자가 실질적으로 누구인지 등을 종합하여 판단하여야 한다. 대법원 2017.4.7. 선고 2016도13263 판결.

202) 대법원 2017.4.7. 선고 2016도13263 판결. 한편, 광명경찰서는 광명시가 설치·운영하는 영상정보처리기기로부터 개인정보인 영상정보를 범죄 수사 등을 위해 주로 제공받고 있는데, 광명시가 광명경찰서에게 동 영상정보 제공(열람 및 반출)에 관한 사무를 위탁하고자 하는 것에 대하여, 보호위원회는 광명경찰서가 개인정보처리자인 경기도

처리자의 관리·감독을 받지만, 제3자 제공의 경우에 개인정보처리자의 관리·감독권이 미치지 못한다.[203] 개인정보가 제3자에게 제공된 이후에는 제3자인 개인정보처리자가 자신의 책임으로 개인정보를 처리한다.

3) 영업 양도·합병

영업의 양도·합병의 경우에 개인정보가 제3자에게 이전되는 점에서 개인정보 제3자 제공과 유사하다.[204] 영업의 양도·합병의 경우에 개인정보의 보유자인 개인정보처리자가 변경되지만 동 개인정보를 이용한 업무의 형태는 일반적으로 변경되지 않는다. 그러나, 제3자 제공의 경우 개인정보 보유자인 개인정보처리자가 변경되면서 동 개인정보를 이용한 업무의 형태가 변경될 수 있다.

▌ 표.12 개인정보 제3자 제공과 유사 개념 비교[205]

	제3자 제공 (법 제17조)	목적 외 이용 (법 제18조)	처리 업무 위탁 (법 제26조)	양도·합병 등 (법 제27조)
개인정보 이전	이전	이전 안 함	이전	이전
개인정보 처리의 관리	제공받은 자	개인정보처리자	개인정보처리자 및 수탁자	영업양수자 등
유출 등 법적 책임	제공받은 자	개인정보처리자	개인정보처리자 및 수탁자의 연대책임	영업양수자 등
제공자의	미치지 않음	미침(개인정보	미침	미치지 않음

광명시의 수탁자가 될 경우 광명경찰서는 실질적으로 영상정보를 제공하는 개인정보처리자와 영상정보를 제공받는 제3자의 지위를 겸하게 되어 결국 개인정보를 제공받는 제3자의 입장에서 필요성만을 근거로 개인정보를 제공받을 수 있게 하는 결과가 된다고 판단하였다. 이는 개인정보의 제3자 제공 요건을 엄격히 규정하고 개인정보처리자로 하여금 이를 준수하도록 하여 정보주체의 개인정보자기결정권 등을 보호하고자 하는 이 법의 입법취지에 비추어 허용될 수 없다고 결정하였다. 보호위원회, '경기도 광명시 통합관제센터 영상정보 제공 업무의 광명경찰서 위탁에 관한 건'(제2018-21-231호, 2018.10.15.).

203) 2020년 해설서 107면. 개인정보 처리 업무 위탁에 관하여 법 제26조 참조.
204) 영업의 양도·합병의 경우 영업용 재산과 무형자산과 함께 개인정보도 함께 이전하게 된다. 영업의 양도·합병에 따른 개인정보의 이전에 관하여 법 제27조 참조.
205) 이창범 145면 참조.

감독권		처리자 자신)		
제공 원인	정보주체의 동의, 법률 규정 등	정보주체의 동의, 법률 규정 등	업무위탁계약	영업의 양도·합병 등

2. 개인정보의 제3자 제공의 법적 근거

이 법에서 개인정보 제3자 제공은 개인정보의 수집·이용의 경우보다 제한적으로 허용된다. 개인정보처리자가 일반적으로 개인정보를 수집·이용할 수 있는 일곱 가지 법적 근거 중에서 정보주체와의 계약 이행과 체결의 경우에는 개인정보 제3자 제공이 허용되지 않는다.206)

(1) 정보주체의 동의를 받은 경우

정보주체의 동의를 받은 경우 개인정보처리자는 정보주체의 개인정보를 제3자에게 제공할 수 있다.207) 개인정보처리자가 수집한 개인정보의 제3자 제공은 그 수집 목적 범위에서만 허용된다. 따라서, 그 수집 범위를 초과하여 개인정보를 제3자에게 제공할 수 없다.208)

개인정보처리자는 정보주체의 동의를 받아 그의 개인정보를 제3자에게 제공하는 경우 다음 각 호의 사항을 정보주체에게 알려야 한다:209) 1. 개인정보

---

206) 2023년 3월 14일 개정으로 제3자 제공의 근거로서 '개인정보처리자의 정당한 이익을 달성하기 위하여 필요한 경우' 및 '공중위생 등 공공의 안전과 안녕을 위하여 긴급히 필요한 경우'가 신설되었다. 이 점에서 제3자 제공이 더 용이해졌다고 볼 수도 있다.

207) 법 제17조 제1항 제1호. 동창회나 종친회 명부의 판매나 배포는 물론 인물DB의 구축이나 제공은 개인정보 제3자 제공에 해당하므로 동 명부에 기재된 개인인 정보주체의 동의를 필요로 한다. 동창회나 동호회 등 친목단체의 운영에 개인정보의 수집·이용에 관한 법 제15조, 개인정보 처리방침의 수립 및 공개에 관한 법 제30조 및 개인정보 보호책임자의 지정에 관한 법 제31조가 적용되지 않는다. 법 제58조 제3항. 즉 제3자 제공에 관한 법 제17조는 적용된다.

208) 법 제18조 제1항.

209) 법 제17조 제2항 제1문. 개인정보처리자가 적정성 결정에 기반하여 EU로부터 이전받은 개인정보를 국내·외의 제3자에게 제공하려는 경우에는 그 제공이 발생하기 이전에

를 제공받는 자, 2. 개인정보를 제공받는 자의 개인정보 이용 목적, 3. 제공하는 개인정보 항목,[210] 4. 개인정보를 제공받는 자의 개인정보 보유 및 이용 기간, 5. 동의를 거부할 권리가 있다는 사실 및 동의 거부에 따른 불이익이 있는 경우에는 그 불이익의 내용. 위의 각 호의 사항을 변경하는 경우에도 개인정보처리자는 정보주체에게 이를 알리고 동의를 받아야 한다.[211]

개인정보처리자는 개인정보를 제공받는 자에 관하여 그 성명(법인 또는 단체인 경우에는 그 명칭)과 연락처도 함께 알려야 한다.[212] 따라서, 정보주체가 자신의 개인정보를 제공받는 제3자를 알기 어렵도록 포괄적으로 또는 계열회사, 납

다음의 항목을 정보주체에게 알려야 한다: (1) 개인정보를 제공하려는 자와 제공받는 자의 명칭 및 연락처, (2) 제공하려는 개인정보의 항목 또는 범주, (3) 개인정보를 제공하려는 자의 제공 목적 및 법적 근거, (4) 해당 개인정보 처리에 대한 정보주체의 권리와 그 행사 방법·절차에 관한 사항 및 권리행사에 따른 불이익이 있는 경우 그 불이익의 내용. 보완규정 제3절 제3조 제(ii)항. '개인정보를 제공하려는 자의 제공 목적'을 처리 목적으로 이해할 수 있는데, 이 경우 해당 정보주체가 개인정보를 제공하려는 자의 제공 목적보다는 개인정보를 제공받는 자의 이용 목적이 알려져야 할 것이다. 법 제17조 제2항 제2호 참조. 또한, 개인정보처리자는 다음의 어느 하나에 해당하는 경우에는 위의 정보주체에 대한 고지를 하지 않을 수 있다: (1) 고지 대상이 되는 개인정보가 법 제32조 제2항 각 호의 어느 하나에 해당하는 개인정보파일에 포함되어 있는 경우로서 이 조항에 의해 보호되는 이익이 정보주체의 권리보다 명백히 우선하고, 그 고지가 이 조항에 의해 보호되는 이익의 달성을 위협하는 경우(예를 들어 진행 중인 범죄 수사를 위태롭게 하거나, 국가안보를 위협하는 경우를 말한다), (2) 고지로 인하여 다른 사람의 생명·신체를 해할 우려가 있거나 다른 사람의 재산과 그 밖의 권리 또는 이익을 부당하게 침해할 우려가 있는 경우로서 다른 사람의 생명, 신체, 재산과 그 밖의 권리 또는 이익이 정보주체의 권리보다 명백히 우선하는 경우, (3) 개인정보처리자가 알려야 하는 정보를 정보주체가 이미 보유하고 있는 경우, (4) 법 제3절의 규정에 따라 개인정보를 처리하는 경우를 포함하여 개인정보처리자가 정보주체에게 연락 가능한 정보를 보유하고 있지 않거나 과도한 노력이 수반되어야 하는 경우. 마지막 경우에 해당하는지 여부를 판단할 때에는 EU에서 개인정보를 이전한 자와 협력할 수 있는지를 고려해야 한다. 보완규정 제3절 제3조 제(iii)항.

210) 개인정보 항목의 범위는 일반적이지 않아야 한다. 예컨대, '건강에 관련된 데이터' 대신 처리 목적에 따라 '심장박동 수', '혈압', '임신 연령' 등 보다 구체적일 필요가 있다. Zanfir — Fortuna, p. 444.

211) 법 제17조 제2항 제2문.

212) 표준지침 제7조 제3항. 개인정보를 제공받는 자의 연락처는 표준지침에서 요구된다. 개인정보처리자가 수립하여 공개하는 개인정보 처리방침에 개인정보 제3자 제공에 관한 사항이 포함된다. 법 제30조 제1항 제3호.

품회사, 협력회사, 정부기관과 같이 범주(category) 방식으로 알리는 것은 허용되지 않을 것이다.213) 또한 개인정보를 제공받는 자가 여러 명인 경우 각각의 성명이나 명칭을 알려야 할 것이다.214) 개인정보 제공의 목적, 항목, 기간 등이 다를 경우에 제공받는 제3자 별로 각각 제공의 목적, 항목, 기간 등을 알려야 한다.215)

개인정보처리자가 자신이 개인정보를 제공한 제3자의 개인정보 처리에 관한 정보를 정보주체에게 직접 알리게 하는 것은 정보주체의 보호는 물론 개인정보 제3자 제공을 신중하게 수행하는 효과를 가질 것이다. 따라서, 개인정보를 제공받은 제3자는 새로운 개인정보처리자로서 정보주체에게 자신의 개인정보 처리에 관한 정보를 정보주체에게 제공하게 하는 것이 바람직할 것이다.216)

정보주체의 동의를 받는 시점은 제3자에게 개인정보가 제공되기 전이면 될 것이다. 개인정보를 최초 수집할 때에 제3자 제공에 대한 동의를 받을 수 있고, 이후 제3자 제공이 필요할 때마다 동의를 받을 수 있다. 개인정보의 제3자 제공에 대하여 정보주체의 동의를 받는 경우는 개인정보의 수집·이용에 대하여 정보주체의 동의를 받는 경우와 동의 사항을 구분하여 각각 동의를 받아야 한다.217) 개인정보처리자는 정보주체가 선택적으로 동의할 수 있는 사항을 동의하지 아니한다는 이유로 정보주체에게 재화 또는 서비스의 제공을 거부하여서는 아니 된다.218)

(2) 법률에 특별한 규정이 있거나 법령상 의무 준수에 불가피한 경우

개인정보처리자는 법률에 특별한 규정이 있거나 법령상 의무를 준수하기 위하여 불가피한 경우 개인정보를 수집한 목적 범위에서 개인정보를 제3자에

---

213) GDPR은 개인정보가 제3자에게 제공되거나 공개되는 경우 그 수령자 또는 그 범주가 알려질 것을 요구한다. GDPR 제13조 제1항(e)와 제14조 제1항(e).

214) 2020년 해설서 108면.

215) 2020년 해설서 108면.

216) 법 제20조 참조.

217) 법 제22조 제1항 제2문 제1호와 제2호.

218) 법 제22조 제5항.

게 제공할 수 있다.[219] 개인정보처리자가 수집한 개인정보의 제3자 제공은 그 수집 목적 범위에서만 허용된다. 따라서, 개인정보처리자는 원칙적으로 그 수집 범위를 초과하여 개인정보를 제3자에게 제공할 수 없다.[220]

1) 법률의 특별한 규정

법률에 특별한 규정이 있는 경우는 법률에서 개인정보 제3자 제공을 구체적으로 명시하거나 허용하는 경우이다.[221] 해당 법률은 개인정보 제3자 제공의 목적과 제공해야 하는 개인정보 항목 등을 명확하게 규정하여야 한다. 법률이 아닌 시행령이나 시행규칙은 법률의 구체적 위임을 받은 경우 개인정보 제3자 제공을 규정할 수 있을 것이다.

예컨대, 시·군·구의 장의 공직선거 입후보자에 대한 선거인명부 교부,[222] 보험요율 산출기관의 보험회사에 대한 보험계약자 교통법규위반 개인정보 제공,[223] 국가안보를 위한 정보수사기관의 장에게 통신사실 확인자료의 제공,[224]

---

219) 법 제17조 제1항 제2호와 법 제15조 제1항 제2호.

220) 법 제18조 제1항.

221) 표준지침 제6조 제2항 제2호 참조.

222) 구·시·군의 장은 후보자(비례대표국회의원후보자 및 비례대표지방의회의원 후보자를 제외한다), 선거사무장(비례대표국회의원선거 및 비례대표지방의회의원선거의 선거사무장을 제외한다) 또는 선거연락소장의 신청이 있는 때에는 작성된 선거인명부 또는 거소·선상투표신고인명부의 사본이나 전산자료복사본을 후보자별로 1통씩 24시간 이내에 신청인에게 교부하여야 한다. 공직선거법 제46조 제1항.

223) 보험요율 산출기관은 순보험요율을 산출하기 위하여 필요한 경우 또는 보험회사의 보험금 지급업무에 필요한 경우에는 음주운전 등 교통법규 위반 또는 운전면허(건설기계조종사면허를 포함한다)의 효력에 관한 개인정보를 보유하고 있는 기관의 장으로부터 그 정보를 제공받아 보험회사가 보험계약자에게 적용할 순보험료의 산출 또는 보험금 지급업무에 이용하게 할 수 있다. 보험업법 제176조 제10항. 보험요율 산출기관의 장은 교통법규 위반 또는 운전면허의 효력에 관한 개인정보를 보유하고 있는 기관의 장에게 교통법규 위반 또는 운전면허의 효력과 관련이 있는 다음 각 호의 개인정보의 제공을 요청할 수 있다: 1. 교통법규 위반자의 성명·주민등록번호 및 운전면허번호, 2. 교통법규의 위반일시 및 위반 항목, 3. 운전면허 취득자의 성명, 주민등록번호 및 운전면허번호, 4. 운전면허의 범위, 정지·취소 여부 및 정지기간·취소일. 보험업법 시행령 제89조 제1항.

224) 정보수사기관의 장은 국가안전보장에 대한 위해를 방지하기 위하여 정보수집이 필요한 경우 전기통신사업자에게 통신사실 확인자료 제공을 요청할 수 있다. 통신비밀보호법

재판상 필요에 따라 법원에 보관 중인 문서의 등본·사본 송부,[225] 재판상 필요에 따라 법원에 공무소 등에 보관 중인 서류 등의 송부,[226] 재판상 필요에 따라 법원에 통신사실 확인자료 제공,[227] 법원, 검사 또는 수사관서의 장, 정보수사기관의 장에게 재판, 수사, 형의 집행 또는 국가안전보장에 대한 위해를 방지하기 위한 통신자료 제공,[228] 기간통신사업자의 다른 전기통신사업자에 대한 이용자 개인정보 제공[229] 등 법률에서 개인정보 제공을 규정한다. 이 경우 개인정보처리자는 정보주체의 동의 없이 해당 법률에서 특정된 개인정보를 특정된 자에게 제공할 수 있다.

제13조의4 제1항.

225) 법원은 공공기관·학교, 그 밖의 단체·개인 또는 외국의 공공기관에게 그 업무에 속하는 사항에 관하여 필요한 조사 또는 보관 중인 문서의 등본·사본의 송부를 촉탁할 수 있다. 민사소송법 제294조.

226) 법원은 직권 또는 검사, 피고인이나 변호인의 신청에 의하여 공무소 또는 공사단체에 조회하여 필요한 사항의 보고 또는 그 보관서류의 송부를 요구할 수 있다. 형사소송법 제272조 제1항.

227) 법원은 재판상 필요한 경우에는 민사소송법 제294조 또는 형사소송법 제272조의 규정에 의하여 전기통신사업자에게 통신사실 확인자료 제공을 요청할 수 있다. 통신비밀보호법 제13조의2. 통신사실 확인자료는 민사소송법 제344조에 따른 문서제출명령의 대상이 되고, 전기통신사업자는 통신비밀보호법 제3조를 이유로 통신사실 확인자료의 제출을 거부할 수 없다. 대법원 2023.7.17. 자 2018스34 전원합의체 결정.

228) 전기통신사업자는 법원, 검사 또는 수사관서의 장(군 수사기관의 장, 국세청장 및 지방국세청장을 포함한다), 정보수사기관의 장이 재판, 수사, 형의 집행 또는 국가안전보장에 대한 위해를 방지하기 위한 정보 수집을 위하여 다음 각 호의 자료의 열람이나 제출('통신자료제공')을 요청하면 그 요청에 따를 수 있다: 1. 이용자의 성명, 2. 이용자의 주민등록번호, 3. 이용자의 주소, 4. 이용자의 전화번호, 5. 이용자의 아이디, 6. 이용자의 가입일 또는 해지일. 전기통신사업법 제83조 제3항.

229) 기간통신사업자는 다른 전기통신사업자로부터 설비 등의 제공·도매제공·상호접속 또는 공동사용 등이나 요금의 부과·징수 및 전기통신번호 안내를 위하여 필요한 기술적 정보 또는 이용자의 인적사항에 관한 정보의 제공을 요청받으면 협정을 체결하여 요청받은 정보를 제공할 수 있다. 전기통신사업법 제42조 제1항. 제1항에도 불구하고 다음 각 호의 어느 하나에 해당하는 기간통신사업자는 제1항에 따른 요청을 받으면 협정을 체결하여 요청받은 정보를 제공하여야 한다: 1. 다른 전기통신사업자가 전기통신역무를 제공하는 데에 필수적인 설비를 보유한 기간통신사업자, 2. 기간통신역무의 사업규모 및 시장점유율 등이 대통령령으로 정하는 기준에 해당하는 기간통신사업자. 전기통신사업법 제42조 제3항.

2) 법령상 의무 준수

법령상 의무를 준수하기 위하여 불가피한 경우는 법령에서 개인정보처리자에게 구체적인 의무를 부과하고 있는 경우로서 해당 개인정보처리자가 그 의무 이행을 위해서 개인정보를 불가피하게 제3자에게 제공할 수밖에 없는 경우이다. 즉 개인정보를 제3자에게 제공하지 않고는 법령에서 부과하는 구체적인 의무를 이행하는 것이 불가능하거나 개인정보처리자가 다른 방법을 사용하여 의무를 이행하는 것이 현저히 곤란한 경우이다.[230] 법령은 법률은 물론 시행령과 시행규칙을 포함한다.[231]

예컨대, 의료인·의료기관의 보건당국에 대한 감염병 환자 신고의무,[232] 소득지급자의 소득귀속자에 대한 원천징수의무 및 원천징수이행상황 신고의무[233] 등을 이행하기 위한 개인정보의 제공이 법령상 의무 준수의 예에 해당한다.

(3) 공공기관의 소관 업무 수행을 위하여 불가피한 경우

공공기관인 개인정보처리자는 법령 등에서 정하는 소관 업무의 수행을 위

---

230) 표준지침 제6조 제2항 제3호 참조.

231) 2020년 해설서 제86면. 법령은 1) 법률 및 대통령령·총리령·부령, 2) 국회규칙·대법원규칙·헌법재판소규칙·중앙선거관리위원회규칙 및 감사원규칙, 3) 1) 또는 2)의 위임을 받아 중앙행정기관(「정부조직법」 및 그 밖의 법률에 따라 설치된 중앙행정기관을 말한다.)의 장이 정한 훈령·예규 및 고시 등 행정규칙을 포함한다. 행정기본법 제2조 제1호 가목.

232) 의사, 치과의사 또는 한의사는 감염병환자 등을 진단하거나 그 사체를 검안한 경우, 예방접종 후 이상반응자를 진단하거나 그 사체를 검안한 경우, 감염병환자등이 제1급감염병부터 제3급감염병까지에 해당하는 감염병으로 사망한 경우, 또는 감염병환자로 의심되는 사람이 감염병병원체 검사를 거부하는 경우 소속 의료기관의 장에게 보고하여야 하고, 보고를 받은 의료기관의 장은 제1급감염병의 경우에는 즉시, 제2급감염병 및 제3급감염병의 경우에는 24시간 이내에, 제4급감염병의 경우에는 7일 이내에 질병관리청장 또는 관할 보건소장에게 신고하여야 한다. 감염병예방법 제11조 제1항과 제3항.

233) 원천징수의무자는 원천징수한 소득세를 그 징수일이 속하는 달의 다음 달 10일까지 대통령령으로 정하는 바에 따라 원천징수 관할 세무서, 한국은행 또는 체신관서에 납부하여야 한다. 소득세법 제128조 제1항.

하여 불가피한 경우 개인정보를 수집한 목적 범위에서 개인정보를 제3자에게 제공할 수 있다.234) 공공기관인 개인정보처리자가 수집한 개인정보의 제3자 제공은 그 수집 목적 범위에서만 허용된다. 따라서, 그 수집 범위를 초과하여 개인정보를 제3자에게 제공할 수 없다.235)

공공기관의 소관 업무 수행을 위한 개인정보 제공의 법적 근거는 '법령 등'이다. 법령 등은 다음 각 목의 것을 말한다:236) '가. 법령: 다음의 어느 하나에 해당하는 것: 1) 법률 및 대통령령·총리령·부령, 2) 국회규칙·대법원규칙·헌법재판소규칙·중앙선거관리위원회규칙 및 감사원규칙, 3) 1) 또는 2)의 위임을 받아 중앙행정기관(「정부조직법」 및 그 밖의 법률에 따라 설치된 중앙행정기관을 말한다.)의 장이 정한 훈령·예규 및 고시 등 행정규칙, 나. 자치법규: 지방자치단체의 조례 및 규칙'.

공공기관이 개인정보를 제공하는 법적 근거가 되는 법령 등의 범위는 위에서 검토된 법적 근거인 법령상 의무 준수의 경우와 다를 것이다. 즉 공공기관이 자신의 소관 업무를 수행하는 과정에서 불가피하게 개인정보를 제공하는 것이기 때문에 이들 법령 등이 직접적이고 구체적으로 개인정보 제공을 명시할 필요는 없다. 또한, 법령 '등'이라고 하여 공공기관의 정관 등이 포함될 수 있는데, 이 경우 개인정보의 제공이 자칫 지나치게 허용될 위험이 있다. 이들 공공기관의 재량적 권한의 확대된 행사로 개인정보가 쉽게 제3자에게 제공되지 말아야 한다.

법령 등에서 정하는 소관 업무는 정부조직법과 각 기관별 직제규칙 등에서 정하는 소관 사무 이외에 주민등록법, 국세기본법, 의료법, 감염병예방법, 국민건강보험법 등에서 정한 각 기관별 업무는 물론 공공기관의 정관 등에서 정한 업무 및 동 업무를 수행하기 위한 관련 업무를 말한다. 개인정보 제3자 제공이 가능하도록 이러한 업무는 구체적이고 명확하게 규정되어야 할 것이다. 지방자

---

234) 법 제17조 제1항 제2호와 법 제15조 제1항 제3호.

235) 법 제18조 제1항.

236) 행정기본법 제2조 제1호. 한편, 법령정보법 제2조 제2호는 '법령등'에 '마. 공공기관운영법 제2조에 따른 공공기관의 장이 법령의 위임에 따라 정하는 규정 등 대통령령으로 정하는 정보'를 포함하고, 동 시행령 제2조 제1항은 동 정보에 '2. 공공기관의 정관 또는 이에 준하는 규약'을 포함한다.

치단체의 경우 다양한 인허가사무, 신고수리, 복지업무, 관리·감독 등의 업무를 수행해야 하기 때문에 실무적으로 개인정보를 제3자에게 제공해야 하는 경우가 자주 발생할 수 있다.[237]

공공기관이 정보주체의 동의 없이 개인정보를 제3자에게 제공하는 것이 소관 업무를 수행하기 위하여 불가피한 것인지 신중하게 검토해야 한다. 불가피한 경우란 개인정보를 제공하지 아니하고는 법령 등에서 해당 공공기관에 부여한 소관업무의 수행이 불가능하거나 다른 방법을 사용하여 소관 업무의 수행이 현저히 곤란한 경우를 의미한다.[238] 예컨대, 공공기관이 민원업무 등을 쉽게 처리하기 위하여 민원인의 개인정보를 제3자인 피민원인이나 피민원기관에 제공하는 것은 소관업무 수행에 불가피하다고 보기 어려울 것이다.[239]

공공기관은 재량적 권한을 행사하기 때문에 법령상 의무 준수의 경우와 달리 관련 개인정보를 제공하지 않고도 다른 방법으로 합리적으로 소관 업무를 수행할 수 있는 경우에는 동 개인정보는 제공되지 않을 수 있다. 개인정보 제공의 불가피성에 대한 판단은 공공기관의 장이 결정하여야 하지만, 보호위원회와 관계 중앙행정기관의 장은 공공기관을 포함한 개인정보처리자에게 개인정보 처리 실태의 개선을 권고할 수 있다.[240] 또한, 보호위원회는 이 법을 위반한 자에 대하여 필요한 시정조치를 명할 수 있다.[241]

(4) 정보주체 또는 제3자의 급박한 생명 등 이익을 위하여 필요한 경우

개인정보처리자는 명백히 정보주체 또는 제3자의 급박한 생명, 신체, 재산의 이익을 위하여 필요하다고 인정되는 경우 개인정보를 수집한 목적 범위에서 제3자에게 제공할 수 있다.[242] 개인정보처리자가 수집한 개인정보의 제3자

---

237) 2020년 해설서 110면.
238) 표준지침 제6조 제2항 제4호 참조.
239) 2020년 해설서 111면.
240) 법 제61조 제2항과 제3항.
241) 법 제64조 제1항.
242) 법 제17조 제1항 제2호와 제15조 제1항 제5호.

제공은 그 수집 목적 범위에서만 허용된다. 따라서, 그 수집 범위를 초과하여 개인정보를 제3자에게 제공할 수 없다.[243]

명백히 정보주체 또는 제3자의 급박한 생명·신체·재산상 이익을 위하여 필요하다고 인정되는 경우에는 개인정보의 수집·이용의 경우와 같이 정보주체의 동의 없이 개인정보를 제3자에게 제공할 수 있다. 주민센터나 경찰서가 시급히 수술 등 응급조치가 필요한 교통사고 환자나 가족의 연락처를 의료기관에 알려주는 경우가 이에 해당한다.[244]

개인정보처리자가 정보주체의 사전 동의 없이 개인정보를 제3자에게 제공한 경우, 해당 사유가 해소된 때에는 정보주체에게 사전 동의 없이 개인정보를 제공한 사실과 그 사유 및 제공 내역을 알려야 할 것이다.[245] 정보주체나 그 법정대리인의 주소가 불명인 경우에 개인정보처리자는 이들의 주소를 확인하려고 취한 조치 등을 기록으로 남겨두는 것이 바람직하다.

(5) 개인정보처리자의 정당한 이익을 달성하기 위하여 필요한 경우

개인정보처리자는 자신의 정당한 이익을 달성하기 위하여 필요한 경우로서 명백하게 정보주체의 권리보다 우선하는 경우 개인정보를 수집한 목적 범위에서 개인정보를 제3자에게 제공할 수 있다.[246] 이 경우 개인정보처리자의 정당한 이익과 상당한 관련이 있고 합리적인 범위를 초과하지 아니하는 경우에 한한다.[247] 개인정보처리자가 수집한 개인정보의 제3자 제공은 그 수집 목적 범위에서만 허용된다. 따라서, 그 수집 범위를 초과하여 개인정보를 제3자에게 제공할 수 없다.[248] 개인정보처리자의 정당한 이익을 달성하기 위하여 제3자

---

243) 법 제18조 제1항.

244) 2020년 해설서 111면.

245) 표준지침 제14조 참조.

246) 법 제17조 제1항 제2호와 제15조 제1항 제6호. 2023년 3월 14일 개정으로 제3자 제공의 근거로 신설되었다.

247) 법 제15조 제1항 제6호 제2문.

248) 법 제18조 제1항.

제공이 허용되는 점에서 개인정보의 제공이 활성화되고 디지털경제도 활성화될 수 있을 것이다.

(6) 공공의 안전과 안녕을 위하여 긴급히 필요한 경우

개인정보처리자는 공중위생 등 공공의 안전과 안녕을 위하여 긴급히 필요한 경우 개인정보를 수집한 목적 범위에서 개인정보를 제3자에게 제공할 수 있다.[249] 개인정보처리자가 수집한 개인정보의 제3자 제공은 그 수집 목적 범위에서만 허용된다. 따라서, 그 수집 범위를 초과하여 개인정보를 제3자에게 제공할 수 없다.[250] 그러나, 이 경우 법률에 특별한 규정이 있거나 정보주체 또는 제3자의 급박한 생명, 신체, 재산의 이익을 위하여 필요한 경우가 보다 마땅한 법적 근거가 될 것이다.

(7) 수집 목적과 양립가능한 추가적 제공

개인정보처리자는 당초 수집 목적과 합리적으로 관련된 범위에서 정보주체에게 불이익이 발생하는지 여부, 암호화 등 안전성 확보에 필요한 조치를 하였는지 여부 등을 고려하여 대통령령으로 정하는 바에 따라 정보주체의 동의 없이 개인정보를 제공할 수 있다.[251] 즉 일정한 경우에 개인정보처리자는 정보주체의 동의 없이도 개인정보가 최초 수집된 목적과 다른 목적으로 개인정보를 제공할 수 있다. 이는 지나치게 경직적으로 개인정보를 수집 목적 내에서만 제공 등 이용하게 하는 경우 사회적 비용이나 비효율을 초래하는 것을 방지하기 위한 것이다.[252] 이로써 개인정보처리자의 개인정보 활용의 가능성이 커지게 된다.

---

249) 법 제17조 제1항 제2호와 제15조 제1항 제7호. 2023년 3월 14일 개정으로 제3자 제공의 근거로 신설되었다.

250) 법 제18조 제1항.

251) 법 제17조 제4항.

252) 2020년 해설서 94면 참조.

개인정보처리자가 정보주체의 동의 없이 개인정보가 최초 수집된 목적과 다른 목적으로 개인정보를 제공할 수 있다는 것은 일응 개인정보의 처리 목적에 필요한 범위에서 적합하게 개인정보를 처리하고 그 목적 외의 용도로 활용하여서는 아니 된다는 개인정보보호 원칙에 위배될 것이다.253) 이 점에서 최초 수집된 목적과 다른 목적의 개인정보 제공은 정보주체의 보호를 위하여 일정한 사항을 고려하게 하여 제한적으로 허용된다. 이 법은 정보주체의 동의 없이 당초 수집 목적과 달리 개인정보를 제공하는데 고려될 사항으로서 '당초 수집 목적과 합리적으로 관련된 범위'에서 '정보주체에게 불이익이 발생하는지' 여부, '암호화 등 안전성 확보에 필요한 조치'를 하였는지 여부를 명시한다.254) 물론 정보주체의 보호를 위하여 구체적인 상황에서 다른 사항도 고려될 수 있어야 한다.255)

EU GDPR ───

개인정보가 수집된 목적과 다른 목적으로 처리가 정보주체의 동의나 민주사회에서 필요하고 비례적인 조치를 구성하는 EU 또는 회원국 법에 근거하지 않는 경우, 컨트롤러는 최초 수집된 목적과 다른 목적의 처리가 최초 수집된 목적과 양립하는지를 확인하기 위하여 적어도 다섯 가지 사항을 고려하도록 요구된다:256) (a) 개인정보가 수집된 목적과 의도된 추가적 처리 목적 사이의 모든 관련성, (b) 특

---

253) 법 제3조 제2항 참조.

254) 신용정보법 제32조 제6항 제9호의4는 신용정보회사 등이 개인신용정보를 제공할 때 다음의 네 가지 요소를 고려하여 당초 수집한 목적과 상충되지 아니하는 목적으로 개인신용정보를 제공하는 경우 신용정보주체로부터 서면 등의 방식으로 개별적 동의를 받지 않도록 허용한다. 이러한 네 가지 요소는 양 목적 간의 관련성, 신용정보회사 등이 신용정보주체로부터 개인신용정보를 수집한 경위, 해당 개인신용정보의 제공이 신용정보주체에게 미치는 영향, 해당 개인신용정보에 대하여 가명처리를 하는 등 신용정보의 보안대책을 적절히 시행하였는지 여부이다. 이 법과 달리 신용정보법은 최초 수집 목적과 다른 목적의 개인정보의 추가적 처리에 관하여 GDPR과 유사하게 규정한다.

255) 법 제15조 제3항은 '여부 등을 고려하여'라고 규정하여 명시된 세 가지 고려 사항 외에도 다른 사항이 더 고려될 수 있을 것이다. 또한 안전성 확보에 필요한 조치도 '암호화 등'이라고 규정하여, 암호화가 아닌 다른 조치도 고려될 수 있다.

256) GDPR 제6조 제4항.

히 정보주체와 컨트롤러의 관계와 관련하여 개인정보가 수집된 문맥, (c) 개인정보의 성격 특히 민감정보 또는 범죄경력에 관련된 개인정보가 처리되는 여부, (d) 의도된 추가적 처리의 정보주체에 대한 가능한 결과, (e) 암호화 또는 가명처리를 포함할 수 있는 적절한 안전장치의 존재.

1) 2020년 영 제14조의2 채택

2020년 3월 제시된 시행령(안) 제14조의2는 개인정보의 추가적 이용·제공의 기준을 제시하였는데, 동 기준은 업계 등에서 큰 반발을 초래하였고, 결국 2020년 7월 동 규정(안)은 재입법되었다. 원래 제시된 규정은 다음의 네 가지 사항 모두를 충족하도록 요구하였다: 1. 개인정보를 추가적으로 이용(제공)하려는 목적이 당초 수집 목적과 상당한 관련성이 있을 것, 2. 개인정보를 수집한 정황과 처리 관행에 비추어 볼 때 추가적으로 이용(제공)할 수 있을 것으로 예측 가능할 것, 3. 개인정보의 추가적 이용(제공)이 정보주체 또는 제3자의 이익을 부당하게 침해하지 아니할 것, 4. 가명처리를 하여도 추가적 이용(제공) 목적을 달성할 수 있는 경우에는 가명처리하여 이용할 것. 2020년 8월 4일 신설된 규정은 다음 각 호의 사항을 고려할 것을 요구한다: 1. 당초 수집 목적과 관련성이 있는지 여부, 2. 개인정보를 수집한 정황 또는 처리 관행에 비추어 볼 때 개인정보의 추가적인 이용 또는 제공에 대한 예측 가능성이 있는지 여부, 3. 정보주체의 이익을 부당하게 침해하는지 여부, 4. 가명처리 또는 암호화 등 안전성 확보에 필요한 조치를 하였는지 여부.

▌표.13 영 제14조의2 제1항의 개인정보의 추가적 이용·제공의 기준 변경

2020년 3월 개정 초안	2020년 8월 4일 개정
"… 다음 각 호의 사항을 모두 충족하는 경우를 말한다."	"… 다음 각 호의 사항을 고려해야 한다."
1. 개인정보를 추가적으로 이용하려는 목적이 당초 수집 목적과 상당한 관련성이 있을 것	1. 당초 수집 목적과 관련성이 있는지 여부
2. 개인정보를 수집한 정황과 처리 관행에 비추어 볼 때 추가적으로 이용할 수 있을 것으로 예측 가능할 것	2. 개인정보를 수집한 정황 또는 처리 관행에 비추어 볼 때 개인정보의 추가적인 이용 또는 제공에 대한 예측 가능성이 있는지 여부

3. 개인정보의 추가적 이용이 정보주체 또는 제3자의 이익을 부당하게 침해하지 아니할 것	3. 정보주체의 이익을 부당하게 침해하는지 여부
4. 가명처리를 하여도 추가적 이용 목적을 달성할 수 있는 경우에는 가명처리하여 이용할 것	4. 가명처리 또는 암호화 등 안전성 확보에 필요한 조치를 하였는지 여부

개인정보의 추가적 이용·제공의 기준에 관하여 변경된 내용은 다음과 같다. 첫째, 개인정보의 추가적 이용·제공을 위하여 고려되는 네 가지 사항이 모두 충족되는 대신 단순히 고려되는 것으로 변경되었다. 이러한 변경은 실제에 있어서는 큰 의미가 없을 것이다. 예외적으로 허용되는 개인정보의 이용에서 개인정보처리자는 정보주체를 보호하기 위하여 가능한 한 여러 가지 사항을 고려해야 할 것이어서, 이 영에서 모두 충족하라고 요구하지 않아도 실제로 모두 고려해야 할 것이기 때문이다. 둘째, 추가적 이용·제공 목적이 최초 수집 목적과 관련성을 가져야 하는데, 원래의 '상당한 관련성'에서 '상당한'이 삭제되었다. 이러한 변경은 실제에 있어서 큰 의미가 없을 것이다. 개인정보처리자 입장에서는 수집 목적과 다른 추가적 목적의 개인정보 이용·제공에 신중해야 할 것이고, 그렇다면 '단순한' 그 이상의 관련성을 필요로 할 것이기 때문이다. 셋째, 추가적 이용·제공의 예측 가능성은 동일하다. 넷째, 원래 제시된 규정은 추가적 이용·제공이 '정보주체 또는 제3자의 이익을' 부당하게 침해하지 않도록 요구하였는데, 제3자의 이익이 삭제되고 정보주체의 이익을 부당하게 침해하지 않도록 되었다.[257] 이 변경은 실제에 있어서 개인정보처리자의 추가적 이용·제공을 제한할 수 있다는 부담을 저감하는데 의미가 있을 것이다. 다섯째, 법 제17조 제4항은 가명처리를 안전성 확보에 필요한 조치로서 명시하지 않는다. 원래의 '가명처리하여 이용할 것'이 '가명처리 또는 암호화 등 안전성 확보에 필요한 조치'로 변경되었다. 이로써 이 영에서 가명처리가 안전성 확보에 필요한 조치로서 명시적으로 인정되었고, 가명처리와 암호화 이외에도 다른 안

---

257) 법 제17조 제4항은 정보주체의 불이익이 발생하는지 여부를 고려하도록 규정하는데, 그 시행령의 규정이 정보주체에 더하여 제3자의 이익도 고려하게 하는 것은 상위 규범의 취지를 부당하게 제한하는 것으로 볼 수 있었다.

전성 확보에 필요한 조치의 가능성이 확인되었다.[258) 개인정보처리자는 추가적
이용을 위한 안전성 확보에 필요한 조치로서 암호화 또는 가명처리 또는 다른
조치를 선택적으로 이용할 수 있게 된다.

▌표.14 수집 목적과 양립가능한 개인정보 제공의 고려 사항 비교[259)

법 제17조 제4항(제공)	신용정보법 제32조 제6항 제9호의4(제공)	GDPR 제6조 제4항(처리)
당초 수집 목적과 합리적으로 관련된 범위(당초 수집 목적과 관련성이 있는지 여부, 영 제14조의2 제1항 제1호)	가. 양 목적 간의 관련성	(a) 개인정보가 수집된 목적과 의도된 추가적 처리 목적 사이의 모든 관련성
정보주체에게 불이익이 발생하는지 여부(정보주체의 이익을 부당하게 침해하는지 여부, 영 제14조의2 제1항 제3호)	다. 해당 개인신용정보의 제공이 신용정보주체에게 미치는 영향	(d) 의도된 추가적 처리의 정보주체에 대한 가능한 결과
암호화 등 안전성 확보에 필요한 조치를 하였는지 여부(가명처리 또는 암호화 등 안전성 확보에 필요한 조치를 하였는지 여부, 영 제14조의2 제1항 제4호)	라. 해당 개인신용정보에 대하여 가명처리를 하는 등 신용정보의 보안대책을 적절히 시행하였는지 여부	(e) 암호화 또는 가명처리를 포함할 수 있는 적절한 안전장치의 존재
개인정보를 수집한 정황 또는 처리 관행에 비추어 볼 때 개인정보의 추가적인 이용 또는 제공에 대한 예측 가능성이 있는지 여부(영 제14조의2 제1항 제2호)	나. 신용정보회사 등이 신용정보주체로부터 개인신용정보를 수집한 경위	(b) 특히 정보주체와 컨트롤러의 관계와 관련하여 개인정보가 수집된 문맥
		(c) 개인정보의 성격 특히 민감정보 또는 범죄경력에 관련된 개인정보가 처리되는 여부

---

258) 법 제17조 제4항에 암호화와 함께 가명처리를 추가하는 것이 바람직할 것이다.
259) GDPR과 이 법 및 신용정보법의 큰 차이는 GDPR이 민감정보가 처리되는 여부를 명시적으로 고려하도록 규정한 것이다.

2) 수집 목적과 양립가능한 추가적 제공이 허용되는 기준

개인정보처리자는 개인정보의 추가적인 이용 또는 제공이 지속적으로 발생하는 경우에는 영 제14조의2 제1항에 규정된 각 호의 고려사항에 대한 판단 기준을 법 제30조 제1항에 따른 개인정보 처리방침에 공개하고, 법 제31조 제1항에 따른 개인정보 보호책임자가 해당 기준에 따라 개인정보의 추가적인 이용 또는 제공을 하고 있는지 여부를 점검해야 한다.[260]

① 당초 수집 목적과 합리적으로 관련된 범위[261]

추가적 제공의 목적은 당초 수집 목적과 합리적으로 관련된 범위에 있어야 한다.[262] 이렇게 추가적 제공의 목적이 당초 수집 목적과 합리적으로 관련된 범위에 있다는 것은 당초 수집 목적과 관련성이 있는지 여부의 문제이다.[263] 당초 수집 목적과 추가적 제공 목적이 서로 그 성질이나 경향 등에서 연관이 있어야 한다.[264] 정보주체를 위하여 개인정보처리자의 추가적 제공 목적이 최초 수집 목적과 관련성이 높을수록 더 바람직할 것이다.

새로운 추가적 제공 목적이 최초 수집 목적의 '하부 목적'(sub-purpose)일

---

260) 영 제14조의2 제2항. 2023년 9월 12일 개정으로 이러한 공개를 미리 하지 않아도 된다. 표준지침 제19조 제5호 참조.

261) 이하에서 '당초'와 '최초' 단어를 병용한다.

262) 따라서, 법 제15조 제1항에 따른 적법한 개인정보의 수집을 전제로 한다.

263) 영 제14조의2 제1항 제1호. 이 영은 이 법의 '합리적'을 판단할 기준을 주지 않는다.

264) 2020년 해설서 94면 참조. 서울지하철 1-8호선을 운영하는 서울교통공사는 승객의 지하철 이용에 대한 운임정산과 이용자의 통행실태 자료를 국토교통부에 제출할 목적으로 교통카드시스템을 구축하여 [개인정보에 해당하는] (후불)교통카드 사용내역, 사용자구분코드(일반/청소년/어린이/우대권/외국인 구분), 승하차일시 등을 수집·이용하면서 해당 교통카드시스템을 서울신교통카드에게 위탁하여 운영하고 있는 중, 서울신교통카드는 모바일 광고 서비스사업을 추진하면서 동 공사가 수집·보유 중인 승객의 교통카드번호와 사용자구분코드를 제공받으려 하는 것이 법 제17조 제4항에 부합하는지 관련하여, 보호위원회는 서울신교통카드가 모바일 광고 서비스 사업 추진을 위하여 해당 개인정보를 처리하는 것은 맞춤형 광고 서비스 목적이 운임정산, 통행실태 파악 등 당초 목적과 합리적으로 관련된 범위에 있지 않은 것으로 판단하였다. 보호위원회, '모바일앱 광고 가입자 확인을 위한 서울교통공사 보유 개인정보 제공에 관한 건'(제2021-116-030호, 2021.9.8.).

필요는 없다.[265] 다만, 다른 목적의 추가적 제공이 반드시 최초 수집 목적과 양립하지 않는다고 자동적으로 볼 수 없다.[266] 이들 다른 목적들의 양립가능성은 '일반적이고 특정 상황에서 기대되어야 하는 것'(what is usual and what is to be expected in certain circumstances)에 달려 있다.[267] 예컨대, 상품을 고객에게 판매하는 과정에서 수집한 정보를 다른 배달자가 그 상품을 그 고객에게 배달하기 위하여 사용하는 것은 양립가능한 추가적 제공이 될 것이다.[268] 다른 배달자에게 개인정보의 전송은 최초 수집 목적인 판매를 완결하는데 필요하기 때문이다.

② 정보주체에게 불이익이 발생하는지 여부

당초 수집 목적과 다른 목적의 추가적 제공이 허용되기 위하여 정보주체에게 추가적 위험이 발생하지 않아야 하는 점에서, 그 추가적 제공의 결과 정보주체에게 불이익이 발생하지 않을 것이 고려되어야 한다. 이 점에서 개인정보처리자는 개인정보의 추가적 제공으로 정보주체의 이익을 부당하게 침해하는지 여부를 고려해야 한다.[269]

추가적 제공의 정보주체에 대한 가능한 결과가 면밀하게 분석되어야 할 것이고, 정보주체에 대한 불이익의 발생이라는 관점에서 특히 범죄경력 관련 정보를 포함한 민감정보의 처리 여부도 고려되어야 할 것이다.[270] 민감정보, 고유식별정보와 주민등록번호의 처리는 원칙적으로 금지되고, 정보주체의 별도의 동의와 법령 등 극히 제한된 경우에 허용되는 점에서 추가적 제공의 대상이 되기는 어려울 것이다.[271]

---

265) Kotschy, p. 341.

266) 제29조 작업반 Opinion 03/2013, p. 21.

267) Kotschy, p. 342.

268) 양립가능한 추가적 처리의 예는 제29조 작업반 Opinion 03/2013의 Annex 4 참조.

269) 영 제14조의2 제1항 제3호. 위 각주 264)의 서울교통공사와 서울신교통카드의 사건에서, 보호위원회는 일반승객의 개인정보인 교통카드 사용내역, 사용자구분코드를 모바일앱 가입자 확인을 위하여 서울신교통카드에 상시 제공하고 서울신교통카드가 이를 이용하는 것은 사생활 침해 등 일반승객의 이익을 부당하게 침해할 여지가 있다고 판단하였다. 보호위원회, '모바일앱 광고 가입자 확인을 위한 서울교통공사 보유 개인정보 제공에 관한 건'(제2021-116-030호, 2021.9.8.).

270) GDPR 제6조 제4항(c) 참조.

271) 법 제23조, 제24조 및 제24조의2 참조.

③ 암호화 등 안전성 확보에 필요한 조치를 하였는지 여부

수집 목적과 다른 목적의 추가적 제공이 허용되기 위하여 정보주체의 보호를 위한 안전성 확보에 필요한 조치가 필요하다. 이러한 안전성 확보를 위하여 가장 기본적 원칙은 개인정보의 최소한 수집이다.[272] 이외에 암호화는 물론 가명처리도 안전성 확보에 필요한 조치가 될 수 있다. 따라서 개인정보처리자는 가명처리 또는 암호화 등 안전성 확보에 필요한 조치를 하였는지 여부를 고려해야 한다.[273] 이렇게 가명처리가 암호화와 함께 안전성 확보에 필요한 조치로서 인정된 것은 개인정보처리자의 이익이 되는 점에서 의미가 있다.[274]

④ 추가적 제공에 대한 예측 가능성이 있는지 여부

당초 수집 목적과 다른 목적의 추가적 제공이 허용되기 위하여 개인정보처리자는 개인정보를 수집한 정황 또는 처리 관행에 비추어 볼 때 개인정보의 추가적인 제공에 대한 예측 가능성이 있는지 여부를 고려해야 한다.[275] 여기서 정황은 개인정보의 수집 목적·내용, 추가적 처리를 하는 개인정보처리자와 정보주체의 관계, 현재의 기술 수준과 그 기술의 발전 속도 등 비교적 구체적 사정을 의미하고, 관행은 개인정보 처리가 비교적 오랜 기간 정립된 일반적 사정을 의미한다.[276] 개인정보의 수집 시 정보주체에게 주어진 정보는 이러한 합리적 기대의 결정에 적절할 수 있다.[277]

---

272) 법 제3조 제1항과 제16조 제1항 참조.

273) 영 제14조의2 제1항 제4호. GDPR 제6조 제4항(e) 참조. 안전조치는 가명처리나 암호화 등의 조치에 그치지 않는다. 2020년 해설서 96면.

274) 개인정보의 가명처리는 암호화와 함께 개인정보 처리의 안전성 확보에 필요한 조치로서 이 영이 아닌 이 법에 명시되어야 할 것이다.

275) 영 제14조의2 제1항 제2호. 위 각주 264)의 서울교통공사와 서울신교통카드의 사건에서, 보호위원회는 개인정보 처리에 동의한 일반 승객은 지하철을 이용할 때마다 자신의 개인정보가 운임 정산 등의 목적 외 추가적으로 모바일앱 가입자를 확인하기 위한 목적으로 서울신교통카드에 제공되는 사실을 예측하기 어렵다고 판단하였다. 보호위원회, '모바일앱 광고 가입자 확인을 위한 서울교통공사 보유 개인정보 제공에 관한 건'(제2021-116-030호, 2021.9.8.). 즉 해당 개인정보에 암호화 등 안전성 확보에 필요한 조치가 있더라도 정보주체의 동의 없이 서울신교통카드에 개인정보를 추가적으로 제공할 수 없다는 것이다.

276) 2020년 해설서 95면.

277) Kotschy, p. 342.

개인정보의 추가적인 이용에 대한 예측 가능성이 있는지 여부의 고려에서, GDPR 은 특히 정보주체와 컨트롤러의 관계에 기반하여 '추가적 이용에 대한 정보주체 의 합리적 기대'(the reasonable expectations of data subjects ⋯ as to their further use)를 포함한 개인정보가 수집된 문맥의 고려를 규정한다.[278] 또한, 컨트 롤러가 개인정보가 수집된 목적과 다른 목적으로 개인정보를 추가적으로 처리하 고자 하는 경우, 추가적 처리 전에 다른 목적에 관한 정보와 제13조 제2항에 언 급된 관련 있는 모든 추가적 정보를 정보주체에게 제공하여야 한다.[279]

3) 결어

개인정보가 최초 수집된 목적과 다른 목적의 개인정보 제공은 동 제공이 최초 수집된 목적과 양립하는 경우에만 허용되고, 이 경우 개인정보의 수집을 허락한 법적 근거와 다른 별도의 법적 근거가 요구되지 않는다.[280] 특히 GDPR에서 공익을 위한 문서보존 목적, 과학적 또는 역사적 연구 목적 또는 통계적 목적을 위한 추가적 처리는 '최초 목적과 양립하지 않는 것으로 간주되 지 않는다'(shall ⋯ not be considered to be incompatible with the initial purposes).[281] 이 법도 이러한 세 가지 특별한 목적을 위하여 정보주체의 동의 없이 가명정보를 처리할 수 있도록 규정하는데,[282] 이러한 경우 양립가능한 추 가적 처리로서 가명처리가 기본적으로 허용되도록 이 법에 명시할 필요가 있다.

정보주체의 동의 없이 최초 수집 목적과 다른 목적으로 개인정보를 추가적 으로 제공하기 위하여 법 제17조 제4항과 영 제14조의2 제1항에 규정된 사항 을 고려하는 주체는 개인정보처리자이다. 따라서, 개인정보처리자는 '당초 수집 목적과 합리적으로 관련된 범위'에서 '정보주체에게 불이익이 발생하는지' 여부

---

278) GDPR 상설 제50항.
279) GDPR 제13조 제3항.
280) GDPR 상설 제50항.
281) GDPR 제5조 제1항(b)와 GDPR 상설 제50항 참조.
282) 법 제28조의2 제1항.

및 '암호화 등 안전성 확보에 필요한 조치'를 하였는지 여부는 반드시 고려하여야 하고, 이외에도 구체적 상황에서 필요한 사항을 고려해야 할 것이다. 이러한 고려의 결과 추가적 제공이 최초 수집 목적과 합리적으로 관련되지 않는 등 양립하지 않는다면, 개인정보처리자는 정보주체의 별도의 동의를 얻어야 할 것이다. 이 경우 개인정보처리자의 정당한 이익의 달성은 추가적 개인정보 제공의 적법한 근거가 될 수 없을 것이다. 어느 경우이든, 개인정보의 처리에 반대할 권리를 포함한 정보주체의 권리는 보장되어야 한다.283)

---

283) 법 제37조 제1항 및 GDPR 상설 제50항 제2단 참조.

개인정보처리자는 개인정보의 처리 목적에 필요한 범위에서 적합하게 개인 정보를 처리하여야 하고, 그 목적 외의 용도로 활용하여서는 아니 된다.[284] 정보주체의 보호를 위하여 개인정보처리자는 개인정보를 수집 목적 외의 용도로 이용하거나 이를 제3자에게 제공할 수 없는 것이 원칙이다. 그럼에도 정보주체의 별도의 동의가 있거나 범죄 수사 등 제한된 경우에 예외적으로 개인정보의 목적 외 이용 또는 제공이 허용된다.

1. 개인정보의 목적 외 이용 또는 제공의 금지

개인정보처리자는 개인정보를 법 제15조 제1항에 따른 범위를 초과하여 이용하거나 법 제17조 제1항 및 제28조의8 제1항에 따른 범위를 초과하여 제3자에게 제공하여서는 아니 된다.[285] 즉 개인정보처리자는 개인정보를 법 제15조 제1항에 규정된 일곱 가지 법적 근거의 하나에 해당하여 수집한 개인정보를 그 수집 목적의 범위를 초과하여 이용할 수 없다. 또한, 법 제17조 제1항에 규정된 여섯 가지 법적 근거의 하나에 해당하는 제공 범위를 초과하여 개인정보를 제3자에게 제공할 수 없고, 제28조의8 제1항에 규정된 다섯 가지 법적 근거의 하나에 해당하는 제공 범위를 초과하여 개인정보를 국외 제3자에게 제공할 수 없다. 개인정보의 목적 외 이용·제공 제한에 관한 위 규정은 이 법의 개인

---

284) 법 제3조 제2항.

285) 법 제18조 제1항. 2013년 8월 6일 개정으로 동 규정의 제목에 '목적 외'가 추가되었다. 2020년 2월 4일 개정으로 동 규정에 정보통신서비스 이용자의 개인정보 수집·이용에 관한 제39조의3 제1항과 제2항이 신설되었는데, 2023년 3월 14일 개정으로 삭제되었다. 또한, 2023년 3월 14일 개정으로 법 제17조 제3항이 제28조의8 제1항으로 대체되었다. 적정성 결정에 근거하여 EU에서 한국으로 이전된 개인정보는 이전 당시 EU의 개인정보처리자가 특정한 당초의 수집 목적이 한국의 개인정보처리자가 개인정보를 수집하는 목적으로 간주되고, 이 경우 한국의 개인정보처리자는 법 제18조 제2항 각 호의 예외적인 사유에 해당하는 경우를 제외하고는 그 개인정보의 수집 목적 범위를 초과하여 이용하거나 제3자에게 제공할 수 없다. 보완규정 제3절 제1조 제(v)항.

정보의 수집·이용에 관한 제15조 및 개인정보 제3자 제공에 관한 제17조와 제28조의8에 논리적으로 이어지는 규정으로 보일 수 있다.

개인정보의 목적 외 이용 사례는 다음과 같다:286) 공무원들의 업무용 이메일주소로 사전 동의 없이 마케팅 홍보자료를 발송한 경우, 국세청 직원이 자신과 채권채무관계로 소송 중인 사람에 관한 납세정보를 조회하여 소송에 이용한 경우, 게시판 운영자가 본인 확인 목적으로 수집한 주민등록번호를 고객DB의 검색키 값으로 이용한 경우, 상품 배송 목적으로 수집한 개인정보를 사전에 동의 받지 않고 자사의 다른 상품·서비스의 홍보에 이용한 경우, 고객 만족도 조사, 판촉행사, 경품행사에 응모하기 위하여 우송하거나 입력한 개인정보를 사전에 동의 받지 않고 자사의 할인판매행사 안내용 광고물 발송에 이용한 경우, A/S센터에서 고객 불만 및 불편 사항을 처리하기 위해 수집한 개인정보를 자사 신상품 광고에 이용한 경우, 공개된 개인정보의 성격과 공개 취지 등에 비추어 그 공개된 목적을 넘어 DB마케팅을 위하여 수집한 후 이용하는 행위.

또한, 개인정보의 목적 외 제공 사례는 다음과 같다:287) 주민센터의 복지담당 공무원이 복지카드 신청자의 개인정보를 정보주체의 동의 없이 사설학습지 회사에 제공하거나 홈쇼핑 회사가 주문 상품의 배달을 위하여 수집한 고객정보를 해당 고객, 즉 정보주체의 동의 없이 계열 호텔에 제공하여 호텔의 홍보자료 발송에 활용한 행위.

2. 개인정보의 목적 외 이용 또는 제공의 허용

개인정보처리자는 아래에서 검토되는 아홉 가지 법적 근거 중의 하나에 해당하는 경우에 정보주체 또는 제3자의 이익을 부당하게 침해할 우려가 있을 때를 제외하고는 개인정보를 목적 외의 용도로 이용하거나 이를 제3자에게 제공할 수 있다.288) 이 경우 개인정보의 목적 외 이용이나 제3자 제공은 정보주

---

286) 2020년 해설서 119면.

287) 2020년 해설서 120면.

288) 법 제18조 제2항. 동 항 제4호 '통계작성 및 학술연구 등의 목적을 위하여 필요한 경우로서 특정 개인을 알아볼 수 없는 형태로 개인정보를 제공하는 경우'는 2020년 2월 4일 개정으로 삭제되었다. 이 경우의 목적 외 처리는 정보주체의 동의 없이 가명정보의

체의 개인정보자기결정권을 침해하기 때문에 엄격하게 제한적으로 허용된다. 따라서, 아래 아홉 가지 법적 근거는 개인정보의 일반적 수집·이용의 조건보다 더 엄격하게 해석하여 제한적으로 적용되어야 할 것이다.

개인정보의 목적 외 이용·제공이 허용되는 아홉 가지 법적 근거 중에서 다음의 다섯 가지 법적 근거, 즉 다른 법률에서 정하는 소관 업무 수행, 조약 이행, 범죄 수사 및 공소 유지, 재판업무 수행 및 형 집행의 경우에 개인정보의 목적 외 이용·제공은 공공기관으로 한정된다.[289] 즉 민간부문 개인정보처리자는 이들 다섯 가지 법적 근거에 따라 개인정보를 목적 외로 이용하거나 제3자에게 제공할 수 없다. 따라서, 공공기관은 개인정보의 목적 외 이용·제공을 위하여 아홉 가지 법적 근거에 의존할 수 있지만, 민간부문 개인정보처리자는 다음의 네 가지 법적 근거, 즉 정보주체의 별도의 동의, 다른 법률의 특별한 규정, 정보주체의 급박한 이익 및 공공의 안전과 안녕을 위한 경우에만 개인정보를 목적 외로 이용하거나 제3자에게 제공할 수 있다.

아홉 가지 법적 근거에 해당하는 경우에도 정보주체 또는 제3자의 이익을 부당하게 침해할 우려가 있을 때는 개인정보처리자는 개인정보를 목적 외의 용도로 이용하거나 제3자에게 제공할 수 없다.[290] 따라서, 개인정보를 목적 외의 용도로 이용하거나 제3자에게 제공하는 경우 정보주체나 제3자의 이익이 부당하게 침해될 우려가 있는지 검토되어야 한다. 이러한 검토의 결과 정보주체나 제3자의 이익이 부당하게 침해될 우려가 있다면 개인정보처리자는 개인정보를 목적 외의 용도로 이용하거나 제3자에게 제공할 수 없다. '부당하게'가 언급된 것은 예컨대, 범죄 수사 등의 경우에 목적 외의 용도로 이용이나 제공

처리를 통하여 보다 용이하게 허용된다. 법 제28조의2 제1항 참조. 한편, 2023년 3월 14일 개정으로 제10호 '공중위생 등 공공의 안전과 안녕을 위하여 긴급히 필요한 경우'가 신설되었다.

289) 법 제18조 제2항 단서. 공공기관의 정의는 법 제2조 제6호 참조. 이 경우 목적 외로 제공받는 제3자는 공공기관이 아니어도 무방하다. 보호위원회는 공공기관인 한국도로공사가 유료도로법과 한국도로공사법에서 정하는 법률상 소관 업무의 수행을 위하여 영상인식 전문기술을 보유한 시스템구축업체에게 차량번호판인 개인정보를 제공할 수 있다고 판단하였다. 보호위원회, '한국도로공사의 차량영상 인식기술 향상을 위한 비정상 처리 차량번호판 정보 제공에 관한 건'(제2019-02-014호, 2019.1.28.).

290) 법 제18조 제2항.

이 그 자체로서 피의자 등 정보주체의 이익을 침해할 수 있겠지만, 그 침해가 부당하다고 볼 수 없기 때문이다. 따라서, 부당한 침해에 해당하는지 여부는 정보주체 또는 제3자의 이익과 개인정보처리자의 목적 외 용도의 이용·제공의 이익을 비교하여 결정될 것이다.

정보주체나 제3자의 이익의 부당한 침해 그 자체가 아니라 '침해할 우려'가 있어야 하기 때문에 개인정보의 목적 외 이용이나 제3자 제공은 보다 제한적으로 허용될 것이다. 목적 외 이용이나 제공을 위하여 개인정보처리자가 그러한 침해는 물론 그 우려도 존재하지 않는다고 확인해야 할 것이다. 정보주체로부터 별도의 동의를 받는 경우 정보주체가 스스로 부당한 침해의 우려를 제기할 수 있다. 또한, 공공기관의 다른 법률에서 정하는 소관 업무 수행을 위한 경우에는 보호위원회의 심의·의결을 거치기 때문에 정보주체나 제3자의 이익의 부당한 침해 우려는 공식적으로 판단될 수 있을 것이다.

개인정보의 목적 외 이용·제공의 제한은 개인정보의 국외 제3자 제공 즉 국외 이전에도 적용된다. 법 제28조의8 제1항은 개인정보의 국외 이전을 정보주체의 별도의 동의를 포함한 다섯 가지 근거에서 허용한다. 법 제18조 제1항은 법 제28조의8 제1항에 따른 범위를 초과하여 제3자에게 제공하지 않도록 규정하면서, 법 제18조 제2항은 '제1항에도 불구하고 … 이를 제3자에게 제공할 수 있다'고 규정한다. 따라서, 아홉 가지 법적 근거에 따른 목적 외 국외 제3자 제공, 즉 국외 이전이 허용된다고 볼 수 있다.[291]

(1) 정보주체로부터 별도의 동의를 받은 경우

개인정보처리자는 정보주체로부터 별도의 동의를 받은 경우 정보주체 또는 제3자의 이익을 부당하게 침해할 우려가 있을 때를 제외하고 개인정보를 목적 외 용도로 이용하거나 이를 제3자에게 제공할 수 있다.[292] 개인정보처리자는 정보주체의 동의를 얻어서 개인정보를 수집하고 그 수집 목적의 범위에서 이용할 수 있다.[293] 이러한 기본원칙에 더하여 정보주체 또는 제3자의 이익을 부

---

291) 2020년 해설서 113면.
292) 법 제18조 제2항 제1호.
293) 법 제15조 제1항 제1호.

당하게 침해할 우려가 있을 때를 제외하고 정보주체의 별도의 동의를 받으면 개인정보처리자는 개인정보를 그 수집 목적 외의 용도로 이용하거나 이를 제3자에게 제공하도록 허용된다. 공공기관은 물론 민간부문의 개인정보처리자는 이러한 예외를 활용할 수 있다.[294]

1) 별도의 동의

개인정보처리자는 정보주체의 별도의 동의를 받아 개인정보를 수집 목적 외의 용도로 이용하거나 제3자에게 제공할 수 있다. 개인정보의 수집·이용에 대한 정보주체의 원래의 동의에 추가하여 이러한 예외적인 상황에서 별도의 동의가 요구된다.[295] 정보주체의 별도의 동의는 그의 다른 동의와 동의 사항을 구분하여 각각 동의를 받아야 한다.[296]

2) 별도의 동의 획득 시 고지사항

목적 외 이용 또는 제3자 제공에 관하여 개인정보처리자는 정보주체로부터 별도의 동의를 받을 때 다음의 사항을 정보주체에게 알려야 한다.[297] 목적 외 이용의 고지사항은 다음과 같다: 개인정보의 이용 목적, 이용하는 개인정보의 항목, 개인정보의 보유 및 이용 기간, 동의를 거부할 권리가 있다는 사실과 동의 거부에 따른 불이익이 있는 경우에는 그 불이익의 내용.

또한, 목적 외 제공의 고지사항은 다음과 같다: 개인정보를 제공받는 자, 개인정보를 제공받는 자의 개인정보 이용 목적, 제공하는 개인정보의 항목, 개인정보를 제공받는 자의 개인정보 보유 및 이용 기간, 동의를 거부할 권리가 있다는 사실과 동의 거부에 따른 불이익이 있는 경우에는 그 불이익의 내용. 개

---

294) 법 제18조 제2항 단서.

295) 목적 외의 이용과 제공은 개인정보 수집에 대한 동의 범위를 벗어나고 통상적으로 당초 동의가 주어진 이후 새로운 필요에 따르는 점에서 개인정보의 수집 시에 주어진 동의와 함께 받을 수 없을 것이다. 2020년 해설서 124면.

296) 법 제22조 제1항 제2문 제3호.

297) 법 제18조 제3항. 개인정보처리자는 각각의 고지사항을 변경하는 경우에도 정보주체에게 이를 알리고 동의를 받아야 한다. 법 제18조 제3항 제2문.

인정보처리자가 정보주체에게 개인정보를 제공받는 자를 알리는 경우에는 그 성명(법인 또는 단체인 경우에는 그 명칭)과 연락처를 함께 알려야 한다.298)

(2) 다른 법률에 특별한 규정이 있는 경우

개인정보처리자는 다른 법률에 특별한 규정이 있는 경우 정보주체 또는 제3자의 이익을 부당하게 침해할 우려가 있을 때를 제외하고는 개인정보를 목적 외 용도로 이용하거나 이를 제3자에게 제공할 수 있다.299) 공공기관은 물론 민간부문의 개인정보처리자는 이러한 예외를 활용할 수 있다.300)

법 제15조 제1항 제2호와 제17조 제1항 제2호는 '법률에 특별한 규정이 있거나 법령상 의무를 준수하기 위하여 불가피한 경우'에 정보주체의 동의 없이 개인정보의 수집 목적의 범위에서 이용 및 제공을 허용하고, 법 제18조 제2항 제2호는 '다른 법률에 특별한 규정이 있는 경우'에 수집 목적 외의 용도로 개인정보의 이용과 제공을 예외적으로 허용한다. 즉 개인정보의 수집 목적 내의 이용·제공의 경우와 달리 '법령상 의무를 준수하기 위하여 불가피한 경우'에는 개인정보의 목적 외 이용·제공이 허용되지 않는다.

다른 법률에 특별한 규정이 있는 경우는 법률에서 개인정보의 목적 외 이용·제공을 구체적으로 허용하고 있는 경우를 말한다. 해당 법률에 목적 외 이용·제공되는 개인정보 항목이 구체적으로 열거되어 있지 않더라도 해당 업무의 목적, 성격 등을 고려하였을 때 목적 외 이용·제공 대상에 개인정보가 포함될 것이 합리적으로 예견되는 경우는 포함된다.301)

---

298) 표준지침 제8조 제3항.

299) 법 제18조 제2항 제2호.

300) 법 제18조 제2항 단서.

301) 보호위원회, '㈜크림의 개인회원간 중개거래 명세 제공을 위한 법령 해석에 관한 건'(제2022－118－043호, 2022.11.16.). 예컨대, 신용보증기금은 국민건강보험공단 등에 업무 수행에 필요한 자료의 제공을 요청할 수 있다. 신용보증기금법 제43조의2 제1항. 동 규정은 제공을 요청할 수 있는 개인정보 항목을 구체적으로 열거하고 있지는 않지만, 구상권 행사를 위해서는 구상권 행사 상대방의 인적사항, 재산 등에 관한 자료가 필수적으로 요구된다는 점을 고려할 때, 본 건에서 신용보증기금이 구상권의 행사를 목적으로 국민건강보험공단에 요청하는 자료에는 채무관계자의 개인정보가 포함될 것

개인정보처리자가 개인정보를 목적 외의 용도로 이용하거나 이를 제3자에게 제공하는 것이 허용되는 법적 근거는 다른 법률의 특별한 규정이다.302) 다른 법률은 이 법이 아닌 법률을 의미한다. 이 법이 아닌 다른 법률에서 개인정보의 수집 목적 외 이용·제공이 허용되는 것은 자칫 정보주체의 개인정보자기결정권을 침해할 수 있다. 따라서, 다른 법률을 통한 개인정보의 목적 외 이용·제공은 엄격하게 제한되어야 할 것이다. 마침 법령의 제정이나 개정에서 개인정보 처리를 수반하는 정책이나 제도가 도입·변경되는 경우 보호위원회가 해당 법령의 개인정보 침해요인을 평가하는 점에서 이러한 문제는 발생하지 않아야 할 것이다.303) 또한, 시행령이나 시행규칙에 따른 개인정보의 목적 외 이용·제공은 허용되지 않지만, 법률의 위임에 따라 시행령 등에 목적 외 이용·제공을 규정하는 것은 허용될 것이다.304) 또한 개인정보의 목적 외 이용·제공은 특별한 규정이 있는 경우에 한정되므로, 구체적이지 않고 포괄적으로 규정되는 경우에는 허용되지 않을 것이다.305)

예컨대, 근로자의 복리후생을 위하여 회사가 근로자를 일괄하여 피보험자로

이 합리적으로 예견된다. 보호위원회, '신용보증기금의 구상권 행사를 위한 국민건강보험공단 보유 개인정보 제공 요청에 관한 건'(제2018-14-133호, 2018.7.23.).

302) 예컨대, 질병관리청장, 시·도지사 또는 시장·군수·구청장은 감염병 예방·관리 및 감염 전파의 차단을 위하여 필요한 경우 감염병환자등 및 감염병의심자의 위치정보를 경찰청, 시·도경찰청 및 경찰서(이하 '경찰관서')의 장에게 요청할 수 있고, 질병관리청장, 시·도지사 또는 시장·군수·구청장의 요청을 받은 경찰관서의 장은 위치정보법 제15조 및 통신비밀보호법 제3조에도 불구하고 위치정보법 제5조 제7항에 따른 개인위치정보사업자, 전기통신사업법 제2조 제8호에 따른 전기통신사업자에게 감염병환자등 및 감염병의심자의 위치정보를 요청할 수 있고, 요청을 받은 위치정보사업자와 전기통신사업자는 정당한 사유가 없으면 이에 따라야 한다. 감염병예방법 제76조의2 제2항.

303) 법 제8조의2 제1항. 보호위원회는 이러한 침해요인의 분석검토 후 그 법령의 소관기관의 장에게 그 개선을 위한 필요한 사항을 권고할 수 있다. 법 제8조의2 제2항. 개인정보의 처리 및 보호에 관한 다른 법률을 제정하거나 개정하는 경우에는 이 법의 목적과 원칙에 맞도록 하여야 한다. 법 제6조 제2항.

304) 2020년 해설서 120면. 예컨대, 감염병예방법 제19조에 따른 성매개감염병에 관한 건강진단 등의 실시에 필요한 사항을 규정함을 목적으로 채택된 보건복지부령인「성매개감염병 및 후천성면역결핍증 건강진단규칙」제7조는 건강진단을 실시한 결과 감염병환자가 발생한 경우에 의료기관의 장이 감염병예방법 제11조에 따라 관할 보건소장에게 신고할 것을 규정한다.

305) 2020년 해설서 120면.

하는 단체보험을 체결하는 경우, 회사는 직원의 개인정보를 제3자인 보험자에게 제공해야 하는데, 원칙적으로 직원의 동의를 받아야 한다. 즉 타인의 생명보험과 관련하여 상법 제731조 제1항은 "타인의 사망을 보험사고로 하는 보험계약에는 보험계약 체결 시에 그 타인의 서면 … 에 의한 동의를 얻어야 한다"고 규정한다. 그러나, 단체의 대표자가 그 단체의 구성원 전부 또는 일부를 피보험자로 하여 보험자와 1개의 보험계약을 체결함으로써 성립하는 단체보험에 대하여 상법 제735조의3 제1항은 "단체가 규약에 따라 구성원의 전부 또는 일부를 피보험자로 하는 생명보험계약을 체결하는 경우에는 제731조를 적용하지 아니 한다"고 규정한다. 상해보험의 경우에도 상법 제739조에 따라 생명보험에 관한 규정이 준용되므로 단체상해보험계약을 체결하기 위해서 보험계약체결에 대한 근로자의 동의를 갈음하는 규약이 있는 경우 근로자의 서면동의가 없어도 된다. 따라서, 단체보험계약체결에 관한 사항을 포함하고 있는 규약이 있는 경우에 근로자의 별도의 동의 없이 회사가 수집한 개인정보를 보험회사인 제3자에게 제공할 수 있도록 규정하고 있는 상법의 위 특별한 규정이 적용된다.

(3) 정보주체 또는 제3자의 급박한 생명 등 이익을 위하여 필요한 경우

개인정보처리자는 명백히 정보주체 또는 제3자의 급박한 생명, 신체, 재산의 이익을 위하여 필요하다고 인정되는 경우 정보주체 또는 제3자의 이익을 부당하게 침해할 우려가 있을 때를 제외하고는 개인정보를 목적 외의 용도로 이용하거나 이를 제3자에게 제공할 수 있다.[306) 개인정보처리자가 정보주체의 사전 동의 없이 개인정보를 목적 외의 용도로 이용하거나 이를 제3자에게 제공한 경우 해당 사유가 해소된 때에는 개인정보의 처리를 즉시 중단하고, 정보주체에게 개인정보를 이용 또는 제공한 사실, 그 사유 및 이용내역을 알려야 한다.[307) 공공기관은 물론 민간부문의 개인정보처리자는 이러한 예외를 활용할 수 있다.[308)

---

306) 법 제18조 제2항 제3호.
307) 표준지침 제14조 참조.
308) 법 제18조 제2항 단서.

(4) 다른 법률에서 정하는 소관 업무를 수행하기 위한 경우

개인정보를 목적 외의 용도로 이용하거나 이를 제3자에게 제공하지 아니하면 다른 법률에서 정하는 소관 업무를 수행할 수 없는 경우로서 보호위원회의 심의·의결을 거친 경우 공공기관인 개인정보처리자는 정보주체 또는 제3자의 이익을 부당하게 침해할 우려가 있을 때를 제외하고는 개인정보를 목적 외의 용도로 이용하거나 이를 제3자에게 제공할 수 있다.[309] 이러한 목적 외 이용·제공은 공공기관인 개인정보처리자에게만 허용된다.[310]

공공기관은 법령 등에서 정하는 소관 업무의 수행을 위하여 불가피한 경우 정보주체의 동의 없이 개인정보의 수집·이용이 허용되는데,[311] 개인정보의 목적 외 이용·제공은 '법령 등'이 아닌 '다른 법률'에 근거하여 허용된다. 따라서 개인정보의 목적 외 이용·제공은 개인정보의 수집·이용보다 더 제한적으로 허용된다. 다른 법률에 근거하기 때문에 이 법은 근거가 되지 못한다. 다른 법률에서 정하는 소관 업무는 구체적으로 규정되어야 할 것이다.

공공기관인 개인정보처리자의 소관 업무 수행을 위한 개인정보의 목적 외 이용·제공은 그 기관의 재량적 판단에 따르게 되어 자칫 자의적인 목적 외 이용·제공의 가능성을 부인할 수 없다. 이러한 문제를 방지하기 위하여 보호위원회는 해당 공공기관이 개인정보를 목적 외의 용도로 이용하거나 제공하여야 다른 법률에서 정하는 소관 업무를 수행할 수 있는지 심의·의결하도록 요구된다.[312] 이 경우 보호위원회는 해당 소관 업무가 관련 다른 법률에 규정되어 있는지는 물론 정보주체나 제3자의 이익을 부당하게 침해할 우려가 있는지 판단

---

309) 법 제18조 제2항 제5호.

310) 법 제18조 제2항 단서.

311) 법 제15조 제1항 제3호.

312) 법 제18조 제2항 제5호에 따른 보호위원회의 심의·의결 사례는 적지 않다. 예컨대, 거주불명 북한이탈주민의 실태조사를 위하여 통일부가 요청한 국민건강보험공단 등이 보유한 행정서비스 이용실적정보 등의 제공에 관하여, 보호위원회는 통일부가 설립한 지역적응센터 또는 북한이탈주민지원재단을 통하여 조사·위탁 등의 방법으로 소재 파악이 가능한 점에서 공단 등으로부터 해당 정보를 제공받지 못하면 통일부가 소관업무를 수행할 수 없는 경우에 해당하지 않을 것이라고 결정하였다. 보호위원회, '통일부의 거주불명 북한이탈주민 실태조사를 위한 국민건강보험공단, 국민연금공단, 법무부 보유 개인정보 제공 요청에 관한 건'(제2021-125-052호, 2021.12.22.).

할 것이다.

다른 법률에서 정하는 소관 업무의 수행을 위하여 개인정보의 목적 외 이용·제공이 허용되는데, 법률로 한정되어서 시행령이나 시행규칙에서 정하는 소관 업무의 수행을 위하여는 이러한 목적 외 이용·제공이 허용되지 않는다. 그러나, 법률의 위임에 따라 시행령이나 시행규칙에서 정하는 소관 업무의 수행을 위하여 목적 외 이용·제공이 허용될 것이다.[313]

(5) 조약의 이행을 위하여 외국정부 등에 제공하기 위하여 필요한 경우

조약, 그 밖의 국제협정의 이행을 위하여 외국정부 또는 국제기구에 제공하기 위하여 필요한 경우 공공기관인 개인정보처리자는 정보주체 또는 제3자의 이익을 부당하게 침해할 우려가 있을 때를 제외하고는 개인정보를 목적 외 용도로 이용하거나 이를 제3자에게 제공할 수 있다.[314] 이러한 목적 외 이용·제공은 공공기관인 개인정보처리자에게만 허용된다.[315]

조약의 이행을 위하여 외국정부 또는 국제기구에 제공하기 위하여 필요한 경우 개인정보를 목적 외 용도로 이용하거나 이를 제3자에게 제공하는 경우는 동 조약에 개인정보의 외국정부 또는 국제기구에 대한 제공의 특별한 규정이 없는 경우에 해당할 것이다.[316] 조약에 개인정보의 제공이 규정되지 않지만 조약의 이행을 위하여 개인정보의 제공이 필요한 경우이다.

조약과 그 밖의 국제협정은 국내법과 같은 효력을 가지도록 '헌법에 의하여 체결·공포된 조약'을 의미한다.[317] 국회의 동의를 얻어야 하는 '주권의 제약에 관한 조약'이나 '입법사항에 관한 조약'은 물론 포함된다.[318] 조약은 일반적으로

---

313) 2020년 해설서 121면.

314) 법 제18조 제2항 제6호.

315) 법 제18조 제2항 단서.

316) 법 제28조의8 제1항 제2호는 조약에 '개인정보의 국외 이전에 관한 특별한 규정'이 있는 경우에 개인정보의 국외 이전을 허용한다.

317) 헌법 제6조 제1항.

318) 헌법 제60조 제1항.

형식과 명칭을 불문한 국가간 문서에 의한 약속인 점에서 '그 밖의 국제협정'을 조약과 구분하여 언급할 필요는 없을 것이다.[319] 개인정보의 목적 외 이용·제공의 근거로서 헌법에 규정된 '일반적으로 승인된 국제법규' 즉 국제관습법은 제외된다. 정보주체의 헌법상 기본권인 개인정보자기결정권의 침해가 불가피한 개인정보의 목적 외 이용·제공을 허용하는 조약의 이행은 신중해야 한다.

기존 국내 법률과 상충하여 체결되는 조약의 규정은 특별법적 지위를 가진다고 한다. 이러한 조약이 개인정보의 목적 외 이용 또는 제공을 규정한다면, 동 조약의 이행을 위해서 정보주체의 동의 없이도 개인정보의 목적 외 이용 또는 제공이 허용된다고 한다.[320] 그러나, 법 제18조 제2항 6호는 조약의 이행을 위하여 외국정부 등에게 개인정보의 목적 외의 제공이 필요한 경우이고, 해당 조약이 개인정보의 목적 외의 제공을 규정하는 경우가 아니다.[321]

(6) 범죄의 수사와 공소의 제기 및 유지를 위하여 필요한 경우

범죄의 수사와 공소의 제기 및 유지를 위하여 필요한 경우 공공기관인 개인정보처리자는 정보주체 또는 제3자의 이익을 부당하게 침해할 우려가 있을 때를 제외하고는 개인정보를 목적 외의 용도로 이용하거나 이를 제3자에게 제공할 수 있다.[322] 범죄 수사 등에 필요한 경우 정보주체의 동의 없이도 공공기관은 자신이 보유하고 있는 개인정보를 수집 목적 외로 이용 또는 제공할 수 있다.[323] 이러한 목적 외 이용·제공은 공공기관인 개인정보처리자에게만 허용

---

319) 1969년 '조약법에 관한 비엔나협약'은 제2조 제1항(a)에서 조약(treaty)을 '어떤 특정 명칭이라도 … 국가들 사이에서 서면으로 체결되고 국제법의 규율을 받는 국제협정'이라고 정의한다. 조약 이외에 그 밖의 국제협정은 헌장(charter, constitution), 규정(statute) 또는 규약(covenant), 협정(agreement), 협약(convention), 의정서(protocol), 각서교환(exchange of notes), 양해각서(memorandum of understanding), 기관간약정(agency-to-agency arrangement)을 포함한다.

320) 2020년 해설서 122면.

321) 이는 개인정보의 수집·이용의 근거로서 제15조 제1항 제2호의 '법률에 특별한 규정이 있거나 … 불가피한 경우'가 아니라 '공공기관이 … 소관 업무의 수행을 위하여 불가피한 경우'와 유사하다고 볼 수 있다.

322) 법 제18조 제2항 제7호.

323) 범죄 인지 전의 수사기관 내부의 조사 활동인 내사 단계에서도 범죄 수사를 위하여 피

된다.[324)]

　공공기관인 개인정보처리자가 보유하는 개인정보이지만 수사기관에 개인정보를 제공함으로써 정보주체나 제3자의 이익을 부당하게 침해할 우려가 있을 때에는 동 제공은 허용되지 않는다. 그러나, 범죄 수사 등의 경우 피의자의 개인정보자기결정권 등의 이익보다 공공의 사회안녕의 이익이 더 크다고 할 것이고, 정보주체인 피의자나 제3자의 사생활을 부당하게 침해할 우려는 상대적으로 크지 않을 것이다.

　개인정보의 목적 외 용도로 이용 또는 제3자에게 제공이 허용되는 다른 경우와 달리, 범죄 수사와 공소 제기 및 유지를 위하여 필요한 경우에는 '그 이용 또는 제공의 법적 근거, 목적 및 범위 등에 관하여 필요한 사항'은 보호위원회의 고시에 따른 관보 또는 인터넷 홈페이지 등에서의 게재가 요구되지 않는다.[325)] 범죄 수사 등의 활동은 피의자인 정보주체에게 비공개로 수행하여야 하기 때문이다.[326)]

　임의수사를 위하여 특히 공무소 등에 조회를 하거나 공공기관에게 요청하는 자료에 개인정보가 포함되어 있다면 범죄 수사의 필요성을 더욱 엄격하게 해석하여 가능한 한 정보주체의 개인정보자기결정권이 침해되지 않도록 해야 한다.[327)] 영장에 의하지 않는 경우에는 피의자가 죄를 범하였다고 의심할 만한 정황이 있고 해당 사건과 관계가 있다고 인정할 수 있는 경우에 한하여 극히 제한적으로 개인정보를 제공하여야 하고, 범죄의 형태나 경중, 정보주체가 받을 불이익의 정도 등 제반 사정을 종합적으로 고려하여 개인정보의 이용 없이는 수사 목적을 달성할 수 없는 경우에 한하여 극히 제한적으로 개인정보를 제공하여야 할 것이다.[328)]

　내사자의 개인정보 제공이 불가피하다면 동 규정의 적용을 받는다. 보호위원회, '피내사자의 개인정보 제공 관련 질의 건'(제2016 – 07 – 15호, 2016.5.9.).

324) 법 제18조 제2항 단서. 민간부문의 개인정보처리자는 범죄 수사 목적으로 개인정보를 제공하려면 형사소송법 등의 법적 근거에 따라야 한다. 2020년 해설서 122면.

325) 법 제18조 제4항.

326) 특히 수사 종결 후 공소가 제기되면 정보주체는 법원에서 수사기록 등을 열람할 수 있고, 불기소처분의 경우 정보공개청구를 통하여 자신의 정보를 열람할 수 있다. 정보공개법 제9조 제1항 참조.

327) 2020년 해설서 123면.

328) 2020년 해설서 123면.

(7) 법원의 재판업무 수행을 위하여 필요한 경우

법원의 재판업무 수행을 위하여 필요한 경우 공공기관인 개인정보처리자는 정보주체 또는 제3자의 이익을 부당하게 침해할 우려가 있을 때를 제외하고는 개인정보를 목적 외의 용도로 이용하거나 이를 제3자에게 제공할 수 있다.[329] 이러한 목적 외 이용·제공은 공공기관인 개인정보처리자에게만 허용된다.[330]

법원은 재판 업무 수행을 위하여 개인정보를 필요로 한다. 예컨대, 법원은 압수할 물건을 지정하여 소유자, 소지자 또는 보관자에게 제출을 명할 수 있는데, 압수의 목적물이 컴퓨터용 디스크, 그 밖에 이와 비슷한 정보저장매체인 경우에는 기억된 정보의 범위를 정하여 출력하거나 복제하여 제출받아야 한다.[331]

(8) 형 및 감호, 보호처분의 집행을 위하여 필요한 경우

형 및 감호, 보호처분의 집행을 위하여 필요한 경우 공공기관인 개인정보처리자는 정보주체 또는 제3자의 이익을 부당하게 침해할 우려가 있을 때를 제외하고는 개인정보를 목적 외의 용도로 이용하거나 이를 제3자에게 제공할 수 있다.[332] 이러한 목적 외 이용·제공은 공공기관인 개인정보처리자에게만 허용된다.[333]

(9) 공공의 안전과 안녕을 위하여 긴급히 필요한 경우

공중위생 등 공공의 안전과 안녕을 위하여 긴급히 필요한 경우 개인정보처리자는 정보주체 또는 제3자의 이익을 부당하게 침해할 우려가 있을 때를 제외하고는 개인정보를 목적 외의 용도로 이용하거나 이를 제3자에게 제공할 수

---

329) 법 제18조 제2항 제8호.
330) 법 제18조 제2항 단서.
331) 형사소송법 제106조 제2항과 제3항. 법원이 정보저장매체 등의 정보를 제공받은 경우 해당 정보주체에게 해당 사실을 지체 없이 알려야 한다. 동 조 제4항.
332) 법 제18조 제2항 제9호.
333) 법 제18조 제2항 단서.

있다.334) 공공기관은 물론 민간부문의 개인정보처리자는 이러한 예외를 활용할 수 있다.335) 그러나, 이 경우 다른 법률에 특별한 규정이 있거나 명백히 정보주체 또는 제3자의 급박한 생명, 신체, 재산의 이익을 위하여 필요한 경우가 보다 마땅한 법적 근거가 될 것이다.

3. 공공기관의 개인정보의 목적 외 이용 · 제공의 공개 및 관리

(1) 개인정보의 목적 외 이용 · 제공의 공개

공공기관은 일곱 가지 법적 근거에 따라 개인정보를 목적 외의 용도로 이용하거나 이를 제3자에게 제공하는 경우에 그 이용 또는 제공의 법적 근거, 목적 및 범위 등에 관하여 필요한 사항을 보호위원회가 고시로 정하는 바에 따라 관보 또는 인터넷 홈페이지 등에 게재하여야 한다.336) 이러한 일곱 가지 법적 근거는 다른 법률에 특별한 규정이 있거나, 명백히 정보주체 또는 제3자의 급박한 생명 · 신체 · 재산상 이익을 위하여 필요하다고 인정되는 경우, 다른 법률에서 정하는 소관 업무 수행을 위한 경우, 조약의 이행을 위한 경우, 법원의 재판업무 수행을 위하여 필요한 경우, 형 및 감호, 보호처분의 집행을 위하여 필요한 경우 및 공공의 안전과 안녕을 위하여 긴급히 필요한 경우이다. 따라서, 공공기관인 개인정보처리자는 정보주체의 별도의 동의를 받거나 범죄수사와 공소제기 및 유지를 위하여 필요한 경우 개인정보를 목적 외로 이용하거나 제공하더라도 동 사실을 공개할 필요는 없다.

공공기관은 개인정보를 목적 외의 용도로 이용하거나 제3자에게 제공하는 경우 다음 각 호의 사항을 목적 외 이용 또는 제공한 날부터 30일 이내에 관보 또는 인터넷 홈페이지에 게재하여야 한다:337) 1. 목적 외 이용 또는 제3자 제

---

334) 법 제18조 제2항 제10호. 동 규정은 2023년 3월 14일 개정으로 신설되었다.

335) 법 제18조 제2항 단서.

336) 법 제18조 제4항. '관보 또는 인터넷 홈페이지 등'이라고 규정하여서 관보와 인터넷 홈페이지 외의 다른 게재 방식이 가능한 것으로 이해되지만, 개인정보 처리고시 제2조는 관보와 인터넷 홈페이지 두 가지 경우만 규정한다.

337) 개인정보 처리고시 제2조 제1문.

공의 날짜, 2. 목적 외 이용 또는 제3자 제공의 법적 근거, 3. 목적 외 이용 또는 제3자 제공의 목적, 4. 목적 외 이용 또는 제3자 제공한 개인정보의 항목. 인터넷 홈페이지에 게재할 때에는 10일 이상 계속 게재하되 게재를 시작하는 날은 목적 외 이용 또는 제3자 제공의 날부터 30일 이내이어야 한다.[338]

(2) 개인정보의 목적 외 이용 · 제공의 관리

공공기관이 개인정보를 목적 외의 용도로 이용하거나 제3자에게 제공하는 경우에 다음 각 호의 사항을 보호위원회가 정하여 고시하는 '개인정보의 목적 외 이용 및 제3자 제공 대장'에 기록하고 이를 관리하여야 한다:[339] 1. 이용하거나 제공하는 개인정보 또는 개인정보파일의 명칭, 2. 이용기관 또는 제공받는 기관의 명칭, 3. 이용 목적 또는 제공받는 목적, 4. 이용 또는 제공의 법적 근거, 5. 이용하거나 제공하는 개인정보의 항목, 6. 이용 또는 제공의 날짜, 주기 또는 기간, 7. 이용하거나 제공하는 형태, 8. 법 제18조 제5항에 따라 제한을 하거나 필요한 조치를 마련할 것을 요청한 경우에는 그 내용.

4. 개인정보의 목적 외 제공에 대한 보호조치

개인정보처리자는 아홉 가지 법적 근거의 어느 하나에 해당하여 개인정보를 목적 외의 용도로 제3자에게 제공하는 경우 개인정보를 제공받는 자에게 이용 목적, 이용 방법, 그 밖에 필요한 사항에 대하여 제한을 하거나, 개인정보의 안전성 확보를 위하여 필요한 조치를 마련하도록 요청하여야 한다.[340] '그 밖의 필요한 사항'은 이용 기간, 이용 형태 등을 포함할 것이다.[341] 동 요청의 문서는 전자문서를 포함한다.[342]

---

338) 개인정보 처리고시 제2조 제2문.
339) 영 제15조. '개인정보의 목적 외 이용 및 제3자 제공 대장'은 개인정보 처리고시의 별지 제1호 서식에 따른다. 개인정보 처리고시 제3조 제1항.
340) 법 제18조 제5항 제1문.
341) 표준지침 제8조 제1항 제1문 참조.
342) 표준지침 제8조 제1항 제1문 참조. 전자문서는 '정보처리시스템에 의하여 전자적 형태

개인정보처리자는 목적 외 용도로 개인정보를 제공받는 자에게 개인정보의 이용 제한('제한조치')과 개인정보의 안전성 확보에 필요한 조치('안전조치')의 마련을 모두 또는 선택적으로 요청할 수 있다. 개인정보처리자의 개인정보를 제공받는 자에 대한 이용 방법 등의 제한조치는 일방적 성격을 가지는데, 이 법은 개인정보를 제공받은 자가 실제로 그 제한조치를 준수하는지에 대한 개인정보처리자의 관리·감독의무를 명시하지 않는다. 그러나, 개인정보처리자로부터 안전조치의 마련을 요청받은 자는 개인정보의 안전성 확보를 위하여 필요한 조치를 하도록 요구된다.[343] 이렇게 요청을 받은 자는 그에 따른 조치를 취한 사실을 개인정보를 제공한 개인정보처리자에게 문서로 알려야 한다.[344] 개인정보를 목적 외의 용도로 제3자에게 제공하면서 안전성 확보를 위한 필요한 조치를 마련하도록 요청한 경우에 개인정보를 제공하는 자와 해당 개인정보를 제공받는 자는 개인정보의 안전성 확보 조치에 관한 책임관계를 명확히 하여야 한다.[345]

로 작성·변환되거나 송신·수신 또는 저장된 정보'이다. 전자문서법 제2조 제1호.

[343] 법 제18조 제5항 제2문.

[344] 표준지침 제8조 제1항 제2문.

[345] 표준지침 제8조 제2항. 개인정보의 안전성 확보 조치는 개인정보 안전성기준 참조.

■ V. 개인정보를 제공받은 자의 이용·제공 제한

개인정보처리자는 법 제17조 제1항과 제4항 및 제18조 제2항에 따라 정보주체의 개인정보를 제3자에게 공유를 포함하여 제공할 수 있다. 이렇게 개인정보처리자로부터 개인정보를 제공받은 자는 그 개인정보의 이용과 제공에 제한을 받아야 할 것이다.[346]

개인정보처리자로부터 개인정보를 제공받은 자는 다음 각 호의 어느 하나에 해당하는 경우를 제외하고는 개인정보를 제공받은 목적 외의 용도로 이용하거나 이를 제3자에게 제공하여서는 아니 된다:[347] 1. 정보주체로부터 별도의 동의를 받은 경우, 2. 다른 법률에 특별한 규정이 있는 경우. 물론, 개인정보를 제공받은 자는 법 제17조 제1항 제2호의 근거에 따라 해당 개인정보를 수집목적의 범위 내에서 정보주체의 동의 없이 처리할 수 있다.[348]

1. 정보주체의 별도의 동의를 받은 경우

개인정보처리자로부터 개인정보를 제공받은 자는 정보주체의 별도의 동의를 받으면 개인정보를 제공받은 목적 외의 용도로 이용하거나 이를 제3자에게

---

346) 예컨대, 대학수학능력시험 고사장 감독업무를 수행하는 과정에서 수험생의 연락처 등 개인정보가 포함된 응시원서를 제공받고, 이를 각 수험생의 수험표와 대조하는 과정에서 응시생의 연락처를 알게 된 후, 동 연락처를 이용하여 카카오톡으로 "사실 △△씨가 맘에 들어요." 등의 메시지를 발송한 사건에서 피고인은 개인정보처리자인 서울특별시교육청으로부터 제공받은 개인정보를 제공받은 목적 외 용도로 이용하여 법 제19조를 위반하였다고 판단되었다. 서울중앙지방법원 2020. 10. 15. 선고 2019노4259 판결. 피고인은 서울특별시교육청으로부터 대학수학능력시험 감독관으로 임명(위촉)되어 시험감독업무 수행을 위하여 개인정보처리자인 서울특별시교육청으로부터 수험생들의 전화번호 등 개인정보를 받은 것이므로 법 제17조 제1항 제2호, 제15조 제1항 제3호의 '공공기관이 법령 등에서 정하는 소관 업무의 수행을 위하여 불가피한 경우'에 해당하여 법 제19조 소정의 '개인정보처리자로부터 개인정보를 제공받은 자'에 포섭된다는 것이다.

347) 법 제19조. 개인정보 처리 업무를 수탁받은 자는 개인정보를 제공받은 자가 아니다.

348) 2020년 해설서 131면.

제공할 수 있다.349) 개인정보를 제공받은 자와 정보주체와의 사적자치의 원칙
이 적용되어서 새로운 개인정보처리자는 정보주체의 별도의 동의를 받아 개인
정보를 제공받은 목적 외의 용도로 이용 또는 제3자 제공이 가능하다.

정보주체의 별도의 동의는 원래의 동의와 동의 사항을 구분하여 각각 동의
를 받아야 한다.350) 다만, 정보주체의 별도의 동의를 받아야 하지만 정보주체
에게 고지할 내용에 관한 명시적 규정은 없다.351) 이 경우 정보주체의 별도의
동의를 얻기 위한 개인정보를 제공받은 자의 고지 의무는 없는 것으로 보이지
만, 개인정보처리자는 정보주체가 동의를 명확하게 인지할 수 있도록 알려야
한다.352) 또한, 개인정보처리자는 이러한 동의를 전자문서를 포함한 서면으로
받을 때에는 개인정보의 수집·이용 목적, 수집·이용하려는 개인정보의 항목
등 대통령령으로 정하는 중요한 내용을 보호위원회가 고시로 정하는 방법에
따라 명확히 표시하여 알아보기 쉽게 하여야 한다.353) 따라서, 개인정보처리자
로부터 개인정보를 제공받은 자는 개인정보를 제공받은 목적 외의 용도로 이
용하거나 이를 제3자에게 제공하기 위하여 정보주체에게 개인정보의 목적 외
이용·제공에 관한 제18조 제3항에 준하는 고지를 해야 할 것이다. 즉 목적 외
의 용도로 이용하거나 다른 제3자에게 제공하는 경우 다음의 사항을 정보주체
에게 고지하여야 할 것이다:354) 개인정보를 제공받는 자의 성명(법인 또는 단체
인 경우에는 그 명칭), 개인정보를 제공받는 자의 이용 또는 제공 목적, 이용 또

---

349) 법 제19조 제1호. 개인정보처리자인 입주자대표회의 또는 관리사무소로부터 받은 회의
    영상을 정보주체의 동의를 받지 않고 중계 또는 게시하는 경우 법 제19조에 위반될 수
    있다. 2021 표준해석례 73면. 아파트 관리소장 휴대전화 번호를 아파트 관리사무소에
    서 공식적으로 제공받은 경우 이를 제3자에게 알려주면 법 제19조에 위반할 수 있다.
    2021 표준해석례 128면.

350) 법 제22조 제2문.

351) 이 법이 정보주체의 별도의 동의를 받도록 규정한 경우는 개인정보의 목적 외 이용·
    제공(제18조 제2항 제1호), 개인정보를 제공받은 자의 이용·제공(제19조 제1호), 민감
    정보의 처리(제23조 제1항 제1호) 및 고유식별정보의 처리(제24조 제1항 제1호)인데,
    동의에 대한 고지사항이 규정되지 않은 경우는 개인정보를 제공받은 자의 이용·제공
    (제19조 제1호)이다.

352) 법 제22조 제1항 제1문.

353) 법 제22조 제2항.

354) 2020년 해설서 131면 참조.

는 제공하는 개인정보 항목, 개인정보를 제공받는 자의 개인정보 보유 및 이용 기간, 동의거부권이 있다는 사실 및 동의거부에 따른 불이익. 정보주체로부터 별도 동의를 받는 방법은 개인정보처리자가 정보주체의 동의를 받는 방법에 관한 일반규정인 법 제22조에 따르면 된다.

2. 다른 법률의 특별한 규정

개인정보처리자로부터 개인정보를 제공받은 자는 다른 법률에 특별한 규정이 있으면 개인정보를 제공받은 목적 외의 용도로 이용하거나 이를 제3자에게 제공할 수 있다.[355] 여기서 다른 법률은 이 법이 아닌 법률을 가리킬 것이다.[356]

▌표.15 개인정보의 수집 · 이용, 제3자 제공, 목적 외 이용 · 제공 제한 및 제공받은 자의 이용 · 제공 제한의 법적 근거 비교

	수집 · 이용 (법 제15조)	제3자 제공 (법 제17조)	목적 외 이용 · 제공 제한(법 제18조)	제공받은 자의 이용 · 제공 제한(법 제19조)
공통기준			정보주체 또는 제3자의 이익을 부당하게 침해할 우려가 있을 때는 허용되지 않음	
정보주체 동의	정보주체의 동의를 받은 경우(제1항 제1호)	정보주체의 동의를 받은 경우 (제1항 제1호)	정보주체의 별도의 동의를 받은 경우(제2항 제1호)	정보주체로의 별도의 동의를 받은 경우(제1호)

---

355) 법 제19조 제2호.
356) 한국과 미국은 한미범죄예방협정에 따라 획득한 정보를 동 협정의 목적인 범죄 수사 등을 위하여 처리할 수 있는데, '정보를 제공한 당사국의 사전 동의하에서의 그 밖의 목적'을 위하여도 처리할 수 있다. 한미범죄예방협정 제10조 제1항 라호. 이 경우는 법률이 아니라 조약에 근거한 것이다.

법률 규정	법률에 특별한 규정이 있거나 법령상 의무를 준수하기 위하여 불가피한 경우(제1항 제2호)	법률에 특별한 규정이 있거나 법령상 의무를 준수하기 위하여 불가피한 경우(제1항 제2호)	다른 법률에 특별한 규정이 있는 경우(제2항 제2호)	다른 법률에 특별한 규정이 있는 경우(제2호)
공공기관 소관 업무 수행	공공기관이 법령 등에서 정하는 소관 업무의 수행을 위하여 불가피한 경우(제1항 제3호)	공공기관이 법령 등에서 정하는 소관 업무의 수행을 위하여 불가피한 경우(제1항 제2호)	개인정보를 목적 외의 용도로 이용하거나 이를 제3자에게 제공하지 아니하면 다른 법률에서 정하는 소관 업무를 수행할 수 없는 경우로서 보호위원회의 심의·의결을 거친 경우(공공기관만 해당)(제2항 제5호)	
계약	정보주체와 체결한 계약을 이행하거나 계약을 체결하는 과정에서 정보주체의 요청에 따른 조치를 이행하기 위하여 필요한 경우(제1항 제4호)			

정보주체 또는 제3자의 생명 등 이익	명백히 정보주체 또는 제3자의 급박한 생명, 신체, 재산의 이익을 위하여 필요하다고 인정되는 경우(제1항 제5호)	명백히 정보주체 또는 제3자의 급박한 생명, 신체, 재산의 이익을 위하여 필요하다고 인정되는 경우(제1항 제2호)	명백히 정보주체 또는 제3자의 급박한 생명, 신체, 재산의 이익을 위하여 필요하다고 인정되는 경우(제2항 제3호)	
개인정보 처리자의 정당한 이익	개인정보처리자의 정당한 이익을 달성하기 위하여 필요한 경우로서 명백하게 정보주체의 권리보다 우선하는 경우(제1항 제6호)	개인정보처리자의 정당한 이익을 달성하기 위하여 필요한 경우로서 명백하게 정보주체의 권리보다 우선하는 경우(제1항 제2호)		
공공의 안전과 안녕	공중위생 등 공공의 안전과 안녕을 위하여 긴급히 필요한 경우(제1항 제7호)	공중위생 등 공공의 안전과 안녕을 위하여 긴급히 필요한 경우(제1항 제2호)	공중위생 등 공공의 안전과 안녕을 위하여 긴급히 필요한 경우(제2항 제10호)	
통계작성, 과학적 연구, 공익적 기록보존 등			~~통계작성 및 학술연구 등의 목적을 위하여 필요한 경우로서 특정 개인을 알아볼 수 없는 형태로 개인정보를 제공하는 경우(제2항 제4호)~~[357]	

---

357) 동 규정은 2020년 2월 4일 개정으로 삭제되었고, 법 제28조의2 제1항으로 다음과 같이 대체되었다: "개인정보처리자는 통계작성, 과학적 연구, 공익적 기록보존 등을 위하

조약 이행			조약, 그 밖의 국제협정의 이행을 위하여 외국정부 또는 국제기구에 제공하기 위하여 필요한 경우(공공기관만 해당)(제2항 제6호)	
범죄 수사 등			범죄의 수사와 공소의 제기 및 유지를 위하여 필요한 경우(공공기관만 해당)(제2항 제7호)	
재판			법원의 재판업무 수행을 위하여 필요한 경우(공공기관만 해당)(제2항 제8호)	
형·감호 집행			형 및 감호, 보호처분의 집행을 위하여 필요한 경우(공공기관만 해당)(제2항 제9호)	

여 정보주체의 동의 없이 가명정보를 처리할 수 있다."

개인정보처리자는 정보주체 이외로부터 즉 인터넷 등 공개된 출처나 공공기관으로부터 개인정보를 수집할 수 있다.[358] 이렇게 정보주체 이외로부터 수집한 개인정보에 관련하여 해당 정보주체는 적절히 그 수집 출처 등을 알게 하여 그의 개인정보자기결정권을 가능한대로 보호받아야 한다. 개인정보처리자가 자체적으로 생산하거나 처리 과정에서 자동적으로 생성된 개인정보는 정보주체 이외로부터 수집한 개인정보에 해당하지 않는다.[359] 개인정보처리자는 정보주체 이외로부터 수집한 개인정보를 처리하는 때에는 정보주체의 요구가 있거나 대통령령으로 정하는 기준에 해당하면 일정한 사항을 정보주체에게 알려야 한다.

1. 정보주체의 요구가 있는 경우

개인정보처리자는 정보주체 이외로부터 수집한 개인정보를 처리하는 때에는 정보주체의 요구가 있으면 즉시 다음 각 호의 모든 사항을 정보주체에게 알려야 한다:[360] 1. 개인정보의 수집 출처, 2. 개인정보의 처리 목적, 3. 법 제37

---

358) 공공기관이 보유·관리하는 정보는 국민의 알권리 보장 등을 위하여 정보공개법에서 정하는 바에 따라 적극적으로 공개하여야 한다. 정보공개법 제3조. 공공기관이 보유·관리하는 정보는 공개 대상이 되지만, 해당 정보에 포함되어 있는 성명·주민등록번호 등 개인정보로서 공개될 경우 사생활의 비밀 또는 자유를 침해할 우려가 있다고 인정되는 정보는 다음 각 목에 열거한 사항을 제외하고 공개하지 아니할 수 있다: 가. 법령에서 정하는 바에 따라 열람할 수 있는 정보, 나. 공공기관이 공표를 목적으로 작성하거나 취득한 정보로서 사생활의 비밀 또는 자유를 부당하게 침해하지 아니하는 정보, 다. 공공기관이 작성하거나 취득한 정보로서 공개하는 것이 공익이나 개인의 권리 구제를 위하여 필요하다고 인정되는 정보, 라. 직무를 수행한 공무원의 성명·직위, 마. 공개하는 것이 공익을 위하여 필요한 경우로서 법령에 따라 국가 또는 지방자치단체가 업무의 일부를 위탁 또는 위촉한 개인의 성명·직업. 정보공개법 제9조 제1항 제6호.

359) 2020년 해설서 135면.

360) 법 제20조 제1항. 개인정보의 수집에 관하여 개인정보처리자가 정보주체에게 알려야 하는 내용과 비교할 때 정보주체 이외로부터 개인정보를 수집한 경우에는 수집한 개인정보의 항목과 개인정보의 보유기간이 알리도록 요구되지 않는다. 이렇게 정보주체에

조에 따른 개인정보 처리의 정지를 요구하거나 동의를 철회할 권리가 있다는 사실.[361] 정보주체가 직접 개인정보를 제공한 것이 아니기 때문에, 이들 통지 사항 중에서 개인정보의 수집 출처는 특히 중요하다. 이러한 수집 출처는 공개 적으로 접근 가능한 출처인 여부를 포함할 것이다.[362] 정보주체가 개인정보의 수집 출처를 알아야 자신의 개인정보의 최초 수집의 적법성을 확인하고 필요 하면 이의를 제기할 수 있게 된다. 따라서, '데이터의 구체적 출처'(the specific source of data) 제공이 불가능한 것이 아니라면 제공되어야 한다.[363] 개인정보 의 수집 출처는 수집 장소와 일자를 포함할 것이다. 개인정보의 제공자가 있는 경우에는 제공자의 이름과 제공받은 일자를 포함할 것이다. 이러한 통지를 받 은 정보주체는 개인정보처리자에 대하여 자신의 개인정보 처리정지를 요구할 수 있고, 개인정보처리자는 이러한 처리정지 요구를 받았을 때에는 원칙적으로 는 지체 없이 정보주체의 요구에 따라 개인정보 처리의 전부를 정지하거나 일 부를 정지하여야 한다.[364]

정보주체가 자신에 관한 개인정보를 직접 제공하지 않은 경우에 특정 개인 정보처리자에게 자신의 개인정보가 제공된 사실을 아는 것이 쉽지 않을 것이 어서 해당 개인정보처리자에게 자신의 개인정보 수집 출처 등을 통지하도록 요구하게 하는 것이 현실적으로 타당할지 의문이다.[365] 한편, 공공기관은 정보

게 알려야 하는 정보가 비교적 제한적이고, 이러한 정보의 제공에 대한 예외가 허용되 는 점에서 개인정보를 정보주체가 아닌 자로부터 수집한 경우는 비교적 느슨한 규제를 받는 것으로 볼 수 있다.

361) 법 제20조 제1항은 정보주체 이외로부터 수집한 개인정보의 처리에서 정보주체를 보호 하는데, 해당 정보주체의 동의에 근거하지 않고 수집된 개인정보의 처리에 대하여 정 보주체의 동의가 철회될 수 있는 것인지 의문이다.

362) GDPR 제14조 제2항(f) 참조.

363) 그 구체적 출처가 언급되지 않으면 공개 또는 민간 보유 여부의 출처 성격 및 기관, 산 업, 부문의 유형이라도 제공되어야 한다. 제29조 작업반 Guidelines on transparency, p. 40. 개인정보의 출처가 다양하게 사용되어 정보주체에게 그 기원이 제공될 수 없는 경우, 일반적 정보가 제공된다. GDPR 상설 제61항.

364) 법 제37조 제2항. 개인정보처리자는 정당한 사유가 없는 한 요구를 받은 날로부터 10일 이내에 개인정보 처리의 일부 또는 전부를 정지하여야 한다. 표준지침 제33조 제1항.

365) 개인정보를 공개된 출처로부터 수집하거나 제3자로부터 수집하여 처리하는 경우에 해 당 정보주체에게 수집·이용 목적 등을 알리는 것이 불가능한 경우가 많아서 정보주체 의 요구가 있는 때 출처 등을 통지하게 하는 것이 입법 취지라고 한다. 2020년 해설서

주체의 별도의 동의를 받지 않고 일정한 근거에 따라 개인정보를 목적 외의 용도로 이용하거나 제3자에게 제공하는 경우 그 이용 또는 제공의 법적 근거나 목적 및 범위 등에 관하여 필요한 사항을 보호위원회가 고시로 정하는 바에 따라 관보 또는 인터넷 홈페이지 등에 게재하도록 요구된다.[366] 또한, 개인정보처리자는 정보주체의 동의 없이 처리할 수 있는 개인정보에 대해서는 그 항목과 처리의 법적 근거를 정보주체의 동의를 받아 처리하는 개인정보와 구분하여 개인정보 처리방침의 공개에 관한 법 제30조 제2항에 따라 공개하거나 전자우편 등 대통령령으로 정하는 방법에 따라 정보주체에게 알려야 한다.[367] 이러한 방법을 통하더라도 정보주체가 자신의 개인정보가 이렇게 이용 또는 제공되는 사실을 알기는 어려울 것이다.

개인정보처리자가 정보주체 이외로부터 수집한 개인정보를 처리하는 때에는 정당한 사유가 없는 한 정보주체의 요구가 있은 날로부터 3일 이내에 모든 통지사항을 정보주체에게 알려야 한다.[368] 이렇게 빠른 시간 내에 통지하려면 개인정보처리자는 개인정보의 수집 출처 등 통지사항을 항상 효율적으로 관리하고 있어야 할 것이다.

2. 정보주체의 요구가 없는 경우

처리하는 개인정보의 종류·규모, 종업원 수 및 매출액 규모 등을 고려하여 대통령령으로 정하는 기준에 해당하는 개인정보처리자는 법 제17조 제1항 제1호에 따라[369] 정보주체 이외로부터 개인정보를 수집하여 처리하는 때에는 다

134면. 한편, 명백히 정보주체 또는 제3자의 급박한 생명 등 이익을 위하여 필요한 경우에 정보주체의 사전 동의 없이 개인정보를 수집·이용 또는 제공한 경우, 해당 사유가 해소된 때에는 개인정보의 처리를 즉시 중단하고 정보주체에게 사전 동의 없이 개인정보를 수집·이용 또는 제공한 사실과 그 사유 및 이용내역을 알려야 한다. 표준지침 제14조.

366) 법 제18조 제4항.

367) 법 제22조 제3항 제1문. 동 규정은 2023년 3월 14일 개정으로 수정되었다.

368) 표준지침 제9조 제1항.

369) 법 제17조 제1항 제1호는 정보주체의 동의를 받은 개인정보의 제3자 제공을 규정한다. 정보주체의 입장에서 본인의 개인정보가 공개된 출처로부터 수집되거나 제3자로부터

음 각 호의 모든 사항을 정보주체에게 알려야 한다:370) 1. 개인정보의 수집 출처, 2. 개인정보의 처리 목적, 3. 법 제37조에 따른 개인정보 처리의 정지를 요구하거나 동의를 철회할 권리가 있다는 사실.371) 대통령령으로 정하는 기준에 해당하는 개인정보처리자도 법 제17조 제1항 제1호에 따르지 않고 정보주체 이외로부터 개인정보를 수집하여 처리하는 경우에는 이러한 통지 의무는 적용되지 않는다.372) 또한, 개인정보처리자가 수집한 정보에 연락처 등 정보주체에

수집된 경우라면 이러한 사실을 아는 것이 현실적으로 어려운 점에서 대통령령이 정하는 기준에 해당하는 대량의 개인정보를 처리하는 개인정보처리자에게 관련 정보를 통지하게 하는 것이 입법 취지라고 한다. 2020년 해설서 134면.

370) 법 제20조 제2항. 동 규정은 2016년 3월 29일 개정으로 신설되었다. 개인정보처리자가 적정성 결정에 기반하여 EU로부터 개인정보를 이전받은 경우에 그 이전이 발생한 날로부터 1개월 이내에 다음 항목을 정보주체에게 알리도록 요구된다: (1) 개인정보를 이전하는 자와 이전받는 자의 명칭 및 연락처, (2) 이전받는 개인정보의 항목 또는 범주, (3) 개인정보의 수집·이용 목적, 즉 개인정보를 이전하는 자가 특정한 목적, (4) 개인정보의 보유기간, (5) 해당 개인정보 처리에 대한 정보주체의 권리와 그 행사 방법·절차에 관한 사항 및 권리행사에 따른 불이익이 있는 경우 그 불이익의 내용. 보완규정 제3절 제3조 제(i)항. 이들 통지항목은 법 제20조에서 요구하는 항목보다 많고, 특히 1개월 이내의 통지는 GDPR 제14조 제3항(c)와 동일하다. 다만, 개인정보의 수집·이용 목적보다는 개인정보의 예정된 처리 목적과 처리의 법적 근거가 통지되어야 할 것이다. GDPR 제14조 제1항(c) 참조. 또한, 개인정보처리자는 다음의 어느 하나에 해당하는 경우에는 위의 정보주체에 대한 고지를 하지 말아야 한다: (1) 고지 대상이 되는 개인정보가 법 제32조 제2항 각 호의 어느 하나에 해당하는 개인정보파일에 포함되어 있는 경우로서 이 조항에 의해 보호되는 이익이 정보주체의 권리보다 명백히 우선하고, 그 고지가 이 조항에 의해 보호되는 이익의 달성을 위협하는 경우(예를 들어 진행 중인 범죄 수사를 위태롭게 하거나, 국가안보를 위협하는 경우), (2) 고지로 인하여 다른 사람의 생명·신체를 해할 우려가 있거나 다른 사람의 재산과 그 밖의 권리 또는 이익을 부당하게 침해할 우려가 있는 경우로서 다른 사람의 생명, 신체, 재산과 그 밖의 권리 또는 이익이 정보주체의 권리보다 명백히 우선하는 경우, (3) 개인정보처리자가 알려야 하는 정보를 정보주체가 이미 보유하고 있는 경우, (4) 법 제3절의 규정에 따라 개인정보를 처리하는 경우를 포함하여 개인정보처리자가 정보주체에게 연락 가능한 정보를 보유하고 있지 않거나 과도한 노력이 수반되어야 하는 경우. 마지막 경우에 해당하는지 여부를 판단할 때에는 EU에서 개인정보를 이전한 자와 협력할 수 있는지를 고려해야 한다. 보완규정 제3절 제3조 제(iii)항.

371) 법 제20조 제2항은 법 제17조 제1항 제1호에 따라 정보주체의 동의를 받아 개인정보를 제공한 개인정보처리자로부터 수집한 개인정보에 대한 것이어서, 해당 정보주체의 동의 철회는 가능할 것이다.

372) 예컨대, 교육부 등이 e아동행복지원시스템에서 수집·발굴된 정보를 공유받아 이를 아동학대 조기 발견과 신속 보호 등에 활용하고자 하는 경우, 해당 개인정보가 법 제17

게 알릴 수 있는 개인정보가 포함되지 아니한 경우에는 정보주체에게 알리지 않아도 된다.[373)]

'대통령령으로 정하는 기준에 해당하는 개인정보처리자'는 다음 각호의 어느 하나에 해당하는 개인정보처리자이다:[374)] 1. 5만 명 이상의 정보주체에 관하여 민감정보 또는 고유식별정보를 처리하는 자, 2. 100만 명 이상의 정보주체에 관하여 개인정보를 처리하는 자. 이러한 개인정보처리자는 개인정보의 수집 출처, 개인정보의 처리 목적, 개인정보 처리 정지를 요구하거나 동의를 철회할 권리가 있다는 사실을 다음 각 호의 어느 하나에 해당하는 방법으로 개인정보를 제공받은 날부터 3개월 이내에 정보주체에게 알려야 한다:[375)] 1. 서면·전자우편·전화·문자전송 등 정보주체가 통지 내용을 쉽게 확인할 수 있는 방법, 2. 재화 및 서비스를 제공하는 과정에서 정보주체가 쉽게 알 수 있도록 알림창을 통해 알리는 방법. 그러나, 개인정보를 제공받는 자, 개인정보를 제공받는 자의 개인정보 이용 목적, 제공하는 개인정보의 항목, 개인정보를 제공받는 자의 개인정보 보유 및 이용 기간의 사항에 대하여 같은 법 제17조 제1항 제1호에 따라 정보주체의 동의를 받은 범위에서 연 2회 이상 주기적으로 개인정보를 제공받아 처리하는 경우에는 개인정보를 제공받은 날부터 3개월 이내에 정보주체에게 알리거나 그 동의를 받은 날부터 기산하여 연 1회 이상 정보주체에게 알려야 한다.[376)] 개인정보처리자는 법 제20조 제2항에 따라 개인정보의 수집 출처 등에 관한 사항을 알리는 것과 법 제20조의2 제1항에 따른 이용·제공 내역의 통지를 함께 할 수 있다.[377)] 이러한 개인정보처리자는 위의 방법으로 알린 경우 다음 각 호의 사항을 해당 개인정보를 파기할 때까지 보관·관

조 제1항 제1호에 따르지 않고 법 제17조 제1항 제2호 중 '제15조 제1항 제2호'인 법률의 특별한 규정에 따라 공유받는 것이므로 법 제20조에 따른 고지 의무는 없다. 2022 표준해석례 8면. 또한, 신용정보법에 따라 동의를 받아 개인정보를 제공한 자로부터 수집한 개인정보에 대하여 동 통지 의무는 적용되지 않는다. 2020년 해설서 135면.

373) 법 제20조 제2항 단서.
374) 영 제15조의2 제1항. 이 경우 다음 각 호에 규정된 정보주체의 수는 전년도 말 기준 직전 3개월 간 일일평균을 기준으로 산정한다. 동 항 제2문.
375) 영 제15조의2 제2항. 각 호는 2023년 9월 12일 개정으로 신설되었다.
376) 영 제15조의2 제2항 단서.
377) 영 제15조의2 제3항. 동 규정은 2023년 9월 12일 개정으로 신설되었다.

리하여야 한다:378) 1. 정보주체에게 알린 사실, 2. 알린 시기, 3. 알린 방법.

EU GDPR

GDPR도 개인정보가 정보주체로부터 획득되지 않은 경우 제공되어야 할 정보를 상세하게 규정한다. 즉 정보주체로부터 그에 관한 개인정보가 수집되지 않는 경우, 컨트롤러는 정보주체에게 관련 정보를 제공하여야 하는데, 개인정보가 정보주체로부터 수집되는 경우 제공되어야 할 정보와 비교할 때 '컨트롤러나 제3자가 추구하는 정당한 이익의 목적을 위하여 처리가 필요한 경우 이러한 정당한 이익'379)이 빠지고 '관련 개인정보의 범주'380)가 추가된다.381) 위의 통지사항에 더하여, 컨트롤러는 '공정하고 투명한 처리'(fair and transparent processing)를 보장하는데 필요한 다음의 추가적 정보를 정보주체에게 제공하여야 하는데, 개인정보가 정보주체로부터 수집되는 경우 제공되어야 할 정보와 비교할 때 '개인정보의 제공이 법적 또는 계약적 요건인지 또는 계약 체결에 필요한 요건인지 및 정보주체가 개인정보를 제공할 의무가 있는지 여부 및 그 개인정보를 제공하지 않을 때 발생할 수 있는 결과'382)가 빠지고, '컨트롤러나 제3자가 추구하는 정당한 이익의 목적을 위하여 처리가 필요한 경우 이러한 정당한 이익'383)과 '개인정보의 기원 출처 및 가능한 경우 그것이 공개적으로 접근이 가능한 출처로부터 온 것인지 여부'384)가 추가된다.385) 개인정보가 정보주체로부터 획득되지 않은 경우 컨트롤러는 정보주체에게 다음의 시점에서 정보를 제공하여야 한다:386) (a) 개인정보가 처리되는 구체적 상황을 고려하여 개인정보를 획득한 후 합리적 기간 내이지만 늦어도 한 달 내, (b) 개인정보가 정보주체와 통지를 위하여 이용되는 경우에는 늦어도 정보주체에 대한 최초의 통지 시 또는 (c) 다른 수령자에게의 공개가 예정

---

378) 영 제15조의2 제4항. 개인정보의 파기에 관하여 법 제21조와 제37조 제5항 참조.
379) GDPR 제13조 제1항(d).
380) GDPR 제14조 제1항(d).
381) GDPR 제14조 제1항.
382) GDPR 제13조 제2항(e).
383) GDPR 제14조 제2항(b).
384) GDPR 제14조 제2항(f).
385) GDPR 제14조 제2항.
386) GDPR 제14조 제3항.

된 경우에는 늦어도 개인정보가 최초로 공개된 때. 정보주체와의 통지 및 다른 수령자에게의 공개와 관련하여 제공 시점은 한 달 이내가 된다.[387]

3. 통지 거부

정보주체 이외로부터 수집한 개인정보의 수집 출처 등 통지 의무에 대한 예외가 인정된다. 이러한 통지 의무에 대한 예외는 이 법에 따른 정보주체의 권리보다 명백히 우선하는 경우에 허용된다.[388] 첫째, 통지를 요구하는 대상이 되는 개인정보가 국가 안전에 관련되는 등 특별한 개인정보파일에 포함되어 있는 경우에 개인정보처리자는 통지를 거부할 수 있다.[389] 둘째, 통지로 인하여 다른 사람의 생명·신체를 해할 우려가 있거나 다른 사람의 재산과 그 밖의 이익을 부당하게 침해할 우려가 있는 경우에 개인정보처리자는 통지를 거부할 수 있다.[390]

예컨대, 내부고발자의 고발로 비리 등의 조사가 시작되면서 피고발인이 자신에 관련된 정보의 출처를 요구하는 경우 고발자의 이름 등을 알려주게 되면 고발자가 해고 등 위험에 직면할 수 있기 때문에 통지 요구가 거부될 수 있다. 생명 등에 대한 위해와 재산 등에 대한 침해 그 자체가 아니라 각각의 우려가 요구되기 때문에 정보주체에게 개인정보의 수집 출처 등 통지가 거부되는 경

---

387) Zanfir—Fortuna, p. 445.

388) 법 제20조 제4항 단서.

389) 법 제20조 제4항 제1호. 공공기관의 장이 개인정보파일을 운용하는 경우 보호위원회에 개인정보파일의 명칭 등을 등록하여야 한다. 법 제32조 제1항. 국가 안전 등에 해당하는 개인정보파일은 등록할 필요가 없다. 이렇게 보호위원회에 등록될 필요가 없는 다음의 개인정보파일에 대하여 수집 출처 등의 통지 의무에 대한 예외가 인정된다: 1. 국가 안전, 외교상 비밀, 그 밖에 국가의 중대한 이익에 관한 사항을 기록한 개인정보파일, 2. 범죄의 수사, 공소의 제기 및 유지, 형 및 감호의 집행, 교정처분, 보호처분, 보안관찰처분과 출입국관리에 관한 사항을 기록한 개인정보파일, 3. 조세범처벌법에 따른 범칙행위 조사 및 관세법에 따른 범칙행위 조사에 관한 사항을 기록한 개인정보파일, 4. 일회적으로 운영되는 파일 등 지속적으로 관리할 필요성이 낮다고 인정되어 대통령령으로 정하는 개인정보파일, 5. 다른 법령에 따라 비밀로 분류된 개인정보파일. 법 제32조 제2항.

390) 법 제20조 제4항 제2호.

우가 더 많을 수 있다. 또한, 생명과 신체와는 달리 다른 사람의 재산과 그 밖의 이익에 대하여 부당한 침해의 우려도 요구되므로, 이러한 재산과 이익에 대한 부당하지 않은 즉 정당한 침해의 경우에 정보주체에게 개인정보의 수집 출처 등이 통지되어야 한다. 다른 사람의 그 밖의 이익의 의미는 분명하지 않지만 명예 등 비재산적 이익도 고려될 수 있겠다.

개인정보처리자가 정보주체의 요구에 따른 통지를 거부하는 경우에는 정당한 사유가 없는 한 정보주체의 요구가 있은 날로부터 3일 이내에 그 거부의 근거와 사유를 정보주체에게 알려야 한다.[391]

EU GDPR

개인정보가 정보주체로부터 획득되지 않은 경우 정보의 제공에 관한 GDPR 제14조의 규정은 다음의 경우 적용하지 않는다.[392] 첫째, 정보주체가 이미 그 정보를 가지고 있는 경우이다.[393] 둘째, 특히 공익의 기록보존 목적, 과학적 및 역사적 연구 목적 또는 통계적 목적의 처리에 대하여 그러한 정보의 제공이 불가능한 것으로 입증되거나 과도한 노력을 수반하는 경우 또는 기본적 정보의 제공 의무가 처리 목적의 달성을 불가능하게 하거나 심각하게 저해할 것 같은 경우이다.[394] 셋째, 컨트롤러에게 적용되고 정보주체의 정당한 이익을 보호하는 적절한 조치를 규정하는 EU 또는 회원국 법에 획득 또는 공개가 명시적으로 규정된 경우이

---

391) 표준지침 제9조 제2항.

392) GDPR 제14조 제1항부터 제4항까지의 규정이 적용되지 않는다.

393) GDPR 제14조 제5항(a).

394) GDPR 제14조 제5항(b). 이들 특별한 목적의 처리는 GDPR 제89조 제1항에 언급된 조건과 가명처리를 포함하는 안전장치에 따르게 된다. 기본적 정보의 제공은 GDPR 제14조 제1항 참조. 이 경우 컨트롤러는 정보를 공개적으로 이용가능하게 하는 것을 포함하여 정보주체의 권리와 자유 및 정당한 이익을 보호하는 적절한 조치를 취해야 한다. 한편, 컨트롤러는 정보 제공이 불가능함을 증명해야 한다. 제29조 작업반 Guidelines on transparency, p. 29. 정보 제공의 과도한 노력의 수반에 관하여, 컨트롤러는 정보주체에게 정보를 제공하는데 수반되는 노력과 정보주체가 해당 정보를 제공받지 않은 경우 그에게의 영향과 효과를 평가하는 '균형시험'(balancing exercise)을 수행해야 한다. 제29조 작업반 Guidelines on transparency, p. 31. 이 경우 정보주체의 수, 데이터의 연수(age) 및 채택된 적절한 안전장치가 고려되어야 한다. GDPR 상설 제62항.

다.395) 넷째, '법정 비밀유지 의무'(a statutory obligation of secrecy)를 포함하여 EU 또는 회원국 법에 의하여 규율되는 직무상 비밀유지 의무에 따라 개인정보가 비밀로 되어야 하는 경우이다.396)

---

395) GDPR 제14조 제5항(c).
396) GDPR 제14조 제5항(d).

■ VII. 개인정보의 이용·제공 내역의 통지

개인정보 수집 출처 등 통지와 이용·제공 내역의 통지가 중복하여 적용되지 않도록 통지 의무 대상을 수집 출처 등 통지 기준과 일치시키고 통지 방법 등을 현실에 맞게 정비하도록 2023년 3월 14일 개정으로 개인정보 이용·제공 내역의 통지에 관한 법 제20조의2가 신설되었다.[397]

대통령령으로 정하는 기준에 해당하는 개인정보처리자는 이 법에 따라 수집한 개인정보의 이용·제공 내역이나 이용·제공 내역을 확인할 수 있는 정보시스템에 접속하는 방법을 주기적으로 정보주체에게 통지하여야 한다.[398] '대통령령으로 정하는 기준에 해당하는 개인정보처리자'는 다음 각 호의 어느 하나에 해당하는 개인정보처리자를 말한다:[399] 1. 5만명 이상의 정보주체에 관하여 민감정보 또는 고유식별정보를 처리하는 자, 2. 100만명 이상의 정보주체에 관하여 개인정보를 처리하는 자.

연락처 등 정보주체에게 통지할 수 있는 개인정보를 수집·보유하지 아니한 경우에는 통지하지 아니할 수 있다.[400]

통지의 대상이 되는 정보주체는 다음 각 호의 정보주체를 제외한 정보주체로 한다:[401] 1. 통지에 대한 거부의사를 표시한 정보주체, 2. 개인정보처리자가 업무수행을 위해 그에 소속된 임직원의 개인정보를 처리한 경우 해당 정보주체, 3. 개인정보처리자가 업무수행을 위해 다른 공공기관, 법인, 단체의 임직원 또는 개인의 연락처 등의 개인정보를 처리한 경우 해당 정보주체, 4. 법률에 특별한 규정이 있거나 법령 상 의무를 준수하기 위하여 이용·제공한 개인정보

---

397) 법 제20조의2는 동 개정으로 삭제된 정보통신서비스 제공자등에 대한 개인정보 이용내역의 통지를 규정한 법 제39조의8 제1항을 대체한다.

398) 법 제20조의2 제1항. 통지의 대상이 되는 정보주체의 범위, 통지 대상 정보, 통지 주기 및 방법 등에 필요한 사항은 대통령령으로 정한다. 법 제20조의2 제2항.

399) 영 제15조의3 제1항. 이 경우 다음 각 호에 규정된 정보주체의 수는 전년도 말 기준 직전 3개월 간 일일평균을 기준으로 산정한다. 동 항 제2문. 영 제15조의3은 2023년 9월 개정으로 신설되었다.

400) 법 제20조의2 제1항 단서.

401) 영 제15조의3 제2항.

의 정보주체, 5. 공공기관이 법령 등에서 정하는 소관 업무의 수행을 위하여 이용·제공한 개인정보의 정보주체.

정보주체에게 통지해야 하는 정보는 다음 각 호와 같다:[402] 1. 개인정보의 수집·이용 목적 및 수집한 개인정보의 항목, 2. 개인정보를 제공받은 제3자와 그 제공 목적 및 제공한 개인정보의 항목.[403] 통지는 다음 각 호의 어느 하나에 해당하는 방법으로 연 1회 이상 해야 한다:[404] 1. 서면·전자우편·전화·문자전송 등 정보주체가 통지 내용을 쉽게 확인할 수 있는 방법, 2. 재화 및 서비스를 제공하는 과정에서 정보주체가 쉽게 알 수 있도록 알림창을 통해 알리는 방법(법 제20조의2 제1항에 따른 개인정보의 이용·제공 내역을 확인할 수 있는 정보시스템에 접속하는 방법을 통지하는 경우로 한정한다).

---

402) 영 제15조의3 제3항.
403) 다만, 「통신비밀보호법」 제13조, 제13조의2, 제13조의4 및 「전기통신사업법」 제83조 제3항에 따라 제공한 정보는 제외한다. 동 호 단서.
404) 영 제15조의3 제4항.

■ VIII. 개인정보의 파기

개인정보의 수집과 이용 목적이 달성되었음에도 개인정보처리자가 이를 계속하여 보유하면 개인정보가 유출되거나 오용되어 개인정보 침해의 가능성이 높아진다. 수집 목적에 더 이상 필요하지 않은 개인정보를 즉시 파기하는 것이 정보주체는 물론 개인정보처리자에게도 이익이 된다.[405]

1. 파기 의무

개인정보처리자는 보유기간의 경과, 개인정보의 처리 목적 달성, 가명정보의 처리 기간 경과 등 개인정보가 불필요하게 되었을 때에는 지체 없이 그 개인정보를 파기하여야 한다.[406] 개인정보처리자의 개인정보 파기 의무는 정보주체의 개인정보 삭제를 요구하는 권리에 상응한다.[407] 개인정보의 파기로 해당 개인정보는 복구 또는 재생되지 못하게 되어야 한다.[408] 개인정보의 파기는 처리의 일종이어서, 이 법의 개인정보 처리에 관한 규정의 적용을 받는다. 개인정보의 파기는 익명처리로 대체될 수 있겠지만, 파기는 개인정보처리자의 의무이다.

개인정보처리자는 개인정보의 파기절차 및 파기방법(법 제21조 제1항 단서에 따라 개인정보를 보존하여야 하는 경우에는 그 보존 근거와 보존하는 개인정보 항목을 포함한다)이 포함된 개인정보 처리방침을 정하여야 한다.[409] 개인정보처리자는 개인정보의 파기에 관한 사항을 기록·관리하여야 한다.[410] 개인정보 보호책임

---

405) 신용정보법은 개인신용정보의 파기 대신 폐기에 관한 규정을 둔다. 신용정보회사등(신용정보제공·이용자는 제외한다)이 폐업하려는 경우에는 금융위원회가 정하여 고시하는 바에 따라 보유정보를 처분하거나 폐기하여야 한다. 신용정보법 제21조. 한편, 신용정보 처리의 예는 폐기 대신 파기(破棄)를 포함한다. 신용정보법 제2조 제13호.
406) 법 제21조 제1항.
407) 법 제36조 참조.
408) 법 제21조 제2항.
409) 법 제30조 제1항 제3호의2.
410) 표준지침 제10조 제3항.

자는 개인정보의 파기 절차, 파기 여부의 확인 등을 포함하는 파기계획을 수립하고 주기적으로 점검하는 등 필요한 조치를 하여야 한다.411) 공공기관인 개인정보처리자의 개인정보파일 파기에 관하여 표준지침 제55조 및 제56조가 적용된다.412)

2. 파기 시기

개인정보처리자는 개인정보가 불필요하게 되었을 때에는 지체 없이 해당 개인정보를 파기하여야 한다.413) 개인정보처리자는 개인정보의 보유기간이 경

---

411) 표준지침 제10조 제4항.
412) 표준지침 제10조 제5항. 공공기관은 개인정보파일의 보유기간 경과, 처리 목적 달성 등 개인정보파일이 불필요하게 되었을 때에는 지체 없이 그 개인정보파일을 파기하여야 한다. 표준지침 제55조 제1항. 개인정보파일을 다른 법령에 따라 보존하여야 하는 경우에는 그러하지 아니하다. 표준지침 제55조 제1항 단서. 공공기관은 개인정보파일의 보유기간, 처리 목적 등을 반영한 개인정보 파기계획을 수립·시행하여야 한다. 표준지침 제55조 제2항. 영 제30조 제1항 제1호에 따른 내부 관리계획이 수립되어 있는 경우에는 내부 관리계획에 개인정보 파기계획을 포함하여 시행할 수 있다. 표준지침 제55조 제2항 단서. 개인정보취급자는 보유기간 경과, 처리 목적 달성 등 파기 사유가 발생한 개인정보파일을 선정하고, 별지 제4호 서식에 따른 개인정보파일 파기요청서에 파기 대상 개인정보파일의 명칭, 파기방법 등을 기재하여 개인정보 보호책임자의 승인을 받아 개인정보를 파기하여야 한다. 표준지침 제55조 제3항. 개인정보 보호책임자는 개인정보 파기 시행 후 파기 결과를 확인하고 별지 제5호 서식에 따른 개인정보파일 파기 관리대장을 작성하여야 한다. 표준지침 제55조 제4항. 개인정보취급자는 개인정보파일을 파기한 경우, 법 제32조에 따른 개인정보파일의 등록사실에 대한 삭제를 개인정보 보호책임자에게 요청해야 한다. 표준지침 제56조 제1항. 개인정보파일 등록의 삭제를 요청받은 개인정보 보호책임자는 그 사실을 확인하고, 지체 없이 등록 사실을 삭제한 후 그 사실을 보호위원회에 통보한다. 표준지침 제56조 제2항.
413) 법 제21조 제1항. 보호위원회는 국제결혼중개업자가 폐업을 신고하거나 등록이 취소된 경우 결혼중개계약서, 국제결혼 개인신상정보 확인서 및 관련 증빙서류, 그 밖의 혼인 관련 서류를 지체 없이 파기하여야 한다고 결정하였다. 보호위원회, '폐업 국제결혼중개업소 이용자 신상정보 보존 관련 질의 건'(2014 의결 제1호, 2014.1.13.). 결혼중개업법 제10조의4 제1항은 혼인 관련 서류의 보존의무를 결혼중개업자에게 부과하는데, 국제결혼중개업자가 폐업을 신고하거나 등록이 취소되어 등록의 효력이 상실된 경우에는 결혼중개업법에 이와 관련한 특별한 규정이 없어서 혼인 관련 서류의 보존의무가 있다고 보기 어렵다 하였다. 폐업을 신고하거나 등록이 취소된 국제결혼중개업자의 혼인 관련 서류의 보존에 관한 사항은 일반법인 이 법의 적용을 받고, 법 제21조 제1항

과하거나 개인정보의 처리 목적 달성, 가명정보의 처리 기간 경과, 해당 서비스의 폐지, 사업의 종료 등 그 개인정보가 불필요하게 되었을 때에는 정당한 사유가 없는 한 그로부터 5일 이내에 그 개인정보를 파기하여야 한다.[414] 다만, 다른 법령에 따라 보존하여야 하는 경우에는 그러하지 아니하다.[415]

예컨대, 정보주체가 특정 사이트의 회원 가입 시 입력한 개인정보는 동 회원이 탈퇴하거나 제명된 때, 톨게이트 통행기록은 요금정산이 완료된 때, 결제를 위하여 입력한 대금지급에 관한 개인정보는 대금의 완제나 채권소멸시효가 완성된 때 또는 물품 배송정보는 물품이 인도된 때에 관련 개인정보가 불필요하게 될 것이다. 그러나, 보험계약의 경우 납입기간의 만료시가 아니라 보험금 지급 의무 만료시가 개인정보가 불필요하게 되었을 때가 되므로 사망보험의 경우 사망 시까지 개인정보의 보존이 가능할 것이다.[416]

문제는 개인정보의 보유기간 경과와 개인정보의 처리 목적 달성 등 해당 개인정보가 불필요하게 된 시점의 결정이다. 이 법은 다양한 경우에 개인정보 보유기간의 통지와 등록을 규정한다.[417] 참고로 공공기관의 개인정보파일의 보유기간은 전체 개인정보가 아닌 개별 개인정보의 수집부터 파기까지의 생애주

에 따라 해당 국제결혼중개업자는 지체 없이 혼인 관련 서류를 파기해야 한다고 의결하였다. 다만, 국제결혼중개업자가 결혼중개업법 제18조에 따른 영업정지 등의 사유에 해당하면서 폐업신고를 한 경우에는 동 법 제5조의 단서에 따라 등록 효력이 상실되지 않아 결혼중개업자의 지위가 유지되어서 해당 국제결혼중개업자는 동 법 제10조의4 제1항에 따라 혼인 관련 서류 보존 의무를 부담한다고 보았다.

414) 표준지침 제10조 제1항. 민원 처리기간을 5일 이하로 정한 경우에는 민원의 접수 시각부터 시간 단위로 계산하되, 공휴일과 토요일은 산입하지 아니한다. 이 경우 1일은 8 시간의 근무시간을 기준으로 한다. 민원처리법 제19조 제1항.

415) 법 제21조 제1항 단서.

416) 이창범 181면.

417) 개인정보처리자는 개인정보의 수집에 있어 정보주체의 동의를 받을 때 개인정보의 보유 및 이용기간을 알려야 하고(법 제15조 제2항 제3호), 개인정보처리자는 개인정보 제3자 제공에서 개인정보를 제공받는 자의 개인정보 보유 및 이용기간을 정보주체에게 알려야 하며(법 제17조 제2항 제4호), 이들 두 규정은 개인정보처리자의 민감정보(법 제23조 제1항)와 고유식별정보(법 제24조 제1항 제1호)의 처리에 적용된다. 또한, 개인정보처리자는 개인정보 처리방침에 개인정보의 처리 및 보유기간을 포함하여야 하고 (법 제30조 제1항 제2호), 공공기관의 장은 개인정보파일의 운용을 위하여 보호위원회에 개인정보 보유기간을 등록하여야 한다(법 제32조 제1항 제5호).

기로서 보유 목적에 부합된 최소기간으로 산정하되, 개별 법령의 규정에 명시된 자료의 보존기간에 따라 산정해야 한다.[418) 또한, 공공기관의 경우 개별 법령에 구체적인 보유기간이 명시되어 있지 않은 경우에는 개인정보 보호책임자의 협의를 거쳐 기관장의 결재를 통하여 산정해야 한다.[419) 다만, 보유기간은 표준지침 별표 1의 '개인정보파일 보유기간 책정 기준표'에서 제시한 기준과 공공기록물법 시행령에 따른 기록관리기준표를 상회할 수 없다.[420) 또한, 정책고객, 홈페이지회원 등의 홍보 및 대국민서비스 목적의 외부고객 명부는 특별한 경우를 제외하고는 2년을 주기로 정보주체의 재동의 절차를 거쳐 동의한 경우에만 계속적으로 보유할 수 있다.[421)

개인정보의 보유기간은 수집부터 파기까지의 생애주기로서 관련 보유 목적에 부합되는 최소기간이 되고, 관련 법령에 명시된 자료의 보존기간에 따라 산정되는 것으로 볼 수 있다. 개인정보의 보유기간은 원칙적으로 개인정보처리자가 책임지고 정할 것이다. 이 점에서 개인정보처리자가 정할 수 있는 개인정보의 보유기간은 동 개인정보의 처리 목적 달성 등 해당 개인정보가 불필요하게된 여부와 관련하여 정보주체와 보호위원회 등 감독기관의 사이에서 다툼의 대상이 될 수 있다.[422) 개인정보처리자는 개인정보 처리방침에서 정한 보유기간 이내라도 개인정보의 처리 목적 달성 등 해당 개인정보가 불필요하게 되었을 경우에는 지체 없이 해당 개인정보를 파기하여 개인정보의 침해와 관련 분쟁을 방지하는 것이 바람직하다. 개인정보가 불필요하게 된 여부는 객관적으로 판단하여야 할 것이다.[423)

---

418) 표준지침 제60조 제1항.
419) 표준지침 제60조 제2항.
420) 표준지침 제60조 제2항 단서.
421) 표준지침 제60조 제3항.
422) 보호위원회는 공공기관의 장이 자신에게 등록한 개인정보의 보유기간 등을 검토하여 개선을 권고할 수 있다. 법 제32조 제3항.
423) 2020년 해설서 138면.

보유기간	대상 개인정보파일
영구	1. 국민의 지위, 신분, 재산을 증명하기 위해 운용하는 개인정보파일 중 영구 보존이 필요한 개인정보파일 2. 국민의 건강증진과 관련된 업무를 수행하기 위해 운용하는 개인정보파일 중 영구보존이 필요한 개인정보파일
준영구	1. 국민의 신분, 재산을 증명하기 위해 운용하는 개인정보파일 중 개인이 사망, 폐지 그 밖의 사유로 소멸되기 때문에 영구 보존할 필요가 없는 개인정보파일 2. 국민의 신분증명 및 의무부과, 특정대상 관리 등을 위하여 행정기관이 구축하여 운영하는 행정정보시스템의 데이터 셋으로 구성된 개인정보파일
30년	1. 관계 법령에 따라 10년 이상 30년 미만의 기간 동안 민·형사상 또는 행정상의 책임 또는 시효가 지속되거나, 증명자료로서의 가치가 지속되는 개인정보파일
10년	1. 관계 법령에 따라 5년 이상 10년 미만의 기간 동안 민·형사상 또는 행정상의 책임 또는 시효가 지속되거나, 증명자료로서의 가치가 지속되는 개인정보파일
5년	1. 관계 법령에 따라 3년 이상 5년 미만의 기간 동안 민·형사상 또는 행정상의 책임 또는 시효가 지속되거나, 증명자료로서의 가치가 지속되는 개인정보파일
3년	1. 행정업무의 참고 또는 사실 증명을 위하여 1년 이상 3년 미만의 기간 동안 보존할 필요가 있는 개인정보파일 2. 관계 법령에 따라 1년 이상 3년 미만의 기간 동안 민·형사상 또는 행정상의 책임 또는 시효가 지속되거나, 증명자료로서의 가치가 지속되는 개인정보파일 3. 각종 증명서 발급과 관련된 개인정보파일(단 다른 법령에서 증명서 발급 관련 보유기간이 별도로 규정된 경우 해당 법령에 따름)
1년	1. 상급기관(부서)의 요구에 따라 단순 보고를 위해 생성한 개인정보파일

3. 파기 방법

개인정보처리자가 보유기간의 경과 등을 이유로 개인정보를 파기할 때에는 복구 또는 재생되지 아니하도록 조치하여야 한다.425) 파기된 개인정보가 복구

---

424) 표준지침 별표 1호.
425) 법 제21조 제2항. 개인정보처리자가 정보주체의 요구로 개인정보를 삭제할 때에도 복

또는 재생되지 않도록 조치를 요구하는 것은 개인정보처리자의 개인정보의 안전성 확보 요구와 일치한다.[426]

개인정보의 파기 방법은 개인정보의 기록·저장 매체에 따라 다르다. 첫째, 개인정보처리자는 개인정보를 파기할 때에는 다음 각 호의 구분에 따른 방법으로 해야 한다: 1. 전자적 파일 형태인 경우: 복원이 불가능한 방법으로 영구 삭제,[427] 2. 제1호 외의 기록물, 인쇄물, 서면, 그 밖의 기록매체인 경우: 파쇄 또는 소각.[428]

개인정보의 안전한 파기에 관한 세부 사항은 보호위원회가 정하여 고시한다.[429] 동 고시에 따르면, 개인정보처리자는 개인정보를 파기할 경우 다음 각 호 중 어느 하나의 조치를 하여야 한다:[430] 1. 완전파괴(소각·파쇄 등), 2. 전용 소자장비를 이용하여 삭제, 3. 데이터가 복원되지 않도록 초기화 또는 덮어쓰기 수행. 개인정보처리자가 개인정보의 일부만을 파기하는 경우, 위의 방법으로 파기하는 것이 어려울 때에는 다음 각 호의 조치를 하여야 한다:[431] 1. 전자적 파일 형태인 경우: 개인정보를 삭제한 후 복구 및 재생되지 않도록 관리 및 감독, 2. 제1호 외의 기록물, 인쇄물, 서면, 그 밖의 기록매체인 경우: 해당 부분을 마스킹, 천공 등으로 삭제. 복원이 불가능한 방법은 '현재의 기술 수준에서 사회통념상 적정한 비용으로 파기한 개인정보의 복원이 불가능하도록 조치하는 방법'이다.[432]

구 또는 재생되지 않도록 조치하여야 한다. 법 제36조 제3항.

426) 개인정보처리자는 개인정보가 분실·도난·유출·위조·변조 또는 훼손되지 아니하도록 내부 관리계획 수립, 접속기록 보관 등 대통령령으로 정하는 바에 따라 안전성 확보에 필요한 기술적·관리적 및 물리적 조치를 하여야 한다. 법 제29조.

427) 영 제16조 제1항 제1호. 기술적 특성으로 영구 삭제가 현저히 곤란한 경우에는 법 제58조의2에 해당하는 정보[익명정보]로 처리하여 복원이 불가능하도록 조치해야 한다. 영 제16조 제1항 제1호 단서.

428) 영 제16조 제1항 제2호.

429) 영 제16조 제2항.

430) 개인정보 안전성기준 제13조 제1항.

431) 개인정보 안전성기준 제13조 제2항.

432) 표준지침 제10조 제2항.

4. 파기 의무의 예외

개인정보처리자는 개인정보의 보유기간이 경과하거나 개인정보의 처리 목적 달성 등 그 개인정보가 불필요하게 되었을 때에도 다른 법령에 따라 보존하여야 하는 경우에는 그 개인정보를 파기하지 않는다.[433] 다른 법령에 따라 개인정보를 보존하여야 하는 경우에는 개인정보처리자의 개인정보 처리방침에 그 보존 근거와 보존하는 개인정보 항목을 포함해야 한다.[434]

보유기간의 경과 등 개인정보의 파기 이유가 있음에도 개인정보를 보존하도록 요구하는 법령은 주로 사기, 안전 등의 목적에 관련된다. 개인정보처리자가 개인정보를 법적으로 정한 기간 동안 정보주체 등 개인에게 이용가능하게 할 의무를 가진 경우, 개인정보의 보유기간은 법적으로 정한 기간보다 짧지 않아야 할 것이다.[435] 개인정보가 더 이상 필요하지 않음에도 일정 기간 보존하도록 요구하는 법령은 주기적으로 개인정보보호 차원에서 그 보존기간의 적절성이 검토될 필요가 있다.[436]

▌표.17 다른 법령에 따른 보존기간의 예

법령	개인정보	보존기간
전자상거래법 시행령 제6조 제1항	계약 또는 청약 철회 등에 관한 기록	5년
	대금결제 및 재화 등의 공급에 관한 기록	5년
	소비자의 불만 또는 분쟁처리에 관한 기록	3년
	표시·광고에 관한 기록	6개월

---

433) 법 제21조 제1항 단서.

434) 법 제30조 제1항 제3호의2.

435) 법령에서 정한 보존기간이 경과한 경우, 법 제15조 제2항에서 정한 개인정보의 수집·이용 목적 등 고지사항을 해당 정보주체에게 알리고 새로 동의를 받으면 연장하여 보존할 수 있다. 2022 표준해석례 99면.

436) 채권 소멸 기간까지 개인정보를 보존할 수 있어도 이미 요금 정산이 끝난 소비자의 개인정보를 보존하면 안 된다. 2020년 해설서 139면.

통신비밀보호법 시행령 제41조 제2항	통신사실확인자료 중 가입자의 전기통신일시, 전기통신개시·종료시간, 발·착신 통신번호 등 상대방의 가입자번호, 사용도수 및 정보통신망에 접속된 정보통신기기의 위치를 확인할 수 있는 발신기지국의 위치추적자료	12개월
	위 통신사실확인자료 중 시외·시내 전화역무와 관련된 자료	6개월
	통신사실확인자료 중 컴퓨터통신 또는 인터넷의 사용자가 전기통신역무를 이용한 사실에 관한 컴퓨터통신 또는 인터넷의 로그기록자료 및 컴퓨터통신 또는 인터넷의 사용자가 정보통신망에 접속하기 위하여 사용하는 정보통신기기의 위치를 확인할 수 있는 접속지의 추적자료	3개월
의료법 시행규칙 제15조 제1항	수술기록	10년
	진료기록부	10년
	간호기록부	5년
	검사내용 및 검사소견기록	5년
	방사선 사진(영상물 포함) 및 그 소견서	5년
	조산기록부	5년
	환자 명부	5년
	진단서 등의 부본(진단서·사망진단서 및 시체검안서 등을 따로 구분하여 보존)	3년
	처방전	2년
공공기록물법 시행령 제26조 제1항	기록물(공공기관이 업무와 관련하여 생산하거나 접수한 문서·도서·대장·카드·도면·시청각물·전자문서 등 모든 형태의 기록정보 자료와 행정박물)	영구, 준영구, 30년, 10년, 5년, 3년, 1년으로 구분
	수사·재판·정보·보안 관련 기록물	소관 중앙행정기관의 장이 중앙기록물관리기관의 장과 협의하여 보존기간의 구분 및 그 책정기준을 달리 정할 수 있음
상법 제33조 제1항	상업장부와 영업에 관한 중요서류	10년
	전표 또는 이와 유사한 서류	5년

국세기본법 제85조의3 제2항	모든 거래에 관한 장부 및 증거서류	그 거래사실이 속하는 과세기간에 대한 해당 국세의 법정신고기한이 지난 날부터 5년(역외거래의 경우 7년간)

5. 법령에 따라 파기하지 않은 개인정보의 보존

개인정보처리자가 법령에 따라 개인정보를 파기하지 아니하고 보존해야 하는 경우에는 해당 개인정보 또는 개인정보파일을 다른 개인정보와 분리해서 저장·관리하여야 한다.[437] 즉 물리적 또는 기술적 방법으로 분리하여서 저장·관리하여야 한다.[438]

이러한 분리 저장·관리는 파기되지 않은 정보에 대한 접근의 통제 또는 분리된 시스템에의 보관을 가리킨다. 이는 개인정보의 유출이나 오·남용을 방지하기 위한 것이다. 파기되지 않은 개인정보는 다른 법령에서 보존하도록 한 목적 범위 내에서만 처리 가능하도록 관리되어야 한다. 이렇게 개인정보를 분리하여 저장·관리하는 경우에는 개인정보 처리방침 등을 통하여 법령에 근거하여 해당 개인정보 또는 개인정보파일을 저장·관리한다는 점을 정보주체가 알 수 있도록 하여야 한다.[439] 보유기간이 경과되었음에도 해당 개인정보를 보유하는 경우에 개인정보처리자는 관련 이유를 정리하여둘 필요가 있다.[440] 파기되지 않은 개인정보를 이용해야 하는 경우에는 개인정보 보호책임자의 관리·감독에 따라야 할 것이다.[441]

---

437) 법 제21조 제3항.
438) 표준지침 제11조 제1항.
439) 표준지침 제11조 제2항.
440) 개인정보처리자는 개인정보의 처리 목적에 필요한 범위에서 적합하게 개인정보를 처리하여야 한다. 법 제3조 제2항.
441) 개인정보 보호책임자는 특히 개인정보파일의 보호 및 관리·감독 업무를 수행한다. 법 제31조 제3항 제6호.

■ IX. 정보주체의 동의를 받는 방법

개인정보자기결정권에 따라 개인정보처리자는 정보주체의 동의를 받아서 개인정보의 수집 등 처리하는 것이 기본일 것이다. 정보주체는 자신의 결정에 따라 자발적으로 동의를 주게 되지만, 실제에 있어 개인정보처리자가 사실상 정보주체의 동의를 강요하는 상황이 되는 경우가 많다. 이에 이 법은 개인정보처리자가 정보주체의 동의를 받는 방법을 상세하게 규정하여 정보주체를 보호한다.[442]

정보주체의 동의는 개인정보의 수집 등에 대하여 기본적이고 확실한 조건으로 인식될 수 있지만, 동의의 법적 성격상 정보주체는 언제라도 동의를 철회할 수 있다.[443]

EU GDPR

정보주체는 언제라도 자신의 동의를 철회할 권리를 가져야 한다.[444] 동의의 철회는 그 철회 전의 동의에 근거한 처리의 적법성에 영향을 주지 않는다.[445] 동의를 주기 전에 정보주체는 이러한 철회의 권리와 철회 전 처리의 적법성에 관하여 고지받아야 한다.[446] 동의의 철회는 동의를 주는 것처럼 쉬워야 한다.[447]

---

442) 2023년 3월 14일 개정으로 정보주체의 동의를 받는 방법에 관한 이 법과 이 영의 규정이 체계화되었다.
443) 정보주체는 개인정보처리자에 대하여 자신의 개인정보 처리의 정지를 요구하거나 개인정보 처리에 대한 동의를 철회할 수 있다. 법 제37조 제1항 제1문.
444) GDPR 제7조 제3항 제1문.
445) GDPR 제7조 제3항 제2문.
446) GDPR 제7조 제3항 제3문.
447) GDPR 제7조 제3항 제4문.

1. 동의의 적법성

2023년 9월 12일 개정으로 정보주체의 동의가 적법하기 위한 조건이 신설되었다.[448] 이 법에 따른 정보주체와 만 14세 미만 아동의 개인정보 처리에 대한 법정대리인의 동의가 적법하기 위해서는 다음의 조건을 모두 충족하여야 한다. 첫째, 1. 정보주체가 자유로운 의사에 따라 동의 여부를 결정할 수 있어야 한다.[449] 둘째, 동의를 받으려는 내용이 구체적이고 명확하여야 한다.[450] 셋째, 그 내용을 쉽게 읽고 이해할 수 있는 문구를 사용하여야 한다.[451] 넷째, 동의 여부를 명확하게 표시할 수 있는 방법을 정보주체에게 제공하여야 한다.[452]

2. 포괄적 동의의 금지

개인정보처리자는 이 법에 따른 개인정보의 처리에 대하여 정보주체와 만 14세 미만 아동의 개인정보 처리에 대한 법정대리인의 동의를 받을 때에는 각각의 동의 사항을 구분하여 정보주체가 이를 명확하게 인지할 수 있도록 알리고 동의를 받아야 한다.[453] 정보주체의 동의는 고지사항의 이해에 기반하는 점

---

448) 영 제17조 제1항. 영 제17조 제1항의 개정규정은 2024년 9월 15일 시행한다. 영 부칙 제1조 제1호. 이러한 적법성 조건은 이 영이 아닌 이 법에 규정되어야 할 것이다. 동 규정은 2023년 개정 행정예고된 표준지침 제12조 제2항과 유사한 내용이다.

449) 영 제17조 제1항 제1호.

450) 영 제17조 제1항 제2호.

451) 영 제17조 제1항 제3호.

452) 영 제17조 제1항 제4호.

453) 법 제22조 제1항 제1문. 만 14세 미만 아동의 개인정보 처리에서 법정대리인에 관하여 법 제22조의2 제1항 참조. 경품행사를 위하여 사용된 응모권에 기재된 동의 관련 사항이 약 1mm 크기의 글씨로 기재되어 있어 소비자의 입장에서 보아 그 내용을 읽기가 쉽지 않고 이 사건 광고를 통하여 단순 사은행사로 오인하고 경품행사에 응모하게 된 고객들의 입장에서는 짧은 시간 동안 응모권을 작성하거나 응모화면에 입력을 하면서 그 내용을 정확히 파악하여 잘못된 인식을 바로잡기가 어려울 것으로 보인 점에서, 대법원은 이러한 조치가 개인정보처리자가 정보주체의 동의를 받을 때에는 각각의 동의

에서 소위 '고지에 입각한 동의'(informed consent)이다.

개인정보처리자는 다음 각 호의 경우에는 동의 사항을 구분하여 각각 동의를 받아야 한다:[454] 1. 법 제15조 제1항 제1호에 따라 동의를 받는 경우,[455] 2. 법 제17조 제1항 제1호에 따라 동의를 받는 경우,[456] 3. 법 제18조 제2항 제1호에 따라 동의를 받는 경우,[457] 4. 법 제19조 제1호에 따라 동의를 받는 경우,[458] 5. 법 제23조 제1항 제1호에 따라 동의를 받는 경우,[459] 6. 법 제24조 제1항 제1호에 따라 동의를 받는 경우,[460] 7. 재화나 서비스를 홍보하거나 판매를 권유하기 위하여 개인정보의 처리에 대한 동의를 받으려는 경우,[461] 8. 그 밖에 정보주체를 보호하기 위하여 동의 사항을 구분하여 동의를 받아야 할 필요가 있는 경우로서 대통령령으로 정하는 경우. 이렇게 동의 사항을 구분함으로써 정보주체가 동의를 주는 대상과 의미를 명확하게 인지하여 동의 여부를 결정할 수 있게 된다.

동의 사항 중에서 법 제18조 제2항 제1호에 따른 개인정보의 목적 외 이용 또는 제3자 제공, 법 제19조 제1호에 따른 개인정보를 제공받은 자의 목적 외 이용 또는 제3자 제공, 법 제23조 제1항 제1호에 따른 민감정보의 처리와 법 제24조 제1항 제1호에 따른 고유식별정보의 처리, 법 제28조의8 제1항 제1호에 따른 개인정보의 국외 이전에 대하여 정보주체의 별도의 동의가 요구된다. 예컨대, 건강정보 등을 수집할 때 개인정보처리자는 개인정보의 수집 또는 제

사항을 구분하여 정보주체가 이를 명확하게 인지할 수 있도록 하여야 한다는 이 법의 의무를 위반하였다고 판단하였다. 대법원 2017.4.7. 선고 2016도13263 판결.

454) 법 제22조 제1항 제2문. 동 규정은 2023년 3월 14일 개정으로 신설되었다. 2023년 3월 14일 개정으로 개인정보의 국외 제3자 제공에 관한 법 제17조 제3항이 삭제되어 개인정보의 국외 이전에 관한 제28조의8로 대체되었다. 제28조의8 제1항 단서 제1호는 정보주체의 별도의 동의를 받아 개인정보의 국외 이전을 허용하는데, 동의를 받는 방법에 관한 제22조 제1항은 동 규정을 언급하지 않는다.

455) 개인정보의 수집·이용을 위한 동의이다.

456) 개인정보의 제3자 제공을 위한 동의이다.

457) 개인정보의 목적 외 이용 또는 제3자 제공을 위한 동의이다.

458) 개인정보를 제공받은 자의 목적 외 이용 또는 제3자 제공을 위한 동의이다.

459) 민감정보의 처리를 위한 동의이다.

460) 고유식별정보의 처리를 위한 동의이다.

461) 동 규정은 2023년 3월 14일 개정으로 삭제된 법 제22조 제4항에서 이동한 것이다.

공에 대한 동의서 양식에서 '민감정보의 처리에 대한 동의'와 같이 별도로 표시하여 정보주체의 동의를 받아야 할 것이다.

3. 서면 동의에서 중요한 내용의 명확한 표시

개인정보처리자는 동의를 전자문서를 포함한 서면으로 받을 때에는 개인정보의 수집·이용 목적, 수집·이용하려는 개인정보의 항목 등 대통령령으로 정하는 중요한 내용을 보호위원회가 고시로 정하는 방법에 따라 명확히 표시하여 알아보기 쉽게 하여야 한다.[462] '대통령령으로 정하는 중요한 내용'은 다음 각 호의 사항을 말한다. 첫째, 개인정보의 수집·이용 목적 중 재화나 서비스의 홍보 또는 판매 권유 등을 위하여 해당 개인정보를 이용하여 정보주체에게 연락할 수 있다는 사실이다.[463] 둘째, 처리하려는 개인정보의 항목 중 다음 각 목의 사항이다:[464] 가. 민감정보, 나. 여권번호, 운전면허의 면허번호 및 외국인등록번호. 셋째, 개인정보의 보유 및 이용 기간(제공 시에는 제공받는 자의 보유 및 이용 기간을 말한다)이다.[465] 넷째, 개인정보를 제공받는 자 및 개인정보를 제공받는 자의 개인정보 이용 목적이다.[466]

보호위원회가 고시로 정하는 방법은 다음 각 호의 방법을 말한다:[467] 1. 글씨의 크기는 최소한 9포인트 이상으로서 다른 내용보다 20퍼센트 이상 크게 하여 알아보기 쉽게 할 것, 2. 글씨의 색깔, 굵기 또는 밑줄 등을 통하여 그 내용이 명확히 표시되도록 할 것, 3. 동의 사항이 많아 중요한 내용이 명확히 구분되기 어려운 경우에는 중요한 내용이 쉽게 확인될 수 있도록 그 밖의 내용과 별도로 구분하여 표시할 것.

---

462) 법 제22조 제2항. 전자문서는 '정보처리시스템에 의하여 전자적 형태로 작성·변환되거나 송신·수신 또는 저장된 정보'이다. 전자문서법 제2조 제1호 참조.
463) 영 제17조 제3항 제1호.
464) 영 제17조 제3항 제2호.
465) 영 제17조 제3항 제3호.
466) 영 제17조 제3항 제4호.
467) 개인정보 처리고시 제4조.

4. 동의가 필요한 사항과 동의 없이 처리할 수 있는 사항의 구분

개인정보처리자는 정보주체의 동의 없이 처리할 수 있는 개인정보에 대해서는 그 항목과 처리의 법적 근거를 정보주체의 동의를 받아 처리하는 개인정보와 구분하여 개인정보 처리방침의 공개에 관한 법 제30조 제2항에 따라 공개하거나 전자우편 등 대통령령으로 정하는 방법에 따라 정보주체에게 알려야 한다.[468] '대통령령으로 정하는 방법'은 서면, 전자우편, 팩스, 전화, 문자전송 또는 이에 상당하는 방법('서면등의 방법')이다.[469] 이 경우 동의 없이 처리할 수 있는 개인정보라는 입증책임은 개인정보처리자가 부담한다.[470]

개인정보의 처리에 정보주체의 동의가 필요 없는 경우는 법률에 특별한 규정이 있거나 법령상 의무를 준수하기 위하여 불가피한 경우, 공공기관이 법령 등에서 정하는 소관 업무의 수행을 위하여 불가피한 경우, 정보주체와 체결한 계약을 이행하거나 계약을 체결하는 과정에서 정보주체의 요청에 따른 조치를 이행하기 위하여 필요한 경우, 명백히 정보주체 또는 제3자의 급박한 생명, 신체, 재산의 이익을 위하여 필요하다고 인정되는 경우, 개인정보처리자의 정당한 이익을 달성하기 위하여 필요한 경우로서 명백하게 정보주체의 권리보다 우선하는 경우, 공중위생 등 공공의 안전과 안녕을 위하여 긴급히 필요한 경우이다.[471]

개인정보처리자가 정보주체로부터 법 제22조 제1항 각 호에 따른 동의를 받으려는 때에는 정보주체가 동의 여부를 선택할 수 있다는 사실을 명확하게 알 수 있도록 표시하여야 한다.[472] 개인정보처리자가 정보주체의 동의가 필요한 개인정보에 대하여 동의를 얻으려는 경우에 정보주체의 동의가 필요하지

---

468) 법 제22조 제3항 제1문. 동 규정은 2023년 3월 14일 개정으로 수정되었다. 정보주체 이외로부터 수집한 개인정보의 수집 출처 등 통지에 관한 법 제20조의 적용에 어떻게 영향을 줄 것인지 주목된다.

469) 영 제17조 제5항.

470) 법 제22조 제3항 제2문.

471) 법 제15조 제1항 참조.

472) 영 제17조 제4항.

않은 개인정보도 정보주체에게 알리는 것이 바람직하다.473)

　　개인정보처리자인 사업자는 관행적으로 사업 목적에 필요한 최소한의 개인
정보는 물론 그렇지 않은 개인정보도 수집하려고 할 것이다. 그러나, 선택적
개인정보의 수집에 대한 동의는 강요되지 못한다.474) 개인정보처리자는 정보주
체의 동의를 받아 개인정보를 수집하는 경우 필요한 최소한의 정보 외의 개인
정보 수집에는 동의하지 아니할 수 있다는 사실을 구체적으로 알리고 개인정
보를 수집하도록 요구된다.475)

5. 재화 · 서비스의 제공 거부 등 불이익 금지

　　개인정보처리자는 다음의 세 가지 경우에 정보주체에게 재화 또는 서비스
의 제공을 거부해서는 안 된다.476) 첫째, 정보주체가 선택적으로 동의할 수 있
는 사항을 동의하지 않는 경우이다. 둘째, 정보주체가 개인정보를 목적 외의 용
도로 이용하거나 이를 제3자에게 제공하기 위한 별도의 동의를 하지 않는 경우
이다.477) 셋째, 정보주체가 재화나 서비스를 홍보하거나 판매를 권유하는 소위
직접 마케팅을 위한 개인정보의 처리에 대한 동의를 하지 않는 경우이다.478)

---

473) 2020년 해설서 150면.

474) Facebook 등 서비스를 제공하는 Meta(피심인)는 행태정보 수집 도구 약관에 정한 사
　　항을 근거로 타사 행태정보 수집에 대해 온라인 쇼핑몰 등의 사업자가 동의받도록 했다
　　는 주장에 대하여, 보호위원회는 "피심인이 수집·이용한 이용자의 온라인 활동기록(타
　　사 행태정보)은 피심인과의 이용관계에 따라 이용자의 기기로부터 직접 수집·이용되는
　　것으로서, 사업자는 해당 정보에 대한 개인정보처리자로서의 역할 또한 한 바 없으므로
　　이용자로부터 동의를 받을 의무가 있다고 볼 수 없고, 따라서 피심인이 주장하는 동의
　　획득 의무는 법률상 의무가 아닌 피심인의 약관상 의무에 불과하므로 사업자가 약관상
　　의무를 이행하지 않았다면 양 당사자 간의 계약 불이행의 문제일 뿐, 보호법상 피심인
　　의 동의 의무가 면제되는 것은 아니다."고 판단하였다. 보호위원회, '개인정보보호 법규
　　위반행위에 대한 시정조치 등에 관한 건'(제2022-014-105호, 2022.9.14). 따라서, 개
　　인정보 처리에 대한 동의와 약관에 대한 동의는 구별되어야 한다.

475) 법 제16조 제2항.

476) 법 제22조 제5항.

477) 법 제18조 제2항 제1호 참조.

478) 예컨대, 광고메일 수신에 동의하지 않는다고 신용카드 발급 또는 쇼핑몰회원 가입을
　　거절하는 것은 허용되지 않는데, 광고메일 수신자에게 추가로 포인트나 마일리지를 주
　　는 것은 허용된다. 2020년 해설서 151면.

한편, 개인정보처리자는 정보주체가 필요한 최소한의 정보 외의 개인정보 수집에 동의하지 않는다는 이유로 정보주체에게 재화 또는 서비스의 제공을 거부할 수 없다.[479] 예컨대, 인터넷서비스 제공 사이트를 가입할 때 가족 관계, 재산 등에 관한 정보를 제공하지 않았다는 이유로 가입을 거부하는 것은 금지된다. 이러한 정보는 동 서비스 제공에 필요한 최소한의 정보가 아니기 때문이다.

6. 동의를 받는 세부적 방법

이 법의 정보주체 동의를 받는 방법에 관한 규정 이외에 세부적인 방법에 관하여 필요한 사항은 개인정보의 수집매체 등을 고려하여 대통령령으로 정한다.[480] 개인정보처리자는 개인정보의 처리에 대하여 다음 어느 하나의 방법으로 정보주체의 동의를 받아야 한다.[481] 첫째, 동의 내용이 적힌 서면을 정보주체에게 직접 발급하거나 우편 또는 팩스 등의 방법으로 전달하고, 정보주체가 서명하거나 날인한 동의서를 받는 방법이다.[482] 둘째, 전화를 통하여 동의 내용을 정보주체에게 알리고 동의의 의사표시를 확인하는 방법이다.[483] 개인정보처리자는 전화에 의한 동의와 관련하여 통화내용을 녹취할 때에는 녹취사실을 정보주체에게 알려야 한다.[484] 정보주체가 녹취를 원하지 않으면 다른 동의 방법을 제공하여야 할 것이다. 셋째, 전화를 통하여 동의 내용을 정보주체에게 알리고 정보주체에게 인터넷주소 등을 통하여 동의 사항을 확인하도록 한 후 다시 전화를 통하여 그 동의 사항에 대한 동의의 의사표시를 확인하는 방법이다.[485] 넷째, 인터넷 홈페이지 등에 동의 내용을 게재하고 정보주체가 동의 어

---

479) 법 제16조 제3항. 이용자가 필요한 최소한의 개인정보 이외의 개인정보를 제공하지 아니한다는 이유로 정보통신서비스 제공자가 그 서비스의 제공을 거부해서는 안 된다는 법 제39조의3 제3항 제1문은 2023년 3월 14일 개정으로 삭제되었다.

480) 법 제22조 제7항.

481) 개인정보처리자가 정보주체의 동의를 받기 위하여 동의서를 작성하는 경우에는 「알기 쉬운 개인정보 처리 동의 안내서」를 준수하여야 한다. 표준지침 제12조 제8항.

482) 영 제17조 제2항 제1호.

483) 영 제17조 제2항 제2호.

484) 표준지침 제12조 제6항.

485) 영 제17조 제2항 제3호.

부를 표시하도록 하는 방법이다.486) 다섯째, 동의 내용이 적힌 전자우편을 발송하여 정보주체로부터 동의의 의사표시가 적힌 전자우편을 받는 방법이다.487) 여섯째, 그 밖에 위의 다섯 가지 규정에 따른 방법에 준하는 방법으로 동의 내용을 알리고 동의의 의사표시를 확인하는 방법이다.488) 이렇게 개인정보처리자는 정보주체가 동의의 대상과 그 의미를 명확하게 이해할 수 있도록 이 영에 명시된 방법 이외의 다양한 방법을 사용할 수 있다. 이렇게 동의를 받는 방법이 개인정보처리자에게 부담이 될 수 있지만, 개인정보의 적법하고 정당한 즉 공정한 수집·이용을 위하여 수용되어야 할 것이다.

중앙행정기관의 장은 위의 동의 방법 중 소관 분야의 개인정보처리자별 업무, 업종의 특성 및 정보주체의 수 등을 고려하여 적절한 동의 방법에 관한 기준을 개인정보 보호지침으로 정하여 그 기준에 따라 동의를 받도록 개인정보처리자에게 권장할 수 있다.489)

---

486) 영 제17조 제2항 제4호.
487) 영 제17조 제2항 제5호.
488) 영 제17조 제2항 제6호.
489) 영 제17조 제6항. 개인정보 보호지침은 법 제12조 제2항 참조.

■ X. 아동의 개인정보 보호

만 14세 미만 아동은 개인정보 처리에 대한 위험성 등을 명확하게 인식하지 못할 것이어서, 이러한 아동의 개인정보 처리에 대한 특별한 규정이 필요하다. 2023년 3월 14일 개정으로 아동의 개인정보보호에 관한 법 제22조의2가 신설되었다.[490] 법 제22조의2는 '아동의 개인정보 보호'에 관한 것이지만, 실제 내용은 만 14세 미만 아동의 개인정보 처리에 대한 동의에 국한된다.

개인정보처리자는 만 14세 미만 아동의 개인정보를 처리하기 위하여 이 법에 따른 동의를 받아야 할 때에는 그 법정대리인의 동의를 받아야 하며, 법정대리인이 동의하였는지를 확인하여야 한다.[491] 이 경우 개인정보처리자는 법정대리인의 동의를 받으면서 다음의 어느 하나에 해당하는 방법으로 법정대리인이 동의하였는지 확인하여야 한다.[492] 첫째, 동의 내용을 게재한 인터넷 사이트에 법정대리인이 동의 여부를 표시하도록 하고 개인정보처리자가 그 동의 표시를 확인했음을 법정대리인의 휴대전화 문자메시지로 알리는 방법이다.[493] 둘째, 동의 내용을 게재한 인터넷 사이트에 법정대리인이 동의 여부를 표시하

---

490) 2023년 3월 14일 개정으로 개인정보처리자의 아동의 개인정보 처리를 위한 동의를 받는 방법에 관한 법 제22조 제6항 및 정보통신서비스 제공자에 관한 법 제39조의3 제4항이 삭제되었다. 그러나, 법 제22조의2는 사실상 위 두 규정의 조합으로 볼 수 있다.

491) 법 제22조의2 제1항. 동 규정은 2023년 3월 14일 개정으로 삭제된 법 제22조 제6항과 제39조의3 제4항과 유사하다. 예컨대, 친권을 행사하는 부 또는 모는 미성년인 자의 법정대리인이 된다. 민법 제911조. 미성년자에게 친권자가 없거나 친권자가 친권의 전부 또는 일부를 행사할 수 없는 경우에는 미성년후견인을 두어야 한다. 민법 제928조. 후견인은 피후견인의 법정대리인이 된다. 민법 제938조 제1항. 한편, 틱톡은 회원 가입 단계에서 만 14세 미만 아동 여부를 확인하기 위하여 이용자가 '법정 생년월일'을 직접 입력하도록 하거나 '만 14세 이상'이라는 항목에 체크하도록 하는 등의 조치를 취하지 않아 법정대리인의 동의 없이 만 14세 미만 아동의 개인정보를 최소 6,007건 이상 수집·이용하였고, 이 행위는 정보통신망법 제31조 제1항과 동 법 시행령 제17조의2 제1항을 위반하였다고 판단되었다. 방송통신위원회, 심의의결(제2020-41-210호, 2020. 7.15.) 11-12면. 정보통신망법 제31조 제1항(법정대리인의 권리)과 시행령 제17조의2 제1항(법정대리인 동의의 확인방법)은 2020년 2월 4일 개정으로 법 제39조의3 제4항으로 통합되었고, 2023년 3월 14일 개정으로 삭제되었다.

492) 영 제17조의2 제1항. 동 규정은 2023년 9월 12일 개정으로 삭제된 정보통신서비스 제공자에 대한 영 제48조의3 제1항과 사실상 동일하다.

493) 영 제17조의2 제1항 제1호.

도록 하고 법정대리인의 신용카드·직불카드 등의 카드정보를 제공받는 방법이다.[494] 셋째, 동의 내용을 게재한 인터넷사이트에 법정대리인이 동의 여부를 표시하도록 하고 법정대리인의 휴대전화 본인인증 등을 통하여 본인 여부를 확인하는 방법이다.[495] 넷째, 동의 내용이 적힌 서면을 법정대리인에게 직접 발급하거나 우편 또는 팩스를 통하여 전달하고, 법정대리인이 동의 내용에 대하여 서명날인 후 제출하도록 하는 방법이다.[496] 다섯째, 동의 내용이 적힌 전자우편을 발송하고 법정대리인으로부터 동의의 의사표시가 적힌 전자우편을 전송받는 방법이다.[497] 여섯째, 전화를 통하여 동의 내용을 법정대리인에게 알리고 동의를 받거나 인터넷주소 등 동의 내용을 확인할 수 있는 방법을 안내하고 재차 전화 통화를 통하여 동의를 받는 방법이다.[498] 일곱째, 그 밖에 위의 방법에 준하는 방법으로서 법정대리인에게 동의 내용을 알리고 동의의 의사표시를 확인하는 방법이다.[499] 개인정보처리자는 개인정보 수집 매체의 특성상 동의 내용을 전부 표시하기 어려운 경우에는 인터넷주소 또는 사업장 전화번호 등 동의 내용을 확인할 수 있는 방법을 법정대리인에게 안내할 수 있다.[500]

법정대리인의 동의를 받기 위하여 필요한 최소한의 정보로서 대통령령으로 정하는 정보는 법정대리인의 동의 없이 해당 아동으로부터 직접 수집할 수 있다.[501] '대통령령으로 정하는 정보'는 법정대리인의 성명 및 연락처에 관한 정보이다.[502] 개인정보처리자가 법정대리인의 성명·연락처를 수집할 때에는 해당 아동에게 자신의 신분과 연락처, 법정대리인의 성명과 연락처를 수집하고자 하는 이유를 알려야 한다.[503] 개인정보처리자는 만 14세 미만 아동의 개인정보

---

494) 영 제17조의2 제1항 제2호.
495) 영 제17조의2 제1항 제3호.
496) 영 제17조의2 제1항 제4호.
497) 영 제17조의2 제1항 제5호.
498) 영 제17조의2 제1항 제6호.
499) 영 제17조의2 제1항 제7호.
500) 영 제17조의2 제3항.
501) 법 제22조의2 제2항. 동 규정은 2023년 3월 14일 개정으로 삭제된 법 제22조 제6항 제2문과 유사하다.
502) 영 제17조의2 제2항.
503) 표준지침 제13조 제1항.

를 처리하기 위하여 수집한 법정대리인의 개인정보는 법정대리인의 동의를 얻기 위한 목적으로만 이용하여야 하고, 법정대리인의 동의 거부가 있거나 법정대리인의 동의 의사가 확인되지 않는 경우 수집일로부터 5일 이내에 파기해야 한다.504)

개인정보처리자는 만 14세 미만의 아동에게 개인정보 처리와 관련한 사항의 고지 등을 할 때에는 이해하기 쉬운 양식과 명확하고 알기 쉬운 언어를 사용하여야 한다.505)

만 14세 미만 아동의 법정대리인은 개인정보처리자에게 그 아동의 개인정보 열람등요구를 할 수 있다.506) 국가와 지방자치단체는 만 14세 미만 아동이 개인정보 처리가 미치는 영향과 정보주체의 권리 등을 명확하게 알 수 있도록 만 14세 미만 아동의 개인정보 보호에 필요한 시책을 마련하여야 한다.507)

---

504) 표준지침 제13조 제2항.
505) 법 제22조의2 제3항. 동 규정은 2023년 3월 14일 개정으로 삭제된 법 제39조의3 제5항과 일치한다.
506) 법 제38조 제2항.
507) 법 제5조 제3항. 동 규정은 2023년 3월 14일 개정으로 신설되었는데, 동 개정으로 삭제된 법 제39조의3 제6항은 이러한 시책 마련을 보호위원회에 요구하였다.

04

개인정보의 처리 제한

개인정보 중에서 개인의 프라이버시를 현저하게 침해하거나 사회적 차별을 야기하기 때문에 특별한 보호를 받아야 하는 범주가 있다. 이 법은 특별한 부류의 개인정보로서 민감정보, 고유식별정보 및 영상정보를 규정한다. 또한, 이 법은 개인정보 처리 업무의 위탁과 영업양도 등에 대하여 별도로 규정한다. 이들 규정은 이 법 내에서 특별법의 성격을 가진다고 볼 수 있다.

일반 개인정보와 달리 민감정보, 고유식별정보 및 주민등록번호는 그 처리의 결과 정보주체에 대한 위험이 크기 때문에 원칙적으로 처리가 금지되고, 예외적으로 처리가 허용된다. 민감정보와 고유식별정보는 정보주체의 별도의 동의와 법령에 근거하여 예외적으로 처리가 허용되는데, 고유식별정보의 한 유형인 주민등록번호는 정보주체의 별도의 동의로도 처리가 허용되지 않는다.

Chapter

04

개인정보의 처리 제한

개인정보의 처리는 개인의 사생활은 물론 생명이나 신체 등에 중대한 영향을 미칠 수 있고, 특히 사회적 차별을 야기하거나 현저하게 사생활을 침해할 가능성이 있는 개인정보의 처리는 보다 엄격하게 규제된다. 사상·신념, 노동조합·정당의 가입·탈퇴, 정치적 견해, 건강, 성생활 등에 관한 정보 및 그 밖에 정보주체의 사생활을 현저히 침해할 우려가 있는 개인정보로서 대통령령으로 정하는 정보, 즉 민감정보의 처리는 금지된다.[1)]

1. 민감정보의 정의

이 법은 민감정보를 직접적으로 정의하지는 않지만, 민감정보의 처리를 제한하는 규정에서 '정보주체의 사생활을 현저히 침해할 우려가 있는 개인정보'

---

1) 법 제23조 제1항. 신용정보법 제16조 제1항 제3호는 '개인의 정치적 사상, 종교적 신념, 그 밖에 신용정보와 관계없는 사생활에 관한 정보'를 수집·조사할 수 없게 규정하였는데, 동 규정은 2020년 2월 4일 개정으로 삭제되었다.

라고 이해할 수 있다.[2] 그러나, 사생활의 현저한 침해 가능성과 함께 사회적 차별 가능성이 민감정보의 중요한 속성이 될 것이다.[3]

이 법은 민감정보의 구체적인 예로서 '사상·신념, 노동조합·정당의 가입·탈퇴, 정치적 견해, 건강, 성생활 등에 관한 정보'를 규정한다. 이 법에 규정된 예에 더하여 민감정보는 대통령령으로 추가될 수 있다. 민감정보는 보통의 개인정보보다 그 처리에서 더 엄격한 규제를 받기 때문에 민감정보의 범위 확대의 가능성은 정보주체의 보호에 있어서 긍정적이라고 볼 수 있다. 2020년 8월 4일 개정으로 대통령령은 두 가지 유형의 민감정보를 신설하여 이 법과 GDPR의 민간정보의 유형은 사실상 동일하게 되었다.

EU GDPR

GDPR은 민감정보를 두 가지 유형으로 달리 규정한다. 첫째, '인종적 또는 민족적 기원, 정치적 견해, 종교적이나 철학적 믿음, 노조 가입을 드러내는(revealing) 개인정보'와 '유전정보 또는 자연인을 고유하게 식별할 목적의 바이오인식정보, 건강정보 또는 자연인의 성생활 또는 성적지향에 관한 정보'의 처리는 원칙적으로 금지된다.[4] 둘째, '범죄경력 및 범죄행위에 관련된 개인정보'는 공적 권한의 통제에 따르거나 EU 또는 회원국 법이 허가하는 경우에만 처리된다.[5]

(1) 개인정보보호법이 규정한 민감정보

1) 사상·신념에 관한 정보

사상은 어떠한 사물에 대하여 가지고 있는 구체적인 사고나 생각을 말하는데, 명확한 체계적 질서를 가진 이론이나 학설, 세계에 관한 여러 가지 견해,

---

2) 법 제23조 제1항 참조.
3) 민감정보의 '자연인에 대한 차별적 효과'(discriminatory effects on natural persons)의 언급에 관하여 GDPR 상설 제71항 참조.
4) GDPR 제9조 제1항. 정보주체의 명시적 동의를 받는 등 열 가지 경우에 민감정보의 처리가 허용된다. GDPR 제9조 제2항.
5) GDPR 제10조.

인생에 관한 여러 가지 사고방식을 나타내는 세계관·인생관을 포괄한 것, 일상의 생활 장면에서 사물에 대처할 때의 사물에 대한 견해와 사고방식, 이성적 반성 이전의 생활 감정, 생활 무드, 의식 하에 있는 지향까지 포함하여 생각할 수 있다.[6] 신념은 어떤 사상(事象)이나 명제, 언설(言說) 등을 적절한 것으로서 또는 진실한 것으로서 승인하고, 수용하는 심적 태도를 말한다.[7] 사상과 신념은 개인의 이데올로기나 종교적 믿음을 포함한다고 볼 수 있다.[8] 특정한 사상·신념의 보유는 사회적 차별을 야기할 수 있다. GDPR은 '종교나 철학적 믿음'을 드러내는 개인정보를 특수한 범주의 개인정보에 포함한다.[9]

2) 노동조합·정당의 가입·탈퇴에 관한 정보

개인의 노동조합이나 정당의 가입 등에 관한 기록이 그 예이다. 특정 노동조합이나 정당의 가입이나 탈퇴는 사회적 차별을 야기할 수 있다. 노동조합·정당은 적법할 필요는 없을 것이다.[10] GDPR은 '노조 가입'을 드러내는 개인정보를 특수한 범주의 개인정보에 포함한다.[11]

3) 정치적 견해에 관한 정보

정치적 견해는 정치적 사안에 대한 입장을 가리킨다. 특정 정당의 지지 여부에 관한 정보도 정치적 견해로 볼 수 있다.[12] 서로 다른 정치적 견해는 사회적 차별을 야기할 수 있다. GDPR은 '정치적 견해'를 드러내는 개인정보를 특수한 범주의 개인정보에 포함한다.[13]

---

6) 두산백과(http://terms.naver.com/entry.nhn?cid=200000000&docId=1166252&mobile&categoryId=200000003).
7) 두산백과(http://terms.naver.com/entry.nhn?cid=200000000&docId=1118734&mobile&categoryId=200000070).
8) 2020년 해설서 158면.
9) GDPR 제9조 제1항.
10) 2020년 해설서 158면.
11) GDPR 제9조 제1항.
12) 2020년 해설서 158면.
13) GDPR 제9조 제1항.

4) 건강에 관한 정보

건강에 관한 정보는 개인의 과거 및 현재의 병력, 신체적·정신적 장애 등에 관한 정보를 가리키고, 장애 종류나 등급도 포함할 것이다.[14) 투숙객이 휠체어 접근을 필요로 한다는 호텔의 예약기록, 특정 개인이 마약중독임을 나타내는 사회복지기록은 민감정보가 될 것이다. 일반적으로 혈액형은 건강에 관한 민감정보가 되지 않을 것인데,[15) 희귀한 혈액형은 사회적 차별을 야기한다면 민감정보가 될 수 있을 것이다. GDPR은 '건강에 관한 데이터'를 특수한 범주의 개인정보에 포함한다.[16)

5) 성생활 등에 관한 정보

성생활 '등'의 규정으로 해석에 의하여 민감정보의 추가가 가능할 것으로 보일 수 있지만, 대통령령으로 민감정보의 추가가 가능한 점에서 '등'은 성생활에 직접 연결되는 것으로 볼 수 있다. 성생활은 물론 동성애 등 성적 취향에 관한 정보는 민감한 사생활에 해당하고, 사회적 차별을 야기할 수 있다. GDPR은 '자연인의 성생활 또는 성적 지향에 관한 데이터'를 특수한 범주의 개인정보에 포함한다.[17)

---

14) 2020년 해설서 158면.

15) 2020년 해설서 158면. 주민의 신청이 있으면 그의 주민등록증에 혈액형을 추가로 수록할 수 있게 규정한 주민등록법 제24조 제2항 단서는 2021년 7월 20일 개정으로 삭제되었다.

16) GDPR 제9조 제1항. 2001년 3월 1일 *Bodil Lindqvist* 사건에서 EU사법법원은 스웨덴 법원의 요청으로 예비적 결정을 주었는데, 1995년 개인정보보호지침의 목적에 따라 건강에 관한 정보는 광의로 해석되어 '신체적 및 정신적 측면을 포함한 개인의 건강에 관한 모든 측면에 관한 정보'(information concerning all aspects, both physical and mental, of the health of an individual)를 포함할 것이라고 밝혔다. ECJ, Judgment in Case C‒101/01, Bodil Lindqvist(6 November 2003), para. 50. 이 사건에서 발 부상에 관한 언급이 건강에 관한 민감한 정보에 해당한다고 결정되었다.

17) GDPR 제9조 제1항.

(2) 대통령령이 정한 민감정보

대통령령으로 정한 네 가지 유형의 민감정보는 공공기관이 목적 외의 용도로 이용하거나 제3자에게 제공하는 다섯 가지 경우에는 민감정보에서 제외된다.[18] 따라서, 공공기관이 수집 목적 외의 용도로 이용하거나 제3자에게 제공하는 경우 대통령령으로 정한 네 가지 유형의 민감정보는 이 법의 민감정보 처리 제한의 적용을 받지 않는다. 정보주체의 별도의 동의 없이 처리가 가능하다. 이러한 경우는 다음과 같다.[19] 첫째, 개인정보를 목적 외의 용도로 이용하거나 이를 제3자에게 제공하지 아니하면 다른 법률에서 정하는 소관 업무를 수행할 수 없는 경우로서 보호위원회의 심의·의결을 거친 경우이다. 둘째, 조약, 그 밖의 국제협정의 이행을 위하여 외국정부 또는 국제기구에 제공하기 위하여 필요한 경우이다. 셋째, 범죄의 수사와 공소의 제기 및 유지를 위하여 필요한 경우이다. 넷째, 법원의 재판업무 수행을 위하여 필요한 경우이다. 다섯째, 형 및 감호, 보호처분의 집행을 위하여 필요한 경우이다.

1) 유전정보

대통령령이 규정한 첫째 유형의 민감정보는 '유전자검사 등의 결과로 얻어진 유전정보'이다.[20] 유전정보는 인체유래물을 분석하여 얻은 개인의 유전적 특징에 관한 정보이다.[21] 유전자검사는 인체유래물로부터 유전정보를 얻는 행위로서 개인의 식별 또는 질병의 예방·진단·치료 등을 위하여 하는 검사를 말한다.[22] GDPR은 유전정보를 특수한 범주의 개인정보에 포함한다.[23]

---

18) 영 제18조 단서.

19) 법 제18조 제2항 제5호부터 제9호까지 참조.

20) 영 제18조 제1호.

21) 생명윤리법 제2조 제14호. 인체유래물은 인체로부터 수집하거나 채취한 조직·세포·혈액·체액 등 인체 구성물 또는 이들로부터 분리된 혈청, 혈장, 염색체, DNA, RNA, 단백질 등을 말한다. 동 법 제2조 제11호.

22) 생명윤리법 제2조 제15호.

23) GDPR 제9조 제1항. '유전적 데이터'(genetic data)는 해당 자연인으로부터 특히 염색체, 디옥시리보핵산(DNA) 또는 리보핵산(RNA) 분석과 같은 생물학적 샘플의 분석, 또

2) 범죄경력자료

대통령령이 규정한 둘째 유형의 민감정보는 '범죄경력자료에 해당하는 정보'이다.[24] 범죄경력자료는 수사자료표 중 다음 각 목에 해당하는 사항에 관한 자료를 말한다:[25] 가. 벌금 이상의 형의 선고, 면제 및 선고유예, 나. 보호감호, 치료감호, 보호관찰, 다. 선고유예의 실효, 라. 집행유예의 취소, 마. 벌금 이상의 형과 함께 부과된 몰수, 추징, 사회봉사명령, 수강명령 등의 선고 또는 처분. 따라서, 과태료 부과, 시정명령, 내부징계에 관한 정보는 범죄경력정보가 아니어서 민감정보가 되지 않는다. GDPR은 '범죄경력과 범죄행위에 관련된 개인정보'를 특수한 범주의 개인정보와 구별하여 공적 권한의 통제에 따르거나 EU 또는 회원국 법이 허가하는 경우에만 처리되도록 규정한다.[26]

3) 생체인식정보

대통령령이 규정한 셋째 유형의 민감정보는 '개인의 신체적, 생리적, 행동적 특징에 관한 정보로서 특정 개인을 알아볼 목적으로 일정한 기술적 수단을 통해 생성한 정보'이다.[27] 생체정보는 '지문, 얼굴, 홍채, 정맥, 음성, 필적 등 개인의 신체적, 생리적, 행동적 특징에 관한 정보로서 특정 개인을 인증·식별하거나 개인에 관한 특징을 알아보기 위해 일정한 기술적 수단을 통해 처리되는 정보'이다.[28] 개인의 신체적 특징은 지문, 얼굴, 홍채·망막의 혈관 모양, 손바닥·손가락의 정맥 모양, 장문, 귓바퀴의 모양 등이고, 생리적 특징은 뇌파, 심

는 동등한 정보를 획득하게 하는 다른 요소의 분석에서 결과하는 자연인의 선천적이거나 후천적인 유전적 특성에 관련되는 개인정보라고 정의된다. GDPR 상설 제34항.

24) 영 제18조 제2호.

25) 형실효법 제2조 제5호. 수사자료표는 수사기관이 피의자의 지문을 채취하고 피의자의 인적사항과 죄명 등을 기재한 표(전산입력되어 관리되거나 자기테이프, 마이크로필름, 그 밖에 이와 유사한 매체에 기록·저장된 표를 포함한다)로서 경찰청에서 관리하는 것을 말한다. 형실효법 제2조 제4호.

26) GDPR 제10조.

27) 영 제18조 제3호. 2020년 8월 4일 개정으로 신설되었다.

28) 개인정보 안전성기준 제2조 제16호.

전도, 유전정보 등이며, 행동적 특징은 음성, 필적, 걸음걸이, 자판입력 간격·속도 등이다.[29] 인증은 이용 권한이 있는 특정 개인임을 확인하기 위하여 이용자가 입력한 생체정보를 출입통제 시스템 등 기기에 저장된 정보와 대조하여 본인 여부를 확인하여 출입을 허용하는 것이다.[30] 식별은 개인의 생체정보를 데이터베이스에 저장된 다수의 생체정보와 대조하여 여러 사람 중 특정 개인을 구분하여 확인하는 것인데, 인공지능 스피커가 등록된 여러 가족 구성원의 음성 중 지금 말하는 사람을 확인하여 대답하는 것이 예가 된다.[31] 개인에 관한 특징을 알아보는 것은 개인의 인증·식별 목적이 아닌, 그의 연령·성별·감정 등의 상태를 확인 또는 분류하는 것이다.[32] 일정한 기술적 수단을 통해 처리하는 것은 센서 입력장치 등을 통해 이미지 등 원본정보를 수집·입력하고 해당 원본정보로부터 특징점을 추출하는 등 개인을 인증·식별하거나 개인에 관한 특징을 알아보기 위해 전자적으로 처리되는 전 과정을 가리킨다.[33]

따라서, 생체정보는 특정 개인을 인증·식별하기 위한 목적으로 처리되는 생체인식정보와 인증·식별 목적이 아닌 개인에 관한 특징을 알아보기 위해 처리되는 일반적인 생체정보로 구성된다.[34] 생체정보 중에서 생체인식정보가 민감정보이다.[35] 예컨대, 얼굴 사진(영상)의 경우, 생체인식정보는 얼굴 사진(영상)에서 특징점 등을 기술적으로 추출하여 개인의 인증·식별 목적으로 출입통제(안면인식) 시스템 등에 사용하는 경우이고, 일반적인 생체정보는 얼굴 사진(영상)에서 특징점 등을 기술적으로 추출하지만 특정 개인의 인증·식별 목적이 아닌 성별, 감정상태(웃는 모습, 화난 모습 등)를 알아보기 위해 사용하는 경

---

29) 생체정보 가이드라인 3면.
30) 생체정보 가이드라인 3면.
31) 생체정보 가이드라인 3면.
32) 생체정보 가이드라인 3면.
33) 생체정보 가이드라인 3면. 생체인식정보는 개인을 인증 또는 식별 목적으로 입력장치 등을 통해 수집·입력되는 생체인식 원본정보와 이로부터 특징점을 추출하는 등의 일정한 기술적 수단을 통해 생성되는 생체인식 특징정보로 구분된다. 생체정보 가이드라인 4면.
34) 생체정보 가이드라인 4면.
35) 생체인식정보는 생체정보 중 특정 개인을 인증 또는 식별할 목적으로 일정한 기술적 수단을 통해 처리되는 정보이다. 개인정보 안전성기준 제2조 제16호의2.

우이다.36) 음성의 경우, 생체인식정보는 AI 스피커에서 입력된 사람의 음성을 통해 특징점 등을 기술적으로 추출하여 말하는 사람이 누구인지 확인하여 응답하는 경우이고, 일반적인 생체정보는 AI 스피커에서 입력된 사람의 음성을 통해 특징점 등을 기술적으로 추출하지만 특정 개인을 확인하지 않고 단순히 화자의 감정상태(화난 목소리, 기쁜 목소리 등)를 알아보기 위해 사용되는 경우이다.37) 위 예에서 일반적인 얼굴 사진과 음성 파일은 일반적인 개인정보에 해당한다.

EU GDPR

GDPR은 '자연인을 고유하게 식별하는 목적으로' 바이오인식정보(biometric data)를 특수한 범주의 개인정보에 포함한다.38) 바이오인식정보, 즉 생체인식정보는 자연인의 '신체적, 생리적 또는 행태적 특징'(physical, physiological or behavioural characteristic)에 관련된 특정한 기술적 처리의 결과인 개인정보로서 얼굴 이미지와 지문정보 등 해당 자연인의 고유한 식별을 가능하게 한다.39) 자연인의 고유한 식별을 허용하도록 특정의 기술적 수단을 통하여 생성되는 경우에만 바이오인식정보에 해당할 것이어서 사진의 처리는 민감정보의 처리라고 체계적으로 고려되지 않을 것이다.40)

4) 인종 · 민족정보

대통령령이 규정한 네 번째 유형의 민감정보는 '인종이나 민족에 관한 정보'이다.41) 인종은 개인의 신체적 특징, 예컨대 검은 피부, 하얀 피부, 황색 피

---

36) 생체정보 가이드라인 4면.
37) 생체정보 가이드라인 4면.
38) GDPR 제9조 제1항.
39) GDPR 제4조 제14항.
40) GDPR 상설 제51항 참조.
41) 영 제18조 제4호. 2020년 8월 4일 개정으로 신설되었다. 2020년 3월 입법예고에서는 인종이나 민족에 관한 정보로서 '해당 정보의 처리 목적이나 상황에 비추어 개인을 부당하게 차별할 우려가 있는 정보'라고 규정되어 있었는데, 삭제되었다.

부 등에 기초한 개념으로서 변하지 않는다. 민족은 개인의 조상, 문화나 종교 등 그의 정체성에 기초한 개념으로서 변할 수 있다. 인종·민족정보는 한국 사회가 다문화 사회로 변화함에 따라 처리 과정에서 개인을 차별하는 데 사용되지 않도록 보호할 필요성이 높아졌다고 한다.[42] GDPR은 인종적이나 민족적 기원을 드러내는 개인정보를 특수한 범주의 개인정보에 포함한다.[43]

2. 민감정보 처리의 예외적 허용

개인정보처리자는 사상·신념, 노동조합·정당의 가입·탈퇴, 정치적 견해, 건강, 성생활 등에 관한 정보, 그 밖에 정보주체의 사생활을 현저히 침해할 우려가 있는 개인정보로서 대통령령으로 정하는 정보를 처리하여서는 아니 된다.[44] 즉 민감정보는 원칙적으로 처리가 금지된다. 민감정보의 처리는 '수집, 보유, 이용, 제공 등의 처리('개인정보 보호법' 제2조 제2호 참조) 모두'를 가리킨다.[45]

민감정보의 처리 제한에 관한 법 제23조는 개인정보의 처리에 관한 특별한 규정이어서 이 법의 개인정보 처리에 관한 일반적 규정에 우선하여 적용된다.[46] 또한, 개인정보의 처리 업무위탁을 규정한 법 제26조가 처리 업무위탁의 대상인 개인정보의 범주를 제한하지 않는 점에서 개인정보처리자는 민감정보의 처리 업무를 수탁자에게 위탁하는데 제한이 없을 것이다. 민감정보의 처리 업무를 위탁하는 개인정보처리자는 물론 그 처리 업무를 위탁받아 실제로 민감정보를 처리하는 수탁자도 민감정보 처리에 관한 아래에서 검토되는 법 제

---

42) 관계부처 합동, '데이터 3법 시행령 개정안 입법예고'(보도자료, 2020.3.31.). 승객이 유대교음식(kosher food)을 요구한다는 항공사 기록은 민족적 정보에 해당한다. 한반도의 오랜 분단 현실에서 북한 출신 또는 탈북의 사실도 경우에 따라서는 민감정보로 고려될 수 있을 것이다.

43) GDPR 제9조 제1항.

44) 법 제23조 제1항.

45) 헌재 2018.8.30. 2014헌마368.

46) 예컨대, 법 제15조, 법 제17조 및 법 제18조 등에 우선하여 적용된다. 따라서, 민감정보는 제15조 제1항 각 호, 제17조 제1항 각 호, 제18조 제2항 각 호의 규정에 따른 요건을 충족하여도 처리 가능하다고 볼 수 없다. 2020년 해설서 162면.

23조를 준수하여야 한다.[47]

　민감정보의 처리는 예외적으로 신중하고 엄격하게 허용되어야 할 것이다. 이 점에서 EU GDPR의 경우처럼 민감정보가 처리될 수 있는 조건이 이 법에 구체적으로 규정되는 것이 정보주체의 보호에 바람직할 것이다.[48] 이 법에서 민감정보는 다음의 두 가지 경우에 예외적으로 처리가 허용된다.

(1) 정보주체의 별도의 동의를 받은 경우

　개인정보의 수집이나 제3자 제공에서 정보주체에게 알려야 하는 각각의 사항을 알리고 다른 개인정보의 처리에 대한 동의와 별도의 동의를 받은 경우에는 개인정보처리자는 민감정보를 처리할 수 있다.[49] 민감정보의 수집에 대하여 정보주체의 동의를 받을 때 개인정보처리자는 정보주체에게 다음 각 호의 사항을 알려야 한다:[50] 1. 민감정보의 수집·이용 목적, 2. 수집하려는 민감정보의 항목, 3. 민감정보의 보유 및 이용 기간, 4. 동의를 거부할 권리가 있다는 사실 및 동의 거부에 따른 불이익이 있는 경우에는 그 불이익의 내용. 또한, 민감정보의 제3자 제공에 대하여 정보주체의 동의를 받을 때 개인정보처리자는 정보주체에게 다음 각 호의 사항을 알려야 한다:[51] 1. 민감정보를 제공받는 자, 2. 민감정보를 제공받는 자의 민감정보 이용 목적, 3. 제공하는 민감정보의 항목, 4. 민감정보를 제공받는 자의 민감정보 보유 및 이용 기간, 5. 동의를 거부할 권리가 있다는 사실 및 동의 거부에 따른 불이익이 있는 경우에는 그 불이익의 내용. 위의 어느 하나의 사항을 변경하는 경우에도 이를 알리고 동의를 받아야 한다.[52]

　이 법은 정보주체의 별도의 동의를 개인정보처리자의 민감정보 처리의 적

---

47) 수탁자에 관하여는 민감정보의 처리에 관한 법 제23조를 포함한 여러 규정이 준용된다. 법 제26조 제8항 참조.
48) GDPR 제9조 제2항 이하 참조.
49) 법 제23조 제1항 단서 제1호.
50) 법 제15조 제2항 참조.
51) 법 제17조 제2항 참조.
52) 법 제15조 제2항 단서와 제17조 제2항 단서.

법한 근거로 규정하여서, 마치 정보주체의 동의가 가장 안전한 해결책인 것으로 보일 수 있다.[53] 그러나, 정보주체의 개인정보 처리에 대한 동의는 언제라도 철회될 수 있기 때문에 민감정보의 처리에 있어 정보주체의 동의는 실제로는 가장 불완전할 수 있다.[54] 따라서, 개인정보처리자는 민감정보의 처리를 위하여 정보주체의 동의 보다는 민감정보의 처리를 요구하거나 허용하는 법령을 활용하는 것이 바람직할 수 있다.

(2) 법령에서 처리를 요구·허용하는 경우

개인정보처리자는 법령에서 민감정보의 처리를 요구하거나 허용하는 경우 정보주체의 별도의 동의 없이 민감정보를 처리할 수 있다.[55] 법령은 민감정보의 처리 목적과 종류 등 구체적으로 민감정보를 처리하도록 요구하거나 허용하도록 규정하여야 한다.[56] 법률 대신 법령으로 규정된 것은 신원조사 과정에서 사상이나 신념 등 개인정보 수집이 불가피하여서 법률에 한정하지 않게 된 것이라고 한다.[57] 법령은 1) 법률 및 대통령령·총리령·부령, 2) 국회규칙·대법원규칙·헌법재판소규칙·중앙선거관리위원회규칙 및 감사원규칙, 3) 1) 또는 2)의 위임을 받아 중앙행정기관(정부조직법 및 그 밖의 법률에 따라 설치된 중앙행정기관을 말한다.)의 장이 정한 훈령·예규 및 고시 등 행정규칙을 포함한다.[58]

---

53) 이러한 평가는 개인정보의 수집·이용과 제3자 제공에 대하여도 동일하다.

54) 정보주체의 개인정보 처리에 대한 동의 철회권은 법 제37조 제1항 참조.

55) 법 제23조 제1항 단서 제2호.

56) 한편, 법 제23조 제1항 제2호 및 경찰관직무집행법 시행령 제8조와 「검사의 사법경찰관리에 대한 수사지휘 및 사법경찰관리의 수사준칙에 관한 규정」(2021.1.1. 폐지) 제9조에 따라 경찰관의 범죄의 수사 등을 위하여 불가피한 경우 민감정보를 처리를 하는 것이 허용되므로, 이에 해당하는 경우 공공기관은 법 제18조 제2항 제7호에 따라 정보주체 또는 제3자의 이익을 부당하게 침해할 우려가 있을 때를 제외하고 민감정보를 경찰관에게 제공할 수 있다. 헌재 2018.8.30. 2014헌마368. 고유식별정보의 처리에 관하여 제24조 제1항 제2호는 '법령에서 구체적으로 고유식별정보의 처리'를 규정하는데, 민감정보의 처리에 관하여 '구체적으로'의 문구가 빠져 있다. 그렇지만, 민감정보의 처리를 허용하는 법령도 구체적이어야 할 것이다.

57) 한국인터넷진흥원, 법(안) 조문별 설명자료(2010년 12월), 122면.

58) 행정기본법 제2조 제1호 가목.

민감정보의 처리를 요구하거나 허용하는 법령의 예는 다음과 같다. 첫째, 의료인, 의료기관의 장 및 의료기관 종사자는 환자의 배우자, 직계 존속·비속, 형제·자매 또는 배우자의 직계 존속이 환자 본인의 동의서와 친족관계임을 나타내는 증명서 등을 첨부하는 등 보건복지부령으로 정하는 요건을 갖추어 요청한 경우 등에서 환자에 관한 기록을 열람하게 하거나 그 사본을 교부하는 등 그 내용을 확인할 수 있게 하여야 한다.[59] 둘째, 총포, 도검, 분사기 등의 소지 허가를 받으려는 사람은 정신분열증, 뇌전증, 마약 등의 치료를 받은 사실을 확인하는 병력 신고 및 개인정보 이용 동의서를 허가관청인 지방경찰청장 등에게 제출하여야 한다.[60] 셋째, 국가정보원장은 국가안전보장에 한정된 국가기밀을 취급하는 인원의 충성심·신뢰성 등을 확인하기 위하여 신원조사를 한다.[61] 넷째, 수사자료표에 의한 범죄경력조회 및 수사경력조회와 그에 대한 회보는 범죄 수사 또는 재판 등 필요한 경우에 그 전부 또는 일부에 대하여 조회 목적에 필요한 최소한의 범위에서 할 수 있다.[62] 다섯째, 보호위원회 또는 그의 권한을 위탁받은 한국인터넷진흥원은 다음 각 호의 사무를 수행하기 위하여 불가피한 경우 민감정보가 포함된 자료를 처리할 수 있다:[63] 1. 법 제7조의9 제1항 제4호부터 제6호까지의 규정에 따른 사항의 심의·의결에 관한 사무, 4. 법 제62조 제3항에 따른 개인정보침해 신고센터의 업무에 관한 사무, 5. 법 제63조 제1항, 제2항에 따른 자료의 제출 및 검사에 관한 사무, 6. 법 제63조의2에 따른 사전 실태점검에 관한 사무, 7. 법 제64조의2에 따른 과징금의 부과 및 징수에 관한 사무. 여섯째, 분쟁조정위원회는 법 제45조, 제47조 및 제49조에 따른 개인정보 분쟁 조정에 관한 사무를 수행하기 위하여 불가피한 경우 민감정보가 포함된 자료를 처리할 수 있다.[64] 일곱째, 경찰청장, 지방경찰청장, 경찰서장, 도지사 및 시장 등은 도로교통법 및 동 시행령에 따른 도로에서 일어나는 교통상의 위험과 장해의 방지 및 제거에 관한 사무 등을 수행하기

---

59) 의료법 제21조 제3항.

60) 총포화약법 시행규칙 제21조, 제28조 및 별지 제10호의3 서식 참조.

61) 보안업무규정 제36조 제1항. 신원조사에서 범죄경력 등이 확인된다.

62) 형실효법 제6조 제1항.

63) 영 제62조의2 제1항. 아래 숫자는 각 호의 번호를 가리킨다.

64) 영 제62조의2 제2항.

위하여 불가피한 경우 건강에 관한 정보, 범죄경력자료에 해당하는 정보가 포함된 자료를 처리할 수 있다.[65] 여덟째, 소방청장 등은 119법 및 동 시행령에 따른 구조·구급활동에 관한 사무 등을 수행하기 위하여 불가피한 경우 건강에 관한 정보가 포함된 자료를 처리할 수 있다.[66]

EU GDPR

GDPR 제9조 제2항은 건강정보 등 민감정보에 해당하는 '특수한 범주의 개인정보'가 예외적으로 처리될 수 있는 열 가지 근거를 규정한다. 첫째, 정보주체가 하나 이상의 특정한 목적을 위해 특수한 범주의 개인정보 처리에 명시적 동의를 준 경우이다.[67] EU 또는 회원국 법은 정보주체가 동의를 줄 수 없다고 규정할 수 있다. 둘째, EU 또는 회원국 법 또는 정보주체의 기본적 권리와 이익에 대한 적절한 안전장치를 규정하는 회원국 법에 따른 단체협약이 허가하는 범위에서 고용과 사회보장 또는 사회보호의 법 영역에서 컨트롤러 또는 정보주체의 의무 수행과 특정한 권리 행사의 목적으로 처리가 필요한 경우이다.[68] 셋째, 정보주체가 물리적 또는 법적으로 동의를 할 수 없는 경우 정보주체 또는 다른 자연인의 중대한 이익을 보호하기 위하여 처리가 필요한 경우이다.[69] 넷째, 정치, 철학, 종교 또는 노동조합의 목적을 지닌 재단, 협회나 다른 비영리기관이 적절한 안전장치를 갖추고 정당한 활동의 과정에서 처리가 수행되는 경우이다.[70] 처리가 그 기관 구성원 또는 과거 구성원 또는 그 목적과 관련되어 그 기관과 규칙적으로 접촉하는 자에 대해서만 관련되고 개인정보가 정보주체의 동의 없이 그 기관 밖으로 공개되지 않아야 한다. 다섯째, 처리가 정보주체가 명백하게 공개한 개인정보에 관련되는 경우이다.[71] 여섯째, 법적 청구권의 설정, 행사 또는 방어를 위하거나 법원

---

65) 도로교통법 시행령 제87조의3 제1항.
66) 119법 시행령 제32조의4.
67) GDPR 제9조 제2항(a).
68) GDPR 제9조 제2항(b).
69) GDPR 제9조 제2항(c).
70) GDPR 제9조 제2항(d).
71) GDPR 제9조 제2항(e).

이 '사법적 지위'(judicial capacity)에서 행위하는데 처리가 필요한 경우이다.[72] 일곱째, 추구하는 목적에 비례하고 개인정보보호 권리의 본질을 존중하며 정보주체의 기본적 권리와 이익을 보호하는 적당하고 특정한 조치를 규정하는 EU 또는 회원국 법에 근거하여 상당한 공익을 이유로 처리가 필요한 경우이다.[73] 여덟째, 예방의학이나 직업병의학의 목적으로 처리가 필요한 경우 및 피고용인의 업무능력 평가, 의학적 진단, 보건이나 사회복지나 치료의 제공 또는 EU 또는 회원국 법에 근거하거나 건강전문가와의 계약에 따르고 제9조 제3항에서 언급된 조건과 안전장치를 조건으로 보건이나 사회복지 시스템과 서비스의 관리를 위하여 처리가 필요한 경우이다.[74] 아홉째, 정보주체의 권리와 자유, 특히 직업상 비밀을 보호하기 위한 적당하고 특정한 조치를 규정하는 EU 또는 회원국 법에 근거하여, 건강에 대한 심각한 초국경 위협으로부터 보호하거나 건강관리 및 의약품 또는 의료장비의 높은 수준의 품질 및 안전을 보장하는 것과 같이 공중보건 영역에서 공익을 이유로 처리가 필요한 경우이다.[75] 열째, 추구하는 목적에 비례하고 개인정보보호 권리의 본질을 존중하며 정보주체의 기본적 권리와 이익을 보호하기 위한 적당하고 특정한 조치를 규정하는 EU 또는 회원국 법에 근거하여 제89조 제1항에 따른 공익을 위한 기록보존 목적, 과학적 또는 역사적 연구 또는 통계적 목적으로 처리가 필요한 경우이다.[76]

3. 민감정보의 안전한 처리

정보주체로부터 다른 개인정보의 처리에 대한 동의와 별도로 동의를 받거나 법령에서 민감정보의 처리를 요구하거나 허용하여 민감정보를 처리하는 경우, 개인정보처리자는 그 민감정보가 분실·도난·유출·위조·변조 또는 훼손되지 아니하도록 법 제29조에 따른 개인정보의 안전성 확보에 필요한 조치를

---

72) GDPR 제9조 제2항(f).
73) GDPR 제9조 제2항(g).
74) GDPR 제9조 제2항(h). GDPR 제9조 제3항은 EU 또는 회원국 법에 따른 직업상 비밀 유지 의무에 따르는 자에 의하여 처리되는 경우를 가리킨다.
75) GDPR 제9조 제2항(i).
76) GDPR 제9조 제2항(j).

하여야 한다.[77] 그런데, 개인정보의 안전성 확보에 필요한 조치를 규정한 법 제29조는 이 법에서 정한 모든 종류의 개인정보 처리에 적용되는 점에서 민감정보의 안전성 확보에 필요한 조치를 안전성 확보의 일반규정인 법 제29조에 따르도록 명시한 것은 실제로는 의미가 없을 것이다.

4. 민감정보의 공개 가능성 등

개인정보처리자는 재화 또는 서비스를 제공하는 과정에서 공개되는 정보에 정보주체의 민감정보가 포함됨으로써 사생활 침해의 위험성이 있다고 판단하는 때에는 재화 또는 서비스의 제공 전에 민감정보의 공개 가능성 및 비공개를 선택하는 방법을 정보주체가 알아보기 쉽게 알려야 한다.[78] 민감정보의 공개 가능성 및 비공개를 선택하는 방법은 개인정보 처리방침에 포함된다.[79]

---

77) 법 제23조 제2항.
78) 법 제23조 제3항. 동 규정은 2023년 3월 14일 개정으로 신설되었다.
79) 법 제30조 제1항 제3호의3. 동 규정은 2023년 3월 14일 개정으로 신설되었다.

■ II. 고유식별정보의 처리 제한

주민등록번호 등 고유식별정보는 공익적 목적으로 개인에게 부여된 것인데, 개인을 식별하는 편의성을 이유로 공공기관은 물론 민간부문 개인정보처리자도 관행적으로 활용하고 있었다. 정보주체를 확실하게 식별하는 고유식별정보는 안전하게 관리되지 않아 종종 유출과 위조 등 침해되어 해당 정보주체에게 피해가 발생하는 등 사회적으로 큰 문제를 야기하고 있다. 특히 일상적인 침해의 대상이 된 주민등록번호의 처리에 대하여 2013년 8월 6일 개정으로 종래의 법 제24조에서 분리된 법 제24조의2가 신설되었다.

1. 고유식별정보의 정의

고유식별정보는 '법령에 따라 개인을 고유하게 구별하기 위하여 부여된 식별정보로서 대통령령으로 정하는 정보'를 의미한다.[80] 고유식별정보는 대통령령에 따라 부여된다. 따라서, 민간부문에서 자체적으로 고객 등에게 부여하는 회원 번호, 직원에 대한 사원증 번호, 학생의 학번, 교수의 교번 등은 이 법의 보호를 받는 개인정보가 될 수 있지만, 이 법의 특별한 보호를 받는 고유식별정보는 아니다.

대통령령으로 정한 네 가지 유형의 고유식별정보는 공공기관이 목적 외의 용도로 이용하거나 제3자에게 제공하는 다섯 가지 경우에는 고유식별정보에서 제외된다.[81] 따라서, 공공기관이 수집 목적 외의 용도로 이용하거나 제3자에게 제공하는 경우 대통령령으로 정한 네 가지 유형의 고유식별정보는 이 법의 고유식별정보 처리 제한의 적용을 받지 않는다. 이러한 경우는 다음과 같다.[82] 첫째, 개인정보를 목적 외의 용도로 이용하거나 이를 제3자에게 제공하지 아니하면 다른 법률에서 정하는 소관 업무를 수행할 수 없는 경우로서 보호위원회

---

80) 법 제24조 제1항.
81) 영 제19조 단서.
82) 법 제18조 제2항 제5호부터 제9호까지 참조.

의 심의·의결을 거친 경우이다. 둘째, 조약, 그 밖의 국제협정의 이행을 위하여 외국정부 또는 국제기구에 제공하기 위하여 필요한 경우이다. 셋째, 범죄의 수사와 공소의 제기 및 유지를 위하여 필요한 경우이다. 넷째, 법원의 재판업무 수행을 위하여 필요한 경우이다. 다섯째, 형 및 감호, 보호처분의 집행을 위하여 필요한 경우이다.

(1) 주민등록번호

대통령령으로 정하는 첫째 유형의 고유식별정보는 주민등록번호이다.[83] 시장·군수 또는 구청장은 주민에게 개인별로 고유한 등록번호, 즉 주민등록번호를 부여하여야 한다.[84] 주민등록증에는 성명, 사진, 주민등록번호, 주소, 지문, 발행일, 주민등록기관을 수록한다.[85] 분실 또는 유출된 주민등록번호의 오·남용 피해를 구제하고자 주민등록번호는 변경될 수 있다.[86] 주민등록번호의 처리는 법 제24조의2의 규율을 받는다.

---

83) 영 제19조 제1호.
84) 주민등록법 제7조의2 제1항.
85) 주민등록법 제24조 제2항. 주민의 신청이 있으면 그의 주민등록증에 혈액형을 추가로 수록할 수 있게 규정한 주민등록법 제24조 제2항 단서는 2021년 7월 20일 개정으로 삭제되었다.
86) 헌법재판소는 "주민등록번호 유출 또는 오·남용으로 인하여 발생할 수 있는 피해 등에 대한 아무런 고려 없이 주민등록번호 변경을 일률적으로 허용하지 않는 것은 그 자체로 개인정보자기결정권에 대한 과도한 침해가 될 수 있다."고 판단하였다. 헌재 2015.12. 23. 2013헌바68 등. 다음 각 호의 어느 하나에 해당하는 사람은 대통령령으로 정하는 바에 따라 이를 입증할 수 있는 자료를 갖추어 주민등록지 또는 거주지의 시장·군수 또는 구청장에게 주민등록번호의 변경을 신청할 수 있다: 1. 유출된 주민등록번호로 인하여 생명·신체에 위해를 입거나 입을 우려가 있다고 인정되는 사람, 2. 유출된 주민등록번호로 인하여 재산에 피해를 입거나 입을 우려가 있다고 인정되는 사람, 3. 다음 각 목의 어느 하나에 해당하는 사람으로서 유출된 주민등록번호로 인하여 피해를 입거나 입을 우려가 있다고 인정되는 사람: 가. 청소년성보호법 제2조 제6호에 따른 피해아동·청소년, 나. 성폭력방지법 제2조 제3호에 따른 성폭력피해자, 다. 성매매처벌법 제2조 제1항 제4호에 따른 성매매피해자, 라. 가정폭력처벌법 제2조 제5호에 따른 피해자, 4. 그 밖에 제1호부터 제3호까지의 규정에 준하는 사람으로서 대통령령으로 정하는 사람. 주민등록법 제7조의4 제1항. 동 규정은 2016년 5월 29일 개정으로 신설되었고, 2017년 5월 30일 시행되었다.

(2) 여권번호

대통령으로 정하는 둘째 유형의 고유식별정보는 여권번호이다.[87] 여권에 수록하는 정보는 다음 각 호와 같다:[88] 1. 여권의 종류, 발행국, 여권번호, 발급일, 기간만료일과 발급관청, 2. 여권 명의인의 성명, 국적, 성별, 생년월일과 사진.

(3) 운전면허의 면허번호

대통령으로 정하는 셋째 유형의 고유식별정보는 운전면허의 면허번호이다.[89] 자동차등을 운전하려는 사람은 지방경찰청장으로부터 운전면허를 받아야 한다.[90] 도로교통공단은 운전면허증을 발급하는 지방경찰청의 고유번호, 발급연도, 연도별 일련번호, 면허종별 확인번호 및 재발급 횟수가 표시되도록 면허번호를 부여하여야 한다.[91]

(4) 외국인등록번호

대통령으로 정하는 넷째 유형의 고유식별정보는 외국인등록번호이다.[92] 지방출입국·외국인관서의 장은 외국인등록을 한 사람에게는 대통령령으로 정하는 방법에 따라 개인별로 고유한 등록번호, 즉 외국인등록번호를 부여하여야 한다.[93]

---

87) 영 제19조 제2호.
88) 여권법 제7조 제1항 제1호와 제2호. 여권법 제7조 제1항 제2호에 수록된 주민등록번호는 2018년 12월 24일 개정으로 삭제되었다.
89) 영 제19조 제3호.
90) 도로교통법 제80조 제1항.
91) 도로교통법 시행규칙 제76조 제2항.
92) 영 제19조 제4호.
93) 출입국관리법 제31조 제5항.

2. 고유식별정보 처리의 예외적 허용

개인정보처리자는 법령에 따라 개인을 고유하게 구별하기 위하여 부여된 식별정보로서 대통령령으로 정하는 정보를 처리할 수 없다.[94] 즉 고유식별정보는 원칙적으로 처리가 금지된다. 고유식별정보의 처리는 수집은 물론 이용, 제공, 가공 등 일체의 행위이다. 고유식별정보의 처리는 예외적으로 신중하고 엄격하게 허용되어야 할 것이다.

고유식별정보 처리 제한에 관한 법 제24조는 개인정보 처리에 관한 특별한 규정이어서 이 법의 개인정보 처리에 관한 일반적 규정에 우선하여 적용된다.[95] 또한, 개인정보의 처리 업무위탁을 규정한 법 제26조가 처리 업무위탁의 대상인 개인정보의 범주를 제한하지 않는 점에서 개인정보처리자는 고유식별정보의 처리 업무를 수탁자에게 위탁하는데 제한이 없을 것이다. 고유식별정보의 처리 업무를 위탁하는 개인정보처리자는 물론 그 처리 업무를 위탁받아 실제로 고유식별정보를 처리하는 수탁자도 고유식별정보 처리에 관한 아래에서 검토되는 법 제24조의 규정을 준수하여야 한다.[96] 민감정보의 경우와 유사하게 고유식별정보는 다음의 두 가지 경우에 예외적으로 처리가 허용된다.

(1) 정보주체의 별도의 동의를 받은 경우

개인정보 수집이나 제3자 제공에서 정보주체에게 알려야 하는 각각의 사항을 알리고 다른 개인정보의 처리에 대한 동의와 별도의 동의를 받은 경우에는 개인정보처리자는 고유식별정보를 처리할 수 있다.[97] 즉 개인정보처리자는 개인정보의 수집·이용 또는 제3자 제공에 관하여 정보주체의 동의를 받을 때 정보주체에게 알려야 하는 사항을 알리고, 또한 다른 개인정보의 처리에 대한 동

---

94) 법 제24조 제1항.
95) 이와 관련하여 위 민감정보에 관한 설명 참조.
96) 수탁자에 관하여 고유식별정보의 처리에 관한 법 제24조를 포함한 여러 규정이 준용된다. 법 제26조 제8항 참조.
97) 법 제24조 제1항 제1호.

의와 별도의 동의를 받으면, 정보주체의 고유식별정보를 처리할 수 있다.

고유식별정보의 수집에 대하여 정보주체의 동의를 받을 때 개인정보처리자는 정보주체에게 다음 각 호의 사항을 알려야 한다:[98] 1. 고유식별정보의 수집 · 이용 목적, 2. 수집하려는 고유식별정보의 항목, 3. 고유식별정보의 보유 및 이용 기간 및 4. 동의를 거부할 권리가 있다는 사실 및 동의 거부에 따른 불이익이 있는 경우에는 그 불이익의 내용. 또한, 고유식별정보의 제3자 제공에 대하여 정보주체의 동의를 받을 때 개인정보처리자는 정보주체에게 다음 각 호의 사항을 알려야 한다:[99] 1. 고유식별정보를 제공받는 자, 2. 고유식별정보를 제공받는 자의 고유식별정보 이용 목적, 3. 제공하는 고유식별정보의 항목, 4. 고유식별정보를 제공받는 자의 고유식별정보 보유 및 이용 기간 및 5. 동의를 거부할 권리가 있다는 사실 및 동의 거부에 따른 불이익이 있는 경우에는 그 불이익의 내용. 위의 어느 하나의 사항을 변경하는 경우에도 이를 알리고 동의를 받아야 한다.[100]

이 법은 정보주체의 별도의 동의를 개인정보처리자의 고유식별정보 처리의 적법한 근거로 규정하여서, 마치 정보주체의 동의가 가장 안전한 해결책인 것으로 보일 수 있다.[101] 그러나, 정보주체의 동의는 언제라도 철회될 수 있기 때문에 고유식별정보의 처리에 있어 실제로는 불완전할 수 있다.[102] 따라서, 개인정보처리자는 고유식별정보의 처리를 위하여 정보주체의 동의보다는 고유식별정보의 처리를 요구하거나 허용하는 법령을 활용하는 것이 바람직할 수 있다.

(2) 법령에서 구체적으로 처리를 요구 · 허용하는 경우

개인정보처리자는 법령에서 구체적으로 고유식별정보의 처리를 요구하거나 허용하는 경우 정보주체의 별도의 동의 없이도 고유식별정보를 처리할 수 있

---

98) 법 제15조 제2항 참조.

99) 법 제17조 제2항 참조.

100) 법 제15조 제2항 단서와 제17조 제2항 단서.

101) 이러한 평가는 개인정보의 수집 · 이용과 제3자 제공에 대하여도 동일하다.

102) 정보주체의 개인정보 처리에 대한 동의 철회권은 법 제37조 제1항 참조.

다.103) 법령은 고유식별정보의 처리 목적과 종류 등 구체적으로 고유식별정보를 처리하도록 요구하거나 허용하도록 규정하여야 한다.104) 법령은 1) 법률 및 대통령령·총리령·부령, 2) 국회규칙·대법원규칙·헌법재판소규칙·중앙선거관리위원회규칙 및 감사원규칙, 3) 1) 또는 2)의 위임을 받아 중앙행정기관(정부조직법 및 그 밖의 법률에 따라 설치된 중앙행정기관을 말한다.)의 장이 정한 훈령·예규 및 고시 등 행정규칙을 포함한다.105)

고유식별정보의 처리를 요구하거나 허용하는 법령의 예는 다음과 같다.106) 첫째, 금융회사 등은 거래자의 실지명의로 금융거래를 하여야 하는데,107) 실지명의는 재외국민의 경우에는 여권에 기재된 성명 및 여권번호로 하고,108) 외국인의 경우에는 출입국관리법에 의한 등록외국인기록표에 기재된 성명 및 등록번호로 한다.109) 둘째, 보호위원회 또는 그의 권한을 위탁받은 한국인터넷진흥원은 다음 각 호의 사무를 수행하기 위하여 불가피한 경우 여권번호, 운전면허의 면허번호 또는 외국인등록번호가 포함된 자료를 처리할 수 있다:110) 1. 법 제7조의9 제1항 제4호부터 제6호까지의 규정에 따른 사항의 심의·의결에 관한 사무, 4. 법 제62조 제3항에 따른 개인정보침해 신고센터의 업무에 관한 사

---

103) 법 제24조 제1항 제2호. 민감정보의 처리와 달리 고유식별정보의 처리에 관하여 제24조 제1항 제2호는 법령에서 구체적으로 고유식별정보의 처리를 규정한다. 민감정보의 처리에 관하여는 '구체적으로' 단어가 빠져 있다.

104) 원칙적으로 법령에 명시된 목적을 위하여 제3자로부터 고유식별정보를 제공받거나 제3자에게 제공하는 것도 허용되는 것으로 볼 수 있다. 2020년 해설서 168면.

105) 행정기본법 제2조 제1호 가목.

106) 법정책적 필요에 따라 개인정보처리자에게 단순히 신원확인이나 연령확인 의무만을 부과하는 경우 고유식별정보 처리를 구체적으로 요구·허용한 것으로 보기 어렵다. 이 경우 정보주체의 별도의 동의를 받아야 할 것이다. 2020년 해설서 168면. 청소년보호법 제16조 제1항 참조.

107) 금융실명법 제3조 제1항. 실지명의는 주민등록표상의 명의, 사업자등록증상의 명의, 그 밖에 대통령령으로 정하는 명의를 말한다. 금융실명법 제2조 제4호. 개인의 경우 실지명의는 주민등록표에 기재된 성명 및 주민등록번호가 된다. 금융실명법 시행령 제3조 제1호.

108) 금융실명법 시행령 제3조 제1호. 여권이 발급되지 아니한 재외국민은 재외국민등록법에 의한 등록부에 기재된 성명 및 등록번호로 한다. 금융실명법 시행령 제3조 제1호.

109) 금융실명법 시행령 제3조 제4호. 외국인등록증이 발급되지 아니한 자의 경우에는 여권 또는 신분증에 기재된 성명 및 번호로 한다. 금융실명법 시행령 제3조 제4호.

110) 영 제62조의2 제1항. 아래 숫자는 각 호의 번호를 가리킨다.

무, 5. 법 제63조 제1항, 제2항에 따른 자료의 제출 및 검사에 관한 사무, 6. 법 제63조의2에 따른 사전 실태점검에 관한 사무, 7. 법 제64조의2에 따른 과징금의 부과 및 징수에 관한 사무. 셋째, 분쟁조정위원회는 법 제45조, 제47조 및 제49조에 따른 개인정보 분쟁 조정에 관한 사무를 수행하기 위하여 불가피한 경우 여권번호, 운전면허의 면허번호 또는 외국인등록번호가 포함된 자료를 처리할 수 있다.[111] 넷째, 경찰청장, 지방경찰청장, 경찰서장, 도지사 및 시장 등은 도로교통법 및 동 시행령에 따른 도로에서 일어나는 교통상의 위험과 장해의 방지 및 제거에 관한 사무 등을 수행하기 위하여 불가피한 경우 여권번호, 운전면허의 면허번호 또는 외국인등록번호가 포함된 자료를 처리할 수 있다.[112] 다섯째, 소방청장 등은 119법 및 동 시행령에 따른 구조·구급활동에 관한 사무 등을 수행하기 위하여 불가피한 경우 여권번호, 운전면허의 면허번호 또는 외국인등록번호가 포함된 자료를 처리할 수 있다.[113]

3. 고유식별정보의 안전한 처리

정보주체로부터 다른 개인정보의 처리에 대한 동의와 별도로 동의를 받거나 법령에서 구체적으로 고유식별정보의 처리를 요구하거나 허용하여 고유식별정보를 처리하는 경우, 개인정보처리자는 그 고유식별정보가 분실·도난·유출·위조·변조 또는 훼손되지 아니하도록 대통령령으로 정하는 바에 따라 암호화 등 안전성 확보에 필요한 조치를 하여야 한다.[114] '대통령령으로 정하는 바'는 영 제30조의 준용을 가리킨다.[115]

---

111) 영 제62조의2 제2항.

112) 도로교통법 시행령 제87조의3 제1항.

113) 119법 시행령 제32조의4.

114) 법 제24조 제3항. 2015년 7월 24일 개정으로 침해의 내용에 위조가 신설되었다. 민감정보의 경우와 다르게, '암호화 등'이 안전성 확보조치의 예로 명기된다.

115) 영 제21조 제1항 참조. 영 제30조는 안전조치의무에 관한 법 제29조를 이행하는 것이다. 민감정보의 안전한 처리를 위하여 법 제23조 제2항이 법 제29조에 따른 안전성 확보에 필요한 조치를 명시한 것과 달리, 고유식별정보의 경우에는 대통령령으로 정하는 바에 따른 필요한 조치를 하도록 요구되는데, 고유식별정보에 적용되는 대통령령으로 정하는 바, 즉 영 제21조 제1항은 제30조를 준용하는 점에서 실제로는 차이가 없다. 한편, 법 제24조 제3항은 암호화를 안전성 확보에 필요한 조치로 명시하는데, 영 제30

보호위원회는 처리하는 개인정보의 종류·규모, 종업원 수 및 매출액 규모 등을 고려하여 대통령령으로 정하는 기준에 해당하는 개인정보처리자가 안전성 확보에 필요한 조치를 하였는지에 관하여 대통령령으로 정하는 바에 따라 정기적으로 조사하여야 한다.[116] '대통령령으로 정하는 기준에 해당하는 개인정보처리자'는 다음 각 호의 어느 하나에 해당하는 개인정보처리자를 말한다:[117] 1. 공공기관, 2. 5만명 이상의 정보주체에 관하여 고유식별정보를 처리하는 자. 보호위원회는 이러한 개인정보처리자에 대하여 안전성 확보에 필요한 조치를 하였는지를 2년마다 1회 이상 조사하여야 한다.[118] 이러한 개인정보처리자에 대한 조사는 해당 개인정보처리자에게 온라인 또는 서면을 통하여 필요한 자료를 제출하게 하는 방법으로 한다.[119] 보호위원회는 대통령령으로 정하는 전문기관으로 하여금 이러한 조사를 수행하게 할 수 있다.[120] '대통령령으로 정하는 전문기관'은 다음의 기관을 말한다:[121] 1. 한국인터넷진흥원, 2. 조사를 수행할 수 있는 기술적·재정적 능력과 설비를 보유한 것으로 인정되어 보호위원회가 정하여 고시하는 법인, 단체 또는 기관.

조 제1항 제4호는 '암호화 또는 이에 상응하는 기술'을 포함한다.
116) 법 제24조 제4항.
117) 영 제21조 제2항.
118) 영 제21조 제3항.
119) 영 제21조 제4항.
120) 법 제24조 제5항.
121) 영 제21조 제5항.

주민등록번호는 공공부문에서 선거와 복지 등 행정서비스를 위한 국민의 식별에 사용되지만, 민간부문에서도 금융서비스 등에서 다양하게 활용된다. 주민등록번호는 단순한 개인식별 기능에서 더 나아가 표준식별 기능으로서 작용하여, 개인정보가 주민등록번호를 사용하여 구축되고 그 번호를 통해 또 다른 개인정보와 연결되어 결과적으로 '개인정보를 통합하는 연결자'로 사용되고 있다.[122] 고유식별정보의 하나인 주민등록번호의 오·남용을 방지하고자 그 처리를 보다 제한하도록, 2013년 8월 6일 개정으로 주민등록번호의 처리 제한에 관한 법 제24조의2가 신설되었다. 그러나, 개인정보의 대량 유출 사고는 주민등록번호에 집중되고 있어 일반 국민들에게 심각한 피해가 발생하고 있다.[123]

1. 주민등록번호 처리의 예외적 허용

고유식별정보의 처리 제한에 관한 제24조 제1항에도 불구하고 개인정보처리자는 다음 각 호의 어느 하나에 해당하는 경우를 제외하고는 주민등록번호를 처리할 수 없다.[124] 다른 고유식별정보와 달리, 개인정보처리자는 정보주체의 별도의 동의를 받아도 주민등록번호를 처리할 수 없다.[125] 주민등록번호는 다음과 같이 세 가지 제한된 경우에 처리될 수 있다.[126]

---

122) 헌재 2015.12.23. 2013헌바68 등.

123) 예컨대, 2014년 1월 카드 3사의 개인정보 유출이 언론에 보도되었는데, 고객의 이름, 주민등록번호, 휴대전화번호, 카드번호 등 카드 3사 모두 합하여 1억건이 넘었다. 중앙일보, 초유의 개인정보 유출사건, 6년만의 결론은 "카드사 책임", 2020.09.14.

124) 법 제24조의2 제1항. 2012년 2월 17일 정보통신망법 제23조의2의 전문개정으로 2012년 8월 18일부터 정보통신서비스 제공자 등의 온라인에서 주민등록번호 수집이 금지되었고, 2013년 8월 6일 개정으로 법 제24조의2가 신설되어 2014년 8월 7일부터 오프라인 및 공공기관 등의 주민등록번호 수집이 금지되었다. 정보통신망법 제23조의2 제1항 제2호는 2020년 2월 4일 개정으로 삭제되었다.

125) 결과적으로 주민등록번호의 예외적 처리의 근거에 정보주체의 별도의 동의를 제외하여 정보주체의 개인정보자기결정권이 제한된다고 볼 수 있다.

126) 주민등록증의 주민등록번호가 아닌 이름, 생년월일, 성별, 사진은 해당 정보주체의 동

(1) 법률 등에서 구체적으로 처리를 요구·허용하는 경우

개인정보처리자는 법률·대통령령·국회규칙·대법원규칙·헌법재판소규칙·중앙선거관리위원회규칙 및 감사원규칙에서 구체적으로 주민등록번호의 처리를 요구하거나 허용한 경우 주민등록번호를 처리할 수 있다.[127] 종래에는 법령에서 구체적으로 요구하거나 허용하면 주민등록번호를 처리할 수 있었는데, 보다 제한된 법적 근거에 따라 처리가 가능하게 되었다.[128] 법률과 대통령령 및 국회규칙 등은 구체적으로 주민등록번호를 처리하도록 요구하거나 허용하도록 규정하여야 한다.[129]

주민등록번호의 처리를 요구하거나 허용하는 법률의 예는 다음과 같다. 첫째, 금융회사 등은 거래자의 실지명의로 금융거래를 하여야 하는데,[130] 실지명의는 개인의 경우 주민등록표에 기재된 성명 및 주민등록번호로 한다.[131] 둘째, 보호위원회 또는 그의 권한을 위탁받은 한국인터넷진흥원은 다음 각 호의 사무를 수행하기 위하여 불가피한 경우 주민등록번호가 포함된 자료를 처리할 수 있다:[132] 1. 법 제7조의9 제1항 제4호부터 제6호까지의 규정에 따른 사항의 심의·의결에 관한 사무, 2. 법 제24조의2 제4항에 따른 주민등록번호 대체 방법 제공을 위한 시스템 구축 등 제반조치 마련 및 지원에 관한 사무, 4. 법 제62조 제3항에 따른 개인정보침해 신고센터의 업무에 관한 사무, 5. 법 제63조 제1항, 제2항에 따른 자료의 제출 및 검사에 관한 사무, 6. 법 제63조의2에 따른 사전 실태점검에 관한 사무, 7. 법 제64조의2에 따른 과징금의 부과 및 징수에 관한 사무. 셋째, 분쟁조정위원회는 법 제45조, 제47조 및 제49조에 따른

의를 받으면 수집할 수 있다. 2022 표준해석례 106면.

127) 법 제24조의2 제1항 제1호.

128) 2016년 3월 29일 개정 전에는 법령에서 구체적으로 요구하거나 허용하는 경우 주민등록번호가 처리될 수 있었다. 동 개정은 2017년 3월 30일 시행되었다.

129) 법률과 대통령령 등이 주민등록번호가 포함된 주민등록초본 등 서류를 수집할 수 있도록 규정하거나, 이들의 법정 서식에 주민등록번호 기재란이 있는 경우이다.

130) 금융실명법 제3조 제1항. 실지명의는 주민등록표상의 명의, 사업자등록증상의 명의, 그 밖에 대통령령으로 정하는 명의를 말한다. 금융실명법 제2조 제4호.

131) 금융실명법 시행령 제3조 제1호.

132) 영 제62조의2 제1항.

개인정보 분쟁 조정에 관한 사무를 수행하기 위하여 불가피한 경우 주민등록번호가 포함된 자료를 처리할 수 있다.[133] 넷째, 경찰청장, 지방경찰청장, 경찰서장, 도지사 및 시장 등은 도로교통법 및 동 시행령에 따른 도로에서 일어나는 교통상의 위험과 장해의 방지 및 제거에 관한 사무 등을 수행하기 위하여 불가피한 경우 주민등록번호가 포함된 자료를 처리할 수 있다.[134] 다섯째, 소방청장 등은 119법 및 동 시행령에 따른 구조·구급활동에 관한 사무 등을 수행하기 위하여 불가피한 경우 주민등록번호가 포함된 자료를 처리할 수 있다.[135]

(2) 정보주체 또는 제3자의 급박한 생명 등 이익을 위한 경우

개인정보처리자는 정보주체 또는 제3자의 급박한 생명, 신체, 재산의 이익을 위하여 명백히 필요하다고 인정되는 경우 주민등록번호를 처리할 수 있다.[136] 단순히 정보주체 또는 제3자의 생명, 신체, 재산상의 이익을 위하여 필요하다고 주민등록번호의 처리가 허용되는 것은 아니다. 정보주체 또는 제3자의 급박한 생명, 신체, 재산의 이익을 위하여 명백히 필요하다고 인정되어야 한다.[137] 따라서, 이러한 이익의 보호에 충분한 시간이 있거나 다른 수단에 의하여 이러한 이익을 보호할 수 있는 경우에는 주민등록번호의 처리가 허용되지 않을 것이다.[138]

(3) 보호위원회가 고시로 정하는 경우

개인정보처리자는 법률과 대통령령 등의 구체적인 처리 요구나 허용 및 정보주체 또는 제3자의 급박한 생명 등 이익을 위한 명백한 필요에 준하여 주민

---

133) 영 제62조의2 제2항.
134) 도로교통법 시행령 제87조의3 제1항.
135) 119법 시행령 제32조의4.
136) 법 제24조의2 제1항 제2호.
137) 개인정보의 수집·이용의 근거인 '명백히 정보주체 또는 제3자의 급박한 생명, 신체, 재산의 이익을 위하여 필요하다고 인정되는 경우'와 크게 다르지 않을 것이다. 법 제15조 제1항 제5호 참조.
138) 2020년 해설서 171면.

등록번호 처리가 불가피한 경우로서 보호위원회가 고시로 정하는 경우 주민등록번호를 처리할 수 있다.[139] 주민등록번호의 처리 근거에 정보주체의 별도의 동의를 제외하여 일응 그 예외적 처리의 허용 가능성을 제한하려 함에도 주민등록번호의 처리가 불가피하다고 보호위원회는 고시로 정하여 그 예외적 처리를 허용할 수 있다. 이 법에 따라 개인정보보호의 사무를 독립적으로 수행하는 보호위원회는 주민등록번호의 처리를 용이하게 하지는 않을 것이다.

2. 주민등록번호의 안전한 처리

고유식별정보 중에서도 주민등록번호의 안전성 확보의 문제가 심각함에 따라 이 법에 주민등록번호의 안전성 확보를 위한 암호화 조치를 요구하는 규정이 신설되었다. 즉 개인정보처리자는 고유식별정보의 안전성 확보에 필요한 조치를 규정한 법 제24조 제3항에도 불구하고 주민등록번호가 분실·도난·유출·위조·변조 또는 훼손되지 아니하도록 암호화 조치를 통하여 안전하게 보관하여야 한다.[140] 또한, 법 제24조 제3항에 따른 고유식별정보 처리에 요구되는 암호화 등 안전성 확보에 필요한 조치도 요구되어서, 기본적으로 암호화 조치는 요구된다.[141]

암호화 조치를 하여야 하는 암호화 적용 대상은 주민등록번호를 전자적인 방법으로 보관하는 개인정보처리자로 한다.[142] 이러한 개인정보처리자에 대한 암호화 적용 시기는 다음 각 호와 같다:[143] 1. 100만명 미만의 정보주체에 관한 주민등록번호를 보관하는 개인정보처리자는 2017년 1월 1일, 2. 100만명 이상의 정보주체에 관한 주민등록번호를 보관하는 개인정보처리자는 2018년 1

---

139) 법 제24조의2 제1항 제3호.
140) 법 제24조의2 제2항 제1문. 동 규정은 2014년 3월 24일 개정으로 신설되었다. 이 경우 암호화 적용 대상 및 대상별 적용 시기 등에 관하여 필요한 사항은 개인정보의 처리 규모와 유출 시 영향 등을 고려하여 대통령령으로 정한다. 동 항 제2문. 보호위원회는 기술적·경제적 타당성 등을 고려하여 암호화 조치의 세부적인 사항을 정하여 고시할 수 있다. 영 제21조의2 제3항.
141) 2020년 해설서 172면. 주민등록번호는 고유식별정보의 한 유형이다.
142) 영 제21조의2 제1항.
143) 영 제21조의2 제2항.

월 1일.

3. 주민등록번호 대체 방법의 제공

개인정보처리자는 주민등록번호의 예외적 처리가 허용되는 경우에도 주민
등록번호를 사용하지 않는 방법을 찾는 것이 바람직하다. 개인정보처리자는 정
보주체가 인터넷 홈페이지를 통하여 회원으로 가입하는 단계에서는 주민등록
번호를 사용하지 아니하고도 회원으로 가입할 수 있는 방법을 제공하여야 한
다.144) 회원 가입에서 주민등록번호 대체 방법의 제공은 개인정보처리자가 공
공기관인 여부, 인터넷 홈페이지를 이용하는 정보주체의 수 등에 상관없이 요
구된다. 보호위원회는 개인정보처리자가 주민등록번호를 사용하지 않고도 회원
으로 가입할 수 있는 방법을 제공할 수 있도록 관계 법령의 정비, 계획의 수립,
필요한 시설 및 시스템의 구축 등 제반 조치를 마련 · 지원할 수 있다.145) 이에
보호위원회는 대체가입수단 제공의 지원에 관한 권한을 한국지역정보개발원과
한국인터넷진흥원 등에 위탁할 수 있다.146)

---

144) 법 제24조의2 제3항.
145) 법 제24조의2 제4항.
146) 영 제62조 제2항. 이들 두 기관 외에 대체가입수단의 개발 · 제공 · 관리 업무를 안전하
   게 수행할 수 있는 기술적 · 재정적 능력과 설비를 보유한 것으로 인정되어 보호위원회
   가 정하여 고시하는 법인 · 기관 · 단체도 해당된다.

■ IV. 영상정보처리기기의 설치 · 운영 제한

오늘날 범죄 예방 및 수사, 재난·재해에 대한 신속한 대응, 불법 주·정차와 쓰레기 투기 단속 등 다양한 분야에서 그 효과가 입증되면서 지방자치단체 등 공공기관은 물론 민간부문에서 광범위하게 '폐쇄회로 텔레비전'(CCTV) 등 다수의 영상정보처리기기가 설치·운영되고 있다. CCTV 등 영상정보처리기기로 생성된 영상정보는 범죄 사건을 해결하는 등 긍정적 기능을 갖지만, 정보주체의 의사와 무관하게 개인정보자기결정권의 침해는 물론 프라이버시의 침해 가능성이 매우 높다. 특히 디지털 방식으로 촬영한 영상을 인터넷망을 통하여 전달하는 네트워크카메라의 보급으로 고화질 영상정보의 수집과 처리가 용이하게 되어 프라이버시가 침해될 위험이 더욱 커진다.[147) 종래의 고정형 영상정보처리기기에 더하여, 드론, 자율주행 자동차 등을 이용한 이동형 영상정보처리기기의 사용 증가에 따른 개인정보 침해도 현실이 되고 있다.

영상은 이 법이 규정한 개인정보의 정의에 명시적으로 포함된다. 개인정보는 살아 있는 개인에 관한 정보로서 성명, 주민등록번호 및 영상 등을 통하여 개인을 알아볼 수 있는 정보이다.[148) 개인영상정보는 '영상정보처리기기에 의하여 촬영·처리되는 영상정보 중 개인의 초상, 행동 등과 관련된 영상으로서 해당 개인을 식별할 수 있는 정보'를 의미한다.[149) 영상정보는 그 자체로서 특

---

147) CCTV의 설치에 대한 사회적 공익과 개인의 사생활 보호 등 사익의 균형에 관하여 헌법재판소는 다음과 같이 결정하였다: "영유아 보육을 위탁받아 행하는 어린이집에서의 아동학대근절과 보육환경의 안전성 확보는 단순히 보호자의 불안을 해소하는 차원을 넘어 사회적·국가적 차원에서도 보호할 필요가 있는 중대한 공익이고, 그로 인해 지켜질 수 있는 영유아의 안전과 건강한 성장이라는 공익 또한 매우 중요한 것임은 명백하다. 한편 CCTV 설치 조항에 의해 어린이집 내 CCTV 설치를 반대하는 어린이집 설치·운영자나 부모의 기본권, 보육교사 및 영유아의 사생활의 비밀과 자유 등이 제한되는 것은 사실이나, 앞서 본 바와 같이 관련 기본권 침해가 최소화되도록 여러 가지 조치가 마련되어 있어 CCTV 설치 조항으로 인하여 침해되는 사익이 위에서 본 공익보다 크다고 보기는 어렵다. 따라서 CCTV 설치 조항은 법익의 균형성이 인정된다." 헌재 2017.12.28. 2015헌마994.

148) 법 제2조 제1호 가목.

149) 표준지침 제2조 제9호. 2011년 표준지침 제2조 제9호는 개인영상정보를 '… 영상정보

정 개인을 알아볼 수 없더라도 다른 정보와 쉽게 결합하여 알아볼 수 있으면 개인정보가 될 수 있다.150) 예컨대, 백화점 등의 계산대에서 개인이 촬영된 경우, 신용카드 사용 기록과 결합하여 해당 개인이 식별될 수 있다.

2023년 3월 14일 개정으로 이 법은 고정형 영상정보처리기기의 무분별한 운영을 방지하기 위해 '정당한 권한을 가진 자'만 설치·운영할 수 있도록 명확히 규정하고, 이동형 영상정보처리기기에 관한 규정을 신설하여 드론, 자율주행차 등 산업 발전을 저해하는 불합리한 규제를 개선하였다.151)

1. 고정형 영상정보처리기기의 설치·운영 제한

(1) 적용 대상 및 범위

1) 물적 적용 범위

이 법의 적용을 받는 고정형 영상정보처리기기는 '일정한 공간에 설치되어 지속적 또는 주기적으로 사람 또는 사물의 영상 등을 촬영하거나 이를 유·무선망을 통하여 전송하는 장치로서 대통령령으로 정하는 장치'를 말한다.152) 대통령령으로 정한 장치는 '폐쇄회로 텔레비전'(CCTV)과 네트워크카메라를 말한다. CCTV는 다음 각 목의 어느 하나에 해당하는 장치이다:153) 가. 일정한 공

중 개인의 초상, 행동 등 사생활과 관련된 영상으로서 해당 개인의 동일성 여부를 식별할 수 있는 정보'라고 정의하였는데, 사생활과의 관련성이 삭제되었다. 그럼에도 개인영상정보의 프라이버시 침해 가능성은 매우 높다.

150) 법 제2조 제1호 나목.

151) 고정형 및 이동형 영상정보처리기기의 설치·운영에 관하여 이 법과 이 영은 비교적 상세한 규정을 두고 있다. 또한, 보호위원회는 이 법 및 이 영에서 규정한 사항 외에 고정형 영상정보처리기기의 설치·운영 및 이동형 영상정보처리기기의 운영에 관한 기준, 설치·운영 사무의 위탁 등에 관하여 법 제12조 제1항에 따른 표준 개인정보 보호지침을 정하여 고정형 영상정보처리기기 운영자와 이동형 영상정보처리기기를 운영하는 자에게 그 준수를 권장할 수 있다. 영 제27조의3. 2023년 개정 행정예고된 표준지침의 관련 규정은 상당한 내용이 보완되었다.

152) 법 제2조 제7호. 2023년 3월 14일 개정 전에는 [고정형] 영상정보처리기기는 일정한 공간에 '지속적으로 설치되어'라고 규정되었다.

153) 영 제3조 제1항 제1호. 2023년 9월 12일 개정 전에는 가목은 일정한 공간에 '지속적으

간에 설치된 카메라를 통하여 지속적 또는 주기적으로 영상 등을 촬영하거나 촬영한 영상정보를 유무선 폐쇄회로 등의 전송로를 통하여 특정 장소에 전송하는 장치, 나. [이렇게] 촬영되거나 전송된 영상정보를 녹화·기록할 수 있도록 하는 장치. 네트워크 카메라는 일정한 공간에 설치된 기기를 통하여 지속적 또는 주기적으로 촬영한 영상정보를 그 기기를 설치·관리하는 자가 유무선 인터넷을 통하여 어느 곳에서나 수집·저장 등의 처리를 할 수 있도록 하는 장치를 말한다.[154]

고정형 영상정보처리기기를 이용한 영상정보의 처리는 촬영, 녹화, 저장, 편집, 전송, 시청, 각색 및 공개를 포함할 것이다.

2) 인적 적용 범위

고정형 영상정보처리기기를 설치·운영하는 자는 '고정형 영상정보처리기기 운영자'라 불리는데, 이 법의 개인정보처리자와 구별된다. 즉 업무를 목적으로 개인정보파일을 운용하기 위하여 영상정보를 처리하는 개인정보처리자가 아니더라도, 고정형 영상정보처리기기를 설치·운영하는 자는 누구든지 이 법의 고정형 영상정보처리기기의 설치·운영에 관한 규제를 받는다.[155]

(2) 공개된 장소에서 설치·운영의 원칙적 금지

CCTV 등 고정형 영상정보처리기기의 설치·운영으로 정보주체의 프라이버시가 침해될 위험이 높기 때문에 개인정보처리자인 여부를 불문하고, 누구든지

로 설치된 카메라를 통하여'라고 규정되었다.

154) 영 제3조 제1항 제2호. 2023년 9월 12일 개정 전에는 일정한 공간에 '지속적으로 설치된 기기로'라고 규정되었다. 네크워크 카메라, 소위 웹캠은 인터넷망을 기반으로 실시간 송·수신이 되므로 해킹 및 유출의 위험성이 지적되어, 영유아보육법에서 어린이집에 설치하는 영상정보처리기기는 CCTV로 한정된다. 헌재 2017.12.28. 2015헌마994.
155) 가사 목적으로 영상정보를 처리하는 일반인은 이 법의 개인정보처리자가 아니지만 공개된 장소에 고정형 영상정보처리기기를 설치·운영하면 법 제25조의 적용을 받는다. 또한, 개인정보처리자가 동창회, 동호회 등 친목 도모를 위한 단체를 운영하기 위하여 개인정보를 처리하는 경우에도 법 제25조의 적용을 받는다. 법 제58조 제3항 참조.

공개된 장소에서 고정형 영상정보처리기기의 설치와 운영이 원칙적으로 금지된다. 즉 누구든지 여섯 가지 예외적인 경우를 제외하고 공개된 장소에 고정형 영상정보처리기기를 설치·운영하여서는 아니 된다.156) 불특정 다수가 출입·이용하는 공개된 장소에서는 개인영상정보의 촬영 등 수집·이용을 포함한 처리에 대하여 정보주체의 동의를 받는 등 이 법의 일반적 규정의 적용이 쉽지 않기 때문에 고정형 영상정보처리기기의 설치·운영은 특별하게 규정된다. 정보주체의 동의에 대신하여 안내판 설치, 사전 의견수렴 등의 보호조치를 통하여 불특정 다수인 정보주체를 보호하고자 한다.

1) 공개된 장소의 의미

고정형 영상정보처리기기의 설치·운영의 제한은 공개된 장소의 고정형 영상정보처리기기에 대하여 적용된다. 공개된 장소는 공원, 도로, 지하철, 상가 내부, 주차장 등 불특정 또는 다수가 접근하거나 통행하는 데에 제한을 받지 아니하는 장소를 말한다.157) 따라서, 특정인 또는 특정 용건이 있는 사람만 출입할 수 있거나, 출입이 엄격히 통제되는 장소는 공개된 장소라고 할 수 없다.

개인이 소유하는 사유지인 경우에도 불특정 다수가 왕래할 수 있도록 개방되어 있으면 공개된 장소로 보아야 한다.158) 다른 도로와 연결되어 있고 차단기가 설치되어 있지 않거나 설치되어 있어도 별다른 통제 없이 개방되어 누구나 차량으로 통행할 수 있는 아파트단지나 대학구내의 통행로는 공개된 장소가 될 것이다.159) 병원은 환자의 치료를 위한 영업장소로서 공개된 장소이지만, 병원 내 입원실은 의료행위의 제공과 환자와 친분관계에 있는 방문객의 병문안 목적으로 출입이 허용됨으로써 공개된 장소가 되지 않는다.160) 일반인의

---

156) 법 제25조 제1항.

157) 표준지침 제2조 제11호.

158) 제주도의 올레길 등 사유지이면서 일반에게 개방된 둘레길이 이에 해당할 것이다.

159) 대법원 2006.1.13. 선고 2005도6986 판결.

160) 대구고법 2007.3.15. 선고 2007노38 판결. 의료기관을 개설하는 자는 수술실, 분만실, 중환자실('수술실등')에서 의료행위가 이루어지는 동안 환자와 의료행위를 하는 의료인·간호조무사·의료기사 등 외에는 수술실등에 출입하는 사람이 없도록 관리해야 한다. 의료법 시행규칙 제39조의5 제1항. 수술실은 외부와 엄격하게 차단된 공개되지 않은

자유로운 출입이 가능하도록 공개된 장소인지 여부는 그 장소의 구조, 사용관계와 공개성 및 접근성 여부 등 여러 사정을 종합적으로 고려하여 판단하여야 한다.[161]

2) 공개된 장소에서 고정형 영상정보처리기기 설치·운영 금지

누구든지 여섯 가지 예외적 경우를 제외하고는 공개된 장소에 고정형 영상정보처리기기를 설치·운영하는 것은 금지된다.[162] 예컨대, 택시, 버스 등 영업용 차량의 내부에 설치되어 승차 공간 및 승객을 촬영하는 CCTV는 일정한 공간에 설치된 카메라를 통하여 지속적 또는 주기적으로 촬영하고 있고, 불특정 다수의 승객이 탑승하는 공간인 점에서 공개된 장소의 요건이 충족된다. 따라서, 영업용 차량 내부에 설치된 CCTV는 법 제25조의 적용을 받는다. 그러나, 택시 등 영업용 차량 내부에 설치되어 외부의 차량과 도로 등을 촬영하는 경우에는 일정한 공간을 촬영하는 것이 아니므로 법 제25조의 적용을 받는 고정형 영상정보처리기기에 해당하지 않는다.[163]

3) 공개되지 않은 장소에서 고정형 영상정보처리기기 설치·운영

공개되지 않은 장소에서 고정형 영상정보처리기기의 설치·운영은 법 제25조의 적용을 받지 않는다. 업무를 목적으로 영상정보에 대한 개인정보파일을 운용하기 위하여 공개되지 않은 장소에 고정형 영상정보처리기기를 설치·운영하는 개인정보처리자의 경우에 법 제15조 등 개인정보의 처리에 관한 이 법의 일반규정이 적용될 것이다.[164] 이러한 개인정보처리자는 그 구성원이나 출입·이용이 허가된 사람들의 동의를 받거나[165] 고정형 영상정보처리기기의 설치·

장소로 보아야 한다.

161) 대법원 2015.9.10. 선고 2014도17290 판결.
162) 법 제25조 제1항.
163) 2020년 해설서 182면. 이 경우 부착·거치형 이동형 영상정보처리기기가 된다. 법 제2조 제7호의2와 영 제3조 제2항 제3호.
164) 2020년 해설서 183–184면.
165) 법 제15조 제1항 제1호 참조.

운영을 통한 개인정보의 처리가 개인정보처리자의 정당한 이익 달성을 위하여 필요하고 명백하게 정보주체의 권리보다 우선하는 경우166) 등 개인영상정보의 수집·이용에 대한 법적 근거가 필요하다.167) 고정형 영상정보처리기기의 설치 근거와 목적 등의 사항은 고정형 영상정보처리기기 운영·관리방침에 포함되어 공개되는데, 이 경우 개인정보 처리방침은 고정형 영상정보처리기기 운영·관리방침이 될 것이다.168)

공개되지 않은 장소에 설치하는 고정형 영상정보처리기기에 대하여 다른 법률에 특별한 규정이 있는 경우에는 그에 따른 원칙과 절차 등을 준수하여야 한다.169) 민간기업 등에서 근로 모니터링 등을 목적으로 고정형 영상정보처리기기를 설치·운영하는 경우에 외부인의 출입이 통제되는 근로공간은 원칙적으로 공개되지 않은 장소에 해당하여 법 제25조가 적용되지 않고, 이 법의 일반 규정이 적용된다. 한편, CCTV의 설치와 같은 사업장 내 근로자 감시 설비의 설치는 노사협의회의 협의사항이다.170)

4) 순수한 사적 장소에서 고정형 영상정보처리기기 설치·운영

고정형 영상정보처리기기가 개인의 주택이나 개인 소유의 차량 등 순수한 사적 공간에 설치되어 있는 경우에는 이 법의 적용이 배제된다. 예컨대, 단독주택·연립주택 등의 대문, 현관 등에 범죄예방 목적으로 감시용 CCTV를 설치

---

166) 법 제15조 제1항 제6호 참조.

167) 예컨대, 전신마취 등 환자의 의식이 없는 상태에서 수술을 시행하는 의료기관의 개설자는 수술실 내부에 「개인정보보호법」 및 관련 법령에 따른 CCTV를 설치하여야 한다. 의료법 제38조의2 제1항. 의료법에서 정한 것 외에 CCTV의 설치·운영 등에 관한 사항은 「개인정보보호법」에 따른다. 의료법 제38조의2 제11항.

168) 법 제30조, 제25조 제7항 및 영 제25조 참조.

169) 예컨대, 피의자의 진술을 영상녹화 하기 전에 미리 영상녹화사실을 알려주어야 하고, 조사 개시부터 종료까지의 전 과정 및 객관적 정황을 영상녹화해야 한다. 형사소송법 제244조의2 제1항. 학교의 장은 학생의 안전을 위하여 영상정보처리기기의 설치에 관한 사항을 시행해야 한다. 초·중등교육법 제30조의8 제2항 제2호.

170) 근로자참여법 제20조 제1항 제14호. 근로 현장이나 출퇴근 장면이 찍히는 CCTV의 설치 전에 회사는 근로자들의 동의를 받아야 하고, CCTV가 실질적으로 근로자를 감시하는 효과를 갖는다면 노조와 협의의무가 있는 근로자 감시 설비이다. 대법원 2023.7. 17. 선고 2018도1917 판결.

하는 경우가 이에 해당한다. 이 경우에는 고정형 영상정보처리기기가 설치된 장소가 공개된 장소가 아니고, 그 고정형 영상정보처리기기를 설치·운영하는 개인 등도 업무를 목적으로 하지 않는 점에서 개인정보처리자에 해당하지 않으므로 이 법의 제25조를 포함한 규정이 적용되지 않는다. 개인이 사사로이 자신의 거실이나 건물 옥상에 감시카메라를 설치하여 공개된 장소를 촬영하는 행위나 이웃집 거실이나 맞은 편 아파트 등을 촬영하는 행위에 대하여 이 법이 적용되지 않는다.[171]

(3) 공개된 장소에서 설치·운영의 예외적 허용

이 법은 여섯 가지 경우에 공개된 장소에서 고정형 영상정보처리기기의 설치·운영을 예외적으로 허용한다. 이렇게 고정형 영상정보처리기기의 설치·운영이 허용되어도 정보주체의 프라이버시와 개인정보자기결정권이 침해되지 않도록 유의해야 한다. 즉 CCTV 영상정보를 범죄행동 추적, 이상징후 탐지 등을 위해 특정 개인을 알아볼 목적으로 이용하는 것은 민감정보를 처리하는 것이고, 범죄 예방 등을 위해 CCTV 설치·운영이 허용된다고 하더라도, 민감정보의 처리를 위하여 법 제23조 제1항의 요건을 충족하여야 한다.[172]

1) 법령에서 구체적으로 허용하는 경우

법령에서 구체적으로 허용하고 있는 경우 공개된 장소에서 고정형 영상정

---

171) 그러나, 카메라나 그 밖에 이와 유사한 기능을 갖춘 기계장치를 이용하여 성적 욕망 또는 수치심을 유발할 수 있는 사람의 신체를 촬영대상자의 의사에 반하여 촬영한 자는 5년 이하의 징역 또는 3천만원 이하의 벌금에 처해진다. 성폭력처벌법 제14조 제1항. 동 범죄의 미수범은 처벌된다. 성폭력처벌법 제15조.

172) 수집한 영상정보로부터 특징점을 추출하는 등의 일정한 기술적 수단을 통해 특징정보를 생성하고 처리하여 이상행동을 추적하는 것은 민감정보의 처리에 해당한다. 그러나, 특정 개인의 식별 목적 없이 이상행동 추적 목적으로만 CCTV 영상정보를 이용할 경우에는 민감정보에 해당하지 않는다. 즉 얼굴 특징, 인상착의 식별 등의 기능 없이 동작과 영상만을 분석하여 이상징후를 탐지하는 것은 민감정보의 처리라 할 수 없다. 보호위원회, '개인정보보호 법규 위반행위에 대한 시정조치에 관한 건'(제2022-007-046호, 2022.4.27.).

보처리기기의 설치·운영이 허용된다.173) 아동복지법과 외국인보호규칙 등 개별 법령은 장소의 특수성을 고려하여 고정형 영상정보처리기기의 설치와 운영을 의무화하거나 이를 허용한다.174) 이들 법령에 따라 고정형 영상정보처리기기의 설치·운영이 허용되는 경우 법 제25조에 규정된 절차와 방법의 적용을 받는다.175)

2) 범죄의 예방 및 수사를 위하여 필요한 경우

범죄의 예방 및 수사를 위하여 필요한 경우 공개된 장소에서 고정형 영상정보처리기기의 설치·운영이 허용된다.176) 범죄는 형법상 범죄 이외에 각종 개별법이나 단속법에 규정된 범죄도 포함된다.177) 경범죄처벌법의 각종 경범죄의 예방·수사를 위해서 감시카메라를 설치·운영할 수 있다.178) 또한, 우범지

---

173) 법 제25조 제1항 제1호.

174) 국가와 지방자치단체는 아동보호구역에 「개인정보보호법」 제2조 제7호에 따른 영상정보처리기기를 설치하여야 한다. 아동복지법 제32조 제3항. 어린이집을 설치·운영하는 자는 아동학대 방지 등 영유아의 안전과 어린이집의 보안을 위하여 「개인정보보호법」 및 관련 법령에 따른 폐쇄회로 텔레비전을 설치·관리하여야 한다. 영유아보육법 제15조의4 제1항. 전신마취 등 환자의 의식이 없는 상태에서 수술을 시행하는 의료기관의 개설자는 수술실 내부에 「개인정보보호법」 및 관련 법령에 따른 CCTV를 설치하여야 한다. 의료법 제38조의2 제1항. 출입국·외국인청장 등은 보호시설의 안전과 질서를 유지하고 긴급사태에 효율적으로 대처할 수 있도록 영상정보처리기기 등 안전대책에 필요한 시설을 설치할 수 있다. 외국인보호규칙 제37조 제2항. 목욕장업사는 목욕실·발한실 및 탈의실 외의 시설에 무인감시카메라(CCTV)를 설치할 수 있고, 무인감시카메라를 설치하는 경우에는 반드시 그 설치여부를 이용객이 잘 알아볼 수 있게 안내문을 게시하여야 한다. 공중위생관리법 시행규칙 [별표 1] 공중위생영업의 종류별 시설 및 설비기준. 체세포복제배아연구기관은 CCTV 등 실험실과 보관시설을 계속 감시할 수 있는 장치 등 보안시설을 갖추어야 한다. 생명윤리법 시행규칙 [별표 4] 체세포복제배아등의 연구기관의 시설 및 인력 등에 관한 기준.

175) 해당 법령에 고정형 영상정보처리기기의 설치·운영에 관한 특별한 규정을 두고, 그 외의 경우 이 법에 따르는 것이 보통이다.

176) 법 제25조 제1항 제2호.

177) 2020년 해설서 187면. 여기서 범죄는 법 위반으로 인해 형사처벌이 과해지는 행위를 말하고, 위반행위에 대하여 형사처벌 규정은 없고 과징금 또는 면허취소 등의 행정제재 처분만이 가능한 경우는 법 제25조 제1항 제2호의 범죄에 해당하지 않는다. 보호위원회, '고양시의 관외 택시 불법 영업행위 단속을 위한 영상정보 처리에 관한 건'(제2019-11-178호, 2019.6.10.).

역의 도로나 골목길, 은행 ATM 시설, 백화점·편의점 등, 또는 회사의 자재창고에 도난방지용 CCTV를 설치·운영하는 경우도 범죄의 예방 및 수사를 위하여 필요한 것이다.

3) 시설의 안전 및 관리, 화재 예방을 위하여 정당한 권한을 가진 자가 설치·운영하는 경우

시설의 안전 및 관리, 화재 예방을 위하여 정당한 권한을 가진 자가 설치·운영하는 경우 공개된 장소에서 고정형 영상정보처리기기의 설치·운영이 허용된다.[179] 기차역과 객차나 지하철역에서 안전사고의 예방을 위하여, 공공건물의 전기·가스·수도 등 시설 관리 및 화재 예방을 위하여, 문화재 시설의 안전 및 보호를 위하여 CCTV 등이 설치될 수 있다.[180] 예컨대, 불특정 다수가 이용하는 상가 공용 엘리베이터에 상가 관리사무소 등 동 공용 공간을 관리할 권한이 있는 자는 CCTV를 설치·운영할 수 있다.[181]

4) 교통단속을 위하여 정당한 권한을 가진 자가 설치·운영하는 경우

교통단속을 위하여 정당한 권한을 가진 자가 설치·운영하는 경우 공개된 장소에서 고정형 영상정보처리기기의 설치·운영이 허용된다.[182] 주정차 위반, 신호 위반, 규정속도 위반 등 교통법규 위반 단속을 위하여 도로에 CCTV 등이 설치될 수 있다.[183] 교통단속 권한이 없는 지방자치단체 등은 교통단속을 위하

---

178) 경범죄처벌법 제3조 제1항은 빈집 등에의 침입, 음주소란 등, 위험한 불씨 사용, 무단 출입 등에 해당하는 사람을 10만원 이하의 벌금, 구류 또는 과료의 형으로 처벌하도록 규정한다.

179) 법 제25조 제1항 제3호. 2023년 3월 14일 개정으로 '시설의 안전 및 관리 … 정당한 권한을 가진 자가 설치·운영하는' 경우라고 수정되었다.

180) 예컨대, 철도운영에 관한 업무를 수행하는 철도운영자는 철도차량의 운행상황 기록, 교통사고 상황 파악, 안전사고 방지, 범죄 예방 등을 위하여 철도차량 또는 철도시설에 영상기록장치를 설치·운영하여야 한다. 철도안전법 제39조의3 제1항 참조.

181) 한국인터넷진흥원, 2019년 개인정보보호 상담 사례집(2020.7), 71면.

182) 법 제25조 제1항 제4호. 2023년 3월 14일 개정으로 '… 정당한 권한을 가진 자가 설치·운영하는' 경우라고 수정되었다.

183) 시·도경찰청장, 경찰서장 또는 시장등은 도로교통법을 위반한 사실을 기록·증명하기

여 공개된 장소에서 고정형 영상정보처리기기를 설치·운영할 수 없다.[184]

5) 교통정보의 수집·분석 및 제공을 위하여 정당한 권한을 가진 자가 설치 ·운영하는 경우

교통정보의 수집·분석 및 제공을 위하여 정당한 권한을 가진 자가 설치· 운영하는 경우 공개된 장소에서 고정형 영상정보처리기기의 설치·운영이 허용된다.[185] 고속도로 등의 교통의 원활한 소통을 확보하기 위하여 필요한 교통정보를 수집·분석하고 그 결과를 신속하게 일반에게 제공하기 위하여 도로에 CCTV 등이 설치될 수 있다.

6) 촬영된 영상정보를 저장하지 아니하는 경우로서 대통령령으로 정하는 경우

촬영된 영상정보를 저장하지 아니하는 경우로서 대통령령으로 정하는 경우 공개된 장소에서 고정형 영상정보처리기기의 설치·운영이 허용된다.[186] '대통령령으로 정하는 경우'는 다음 각 호의 어느 하나에 해당하는 경우를 말한다:[187] 1. 출입자 수, 성별, 연령대 등 통계값 또는 통계적 특성값 산출을 위해 촬영된 영상정보를 일시적으로 처리하는 경우, 2. 그 밖에 제1호에 준하는 경우로서 보호위원회의 심의·의결을 거친 경우.

위하여 무인 교통단속용 장비를 설치·관리할 수 있다. 도로교통법 제4조의2 제1항.

184) 예컨대, 해수를 도로에 무단으로 방류하는 행위는 도로교통법상의 단속 행위에 해당하지만, 해수 방류 차량에 대한 단속 권한은 경찰청에게 있고 부산광역시 수영구는 해당 교통 단속 권한을 가진 자가 아니므로 법 제25조 제1항 제4호를 근거로 CCTV 설치·운영할 수 없다. 보호위원회, '부산광역시 수영구의 해수 방류 차량 단속을 위한 CCTV 설치 및 영상정보 제공에 관한 건'(제2022-118-042호, 2022.11.16.).

185) 법 제25조 제1항 제5호. 2023년 3월 14일 개정으로 '… 정당한 권한을 가진 자가 설치·운영하는' 경우라고 수정되었다.

186) 법 제25조 제1항 제6호. 동 규정은 2023년 3월 14일 개정으로 신설되었다.

187) 영 제22조 제1항. 동 규정은 2023년 9월 개정으로 신설되었다.

(4) 사생활을 현저히 침해할 우려가 있는 장소에서 설치 · 운영 금지

1) 사생활을 현저히 침해할 우려가 있는 장소에서 설치 · 운영 금지

누구든지 불특정 다수가 이용하는 목욕실, 화장실, 발한실, 탈의실 등 개인의 사생활을 현저히 침해할 우려가 있는 장소의 내부를 볼 수 있도록 고정형 영상정보처리기기를 설치 · 운영해서는 아니 된다.[188] 이 경우 CCTV 등 고정형 영상정보처리기기의 운영으로 개인의 사생활이 현저히 침해될 우려가 있기 때문에 영상정보를 처리하는 개인정보처리자인 여부를 불문하고, 누구든지 고정형 영상정보처리기기의 설치 · 운영이 원칙적으로 금지된다. 탈의실 '등'이라고 규정되어서, 목욕실, 화장실, 발한실과 탈의실 이외에도 불특정 다수가 이용하면서 개인의 사생활이 현저히 침해될 우려가 있는 장소의 확대 적용이 가능할 것이다.

2) 사생활을 현저히 침해할 우려가 있는 장소에서 설치 · 운영의 예외적 허용

교도소, 정신보건 시설 등 법령에 근거하여 사람을 구금하거나 보호하는 시설로서 대통령령으로 정하는 시설에 대하여는 목욕실 등 개인의 사생활을 현저히 침해할 우려가 있는 장소의 내부를 볼 수 있도록 고정형 영상정보처리기기를 설치 · 운영할 수 있다.[189] 교도소 등의 시설에서 자해나 자살, 폭력과 탈출 등을 예방하고 시설 내의 구금자와 관리자 등의 안전을 위하여 목욕실 등 개인의 사생활이 현저히 침해될 우려가 있는 장소이더라도 그 내부를 볼 수 있도록 고정형 영상정보처리기기의 설치 · 운영이 예외적으로 허용된다.

사생활을 현저히 침해할 우려가 있는 장소의 내부를 볼 수 있도록 고정형 영상정보처리기기의 설치 · 운영이 허용된 대통령령으로 정하는 시설은 다음 각호의 시설을 말한다:[190] 1. 교정시설, 2. 정신의료기관(수용시설을 갖추고 있는 것

---

188) 법 제25조 제2항.
189) 법 제25조 제2항 단서.
190) 영 제22조 제2항.

만 해당한다), 정신요양시설 및 정신재활시설.191)

중앙행정기관의 장은 소관 분야의 개인정보처리자가 위의 교정시설 등에 고정형 영상정보처리기기를 설치·운영하는 경우 정보주체의 사생활 침해를 최소화하기 위하여 필요한 세부 사항을 개인정보 보호지침으로 정하여 그 준수를 권장할 수 있다.192)

(5) 영상정보의 제3자 제공

고정형 영상정보처리기기를 설치·운영하는 자는 자신이 촬영한 영상정보를 공개하도록 요구될 수 있다. 정보주체가 타인의 영상이 포함된 영상정보를 확인하기 위해 고정형 영상정보처리기기 운영자에게 열람 요청을 하는 경우, 해당 영상정보를 열람시켜 주는 것은 개인정보의 제3자 제공에 해당한다.193) 이 경우 고정형 영상정보처리기기 운영자는 다음과 같이 이 법의 일반규정을 고려하여야 한다.194) 첫째, 영상정보를 제3자에게 제공할 수 있는 법적 조건이 충족되는지 확인하여야 한다. 이 법은 제17조 제1항에서 정보주체의 동의를 받는 경우를 포함하여 여섯 가지 경우에 개인정보의 제3자 제공을 허용한다. 둘째, 영상정보를 수집 목적 외의 용도로 이용하거나 제3자에게 제공할 수 있는 법적 조건이 충족되는지 확인하여야 한다. 이 법은 제18조 제2항에서 정보주체

---

191) 교정시설은 교도소·구치소 및 그 지소이다. 형집행법 제2조 제1호. 2020년 5월 언론 보도에 따르면, 20여년간 독방에 수감되면서 CCTV를 통한 특별계호를 받은 무기수가 2019년 인권위원회에 진정한 결과 인권위원회가 사생활 비밀과 자유가 크게 제한된다는 의견으로 법무부와 해당 교도소에 개선의 권고를 주었고, 독방의 감시용 CCTV가 철거되었다. 정신의료기관은 주로 정신질환자를 치료할 목적으로 설치된 의료법에 따른 정신병원 등이다. 정신건강복지법 제3조 제5호. 정신요양시설은 정신질환자를 입소시켜 요양 서비스를 제공하는 시설이다. 정신건강복지법 제3조 제6호. 정신재활시설은 정신질환자 또는 정신건강상 문제가 있는 사람 중 대통령령으로 정하는 사람의 사회적 응을 위한 각종 훈련과 생활지도를 하는 시설이다. 정신건강복지법 제3조 제7호.

192) 영 제22조 제3항. 예컨대, 소년원등의 영상정보처리기기 카메라의 설치장소에 '생활관 내 목욕탕, 세면실 및 화장실'이 포함된다. 소년원영상정보처리지침 제4조 제1항 제5호.

193) 이 경우 고정형 영상정보처리기기 운영자는 원칙적으로 타인으로부터 별도의 동의를 받은 경우에만 해당 영상정보를 열람해줄 수 있다. 2021년 민간영상정보처리 가이드라인 21면.

194) 정보주체의 개인영상정보의 열람 또는 존재확인의 요구에 관하여 표준지침 제44조 참조.

또는 제3자의 이익을 부당하게 침해할 우려가 있을 때를 제외하고는 민간부문의 경우 정보주체의 별도의 동의를 받는 등 네 가지 경우, 공공기관의 경우 정보주체의 별도의 동의를 받는 등 아홉 가지 경우에 개인정보를 목적 외의 용도로 이용하거나 제3자에게 제공하도록 허용한다.[195]

영상정보의 제3자 제공으로 자칫 정보주체의 사생활 침해 가능성이 높아져서 향후 분쟁의 소지가 될 수 있다. 이에 고정형 영상정보처리기기 운영자는 이 법이 허용하는 경우의 구체적 조건이 충족되는지 여부를 신중하게 판단하여야 한다. 예컨대, 경찰청의 실종아동 등의 수색·수사를 위하여 실종아동 등의 특정이 필수적이어서 보호자에게 지방자치단체 등으로부터 제공받은 CCTV 영상정보를 열람하게 하는 것은 동 영상정보를 제공받은 목적인 실종아동 등의 수색·수사 목적 범위에서 제3자 열람에 해당한다.[196]

범죄 수사와 공소 제기 유지를 위해 수사기관 등이 개인정보가 포함된 자료 제출을 요구하는 경우 원칙적으로 법관의 영장이나 법원의 제출명령이 있

---

195) 공공감사법 제20조 제1항은 감사기구의 장이 자체 감사를 위하여 필요할 때에는 자체 감사 대상기관 또는 그 소속 공무원이나 직원에 대하여 '출석·답변의 요구'(제1호), '관계 서류·장부 및 물품 등의 제출 요구'(제2호), '전산정보시스템에 입력된 자료의 조사'(제3호), '금고·창고·장부 및 물품 등의 봉인 요구'(제4호) 조치를 할 수 있도록 규정하고, 제3항에서 감사 대상기관 및 그 소속 공무원이나 직원은 정당한 사유가 없으면 그 요구에 따르도록 규정하고 있는 점에서, 공공감사법 제20조 제1항에 따라 요청할 수 있는 자료에는 개인정보가 포함될 수 있음이 합리적으로 예견되어, 공공감사법 제20조 제1항 및 제3항은 법 제18조 제[2]항 제2호의 법률에 특별한 규정이 있는 경우에 해당한다. 따라서, 시흥시가 시설 안전 및 화재 예방, 범죄 예방 목적으로 설치한 CCTV를 통해 수집한 개인정보를 복무 감사 목적으로 이용할 수 있다. 보호위원회, '시흥시의 자체감사를 위한 CCTV 영상정보의 이용에 관한 건'(제2021−106−011호, 2021.4.14.).

196) 경찰청이 실종자의 수색·수사를 위하여 지방자치단체 등으로부터 제공받은 CCTV 영상정보에 실종자 외 동행자가 포함되어 있는 경우 보호자가 해당 영상정보를 요청하는 경우 해당 동행자의 동의 없이 보호자에게 제공할 수 없다. 보호위원회, '경찰청의 실종아동등 및 가출인에 대한 CCTV 영상정보 제공에 관한 건'(제2019−02−015호, 2019.1.28.). 법 제19조 및 경찰관직무집행법 제2조 제2호와 실종아동법 제3조, 제9조, 제10조 등 참조. 그러나, 보호자가 자녀 또는 보호아동의 안전을 확인할 목적으로 영상정보의 원본 또는 사본 등을 요청하는 경우 어린이집의 폐쇄회로 텔레비전을 설치·관리하는 자는 해당 영상정보를 열람하게 할 수 있다. 영유아보육법 제15조의5 제1항 제1호. 이 경우 다른 사람을 알아볼 수 없도록 하는 모자이크 처리 등 보호조치가 별도로 규정되지 않는다.

는 경우에만 본인 동의 없이 제공할 수 있다. 그러나, 법 제18조 제2항 제3호에 따라 명백히 정보주체 또는 제3자의 급박한 생명, 신체, 재산의 이익을 위하여 필요하다고 인정되는 경우에는 형사소송법 또는 경찰관직무집행법상 협조 요청만으로도 본인 동의 없이 CCTV 자료를 제공할 수 있다.197) 따라서, 고정형 영상정보처리기기 운영자는 영상정보를 요청하는 자에게 관련 법령 등의 존재를 분명하게 제시할 것을 요구하고, 이와 관련된 자료를 잘 보관하여야 할 것이다. 이와 관련하여 개인정보 보호책임자의 역할이 중요하다.198)

(6) 고정형 영상정보처리기기의 설치·운영 절차

1) 전문가 및 이해관계인의 의견 수렴

공개된 장소에서 고정형 영상정보처리기기를 설치·운영하려는 공공기관의 장과 교정시설 등의 목욕실 등 내부를 볼 수 있도록 고정형 영상정보처리기기를 설치·운영하려는 자는 공청회·설명회 개최 등 대통령령으로 정하는 절차를 거쳐 관계 전문가 및 이해관계인의 의견을 수렴하여야 한다. 일반적으로 민간기업 등이 공개된 장소에 고정형 영상정보처리기기를 설치·운영하는 경우에 전문가 및 이해관계인의 의견 수렴 등 절차를 밟지 않아도 될 것이다.199)

① 공공기관의 경우

공개된 장소에 고정형 영상정보처리기기의 설치·운영이 예외적으로 허용되는 여섯 가지 경우에 고정형 영상정보처리기기를 설치·운영하려는 공공기관의 장은 공청회·설명회 개최 등 대통령령으로 정하는 절차를 거쳐 관계 전문가 및 이해관계인의 의견을 수렴하여야 한다.200)

---

197) 이 경우 본인 동의 없이 CCTV 자료를 제공하여도 수사에 필요한 최소한의 범위에서 제한적으로 제공하여야 하고, 요청기관도 관련 법령 및 요청 목적 등을 명확히 하여 최소한의 범위 내에서 자료 제공을 요청하여야 할 것이다. 2021년 민간영상정보처리 가이드라인 16면.

198) 법 제31조 참조.

199) 그러나, 사업장 내 근로자 감시 설비의 설치는 노사협의 사항이다. 근로자참여법 제20조 제1항 제14호.

200) 법 제25조 제3항.

이러한 공공기관의 장은 다음 각 호의 어느 한 절차를 거쳐 관계 전문가 및 이해관계인의 의견을 수렴하여야 한다:[201] 1. 행정절차법에 따른 행정예고의 실시 또는 의견 청취, 2. 해당 고정형 영상정보처리기기의 설치로 직접 영향을 받는 지역 주민 등을 대상으로 하는 설명회·설문조사 또는 여론조사. 고정형 영상정보처리기기의 설치 목적 변경에 따른 추가 설치 등의 경우에도 위의 절차에 따라 관계 전문가 및 이해관계인의 의견을 수렴하여야 한다.[202]

② 교정시설 등의 목욕실 등의 경우

교도소, 정신보건시설 등 법령에 근거하여 사람을 구금하거나 보호하는 시설로서 대통령령으로 정하는 시설에서 목욕실 등 개인의 사생활을 현저히 침해할 우려가 있는 장소의 내부를 볼 수 있도록 고정형 영상정보처리기기를 설치·운영하려는 자는 공청회·설명회 개최 등 대통령령으로 정하는 절차를 거쳐 관계 전문가 및 이해관계인의 의견을 수렴하여야 한다.[203]

이렇게 고정형 영상정보처리기기를 설치·운영하려는 자는 다음 각 호의 사람으로부터 의견을 수렴하여야 한다:[204] 1. 관계 전문가, 2. 해당 시설에 종사하는 사람, 해당 시설에 구금되어 있거나 보호받고 있는 사람 또는 그 사람의 보호자 등 이해관계인. 고정형 영상정보처리기기의 설치 목적 변경에 따른 추가 설치 등의 경우에도 위의 절차에 따라 관계 전문가 및 이해관계인의 의견을 수렴하여야 한다.[205]

2) 고정형 영상정보처리기기 설치·운영 사실의 공개

고정형 영상정보처리기기가 공개된 장소에서 설치·운영되는 경우 동 기기를 통하여 촬영되는 개인은 자신이 촬영되는지, 즉 자신의 영상정보 수집·이용에 대한 통제권, 즉 개인정보자기결정권을 행사하는 것이 사실상 불가능하다. 따라서, 이렇게 예외적으로 허용되는 여섯 가지 경우의 고정형 영상정보처리기

---

201) 영 제23조 제1항.
202) 표준지침 제38조.
203) 법 제25조 제3항.
204) 영 제23조 제2항.
205) 표준지침 제38조.

기 운영자는 안내판 설치 등 필요한 조치를 취하여 촬영되는 불특정 다수의 개인정보자기결정권의 침해를 가능한대로 방지하도록 요구된다.

이러한 안내판 등의 조치는 정보주체에게 개인정보의 수집 등 처리에 관하여 일정한 사항을 알려서 적법하고 정당하며 적합한 처리가 되게 하는 역할을 한다. 이러한 안내판은 해당 장소에서 고정형 영상정보처리기기가 설치·운영되고 있음을 알리면서 정보주체가 해당 고정형 영상정보처리기기 운영자를 접촉할 수 있도록 연락처 등을 포함한다. 일반적으로 고정형 영상정보처리기기의 설치가 기대되지 않는 장소일수록 동 기기의 설치·운영에 관한 안내판 설치 등 필요한 조치가 요구될 것이다.

① 안내판 설치

공개된 장소에서 허용되는 여섯 가지 경우에 고정형 영상정보처리기기를 설치·운영하는 자는 정보주체가 쉽게 인식할 수 있도록 다음 각 호의 사항이 포함된 안내판을 설치하는 등 필요한 조치를 하여야 한다:[206] 1. 설치 목적 및 장소, 2. 촬영 범위 및 시간, 3. 관리책임자의 연락처,[207] 4. 그 밖에 대통령령으로 정하는 사항.

건물 안에 여러 개의 고정형 영상정보처리기기를 설치하는 경우에는 출입구 등 잘 보이는 곳에 해당 시설 또는 장소 전체가 고정형 영상정보처리기기 설치 지역임을 표시하는 안내판을 설치할 수 있다.[208] 백화점이나 기차역 등 규모가 큰 장소의 경우 다수의 고정형 영상정보처리기기가 설치되는데, 이들 각각의 기기에 대하여 개별적인 안내판의 설치는 불필요한 부담이 될 수 있다.

안내판은 촬영범위 내에서 정보주체가 알아보기 쉬운 장소에 누구라도 용

---

206) 법 제25조 제4항. 영 제24조 제1항은 법 제25조 제4항 제4호의 '그밖에 대통령령으로 정하는 사항'을 동 법이 규정한 내용과 일치하는 사항을 규정하였고, 이들 사항은 2016년 9월 29일 개정으로 삭제되었다. 표준지침 제39조 제1항은 법 제25조 제4항이 규정한 사항에 고정형 영상정보처리기기 설치·운영에 관한 사무를 위탁하는 경우에 수탁자의 명칭 및 연락처를 추가하여 기재하도록 규정한다. 영 제26조 제2항은 공공기관이 고정형 영상정보처리기기 설치·운영에 관한 사무를 위탁하는 경우에는 안내판 등에 위탁받는 자의 명칭 및 연락처를 포함시키도록 규정한다.

207) 2023년 3월 14일 개정 전에는 '관리책임자 성명 및 연락처'라고 규정되었다.

208) 영 제24조 제1항 단서.

이하게 판독할 수 있게 설치되어야 하고, 이 범위 내에서 고정형 영상정보처리기기 운영자가 안내판의 크기, 설치 위치 등을 자율적으로 정할 수 있다.[209] 공공기관의 장이 기관 내 또는 기관 간에 고정형 영상정보처리기기의 효율적 관리 및 정보 연계 등을 위해 용도별·지역별 고정형 영상정보처리기기를 물리적·관리적으로 통합하여 설치·운영, 즉 통합관리하는 경우에는 설치 목적 등 통합관리에 관한 내용을 정보주체가 쉽게 알아볼 수 있도록 안내판에 기재하여야 한다.[210]

② 인터넷 홈페이지 게재

안내판의 설치가 실제로 의미가 없거나 정보주체가 안내판에 기재된 내용을 알아볼 수 없는 경우도 있다. 이에 고정형 영상정보처리기기가 다음의 어느 하나에 해당하는 경우에는 안내판 설치를 갈음하여 고정형 영상정보처리기기 운영자의 인터넷 홈페이지에 안내판에 기재될 사항을 게재할 수 있다. 첫째, 공공기관이 원거리 촬영, 과속·신호위반 단속 또는 교통흐름조사 등의 목적으로 고정형 영상정보처리기기를 설치하는 경우로서 개인정보 침해의 우려가 적은 경우이다.[211] 둘째, 산불감시용 고정형 영상정보처리기기를 설치하는 경우 등 장소적 특성으로 인하여 안내판을 설치하는 것이 불가능하거나 안내판을 설치하더라도 정보주체가 쉽게 알아볼 수 없는 경우이다.[212]

③ 기타 방법

고정형 영상정보처리기기 운영자는 안내판에 기재할 사항을 인터넷 홈페이지에도 게재할 수 없는 경우에 다음의 어느 하나 이상의 방법으로 해당 사항을 공개하여야 한다. 첫째, 고정형 영상정보처리기기 운영자의 사업장·영업소·사무소·점포 등('사업장등')의 보기 쉬운 장소에 게시하는 방법이다.[213] 둘째, 고정형 영상정보처리기기 운영자의 사업장등이 있는 시·도 이상의 지역을 주된

---

209) 표준지침 제39조 제2항.
210) 표준지침 제39조 제3항.
211) 영 제24조 제2항 제1호.
212) 영 제24조 제2항 제2호.
213) 영 제24조 제3항 제1호.

보급지역으로 하는 일반일간신문, 일반주간신문 또는 인터넷신문에 싣거나, 고정형 영상정보처리기기 운영자가 공공기관인 경우에는 관보에 싣는 방법이다.214)

④ 안내판 설치 등 필요한 조치 면제

군사시설, 국가중요시설, 그 밖에 대통령령으로 정하는 시설의 경우에는 고정형 영상정보처리기기의 설치·운영에 대한 안내판의 설치 등 필요한 조치를 취하지 않아도 된다.215) '그 밖에 대통령령으로 정하는 시설'은 국가보안시설이다.216) 국가안보 등 중요한 공적 목적을 위해 설치·운영되는 고정형 영상정보처리기기에 대한 안내판의 설치 등 필요한 조치는 그 공적 목적의 달성에 장애가 된다.

⑤ 공동 설치·운영

고정형 영상정보처리기기를 공동으로 설치·운영 하려는 자는 법 제25조 제4항 각 호의 사항 외에도 해당 영상정보처리기기가 공동으로 설치·운영된다는 사실 및 각 설치·운영 주체의 명칭도 함께 기재하는 것이 바람직하다.217)

---

214) 영 제24조 제3항 제2호. 일반일간신문 등은 신문법 제2조 제1호 가목·다목 및 제2호 참조.

215) 법 제25조 제4항 단서. 군사시설은 전투진지, 군사목적을 위한 장애물, 폭발물 관련 시설, 사격장, 훈련장, 군용전기통신설비, 군사목적을 위한 연구시설 및 시험시설·시험장, 그 밖에 군사목적에 직접 공용되는 시설로서 대통령령으로 정하는 것이다. 군사기지법 제2조 제2호. 국가중요시설은 공공기관, 공항·항만, 주요 산업시설 등 적에 의하여 점령 또는 파괴되거나 기능이 마비될 경우 국가안보와 국민생활에 심각한 영향을 주게 되는 시설이다. 통합방위법 제2조 제13호.

216) 영 제24조 제4항. 국가정보원장은 파괴 또는 기능이 침해되거나 비밀이 누설될 경우 전략적·군사적으로 막대한 손해가 발생하거나 국가안전보장에 연쇄적 혼란을 일으킬 우려가 있는 시설 및 항공기·선박 등 중요 장비를 각각 국가보안시설 및 국가보호장비로 지정할 수 있다. 보안업무규정 제32조 제1항.

217) 2020년 해설서 191면.

(7) 고정형 영상정보처리기기 운영자의 의무

1) 목적 외 임의조작 및 녹음기능 사용 금지

고정형 영상정보처리기기 운영자는 고정형 영상정보처리기기의 설치 목적과 다른 목적으로 고정형 영상정보처리기기를 임의로 조작하거나 다른 곳을 비춰서는 아니 되고, 녹음기능을 사용할 수 없다.[218] 고정형 영상정보처리기기 운영자는 원래의 설치 목적과 다른 목적으로 임의로 조작하지 않도록 고정형 영상정보처리기기 운영·관리방침에 동 기기의 촬영 범위 등을 명확히 기재하여야 한다.[219] 하나의 CCTV를 여러 가지 목적으로 이용하는 경우에는 그 목적을 모두 밝혀야 할 것이다. 고정형 영상정보처리기기의 설치·운영에 따른 사생활의 침해 가능성이 제한되어야 하기 때문이다. 여기서 조작은 고정형 영상정보처리기기를 회전시키거나 영상을 확대 또는 축소하는 등 촬영 범위나 대상을 인위적으로 변경하는 행위이다.[220]

고정형 영상정보처리기기는 일정한 공간에 설치되어 지속적 또는 주기적으로 사람 등의 영상을 촬영하기 때문에 동 기기가 음성·음향을 녹음하는 기능을 갖추고 있다면 사람들의 대화도 녹음할 수 있게 된다. 그러나, 누구든지 공개되지 아니한 타인간의 대화를 녹음하거나 전자장치 또는 기계적 수단을 이용하여 청취할 수 없다.[221] 또한, 누구든지 통신비밀보호법과 형사소송법 또는 군사법원법의 규정에 의하지 아니하고는 전기통신의 감청 또는 공개되지 아니한 타인간 대화의 녹음이나 청취가 금지된다.[222]

---

218) 법 제25조 제5항.
219) 영 제25조 제1항 참조.
220) 보호위원회, '아산경찰서의 업무수행을 위한 아산시 보유 영상정보 제공에 관한 건'(제 2018 – 22 – 247호, 2018.10.29.).
221) 통신비밀보호법 제14조 제1항.
222) 통신비밀보호법 제3조 제1항. 음식점 내부에 감시용 카메라와 도청마이크 등을 설치하여 타인간 대화를 녹음하려고 시도하거나 청취한 사안에서 동 음식점 내에서 이루어진 타인간 대화는 통신비밀보호법상 '공개되지 아니한 타인간의 대화'에 해당한다. 대법원 2007.12.27. 선고 2007도9053 판결. 감청은 '전기통신에 대하여 당사자의 동의없이 전자장치·기계장치등을 사용하여 통신의 음향·문언·부호·영상을 청취·공독하여 그 내용을 지득 또는 채록하거나 전기통신의 송·수신을 방해하는 것'이다. 통신비밀보호

2) 개인영상정보의 안전한 관리

고정형 영상정보처리기기 운영자는 개인정보가 분실·도난·유출·위조·변조 또는 훼손되지 아니하도록 법 제29조에 따라 개인정보의 안전성 확보에 필요한 조치를 하여야 한다.[223] 고정형 영상정보처리기기 운영자는 개인영상정보를 포함한 개인정보가 분실·도난·유출·위조·변조 또는 훼손되지 아니하도록 내부 관리계획 수립, 접속기록 보관 등 대통령령으로 정하는 바에 따라 안전성 확보에 필요한 기술적·관리적 및 물리적 조치를 하여야 한다.[224] 고정형 영상정보처리기기 운영자는 개인영상정보가 분실·도난·유출·변조 또는 훼손되지 아니하도록 안전성 확보를 위하여 다음의 조치를 하여야 한다:[225] 1. 개인영상정보의 안전한 처리를 위한 내부 관리계획의 수립·시행,[226] 2. 개인영상정보에 대한 접근 통제 및 접근 권한의 제한 조치, 3. 개인영상정보를 안전하게 저장·전송할 수 있는 기술의 적용,[227] 4. 처리기록의 보관 및 위조·변조 방지를 위한 조치,[228] 5. 개인영상정보의 안전한 물리적 보관을 위한 보관시설 마련 또는 잠금장치 설치.

법 제2조 제7호.

223) 법 제25조 제6항. 동 규정은 '개인정보'를 규정하지만, 이러한 개인정보는 개인영상정보를 포함할 것이다.

224) 법 제29조. 개인정보의 안전성 확보조치에 관하여 영 제30조 참조.

225) 표준지침 제47조. 동 규정은 이동형 영상정보처리기기에도 적용된다. 법 제25조 제6항과 영 제30조와 달리, 표준지침 제47조는 개인영상정보의 안전성 확보를 위한 조치에서 위조를 명시하지 않는다. 2015년 7월 24일 개정으로 법 제25조 제6항에 '위조'가 신설되었다.

226) 1만명 미만의 정보주체의 개인정보를 처리하는 소상공인·개인·단체의 경우에는 생략할 수 있다. 표준지침 제47조 제1호 단서. 소상공인은 소상공인법 제2조에 해당하는 자이다. 개인정보 안전성고시 제2조 제7호 참조.

227) 네트워크 카메라의 경우 안전한 전송을 위한 암호화 조치, 개인영상정보파일 저장 시비밀번호 설정 등이 요구된다. 표준지침 제47조 제3호.

228) 개인영상정보의 생성 일시 및 열람할 경우에 열람 목적·열람자·열람 일시 등 기록·관리 조치 등이 요구된다. 표준지침 제47조 제4호.

3) 고정형 영상정보처리기기의 설치·운영에 대한 점검

고정형 영상정보처리기기는 불특정 다수에 대한 사생활 침해의 우려가 크기 때문에 설치된 이후에도 그 설치 목적에 맞게 운영되는지, 개인영상정보의 침해 우려가 없는지 등을 지속적으로 점검할 필요가 있다. 특히 공공기관은 공적 목적 수행을 위해 다수의 고정형 영상정보처리기기를 설치·운영하고 있으므로 민간부문에 비교하여 더욱 엄격한 점검과 관리가 필요하다.

공공기관의 장이 고정형 영상정보처리기기를 설치·운영하는 경우에는 표준지침의 준수 여부에 대한 자체점검을 실시하여 다음 해 3월 31일까지 그 결과를 보호위원회에게 통보하고 개인정보파일 등록사항의 전자적 처리시스템에 등록하여야 한다.[229] 이 경우 다음 각 호의 사항을 고려하여야 한다:[230] 1. 고정형 영상정보처리기기의 운영·관리방침에 열거된 사항, 2. 관리책임자의 업무 수행 현황, 3. 고정형 영상정보처리기기의 설치 및 운영 현황, 4. 개인영상정보 수집 및 이용·제공·파기 현황, 5. 위탁 및 수탁자에 대한 관리·감독 현황, 6. 정보주체의 권리 행사에 대한 조치 현황, 7. 기술적·관리적·물리적 조치 현황, 8. 고정형 영상정보처리기기 설치·운영의 필요성 지속 여부 등. 공공기관의 장은 고정형 영상정보처리기기 설치·운영에 대한 자체 점검을 완료한 후에는 그 결과를 홈페이지 등에 공개하여야 한다.[231]

공공기관 외의 고정형 영상정보처리기기 운영자는 고정형 영상정보처리기기 설치·운영으로 인하여 정보주체의 개인영상정보의 침해가 우려되는 경우에는 자체 점검 등 개인영상정보의 침해 방지를 위해 적극 노력하여야 한다.[232]

---

229) 표준지침 제48조 제1항. 개인정보파일(법 제32조 제2항 및 이 영 제33조 제2항에 따른 개인정보파일은 제외한다)을 운용하는 공공기관의 장은 그 운용을 시작한 날부터 60일 이내에 보호위원회가 정하여 고시하는 바에 따라 보호위원회에 법 제32조 제1항 및 영 제33조 제1항에 따른 등록사항의 등록을 신청하여야 하는데, 보호위원회는 동 개인정보파일의 등록사항을 등록하거나 변경하는 업무를 전자적으로 처리할 수 있도록 시스템을 구축·운영할 수 있다. 영 제34조 제1항 및 제3항 참조.

230) 표준지침 제48조 제1항.

231) 표준지침 제48조 제2항.

232) 표준지침 제48조 제3항.

따라서, 민간부문의 고정형 영상정보처리기기 운영자는 고정형 영상정보처리기기의 설치·운영에 대한 자체점검을 수행할 의무는 부여되지 않지만, 개인영상정보의 침해 방지를 위해 적극 노력하여야 한다.

4) 고정형 영상정보처리기기 운영·관리방침 마련 및 공개

① 고정형 영상정보처리기기 운영·관리방침의 마련

고정형 영상정보처리기기 운영자는 대통령령으로 정하는 바에 따라 고정형 영상정보처리기기 운영·관리방침을 마련하여야 한다.[233] 고정형 영상정보처리기기 운영자가 마련하는 고정형 영상정보처리기기 운영·관리방침은 다음 각 호의 사항을 포함하여야 한다:[234] 1. 고정형 영상정보처리기기의 설치 근거 및 설치 목적, 2. 고정형 영상정보처리기기의 설치 대수, 설치 위치 및 촬영 범위, 3. 관리책임자, 담당 부서 및 영상정보에 대한 접근 권한이 있는 사람, 4. 영상정보의 촬영 시간, 보관 기간, 보관 장소 및 처리 방법, 5. 고정형 영상정보처리기기 운영자의 영상정보 확인 방법 및 장소, 6. 정보주체의 영상정보 열람 등 요구에 대한 조치, 7. 영상정보 보호를 위한 기술적·관리적 및 물리적 조치, 8. 그 밖에 고정형 영상정보처리기기의 설치·운영 및 관리에 필요한 사항.

고정형 영상정보처리기기 운영자가 법 제30조에 따른 개인정보 처리방침을 정할 때 고정형 영상정보처리기기 운영·관리에 관한 사항을 포함시킨 경우에는 고정형 영상정보처리기기 운영·관리방침을 마련하지 않을 수 있다.[235] 개인정보 처리방침과 고정형 영상정보처리기기 운영·관리방침의 유사한 목적과 성격을 고려하면, 이들 두 방침 모두 제정할 실익이 없고 고정형 영상정보처리기기 운영자에게 불필요한 부담을 줄 필요가 없기 때문이다.

---

233) 법 제25조 제7항.
234) 영 제25조 제1항. 공공기관이 고정형 영상정보처리기기의 설치·운영에 관한 사무를 제3자에게 위탁하는 경우에는 그 내용을 정보주체가 언제든지 쉽게 확인할 수 있도록 영상정보처리기기 운영·관리방침에 수탁자의 명칭 등을 공개하여야 한다. 표준지침 제43조 제1항.
235) 2023년 3월 14일 개정으로 신설된 법 제25조 제7항 단서.

② 고정형 영상정보처리기기 운영·관리방침의 공개

고정형 영상정보처리기기 운영자가 고정형 영상정보처리기기 운영·관리방침을 마련하거나 변경하는 경우에는 정보주체가 쉽게 확인할 수 있도록 공개하여야 한다.[236] 고정형 영상정보처리기기 운영·관리방침의 공개에 관하여 개인정보 처리방침의 공개에 관한 규정을 준용한다.[237] 즉 고정형 영상정보처리기기 운영자는 고정형 영상정보처리기기 운영·관리방침을 동 운영자의 인터넷 홈페이지에 지속적으로 게재하여야 한다.[238] 고정형 영상정보처리기기 운영자가 동 방침을 자신의 인터넷 홈페이지에 게재할 수 없는 경우에는 다음 각 호의 어느 하나 이상의 방법으로 동 방침을 공개해야 한다:[239] 1. 고정형 영상정보처리기기 운영자의 사업장등의 보기 쉬운 장소에 게시하는 방법, 2. 고정형 영상정보처리기기 운영자의 사업장등이 있는 시·도 이상의 지역을 주된 보급지역으로 하는 일반일간신문, 일반주간신문 또는 인터넷신문에 싣거나 고정형 영상정보처리기기 운영자가 공공기관인 경우 관보에 싣는 방법,[240] 3. 같은 제목으로 연 2회 이상 발행하여 정보주체에게 배포하는 간행물·소식지·홍보지 또는 청구서 등에 지속적으로 싣는 방법, 4. 재화나 서비스를 제공하기 위하여 고정형 영상정보처리기기 운영자와 정보주체가 작성한 계약서 등에 실어 정보주체에게 발급하는 방법.

5) 개인영상정보 관리책임자의 지정

고정형 영상정보처리기기 운영자는 개인영상정보의 처리에 관한 업무를 총괄해서 책임질 개인영상정보 관리책임자를 지정하여야 한다.[241] 개인정보 보호책임자는 관리책임자의 업무를 수행할 수 있다.[242]

---

236) 표준지침 제36조 제1항.
237) 영 제25조 제2항.
238) 영 제31조 제2항 참조.
239) 영 제31조 제3항 참조. 그러나, 재화나 서비스를 제공하기 위하여 작성한 계약서 등에 실어 정보주체에게 발급하는 방법은 고정형 영상정보처리기기 운영자에게 현실적으로 준용되기 어려울 것이다.
240) 이들 신문의 정의는 신문법 제2조 제1호 가목·다목 및 제2호 참조.
241) 표준지침 제37조 제1항.

개인영상정보 관리책임자는 개인정보 보호책임자의 업무에 준하여 다음 각 호의 업무를 수행한다:[243] 1. 개인영상정보 보호계획의 수립 및 시행, 2. 개인영상정보 처리 실태 및 관행의 정기적인 조사 및 개선, 3. 개인영상정보 처리와 관련한 불만의 처리 및 피해구제, 4. 개인영상정보 유출 및 오용·남용 방지를 위한 내부통제시스템의 구축, 5. 개인영상정보 보호교육 계획 수립 및 시행, 6. 개인영상정보 파일의 보호 및 파기에 대한 관리·감독, 7. 그 밖에 개인영상정보의 보호를 위하여 필요한 업무.

6) 개인영상정보의 이용·제3자 제공 등 제한 등

고정형 영상정보처리기기 운영자는 다음 각 호의 경우를 제외하고는 개인영상정보를 수집 목적 이외로 이용하거나 제3자에게 제공하여서는 아니 된다:[244] 1. 정보주체에게 동의를 얻은 경우, 2. 다른 법률에 특별한 규정이 있는 경우, 3. 명백히 정보주체 또는 제3자의 급박한 생명, 신체, 재산의 이익을 위하여 필요하다고 인정되는 경우, 4. 통계작성, 과학적 연구, 공익적 기록보존 등을 위하여 필요한 경우로서 법 제28조의2 또는 제28조의3에 따라 가명처리한 경우, 5. 개인영상정보를 목적 외의 용도로 이용하거나 이를 제3자에게 제공하지 아니하면 다른 법률에서 정하는 소관 업무를 수행할 수 없는 경우로서 보호위원회의 심의·의결을 거친 경우, 6. 조약, 그 밖의 국제협정의 이행을 위하여 외국정부 또는 국제기구에 제공하기 위하여 필요한 경우, 7. 범죄의 수사와 공소의 제기 및 유지를 위하여 필요한 경우, 8. 법원의 재판업무 수행을 위하여 필요한 경우, 9. 형(刑) 및 감호, 보호처분의 집행을 위하여 필요한 경우, 10. 공중위생 등 공공의 안전과 안녕을 위하여 긴급히 필요한 경우.

개인영상정보의 수집 목적 이외 이용과 제3자 제공에 관하여 표준지침은 법 제18조 제2항의 규정을 따르지만, 2023년 개정에서 흥미로운 점은 2020년

---

242) 표준지침 제37조 제3항.

243) 표준지침 제37조 제2항. 개인정보 보호책임자의 업무는 법 제31조 제3항 참조.

244) 표준지침 제40조. 다만 제5호부터 제9호까지의 경우는 공공기관의 경우로 한정한다. 2023년 3월 14일 이 법의 개정에 따라 제10호가 신설되었다. 동 조의 규정은 이동형 영상정보처리기기에 대하여도 적용된다.

2월 4일 '데이터 3법 개정'으로 삭제된 법 제28조 제2항 제4호를 가명처리를 통하여 사실상 유지하는 것이다.[245] 결과적으로 개인영상정보에 대하여 동 개정으로 신설된 가명정보의 처리에 관한 법 제28조의2와 제28조의3과 동 개정으로 삭제된 법 제18조 제2항 제4호를 결합한 것으로 볼 수 있다.

7) 개인영상정보의 보관 및 파기

① 개인영상정보의 보관

고정형 영상정보처리기기 운영자가 그 사정에 따라 보유 목적의 달성을 위한 최소한의 기간을 산정하기 곤란한 때에는 동 보관 기간을 개인영상정보 수집 후 30일 이내로 한다.[246]

② 개인영상정보의 파기

고정형 영상정보처리기기 운영자는 수집한 개인영상정보를 고정형 영상정보처리기기 운영·관리방침에 명시한 보관기간이 경과하거나 개인영상정보의 처리 목적 달성, 법 제2조 제1호에 따른 가명정보의 처리 기간 경과 등 그 개인영상정보가 불필요하게 되었을 때에는 지체 없이 그 개인영상정보를 파기하여야 한다.[247] 다른 법령에 특별한 규정이 있는 경우에는 그 규정에 따른다.[248]

개인영상정보의 파기는 다음의 방법에 의한다. 첫째, 사진 등 개인영상정보가 기록된 출력물 등은 파쇄 또는 소각을 통하여 파기한다.[249] 둘째, 전자적 파일 형태의 개인영상정보는 복원이 불가능한 기술적 방법으로 영구 삭제한다.[250]

---

245) 표준지침 제40조 제4호.
246) 표준지침 제41조 제2항.
247) 표준지침 제41조 제1항. 동 규정은 이동형 영상정보처리기기에도 적용된다. 한편, 개인정보처리자는 개인정보의 보유기간이 경과하거나 개인정보의 처리 목적 달성, 가명정보의 처리 기간 경과, 해당 서비스의 폐지, 사업의 종료 등 그 개인정보가 불필요하게 되었을 때에는 정당한 사유가 없는 한 그로부터 5일 이내에 그 개인정보를 파기하여야 한다. 표준지침 제10조 제1항. 개인정보처리자가 법 제21조 제1항 단서에 따라 다른 법령에 근거하여 개인정보를 파기하지 아니하고 보존하여야 하는 경우에는 물리적 또는 기술적 방법으로 분리하여서 저장·관리하여야 한다. 표준지침 제11조 제1항.
248) 표준지침 제41조 제1항 단서.
249) 표준지침 제41조 제3항 제1호.

8) 개인영상정보 관리대장 작성

고정형 영상정보처리기기 운영자는 아래 네 가지 경우에 개인영상정보에 대하여 취한 조치를 기록하고 관리하여야 하는데, 이 경우 표준지침 별지 제3호 서식에 따른 '개인영상정보 관리대장'을 활용할 수 있다.251) 첫째, 고정형 영상정보처리기기 운영자는 개인영상정보를 수집 목적 외로 이용하거나 제3자에게 제공한 경우에는 아래 각 호의 사항을 기록하고 이를 관리하여야 한다:252) 1. 개인영상정보 파일의 명칭, 2. 이용하거나 제공받은 자(공공기관 또는 개인)의 명칭, 3. 이용 또는 제공의 목적, 4. 법령상 이용 또는 제공 근거가 있는 경우 그 근거, 5. 이용 또는 제공의 기간이 정해져 있는 경우에는 그 기간, 6. 이용 또는 제공의 형태, 7. 이용 또는 제공한 개인영상정보의 업무처리 담당자.

둘째, 고정형 영상정보처리기기 운영자가 개인영상정보를 파기하는 경우에는 다음 사항을 기록하고 관리하여야 한다:253) 1. 파기하는 개인영상정보 파일의 명칭, 2. 개인영상정보 파기 일시,254) 3. 개인영상정보 파기 담당자.

셋째, 고정형 영상정보처리기기 운영자는 정보주체의 개인영상정보에 대한 열람 또는 존재확인을 요구에 대하여 조치를 취하거나 동 요구를 제한 또는 거부한 경우에는 다음의 사항을 기록하고 관리하여야 한다:255) 1. 개인영상정보 열람 또는 존재확인을 요구한 정보주체의 성명 및 연락처, 2. 정보주체가 열람 또는 존재확인을 요구한 개인영상정보 파일의 명칭 및 내용, 3. 개인영상정보 열람 또는 존재확인의 목적, 4. 개인영상정보 열람 또는 존재확인을 거부한 경

---

250) 표준지침 제41조 제3항 제2호. 영 제16조 제1항 제1호도 전자적 파일 형태의 개인정보의 파기는 복원이 불가능한 방법으로 영구 삭제를 규정한다. 이러한 방법은 '현재의 기술 수준에서 사회통념상 적정한 비용으로 파기한 개인정보의 복원이 불가능하도록 조치하는 방법'을 말한다. 표준지침 제10조 제2항.

251) 표준지침 제45조.

252) 표준지침 제42조 제1항. 동 규정은 이동형 영상정보처리기기에도 적용된다.

253) 표준지침 제42조 제2항. 동 규정은 이동형 영상정보처리기기에도 적용된다.

254) 개인영상정보 파기 일시는 사전에 파기 시기 등을 정한 자동 삭제의 경우에는 파기 주기 및 자동 삭제 여부에 대한 확인 시기를 말한다. 표준지침 제42조 제2항 제2호.

255) 표준지침 제44조 제5항.

우 그 거부의 구체적 사유, 5. 정보주체에게 개인영상정보 사본을 제공한 경우 해당 영상정보의 내용과 제공한 사유, 6. 개인영상정보 열람등의 업무 처리 담당자.

9) 고정형 영상정보처리기기의 설치·운영 사무 위탁

고정형 영상정보처리기기 운영자는 고정형 영상정보처리기기의 설치·운영에 관한 사무를 위탁할 수 있다.[256] 고정형 영상정보처리기기 운영자는 고정형 영상정보처리기기를 직접 설치·운영하기도 하지만, 실제로는 영상정보의 유출 등을 방지하기 위한 전문장비와 기술 및 전문인력을 갖춘 기관에 동 사무를 위탁하는 것이 현실적일 수 있다.

① 공공기관인 경우

공공기관이 고정형 영상정보처리기기 설치·운영에 관한 사무를 위탁하는 경우에는 대통령령으로 정하는 절차 및 요건에 따라야 한다.[257] 공공기관이 고정형 영상정보처리기기의 설치·운영에 관한 사무를 위탁하는 경우에는 다음 각 호의 내용이 포함된 문서로 하여야 한다:[258] 1. 위탁하는 사무의 목적 및 범위, 2. 재위탁 제한에 관한 사항, 3. 영상정보에 대한 접근 제한 등 안전성 확보 조치에 관한 사항, 4. 영상정보의 관리 현황 점검에 관한 사항, 5. 위탁받는 자가 준수하여야 할 의무를 위반한 경우의 손해배상 등 책임에 관한 사항. 공공기관이 고정형 영상정보처리기기 설치·운영에 관한 사무를 위탁하는 경우에는 안내판 등에 위탁받는 자의 명칭 및 연락처를 포함시켜야 한다.[259] 공공기관인 고정형 영상정보처리기기 운영자가 고정형 영상정보처리기기의 설치·

---

256) 법 제25조 제8항.

257) 법 제25조 제8항 단서.

258) 영 제26조 제1항. 공공기관의 고정형 영상정보처리기기 설치·운영에 관한 사무를 위탁하는 경우에 요구되는 문서에 포함될 사항은 법 제26조 제1항 제3호에 따라 개인정보 처리업무 위탁에서 요구되는 문서에 포함될 개인정보의 안전한 관리를 위하여 '대통령령으로 정한 사항'과 사실상 일치한다. 영 제28조 제1항 참조.

259) 영 제26조 제2항과 표준지침 제43조 제1항. 안내판의 설치 등에 관하여 영 제24조 제1항부터 제3항까지 참조.

운영에 관한 사무를 제3자에게 위탁할 경우에는 그 사무를 위탁받은 자가 개인영상정보를 안전하게 처리하고 있는지 관리·감독하여야 한다.[260)

② 민간부문의 경우

기업 등 민간부문의 고정형 영상정보처리기기 운영자가 고정형 영상정보처리기기 설치·운영에 관한 사무를 위탁하는 경우에는 공공기관에 요구되는 위탁 방법 등에 관한 위의 특별한 제한을 받지 않는다. 그러나, 민간부문의 고정형 영상정보처리기기 설치·운영에 관한 사무 위탁이 공공기관의 경우와 달라야 할 이유는 없을 것이다.

예컨대, 민간부문의 고정형 영상정보처리기기 운영자가 제3자에게 영상정보의 처리업무를 위탁하는 경우에는 다음 각 호의 내용이 포함된 문서로 하여야 할 것이다:[261) 1. 위탁하는 사무의 목적 및 범위, 2. 재위탁 제한에 관한 사항, 3. 영상정보에 대한 접근 제한 등 안전성 확보 조치에 관한 사항, 4. 영상정보의 관리 현황 점검에 관한 사항, 5. 위탁받는 자가 준수하여야 할 의무를 위반한 경우의 손해배상 등 책임에 관한 사항.

10) 개인영상정보의 열람 또는 존재확인의 요구

고정형 영상정보처리기기를 통해 촬영된 정보주체가 자신에 관한 영상정보의 열람 또는 존재확인을 원할 수 있다. 예컨대, 공공시설에서 물건 도난이나 기타 범죄행위의 피해자가 그 범죄 수사 등을 위하여 영상정보의 열람이나 존재확인을 요구할 수 있다.

① 정보주체의 열람 또는 존재확인의 요구

정보주체는 고정형 영상정보처리기기 운영자가 처리하는 개인영상정보에 대하여 열람 또는 존재확인을 해당 고정형 영상정보처리기기 운영자에게 요구할 수 있다.[262) 이 경우 정보주체가 열람 또는 존재확인을 요구할 수 있는 개

---

260) 표준지침 제43조 제2항. 동 규정은 이동형 영상정보처리기기에도 적용된다.
261) 영 제26조 제1항 참조. 고정형 영상정보처리기기 운영자가 동 기기의 설치·운영에 관한 사무를 위탁하는 경우에는 수탁자의 명칭 및 연락처를 안내판에 기재하여야 한다. 표준지침 제39조 제1항 제4호 참조.

인영상정보는 정보주체 자신이 촬영된 개인영상정보에 한한다.[263] 정보주체와 관련이 없는 개인영상정보에 대해서 열람 또는 존재확인을 허용하면 그 영상에 촬영된 다른 개인의 사생활 침해는 물론 그의 개인정보보호가 침해될 우려가 있기 때문이다. 고정형 영상정보처리기기 운영자가 공공기관인 경우에는 해당 기관의 장에게 '개인영상정보 열람·존재확인 청구서'로 하여야 한다.[264]

② 고정형 영상정보처리기기 운영자의 조치

고정형 영상정보처리기기 운영자는 정보주체로부터 열람 또는 존재확인의 요구를 받았을 때에는 지체 없이 필요한 조치를 취하여야 한다.[265] 이 경우 고정형 영상정보처리기기 운영자는 열람 또는 존재확인의 요구를 한 자가 본인이거나 정당한 대리인인지를 주민등록증·운전면허증·여권 등의 신분증명서를 제출받아 확인하여야 한다.[266]

그러나, 다음 각 호의 경우에 고정형 영상정보처리기기 운영자는 정보주체의 개인영상정보 열람 또는 존재확인의 요구를 제한하거나 거부할 수 있다:[267] 1. 법률에 따라 열람이 금지되거나 제한되는 경우, 2. 다른 사람의 생명·신체를 해할 우려가 있거나 다른 사람의 재산과 그 밖의 이익을 부당하게 침해할

---

262) 표준지침 제44조 제1항 제1문. 동 규정은 이동형 영상정보처리기기에도 적용된다.

263) 표준지침 제44조 제1항 제2문. 동 규정은 이동형 영상정보처리기기에도 적용된다. 2023년 개정 행정예고된 표준지침은 정보주체의 열람등 요구의 대상에서 '명백히 정보주체의 급박한 생명, 신체, 재산의 이익을 위하여 필요한 개인영상정보'를 삭제하였다. 영상정보처리기기의 특성상 일정 기간이 지나면 영상자료가 삭제된다는 점에서 CCTV 영상자료는 그 자체로 급박성이 있다고 본다. 2021년 민간영상정보처리 가이드라인 16면.

264) 표준지침 제44조 제2항. 동 규정은 이동형 영상정보처리기기에도 적용된다. '개인영상정보 열람·존재확인 청구서'는 표준지침 별지 제2호 서식에 따르는데, 전자문서를 포함한다.

265) 표준지침 제44조 제3항 제1문. 동 규정은 이동형 영상정보처리기기에도 적용된다. 특정 개인의 특정 영상정보를 확인하는 것은 쉽지 않은 작업이기 때문에 고정형 영상정보처리기기 운영자는 정보주체가 영상정보의 확인에 필요한 정보를 요청하는 시스템을 구축할 수 있어야 할 것이다.

266) 표준지침 제44조 제3항 제2문. 동 규정은 이동형 영상정보처리기기에도 적용된다.

267) 표준지침 제44조 제4항 제1문. 동 규정은 이동형 영상정보처리기기에도 적용된다. 2023년 개정 행정예고된 표준지침은 열람등 거부의 사유를 개인정보의 열람에 관한 일반규정인 법 제35조 제4항의 규정으로 대체하였다.

우려가 있는 경우, 3. 공공기관이 다음 각 목의 어느 하나에 해당하는 업무를 수행할 때 중대한 지장을 초래하는 경우: 가. 조세의 부과·징수 또는 환급에 관한 업무, 나. 「초·중등교육법」 및 「고등교육법」에 따른 각급 학교, 「평생교육법」에 따른 평생교육시설, 그 밖의 다른 법률에 따라 설치된 고등교육기관에서의 성적 평가 또는 입학자 선발에 관한 업무, 다. 학력·기능 및 채용에 관한 시험, 자격 심사에 관한 업무, 라. 보상금·급부금 산정 등에 대하여 진행 중인 평가 또는 판단에 관한 업무, 마. 다른 법률에 따라 진행 중인 감사 및 조사에 관한 업무. 정보주체의 열람 또는 존재확인의 요구에 대하여 고정형 영상정보처리기기 운영자는 10일 이내에 서면 등으로 제한 또는 거부 사유를 정보주체에게 통지하여야 한다.[268]

③ 고정형 영상정보처리기기 운영자의 기록 관리

고정형 영상정보처리기기 운영자가 열람 또는 존재확인의 요구를 받아 필요한 조치를 취하거나 그 요구를 거부하는 경우 다음 각 호의 사항을 기록하고 관리하여야 한다:[269] 1. 개인영상정보 열람 또는 존재확인을 요구한 정보주체의 성명 및 연락처, 2. 정보주체가 열람 또는 존재확인을 요구한 개인영상정보 파일의 명칭 및 내용, 3. 개인영상정보 열람 또는 존재확인의 목적, 4. 개인영상정보 열람 또는 존재확인을 거부한 경우 그 거부의 구체적 사유, 5. 정보주체에게 개인영상정보 사본을 제공한 경우 해당 영상정보의 내용과 제공한 사유, 6. 개인영상정보 열람 또는 존재확인의 업무 처리 담당자.

④ 정보주체가 아닌 제3자의 개인영상정보 보호

고정형 영상정보처리기기 운영자가 열람 또는 존재확인의 조치를 취하는 경우 정보주체 이외의 자의 개인정보 또는 사생활이 침해될 가능성이 있다. 이러한 경우 정보주체 이외의 자를 명백히 알아볼 수 있거나 정보주체 이외의 자의 사생활 침해의 우려가 있는 경우에는 고정형 영상정보처리기기 운영자는

---

268) 표준지침 제44조 제4항 제2문. 동 규정은 이동형 영상정보처리기기에도 적용된다.
269) 표준지침 제44조 제5항. 동 규정은 이동형 영상정보처리기기에도 적용된다. 2023년 개정 행정예고에서 "정보주체가 고정형 영상정보처리기기 운영자에게 자신의 개인영상정보 파기를 요구할 때 자신이 보존을 요구하였던 개인영상정보에 대하여만 그 파기를 요구할 수 있고, 고정형 영상정보처리기기 운영자는 해당 파기조치를 취한 경우에는 그 내용을 기록하고 관리하여야 한다."는 표준지침 제45조 제6항은 삭제되었다.

해당 정보주체 이외의 자의 개인영상정보를 알아볼 수 없도록 보호조치를 취하여야 한다.[270)]

(8) 공개된 장소에 설치된 고정형 영상정보처리기기에 대한 개인정보보호법 적용의 일부 제외

고정형 영상정보처리기기가 불특정 다수에 대하여 설치·운영되는 특수성을 고려하여 이 법의 일부 규정이 적용되지 않는다. 즉 공개된 장소에 고정형 영상정보처리기기를 설치·운영하여 처리하는 개인정보에 대하여 개인정보의 수집·이용에 관한 제15조,[271)] 동의를 받는 방법에 관한 제22조,[272)] 아동의 개인정보 보호에 관한 제22조의2,[273)] 영업양도 등에 따른 개인정보의 이전 제한에 관한 제27조 제1항과 제2항,[274)] 개인정보 유출등의 통지 등에 관한 제34조,[275)] 및 개인정보의 처리 정지 등에 관한 제37조[276)]가 적용되지 않는다.[277)] 따

---

270) 표준지침 제46조. 제3자가 식별되지 않도록 모자이크 처리 등의 기법을 사용하여야 할 것이다. 2021년 민간영상정보처리 가이드라인 20면. 그러나, 영유아보육법 제15조의5는 CCTV 영상정보를 열람 조치하는 경우에 다른 사람을 알아볼 수 없도록 하는 모자이크 처리 등 보호조치를 별도로 규정하지 않는다. 동 규정은 이 법의 영상정보 열람에 관하여 다른 법률의 특별한 규정이 된다. 다만, 보호자가 CCTV 영상정보의 사본을 제공받아 어린이집 외부로 반출하는 경우 다른 영유아 또는 보육교직원의 권리 침해가 발생할 우려가 있고 동 법에서 허용하는 CCTV 영상정보 열람의 범위를 초과하는 사항이므로 해당 영상에 포함된 모든 정보주체의 동의를 받거나 개인을 알아볼 수 없도록 하는 보호조치를 하여야 할 것이다. 2021년 민간영상정보처리 가이드라인 22면.

271) 정보주체에 대한 개인정보 수집·이용 고지 및 동의 획득 의무는 안내판 설치 등의 의무로 대체된다.

272) 정보주체에게 동의를 받을 때 정보주체가 이를 명확히 인지할 수 있도록 알려야 하는데, 공개된 장소에 설치된 고정형 영상정보처리기기의 경우 불특정 다수의 특성상 이렇게 동의를 받는 것이 곤란하다.

273) 만 14세 미만 아동의 개인정보 처리에 그 법정대리인의 동의를 받아야 하고 그 법정대리인이 동의하였는지 확인하여야 하는데, 공개된 장소에 설치된 고정형 영상정보처리기기의 경우 불특정 다수의 특성상 이렇게 동의를 받는 것이 곤란하다.

274) 영업의 양도·합병시 해당 정보주체에게 알려야 하는데, 공개된 장소에 설치된 고정형 영상정보처리기기의 경우 불특정 다수의 정보주체를 대상으로 하는 점에서 이러한 통지가 곤란하다.

275) 개인정보 유출사고 발생시 정보주체에 대한 통지 및 관계기관에 대한 신고를 하여야 하는데, 공개된 장소에 설치된 고정형 영상정보처리기기의 경우 불특정 다수의 정보주

라서, 고정형 영상정보처리기기를 설치·운영하는 자는 법 제17조 제1항 제2호에 따라 개인영상정보를 수집 목적의 범위 내에서 제3자에게 제공할 수 있다.[278]

2. 이동형 영상정보처리기기의 운영 제한

고정형 영상정보처리기기는 물론 이동형 영상정보처리기기의 운영으로 불특정 다수인 정보주체의 개인영상정보 처리에서 해당 정보주체의 보호가 어렵게 된다. 이동형 영상정보처리기기는 특히 인공지능(AI)과 얼굴인식 기술과 결합하는 경우 개인정보보호 또는 프라이버시 보호에 있어서 현실적으로 민감하고 중요한 사안이 될 것이다.

그동안 드론 등 이동형 영상정보처리기기를 통한 개인정보의 수집·이용에 대하여 법 제25조가 아닌 이 법의 일반규정이 적용되어서 정보주체의 개별적 동의가 요구되었고, 이로써 이동형 영상정보처리기기의 운영은 사실상 제한받고 있었다. 결국, 2023년 3월 14일 개정으로 공개된 장소에서 업무 목적으로 이동형 영상정보처리기기를 이용하여 개인영상정보를 촬영하는 행위는 원칙적으로 금지하면서, 예외적으로 허용될 수 있게 되었다.[279]

체를 대상으로 하는 점에서 통지와 신고가 곤란하다.

276) 개인정보처리자가 처리하고 있는 자신의 개인정보에 대한 처리정지를 요구할 수 있는데, 개인영상정보에 대하여 특정 정보주체의 처리정지 요구는 현실적으로 곤란하다.

277) 법 제58조 제2항.

278) 법 제17조 제1항 제2호는 법 제15조 제1항 제2호, 제3호 및 제5호부터 제7호까지에 따라 개인정보를 수집한 목적 범위에서 개인정보를 제공할 수 있게 한다. 보호위원회는 서울특별시 중구가 한양도성 주변에 설치·운영하는 CCTV로 수집한 개인영상정보를 각 범죄 예방 또는 시설안전의 설치 목적 부분 내에서 서울특별시에 제공하는 것은 법 제15조 제1항 제3호에 따라 개인영상정보를 수집한 목적 범위에서 이를 제공하는 것으로서 법 제17조 제1항에 따라 허용된다고 결정하였다. 보호위원회, '서울특별시(한양도성감)와 중구의 영상정보 공유에 관한 건'(제2017-15-124호, 2017.7.10.).

279) 최근 정부는 이동형 영상정보처리기기의 개인정보 침해에 주목하여 이에 관한 특별한 규정의 입법에 노력하고 있었다. 행정안전부는 몰카를 비롯한 영상정보가 개인정보 침해 요인으로 작용하는 현실에서 휴대전화, 자율주행차, 드론, 웨어러블 등 카메라를 탑재한 이동형 기기도 규율 대상에 포함하는 「개인영상정보보호법 제정법률(안)」을 2017년 9월 13일 재입법 예고하였고, 보호위원회도 2021년 9월 28일 제출한 개정 법률안(의안번호 12723)에 이동형 영상정보처리기기에 관한 규정을 포함하였는데, 결국 2023년 3월

이동형 영상정보처리기기와 고정형 영상정보처리기기가 사람 또는 사물의 촬영과 전송이라는 점에서 공통된 요소를 가지지만, 이동형 영상정보처리기기의 운영은 그 이동성의 특성에서 그 운영의 예외적 허용 근거, 목욕실 등 사생활을 현저히 침해할 우려가 있는 장소의 내부를 볼 수 있는 곳에서의 촬영에 대한 예외 및 촬영의 안내에 있어서 고정형 영상정보처리기기의 설치·운영과 다른 규제를 받는다.[280]

(1) 적용 대상 및 범위

1) 물적 적용 범위

이 법의 적용을 받는 이동형 영상정보처리기기는 '사람이 신체에 착용 또는 휴대하거나 이동 가능한 물체에 부착 또는 거치하여 사람 또는 사물의 영상 등을 촬영하거나 이를 유·무선망을 통하여 전송하는 장치로서 대통령령으로 정하는 장치'이다.[281] 대통령령으로 정하는 장치는 다음과 같다.[282] 첫째 착용형 장치로서 '안경 또는 시계 등 사람의 신체 또는 의복에 착용하여 영상 등을 촬영하거나 촬영한 영상정보를 수집·저장 또는 전송하는 장치'이다.[283] 둘째, 휴대형 장치로서 '이동통신단말장치 또는 디지털 카메라 등 사람이 휴대하면서 영상 등을 촬영하거나 촬영한 영상정보를 수집·저장 또는 전송하는 장치'이다.[284] 셋째, 부착·거치형 장치로서 '차량이나 드론 등 이동 가능한 물체에 부착 또는 거치(据置)하여 영상 등을 촬영하거나 촬영한 영상정보를 수집·저장 또는 전송하는 장치'이다.[285]

14일 개정으로 관련 규정이 신설되었다.

280) 안전성 확보에 필요한 조치, 운영·관리 방침의 마련 및 운영 사무의 위탁에 관하여 고정형 영상정보처리기기에 관한 규정이 준용된다. 법 제25조의2 제4항 참조.

281) 2023년 3월 14일 개정으로 신설된 법 제2조 제7호의2.

282) 2023년 5월 이 영의 입법예고 개정안은 '4. 그 밖에 제1호부터 제3호에 따른 장치와 유사한 기능을 가지는 장치'를 규정하였는데, 최종안에서 삭제되었다.

283) 영 제3조 제2항 제1호. 경찰이 신체나 의복에 착용하거나 휴대하는 영상녹화기기인 폴리스캠이 한 예가 된다.

284) 영 제3조 제2항 제2호.

이동형 영상정보처리기기는 그 이동성의 특성에 따라 이 법에서 새롭게 규정된 것이다. 고정형 영상정보처리기기와 달리 이동형 영상정보처리기기는 촬영 목적과 범위의 제한이 상대적으로 어렵다. 이동형 영상정보처리기기를 이용한 영상정보의 처리는 촬영, 녹화, 저장, 편집, 전송, 시청, 각색 및 공개를 포함할 것이다. 차량에 부착된 블랙박스 등 영상정보처리기기는 내부를 촬영하면 고정형 영상정보처리기기, 이동하면서 외부를 촬영하면 이동형 영상정보처리기기가 된다.

2) 인적 적용 범위

고정형 영상정보처리기기를 설치·운영하는 자, 즉 '고정형 영상정보처리기기 운영자'는 이 법의 일반적인 개인정보처리자와 구별된다. 업무를 목적으로 개인정보파일을 운용하기 위하여 영상정보를 처리하는 개인정보처리자가 아니더라도, 고정형 영상정보처리기기를 설치·운영하면 누구든지 고정형 영상정보처리기기의 설치·운영에 관하여 이 법의 적용을 받는다. 이와 달리, 이동형 영상정보처리기기에 관하여 이 법의 적용을 받는 자는 업무를 목적으로 이동형 영상정보처리기기를 운영하여 사람의 영상 등 개인영상정보를 촬영하는 자이다.[286] 따라서, 법 제25조의2의 적용을 받는 이동형 영상정보처리기기 운영자는 개인정보처리자가 된다.

이동형 영상정보처리기기의 정의에서 촬영 대상은 '사람 또는 사물의 영상 등'인데,[287] 이동형 영상정보처리기기의 운영에서 촬영 대상은 '사람 또는 그 사람과 관련된 사물의 영상'인 점에서 사물은 특정된 사람과 관련되어야 한다.

---

285) 영 제3조 제2항 제3호. 2023년 5월 이 영의 입법예고 개정안은 드론 대신 무인항공기를 예시하였다. 참고로 무인항공기는 사람이 탑승하지 아니하고 원격조종 등의 방법으로 비행하는 항공기이다. 항공안전법 제2조 제6호. 한편, 초경량비행장치 중에 무인비행장치가 있다. 항공안전법 제2조 제3호.

286) 법 제25조의2 제1항.

287) 법 제2조 제7호의2 참조.

(2) 공개된 장소에서 운영의 원칙적 금지

고정형 영상정보처리기기와 달리 그 운영에서 공간의 구속을 받지 않는 이동형 영상정보처리기기의 운영으로 불특정 다수인 정보주체의 프라이버시가 침해될 위험이 더 높다. 따라서, 원칙적으로 공개된 장소에서 이동형 영상정보처리기기로 사람 또는 그 사람과 관련된 사물의 영상(개인정보에 해당하는 경우로 한정한다)의 촬영이 금지된다. 업무를 목적으로 이동형 영상정보처리기기를 운영하려는 자는 개인정보의 수집을 허용하는 일곱 가지 경우 및 정보주체가 촬영 사실을 알 수 있었으나 촬영 거부 의사를 밝히지 않은 경우 및 대통령령으로 정하는 경우를 제외하고 공개된 장소에서 이동형 영상정보처리기기로 사람 또는 그 사람과 관련된 사물의 영상(개인정보에 해당하는 경우로 한정한다)을 촬영하여서는 아니 된다.[288] 고정형 영상정보처리기기의 설치·운영의 경우와 달리, 이동형 영상정보처리기기의 운영은 좀더 유연하게 허용된다.

1) 공개된 장소의 의미

공개된 장소의 의미는 고정형 영상정보처리기기의 설치·운영의 경우를 참고하여 이해할 수 있다. 그럼에도 이동형 영상정보처리기기의 사람 착용형, 사람 휴대형 및 이동 가능 물체 부착·거치형의 특성이 고려되어 공개된 장소의 의미가 판단되어야 할 것이다. 사람 착용형과 휴대형의 경우 정보주체인 일반인의 자유로운 출입 가능성이 주로 고려될 것이고, 이동 가능 물체 부착·거치형의 경우 해당 장소의 소유권이나 관리권 및 그 구조도 고려되어야 할 것이다. 또한, 이동형 영상정보처리기기의 이동성과 그에 따른 보다 자유롭고 다양한 개인영상정보의 수집 가능성 및 그에 따른 프라이버시의 보다 용이한 침해 가능성 등도 고려할 필요가 있다.

2) 공개된 장소에서 이동형 영상정보처리기기의 운영 금지

업무를 목적으로 이동형 영상정보처리기기를 운영하려는 자는 개인정보의

---

288) 법 제25조의2 제1항.

수집을 허용하는 일곱 가지 경우 및 정보주체가 촬영 사실을 알 수 있었으나 촬영 거부 의사를 밝히지 않은 경우 및 대통령령으로 정하는 경우를 제외하고 공개된 장소에서 이동형 영상정보처리기기로 사람 또는 그 사람과 관련된 사물의 영상(개인정보에 해당하는 경우로 한정한다)을 촬영하여서는 아니 된다.289)

택시 등 영업용 차량 내부에 설치되어도 외부의 차량과 도로 등을 촬영하는 경우에는 이동 가능한 물체에 부착·거치된 것이어서 법 제25조의 적용을 받는 고정형 영상정보처리기기가 아니라 법 제25조의2의 적용을 받는 이동형 영상정보처리기기에 해당할 것이다.

3) 공개되지 않은 장소에서 이동형 영상정보처리기기 운영

공개되지 않은 장소에서 이동형 영상정보처리기기의 운영은 허용된다. 업무를 목적으로 영상정보에 대한 개인정보파일을 운용하기 위하여 공개되지 않은 장소에 이동형 영상정보처리기기를 운영하는 개인정보처리자의 경우에 법 제15조 등 개인정보의 처리에 관한 이 법의 일반규정이 적용될 것이다.

4) 순수한 사적 장소에서 이동형 영상정보처리기기 운영

이동형 영상정보처리기기가 개인의 주택이나 농장 등 순수한 사적 공간에서 운영되는 경우에는 이 법의 적용이 배제된다. 이 경우에는 이동형 영상정보처리기기가 운영되는 장소가 공개된 장소가 아니고, 그 이동형 영상정보처리기기를 운영하는 개인 등도 업무를 목적으로 하지 않는 점에서 개인정보처리자에 해당하지 않으므로 이 법의 제25조의2를 포함한 규정이 적용되지 않을 것이다.

개인이 사사로이 자신의 거실이나 건물 옥상에서 휴대폰 등 이동형 영상정보처리기기를 운영하여 공개된 장소를 촬영하는 행위나 이웃집 거실이나 맞은편 아파트 등을 촬영하는 행위에 대하여 이 법이 적용되지 않는다.290)

---

289) 법 제25조의2 제1항.
290) 그러나, 성폭력처벌법 제14조 제1항에 따라 카메라나 그 밖에 이와 유사한 기능을 갖춘 기계장치를 이용하여 성적 욕망 또는 수치심을 유발할 수 있는 사람의 신체를 촬영

(3) 공개된 장소에서 운영의 허용

이 법은 업무를 목적으로 개인정보의 수집에 관한 일곱 가지 예외적 경우 및 정보주체가 촬영 사실을 알 수 있었으나 촬영 거부 의사를 밝히지 않은 경우 및 대통령령으로 정하는 경우를 제외하고 공개된 장소에서 이동형 영상정보처리기기로 사람 또는 그 사람과 관련된 사물의 영상(개인정보에 해당하는 경우로 한정한다)을 촬영을 예외적으로 허용한다.[291]

이렇게 이동형 영상정보처리기기의 운영이 허용되어도 정보주체의 프라이버시와 개인정보자기결정권이 침해되지 않도록 가능한 대로 유의해야 한다. 예컨대, 무인비행장치 조종자는 무인비행장치를 사용하여 법 제2조 제1호에 따른 개인정보 또는 위치정보법 제2조 제2호에 따른 개인위치정보 등 개인의 공적·사적 생활과 관련된 정보를 수집하거나 이를 전송하는 경우 타인의 자유와 권리를 침해하지 아니하도록 하여야 한다.[292]

1) 개인정보의 수집 근거에 따라 허용하는 경우

법 제15조 제1항에 규정된 개인정보의 수집 근거에 해당하는 경우 공개된 장소에서 이동형 영상정보처리기기의 운영이 허용된다:[293] 1. 정보주체의 동의를 받은 경우, 2. 법률에 특별한 규정이 있거나 법령상 의무를 준수하기 위하여 불가피한 경우,[294] 3. 공공기관이 법령 등에서 정하는 소관 업무의 수행을

대상자의 의사에 반하여 촬영한 자는 5년 이하의 징역 또는 3천만원 이하의 벌금에 처해진다. 동 규정의 미수범은 처벌된다. 성폭력처벌법 제15조.

291) 법 제25조의2 제1항.

292) 항공안전법 제129조 제4항. 그러나, 국가, 지방자치단체, 공공기관운영법에 따른 공공기관으로서 대통령령으로 정하는 공공기관이 소유하거나 임차한 무인비행장치를 재해·재난 등으로 인한 수색·구조, 화재의 진화, 응급환자 후송, 그 밖에 국토교통부령으로 정하는 공공목적으로 긴급히 비행(훈련을 포함한다)하는 경우(국토교통부령으로 정하는 바에 따라 안전관리 방안을 마련한 경우에 한정한다)에는 예외로 한다. 항공안전법 제131조의2 제2항.

293) 법 제25조의2 제1항 제1호. 아래 일곱 가지 경우는 법 제15조 제1항에 관한 내용 참조.

294) 경찰공무원이 웨어러블 폴리스캠을 사용할 수 있는 범위는 직무수행을 위하여 필요한 경우로서 다음 각 호에 해당하는 것으로 한다: 1. 경찰공무원이 형사소송법 제200조의

위하여 불가피한 경우, 4. 정보주체와 체결한 계약을 이행하거나 계약을 체결하는 과정에서 정보주체의 요청에 따른 조치를 이행하기 위하여 필요한 경우, 5. 명백히 정보주체 또는 제3자의 급박한 생명, 신체, 재산의 이익을 위하여 필요하다고 인정되는 경우, 6. 개인정보처리자의 정당한 이익을 달성하기 위하여 필요한 경우로서 명백하게 정보주체의 권리보다 우선하는 경우,[295] 7. 공중위생 등 공공의 안전과 안녕을 위하여 긴급히 필요한 경우.

고정형 영상정보처리기기의 설치·운영은 제한적으로 허용되는데, 이동형 영상정보처리기기의 운영, 즉 사람 등의 영상 촬영은 개인정보의 수집·이용이 허용되는 모든 법적 근거에 따라 허용된다. 따라서, 고정형 영상정보처리기기의 설치·운영과 비교할 때, 공개된 장소에서 이동형 영상정보처리기기의 운영에 대한 개인정보보호 차원의 제한은 없다고 볼 수 있다.

EU GDPR

GDPR에서 개인정보의 적법한 처리 근거를 규정한 제6조 제1항은 비디오감시데이터(video surveillance data)의 처리에 적용될 수 있다. 실제로는 다음의 세 가지 근거를 이용할 수 있을 것이다. 첫째, 컨트롤러나 제3자가 추구하는 정당한 이익의 목적을 위하여 비디오감시데이터를 처리할 수 있다. 이러한 정당한 이익은 법적, 경제적 또는 비물질적 이익이 될 수 있다.[296] 위험한 상황에서 절도에 대한 재산의 보호 목적은 비디오감시의 정당한 이익이 될 수 있다.[297] 일상적인 우범

---

2 등 규정에 따라 피의자를 체포 또는 구속하는 경우, 2. 범죄 수사를 위하여 필요한 경우로서 다음 각 목의 요건을 모두 갖춘 경우: 가. 범행 중이거나 범행 직전 또는 직후일 것, 나. 증거보전의 필요성 및 긴급성이 있을 것, 3. 경찰관직무집행법 제5조 제1항에 따른 인공구조물의 파손이나 붕괴 등의 위험한 사태가 발생한 경우, 4. 피녹화자로부터 녹화 요청 또는 동의를 받은 경우. 폴리스캠규칙 제6조 제1항.

295) 이 경우 개인정보처리자의 정당한 이익과 상당한 관련이 있고 합리적인 범위를 초과하지 아니하는 경우에 한한다.

296) EDPB Guidelines 3/2019, p. 9. 법적인 정당한 이익은 ECJ, Judgment in Case C-13/16, Rīgas satiksme(4 May 2017) 참조. 경제적 또는 비물질적 이익은 제29조 작업반 Opinion 06/2014, p. 24 참조.

297) EDPB Guidelines 3/2019, p. 9.

지역 등에서의 임박한 위험의 상황은 정당한 이익에 관련될 수 있다.[298] 컨트롤러는 비디오감시의 대상이 되는 개인의 권리와 자유에 대한 '간섭의 정도'(intensity of intervention), 즉 정보주체의 권리에 대한 침해의 위험을 평가하여야 한다. 예컨대, 야생동식물의 관찰 등 외딴 지역에서 비디오감시의 이용은 인구 밀집지역에서의 비디오감시의 이용과 달리 평가되어야 한다.[299] 또한, 이러한 평가에서 정보주체의 합리적 기대도 포함되어야 하는데, 객관적인 제3자가 합리적으로 기대할 수 있어서 비디오감시를 받을 수 있다고 결정할 수 있어야 한다.[300] 예컨대, 정보주체는 사람들이 모이는 장소나 여가활동에 이용되는 장소 등에서는 비디오감시를 받지 않는다고 기대할 것이다.[301] 둘째, 공익을 위하여 또는 공적 권한의 행사로서 수행되고, 컨트롤러에게 부여된 직무의 실행에 필요한 경우 비디오감시데이터가 처리될 것이다.[302] 예컨대, 건강이나 안전을 위한 입법적 근거가 필요할 것이다.[303] 셋째, 예외적인 경우에 정보주체의 동의가 비디오감시데이터 처리의 적법한 근거로서 이용될 수 있을 것이다.[304] 컨트롤러는 정보주체의 동의를 얻는 조건을 규정한 GDPR 제7조의 조건을 충족하여야 한다.[305] 예컨대, 비디오감시의 대상 지역의 진입은 정보주체의 동의에 필요한 '진술이나 명백한 긍정적 행위'(a statement or a clear affirmative action)가 되지 못한다.[306]

2) 정보주체가 촬영 거부 의사를 밝히지 않은 경우

촬영 사실을 명확히 표시하여 정보주체가 촬영 사실을 알 수 있도록 하였음에도 불구하고 촬영 거부 의사를 밝히지 아니한 경우 공개된 장소에서 이동형 영상정보처리기기의 운영이 허용된다.[307] 이 경우 정보주체의 권리를 부당하게

---

298) EDPB Guidelines 3/2019, p. 10.

299) EDPB Guidelines 3/2019, p. 12.

300) EDPB Guidelines 3/2019, p. 12.

301) EDPB Guidelines 3/2019, p. 13.

302) EDPB Guidelines 3/2019, p. 9. GDPR 제6조 제1항(e) 참조.

303) EDPB Guidelines 3/2019, p. 13.

304) EDPB Guidelines 3/2019, p. 9. GDPR 제6조 제1항(a) 참조.

305) EDPB Guidelines 3/2019, p. 14.

306) EDPB Guidelines 3/2019, p. 14.

307) 법 제25조의2 제1항 제2호 제1문.

침해할 우려가 없고 합리적인 범위를 초과하지 아니하는 경우로 한정한다.308)

이 경우 정보주체의 권리가 부당하게 침해당할 우려가 없어야 하고 합리적인 범위를 초과하지 아니한 경우로 한정되어도, 이러한 판단은 이동형 영상정보처리기기 운영자가 할 것이다. 또한, 촬영 사실을 명확히 표시하여 정보주체가 촬영사실을 알 수 있게 하는 것을 전제로 하는데, 이는 법 제25조의2 제3항이 규정한 이동형 영상정보처리기기에 의한 촬영사실의 안내 요건에 불과하다. 이러한 안내에 대하여 정보주체가 촬영 거부 의사를 밝히지 않은 것을 정보주체의 동의에 갈음하게 할 수 없다. 이 법이 요구하는 정보주체의 동의는 고지에 입각한 명시적 동의이기 때문이다. 따라서, 정보주체가 촬영 거부 의사를 밝히지 않은 이유로 이동형 영상정보처리기기의 운영을 허용하는 것은 개인정보보호 차원에서 문제가 될 수 있다.

3) 대통령령으로 정하는 경우

제1호 및 제2호에 준하는 경우로서 대통령령으로 정하는 경우 공개된 장소에서 이동형 영상정보처리기기의 운영이 허용된다.309)

(4) 사생활을 현저히 침해할 우려가 있는 장소에서 운영 금지

1) 사생활을 현저히 침해할 우려가 있는 장소에서 운영 금지

누구든지 불특정 다수가 이용하는 목욕실, 화장실, 발한실, 탈의실 등 개인의 사생활을 현저히 침해할 우려가 있는 장소의 내부를 볼 수 있는 곳에서 이동형 영상정보처리기기로 사람 또는 그 사람과 관련된 사물의 영상을 촬영하여서는 아니 된다.310) 이 경우 이동형 영상정보처리기기의 운영으로 개인의 사생활이 현저히 침해될 우려가 있기 때문에 영상정보를 처리하는 개인정보처리자인 여부를 불문하고, 누구든지 이동형 영상정보처리기기로 사람 또는 그 사

---

308) 법 제25조의2 제1항 제2호 제2문.

309) 법 제25조의2 제1항 제3호.

310) 법 제25조의2 제2항.

람과 관련된 사물의 촬영이 원칙적으로 금지된다. 탈의실 '등'이라고 규정되어서, 목욕실, 화장실, 발한실과 탈의실 이외에도 불특정 다수가 이용하면서 개인의 사생활이 현저히 침해될 우려가 있는 장소의 확대 적용이 가능할 것이다.

2) 사생활을 현저히 침해할 우려가 있는 장소에서 운영의 예외적 허용

인명의 구조·구급 등을 위하여 필요한 경우로서 대통령령으로 정하는 경우에는 목욕실 등 개인의 사생활을 현저히 침해할 우려가 있는 장소의 내부를 볼 수 있는 곳에서 이동형 영상정보처리기기로 사람 또는 그 사람과 관련된 사물의 촬영이 예외적으로 허용된다.[311] '대통령령으로 정하는 경우'는 범죄, 화재, 재난 또는 이에 준하는 상황에서 인명의 구조·구급 등을 위하여 사람 또는 그 사람과 관련된 사물의 영상(개인정보에 해당하는 경우로 한정한다)의 촬영이 필요한 경우이다.[312]

중앙행정기관의 장은 소관 분야의 개인정보처리자가 위의 경우 이동형 영상정보처리기기를 운영하는 경우 정보주체의 사생활 침해를 최소화하기 위하여 필요한 세부 사항을 개인정보 보호지침으로 정하여 그 준수를 권장할 수 있어야 할 것이다.[313]

(5) 이동형 영상정보처리기기 운영 사실의 공개

이동형 영상정보처리기기가 공개된 장소에서 운영되는 경우 동 기기를 통하여 촬영되는 개인과 그 개인에 관련된 사물의 영상이 촬영되는지 즉 자신의 영상정보 수집·이용에 대한 통제권, 즉 개인정보자기결정권을 행사하는 것이 사실상 불가능하다. 이렇게 예외적으로 허용되는 경우의 이동형 영상정보처리기기 운영자는 안내판 설치 등 필요한 조치를 취함으로써 촬영되는 불특정 다수의 개인정보자기결정권의 침해를 가능한대로 방지하도록 요구된다.

이동형 영상정보처리기기로 사람 또는 그 사람과 관련된 사물의 영상을 촬

---

311) 법 제25조의2 제2항 단서.
312) 영 제27조.
313) 법 제12조 제2항과 영 제22조 제3항 참조.

영하는 경우에는 불빛, 소리, 안내판 등 대통령령으로 정하는 바에 따라 촬영 사실을 표시하고 알려야 한다.314) 이동형 영상정보처리기기로 사람 또는 그 사람과 관련된 사물의 영상을 촬영하는 경우에는 불빛, 소리, 안내판, 안내서면, 안내방송 또는 그 밖에 이에 준하는 수단이나 방법으로 정보주체가 촬영 사실을 쉽게 알 수 있도록 표시하고 알려야 한다.315) 다만, 드론을 이용한 항공촬영 등 촬영 방법의 특성으로 인해 정보주체에게 촬영 사실을 알리기 어려운 경우에는 보호위원회가 구축하는 인터넷 사이트에 공지하는 방법으로 알릴 수 있다.316)

안내판 등의 수단은 정보주체에게 촬영으로 수집될 개인정보의 처리에 관하여 일정한 사항을 알려서 적법하고 정당하며 적합한 처리가 되게 할 것이다. 이러한 안내판 등은 해당 장소에서 이동형 영상정보처리기기가 운영되고 있음을 알리고 정보주체가 동 이동형 영상정보처리기기 운영자를 접촉할 수 있도록 연락처 등을 포함할 것이다. 일반적으로 이동형 영상정보처리기기의 설치가 기대되지 않는 장소일수록 동 기기의 운영에 관한 안내판 등 수단이 요구될 것이다.

예컨대, 경찰이 신체 또는 근무복 등에 부착되어 직무수행과정을 근거리에서 영상으로 기록할 수 있는 경찰장비인 웨어러블 폴리스캠의 운영에서 피녹화자가 육안으로 녹화중임을 알 수 있도록 녹화 여부가 외견상 인식할 수 있어야 한다.317) 또한, 웨어러블 폴리스캠의 녹화 시작과 종료 전에 각각 녹화 시작 및 종료 사실을 고지해야 한다.318)

---

314) 법 25조의2 제3항.

315) 영 제27조의2. 동 규정은 2023년 9월 12일 개정으로 신설되었다.

316) 영 제27조의2 단서. 동 규정은 2023년 9월 12일 개정으로 신설되었다. 이 경우 보호위원회가 이동형 영상정보처리기기의 촬영 사실 표시를 지원하기 위하여 구축·운영하는 홈페이지를 통해 촬영 사실 및 목적, 촬영 일시 및 장소 등의 사항을 공지하여야 한다. 표준지침 제39조의2 제2항.

317) 폴리스캠규칙 제5조 제1항 제1호.

318) 폴리스캠규칙 제7조 제2호.

(6) 이동형 영상정보처리기기의 운영·관리방침의 마련

이동형 영상정보처리기기 운영자는 다음 각 호의 사항이 포함된 이동형 영상정보처리기기 운영·관리방침을 마련하여야 한다:[319] 1. 이동형 영상정보처리기기의 운영 근거 및 운영 목적, 2. 이동형 영상정보처리기기의 운영 대수, 3. 관리책임자, 담당 부서 및 영상정보에 대한 접근 권한이 있는 사람, 4. 영상정보의 촬영 시간, 보관 기간, 보관 장소 및 처리 방법, 5. 이동형 영상정보처리기기 운영자의 영상정보 확인 방법 및 장소, 6. 정보주체의 영상정보 열람등 요구에 대한 조치, 7. 영상정보 보호를 위한 기술적·관리적 및 물리적 조치, 8. 그 밖에 이동형 영상정보처리기기의 설치·운영 및 관리에 필요한 사항.

이동형 영상정보처리기기 운영자가 이동형 영상정보처리기기의 운영에 관한 사무를 제3자에게 위탁하는 경우에는 표준지침 제39조의[3]에 따른 이동형 영상정보처리기기 운영·관리 방침에 수탁자의 명칭 등을 공개하여야 한다.[320]

이동형 영상정보처리기기 운영자가 이동형 영상정보처리기기 운영·관리 방침을 마련하거나 변경하는 경우에는 정보주체가 쉽게 확인할 수 있도록 공개하여야 한다.[321] 이동형 영상정보처리기기 운영자가 법 제30조에 따른 개인정보 처리방침을 정할 때 이동형 영상정보처리기기 운영·관리에 관한 사항을 포함시킨 경우에는 이동형 영상정보처리기기 운영·관리방침을 마련하지 아니할 수 있다.[322]

(7) 고정형 영상정보처리기기 운영에 관한 규정의 준용

법 제25조의2 제1항부터 제3항까지에서 규정한 사항 외에 이동형 영상정보처리기기의 운영에 관하여는 고정형 영상정보처리기기에 관한 제25조 제6항부

---

319) 표준지침 제39조의3 제1항. 동 규정은 법 제25조의2 제4항에 따라 영 제25조 제1항을 준용한다.
320) 표준지침 제43조 제2항. 동 규정은 법 제25조의2 제4항에 따라 영 제26조를 준용한다.
321) 표준지침 제39조의3 제2항.
322) 표준지침 제39조의3 제3항.

터 제8항까지의 규정을 준용한다.[323) 한편, 고정형 영상정보처리기기 운영자가 고정형 영상정보처리기기의 설치 목적과 다른 목적으로 동 기기를 임의로 조작하거나 다른 곳을 비춰서는 아니 되며, 녹음기능은 사용할 수 없게 하는 법 제25조 제5항의 규정은 이동형 영상정보처리기기 운영의 특성으로 준용하지 않는다.

3. 고정형 및 이동형 영상정보처리기기에 관한 규정 비교

다음과 같이 고정형 및 이동형 영상정보처리기기에 대한 이 법의 규정 차이를 확인할 수 있다. 첫째, 이 법의 적용 대상은 공개된 장소에서 고정형 영상정보처리기기의 경우 설치·운영이고, 이동형 영상정보처리기기의 경우 촬영이다. 고정형 영상정보처리기기의 경우 일정한 공간에 설치되는 것을 전제로 하고 이동형 영상정보처리기기의 경우 이동하는 것을 전제로 하는 점에서, 공개된 장소의 의미와 실제적 범위는 다를 것이다. 둘째, 두 유형의 기기의 주체는 고정형 영상정보처리기기의 경우 개인정보처리자를 포함하지만, 동 기기의 설치자는 그 자체로서 개인정보처리자가 아닐 수 있다. 이동형 영상정보처리기기의 경우 동 기기의 운영자는 업무를 목적으로 사람 등의 영상을 촬영하는 점에서 개인정보처리자가 될 것이다. 셋째, 두 유형의 기기의 촬영 대상은 이동형 영상정보처리기기의 경우 개인영상정보로 명시되고 고정형 영상정보처리기기의 경우 이러한 명시는 없지만, 이 법의 목적을 고려할 때 개인영상정보가 촬영의 대상이 될 것이다. 넷째, 두 유형의 기기의 허용되는 운영은 고정형 영상정보처리기기의 경우 법령에 근거하거나 공익적 성격에 한정되고 통계적 목적의 경우에 촬영된 영상정보를 저장하지 않는 조건으로 촬영이 허용되어서 상당히 제한적이다. 이동형 영상정보처리기기의 경우 이 법이 허용하는 개인정보의 수집 근거에 따라 촬영이 허용됨으로써 사실상 예외적 허용으로 보기 어렵다. 더욱이 정보주체가 촬영 거부 의사를 밝히지 않은 경우에도 촬영이 허용될

---

323) 법 제25조의2 제4항. 예컨대, 개인영상정보의 목적 외 이용·제공, 파기에 관하여 고정형 영상정보처리기기와 이동형 영상정보처리기기는 같이 규율된다. 표준지침 제40조, 제41조 제1항 참조.

수 있다. 다섯째, 목욕실 등 사생활이 현저히 침해될 장소의 내부 촬영에 있어서, 고정형 영상정보처리기기의 경우 교도소와 정신보건시설에 대한 예외가 인정되고, 이동형 영상정보처리기기의 경우 범죄, 재난, 화재 및 이에 준하는 상황에서 예외가 인정된다. 여섯째, 안내판 등 수단에 관하여, 고정형 영상정보처리기기의 경우 해당 기기를 설치·운영하는 자에게 안내판 설치, 인터넷 홈페이지 게재, 사업장등 보기 쉬운 장소에 게시, 관보(공공기관) 또는 일반일간신문·일반주간신문 또는 인터넷신문에 싣는 방법의 의무가 주어진다. 이동형 영상정보처리기기의 경우 해당 기기로 촬영하는 자에게 다양한 수단으로 촬영 사실의 표시 및 고지 의무가 주어진다. 드론의 경우 홈페이지 공지 등 보호위원회가 고시하는 방법이 허용된다.

■ V. 업무위탁에 따른 개인정보의 처리 제한

개인정보처리자인 기업 등이 업무 효율화와 비용 절감 등의 이유로 개인정보의 처리 업무를 제3자에게 위탁하는 경우가 많다. 또한, 위탁받은 업무는 다시 위탁하는 것이 현실이다. 개인정보 처리의 전문화라는 관점에서 업무위탁을 통한 개인정보의 처리가 증가하는 것이 현실이다. 또한, 개인정보의 처리가 주된 내용이 아닌 업무를 위탁하는 경우에도 개인정보의 처리가 수반되어 위탁될 수 있다. 예컨대, 웹사이트 호스팅, 상품 배송, 회원 유치, 마케팅 촉진, 채권 추심, 급여나 인사관리 등의 업무위탁은 대부분 개인정보의 처리를 포함한다.

개인정보의 처리 업무위탁 과정에서 개인정보의 유출과 도용 등 개인정보 침해가 발생할 수 있다. 개인정보의 처리에서 업무위탁이 중요한 비중을 차지하는 현실을 고려할 때, 업무위탁을 통한 개인정보의 처리 효율성을 제한하지 않으면서 개인정보보호가 충실하게 유지되어야 한다. 개인정보의 처리 업무위탁에서 충실한 개인정보보호는 개인정보의 처리에 대한 소비자의 신뢰를 증대하고 관련 산업의 발전에 기여할 수 있다.

1. 업무위탁의 개념

(1) 업무위탁의 정의

일반적으로 위탁은 법률행위나 사무처리를 타인에게 의뢰하는 것이다.[324] 위탁을 받은 자, 즉 수탁자는 위탁자와의 사이에서 신임관계에 따라 자유재량을 행사할 수 있다. 이 법은 위탁되는 개인정보의 처리 업무를 제한하지 않기 때문에 개인정보의 처리에 관련된 모든 행위가 위탁될 수 있을 것이다. 또한,

---

324) 행정권한에 있어서 위탁은 '법률에 규정된 행정기관의 장의 권한 중 일부를 다른 행정 기관의 장에게 맡겨 그의 권한과 책임 아래 행사하도록 하는 것'이다. 행정위임위탁규 정 제2조 제2호. 행정권한에 있어서 위임은 '법률에 규정된 행정기관의 장의 권한 중 일부를 그 보조기관 또는 하급행정기관의 장이나 지방자치단체의 장에게 맡겨 그의 권 한과 책임 아래 행사하도록 하는 것'이다. 행정위임위탁규정 제2조 제1호.

재위탁될 수 있다. 개인정보의 처리 업무위탁은 크게 두 가지 유형으로 나눌 수 있다. 첫째, 개인정보의 처리 업무위탁으로서 개인정보의 수집부터 파기까지의 처리에 관련된 업무를 위탁하는 것이다. 둘째, 일반적 업무위탁으로서 개인정보의 처리가 부수적으로 수반되는 업무를 위탁하는 것이다.[325] 한편, 개인정보의 처리 위탁은 '기관 내부업무를 외부의 제3자에게 위탁하여 처리토록 하는 일종의 아웃소싱(Outsourcing) 경우'라고 정의되었다.[326]

개인정보의 처리 업무위탁을 통하여 일반적으로 개인정보처리자로부터 수탁자에게 개인정보가 이전하게 되지만, 반드시 그런 것은 아니다. 예컨대, 웹사이트 호스팅의 경우 동 서비스 이용자가 제공하는 개인정보의 최초 수령자는 개인정보의 처리 업무를 수행하는 수탁자가 될 것이다. 이렇게 개인정보를 수령한 수탁자가 동 개인정보를 위탁자인 개인정보처리자에게 이전하게 된다. 마케팅 촉진 등을 위한 업무위탁의 경우에는 개인정보처리자인 위탁자가 해당 개인정보를 수탁자에게 이전하는 것이 일반적이다. 또한, 급여나 인사관리의 경우에 관련 개인정보는 개인정보처리자인 위탁자와 수탁자 사이에서 양방향으로 이전하게 될 것이다.

(2) 업무위탁과 제3자 제공의 차이

개인정보의 처리 업무위탁과 개인정보 제3자 제공은 개인정보를 제3자에게 이전하거나 제3자와 공동으로 이용하는 공통점을 가진다. 그러나, 개인정보의 처리 업무위탁과 개인정보 제3자 제공에서 개인정보의 이전 목적과 이전된 개인정보에 대한 관리·감독 등 법률적 관계는 다르다.[327] 업무위탁의 경우에는 수탁자는 개인정보처리자의 업무처리 범위 내에서 위탁자인 개인정보처리자의 관리·감독을 받아 개인정보를 처리한다. 제3자 제공의 경우에는 제3자가 자신의 이익을 위해서 자신의 책임으로 개인정보를 처리한다. 또한, 업무위탁의 경

---

325) 이는 개인정보 취급 업무위탁인데, 마케팅 업무위탁과 계약이행 업무위탁으로 구별된다고 한다. 2020년 해설서 205면.
326) 국무조정실 보호지침 제3조 제17호 참조. 동 규정은 2019년 7월 1일 개정으로 삭제되었다.
327) 2020년 해설서 205면.

우에는 수탁자에게 개인정보가 이전되더라도 개인정보에 대하여 개인정보처리자의 관리·감독권이 미친다. 제3자 제공의 경우에는 일단 개인정보가 제3자에게 제공되면 개인정보처리자의 관리·감독권이 미치지 못한다.

개인정보 처리 업무를 수탁받은 제3자, 즉 수탁자의 개인정보의 처리 책임과 함께 개인정보처리자의 수탁자에 대한 관리·감독의 책임이 규명될 필요가 있다. 개인정보처리자의 관리·감독을 받아 개인정보가 처리되는 점에서 업무위탁에 대하여는 정보주체의 동의가 요구되기 보다는 정보주체에 대한 업무위탁 사실의 공개와 고지가 요구된다. 이 점에서 개인정보 처리 업무위탁에 대하여 개인정보 제3자 제공을 규율하는 법 제17조가 아닌 별도의 법 제26조가 적용되는 것이다.328)

2. 업무위탁의 절차 · 방법329)

(1) 문서에 의한 업무위탁

개인정보처리자가 제3자에게 개인정보의 처리 업무를 위탁하는 경우에는 문서로 하여야 한다.330) 개인정보처리자의 업무위탁에 따른 관리·감독의 책임을 규명하기 위해서는 문서가 확실하기 때문이다. 업무위탁서는 계약서는 물론 수탁업무 확인서 등 개인정보의 처리 업무위탁을 확인할 수 있으면 될 것이다.

개인정보의 처리 업무위탁서는 다음 각 호의 내용을 포함한다:331) 1. 위탁 업무 수행 목적 외 개인정보의 처리 금지에 관한 사항, 2. 개인정보의 기술적·

---

328) 대법원은 개인정보의 처리 위탁에 있어 수탁자는 위탁자로부터 위탁사무 처리에 따른 대가를 지급받는 것 외에는 개인정보의 처리에 관하여 독자적인 이익을 가지지 않고, 정보 제공자의 관리·감독 아래 위탁받은 범위 내에서만 개인정보를 처리하게 되므로, 법 제17조에서 정한 '제3자'에 해당하지 않는다고 판단하였다. 대법원 2017. 4. 7. 선고 2016도13263 판결.

329) 신용정보회사등은 제3자에게 신용정보의 처리 업무를 위탁할 수 있다. 이 경우 개인신용정보의 처리 위탁에 대해서는 「개인정보보호법」 제26조 제1항부터 제3항까지의 규정을 준용한다. 신용정보법 제17조 제1항. 신용정보법은 제17조에서 동 처리 업무위탁을 상세하게 규정한다.

330) 법 제26조 제1항.

331) 법 제26조 제1항.

관리적 보호조치에 관한 사항, 3. 그 밖에 개인정보의 안전한 관리를 위하여 대통령령으로 정한 사항. '대통령령으로 정한 사항'은 다음 각 호의 사항을 말한다:[332] 1. 위탁업무의 목적 및 범위, 2. 재위탁 제한에 관한 사항, 3. 개인정보에 대한 접근 제한 등 안전성 확보 조치에 관한 사항, 4. 위탁업무와 관련하여 보유하고 있는 개인정보의 관리 현황 점검 등 감독에 관한 사항, 5. 수탁자가 준수하여야 할 의무를 위반한 경우의 손해배상 등 책임에 관한 사항. 이들 사항이 포함되지 않으면 개인정보 처리업무를 위탁하는 문서로 볼 수 없다.[333] 이외에 업무위탁서는 수탁자가 이 법의 위반을 지체 없이 개인정보처리자에게 보고할 것과 수탁자의 개인정보 처리 현장에 대한 개인정보처리자의 접근권을 포함할 수 있다.

(2) 업무위탁의 공개

개인정보의 처리 업무를 위탁하는 개인정보처리자는 위탁하는 업무의 내용과 개인정보의 처리 업무를 위탁받아 처리하는 자(개인정보 처리 업무를 위탁받아 처리하는 자로부터 위탁받은 업무를 다시 위탁받은 제3자를 포함한다)를 정보주체가 언제든지 쉽게 확인할 수 있도록 대통령령으로 정하는 방법에 따라 공개하여야 한다.[334] 이 법은 위탁업무의 공개 시점을 규정하지 않지만, 위탁업무의 개시와 동시에 위탁업무의 내용이 공개되면 될 것이다.

개인정보의 처리 업무위탁의 내용과 위탁하는 업무의 수탁자를 정보주체가 언제든지 쉽게 확인할 수 있도록 '대통령령으로 정하는 방법'은 개인정보 처리 업무를 위탁하는 개인정보처리자인 위탁자가 자신의 인터넷 홈페이지에 위탁하는 업무의 내용과 수탁자를 지속적으로 게재하는 방법이다.[335] 개인정보처리자인 위탁자가 자신의 인터넷 홈페이지에 위탁하는 업무의 내용과 수탁자를

---

332) 영 제28조 제1항.
333) 보호위원회, '개인정보처리 업무위탁 및 개인정보파일 등록 관련 심의·의결 건'(제 2016-04-09호, 2016.3.14.).
334) 법 제26조 제2항.
335) 영 제28조 제2항.

게재할 수 없는 경우에는 다음 각 호의 어느 하나 이상의 방법으로 위탁하는 업무의 내용과 수탁자를 공개하여야 한다:336) 1. 위탁자의 사업장등의 보기 쉬운 장소에 게시하는 방법, 2. 위탁자의 사업장등이 있는 시·도 이상의 지역을 주된 보급지역으로 하는 일반일간신문, 일반주간신문 또는 인터넷신문에 싣거나, 위탁자가 공공기관인 경우에는 관보에 싣는 방법,337) 3. 같은 제목으로 연 2회 이상 발행하여 정보주체에게 배포하는 간행물·소식지·홍보지 또는 청구서 등에 지속적으로 싣는 방법, 4. 재화나 서비스를 제공하기 위하여 위탁자와 정보주체가 작성한 계약서 등에 실어 정보주체에게 발급하는 방법. 한편, 개인정보 처리의 위탁에 관한 사항은 개인정보 처리방침에 포함하여 공개하게 되어 있다.338)

(3) 업무위탁의 고지

개인정보처리자가 재화 또는 서비스를 홍보하거나 판매를 권유하는 업무를 위탁하는 경우에는 대통령령으로 정하는 방법에 따라 위탁하는 업무의 내용과 수탁자를 정보주체에게 알려야 한다.339) 위탁하는 업무의 내용이나 수탁자가 변경된 경우에도 개인정보처리자는 정보주체에게 알려야 한다.340) 직접마케팅의 경우 위탁내용의 공개만으로는 정보주체의 보호에 부족하기 때문에 개인정보처리자는 정보주체에게 알려야 할 의무를 부담하는 것이다. 개인정보처리자가 개인정보의 수집과 제공에 대한 정보주체의 동의를 받을 때 직접마케팅의 업무위탁이 예정된 경우에는 이를 함께 고지하여야 할 것이다.

'대통령령으로 정하는 방법'은 서면등의 방법을 말한다.341) 위탁자가 과실

---

336) 영 제28조 제3항.

337) 일반일간신문 등은 신문법 제2조 제1호 가목·다목 및 제2호에 따른다. 그런데, 이들 신문을 통한 공개가 정보주체의 접근성 등을 고려할 때 효과적일지 검토가 필요하다.

338) 법 제30조 제1항 제4호. 개인정보 처리 위탁에 관한 사항(해당되는 경우에만 정한다) 이 개인정보 처리방침에 기재된다. 2023년 개정 행정예고된 표준지침 제19조 제9호.

339) 법 제26조 제3항 제1문.

340) 법 제26조 제3항 제2문.

341) 영 제28조 제4항. 이 영에서 '서면등의 방법'은 '서면, 전자우편, 팩스, 전화, 문자전송 또는 이에 상당하는 방법'이다. 영 제17조 제5항.

없이 서면등의 방법으로 위탁하는 업무의 내용과 수탁자를 정보주체에게 알릴 수 없는 경우에는 해당 사항을 인터넷 홈페이지에 30일 이상 게재하여야 한다.[342] 인터넷 홈페이지를 운영하지 아니하는 위탁자의 경우에는 사업장등의 보기 쉬운 장소에 30일 이상 게시하여야 한다.[343]

(4) 처리 업무의 국외 위탁

세계화에 따른 다국적기업의 국내시장 진입, FTA의 채택, 클라우드컴퓨팅의 이용 확산 등으로 국내 기업들이 국외에 데이터베이스를 두거나 해외 본사가 국내 임직원이나 고객의 개인정보를 통합관리하거나 관리 비용이 저렴한 국외 기업들에게 개인정보 처리업무를 위탁하게 된다. 이러한 개인정보 처리 업무의 국외 위탁이 허용되면서 정보주체는 보호되어야 한다.

1) 개인정보처리자의 국외 처리위탁

개인정보처리자는 다음 각 목의 어느 하나에 해당하는 경우 정보주체와의 계약의 체결 및 이행을 위하여 개인정보의 처리위탁·보관이 필요한 경우 개인정보를 국외로 이전할 수 있다:[344] 가. 법 제28조의8 제2항 각 호의 사항을 법 제30조에 따른 개인정보 처리방침에 공개한 경우,[345] 나. 전자우편 등 대통령령으로 정하는 방법에 따라 법 제28조의8 제2항 각 호의 사항을 정보주체에게 알린 경우. 정보주체의 별도의 동의를 받기 위하여 알려야 하는 사항을 개인정보 처리방침에 공개하거나, 전자우편 등 대통령령으로 정하는 방법에 따라 이

---

342) 영 제28조 제5항.

343) 영 제28조 제5항 단서.

344) 법 제28조의8 제1항 제3호. 2023년 3월 14일 개정 전에는 정보통신서비스 제공자등이 이용자의 동의 없이도 국외 처리위탁을 하도록 허용되었다. 정보통신서비스 제공자등은 이용자 개인정보의 처리위탁·보관을 위하여 이용자의 동의를 받기 위하여 고지해야 하는 사항 모두를 공개하거나 전자우편 등 대통령령으로 정하는 방법에 따라 이용자에게 알린 경우에는 이용자의 동의절차를 거치지 않고 개인정보의 국외 처리위탁·보관을 할 수 있었다. 2023년 3월 14일 개정으로 삭제된 법 제39조의12 제2항과 동 항 단서 참조.

345) 표준지침 제19조 제11호 참조.

들 사항을 정보주체에게 알린 경우, 정보주체와의 계약의 체결 및 이행을 위한 개인정보의 국외 처리위탁·보관이 허용된다. '전자우편 등 대통령령으로 정하는 방법'은 서면등의 방법을 말한다.346)

국외 처리위탁·보관은 일정한 수탁자와 정례적인 계약에 따를 것이어서, 해당 정보주체에게 개별적인 고지보다는 개인정보처리자의 인터넷 홈페이지를 활용하는 것이 일반적일 수 있다.347) 또한, 개인정보처리자는 이 법을 위반하는 사항을 내용으로 하는 개인정보의 처리위탁·보관을 포함한 국외 이전에 관한 계약을 체결하여서는 아니 된다.348) 정보주체와의 계약의 체결 및 이행을 위한 개인정보의 국외 제3자 제공에는 정보주체의 별도의 동의 등 다른 근거에 따라야 한다.

개인정보처리자는 개인정보의 처리위탁·보관 등 국외 이전을 하는 경우 대통령령으로 정하는 보호조치를 하여야 한다.349) '대통령령으로 정하는 보호조치'는 다음 각 호와 같다:350) 1. 개인정보 보호를 위한 안전성 확보 조치,351) 2. 개인정보 침해에 대한 고충처리 및 분쟁해결에 관한 조치,352) 3. 그 밖에 정보주체의 개인정보 보호를 위하여 필요한 조치. 개인정보처리자는 개인정보의 처리위탁·보관을 포함한 국외 이전의 경우 위의 보호조치의 각 사항에 대하여 국외에서 이전받는 자와 미리 협의하고, 이를 계약 내용 등에 반영하여야 한다.353)

---

346) 영 제29조의7. 법 제28조의8 제1항 제3호 나목은 정보주체에게 고지하는 방법으로 전자우편을 명시한다. 서면등의 방법은 서면, 전자우편, 팩스, 전화, 문자전송 또는 이에 상당하는 방법이다. 영 제17조 제5항.

347) 법 제30조 제2항과 영 제31조 제2항 참조.

348) 법 제28조의8 제5항.

349) 법 제28조의8 제4항.

350) 영 제29조의10 제1항.

351) 안전성 확보조치는 영 제30조 제1항에 따른다. 한편, 신용정보회사등은 신용정보의 처리를 위탁하기 위하여 수탁자에게 개인신용정보를 제공하는 경우 특정 신용정보주체를 식별할 수 있는 정보는 대통령령으로 정하는 바에 따라 암호화 등 보호조치를 하여야 한다. 신용정보법 제17조 제4항.

352) 개인정보의 국외 이전에 관련된 분쟁은 대체로 국제상사분쟁이 되는 점에서 조정을 통한 해결이 바람직할 것이다. 2019년 8월 싱가포르에서 서명이 개시된 소위 싱가포르조정협약은 2020년 9월 12일 발효하였다.

353) 영 제29조의10 제2항.

2) 금융서비스의 국외 처리위탁

은행 등 금융회사는 인가 등을 받은 업무를 영위함에 있어 정보 처리가 요구되는 경우 이를 제3자에게 위탁할 수 있다.[354] 금융기관의 정보 처리업무의 국외 위탁에 대한 별도의 제한은 없다.[355] 이렇게 정보 처리를 위탁받은 자는 위탁받은 업무를 제3자에게 재위탁할 수 있다.[356] 위탁과 동일한 기준을 준수할 경우 재위탁이 허용된다. 정보 처리를 위탁받은 자는 정보 처리 과정에서 이전받은 정보를 당초 위탁의 범위를 초과하여 다른 목적으로 활용할 수 없지만, 해당 정보주체의 동의를 얻은 경우는 동의의 범위 내에서 활용할 수 있다.[357] 정보 처리를 위탁하는 경우 금융회사는 각 관련 법령에 규정된 안전성 확보조치를 충실히 이행하여야 하고, 개인고객의 고유식별정보는 암호화 등 보호조치를 하여야 하며, 특히 국외로 이전되지 않도록 하여야 한다.[358] 따라서,

---

354) 금융업무위탁규정 제4조 제1항. 정보 처리는 금융회사가 전산설비를 활용하여, 정보의 수집, 생성, 기록, 저장, 보유, 가공, 편집, 검색, 출력, 정정, 복구, 이용, 제공, 공개, 파기 및 기타 이와 유사한 행위를 하는 것이다. 금융업무위탁규정 제2조 제5항. 정보 처리의 위탁은 금융회사가 자신의 정보 처리 업무를 제3자로 하여금 계속적으로 처리하도록 하는 행위이다. 금융업무위탁규정 제2조 제6항. 2011년 6월 30일 발효된 한 EUFTA와 2012년 3월 14일 발효된 한미FTA는 각각 발효 후 2년 이내에 한국이 금융회사의 개인정보 국외 이전을 허용하도록 규정하였다. 금융위원회는 이와 관련하여 금융회사의 일상적인 정보 처리를 위하여 필요한 정보의 해외 이전 방안을 규정하기 위하여 2013년 6월 19일 「금융회사의 정보처리 및 전산설비 위탁에 관한 규정」을 채택하였고, 동 규정은 2013년 6월 25일 발효하였다. 2015년 7월 22일 동 규정은 금융회사 및 전자금융업자의 정보 처리 업무위탁 관련 규제를 합리화하기 위해 금융업무위탁규정으로 개정되어 당일 발효하였다. 동 개정으로 정보 처리 위탁에 대한 금융감독원 보고만으로 규제가 간소화되었다. 금융업무위탁규정 제7조 참조.

355) 2015년 7월 22일 개정으로 정보 처리 업무를 국외에 위탁할 경우에 이용자 보호 및 감독가능성 확보를 위하여 위탁 금융회사의 본·지점 및 계열사에 한하여 위탁을 허용한 금융업무위탁규정 제4조 제1항 단서가 삭제되었다.

356) 금융업무위탁규정 제4조 제4항 제1문.

357) 금융업무위탁규정 제4조 제5항 본문과 단서.

358) 금융업무위탁규정 제5조 제1항. 신용정보회사등은 신용정보의 처리를 위탁하기 위하여 수탁자에게 개인신용정보를 제공하는 경우 특정 신용정보주체를 식별할 수 있는 정보는 대통령령으로 정하는 바에 따라 암호화 등 보호조치를 하여야 한다. 신용정보법 제17조 제4항.

정보 처리 업무가 위탁되더라도, 이 법, 금융실명법, 신용정보법 등에서 규정하는 보호조치, 즉 개인정보의 암호화 등 기술적·관리적·물리적 보호조치 등이 이행되어야 한다. 또한, 금융회사는 위탁 처리되는 정보의 보호를 위한 안전성 확보조치의 구체적 내용을 홈페이지 등을 통해 공시하여야 하고, 민감정보의 처리를 위탁할 경우에는 정보주체에게 금융감독원장이 정하는 방법에 따라 개별 고지하여야 한다.359)

(5) 영상정보처리기기 설치·운영 사무의 위탁

고정형 영상정보처리기기 운영자는 고정형 영상정보처리기기의 설치·운영에 관한 사무를 위탁할 수 있다.360) 공공기관이 고정형 영상정보처리기기 설치·운영에 관한 사무를 위탁하는 경우에는 대통령령으로 정하는 절차 및 요건에 따라야 한다.361) 공공기관이 고정형 영상정보처리기기의 설치·운영에 관한 사무를 위탁하는 경우에는 다음 각 호의 내용이 포함된 문서로 하여야 한다:362) 1. 위탁하는 사무의 목적 및 범위, 2. 재위탁 제한에 관한 사항, 3. 영상정보에 대한 접근 제한 등 안전성 확보 조치에 관한 사항, 4. 영상정보의 관리 현황 점검에 관한 사항, 5. 위탁받는 자가 준수하여야 할 의무를 위반한 경우의 손해배상 등 책임에 관한 사항. 공공기관이 고정형 영상정보처리기기의 설치·운영에 관한 사무를 위탁한 경우에는 영 제24조 제1항부터 제3항까지의 규정에 따른 안내판 등에 위탁받는 자의 명칭 및 연락처를 포함시켜야 한다.363)

---

359) 금융업무위탁규정 제5조 제2항.
360) 법 제25조 제8항. 동 규정은 이동형 영상정보처리기기의 운영에 관한 사무위탁에 준용한다. 법 제25조의2 제4항.
361) 법 제25조 제8항 단서.
362) 영 제26조 제1항.
363) 영 제26조 제2항.

3. 개인정보 처리 업무의 위탁자 책임

개인정보처리자의 업무 효율성 등을 위하여 개인정보 처리 업무위탁이 허용되지만, 정보주체의 보호를 위하여 위탁자인 개인정보처리자의 관리·감독이 요구된다. 개인정보 처리 업무를 위탁하는 개인정보처리자는 위탁자가 되고, 개인정보 처리업무를 위탁받아 처리하는 제3자는 수탁자가 된다. 이 법에서 위탁자인 개인정보처리자는 GDPR의 컨트롤러(controller)에 해당하고, 수탁자는 프로세서(processor)에 해당한다고 볼 수 있다. 수탁자는 위탁자인 개인정보처리자와 법적으로 구별되어 존재한다. 따라서, 개인정보처리자와 같은 기업그룹을 구성하는 다른 기업도 수탁자가 될 수 있다.

EU GDPR ────────────────────────────────

컨트롤러는 단독으로 또는 타인과 공동으로 개인정보 처리의 목적과 수단을 결정하는 자연인이나 법인, 공공당국, 에이전시 또는 다른 기관을 의미한다.[364] 프로세서는 컨트롤러를 대신하여 개인정보를 처리하는 자연인이나 법인, 공공당국, 에이전시 또는 다른 기관을 의미한다.[365]

(1) 수탁자 선정시 고려사항

개인정보처리자는 개인정보 처리 업무를 위탁받을 수탁자의 선정에 상당한 주의를 하여야 한다. 이 점에서 개인정보처리자는 다음 각 호의 내용이 포함된 문서로 제3자에게 개인정보의 처리 업무를 위탁하여야 한다:[366] 1. 위탁업무 수행 목적 외 개인정보의 처리 금지에 관한 사항, 2. 개인정보의 기술적·관리

---

364) GDPR 제4조 제7호.
365) GDPR 제4조 제8호. GDPR에서 프로세서는 컨트롤러를 대신하여 개인정보를 처리하는데, GDPR은 프로세서에 대하여 1995년 개인정보보호지침의 경우보다 개인정보 처리에 대한 더 큰 책임을 부여한다. GDPR 제28조 참조.
366) 법 제26조 제1항.

적 보호조치에 관한 사항 및 3. 그 밖에 개인정보의 안전한 관리를 위하여 대통령령으로 정한 사항.

개인정보의 처리 업무를 위탁하는 개인정보처리자, 즉 위탁자가 개인정보 처리 업무를 위탁받아 처리하는 수탁자를 선정할 때에는 인력과 물적 시설, 재정 부담능력, 기술 보유의 정도, 책임능력 등 개인정보 처리 및 보호 역량을 종합적으로 고려하여야 한다.367) 예컨대, 개인정보처리자는 수탁자의 개인정보를 안전하게 처리하는 능력과 실태에 관하여 질문하고 개인정보 처리 현장을 방문하는 등 직접 확인하는 것이 바람직하다. 향후 수탁자의 개인정보 처리에 대한 책임 규명을 위하여 개인정보처리자는 수탁자와 주고받은 계약은 물론 서신 등을 보관할 필요가 있다. 개인정보처리자는 수탁자 내부의 개인정보를 처리하는 직원에 대한 이 법을 포함한 교육의 실태도 확인하는 것이 바람직하다.

개인정보처리자가 개인정보의 처리 업무를 위탁하는 때에 수탁자는 위탁받은 개인정보를 보호하기 위하여 개인정보 안전성고시에 따른 관리적·기술적·물리적 조치를 하여야 한다.368)

(2) 수탁자에 대한 교육 및 관리·감독

개인정보 처리 업무를 위탁하는 개인정보처리자는 업무위탁으로 인하여 정보주체의 개인정보가 분실·도난·유출·위조·변조 또는 훼손되지 않도록 수탁자를 교육하고, 처리 현황 점검 등 대통령령으로 정하는 바에 따라 수탁자가 개인정보를 안전하게 처리하는지를 감독하여야 한다.369) 위탁자는 수탁자가 개인정보 처리 업무를 수행하는 경우에 이 법 또는 이 영에 따라 개인정보처리자가 준수하여야 할 사항과 개인정보 처리 업무위탁문서에 기재된 사항을 준수하는지를 감독하여야 한다.370) 위탁자는 수탁자에 대하여 정기적인 교육을 실시하는 외에 수탁자의 개인정보 처리 현황 및 실태, 목적 외 이용·제공, 재위

---

367) 표준지침 제16조.
368) 표준지침 제17조.
369) 법 제26조 제4항.
370) 영 제28조 제6항.

탁 여부, 안전성 확보조치 실시 여부 등을 정기적으로 조사·점검하여야 한다.

수탁자에 대한 효율적인 관리·감독을 위하여 업무위탁계약에 수탁자의 개인정보 처리 현장에 대한 접근을 포함한 조사의 권리를 명시하는 것이 바람직하다. 개인정보처리자는 자신이 직접 수탁자에 대한 관리·감독을 할 필요는 없고, 경우에 따라서는 관리·감독의 전문성을 가진 제3자에게 관리·감독을 위탁하여도 될 것이다. 개인정보처리자는 개인정보의 처리에 관한 안전성 확보에 필요한 기술적·관리적 및 물리적 조치에 관하여 충분한 보장을 제공하는 수탁자를 선정하여야 할 것이다.

(3) 수탁자의 불법행위로 인한 손해배상책임

수탁자가 위탁받은 업무와 관련하여 개인정보를 처리하는 과정에서 이 법을 위반하여 발생한 손해배상책임에 대하여 수탁자는 개인정보처리자의 소속 직원으로 간주된다.[371] 손해배상책임에 있어서 개인정보처리자가 수탁자의 사용자로 간주되는 것이어서 개인정보처리자는 수탁자가 발생한 손해에 대하여 민법상 사용자책임, 즉 대위책임을 부담한다.[372] 개인정보처리자에 갈음하여 수탁자 업무를 감독하는 자도 사용자의 배상책임을 진다.[373] 손해를 입은 정보주체는 개인정보처리자와 수탁자 중에서 선택하여 손해배상청구를 할 수 있다. 위탁자가 수탁자를 대위하여 사용자책임을 지더라도 수탁자에 대해서도 독립해서 불법행위가 성립하므로 수탁자 자신도 손해배상책임을 진다. 개인정보처리자 또는 감독자가 수탁자를 대신하여 손해배상을 한 경우 수탁자에게 구상권을 행사할 수 있다.[374]

---

371) 법 제26조 제7항.

372) 민법 제756조 제1항. 위탁자와 수탁자의 관계에 있어서 수탁자의 과실로 손해가 발생하였어도 위탁자가 수탁자의 선임 및 감독에 대하여 상당한 주의를 다한 때 또는 상당한 주의를 했더라도 손해가 발생했을 경우에는 위탁자의 손해배상책임은 발생하지 아니한다. 동 항 단서. 개인정보처리자가 이 법의 위반행위로 정보주체에게 손해를 입힌 경우 고의 또는 과실이 없음을 입증하면 손해배상책임을 면할 수 있다. 법 제39조 제1항 제2문.

373) 민법 제756조 제2항.

374) 민법 제756조 제3항.

4. 개인정보 처리 업무의 수탁자 책임

수탁자는 개인정보처리자인 위탁자의 지휘·감독에 따라 실제로 개인정보를 처리하기 때문에 개인정보취급자의 지위에 있다고 볼 수 있다. 그러나, 업무위탁이 일반화됨에 따라 개인정보처리자에 준하여 개인정보를 처리하도록 요구되는 것이다. 개인정보 처리에 관한 수탁자의 법규정 준수 의무를 명확히 하기 위하여 관련 규정이 준용된다. 그럼에도 현실적으로 수탁자에게 개인정보 취급자로서의 지위와 개인정보처리자로서의 지위가 혼재되어 있다고 볼 수 있다. 또한, 수탁자는 위탁자와의 관계에서 계약에 따라 위탁자의 지휘·감독을 받음에도 위탁자의 불법적인 지시·감독을 따르지 않아야 한다.

(1) 수탁업무 목적 외 개인정보의 이용·제공 금지

수탁자는 개인정보처리자로부터 위탁받은 해당 업무 범위를 초과하여 개인정보를 이용하거나 제3자에게 제공하여서는 아니 된다.[375] 수탁자가 수탁업무를 처리하기 위하여 위탁자로부터 넘겨받은 개인정보를 수탁업무 외의 용도로 이용하거나 제공하기 위하여는 정보주체의 동의를 받아야 한다. 예컨대, A가 B의 신규 서비스 홍보를 목적으로 이용자의 개인정보를 처리하는 경우 A는 동 개인정보를 B가 아닌 C의 상품을 홍보하기 위하여 이용하거나 또는 C에게 동 개인정보를 제공하는 것이 금지된다. 이 경우 B, 즉 위탁자는 A, 즉 수탁자의 목적 외 이용으로 피해를 본 정보주체에 대하여 사용자로서 책임을 지게 된다.

(2) 개인정보처리자의 의무 등 준용

수탁자에 관하여 개인정보 처리에 관한 이 법의 주요 규정이 준용된다.[376]

---

375) 법 제26조 제5항. 금융회사로부터 국내외 정보 처리를 위탁받은 자는 정보 처리 과정에서 이전받은 정보를 당초 위탁의 범위를 초과하여 다른 목적으로 활용할 수 없지만, 해당 정보주체의 동의를 얻은 경우는 동의의 범위 내에서 활용할 수 있다. 금융업무위탁규정 제4조 제5항.

376) 법 제26조 제8항. 2023년 3월 14일 개정으로 개인정보를 제공받은 자의 이용·제공 제

준용되는 규정은 개인정보의 수집·이용(제15조), 개인정보의 수집 제한(제16조), 개인정보의 제공(제17조), 개인정보의 목적 외 이용·제공 제한(제18조), 개인정보의 파기(제21조), 동의를 받는 방법(제22조), 아동의 개인정보 보호(제22조의2), 민감정보의 처리 제한(제23조), 고유식별정보의 처리 제한(제24조), 주민등록번호 처리의 제한(제24조의2), 고정형 영상정보처리기기의 설치·운영 제한(제25조), 이동형 영상정보처리기기의 운영 제한(25조의2), 영업양도 등에 따른 개인정보의 이전 제한(제27조), 개인정보취급자에 대한 감독(제28조), 가명정보의 처리 등(제28조의2), 가명정보의 결합 제한(제28조의3), 가명정보에 대한 안전조치의무 등(제28조의4), 가명정보 처리 시 금지의무 등(제28조의5), 적용범위(법28조의7), 개인정보의 국외 이전(제28조의8), 개인정보의 국외 이전 중지 명령(제28조의9), 상호주의(제28조의10), 준용규정(제28조의11), 안전조치 의무(제29조), 개인정보 처리방침의 수립 및 공개(제30조), 개인정보 처리방침의 평가 및 개선권고(제30조의2), 개인정보 보호책임자의 지정(제31조), 개인정보 영향평가(제33조), 개인정보 유출 등의 통지·신고(제34조), 노출된 개인정보의 삭제·차단(제34조의2), 개인정보의 열람(제35조), 개인정보의 전송 요구(제35조의2), 개인정보의 정정·삭제(제36조), 개인정보의 처리정지 등(제37조), 자동화된 결정에 대한 정보주체의 권리 등(제37조의2), 권리행사의 방법 및 절차(제38조), 금지행위(제59조), 자료 제출 요구 및 검사(제63조), 사전 실태점검(제63조의2) 및 과징금의 부과(제64조의2)에 관한 것이다. 예컨대, 개인정보파일의 등록을 규정한 제32조는 수탁자에 관하여 준용되지 않는데, 법 제32조에 따른 개인정보파일의 등록은 위탁자인 개인정보처리자가 해야 한다.[377]

5. 개인정보 처리 업무의 재위탁

수탁자는 자신이 수행할 개인정보 처리를 다시 제3자, 즉 재수탁자에게 위

한에 관한 법 제19조와 정보주체 이외로부터 수집한 개인정보의 수집 출처 등 통지에 관한 법 제20조 등이 준용에서 제외되고, 개인정보의 국외 이전에 관한 법 제28조의8부터 제28조의11까지의 규정 등이 추가되었다.

377) 보호위원회, '개인정보처리 업무위탁 및 개인정보파일 등록 관련 심의·의결 건'(제2016-04-09호, 2016.3.14.).

탁할 수 있다.378) 수탁자는 위탁받은 개인정보의 처리 업무를 제3자에게 다시 위탁하려는 경우에 위탁자의 동의를 받아야 한다.379) 이러한 재위탁의 경우 개인정보처리자는 재수탁자가 원래의 업무위탁계약을 준수할 것 또는 재위탁계약이 원래의 업무위탁계약과 동일한 내용이 될 것을 요구하여야 할 것이다. 경우에 따라서는 개인정보처리자가 재수탁자의 선정에 직접 참여할 수 있을 것이다.

개인정보 처리 업무의 재위탁은 업무위탁에 따른 개인정보의 처리 제한에 관한 법 제26조에 따를 것이다.380) 예컨대, 재수탁자는 재위탁받은 해당 업무 범위를 초과하여 개인정보를 이용하거나 제3자에게 제공하여서는 안된다. 또한, 정보주체는 수탁자로부터 개인정보 처리 업무를 재위탁받아 처리하는 자, 즉 재수탁자가 재위탁받은 개인정보 처리 업무를 수행하면서 발생하는 손해에 대한 배상을 청구할 수 있어야 할 것이다.381) 재수탁자가 재위탁받은 업무와 관련하여 개인정보를 처리하는 과정에서 이 법을 위반하여 발생한 손해배상책임에 대하여는 재수탁자를 재위탁자, 즉 원수탁자의 소속 직원으로 볼 수 있기 때문이다. 예컨대, A가 고객정보 관리업무를 B에게 위탁하였는데, A와 B 사이에서 재위탁 금지에 관한 규정이 없는 경우, B는 위탁된 고객정보 관리업무를 C에게 재위탁하면, C의 관리업무상 과실로 인해 정보주체가 손해를 입은 경우, C는 B의 직원으로 간주되므로 정보주체는 B에게 손해배상을 청구할 수 있다.382)

---

378) 이 법에서 수탁자는 '개인정보 처리 업무를 위탁받아 처리하는 자로부터 위탁받은 업무를 다시 위탁받은 제3자'를 포함한다. 법 제26조 제2항.

379) 법 제26조 제6항. 동 규정은 2023년 3월 14일 개정으로 신설되었다. 한편, 신용정보의 처리를 위탁받은 수탁자는 동 위탁받은 업무를 제3자에게 재위탁하여서는 아니 되지만, 신용정보의 보호 및 안전한 처리를 저해하지 아니하는 범위에서 금융위원회가 인정하는 경우에는 재위탁할 수 있다. 신용정보법 제17조 제7항.

380) 2011년 표준지침 제21조 제2항. 동 규정은 2016년 6월 30일 삭제되었다.

381) 2011년 표준지침 제21조 제1항. 동 규정은 2016년 6월 30일 삭제되었다.

382) B는 A의 직원으로 간주되므로 궁극적으로 A도 손해배상책임을 질 수 있다. 2020년 해설서 210면.

■ VI. 영업양도 등에 따른 개인정보의 이전 제한

개인정보처리자는 자신의 영업을 전부 또는 일부 양도하거나 다른 개인정보처리자와 합병할 수 있다. 이 경우 개인정보처리자가 보유한 고객 등의 개인정보도 이전되는데, 이에 관하여 개별적으로 정보주체의 동의를 받는 것은 현실적으로 쉽지 않다. 경제의 활성화 과정에서 영업의 양도 등에 따라 개인정보가 이전되면서도 정보주체는 보호되어야 한다. 특히 개인정보를 이전받는 영업양수자 등은 이 법에 따른 책임이 규명되어야 한다.[383] 예컨대, 의료기관의 영업양도가 예가 된다.

가명정보에 대하여 영업양도 등에 관한 법 제27조의 규정이 적용되지 않는다.[384] 가명정보는 원칙적으로 추가 정보 없이는 개인이 식별될 수 없기 때문에 영업양도와 관련하여 특별한 문제가 발생하지 않을 것이다. 또한, 공개된 장소에 고정형 영상정보처리기기를 설치·운영하여 처리되는 개인정보에 대하여 법 제27조 제1항과 제2항이 적용되지 않는다.[385] 불특정 다수의 정보주체를 대상으로 하는 개인영상정보에 대하여 영업양도와 관련한 규정의 적용은 현실적으로 가능하지 않을 것이다.

1. 고지 의무

영업의 양도나 합병 등으로 개인정보를 다른 자에게 이전하는 개인정보처리자, 즉 영업양도자와 동 개인정보를 이전받는 자, 즉 영업양수자등은 정보주체에게 개인정보의 이전에 관하여 고지하여야 한다. 첫째, 개인정보처리자는 영업의 전부 또는 일부의 양도·합병 등으로 개인정보를 다른 사람에게 이전하는 경우 대통령령으로 정하는 방법에 따라 해당 정보주체에게 미리 다음 각 호의 사항을 알려야 한다:[386] 1. 개인정보를 이전하려는 사실, 2. 개인정보를 이전받는

---

383) 여기서 영업양도, 합병은 민간사업자를 대상으로 한다. 2020년 해설서 213면.
384) 법 제28조의7.
385) 법 제58조 제2항.
386) 법 제27조 제1항. 영업의 전부 또는 일부의 양도·합병은 회사의 분할 또는 분할합병

자('영업양수자등')의 성명(법인의 경우에는 법인의 명칭을 말한다), 주소, 전화번호 및 그 밖의 연락처, 3. 정보주체가 개인정보의 이전을 원하지 않는 경우 조치할 수 있는 방법 및 절차. 개인정보처리자인 영업양도자는 개인정보의 영업양도에 따른 이전에 관하여 해당 정보주체의 동의를 받도록 요구되지 않지만, 동 개인 정보 이전에 관한 고지 의무를 부담함으로써 정보주체는 자신의 개인정보 이전 을 거부할 기회를 갖게 된다. 예컨대, 정보주체는 회원 탈퇴, 동의 철회 등의 권 리를 행사할 수 있다. 개인정보처리자인 영업양도자는 개인정보를 이전하기 전 에 미리 이전 사실을 알려야 한다.[387]

둘째, 영업양수자등은 개인정보를 이전받았을 때에는 지체 없이 그 이전의 사실을 대통령령으로 정하는 방법에 따라 정보주체에게 알려야 한다.[388] 영업 을 양도 또는 합병하는 개인정보처리자가 개인정보의 이전 사실을 이미 알린 경우에는 영업양수자등이 정보주체에게 그 사실을 알릴 필요는 없다.[389] 영업을 양도 또는 합병하는 개인정보처리자는 영업의 양도·합병 등에 따른 개인정보의 이전에 관하여 개인정보를 이전하려는 사실 등을 정보주체에게 알려야 하지만, 영업양수자등은 개인정보의 이전받은 사실을 정보주체에게 알리면 된다.

2. 고지 방법

영업양도자와 영업양수자등이 정보주체에게 양도·합병 등에 따른 개인정 보 이전에 관한 사항과 이전된 사실을 고지하는 '대통령령으로 정하는 방법'은 서면등의 방법을 말한다.[390] 영업의 양도 또는 합병 등으로 인한 개인정보의 이전시 영업양도자가 과실 없이 서면등의 방법으로 개인정보 이전에 관한 사 항을 정보주체에게 알릴 수 없는 경우에는 해당 사항을 인터넷 홈페이지에 30

의 경우도 포함한다. 상법 제530조의2 참조. 인적·물적 분할, 자산양수도 등 거래를 통하여 사업부문이 이전되는 등 사실상 영업양도와 유사한 효과를 발생하는 경우도 포 함한다. 2020년 해설서 216면.

387) 예컨대, 합병 등 계약 체결 시점에 알려야 할 것이다. 2020년 해설서 215면.

388) 법 제27조 제2항.

389) 법 제27조 제2항 단서.

390) 영 제29조 제1항. 서면등의 방법은 서면, 전자우편, 팩스, 전화, 문자전송 또는 이에 상 당하는 방법이다. 영 제17조 제5항.

일 이상 게재하여야 한다.391) 인터넷 홈페이지에 개인정보 이전에 관한 사항을 게재할 수 없는 정당한 사유가 있는 경우에는 다음의 방법으로 정보주체에게 알릴 수 있다. 첫째, 영업양도자등의 사업장등의 보기 쉬운 장소에 30일 이상 게시하는 방법이다.392) 둘째, 영업양도자등의 사업장등이 있는 시·도 이상의 지역을 주된 보급지역으로 하는 일반일간신문·일반주간신문 또는 인터넷 신문에 싣는 방법이다.393)

3. 영업양수자등의 책임

영업양수자등은 영업의 양도·합병 등으로 개인정보를 이전받은 경우 이전 당시 본래 목적으로만 개인정보를 이용하거나 제3자에게 제공할 수 있다.394) 이 경우 영업양수자등은 개인정보처리자로 본다.395) 따라서, 영업양수자등은 이 법에 규정된 개인정보처리자로서의 권리와 의무의 주체가 된다.396)

개인정보처리자는 이용과 제공을 포함하여 다양한 방법으로 개인정보를 처리를 할 수 있기 때문에, 개인정보를 '이용하거나 제3자에게 제공'을 처리로 변경하는 것이 타당할 것이다. 따라서, 영업양수자등은 개인정보처리자로서 이 법에 규정된 개인정보의 처리에 관련된 모든 규정을 준수하여야 한다.

---

391) 영 제29조 제2항.
392) 영 제29조 제2항 단서 제1호.
393) 영 제29조 제2항 단서 제2호. 신문법 제2조 제1호 가목·다목 또는 동 조 제2호 참조.
394) 법 제27조 제3항 제1문.
395) 법 제27조 제3항 제2문.
396) 영업양수자등이 이전 당시의 본래 목적과 다른 용도로 개인정보를 이용·제공하려면 법 제18조 제2항에 따라 정보주체의 별도의 동의를 받거나 다른 요건에 따라야 한다.

이 법은 개인정보처리자에 의한 정보주체의 개인정보 처리에 있어서 정보주체를 보호하고자 한다. 정보주체의 개인정보 처리는 실제로는 개인정보처리자를 위하여 개인정보취급자가 수행하게 된다. 따라서, 개인정보처리자를 위하여 개인정보를 실제로 처리하는 임직원 등에 대한 개인정보처리자의 관리·감독 책임의 규정이 필요하다.[397]

1. 개인정보취급자

개인정보취급자는 임직원, 파견근로자, 시간제근로자 등 개인정보처리자의 지휘·감독을 받아 개인정보를 처리하는 자이다.[398] 예컨대, 학교는 업무를 목적으로 학교생활기록이라는 개인정보파일을 운용하는 개인정보처리자가 되고, 직접 학교생활기록을 작성·관리하는 교사는 개인정보취급자가 된다. 개인정보취급자는 개인정보 처리 업무를 담당하는 한 정규직, 비정규직, 하도급, 시간제 등 근로형태와는 상관없고, 고용관계가 없어도 실질적으로 개인정보처리자의 지휘·감독을 받아 개인정보를 처리하면 된다.[399]

2. 개인정보취급자에 대한 관리·감독

개인정보처리자는 개인정보를 처리함에 있어서 개인정보가 안전하게 관리될 수 있도록 개인정보취급자의 범위를 최소한으로 제한하여야 한다.[400] 또한,

---

397) 개인정보 처리 업무를 위탁받아 처리하는 수탁자는 개인정보처리자를 위하여 개인정보를 처리하는 점에서 개인정보취급자와 유사한 성격을 가지지만, 법 제26조는 개인정보의 처리 위탁을 별도로 규정한다. 수탁자에게 개인정보취급자에 대한 감독에 관한 법 제28조가 준용되는 점에서 수탁자는 자신의 지휘·감독을 받아 개인정보를 처리하는 개인정보취급자에 대하여 적절한 관리·감독을 해야 한다. 법 제26조 제8항 참조.

398) 법 제28조 제1항.

399) 2020년 해설서 218면.

400) 법 제28조 제1항. 2023년 3월 14일 개정으로 개인정보취급자의 '범위를 최소한으로 제

개인정보처리자는 개인정보취급자에 대하여 적절한 관리·감독을 하여야 한다.[401] 개인정보취급자에 대한 적절한 관리·감독이 특별하게 규정된 것은 개인정보취급자에 의한 개인정보의 처리에서 개인정보가 현실적으로 적정하게 취급되기 위함이다.

개인정보처리자는 개인정보취급자를 업무상 필요한 한도 내에서 최소한으로 두어야 하고, 개인정보취급자의 개인정보 처리 범위를 업무상 필요한 한도 내에서 최소한으로 제한하여야 한다.[402] 개인정보처리자는 개인정보처리시스템에 대한 접근권한을 업무의 성격에 따라 해당 업무수행에 필요한 최소한의 범위로 업무담당자에게 차등 부여하고 접근권한을 관리하기 위한 조치를 취해야 한다.[403] 개인정보처리자는 개인정보취급자에게 보안서약서를 제출하도록 하는 등 적절한 관리·감독을 해야 하며, 인사이동 등에 따라 개인정보취급자의 업무가 변경되는 경우에는 개인정보에 대한 접근권한을 변경 또는 말소해야 한다.[404]

3. 개인정보취급자에 대한 교육

개인정보처리자는 개인정보의 적정한 취급을 보장하기 위하여 개인정보취급자에게 정기적으로 필요한 교육을 실시하여야 한다.[405] 개인정보취급자에게 필요한 교육은 개인정보의 적정한 취급의 보장에 따라 달라야 할 것이다. 또한, 개인정보취급자의 지위와 직책, 담당 업무 내용, 업무 숙련도 등에 따라 필요한 교육의 내용도 달라야 한다. 개인정보취급자의 교육은 정기적으로 실시되어야 하는 점에서 1회성 교육은 허용되지 않을 것이다.

한하고'가 신설되었다. 동 개정으로 삭제된 법 제39조의5는 "정보통신서비스 제공자등은 이용자의 개인정보를 처리하는 자를 최소한으로 제한하여야 한다."라고 규정하였다. 표준지침 제15조 참조.

401) 법 제28조 제1항.
402) 표준지침 제15조 제1항.
403) 표준지침 제15조 제2항.
404) 표준지침 제15조 제3항.
405) 법 제28조 제2항.

05

가명정보의 처리에 관한 특례

개인정보는 디지털경제의 핵심요소인 점에서 이의 활용은 디지털경제의 성장과 발전에 핵심적이다. 이와 관련하여 기업 등의 개인정보 활용과 개인정보의 주체, 즉 정보주체의 보호 사이에 균형이 요구된다. 정보주체의 보호에 기반한 정보주체의 신뢰가 디지털경제의 발전에 필수불가결하기 때문이다. 개인정보의 익명처리 내지 익명정보의 활용은 정보주체의 보호에 최선이겠지만, 개인의 식별성이 상실된 익명정보는 디지털경제의 발전에서 효용성이 상실된다. 이러한 현실을 고려하여, 개인정보와 익명정보의 특성을 보유하도록 가명처리가 개발되고, 가명처리된 개인정보, 즉 가명정보의 처리는 정보주체를 보호하면서 개인정보처리자에게도 이익이 되도록 기대된다. 가명정보는 개인정보의 한 유형으로서 가명정보의 처리는 이 법의 적용을 받는다.

■ I. 가명정보의 처리에 관한 특례

2020년 2월 4일 개정으로 이 법과 신용정보법에 다양한 새로운 규정이 신설되었는데, 가장 대표적인 규정은 가명처리와 가명정보의 처리에 관한 것이다. 이 법은 개인정보의 처리에 관한 제3장에 '제3절 가명정보의 처리에 관한 특례'를 신설하여, 제28조의2부터 제28조의7까지 6개 조문을 신설하였다.[1] 2023년 3월 14일 개정으로 가명정보의 처리는 법 제28조의2에 따른 가명정보의 처리와 제28조의3에 따른 가명정보의 결합과 반출로 특정되었고, 가명정보의 처리에 대한 과징금 부과에 관한 법 제28조의6이 삭제되었으며, 법 제28조의7이 규정한 비적용범위에서 파기에 관한 법 제21조가 삭제되는 등 합리적으로 수정되었다.[2]

---

1) 특히 가명정보의 처리에 관한 제28조의2 제1항은 2020년 2월 4일 개정으로 삭제된 통계작성 및 학술연구 등의 목적을 위하여 필요한 경우에 목적 외 이용·제공을 허용한 제18조 제2항 제4호를 대체한 것으로 볼 수 있다. 신용정보법도 제32조 제6항 제9호의2에서 '통계작성, 연구, 공익적 기록보존 등을 위하여 가명정보를 제공하는 경우' 신용정보주체의 동의 없이 개인신용정보의 제공을 새롭게 허용하고, 제40조의2에서 가명처리·익명처리에 관한 행위규칙을 신설하는 등 가명정보와 가명처리에 관한 규정을 두고 있다.

2) 가명정보의 처리에 대한 과징금에 관한 규정은 법 제64조의2 제1항 제6호로 통합되었다.

가명처리는 기업 등 개인정보처리자로 하여금 개인정보에서 직접적 식별자를 분리하여 개인정보의 유용성은 유지하여 그 활용성을 높이면서 정보주체를 보호할 수 있게 한다. 기술의 발전과 개인정보의 다양한 교환 등을 통하여 익명정보의 재식별 가능성을 완전히 차단하기 어려운 현실에서, 가명처리를 통한 개인정보의 이용이 차라리 현실적일 수 있다. 가명처리된 개인정보, 즉 가명정보는 개인정보로서 이 법의 적용을 받는다.3)

1. 가명정보의 처리 규정 신설 전 법 제18조 제2항 제4호

2020년 2월 4일 개정으로 가명정보의 처리에 관한 규정이 신설되면서 삭제된 법 제18조 제2항 제4호는 통계작성 및 학술연구 등의 목적을 위하여 필요한 경우로서 특정 개인을 알아볼 수 없는 형태로 개인정보를 제공하는 경우 개인정보처리자가 정보주체 또는 제3자의 이익을 부당하게 침해할 우려가 있을 때를 제외하고는 개인정보를 목적 외의 용도로 이용하거나 이를 제3자에게 제공할 수 있게 규정하였다. 공공기관은 물론 민간부문의 개인정보처리자도 이러한 예외를 활용할 수 있었다.

삭제된 법 제18조 제2항 제4호에 따라 개인정보처리자가 통계작성 및 학술연구 등의 목적을 위하여 필요한 경우로서 개인정보를 목적 외의 용도로 이용하거나 이를 제3자에게 제공할 수 있으려면, 특정 개인을 알아볼 수 없는 형태로 개인정보를 제공해야 하였다. 이 경우 '다른 정보와 결합하여서도 특정 개인을 알아볼 수 없는 형태로' 제공할 것이 요구되었다.4) 이러한 정보는 '시간·비용·기술 등을 합리적으로 고려할 때 다른 정보를 사용하여도 더 이상 개인

법 제28조의2 및 제28조의3에 따른 가명정보의 처리 등에 관한 사항은 개인정보 처리방침에 포함된다. 법 제30조 제1항 제4호의2.

3) 법 제2조 제1호 다목.

4) 2016년 표준지침 제8조 제4항. 동 규정은 2020년 개정으로 삭제되었다. 이 경우 제공하는 자는 특정 개인을 알아볼 수 있어도 제공받는 개인정보처리자는 합리적인 노력을 기울여도 특정 개인을 알아볼 수 없도록 가공될 것이 요구된다고 하였다. 이 경우 제공하는 자의 입장에서 식별 가능성이 있기 때문에 여전히 개인정보에 해당할 것이다. 2016년 해설서 104면.

을 알아볼 수 없는 정보', 즉 익명정보가 된다.5) 이렇게 익명처리된 개인정보는 학술연구나 통계작성의 목적은 물론 아무런 제한 없이 이용·제공될 수 있었을 것이다. 이런 의미에서는 굳이 정보주체나 제3자의 이익을 부당하게 침해할 우려의 존재는 검토할 필요가 없었을 것이고, 삭제된 법 제18조 제2항 제4호에서 목적 외 이용·제공이 허용되는 근거로서 명시될 필요도 없었을 것이다. 따라서, 통계작성 및 학술연구 등의 목적을 위하여 개인정보의 목적 외 이용·제공이 명시되어야 하였다면, 요구되는 적절한 조치는 익명처리가 아니라 가명처리가 될 것이었다.6)

삭제된 법 제18조 제2항 제4호 규정을 문언 그대로 이해하면, 통계를 작성하거나 학술연구를 수행하는 자가 직접 개인정보의 식별성을 제거하는 것이 아니라 다른 누군가로부터 개인의 식별성이 제거된 개인정보를 제공받는 경우에 목적 외 이용·제공이 허용되는 것으로 볼 수 있다. 그럼에도, 개인정보처리자가 통계작성 및 학술연구 등의 목적을 위하여 필요한 경우로서 개인정보를 목적 외의 용도로 이용하는 경우에도 특정 개인을 알아볼 수 없는 형태로 개인정보를 처리하도록 요구되었어야 할 것이다. 따라서, 삭제된 법 제18조 제2항 제4호의 규정은 '특정 개인을 알아볼 수 없는 형태로 개인정보를 처리하는 경우'로서 이러한 처리는 가명처리가 합당한 규정이었을 것이다.

▌표.18 통계작성 등 목적의 예외적 처리

법 제18조 제2항 제4호(삭제)	법 제28조의2 제1항(신설)
제1항에도 불구하고 개인정보처리자는 다음 각 호의 어느 하나에 해당하는 경우에는 정보주체 또는 제3자의 이익을 부당하게 침해할 우려가 있을 때를 제외하고는 개인정보를 목적 외의 용도로 이용하거나 이를 제3	개인정보처리자는 통계작성, 과학적 연구, 공익적 기록보존 등을 위하여 정보주체의 동의 없이 가명정보를 처리할 수 있다.

---

5) 법 제58조의2.

6) 2023년 개정 행정예고된 표준지침 제40조 제4호는 개인영상정보의 수집 목적 외 이용·제3자 제공을 허용하는 근거로서 '통계작성 및 학술연구 등의 목적을 위하여 필요한 경우로서 특정 개인을 알아볼 수 없는 형태로 개인영상정보를 제공하는 경우'를 '통계작성, 과학적 연구, 공익적 기록보존 등을 위하여 필요한 경우로서 법 제28조의2 또는 제28조의3에 따라 가명처리한 경우'로 개정하였다.

자에게 제공할 수 있다. ···

4. 통계작성 및 학술연구 등의 목적을 위하
여 필요한 경우로서 특정 개인을 알아볼 수
없는 형태로 개인정보를 제공하는 경우

2. 가명정보의 처리에 관한 특례

가명정보는 성명, 주민등록번호 및 영상 등을 통하여 개인을 알아볼 수 있
는 정보 또는 해당 정보만으로는 특정 개인을 알아볼 수 없더라도 다른 정보와
쉽게 결합하여 알아볼 수 있는 정보를 가명처리함으로써 원래의 상태로 복원
하기 위한 추가 정보의 사용 · 결합 없이는 특정 개인을 알아볼 수 없는 정보를
말한다.[7] 가명처리는 개인정보의 일부를 삭제하거나 일부 또는 전부를 대체하
는 등의 방법으로 추가 정보가 없이는 특정 개인을 알아볼 수 없도록 처리하는
것이다.[8] 가명처리는 개인정보의 일부를 삭제하거나 일부 또는 전부를 대체하
는 과정이고, 가명정보의 처리는 가명처리를 통해 생성된 가명정보를 이용 · 제
공 등 활용하는 행위이다.

가명정보는 가명처리를 수행한 당시의 목적과 처리 환경(활용 형태, 처리 장
소, 처리 방법)에 따라 이용하는 것이 원칙이다.[9] 다만, 법 제28조의2 제1항 및
제28조의3 제1항의 목적으로 사용하는 경우 가명정보를 당초 처리 목적과 다
른 목적으로 이용하거나 제3자로부터 제공받은 가명정보를 다른 제3자에게 재
제공하는 등은 금지되지 않는다.[10]

---

7) 법 제2조 제1호 다목. 신용정보법 제2조 제16호는 가명정보를 가명처리한 개인신용정보
라고 간단하게 규정한다.

8) 법 제2조 제1호의2. 신용정보법 제2조 제15호는 가명처리를 추가정보를 사용하지 아니하
고는 특정 개인인 신용정보주체를 알아볼 수 없도록 개인신용정보를 처리하는 것이라 규
정한다. 동 법 제40조의2 제1항 및 제2항에 따라 그 추가정보를 분리하여 보관하는 등 특
정 개인인 신용정보주체를 알아볼 수 없도록 개인신용정보를 처리한 경우를 포함한다.

9) 가명정보 가이드라인 10면.

10) 제공 계약 시 재제공 제한이 있거나 반출 시 이용 범위의 제한이 있는 경우에는 가명정
보의 재제공 또는 목적 외 이용이 허용되지 않을 것이다. 가명정보를 다른 목적으로 사
용하는 경우에는 목적 달성을 위해 꼭 필요한 항목만으로 구성되어야 하고 처리 환경이

민감정보 또는 고유식별정보도 가명처리하여 활용하는 것이 가능하지만, 개인정보보호 원칙을 준수하여 처리 목적에 필요하지 않은 민감정보 또는 고유식별정보는 삭제하여야 한다.[11] 주민등록번호는 법령에 주민등록번호를 처리할 수 있는 근거가 없는 경우 가명처리는 허용되지 않는다.[12] 가명정보 처리의 목적이 적합한지에 대한 입증책임은 개인정보처리자에게 있으므로 개인정보처리자는 향후 처리 목적에 대한 증빙을 위해 연구계획서 등 목적설명서를 작성할 수 있다.[13]

EU GDPR

가명정보(pseudonymised data)와 가명처리(pseudonymisation)는 1995년 개인정보보호지침에서 규정되지 않았고, 2016년 GDPR에서 신설되었다. GDPR의 채택전에 독일 개인정보보호법은 안전한 개인정보 처리의 기술적·관리적 조치의 형식으로 또한 개인정보 수집의 최소화 조치로서 가명처리를 도입하였다.[14] 가명처리된 개인정보는 추가 정보의 이용으로 자연인에게 귀속될 수 있어서 식별가능한 자연인에 관한 정보로서 고려되어야 한다.[15] 따라서, 가명정보는 관련 개인정보가 수집되거나 달리 처리된 목적과 관련하여 더 이상 필요하지 않게 되면 삭제되어야 한다.[16] 가명처리의 명시적 도입으로 GDPR에서 개인정보보호의 다른 조치의 배제가 의도되지는 않는다.[17]

달라지는 경우 추가 가명처리 과정을 거쳐야 한다. 가명정보 가이드라인 10면.

11) 가명정보 가이드라인 14면.

12) 가명정보 가이드라인 14면.

13) 가명처리 및 결합 목적 증빙 자료 예시는 가명정보 가이드라인 92-94면 참조.

14) 독일 1990년 개인정보보호법(Federal Data Protection Act) 제3.6a조와 3a조 참조.

15) GDPR 상설 제26항.

16) White Paper on Pseudonymization, p. 21.

17) GDPR 상설 제28항.

(1) 가명정보의 처리 등

1) 통계작성 등의 목적을 위한 가명정보 처리의 허용

개인정보처리자는 '통계작성, 과학적 연구, 공익적 기록보존 등'을 위하여
정보주체의 동의 없이 가명정보를 처리할 수 있다.[18] 2020년 2월 4일 개정으
로 삭제된 법 제18조 제2항 제4호는 '통계작성 및 학술연구 등의 목적'을 위하
여 개인정보를 목적 외의 용도로 이용하거나 제3자에게 제공하는 것을 허용하
였다. 이제 가명처리가 허용되는 목적으로 기존 통계작성은 존치하고, 학술연
구가 과학적 연구로 보다 넓은 개념으로 대체되었으며, 공익적 기록보존이 추
가되었다. 따라서, 정보주체의 동의 없이 가명처리가 허용되는 특별한 목적이
보다 확대되었다.[19] 이는 과학적 연구와 통계적 목적을 위하여 사회의 지식 증
가에 대한 정당한 기대가 고려되기 때문이다.[20]

이 법은 통계작성, 과학적 연구, 공익적 기록보존 등을 위하여 정보주체의
동의 없이 가명정보의 이용, 제공, 결합 등 처리할 수 있게 규정한다.[21] 따라
서, 적어도 이들 세 가지 목적을 위하여 가명정보의 개인정보로서 이용 및 제
공에 관한 법 제15조 및 제17조의 법적 근거를 필요로 하지 않게 된다. 물론
가명처리되기 전의 개인정보 수집은 법 제15조의 법적 근거를 필요로 한다.

개인정보처리자는 자신이 보유하고 있는 가명정보를 결합하여 활용할 수
있고, 결합 과정에서 특정 개인을 알아볼 수 없도록 유의하여야 한다.[22] 안전

---

18) 법 제28조의2 제1항.
19) '등'이 명시되어 이들 명시된 세 가지 목적 이외의 가명처리도 가능할 것이다.
20) GDPR 상설 제113항.
21) 정보주체의 동의 없이 처리가 가능한 가명정보는 통계작성, 과학적 연구, 공익적 기록보
   존 등 목적에 한정되므로 처리 목적이 설정되지 않은 상황에서 보유하고 있는 개인정보
   를 가명처리하여 보관하는 것은 이 법의 '가명정보 처리에 관한 특례'에 근거한 처리로
   볼 수 없다. 가명정보 가이드라인 9면. 공개 등 불특정 제3자에게 제공하는 경우 익명정
   보로 처리하는 것을 원칙으로 한다. 가명정보 가이드라인 9면. 가명정보를 과학적 연구
   등 이 법에서 허용하는 목적 범위로 제공하면서 대가를 받는 것은 가능하나, 이 법에서
   정한 목적 범위를 벗어나 판매할 목적으로 가명처리하는 것은 허용되지 않는다. 가명정
   보 가이드라인 134면.
22) 가명정보 가이드라인 38면.

한 결합을 위해 결합키를 이용한 결합방법을 선택할 수 있는데, 개인정보처리자는 결합된 정보를 활용할 때 특별한 사유(시계열 분석 등)가 없는 한 결합키 등 결합을 위해 사용한 정보는 삭제하여야 한다.[23) 결합키 생성에 이용된 알고리즘, 매핑테이블 등은 추가 정보에 해당하므로, 결합된 가명정보와 분리하여 보관하여야 하고, 접근권한을 분리하여야 한다.[24)

예컨대, A유통사의 B팀은 매장의 판매정보시스템 고도화를 위해 매장고객정보(고객번호, 연령, 주소)와 판매정보(제품번호, 제품명, 제품 금액, 제품 재고 및 판매량)를 가명처리하여 내부적으로 분석하는데, 가명처리된 정보, 즉 가명정보는 과학적 연구 목적 내에서 판매정보시스템의 고도화를 위하여 처리된다. 이러한 가명정보는 신상품 개발을 위한 경진대회 개최 목적으로 처리될 수 없다.[25)

① 통계작성

개인정보처리자는 통계작성을 위하여 정보주체의 동의 없이 가명정보를 처리할 수 있다.[26) 2020년 2월 4일 개정으로 신용정보법도 통계작성, 연구, 공익적 기록보존 등을 위한 가명정보의 제공에 관한 규정을 신설하였는데, 통계작성에는 시장조사 등 상업적 목적의 통계작성을 포함한다.[27) 기록보존은 공익적인 경우로 한정되는데, 통계작성은 그렇게 한정되지 않아서 반드시 공익적 통계작성에 국한될 필요는 없을 것이다. 즉 가명정보의 처리 목적이 시장조사를 위한 통계 등 상업적 성격을 가진 통계를 작성하기 위한 경우에도 가명정보를 처리하는 것이 가능하다.[28)

---

23) 가명정보 가이드라인 38면. 결합키는 결합대상 가명정보의 일부로서 해당 정보만으로는 특정 개인을 알아볼 수 없으나 다른 결합대상정보와 구별할 수 있도록 조치한 정보로서, 서로 다른 가명정보를 결합할 때 매개체로 이용되는 값이다. 가명정보 가이드라인 7면.

24) 가명정보 가이드라인 38면.

25) 가명정보 가이드라인 20면.

26) 법 제28조의2 제1항. 2023년 3월 14일 개정으로 공공기관이 처리하는 개인정보 중 통계법에 따라 수집되는 개인정보에 대하여 가명정보의 처리에 관한 규정을 포함하여 이 법의 핵심적 규정인 제3장부터 제8장까지 적용하지 않게 하는 법 제58조 제1항 제1호가 삭제되었다. 따라서, 민간부문은 물론 공공기관의 통계작성은 이 법의 가명정보의 처리에 관한 규정의 적용을 받게 된다.

27) 신용정보법 제32조 제6항 제9호의2.

28) 가명정보 가이드라인 11면.

통계작성을 위한 가명정보의 처리 예는 다음과 같다.[29] 첫째, 지방자치단체가 연령에 따른 편의시설 확대를 위해 문화센터, 도서관, 체육시설 등 편의시설의 이용, 즉 위치, 방문자 수, 체류시간, 연령, 성별 등 통계를 작성하는 경우이다. 둘째, 인터넷으로 상품을 판매하는 쇼핑몰 등에서 주간, 월간 단위로 판매상품의 재고를 관리하기 위해 판매상품에 대한 지역별 품번, 품명, 재고, 판매수량, 금액 등 통계를 작성하는 경우이다. 셋째, A공사가 도로 구조 개선 및 휴게공간 추가 설치 등 고객서비스 개선을 위하여 월별 시간대별 차량 평균속도, 상습 정체구간, 사고구간 및 원인 등에 대한 통계를 작성하는 경우이다.

통계는 특정 집단이나 대상 등에 관한 수량적인 정보를 의미하고, 통계작성을 위한 가명정보 처리는 통계를 작성하기 위해 가명정보를 이용, 분석, 제공하는 등 가명정보를 처리하는 것을 말한다.[30]

EU GDPR

통계적 목적은 '통계적 조사나 통계적 결과의 생산에 필요한 개인정보의 수집과 처리 작업'을 의미한다.[31] 통계적 처리의 결과는 과학적 연구 목적을 포함한 다른 목적을 위하여 추가로 이용될 수 있다.[32] EU 또는 회원국 법은 GDPR의 범위 내에서 통계적 내용, 접근의 통제, 통계적 목적을 위한 개인정보 처리를 위한 자세한 설명과 정보주체의 권리와 자유를 보호하고 '통계적 비밀유지'(statistical confidentiality)를 보장하는 적절한 조치를 결정하여야 한다.[33] 통계적 목적을 위한 처리 결과는 개인정보가 아니라 총량데이터(aggregate data)가 되고, 이러한 결과나 개인정보는 특정 자연인에 관한 조치나 결정을 지지하는데 이용되지 않아

---

29) 가명정보 가이드라인 11면.

30) 가명정보 가이드라인 11면. 통계법에 따르는 통계는 '통계작성기관이 정부정책의 수립·평가 또는 경제·사회현상의 연구·분석 등에 활용할 목적으로 산업·물가·인구·주택·문화·환경 등 특정의 집단이나 대상 등에 관하여 직접 또는 다른 기관이나 법인 또는 단체 등에 위임·위탁하여 작성하는 수량적 정보'를 말한다. 통계법 제3조 제1호.

31) GDPR 상설 제162항.

32) GDPR 상설 제162항.

33) GDPR 상설 제162항. 통계 처리 원칙은 EU기능조약 제338조 제2항 참조. EU통계의 통계적 비밀유지에 관하여 '규칙(EC) 223/2009' 참조.

야 한다.[34]

② 과학적 연구

개인정보처리자는 과학적 연구를 위하여 정보주체의 동의 없이 가명정보를 처리할 수 있다.[35] 과학적 연구는 '기술의 개발과 실증, 기초연구, 응용연구 및 민간 투자 연구 등 과학적 방법을 적용하는 연구'를 의미한다.[36] 과학적 연구는 기술의 개발과 실증, 기초연구, 응용연구뿐만 아니라 새로운 기술제품서비스개발 등 산업적 목적을 위해서도 수행이 가능하다.[37] 2020년 2월 4일 개정으로 신용정보법도 통계작성, 연구, 공익적 기록보존 등을 위한 가명정보의 제공에 관한 규정을 신설하였는데, 연구는 산업적 연구를 포함한다.[38] 기록보존은 공익적인 경우로 한정되는데, 과학적 연구는 그렇게 한정되지 않아서 반드시 공익적인 과학적 연구에 국한될 필요는 없을 것이다.

과학적 연구를 위한 가명정보의 처리 예는 다음과 같다.[39] 첫째, 코로나 위험 경고를 위해 생활 패턴과 코로나 감염률의 상관성에 대한 가설을 세우고, 건강관리용 모바일앱을 통해 수집한 생활습관, 위치정보, 감염증상, 성별, 나이, 감염원 등을 가명처리하고 감염자의 데이터와 비교·분석하여 가설을 검증하려는 경우이다. 둘째, A지자체에서 특정 관광지의 활성화를 위해 국내의 유사 관광지 주변의 상권과 유동인구 분석을 통한 관광지 주변 상권에 대한 지원

---

34) GDPR 상설 제162항. 총계처리(aggregation)를 통하여 익명이 된다. 개인정보 일부 또는 전부를 대체하는 통계도구로서 총계처리는 평균값, 최댓값, 최솟값, 최빈값, 중간값 등으로 처리하는 것이다. 가명정보 가이드라인 67면.

35) 법 제28조의2 제1항.

36) 법 제2조 제8호.

37) 2020년 해설서 222면. 정부는 '새로운 기술·제품·서비스의 개발 등 산업적 목적을 포함하는 과학적 연구 목적으로 가명정보를 이용할 수 있도록 함'이라는 2020년 2월 4일 개정의 제안 이유 및 과학적 연구에 민간투자 연구가 포함되는 점을 고려하여 원칙적으로 가명정보를 활용하는 산업적 연구가 허용됨을 '개인정보보호 법령 해설서'를 통하여 명확하게 밝히겠다고 하였다. 관계부처합동 정책 설명자료, "데이터 3법 시행령 입법예고 주요사항"(2020년 3월 30일) 참조.

38) 신용정보법 제32조 제6항 제9호의2.

39) 가명정보 가이드라인 12면.

및 전환 대책 수립을 위한 연구를 수행하려는 경우이다. 셋째, 공공기관이 보유하고 스팸정보와 민간 통신사에서 자체적으로 보유하고 있는 스팸정보를 가명정보 결합하여 보다 더 많은 스팸정보를 차단할 수 있다는 가설을 세우고, 스팸정보에 해당하는 전화번호, 유형, 날짜, 내용, 신고 건수 등의 정보를 가명처리 및 결합을 통해 가설을 검증하고 결합에 참여한 스팸방지 시스템을 고도화하려는 경우이다.

EU GDPR

과학적 연구 목적을 위한 개인정보 처리는 기술적 개발과 시헌, 기초연구, 응용연구 및 민간기금 연구를 포함하여 광범위하게 해석되어야 한다.[40) 과학적 연구를 촉진하기 위하여 EU 또는 회원국 법이 규정한 적절한 조건과 안전장치를 조건으로 과학적 연구 목적을 위하여 개인정보는 처리될 수 있다.[41) 과학적 연구 목적은 공공보건 분야에서 공익을 위하여 수행된 연구도 포함한다.[42) 과학적 연구 목적을 위한 개인정보 처리의 특수성을 충족하기 위하여 특히 과학적 연구 목적의 맥락에서 개인정보의 발표나 달리 공개에 관하여 특정 조건이 적용되어야 한다.[43) 특히 보건의 맥락에서 과학적 연구의 결과가 정보주체의 이익을 위하여 추가적 조치를 필요로 하면 GDPR의 일반규정이 이들 조치에 관하여 적용된다.[44) GDPR이 사망한 자에게 적용되지 않지만, 역사적 연구 목적은 역사적 연구와 '보계적 목적'(genealogical purposes)의 연구를 포함한다.[45) 개인정보의 수집 시 과

---

40) GDPR 상설 제159항.

41) GDPR 상설 제157항.

42) GDPR 상설 제159항. 공공보건(public health)은 '규칙(EC) 1338/2008'에서 정의된 대로 해석되어야 하는데, '건강에 관련된 모든 요소, 즉 질병율(morbidity)과 장애(disability)를 포함한 건강상태, 그 건강상태에 영향을 주는 결정요인, 건강관리 필요, 건강관리에 할당된 재원, 건강관리의 제공과 그에 대한 보편적 접근 및 건강관리 비용과 재원 마련, 및 사망요인'을 의미한다. GDPR 상설 제54항. GDPR은 상설 제53항, 제49조와 상설 제112항, 제36조 제5항에서 공공보건에 관하여 특별한 규정을 두고 있다.

43) GDPR 상설 제159항.

44) GDPR 상설 제159항.

45) GDPR 상설 제160항. 보계는 족보나 인명기록부 등 혈연 관계나 계보를 밝힌 기록을 말한다. 라이프성경사전, https://terms.naver.com/entry.naver?docId=2392776&cid=

학적 연구 목적이라는 개인정보 처리 목적을 완전하게 확인하는 것은 종종 가능하지 않기 때문에, 정보주체는 과학적 연구의 '공인된 윤리기준'(recognized ethical standards)에 따라 과학적 연구의 특정 영역에 대하여 자신의 동의를 주도록 허용되어야 할 것이다.[46]

일견 과학적 연구 목적에 관한 이 법과 GDPR의 규정은 일치하는 것으로 보인다. 이 법은 응용연구 등 과학적 연구의 구체적인 예를 포함하여 '과학적 방법을 적용하는 연구'라고 규정하는데, GDPR도 응용연구 등 과학적 연구의 예를 규정하면서 '광범위하게 해석'할 것을 요구하기 때문이다. 법 제2조 제8호는 과학적 연구를 과학적 방법을 적용하는 연구라고 규정할 뿐, 동 연구를 특정 분야로 국한하지 않는다.[47] 또한, 과학적 연구에 민간 투자 연구를 명시한 점에서 기업 등의 투자를 위한, 즉 상업이나 산업 차원의 연구도 포함될 수 있을 것이다.

③ 공익적 기록보존

개인정보처리자는 공익적 기록보존을 위하여 정보주체의 동의 없이 가명정보를 처리할 수 있다.[48] 공익적 기록보존은 공공의 이익을 위하여 지속적으로 열람할 가치가 있는 정보를 기록하여 보존하는 것을 의미한다.[49] 공공기관이 처리하는 경우에만 공익적 목적이 인정되는 것은 아니며, 기업, 단체 등이 일

50762&categoryId=51387.

46) 정보주체는 의도된 목적이 허용한 한도까지 연구프로젝트의 일부 또는 연구의 일정 영역에 대하여만 자신의 동의를 주는 기회를 가져야 한다. GDPR 상설 제33항. EU의 유럽개인정보보호감독관(European Data Protection Supervisor)은 2016년 1월 개인의 권리와 자유를 보강하는 방식으로 경제를 위한 기술의 혜택을 실현하게 하는 윤리자문 그룹(Ethics Advisory Group)을 설치하였다. 동 그룹은 새로운 디지털윤리에 대한 작업을 수행한다. EDPS, "EDPS starts work on a New Digital Ethics", Press Release EDPS/2016/05(Brussels, 28 January 2016).

47) 과학적 연구는 순수과학은 물론 사회과학 등도 포함하는 광의의 개념이다. 직장 내 성희롱·괴롭힘의 사례를 체계적으로 분석하여 어떠한 결과를 도출하는 연구도 사회과학에 관한 연구로서 과학적 연구로 볼 수 있다. 가명정보 가이드라인 135면.

48) 법 제28조의2 제1항.

49) 가명정보 가이드라인 13면.

반적인 공익을 위하여 기록을 보존하는 경우에도 공익적 기록보존 목적이 인정된다.[50] 또한, 공익적 기록보존은 역사적 의미를 가지는 점에서 사망한 사람에 관한 정보인 경우가 많겠지만, 이 법의 적용을 받는 개인정보는 살아 있는 개인에 관한 정보이다.[51] 이 점에서, 공익적 기록보존 목적으로 처리되는 가명정보는 사망한 사람에 관한 정보는 포함하지 않을 것이다. 다만, 해당 기록이 사망한 사람과 살아 있는 사람에 관한 정보를 포함하는 경우에는 살아 있는 사람에 관한 정보가 존재하는 점에서 공익적 기록보존 목적의 가명정보 처리가 허용될 수 있을 것이다.

공익적 기록보존을 위한 가명정보의 처리 예는 다음과 같다.[52] 첫째, 연구소가 현대사 연구 과정에서 수집한 정보 중 사료가치가 있는 생존 인물에 관한 정보를 가명처리하여 기록·보존하고자 하려는 경우이다. 둘째, 연구소가 코로나 연구 과정에서 수집한 정보 중 공익적 연구가치가 있는 환자에 관한 정보를 가명처리하여 기록·보존하려는 경우이다.

EU GDPR

공익적 기록을 보유하는 공공당국이나 공공 또는 민간 기관은 EU 또는 회원국 법에 따라 일반 공익을 위하여 지속적 가치를 가지는 기록을 획득하고, 보전하며, 평가하고, 정리하며, 기술하고, 통신하며, 증진하고, 전파하며 접근을 제공하는 법적 의무를 가져야 한다.[53] GDPR이 사망한 사람에게 적용되지 않지만, GDPR은 문서보존 목적의 개인정보 처리에는 적용된다.[54] 회원국은 예컨대 과거 전체주의 국가체제의 정치적 활동, 집단학살, 인도주의에 반하는 죄, 특히 나치에 의한 유대인 대학살(Holocaust) 또는 전쟁범죄에 관련되는 특정 정보를 제공하기 위하여 문서보존 목적으로 개인정보의 추가적 처리를 제공하도록 허가할 수 있다.[55]

---

50) 가명정보 가이드라인 13면.
51) 법 제2조 제1호 참조.
52) 가명정보 가이드라인 13면.
53) GDPR 상설 제158항.
54) GDPR 상설 제158항.
55) GDPR 상설 제158항.

2) 제3자에게 제공된 가명정보에 개인을 식별할 수 있는 정보의 포함 금지

개인정보처리자는 통계작성, 과학적 연구, 공익적 기록보존 등의 목적으로 정보주체의 동의 없이 가명정보를 처리하면서, 해당 가명정보를 제3자에게 제공하는 경우에는 특정 개인을 알아보기 위하여 사용될 수 있는 정보를 포함해서는 아니 된다.[56] 여기서 '특정 개인을 알아보기 위하여 사용될 수 있는 정보', 즉 추가 정보의 사용·결합으로 특정 개인을 알아볼 수 있게 되면, 더 이상 가명정보가 되지 않고 완전한 개인정보가 됨으로써 이의 처리에 정보주체의 동의 등 법적 근거가 필요하게 된다.

개인정보처리자는 제3자가 사전에 보유하고 있는(접근 가능한) 정보, 처리 시점을 기준으로 제공받는 다른 개인정보 등을 고려하여야 하고, 이를 파악하기 위해 제3자가 관리하고 있는 개인정보 중에서 제공받는 가명정보와 연계 또는 조합 가능성이 있는 개인정보 목록 등 관련 정보를 요청하는 것도 가능하다.[57]

3) 가명정보 처리 시 금지 의무 등

법 제28조의2 또는 제28조의3에 따라 가명정보를 처리하는 자는 특정 개인을 알아보기 위한 목적으로 가명정보를 처리해서는 아니 된다.[58] 결합신청자는 반출정보를 특정 개인을 알아보기 위한 목적으로 처리할 수 없다.[59]

---

56) 법 제28조의2 제2항. A호텔은 최고급 객실을 이용한 VIP의 특이정보를 삭제하지 않고 호텔 투숙객의 회원번호와 이름을 가명처리하여 시간에 따른 객실 이용현황 및 서비스 이용에 대한 조사 연구를 수행하도록 B분석회사에 제공하는 경우, B분석회사는 특정일에 최고급 객실을 이용한 내용을 분석과정에서 인지하고 기존 업무(온라인 SNS정보 수집)를 수행하며 공개된 정보(개인이 SNS에 올리는 정보, 여행후기 등)를 통해 특정 개인을 식별할 가능성이 있다. 이 경우 특이정보(최고급 객실)를 삭제 또는 가명처리하여야 한다. 가명정보 가이드라인 22–23면.

57) 가명정보 가이드라인 22면.

58) 법 제28조의5 제1항. 2023년 3월 14일 개정으로 '누구든지'가 '제28조의2 또는 제28조의3에 따라 가명정보를 처리하는 자'로 변경되었다. 가명처리에서 사용한 알고리즘, 매핑테이블 등을 사용하여 원래 정보로 복원하는 것은 물론, 보유하고 있는 다른 정보나 공개된 정보와의 결합 또는 대조·비교 등을 통하여 특정 개인을 알아보기 위한 시도는 금지된다. 2020년 해설서 243면.

59) 가명정보 가이드라인 58면.

또한, 개인정보처리자는 법 제28조의2 또는 제28조의3에 따라 가명정보를 처리하는 과정에서 특정 개인을 알아볼 수 있는 정보가 생성된 경우에는 즉시 해당 정보의 처리를 중지하고, 지체 없이 회수·파기하여야 한다.[60] 특정 개인 즉 정보주체를 알아볼 수 있는 정보는 가명정보 중 일부의 정보주체에 관한 것일 수 있고 또는 다수의 정보주체에 관한 것일 수 있다.[61] 가명정보의 처리를 위탁한 경우 수탁자가 해당 가명정보에 대한 처리 중지, 회수, 파기를 완료해야 개인정보처리자 스스로의 의무를 이행한 것으로 볼 수 있다.[62] 의도하지 않게 특정 개인을 알아보게 되는 것 자체는 행정제재나 형사처벌의 대상이 아니다.[63]

EU GDPR ────────────────────────────────────

GDPR은 개인정보의 처리가 '가명처리의 허가받지 않은 가역'(unauthorised reversal of pseudonymisation)이 되어 자연인의 권리와 자유에 대한 위험이 될 수 있음을 인정한다.[64] 또한, 개인정보 침해는 적절하고 시의적 방식으로 처리되지 않으면 '가명처리의 허가받지 않은 가역' 등 자연인에 대한 피해가 결과할 수 있다.[65]

(2) 가명정보의 결합과 반출 제한

개인정보처리자가 통계작성, 과학적 연구, 공익적 기록보존 등을 위하여 정보주체의 동의 없이 가명정보를 처리할 수 있는데, 이들 목적이라도 서로 다른 개인정보처리자 간의 가명정보 결합과 결합된 정보의 반출은 해당 개인정보처리자가 수행할 수 없다. 가명정보의 결합과 반출에 보호위원회 또는 관계 중앙행정기관의 장이 지정하는 전문기관, 즉 결합전문기관이 개입한다.[66]

---

60) 법 제28조의5 제2항. 2023년 3월 14일 개정으로 가명정보의 처리가 '제28조의2 또는 제28조의3에 따라'로 특정되었다.
61) 2020년 해설서 244면.
62) 2020년 해설서 244면.
63) 2020년 해설서 243면.
64) GDPR 상설 제75항.
65) GDPR 상설 제85항.
66) 가명정보 결합전문기관 지정 및 가명정보의 결합·반출에 관한 기준·절차 등을 정하는

개인정보를 처리할 때 가명처리의 적용을 장려하기 위하여, 일반적 분석을 허용하면서, 해당 처리에 관하여 GDPR이 이행되고 또한 개인정보를 특정 정보주체에게 귀속하는 추가 정보를 별도로 보관하는 것을 보장하는데 필요한 기술적 및 관리적 조치를 컨트롤러가 취하면, 동일한 컨트롤러 내에서 '가명처리 조치'(measures of pseudonymisation)가 가능해야 한다.[67] 개인정보를 처리하는 컨트롤러는 동일한 컨트롤러 내에서 허가받은 자들을 나타내야 한다.[68]

1) 결합전문기관의 지정 등[69]

① 결합전문기관의 지정

결합전문기관의 지정 기준은 다음 각 호와 같다:[70] 1. 보호위원회가 정하여 고시하는 바에 따라 가명정보의 결합·반출 업무를 담당하는 조직을 구성하고, 개인정보 보호와 관련된 자격이나 경력을 갖춘 사람을 3명 이상 상시 고용할 것, 2. 보호위원회가 정하여 고시하는 바에 따라 가명정보를 안전하게 결합하

목적의 가명정보 결합고시 및 가명정보 가이드라인 참조. 이외에 보건복지부의 「보건의료 데이터 활용 가이드라인」, 교육부의 「교육분야 가명·익명정보 처리 가이드라인」 및 행안부의 「공공분야 가명정보 제공 실무안내서」 참조. 가명정보의 처리에 관하여 개인정보처리자가 이 법의 규정을 준수한 경우 가이드라인의 미준수를 사유로 처벌되지 않는다. 가명정보 가이드라인 5면. 서로 다른 가명정보의 안전하고 효율성 높은 결합을 위하여 가명정보결합종합지원시스템이 운영되고 있다. https://link.privacy.go.kr/nadac/index.do 참조.

67) GDPR 상설 제29항.

68) GDPR 상설 제29항.

69) 아래 영 제29조의2 제1항부터 제7항까지에서 규정한 사항 외에 결합전문기관의 지정, 재지정 및 지정 취소 등에 필요한 사항은 보호위원회가 정하여 고시한다. 영 제29조의2 제8항. 가명정보 결합고시 참조.

70) 영 제29조의2 제1항. 법인, 단체 또는 기관이 결합전문기관으로 지정을 받으려는 경우에는 보호위원회가 정하여 고시하는 결합전문기관 지정신청서에 다음 각 호의 서류(전자문서 포함)를 첨부하여 보호위원회 또는 관계 중앙행정기관의 장에게 제출해야 한다: 1. 정관 또는 규약, 2. 지정 기준을 갖추었음을 증명할 수 있는 서류로서 보호위원회가 정하여 고시하는 서류. 영 제29조의2 제2항.

기 위하여 필요한 공간, 시설 및 장비를 구축하고 가명정보의 결합·반출 관련 정책 및 절차 등을 마련할 것, 3. 보호위원회가 정하여 고시하는 기준에 따른 재정 능력을 갖출 것, 4. 최근 3년 이내에 법 제66조에 따른 공표 내용에 포함된 적이 없을 것.[71] 보호위원회 또는 관계 중앙행정기관의 장은 지정신청서를 제출한 법인, 단체 또는 기관이 지정 기준에 적합한 경우에는 결합전문기관으로 지정할 수 있다.[72]

② 결합전문기관의 취소

보호위원회 또는 관계 중앙행정기관의 장은 결합전문기관이 다음 각 호의 어느 하나에 해당하는 경우에는 결합전문기관의 지정을 취소할 수 있다:[73] 1. 거짓이나 부정한 방법으로 결합전문기관으로 지정을 받은 경우, 2. 결합전문기관 스스로 지정 취소를 요청하거나 폐업한 경우, 3. 결합전문기관의 지정 기준을 충족하지 못하게 된 경우, 4. 결합 및 반출 등과 관련된 정보의 유출 등 개인정보 침해사고가 발생한 경우, 5. 그 밖에 이 법 또는 이 영에 따른 의무를 위반한 경우. 보호위원회 또는 관계 중앙행정기관의 장은 거짓이나 부정한 방

---

71) 보호위원회는 법 제61조에 따른 개선권고, 법 제64조에 따른 시정조치 명령, 법 제64조의2에 따른 과징금의 부과, 법 제65조에 따른 고발 또는 징계권고 및 법 제75조에 따른 과태료 부과의 내용 및 결과에 대하여 공표할 수 있다. 법 제66조 제1항.

72) 영 제29조의2 제3항. 결합전문기관 지정의 유효기간은 지정받은 날부터 3년으로 하고, 보호위원회 또는 관계 중앙행정기관의 장은 결합전문기관이 유효기간의 연장을 신청하면 지정 기준에 적합한 경우에는 재지정할 수 있다. 영 제29조의2 제4항. 결합전문기관으로 국세청, 통계청, 한국사회보장정보원, 삼성SDS, CJ 등(보호위원회 지정), 국민건강보험, 건강보험심사평가원, 국립암센터(보건복지부 지정), 한국도로공사(국토교통부 지정), 한국지능정보사회진흥원, 한국데이터산업진흥원, ㈜SK 등(과기정통부 지정), 한국교육학술정보원(교육부 지정), 한전KDN(산업통상자원부 지정), 국가정보자원관리원(행안부 지정) 등이 있다. 신용정보회사등의 정보와 결합하고자 하는 경우 데이터전문기관을 통해 결합을 신청해야 한다. 신용정보법 제17조의2 제1항. 결합대상정보의 성격이 아닌 해당 정보를 보유한 기관에 따라 이 법의 결합전문기관 또는 신용정보법의 데이터전문기관을 구분하여 결합 신청하여야 한다. 신용정보회사등이 아닌 기관이 보유한 금융·신용정보는 이 법의 결합전문기관을 통해 결합을 수행하여야 한다. 가명정보 가이드라인 46면.

73) 영 제29조의2 제5항. 보호위원회 또는 관계 중앙행정기관의 장은 결합전문기관의 지정을 취소하려는 경우에는 청문을 해야 한다. 영 제29조의2 제6항. 청문은 행정청이 어떠한 처분을 하기 전에 당사자 등의 의견을 직접 듣고 증거를 조사하는 절차를 말한다. 행정절차법 제2조 제5호.

법으로 결합전문기관으로 지정을 받은 경우 또는 결합전문기관 스스로 지정 취소를 요청하거나 폐업한 경우에는 그 지정을 취소해야 한다.[74] 보호위원회 또는 관계 중앙행정기관의 장은 결합전문기관을 지정, 재지정 또는 지정 취소한 경우에는 이를 관보에 공고하거나 보호위원회 또는 해당 관계 중앙행정기관의 홈페이지에 게시해야 한다.[75]

③ 결합전문기관의 관리 · 감독 등

보호위원회 또는 관계 중앙행정기관의 장은 결합전문기관을 지정한 경우에는 해당 결합전문기관의 업무 수행능력 및 기술 · 시설 유지 여부 등을 관리 · 감독해야 한다.[76] 결합전문기관은 보호위원회 또는 관계 중앙행정기관의 장에 의한 관리 · 감독을 위하여 다음 각 호의 서류를 매년 보호위원회 또는 관계 중앙행정기관의 장에게 제출해야 한다:[77] 1. 가명정보의 결합 · 반출 실적보고서, 2. 결합전문기관의 지정 기준을 유지하고 있음을 증명할 수 있는 서류, 3. 가명정보의 안전성 확보에 필요한 조치를 하고 있음을 증명할 수 있는 서류로서 보호위원회가 정하여 고시하는 서류.

보호위원회는 다음 각 호의 사항을 관리 · 감독해야 한다:[78] 1. 결합전문기관의 가명정보의 결합 및 반출 승인 과정에서의 이 법의 위반 여부, 2. 결합신청자의 가명정보 처리 실태, 3. 그 밖에 가명정보의 안전한 처리를 위하여 필요한 사항으로서 보호위원회가 정하여 고시하는 사항.

---

74) 영 제29조의2 제5항 단서.
75) 영 제29조의2 제7항 제1문. 관계 중앙행정기관의 장이 결합전문기관을 지정, 재지정 또는 지정 취소한 경우에는 보호위원회에 통보해야 한다. 영 제29조의2 제7항 제2문.
76) 영 제29조의4 제1항.
77) 영 제29조의4 제2항.
78) 영 제29조의4 제3항.

2) 가명정보의 결합 및 반출 등[79]

개인정보처리자가 통계작성, 과학적 연구, 공익적 기록보존 등을 위하여 정보주체의 동의 없이 가명정보를 처리할 수 있지만, 이들 목적으로 서로 다른 개인정보처리자 간의 가명정보 결합은 보호위원회 또는 관계 중앙행정기관의 장이 지정하는 전문기관, 즉 결합전문기관이 수행한다.[80] 서로 다른 개인정보처리자 간의 가명정보 결합을 수행한 기관 외부로 결합된 정보를 반출하려는 개인정보처리자는 가명정보 또는 익명정보로 처리한 뒤 결합전문기관의 장의 승인을 받아야 한다.[81]

가명정보 결합과 반출은 결합신청자의 결합신청, 결합키관리기관의 결합키 연계정보 생성, 결합전문기관의 가명정보 결합 및 반출, 결합신청자의 반출정보 활용 및 안전한 관리 등으로 진행한다.[82]

① 가명정보의 결합

결합전문기관에 가명정보의 결합을 신청하려는 개인정보처리자, 즉 결합신청자는 보호위원회가 정하여 고시하는 결합신청서에 다음 각 호의 서류를 첨부하여 결합전문기관에 제출해야 한다:[83] 1. 사업자등록증, 법인등기부등본 등

---

79) 아래 영 제29조의3 제1항부터 제5항까지에서 규정한 사항 외에 가명정보의 결합 절차와 방법, 반출 및 승인 등에 필요한 사항은 보호위원회가 정하여 고시한다. 영 제29조의 3 제6항. 가명정보 결합고시 참조. 동 고시의 시행일에 공공기관가명정보 결합고시는 폐지되었다.

80) 법 제28조의3 제1항. 서로 다른 개인정보처리자 간의 가명정보 결합 절차와 방법, 전문기관의 지정과 지정 취소 기준·절차, 관리·감독, 이렇게 결합된 정보의 반출 및 승인 기준·절차 등 필요한 사항은 대통령령으로 정한다. 법 제28조의3 제3항.

81) 법 제28조의3 제2항. 익명정보는 법 제58조의2 참조.

82) 가명정보 가이드라인 39면. 결합신청서는 가명정보 결합고시 [별지 제3호] 참조. 결합을 위해 가명정보를 제공하는 개인정보처리자 또는 결합된 가명정보를 이용하려는 결합신청자는 결합 목적을 설정하여 결합전문기관을 선정 및 결합신청 등을 하고, 반출신청 및 반출된 가명정보의 활용 및 안전한 관리를 수행한다. 결합전문기관은 결합 전 가명처리, 결합, 추가 가명처리 및 분석, 반출된 정보의 분석 등을 지원한다. 결합키관리기관은 안전한 가명정보 결합을 지원하기 위해 결합신청자가 선택한 결합율 확인, 가명정보 추출 및 반복결합연결정보 생성관리 등을 추가 수행한다. 가명정보 가이드라인 40면.

83) 영 제29조의3 제1항.

결합신청자 관련 서류, 2. 결합 대상 가명정보에 관한 서류, 3. 결합 목적을 증명할 수 있는 서류, 4. 그 밖에 가명정보의 결합 및 반출에 필요하다고 보호위원회가 정하여 고시하는 서류.

결합전문기관은 가명정보를 결합하는 경우에는 특정 개인을 알아볼 수 없도록 해야 한다.[84] 이 경우 보호위원회는 필요하면 한국인터넷진흥원 또는 보호위원회가 지정하여 고시하는 기관으로 하여금 특정 개인을 알아볼 수 없도록 하는 데에 필요한 업무를 지원하도록 할 수 있다.[85] 결합전문기관은 결합 등에 필요한 비용을 결합신청자에게 청구할 수 있다.[86]

통계작성을 위한 결합은 특정 집단이나 대상 등에 대하여 수량적인 정보를 처리하여 통계작성을 목적으로 가명정보를 결합하는 것이고, 상업적 성격의 통계작성도 가능하다.[87] 과학적 연구를 위한 결합은 과학적 방법을 적용한 연구로서 자연과학, 사회과학, 기초연구, 응용연구뿐만 아니라 새로운 기술·제품·서비스 개발 및 실증을 위한 산업적 연구를 포함한 과학적 연구를 목적으로 가명정보를 결합하는 것을 말한다.[88] 공익적 기록보존을 위한 결합은 공공의 이익을 위하여 지속적으로 열람할 가치가 있는 정보를 기록하여 보존하는 것이고, 공공기관뿐 아니라 기업, 단체 등이 일반적인 공익을 위하여 기록을 보존하는 경우도 포함한 공익적 기록보존을 목적으로 가명정보를 결합하는 것이다.[89]

가명정보의 결합은 결합신청자 간의 공통되는 결합키에 의해 이루어진다. 결합신청자가 결합 후 활용할 수 있는 정보(반출정보 등)는 공통된 결합키로만 결합(공통결합)된 정보 및 각 결합신청자 기준, 공통된 결합키로 결합된 정보와 그 외 결합키의 정보로 구성(확대결합, 잔여결합)된 정보이다.[90] 시계열 분석 등

---

84) 영 제29조의3 제2항 제1문.
85) 영 제29조의3 제2항 제2문.
86) 영 제29조의3 제5항.
87) 가명정보 가이드라인 44면.
88) 가명정보 가이드라인 44면.
89) 가명정보 가이드라인 44면.
90) 가명정보 가이드라인 40면. 결합키는 해당 정보만으로는 특정 개인을 알아볼 수 없으나 다른 정보주체와 구별할 수 있도록 조치한 정보로서 통상 개인을 식별할 수 있는 정보

을 목적으로 가명정보를 결합할 때에는 동일한 서로 다른 개인정보처리자 간의 가명정보를 지속적·반복적으로 반복하며 결합할 수 있다. 반복결합이 필요한 경우 결합신청 시 반복결합을 선택하여 신청하고, 반복결합의 경우 반출정보에 반복적인 분석을 위해 필요한 정보(반복결합연결정보)가 추가 포함된다.[91]

결합신청자는 결합키와 일련번호를 결합키관리기관에 전송하고, 결합키관리기관은 결합키와 일련번호를 사용하여 결합키연계정보를 생성하고 결합전문기관에 결합키연계정보를 전송하며, 결합전문기관은 결합키연계정보와 일련번호, 결합대상정보를 사용하여 결합한다.[92]

결합전문기관은 자신이 보유한 가명정보와 다른 개인정보처리자가 보유한 가명정보를 결합하여 가명정보의 결합을 신청하는 다른 개인정보처리자 등 제3자에게 제공하려는 경우 가명정보의 결합, 즉 자체결합을 직접 수행할 수 있다.[93]

를 이용하여 생성한다. 2020년 해설서 233면. 결합신청자 A가 성명, 전화번호, 생년월일, 주소, 차량 정보, 배기량, 주유금액 등 정보를 가지고 있고, 결합신청자 B가 성명, 전화번호, 생년월일, 주소, 주거형태, 보증금 유무, 월세 유무 등 정보를 가지고 있는 경우, 결합신청자가 동일하게 가지고 있는 성명, 전화번호, 생년월일 등 특정 개인을 식별할 수 있는 정보를 결합키 생성 항목으로 선정한다. 가명정보 가이드라인 45면. 위의 예에서 결합신청자 A의 가명처리 대상 항목은 주소, 차량 정보, 배기량, 주유금액이고, 결합신청자 B의 가명처리 대상 항목은 주소, 주거형태, 보증금 유무, 월세 유무이다. 가명정보 가이드라인 54면.

91) 가명정보 가이드라인 40면. '시계열 분석'(time−series analysis)은 시간의 흐름에 따라 기록된 자료를 분석하고 여러 변수들 사이의 인과관계를 분석하는 방법론이다. https://namu.wiki/w/%EC%8B%9C%EA%B3%84%EC%97%B4%20%EB%B6%84%EC%84%9D 참조.

92) 가명정보 가이드라인 54면. 일련번호는 결합신청자가 각 정보주체의 레코드에 부여한 번호이고, 결합대상정보는 가명정보에서 결합키를 제외한 정보이며, 결합키연계정보는 정보주체에 관한 가명정보를 결합할 수 있도록 서로 다른 결합신청자의 결합키를 연계한 정보이다. 2020년 해설서 234면.

93) 가명정보 결합고시 제9조의4 제1항. 이 경우 몇 가지 조건이 요구되는데, 예컨대 결합전문기관과 이해관계가 없는 외부전문가가 결합신청서 및 첨부 서류의 확인과 보완 요구 및 결합 대상 정보의 가명처리 수준 확인과 추가 처리 요청을 수행해야 한다. 가명정보 결합고시 제9조의4 제2항 제1호. 폐지된 「공공기관의 가명정보의 결합 및 반출 등에 관한 고시」 제4조 제1항에 따르면, 공공결합전문기관은 자신이 보유한 가명정보와 다른 개인정보처리자가 보유한 가명정보를 결합하여 가명정보의 결합을 신청하는 다른 개인정보처리자 등 제3자에게 제공하려는 경우 가명정보의 결합을 직접 수행할 수 있었다. 따라서, 공공결합전문기관은 물론 민간결합전문기관도 자체결합이 허용된다.

② 가명정보의 반출

결합정보를 반출하려는 결합신청자는 반출신청서와 첨부 서류를 제출하여 반출을 신청한다.94) 결합신청자는 결합전문기관이 결합한 정보를 결합전문기관 외부로 반출하려는 경우에는 결합전문기관에 설치된 안전성 확보에 필요한 기술적·관리적·물리적 조치가 된 공간에서 결합된 정보를 가명정보 또는 익명정보로 처리한 뒤 결합전문기관의 승인을 받아야 한다.95) 결합신청자는 반출 전 처리를 위한 공간에서 결합된 정보가 특정 개인을 알아볼 수 있는지 여부를 확인하고, 특정 개인을 알아볼 우려가 있는 경우 가명처리 등을 한다.

결합전문기관은 다음 각 호의 기준을 충족하는 경우에는 반출을 승인해야 한다:96) 1. 결합 목적과 반출 정보가 관련성이 있을 것, 2. 특정 개인을 알아볼 가능성이 없을 것, 3. 반출 정보에 대한 안전조치 계획이 있을 것. 이 경우 결합전문기관은 결합된 정보의 반출을 승인하기 위하여 반출심사위원회를 구성해야 한다.97) 결합전문기관은 반출 등에 필요한 비용을 결합신청자에게 청구할 수 있다.98) 결합전문기관이 반출을 승인하면 결합신청자는 결합정보를 분석한 결과물을 반출하거나, 결합정보(데이터셋)를 반출할 수 있다.

반출정보는 결합신청자가 반출심사 시 제출한 환경(가명정보 활용 형태, 처리 장소, 방법)과 목적 범위에서 활용하는 것이 원칙이다.99) 결합신청자가 반출정보를 반출심사 시와 다른 목적으로 활용하거나 제3자에게 제공하는 것이 금지되어 있지는 않으나, 반출심사 시 제출한 처리 상황의 변경이 있는 경우 해당 처리 상황에 맞게 가명처리하여 활용하여야 한다.100) 반복결합의 반출정보에는 반복결합연결정보가 포함되어 내부에서 연계하여 분석할 수 있다.101)

---

94) 반출신청서는 가명정보 결합고시 [별지 제4호] 참조.
95) 영 제29조의3 제3항. 익명정보는 법 제58조의2 참조. 안전성 확보에 필요한 기술적·관리적·물리적 조치가 된 공간은 '반출 전 처리를 위한 공간'이라 부른다. 2020년 해설서 237면.
96) 영 제29조의3 제4항 제1문.
97) 영 제29조의3 제4항 제2문.
98) 영 제29조의3 제5항.
99) 가명정보 가이드라인 57면.
100) 가명정보 가이드라인 57면.
101) 가명정보 가이드라인 57면.

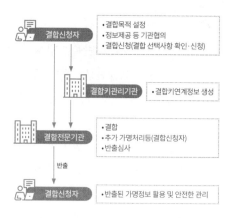

<결합신청자>
• 결합목적 설정
• 정보제공 등 기관협의
• 결합신청(결합 선택사항 확인·신청)

<결합키관리기관>
• 결합키연계정보 생성

<결합전문기관>
• 결합
• 추가 가명처리등(결합신청자)
• 반출심사

반출

<결합신청자>
• 반출된 가명정보 활용 및 안전한 관리

〈가명정보의 결합과 반출〉[102]

(3) 가명정보에 대한 안전조치 의무 등

법 제28조의4는 개인정보처리자의 가명정보의 처리에 관한 안전조치 의무 등을 규정한다. 아래에서 검토되는 규정의 적용과 함께, 이 법의 일반적인 관리적 보호조치를 하여야 한다. 예컨대 수탁자 관리·감독의 의무가 적용된다. 즉 개인정보처리자는 가명정보의 처리 업무를 외부에 위탁하는 경우 가명정보도 개인정보에 해당하므로 개인정보의 처리 업무위탁에 관한 법 제26조의 적용을 받는다.[103] 또한, 개인정보 처리방침 수립 및 공개 의무도 적용된다. 즉 개인정보처리자는 가명정보의 처리에 관련된 내용을 개인정보 처리방침에 포함하여 공개하도록 법 제30조의 적용을 받는다.[104]

---

102) 가명정보 가이드라인 39면.

103) 이 경우 위탁업무 수행 목적 외 가명정보의 처리 금지에 관한 사항 등을 포함한 문서를 작성하여야 한다. 법 제26조 제1항 참조. 또한, 위탁자는 위탁하는 업무의 내용과 가명정보의 처리 업무를 위탁받아 처리하는 자를 공개하여야 한다. 법 제26조 제2항 참조. 또한, 위탁자는 업무위탁으로 인하여 가명정보가 분실·도난·유출·위조·변조·훼손 또는 재식별 되지 아니하도록 수탁자를 교육하고, 처리 현황 점검 등 수탁자가 가명정보를 안전하게 처리하는지 감독하여야 한다. 법 제26조 제4항 및 제8항 참조.

104) 법 제30조 제1항 제4호의2. 가명정보 처리 목적, 가명정보 처리 기간(선택적), 가명정보 제3자 제공에 관한 사항(해당하는 경우), 가명정보 처리 위탁에 관한 사항(해당하는 경우), 처리하는 개인정보 항목, 법 제28조의4에 따른 가명정보의 안전성 확보 조치에 관한 사항이 포함될 것이다. 개인정보의 처리에 대하여 이미 작성한 개인정보 처

1) 가명정보 및 추가 정보에 대한 안전성 확보 조치

개인정보처리자는 법 제28조의2 또는 제28조의3에 따라 가명정보를 처리하는 경우에는 원래의 상태로 복원하기 위한 추가 정보를 별도로 분리하여 보관·관리하는 등 해당 정보가 분실·도난·유출·위조·변조 또는 훼손되지 않도록 대통령령으로 정하는 바에 따라 안전성 확보에 필요한 기술적·관리적 및 물리적 조치를 하여야 한다.[105] 예컨대, 결합전문기관은 자체결합을 직접 수행할 수 있는데 이 경우 결합전문기관은 자신이 보유한 가명정보와 자체결합한 가명정보를 물리적으로 분리하여 보관하고, 각 정보에 대한 접근권한을 통제·관리할 것이 요구된다.[106] 또한, 반출정보를 활용하는 결합신청자는 안전성 확보에 필요한 기술적·관리적·물리적 조치를 하여야 한다.[107]

개인정보처리자는 가명정보 및 가명정보를 원래의 상태로 복원하기 위한 추가 정보에 대하여 다음 각 호의 안전성 확보 조치를 해야 한다. 첫째, 가명정보 및 추가 정보의 안전성 확보 조치이다.[108] 개인정보의 안전한 관리를 위하여 수립·시행된 내부 관리계획이 있을 경우 가명정보의 처리에 관한 내용만 추가하여 수립·시행하는 것도 가능하다.[109] 둘째, 가명정보와 추가 정보의 분리·보관이다.[110] 가명정보와 추가 정보를 분리·보관하는 것은 가명처리 이후

리방침이 있을 경우 가명정보 처리에 관한 내용만 추가하면 될 것이다. 가명정보 가이드라인 62면.

[105] 법 제28조의4 제1항. 2023년 3월 14일 개정으로 가명정보의 앞에 '제28조의2 또는 제28조의3에 따라'가 추가되었다.

[106] 가명정보 결합고시 제9조의4 제2항 제4호.

[107] 가명정보 가이드라인 58면.

[108] 영 제29조의5 제1항 제1호. 안전성 확보조치에 관하여 영 제30조 참조.

[109] 가명정보 가이드라인 59면. 내부 관리계획에는 가명정보 및 추가 정보의 분리 보관 및 이들에 대한 접근권한 분리에 대한 사항 및 가명정보의 재식별 금지에 관한 사항 등을 포함하여야 한다. 가명정보 가이드라인 60면.

[110] 영 제29조의5 제1항 제2호. 가명정보 및 추가 정보의 안전한 관리를 위한 물리적 안전조치로서, 개인정보처리자는 가명정보 또는 추가 정보를 전산실이나 자료보관실에 보관하는 경우 비인가자의 접근으로부터 보호하기 위하여 출입통제 등 절차를 수립하고, 이들 정보가 보조저장매체 등에 저장되어 있는 경우 잠금장치가 있는 안전한 장소에 보관하여야 하며 동 보조저장매체 등의 반출입 통제를 위한 보안대책을 마련해야 한

재식별을 방지하기 위한 것으로서, 가명처리 과정에서 가명정보와 추가 정보가 일시적으로 동일 서버에 존재하는 것은 이 법의 위반이 아니다.111) 불가피하게 추가 정보와 가명정보의 물리적 분리가 어려운 경우 DB테이블 분리 등 논리적 분리도 가능하다.112) 추가 정보가 불필요한 경우에는 추가 정보를 파기해야 한다.113) 셋째, 가명정보와 추가 정보에 대한 접근 권한의 분리이다.114) 가명정보와 추가 정보에 대한 접근권한을 분리하는 것은 가명처리 이후 재식별을 방지하기 위한 것으로서, 가명처리 과정에서 가명정보와 추가 정보가 일시적으로 동일 서버에 존재하는 것은 이 법의 위반이 아니다.115) 예컨대, 개인정보처리자는 가명정보 또는 추가 정보에 접근할 수 있는 담당자를 가명정보 처리 업무 목적 달성에 필요한 최소한의 인원으로 엄격하게 통제하여야 하고, 접근 권한도 업무에 따라 차등 부여하여야 한다.116) 소상공인으로서 가명정보를 취급할 자를 추가로 둘 여력이 없는 경우 등 접근 권한의 분리가 어려운 정당한 사유가 있는 경우에는 업무 수행에 필요한 최소한의 접근 권한만 부여하고 접근 권한의 보유 현황을 기록으로 보관하는 등 접근 권한을 관리·통제해야 한다.117) 전보 또는 퇴직 등 인사이동이 발생하여 가명정보를 처리하는 자가 변경되었을 경우 지체 없이 가명정보처리시스템의 접근권한을 변경 또는 말소하여야

다. 가명정보 가이드라인 66면.

111) 가명정보 가이드라인 137면.

112) 논리적 분리의 경우 엄격한 접근 통제를 적용하여야 한다. 가명정보 가이드라인 63면.

113) 영 제29조의5 제1항 제2호 단서.

114) 영 제29조의5 제1항 제3호.

115) 가명정보 가이드라인 137면.

116) 예컨대, 가명정보를 처리하는 자가 가명처리를 수행하는 경우를 제외하고는 특정 개인을 알아볼 수 있는 개인정보처리시스템(가명정보처리시스템 제외)에 접근할 수 없도록 제한할 필요가 있다. 가명정보 가이드라인 63면.

117) 영 제29조의5 제1항 제3호 단서. 소상공인은 중소기업기본법 제2조 제2항에 따른 소기업 중 다음 각 호의 요건을 모두 갖춘 자를 말한다: 1. 상시 근로자 수가 10명 미만일 것, 2. 업종별 상시 근로자 수 등이 대통령령으로 정하는 기준에 해당할 것. 소상공인 기본법 제2조 제1항. 소상공인이 그 규모의 확대 등으로 소상공인에 해당하지 아니하게 된 경우 그 사유가 발생한 연도의 다음 연도부터 3년간은 소상공인으로 본다. 소상공인법 제2조 제2항. 소기업 외의 기업과 합병하거나 그 밖에 대통령령으로 정하는 사유로 소상공인에 해당하지 아니하게 된 경우에는 그러하지 아니하다. 동 항 단서.

한다.[118]

2) 가명정보의 처리 기간 결정

개인정보처리자는 법 제28조의2 또는 제28조의3에 따라 가명정보를 처리하고자 하는 경우 처리 목적 등을 고려하여 가명정보의 처리 기간을 별도로 정할 수 있다.[119]

3) 가명정보의 처리에 관한 기록 작성 및 보관

개인정보처리자는 법 제28조의2 또는 제28조의3에 따라 가명정보를 처리하고자 하는 경우에는 가명정보의 처리 목적, 제3자 제공 시 제공받는 자, 가명정보의 처리 기간(법 제28조의4 제2항에 따라 처리 기간을 별도로 정한 경우에 한한다) 등 가명정보의 처리 내용을 관리하기 위하여 대통령령으로 정하는 사항에 대한 관련 기록을 작성하여 보관하여야 하며, 가명정보를 파기한 경우에는 파기한 날부터 3년 이상 보관하여야 한다.[120] '대통령령으로 정하는 사항'은 다음 각 호의 사항을 말한다:[121] 1. 가명정보 처리의 목적, 2. 가명처리한 개인정보의 항목, 3. 가명정보의 이용내역, 4. 제3자 제공 시 제공받는 자, 5. 가명정보의 처리기간(법 제28조의4 제2항에 따라 가명정보의 처리 기간을 별도로 정한 경우로 한정한다),[122] 6. 그 밖에 가명정보의 처리 내용을 관리하기 위하여 보호위원회가 필요하다고 인정하여 고시하는 사항.

(4) 가명정보에 대한 개인정보보호법 규정의 비적용

가명정보는 정보주체의 동의 없이도 통계작성, 과학적 연구, 공익적 기록보

---

118) 가명정보 가이드라인 63면.

119) 법 제28조의4 제2항. 동 규정은 2023년 3월 14일 개정으로 신설되었다.

120) 법 제28조의4 제3항. 2023년 3월 14일 개정으로 '제28조의2 또는 제28조의3에 따라', '가명정보의 처리 기간' 및 '가명정보를 … 파기한 날부터 3년 이상'이 추가되었다.

121) 영 제29조의5 제2항.

122) 동 사항은 2023년 9월 개정으로 신설되었는데, 법 제28조의4 제2항에 따라 처리기간을 별도로 정한 경우에 한한다.

존 등을 위하여 처리될 수 있어서, 가명정보의 처리에 있어서 정보주체의 동의를 전제로 하는 권리는 제한될 수밖에 없다. 따라서, 법 제28조의2 또는 제28조의3에 따라 처리된 가명정보에 대하여 이 법의 다음 규정은 적용되지 않는다:[123] 정보주체 이외로부터 수집한 개인정보의 수집 출처 등 고지에 관한 법 제20조, 개인정보 이용·제공 내역의 통지에 관한 법 제20조의2,[124] 영업양도 등에 따른 개인정보의 이전 제한에 관한 법 제27조, 개인정보 유출등의 통지에 관한 법 제34조 제1항, 개인정보의 열람에 관한 법 제35조, 개인정보의 전송 요구에 관한 법 제35조의2,[125] 개인정보의 정정·삭제에 관한 법 제36조 및 개

---

123) 법 제28조의7. 2023년 3월 14일 개정으로 개인정보의 파기에 관한 법 제21조는 법 제28조의7의 적용 배제에서 삭제되었다. 동 개정 전에는 법 제28조의7은 개인정보의 파기에 관한 제21조가 가명정보에 적용되지 않는다고 규정하였다. 흥미롭게도, 2020년 3월 입법예고된 시행령 초안에서 영 제29조의5 제3항은 개인정보처리자로 하여금 가명정보의 처리 목적이 달성되거나 가명정보 보유 기간이 경과한 때에는 그 가명정보를 지체 없이 파기하도록 요구하였지만, 동 시행령 초안 규정은 삭제되었다. 이 법에서 가명정보는 개인정보에 해당하는 점에서 개인정보의 파기 규정이 가명정보에 적용되는 것이 합리적이다. 2023년 3월 14일 개정으로 삭제된 정보통신서비스 제공자등에 대한 특례 규정인 개인정보의 수집·이용 동의 등에 대한 특례인 법 제39조의3, 개인정보 유출등의 통지·신고에 대한 특례인 법 제39조의4, 개인정보의 파기에 대한 특례인 법 제39조의6, 이용자의 권리 등에 대한 특례인 법 제39조의7, 개인정보 이용내역의 통지에 관한 법 제39조의8은 이 법에서 개인정보처리자에 적용되는 규정으로 신설 또는 대체되었다. 한편, 개인정보처리자가 통계작성, 과학적 연구, 공익적 기록보존 등의 목적으로 가명정보를 처리함에 있어 그 구체적인 처리 목적을 달성한 이후에도 헌법 제37조 및 법 제3조(개인정보보호 원칙)에 따라 이를 파기하지 아니하는 경우에는 해당 정보를 법 제58조의2의 '시간·비용·기술 등을 합리적으로 고려할 때 다른 정보를 사용하여도 더 이상 개인을 알아볼 수 없는 정보' 즉 익명정보로 처리하여야 한다. 보완규정 제3절 제4조 제(iii)항.

124) 법 제20조의2는 2023년 3월 14일 개정에서 정보통신서비스 제공자등에 대한 법 제39조의8을 대체하면서 신설되었다.

125) 법 제35조의2는 2023년 3월 14일 개정으로 신설되었다. 동 개정규정은 2024년 3월 15일부터 2025년 3월 14일까지 대통령령으로 정하는 날 시행한다. 법 부칙 제1조 제2호. 그런데, 정보주체의 개인정보 전송 요구에 관한 법 제35조의2가 가명정보에 적용되지 않는 점은 검토가 필요하다. 즉 가명정보는 정보주체에게 분명히 연결될 수 있어서 특히 과학적 연구와 통계작성의 목적의 가명정보는 개인정보로서 전송 대상이 될 수 있다고 보아야 한다. 제29조 작업반 Guidelines on Portability, p. 7 및 GDPR 제89조 제2항 참조. 정보주체는 정보이동권 등 제15조에서 제20조까지 규정된 자신의 권리를 행사할 목적으로 자신의 신원 확인을 가능하게 하는 '추가적 정보'(additional information)를 컨트롤러에게 제공하는 경우 정보이동권에 관한 제20조 등이 적용된

인정보의 처리정지 등에 관한 법 제37조.

EU GDPR

과학적 연구 등 목적을 위한 처리에 대한 GDPR의 일부 규정의 비적용은 공익을 위한 문서보존 목적, 과학적 또는 역사적 연구 목적 또는 통계적 목적의 달성을 '불가능하게 또는 심각하게 저해할 것 같고 이들 권리로부터의 일탈이 이들 목적의 충족에 필요한 한'의 조건을 충족해야 한다.[126] 또한, 이들 목적의 처리에 대한 GDPR의 일부 규정의 비적용은 EU 또는 회원국 법에 따르는 점에서 특히 개별 회원국 법이 개인정보의 처리 유형에 대한 상세한 요건을 결정하게 될 것이다.[127] 또한, 과학적 연구 등 세 가지 목적의 처리가 동시에 다른 목적을 위한 처리인 경우, 이러한 처리에 대한 GDPR의 일부 규정의 비적용은 해당 목적을 위한 처리에만 적용된다.[128]

▌ 표.19 통계작성 등 목적의 처리에서 이 법과 GDPR 규정의 적용 제외

법 제28조의7	GDPR 제89조 제2항과 제3항
정보주체 이외로부터 수집한 개인정보의 수집 출처 등 고지에 관한 제20조	
개인정보 이용·제공 내역의 통지에 관한 제20조의2	
영업양도 등에 따른 개인정보의 이전 제한에 관한 제27조	
개인정보 유출등의 통지에 관한 제34조 제1항	
개인정보의 열람에 관한 제35조	접근권에 관한 제15조
개인정보의 정정·삭제에 관한 제36조	정정권에 관한 제16조
개인정보의 처리정지 등에 관한 제37조	처리 제한권에 관한 제18조, 반대권에 관한

다. GDPR 제11조 제2항. GDPR의 정보이동권(right to data portability)은 법 제35조의2가 규정하는 전송 요구권에 상응한다.

126) GDPR 제89조 제2항과 제3항.

127) GDPR 상설 제156항.

128) GDPR 제89조 제4항.

	제21조
개인정보의 전송 요구에 관한 제35조의2	개인정보이동권에 관한 제20조(공익을 위한 문서보존 목적)
	개인정보의 정정 또는 삭제 또는 처리 제한에 관한 통지 의무에 관한 제19조(공익을 위한 문서보존 목적)

GDPR과 비교할 때, 가명정보의 처리에 적용되지 않은 이 법의 규정의 범위는 더 크다. GDPR과 달리, 이들 규정의 비적용에 대한 질적인 제한도 없다. 결과적으로 통계작성 등을 위한 정보주체의 동의 없는 가명정보의 처리는 이 법에서 상당한 일탈의 혜택을 누린다.

(5) 가명정보의 처리 규정 평가

가명처리와 가명정보의 처리는 소위 '데이터 3법 개정'의 핵심 내용이다. 이들 두 개념은 EU GDPR의 선례를 반영한 것이다. 이들 두 개념이 동시에 반영된 이 법과 신용정보법은 차이를 보이는데, 신용정보법이 GDPR의 접근 방법을 보다 충실하게 반영한 것으로 보인다.

GDPR은 가명처리를 개인정보 처리의 안전장치로서 도입한 것과 달리 이 법은 가명정보 처리를 통계작성, 과학적 연구, 공익적 기록보존 등을 위한 특례로서 한정하여 허용한다.[129] 이 법은 통계작성, 과학적 연구, 공익적 기록보존 등을 위하여 정보주체의 동의 없이 가명정보를 처리할 수 있게 하지만, GDPR은 유사한 목적으로, 즉 공익을 위한 문서보존 목적, 과학적 또는 역사적 연구 목적 또는 통계적 목적을 위한 개인정보 처리를 가명정보의 처리로 한정하지 않고 가명처리를 포함한 필요한 안전장치에 따르도록 규정한다.[130] 이 법

---

129) GDPR에서 가명처리의 명시적 도입이 개인정보보호의 다른 조치를 배제하려는 것은 아니다. GDPR 상설 제28항. 한편, 가명처리된 정보가 통계작성, 과학적 연구, 공익적 기록보존 등의 목적 이외의 목적으로 처리되는 경우에는 이 법의 가명정보의 처리에 관한 특례가 적용되지 않는다. 예컨대, EU 적정성 결정에 따라 한국으로 이전된 EU 주민의 개인정보를 통계작성, 과학적 연구, 공익적 기록보존 외의 목적으로 가명처리하는 경우에는 동 특례가 적용되지 않는다. 보완규정 제3절 제4조 제(ii)항.

에서 가명정보의 처리는 통계작성 등 특정된 목적에 한정되지만, GDPR과 비교할 때, 가명정보의 처리에 적용되지 않은 이 법의 규정의 범위는 더 크다. 또한, 이들 규정의 비적용에 대한 질적인 제한도 없다. 결과적으로 통계작성 등을 위한 정보주체의 동의 없는 가명정보의 처리는 이 법에서 상당한 일탈의 혜택을 누린다.

2020년 2월 4일 개정으로 삭제된 법 제18조 제2항 제4호는 통계작성, 과학적 연구, 공익적 기록보존 등을 위하여 정보주체의 동의 없이 개인정보의 목적 외 처리를 허용하면서 이러한 처리에 가명처리 등 안전장치를 요구하도록 수정될 수 있었을 것이다. 이렇게 하면, 가명처리가 통계작성, 과학적 연구, 공익적 기록보존 등의 한정된 목적에만 사용되지 않고, 개인정보를 안전하게 처리함으로써 수집 목적과 양립하는 추가적 처리를 가능하도록, 즉 가명처리 내지 가명정보의 처리를 보다 더 활성화할 수 있었을 것이다. 이러한 통계작성 등 목적은 당연히 최초의 수집 목적과 양립가능한 것으로 규정할 수 있을 것이다.[131]

---

130) GDPR 제89조 제1항. GDPR은 가명처리를 암호화와 함께 이러한 목적의 처리를 가능하게 하는 안전장치로 규정한다. 2020년 8월 4일 개정으로 개인정보의 추가적 이용·제공의 기준으로서 가명처리가 암호화와 함께 안전성 확보에 필요한 조치로서 이 영에 처음 규정되었다. 영 제14조의2 제1항 제4호.

131) GDPR 제5조 제1항(b) 참조. 법 제15조 제3항 및 제17조 제4항 참조.

06

개인정보의 국외 이전

오늘날 세계화 시대에서 국경 넘어 개인정보의 이동은 글로벌 비즈니스 및 국제무역과 국가 간 협력의 확대에 있어 중요한 역할을 한다. 개인정보의 국외 이전은 해외 여러 국가에 지사를 두거나 사업 특성상 국제거래가 높은 비중을 차지하는 기업 차원은 물론 개인의 인터넷을 통한 상품이나 서비스의 구매에서도 종종 이루어진다.

개인정보를 이전하는 국가의 법이 개인정보의 국외 이전을 어떻게 규제하는지에 따라 해당 기업의 국제거래에 대한 성패가 달려 있고 궁극적으로 디지털통상의 발전에도 영향을 준다. 한편, 개인정보가 국외로 이전되는 경우 국외에서 해당 정보주체는 국내에서보다 적정한 수준의 보호를 받지 못할 수 있다. 이 점에서 개인정보의 국외 이전은 개인정보보호를 규율하는 법에서 시의적이고 중요한 문제가 된다.

Chapter

06

개인정보의 국외 이전

▌ I. 개인정보의 국외 이전

최근 유럽연합(European Union, EU)의 미국에 대한 EU 시민의 개인정보 이전과 관련한 일련의 사태는 주목할 만하다. EU에서 미국으로 개인정보의 역외 이전은 EU의 '적정성 결정'(adequacy decision)이 기반한 Safe Harbour와 Privacy Shield 체제에 근거하였는데, EU사법법원이 각각 2015년과 2020년 유럽위원회의 동 적정성 결정을 무효라고 판단하였다.[1] 동 적정성 결정이 무효가 된 후 Facebook 등 미국 기업은 표준계약조항(standard contractual clauses) 등을 통하여 미국으로 개인정보를 이전받아 처리하였다. 2022년 3월 25일 EU와 미국은 「대서양 양안 정보프라이버시 프레임워크」(Trans-Atlantic Data Privacy Framework)를 합의하였고,[2] 2023년 7월 10일 유럽위원회는 동 프레임워크에

---

[1] EU사법법원은 위 두 체제가 EU에서 요구되는 개인정보보호의 동등한 수준을 충족하지 않는다고 보았다. 다음의 두 판결 참조: ECJ, Judgment in Case C-362/14, Maximillian Schrems v. Data Protection Commissioner(Oct. 6, 2016); ECJ, Judgment in Case C-311/18, Data Protection Commissioner v. Facebook Ireland Limited and Maximillian Schrems(July 16, 2020).

[2] The White House, "FACT SHEET: United States and European Commission

대한 적정성 결정을 내렸다.[3] 이로써 EU에서 미국으로 개인정보의 역외 이전은 추가적인 보호장치 없이 자유롭게 가능하게 되었다.

개인정보의 국외 이전에 대하여 이 법은 종래 개인정보의 제3자 제공에 관한 법 제17조 제3항에서 단순하게 규정하였다. 소위 '데이터 3법 개정'에 따라 2020년 2월 4일 개정으로 정보통신망법의 개인정보의 국외 이전에 관한 규정이 이 법에 통합되었고, 2023년 3월 14일 개정으로 개인정보의 처리에 관한 제3장에 개인정보의 국외 이전에 관한 제4절이 신설되었다.[4] 신설된 제4절은 개인정보의 국외 이전에 관한 법 제28조의8, 개인정보의 국외 이전 중지명령에 관한 법 제28조의9, 상호주의에 관한 법 제28조의10 및 국외 재이전의 경우 개인정보의 국외 이전에 관한 규정의 준용에 관한 법 28조의11의 네 개 조문으로 구성된다.[5]

정부는 국제적 환경에서 개인정보보호 수준을 향상시키기 위하여 필요한 시책을 마련하고, 개인정보의 국외 이전으로 인하여 정보주체의 권리가 침해되지 아니하도록 관련 시책을 마련하도록 요구된다.[6] 특히 보호위원회는 개인정보보호를 위한 국제기구 및 외국의 개인정보 보호기구와의 교류·협력을 수행하고 있다.[7] 2023년 3월 14일 개정으로 보호위원회는 개인정보 국외 이전 정

Announce Trans—Atlantic Data Privacy Framework", March 25, 2022. 동 프레임워크의 실행을 위하여 동년 10월 7일 미국 바이든 대통령은 「미국의 신호정보활동의 안전장치를 개선하는 행정명령 14086」(Executive Order on Enhancing Safeguards for United States Signals Intelligence Activities)에 서명하였다.

3) European Commission, Commission Implementing Decision of 10.7.2023 pursuant to Regulation (EU) 2016/679 of the European Parliament and of the Council on the adequate level of protection of personal data under the EU—US Data Privacy Framework, Brussels, 10.7.2023, C(2023) 4745 final.

4) 이 법의 개정된 국외 이전에 관하여 박노형, "개정된 개인정보보호법상 개인정보의 국외 이전에 관한 규정의 분석: GDPR을 참조하여", 고려법학 제109호(2023.6) 참조.

5) 법 제28조의8 제1항부터 제5항에서 규정한 사항 외에 개인정보의 국외 이전의 기준 및 절차 등에 필요한 사항은 대통령령으로 정한다. 법 제28조의8 제6항. 이 영의 개인정보의 국외 이전에 관하여 필요한 사항을 정하는 「개인정보 국외 이전 운영 등에 관한 규정」이 고시로서 채택되어 있다. 보호위원회는 2023년 9월 15일 기준으로 매 3년이 되는 시점 (매 3년째의 9월 14일까지를 말한다)마다 그 타당성을 검토하여 개선 등의 조치를 하여야 한다. 개인정보 국외이전고시 제28조.

6) 법 제14조 제1항 및 제2항.

7) 법 제7조의8 제5호.

책의 전문적인 검토와 심의를 위하여 개인정보보호 관련 전문가 등으로 구성된 '국외 이전 분야 전문위원회'('국외이전전문위원회')를 둔다.[8]

1. 개인정보의 국외 이전 금지

개인정보처리자는 원칙적으로 개인정보를 국외로 제공, 처리위탁 및 보관하여서는 아니 된다.[9] 개인정보의 국외 이전은 개인정보가 조회되는 경우를 포함한 국외 제공, 국외 처리위탁 및 국외 보관을 의미한다.[10] 개인정보의 국외 제공은 다국적 기업의 한국 법인이 수집한 고객이 개인정보를 해외 본사로 이전하거나, 다국적 기업의 한국 법인의 고객DB를 해외 본사가 조회하는 경우가 된다.[11] 개인정보의 국외 처리 위탁은 해외에 자회사인 콜센터를 설립하고 국내 고객DB를 이용하여 고객 대응 업무를 대행시키는 경우가 된다.[12] 개인정보

---

8) 영 제5조 제1항 제1호. 국외이전전문위원회는 위원장 1인을 포함한 20인 이내의 위원으로 구성한다. 개인정보 국외이전고시 제3조 제1항. 국외이전전문위원회 위원은 다음 각 호의 사람 중에서 보호위원회 위원장이 임명하거나 위촉한다: 1. 보호위원회 위원, 2. 개인정보 보호 관련 업무를 담당하는 중앙행정기관의 관계 공무원, 3. 개인정보 보호에 관한 전문지식과 경험이 풍부한 사람, 4. 개인정보 보호와 관련된 단체 또는 사업자단체에 속하거나 그 단체의 추천을 받은 사람. 개인정보 국외이전고시 제3조 제2항. 국외이전전문위원회 위원의 임기는 위촉된 날로부터 3년으로 하되 연임할 수 있다. 개인정보 국외이전고시 제4조. 국외이전전문위원회 위원장은 동 전문위원회 업무를 효율적으로 수행하기 위하여 필요하다고 인정될 경우 일부 위원으로 구성되는 소위원회를 둘 수 있다. 개인정보 국외이전고시 제7조.

9) 법 제28조의8 제1항 본문.

10) 개인정보의 제3자 제공은 공유를 포함하는데, 국외 제3자에 의하여 조회되는 경우는 공유와 유사한 개념으로 볼 수 있다. 법 제17조 제1항 참조. 공유는 조회보다 제3자 제공의 보다 적극적인 유형으로 볼 수 있다. EDPB는 개인정보의 제3국 또는 국제기구로 이전(transfer)이 되는 처리는 다음의 세 가지 누적적 기준을 충족한다고 밝혔다. 첫째, 컨트롤러 또는 프로세서는 해당 처리에 대하여 GDPR의 적용을 받는다. 둘째, 이러한 컨트롤러 또는 프로세서, 즉 반출자(exporter)는 개인정보를 다른 컨트롤러, 공동 컨트롤러 또는 프로세서, 즉 반입자(importer)에게 전송에 의하여 공개하거나 또는 달리 이용 가능하게 해야 한다. 셋째, 반입자는, [영토적 범위에 관한] 제3조에 따라 해당 처리에 관하여 GDPR의 적용을 받는지 상관 없이, 제3국에 있거나 또는 국제기구이다. EDPB Opinion 5/2023, para. 7.

11) 2020년 해설서 469면.

12) 2020년 해설서 469면.

의 국외 보관은 해외 인터넷쇼핑몰 사업자가 국내 소비자의 개인정보를 해외에서 수집·보관하는 경우 또는 국내 사업자가 국내에서 수집한 소비자의 개인정보를 해외 서버에 보관하는 경우가 된다.[13]

개인정보의 국외 이전은 개인정보처리자가 개인정보를 국외 즉 한국 영토 밖으로 이전하는 것을 의미할 것이다.[14] 이 법이 '국외로' 용어를 사용하여, 국외 이전의 상대는 외국 정부나 국제기구로 한정되지 않을 것이다. 한편, 보호위원회가 이 법에 따른 개인정보보호 수준과 실질적으로 동등한 수준을 갖추었다고 인정한 '국가 또는 국제기구'에 개인정보의 역외 이전이 허용된다.[15] 이 경우 보호위원회의 개인정보보호 수준의 적정성 결정의 상대는 외국 또는 국제기구가 된다. 이렇게 개인정보의 국외 이전을 원칙적으로 금지하는 것은 국내에서보다 개인정보보호 수준이 낮은 국외에서 수행되는 개인정보의 처리에 관하여 국내 정보주체를 보호하기 위한 것이다.

2. 개인정보의 국외 이전 허용

개인정보처리자의 개인정보의 국외 이전은 원칙적으로 금지되지만, 다음의 다섯 가지 경우에 예외적으로 허용된다.[16] 개인정보처리자는 개인정보의 국외 이전에 관한 법 제28조의8 제1항에 따른 범위를 초과하여 개인정보를 국외 제3자에게 제공해서는 아니 된다.[17]

---

13) 2020년 해설서 469면.

14) 2023년 3월 14일 개정으로 삭제된 법 제17조 제3항은 개인정보처리자가 개인정보를 '국외의 제3자'에게 제공한다고 규정하였다. 개인정보가 특정 국가에 도달하기 전 공해상의 해저케이블에 있는 경우는 이전(transfer)이 아닌 통과(transit)로 본다. Case C−311/18, para. 63. 국내에 거주하는 대학생이 미국 서점에서 온라인으로 책을 주문하기 위하여 자신의 이름과 주소 등의 개인정보를 해당 서점의 웹사이트에 기입하는 경우, 국내 대학생이 자신의 개인정보를 미국 서점으로 건네준 행위는 개인정보의 국외 이전이 아니다. 이 경우 개인정보 이전의 주체가 정보주체이지 개인정보처리자가 아니기 때문이다. EDPB Opinion 5/2023, para. 12.

15) 법 제28조의8 제1항 제5호.

16) 2023년 3월 14일 개정으로 상당히 보완된 이 법의 국외 이전에 관한 규정은 GDPR 제5장의 상응하는 규정과 비교할 때 여전히 과감하게 개선될 필요가 있다.

17) 법 제18조 제1항. 법 제18조 제1항은 법 제28조의8 제1항에 따른 범위를 초과하여 제3

GDPR은 제44조(이전의 일반원칙), 제45조(적정성 결정에 근거한 이전), 제46조 (적절한 안전장치에 따른 이전), 제47조(구속력 있는 기업규칙), 제48조(EU법으로 허가되지 않은 이전 또는 공개), 제49조(특정 상황을 위한 일탈) 및 제50조(개인정보보호를 위한 국제협력)로 구성된 제5장에서 제3국 또는 국제기구로 개인정보 이전에 관하여 포괄적으로 규정한다. GDPR 제5장은 제3조 제2항에 따른 GDPR의 역외 적용의 경우에도 적용된다. 즉 EU 역외에 설립된 컨트롤러와 프로세서는 개인정보를 제3국 또는 국제기구로 이전할 때 GDPR 제5장의 적용을 받는다.[18]

(1) 정보주체로부터 별도의 동의를 받은 경우

개인정보처리자는 정보주체로부터 국외 이전에 관한 별도의 동의를 받은 경우 정보주체의 개인정보를 국외로 이전하는 것이 허용된다.[19] 개인정보의 국내 제3자 제공에서도 정보주체의 동의가 하나의 근거가 된다.[20]

개인정보처리자가 정보주체의 별도의 동의를 받을 때에는 미리 다음 각 호의 사항을 정보주체에게 알려야 한다:[21] 1. 이전되는 개인정보 항목, 2. 개인정보가 이전되는 국가, 시기[22] 및 방법, 3. 개인정보를 이전받는 자의 성명(법인인 경우에는 그 명칭과 연락처를 말한다),[23] 4. 개인정보를 이전받는 자의 개인정

자에게 제공하지 않도록 규정하면서, 법 제18조 제2항은 '제1항에도 불구하고 … 이를 제3자에게 제공할 수 있다'고 규정한다. 법 제28조의8 제4항은 국외 이전의 경우 법 제 18조의 규정을 준수할 것을 규정한다. 따라서, 법 제18조 제2항의 아홉 가지 법적 근거에 따른 목적 외 국외 제3자 제공, 즉 국외 이전이 허용된다고 볼 수 있다.

18) EDPB, Guidelines 05/2021, paras. 3, 9.

19) 법 제28조의8 제1항 제1호.

20) 법 제17조 제1항 제1호.

21) 법 제28조의8 제2항.

22) 정보통신서비스 제공자등은 이용자에게 '이전일시'를 고지하도록 요구되었다. 2023년 3월 14일 개정으로 삭제된 법 제39조의12 제3항 제2호.

23) 정보통신서비스 제공자등은 이용자에게 법인의 '정보관리책임자'의 연락처를 고지하도록 요구되었다. 2023년 3월 14일 개정으로 삭제된 법 제39조의12 제3항 제3호.

보 이용 목적 및 보유·이용 기간, 5. 개인정보의 이전을 거부하는 방법, 절차 및 거부의 효과.[24] 개인정보처리자는 위 각 호의 어느 하나에 해당하는 사항을 변경하는 경우에는 정보주체에게 알리고 동의를 받아야 한다.[25]

EU GDPR

유럽위원회의 적정성 결정과 적절한 안전장치가 없을 경우 정보주체가 가능한 위험을 고지받은 후 명시적으로 개인정보의 역외 이전에 동의한 경우 제3국 또는 국제기구로 개인정보의 역외 이전이 허용된다.[26] 이러한 역외 이전은 공공당국이 자신의 공적 권한의 행사에서 수행되는 활동에 적용되지 않는다.[27]

(2) 법률 또는 조약에 특별한 규정이 있는 경우

개인정보처리자는 법률, 대한민국을 당사자로 하는 조약 또는 그 밖의 국제 협정에 개인정보의 국외 이전에 관한 특별한 규정이 있는 경우 정보주체의 개인정보를 국외로 이전하는 것이 허용된다.[28] 예컨대, 2008년 11월 7일 한국과 미국은 「대한민국 정부와 미합중국 정부 간의 범죄 예방과 대처를 위한 협력 증진에 관한 협정」('한미범죄예방협정')을 체결하였다.[29] 한미범죄예방협정은 테러 등 범죄 행위의 예방과 수사를 위하여 한미 양국간 지문정보를 포함한 개인

---

24) 이 항목은 2023년 3월 14일 개정으로 신설되었다. 개인정보의 국외 이전을 위한 정보주체의 별도의 동의를 받기 위하여 알리는 항목인 점에서 '동의를 거부할 권리가 있다는 사실 및 동의 거부에 따른 불이익이 있는 경우에는 그 불이익의 내용'이 보다 적확할 것이다. 법 제15조 제2항 제4호 및 제17조 제2항 제5호 참조.

25) 법 제28조의8 제3항.

26) GDPR 제49조 제1항(a).

27) GDPR 제49조 제3항.

28) 법 제28조의8 제1항 제2호.

29) 동 협정의 영문 이름은 'Agreement between the Government of the Republic of Korea and the Government of the United States of America on Enhancing Cooperation to Prevent and Combat Crime'이다. 2008년 12월 29일 조약 제1930호로 발효된 동 협정은 한국과 미국의 비자면제프로그램(VWP)에 요구되는 한미간 지문정보를 이용한 범죄경력 상호조회 시스템 구축을 위하여 체결되었다.

정보의 자동조회(automated searches) 등을 규정하고, 각 당사국 담당자들이 범죄의 예방과 수사를 위해 지문정보를 비교하여 긍정적 또는 부정적 결과를 획득할 목적으로 자동조회를 수행할 수 있는 권한을 가지고 참고정보에 접근하는 것을 허용한다.[30] 또한, 테러행위를 포함한 범죄의 예방과 대처를 위하여 양국은 자국 국내법에 따라 개별 사안에서 특정 정황상 정보주체라고 믿을 만하여 필요한 경우 다른 쪽 당사국 담당자들에게 관련 개인정보를 제공할 수 있다.[31] 이들 규정은 조약의 '개인정보의 국외 이전에 관한 특별한 규정'이 된다.

한편, 개인정보처리자는 개인정보의 수집·이용에 관한 법 제15조 제1항에 따른 범위를 초과하여 이용하거나 개인정보의 제3자 제공에 관한 제17조 제1항 및 개인정보의 국외 이전에 관한 법 제28조의8 제1항에 따른 범위를 초과하여 제3자에게 제공하는 것이 금지된다.[32] 이러한 개인정보의 목적 외 이용·제공의 금지에 대하여 아홉 가지 경우의 예외가 인정되는데, 여기에 조약의 이행이 포함된다. 즉 조약, 그 밖의 국제협정의 이행을 위하여 외국정부 또는 국제기구에 제공하기 위하여 필요한 경우 개인정보처리자는 개인정보의 국외 이전에 관한 법 제28조의8 제1항에 따른 범위를 초과하여 개인정보를 제3자에게 제공할 수 있다.[33] 여기서 조약에 개인정보의 국외 이전에 관한 특별한 규정이 없음에도 동 조약의 이행을 위하여 필요한 경우 외국정부 또는 국제기구에 대한 개인정보의 목적 외 이용·제공이 허용되는 것이다.

---

30) 한미범죄예방협정 제4조 제1항. 여기서 조회는 국외 제공, 즉 국외 이전에 해당한다. 법 제28조의8 제1항 참조.

31) 한미범죄예방협정 제8조 제1항. 다음의 세 가지 유형의 정보주체가 규정되어 있다: 가. 범죄행위를 범하려 하거나 이미 범하였거나 또는 조직범죄단체나 집단에 가담한 자, 나. 제공 당사국의 국내법에 규정된 범죄행위로서 상대국에서 테러나 테러 관련 행위 또는 상대국에서 테러단체나 협회와 관련된 행위를 범하려 하거나 이미 범한 자 또는 다. 상대국에서 테러 또는 테러 관련 범죄행위를 저지를 목적으로 나호에 언급된 범죄행위를 범하기 위하여 훈련을 받고 있거나 받은 자. 동 협정의 국문본은 정보주체(data subject)를 '정보대상'이라고 번역하고 있다. 제공될 개인정보는 가능한 경우 성, 이름, 종전 이름, 다른 이름, 별명, 철자를 바꾼 이름, 성별, 생년월일, 출생지, 현재와 과거 국적, 여권 번호, 그 밖의 신원확인 서류의 번호, 지문정보와 유죄 판결 또는 관련 상황에 대한 기술을 포함한다. 한미범죄예방협정 제8조 제2항.

32) 법 제18조 제1항.

33) 법 제18조 제2항 제6호.

GDPR은 보다 다양하게 조약에 근거한 개인정보의 역외 이전에 관한 규정을 둔다. 컨트롤러 또는 프로세서에게 개인정보를 이전하거나 공개하도록 요구하는 제3국 법원 또는 법정의 판결 및 행정당국의 결정은 이전이나 공개를 요청하는 제3국과 EU 또는 회원국 사이의 사법공조조약 등 조약에 근거하는 경우에만 인정되거나 집행될 수 있다.[34] 공공당국 또는 기관은 제3국의 공공당국 또는 기관 또는 상응하는 의무와 기능을 가진 국제기구와 MOU 등의 행정약정(administrative arrangements)에 삽입되는 집행력 있고 효과적인 정보주체 권리를 제공하는 규정에 근거하여 역외 이전이 가능하다.[35] 또한, EU와 제3국은 적절한 보호장치를 포함한 개인정보의 이전을 규율하는 국제협정을 체결할 수 있다.[36] 회원국들도 GDPR이나 EU법에 영향을 주지 않고 정보주체의 '기본권 보호의 적절한 수준'(an appropriate level of protection for the fundamental rights)을 포함하는 한 제3국이나 국제기구에 개인정보의 이전을 수반하는 국제협정을 체결할 수 있다.[37]

(3) 정보주체와의 계약의 체결 및 이행에 필요한 경우

개인정보처리자는 정보주체와의 계약의 체결 및 이행을 위하여 개인정보의 처리위탁·보관이 필요한 경우로서 다음의 어느 하나에 해당하는 경우에는 정보주체의 개인정보를 국외로 이전하는 것이 허용된다.[38] 이러한 두 가지 경우

---

34) GDPR 제48조. 미국 CLOUD Act에 따른 미국 사법당국의 EU에 대한 개인정보의 요청에 따른 처리의 GDPR의 법적 근거의 논의는 European Data Protection Board and European Data Protection Supervisor, 'EDPB—EDPS Joint Response to the LIBE Committee on the impact of the US CLOUD Act on the European legal framework for personal data protection(ANNEX)', p. 4, (12 July 2019) 참조.

35) GDPR 상설 제108항.

36) GDPR 상설 제102항.

37) GDPR 상설 제102항.

38) 법 제28조의8 제1항 제3호. 법 제15조 제1항 제4호는 개인정보의 수집·이용의 근거로서 '정보주체와 체결한 계약을 이행하거나 계약을 체결하는 과정에서 정보주체의 요청에 따른 조치를 이행하기 위하여 필요한 경우'를 규정하는데, 여기서 개인정보의 국외 이전을 '정보주체와의 계약의 체결' 전반에 대하여 허용한 것은 합리적이지 않을 것이

는 가. 개인정보처리자가 정보주체의 별도의 동의를 받기 위하여 정보주체에게 알리는 사항을 개인정보 처리방침에 공개하는 경우,[39] 나. 전자우편 등 대통령령으로 정하는 방법에 따라 개인정보처리자가 정보주체의 별도의 동의를 받기 위하여 정보주체에게 알리는 사항을 정보주체에게 알린 경우이다.[40] 개인정보처리자가 정보주체와의 계약의 체결 및 이행을 위하여 허용되는 개인정보의 국외 이전은 조회되는 경우를 포함한 제공이 아닌 개인정보의 처리위탁·보관이 필요한 경우로 한정된다.[41]

다. 여기서 국외 이전이 개인정보의 국외 제공을 제외한 처리위탁·보관에 한정되어도 지나친 것으로 보인다. GDPR 제48조 제1항(b) 참조. 또한, 정보주체의 전송 요구의 대상을 법 제15조 제1항 제4호에 따라 정보주체와 체결한 계약을 이행하거나 계약을 체결하는 과정에서 정보주체의 요청에 따른 조치를 이행하기 위하여 처리되는 개인정보로 규정한 법 제35조의2 제1항 제1호 나목 참조.

39) 2023년 개정 행정예고에서 신설된 표준지침 제19조 제11호는 '법 제28조의8 제1항 제3호에 따라 개인정보를 처리위탁·보관하기 위하여 국외 이전이 필요한 경우 제28조의8 제2항 각 호의 사항(해당하는 경우에만 정한다)'을 개인정보 처리방침에 포함할 것을 규정한다.

40) 각각 법 제28조의8 제1항 제3호 가목 및 나목. 개인정보 처리방침의 수립 및 공개는 법 제30조 참조. '전자우편 등 대통령령으로 정하는 방법'은 서면등의 방법을 말한다. 영 제29조의7. 서면등의 방법은 서면, 전자우편, 팩스, 전화, 문자전송 또는 이에 상당하는 방법이다. 영 제17조 제5항. 틱톡이 국내 이용자의 개인정보를 국외에 이전하면서 국외 이전에 따른 법령상 고지사항을 이용자에게 알리고 동의를 받거나, 정보통신서비스 제공에 관한 계약 이행 및 이용자 편의 증진 등을 위해 개인정보 처리방침에 공개하거나, 전자우편·서면·모사전송·전화 등의 방법에 따라 이용자에게 알리지 않은 행위는 정보통신망법 제63조 제2항 단서를 위반한 것이라고 판단되었다. 방송통신위원회 심의·의결(제2020-41-210호, 2020.7.15.).

41) 2023년 3월 14일 개정으로 삭제된 법 제39조의12 제2항 단서에 따라 정보통신서비스 제공자등은 개인정보의 국외 이전을 위한 고지사항 모두를 개인정보 처리방침을 통하여 공개하거나 전자우편 등 대통령령으로 정하는 방법에 따라 이용자에게 알린 경우에는 개인정보의 처리위탁·보관에 따른 동의절차를 거치지 아니할 수 있었다. 한편, 금융회사는 인가 등을 받은 업무를 영위함에 있어서 정보 처리가 요구되는 경우 이를 제3자에게 위탁할 수 있다. 금융업무위탁규정 제4조 제1항. 이렇게 위탁하는 금융회사는 각 관련 법령상의 안전성 확보조치를 충실히 이행하여야 하는데, 개인고객의 고유식별정보는 국외로 이전되지 않도록 해야 한다. 금융업무위탁규정 제5조 제1항. 민감정보의 처리를 위탁할 경우에는 정보주체에게 금융감독원장이 정하는 방법에 따라 개별 고지해야 한다. 금융업무위탁규정 제5조 제2항.

GDPR은 유럽위원회의 적정성 결정과 적절한 안전장치가 없을 경우 정보주체와 컨트롤러 사이의 계약의 이행 또는 정보주체의 요청으로 취해진 계약 전 조치의 이행을 위해 이전이 필요한 경우 제3국 또는 국제기구로의 역외 이전을 허용한다.[42] 이러한 역외 이전은 공공당국이 자신의 공적 권한의 행사에서 수행되는 활동에 적용되지 않는다.[43]

(4) 보호위원회가 정하여 고시하는 인증을 받은 경우

개인정보를 이전받는 자가 개인정보보호 인증 등 보호위원회가 정하여 고시하는 인증을 받은 경우로서 다음의 조치를 모두 다한 경우 개인정보처리자는 정보주체의 개인정보를 국외로 이전하는 것이 허용된다.[44] 이러한 조치는 가. 개인정보 보호에 필요한 안전조치 및 정보주체 권리 보장에 필요한 조치 및 나. 인증 받은 사항을 개인정보가 이전되는 국가에서 이행하기 위하여 필요한 조치이다.[45]

개인정보 보호에 필요한 안전조치는 법 제29조가 규정한다. 예컨대, 개인정보의 국외 이전 후 국외에서 개인정보가 분실·도난·유출('유출 등')된 경우 개인정보를 이전받은 자는 지체 없이 개인정보처리자와 정보주체에게 유출등을 통지하고, 유출등의 규모 등을 고려하여 지체 없이 보호위원회에 신고해야 할 것이다.[46]

---

42) GDPR 제49조 제1항(b). 2023년 1월 4일 아일랜드 DPC는 EDPB의 구속력 있는 결정에 따라 동의 대신 계약 이행을 근거로 맞춤형 광고 서비스를 제공한 Meta에 대해 과징금 3억9천만 유로를 부과하였다. Data Protection Commission, "Data Protection Commission announces conclusion of two inquiries into Meta Ireland"(Jan. 4, 2023).

43) GDPR 제49조 제3항.

44) 법 제28조의8 제1항 제4호. 영 제29조의8 제1항 및 제2항에서 규정한 사항 외에 인증의 고시 절차 등에 관하여 필요한 사항은 보호위원회가 정하여 고시한다. 영 제29조의8 제3항.

45) 각각 법 제28조의8 제1항 제4호 가목 및 나목.

정보주체의 권리 보장에 필요한 조치는 법 제35조(개인정보의 열람), 법 제35조의2(개인정보의 전송 요구), 법 제36조(개인정보의 정정·삭제), 법 제37조(개인정보의 처리정지 등), 법 제37조의2(자동화된 결정에 대한 정보주체의 권리), 법 제38조(권리행사의 방법 및 절차), 법 제39조(손해배상책임) 및 법 제39조의2(법정손해배상의 청구)가 규정한다. 특히 개인정보의 유출등으로 손해를 입은 정보주체는 개인정보를 이전받은 자와 해당 개인정보를 이전한 개인정보처리자를 상대로 손해배상청구 등 자신의 권리를 행사할 수 있어야 할 것이다.[47] 국외로 이전된 개인정보에 대한 법집행기관 등의 접근 요청이 있는 경우 개인정보를 이전받은 자는 해당 개인정보를 이전한 개인정보처리자에게 즉시 통지해야 할 것이다.[48]

인증받은 사항을 개인정보가 이전되는 국가에서 이행하기 위하여 필요한 조치는 보호위원회의 고시에 규정되어야 할 것이다. 이렇게 필요한 조치에는 정보주체 권리의 효과적 이행을 보장하기 위하여 개인정보를 이전받는 자가 정보주체에게 적절한 불만 처리 절차를 제공하는지 및 정보주체의 권리가 해당 국가에서 집행 가능한 여부 등이 포함되어야 할 것이다.[49]

보호위원회는 인증을 고시하려는 경우에는 다음 각 호의 순서에 따른 절차를 모두 거쳐야 한다:[50] 1. 개인정보보호 인증전문기관의 평가, 2. 국외이전전문위원회의 평가, 3. 개인정보보호 정책협의회의 협의. 개인정보보호 인증전문기관이 해당 인증의 개인정보보호 수준 등 평가를 할 때에는 별표1의 기준에

---

46) EDPB Guidelines 07/2022, para. 42 참조. 개인정보 유출등의 통지·신고에 관한 법 제34조 제4항에 따른 대통령령의 관련 규정은 국외로 이전된 개인정보의 유출 등에 적용되어야 할 것이다.

47) 법 제39조 참조. 개인정보처리자가 보호위원회가 고시한 인증을 받은 자에게 개인정보를 국외로 이전하는 경우 동 개인정보를 이전받는 자와 개인정보의 국외 이전을 내용으로 하는 계약을 체결해야 할 것이다. 이러한 계약에서 국외로 이전되는 개인정보의 정보주체가 보호되어야 하는 점에서 해당 정보주체는 '제3자인 수익자'(third party beneficiary)가 된다. EDPB Guidelines 07/2022, paras. 43−2a), 4a), 47, 53.

48) EDPB Guidelines 07/2022, para. 43−6a) 참조.

49) 각각 EDPB Guidelines 07/2022, paras. 41c), 41d) 참조.

50) 영 제29조의8 제1항. 영 제29조의8은 2023년 9월 12일 개정으로 신설되었다. 개인정보보호 인증전문기관은 영 제34조의6 참조.

따라 해당 인증의 개인정보보호 수준, 보호 적절성 등에 대하여 평가하고 그 내용을 보호위원회에 제출하여야 한다.[51] 국외이전전문위원회가 심의를 할 때에는 별표1의 기준에 따라 해당 인증의 개인정보보호 수준, 정보주체의 권리보호 적절성 등을 심의하고 심의 내용을 보호위원회에 제출하여야 한다.[52]

보호위원회는 개인정보 국외이전고시 제12조에 따른 평가 내용, 동 고시 제13조에 따른 심의 내용, 영 제5조의2에 따른 정책협의회 협의 내용 등을 종합적으로 고려하여 고시하는 인증을 정한다.[53] 보호위원회는 인증을 고시할 때에는 5년의 범위 내에서 유효 기간을 정하여 고시할 수 있다.[54] 보호위원회는 고시한 인증의 개인정보보호 수준이 법 제32조의2에 따른 개인정보보호 인증의 개인정보보호 수준에 미치지 못한다고 판단하는 경우 해당 인증에 대해 인증전문기관의 평가, 국외이전전문위원회의 심의 및 보호위원회의 심의 절차에 따라 평가하고 평가 내용에 따라 해당 인증을 별표2에서 제외할 수 있다.[55]

보호위원회의 인증을 개인정보의 국외 이전의 근거로 하려는 개인정보처리자는 해당 국외 이전을 위하여 해당 인증이 여전히 유효하고, 예정된 국외 이전이 인증의 범위에 해당하며, 국외 재이전도 포함하는 것인지 확인하여야 할 것이다.[56] 동 개인정보처리자는 해당 인증이 해당 외국의 법제도에서 유효한지도 확인하여야 할 것이다.[57] 국외의 개인정보를 이전받는 자가 보호위원회의 인증을 받기 위하여 해당 국가에서 인증 관련 절차가 수행될 필요가 있는 경우 보호위원회는 해당 국가의 전문기관으로 하여금 인증 관련 업무를 수행하게 할 수 있을 것이다.

---

51) 개인정보 국외이전고시 제12조.
52) 개인정보 국외이전고시 제13조.
53) 개인정보 국외이전고시 제14조.
54) 영 제29조의8 제2항. 보호위원회는 유효기간 만료 전에 해당 인증의 유효기간 갱신 여부를 심의하고, 이를 갱신할 수 있다. 개인정보 국외이전고시 제16조.
55) 개인정보 국외이전고시 제17조. 이러한 세 가지 절차는 각각 개인정보 국외이전고시 제12조, 제13조, 제14조 참조.
56) EDPB Guidelines 07/2022, para. 20 참조.
57) EDPB Guidelines 07/2022, para. 21 참조.

GDPR은 유럽위원회의 적정성 결정이 없지만 제3국에서 정보주체의 권리에 관한 것을 포함하여 적절한 안전장치를 적용하는 컨트롤러 또는 프로세서의 구속력 있고 집행가능한 약속과 함께 승인된 인증(certification) 메커니즘이 있으면 컨트롤러 또는 프로세서의 제3국 또는 국제기구로 개인정보의 이전을 허용한다.[58] 개인정보를 이전받은 자가 인증에 따른 조치를 취하지 않는 경우 인증기관은 인증받은 기관의 인증을 취소할 수 있어야 한다.[59]

(5) 보호위원회가 개인정보보호 수준의 적정성을 인정하는 경우

개인정보가 이전되는 국가 또는 국제기구의 개인정보 보호체계, 정보주체 권리보장 범위, 피해구제 절차 등이 이 법에 따른 개인정보보호 수준과 실질적으로 동등한 수준을 갖추었다고 보호위원회가 인정하는 경우, 개인정보처리자가 정보주체의 개인정보를 해당 국가 또는 국제기구로 이전하는 것이 허용된다.[60] '실질적으로 동등한 수준'은 GDPR의 적정성 결정에서 요구되는 '적정한 보호수준'(an adequate level of protection)의 실제적 의미와 일치한다. 즉 EU 내에서 보장되는 보호수준에 '실질적으로 동등한'(essentially equivalent) 수준을 의미한다.[61]

---

58) GDPR 제46조 제2항(f). 컨트롤러와 프로세서의 개인정보 처리작업이 GDPR을 준수함을 입증할 목적으로 개인정보보호 인증 메커니즘의 수립이 장려된다. GDPR 제42조 제1항. 이러한 인증은 회원국 소관 감독당국이나 EDPB가 승인한 기준에 기초하고, 인증기관 또는 소관 감독당국이 발급하는데, 해당 기준이 EDPB의 승인을 받는 경우 유럽개인정보보호인장(European Data Protection Seal)이 될 수 있다. GDPR 제42조 제5항.

59) EDPB Guidelines 07/2022, para. 53 참조. 한편, 인증기관의 요건에 관한 ISO/IEC 17065 (Conformity assessment ─ Requirements for bodies certifying products, processes and services)이 적용될 수 있다.

60) 법 제28조의8 제1항 제5호. 국가 등에 대한 개인정보보호 수준 인정에 관하여, 2023년 9월 12일 신설된 영 제29조의9 참조. 개인정보의 국외 이전에 관한 적정성 결정의 고려사항과 조건 등은 GDPR의 관련 규정과 유사하다.

61) GDPR 제45조 제1항과 상설 제104항. '적정한'(adequate)의 단어는 제3국이 EU법질서에서 보장되는 수준과 '동일한'(identical) 보호 수준을 보장하도록 요구될 수 없음을 의

유럽위원회가 제3국, 제3국 내 지역 또는 하나 이상의 특정 부문 또는 국제기구가 적정한 보호수준을 보장한다고 결정한 경우 해당 제3국 또는 국제기구로 개인정보의 이전이 허용되고, 이러한 역외 이전에 대하여 특정한 허가가 요구되지 않는다.[62] 개인정보보호 수준의 적정성을 평가할 때 유럽위원회는 국가안보와 형사법 및 공공당국의 개인정보에 대한 접근 등을 포함한 관련 입법 등은 물론 적정한 집행권한을 포함해서 개인정보보호 규정의 준수를 보장하고 집행할 책임이 있는 독립적 감독당국의 존재와 효과적 기능, 특히 개인정보보호와 관련하여 해당 제3국 또는 국제기구가 체결한 국제적 약속 등을 고려해야 한다.[63]

보호위원회는 개인정보보호 수준과 실질적으로 동등한 수준에 있다고 판단되는 국가 및 국제기구('이전대상국등')를 인정할 때에는 다음 각 호의 사항을 종합적으로 고려하여야 한다.[64] 첫째, 이전대상국등의 법령, 규정 또는 규칙 등 개인정보 보호체계가 법 제3조에서 정하는 개인정보보호 원칙에 부합하고, 법 제4조에서 정하는 정보주체의 권리를 충분히 보장하고 있는지 여부가 고려되어야 한다.[65] 둘째, 이전대상국등에 개인정보 보호체계를 보장하고 집행할 책임이 있는 독립적 감독기관이 존재하는지 여부가 고려되어야 한다.[66] 셋째,

---

미한다. Case C-362/14, para. 73. 한편, 대상국들의 인정을 취소하는 경우 '이 법에 따른 수준과 실질적으로 동등하지 아니'하다는 것은 '이 법에 따른 개인정보 보호 수준에 미치지 못한다'는 것을 의미한다. 개인정보 국외이전고시 제20조.

62) GDPR 제45조 제1항. 국제기구는 국제공법으로 규율되는 기구와 그 산하 기관 또는 둘 이상 국가들 사이의 합의에 의하거나 이에 근거하여 설립되는 다른 기관을 의미한다. EDPB Guidelines 05/2021, n.3.

63) GDPR 제45조 제2항(a), (b), (c). 2017년 1월 한국과 EU의 적정성 협의가 공식 개시된 이래, 핵심 요건인 '개인정보 감독기구의 독립성' 요소의 미충족으로 협의가 2차례 중단되었으나, 2020년 2월 4일 소위 '데이터 3법 개정'으로 2020년 8월 5일 보호위원회가 독립감독기구로 출범함에 따라 적정성 협의가 본격 재개되었다. 보호위원회, "한국, EU 「개인정보보호 적정성 결정」 최종 통과", 보도자료(2021.12.18.).

64) 영 제29조의9 제1항. 영 제29조의9 제1항부터 제6항까지에서 규정한 사항 외에 이전대상국등에 대한 인정에 필요한 사항은 보호위원회가 정하여 고시한다. 영 제29조의9 제7항.

65) 영 제29조의9 제1항 제1호.

66) 영 제29조의9 제1항 제2호.

이전대상국등의 공공기관(이와 유사한 사무를 수행하는 기관을 포함한다)이 법률에 따라 개인정보를 처리하는지 여부 및 이에 대한 피해구제 절차 등 정보주체에 대한 보호수단이 존재하고 실질적으로 보장되는지 여부가 고려되어야 한다.[67] 넷째, 이전대상국등에 정보주체가 쉽게 접근할 수 있는 피해구제 절차가 존재하는지 여부 및 피해구제 절차가 정보주체를 효과적으로 보호하고 있는지 여부가 고려되어야 한다.[68] 다섯째, 이전대상국등의 감독기관이 보호위원회와 정보주체의 권리 보호에 관하여 원활한 상호 협력이 가능한지 여부가 고려되어야 한다.[69] 여섯째, 그 밖에 이전대상국등의 개인정보 보호체계, 정보주체의 권리보장 범위, 피해구제 절차 등의 개인정보 보호 수준을 인정하기 위해 필요한 사항으로서 보호위원회가 정하여 고시하는 사항이 고려되어야 한다.[70]

보호위원회는 실질적으로 동등한 수준에 있다고 판단되는 이전대상국등을 인정할 때, 정보주체의 권리 보호 등을 위하여 필요한 경우 이전대상국등으로 이전되는 개인정보의 범위, 이전받는 개인정보처리자의 범위, 인정 기간, 국외이전의 조건 등을 이전대상국등별로 달리 정할 수 있다.[71] 보호위원회는 이전대상국등을 인정할 때에는 국외이전전문위원회의 평가와 정책협의회의 협의를 거쳐야 한다.[72] 보호위원회는 국외이전전문위원회 심의 및 정책협의회 협의 내용 등을 바탕으로 이전대상국등의 인정 여부를 정한다.[73] 보호위원회가 이전대상국등을 인정할 때에는 그 내용을 관보 및 보호위원회 인터넷 홈페이지에 이를 게재하여야 한다.[74]

보호위원회는 이전대상국등을 인정한 경우, 인정 기간 동안 이전대상국등의 개인정보보호 수준이 이 법에 따른 수준과 실질적으로 동등한 수준을 유지하

---

67) 영 제29조의9 제1항 제3호.
68) 영 제29조의9 제1항 제4호.
69) 영 제29조의9 제1항 제5호.
70) 영 제29조의9 제1항 제6호.
71) 영 제29조의9 제3항.
72) 영 제29조의9 제2항. 국외이전전문위원회가 심의를 할 때에는 해당 인증의 개인정보보호 수준, 정보주체의 권리 보호 적절성 등을 심의하고 심의 내용을 보호위원회에 제출하여야 한다. 개인정보 국외이전고시 제18조.
73) 개인정보 국외이전고시 제19조.
74) 개인정보 국외이전고시 제20조.

고 있는지 점검하여야 한다.[75] 보호위원회는 대상국등의 인정 기간 만료 전에 갱신 여부를 심의하고, 이를 연장할 수 있다.[76] 보호위원회는 이전대상국등의 개인정보 보호체계, 정보주체의 권리보장 범위, 피해구제 절차 등의 수준이 변경된 경우에는 해당 이전대상국등의 의견을 듣고 해당 이전대상국등에 대한 인정을 취소하거나 그 내용을 변경할 수 있다.[77] '이 법에 따른 수준과 실질적으로 동등하지 아니'하다는 것은 '이 법에 따른 개인정보 보호 수준에 미치지 못한다'는 것이다.[78] 보호위원회가 이전대상국등을 인정하거나 인정을 취소하거나 내용을 변경하는 경우에는 그 사실을 관보에 고시하고 보호위원회 인터넷 홈페이지에 게재해야 한다.[79]

EU GDPR

2021년 12월 17일 유럽위원회는 EU로부터 한국으로 개인정보 이전의 적정성 결정을 채택하였다.[80] 동 결정은 한국의 금융 분야를 제외한 민간 및 공공 부문의 개인정보 이전에 적용된다. EU 적정성 결정으로 한국은 개인정보보호에 있어 EU 회원국에 준하는 지위를 부여받은 것으로 볼 수 있다.[81] 보다 실질적으로는 한국의 EU 디지털시장에 대한 접근 또는 EU 디지털시장의 확보로 볼 수 있다. EU 적정성 결정이 없는 상황에서는 대체로 GDPR 제46조 제2항(c)와 제2항(d)에 규정된 표준계약조항을 통하여 EU시민의 개인정보가 국내로 이전할 수 있었을 것이다. 보호위원회는 EU 적정성 결정에 기반하여 한국으로 이전된 개인정보의 처리에 대한 「한국으로 이전된 개인정보의 처리와 관련한 「개인정보 보호법」의 해석과 적용을 위한 보완규정」('보완규정')을 채택하였는데, 그 내용은 적정성 결정의

---

75) 영 제29조의9 제4항.

76) 개인정보 국외이전고시 제21조.

77) 영 제29조의9 제5항.

78) 개인정보 국외이전고시 제20조 참조.

79) 영 제29조의9 제6항.

80) European Commission, Commission Implementing Decision of 17.12.2021 pursuant to Regulation (EU) 2016/679 of the European Parliament and of the Council on the adequate protection of personal data by the Republic of Korea under the Personal Information Protection Act, C(2021) 9316 final (Dec. 17, 2021).

81) 보호위원회, "한국, EU 「개인정보보호 적정성 결정」 최종 통과", 보도자료(2021.12.18.).

부속서 I의 내용과 일치한다.[82]

3. 개인정보의 국외 재이전

개인정보를 이전받은 자가 해당 개인정보를 제3국으로 이전하는 경우에 개인정보처리자의 개인정보 국외 이전 및 개인정보 국외 이전 중지명령에 관한 규정이 준용된다.[83] 따라서, 법 제28조의8을 준용하여, 개인정보처리자가 국외로 이전한 개인정보는 제3국으로 '제공(조회되는 경우를 포함한다)·처리위탁·보관', 즉 재이전(onward transfer)이 허용된다. 또한, 법 제28조의9를 준용하여 보호위원회는 일정한 경우 국외 재이전 중지명령을 내릴 수 있다.

개인정보의 국외 재이전에 관한 규정은 개인정보가 국외로 이전된 후 제3국으로 다시 이전되는 등 해외에서 유통될 수 있는 현실적 가능성을 반영한 것이다. 국외로 이전된 개인정보가 다시 제3국에 이전된 후 해당 국가에서도 동 개인정보가 이 법에서 규정한 수준으로 보호될 수 있는지 문제 될 수 있기 때문이다. GDPR과 달리 개인정보의 국외 재이전 대상에 국제기구를 포함하지 않고 있어 향후 개선이 필요해 보인다.

한편, 금융회사는 인가 등을 받은 업무를 영위함에 있어서 정보 처리가 요구되는 경우 이를 제3자에게 위탁할 수 있는데, 이렇게 정보처리를 위탁받은 자는 위탁받은 업무를 제3자에게 재위탁할 수 있다.[84] 또한, 한미범죄예방협정

---

82) 보완규정은 EU 적정성 결정이 채택되기 전인 2020년 9월 1일 보호위원회 고시 제2020-10호로 제정되어 동년 12월 17일 시행된 점에서, EU 적정성 결정의 채택을 위한 중요한 법적 보완조치로 볼 수 있다. 2021년 11월 16일 일부 개정된 보호위원회 고시 제2021-5호는 동년 12월 17일 EU 적정성 결정이 채택되면서 동시에 시행되었다. 보완규정은 이 법의 주요 규정에 대한 보호위원회의 해석을 포함하고 있어 이 법의 이해에 중요하다. 보완규정에 관하여 박노형, "EU 적정성 결정에 따른 개인정보보호위원회 고시인 보완규정의 법적 분석", 고려법학 제106호(2022.9) 참조.

83) 법 제28조의11 제1문. 국외 재이전에 관한 규정은 EU의 한국에 대한 적정성 결정의 협상이 진행되는 중에 2018년 9월 18일 개정으로 정보통신망법 제63조 제5항으로 신설되었고, 2020년 2월 4일 개정으로 법 제39조의12 제5항으로 통합되고, 2023년 3월 14일 개정으로 법 제28조의11로 대체되었다. 국외 재이전에서 '개인정보처리자'는 '개인정보를 이전받는 자'로, '개인정보를 이전받는 자'는 '제3국에서 개인정보를 이전받는 자'로 본다. 법 제28조의11 제2문.

에 따라 당사국은 동 협정에 따라 제공받은 정보를 제공한 당사국의 동의와 적절한 보호조치 없이 제3국, 국제기구 또는 민간단체에 전달할 수 없다.[85]

EU GDPR

GDPR은 개인정보의 역외 이전 후의 재이전도 원래의 역외 이전과 같이 규율하도록 규정한다. 즉 제3국이나 국제기구로부터 다른 제3국이나 다른 국제기구로 개인정보의 재이전을 포함하여 처리가 진행 중이거나 제3국 또는 국제기구로 이전된 후 처리되고자 하는 개인정보의 이전은 GDPR의 다른 규정을 조건으로 컨트롤러와 프로세서가 GDPR 제5장에 규정된 조건을 준수하는 경우에만 실시되어야 한다.[86] 개인정보가 이전된 제3국이나 국제기구로부터 다시 해당 또는 다른 제3국이나 국제기구의 컨트롤러나 프로세서에게 해당 개인정보가 재이전되는 경우에도 GDPR에 의하여 EU 내에서 보장된 자연인의 보호 수준은 약화될 수 없다.[87]

---

84) 각각 금융업무위탁규정 제4조 제1항 및 제4항.

85) 한미범죄예방협정 제10조 제2항.

86) GDPR 제44조 제1문.

87) GDPR 상설 제101항. 개인정보처리자가 적정성 결정에 기반하여 EU로부터 이전받은 개인정보를 국내·외 제3자에게 제공, 즉 재이전하려는 경우에는 그 제공이 발생하기 이전에 다음의 항목을 정보주체에게 알리도록 요구된다: (1) 개인정보를 제공하려는 자와 제공받는 자의 명칭 및 연락처, (2) 제공하려는 개인정보의 항목 또는 범주, (3) 개인정보 제공이 예상되는 국가, 예상되는 제공 일시와 제공 방법, (4) 개인정보를 제공하려는 자의 제공 목적 및 법적 근거, (5) 해당 개인정보 처리에 대한 정보주체의 권리와 그 행사 방법·절차에 관한 사항 및 권리행사에 따른 불이익이 있는 경우 그 불이익의 내용. 보완규정 제3절 제3조 제(ii)항. 여기서 '개인정보를 제공하려는 자의 제공 목적'을 처리 목적으로 이해할 수 있는데, 해당 정보주체는 개인정보를 제공하려는 자의 제공 목적보다는 국외에서 개인정보를 제공받는 자의 이용 목적을 알고자 할 것이다. 법 제28조의8 제2항 제4호 참조. 또한, 개인정보처리자는 다음의 어느 하나에 해당하는 경우에는 위의 정보주체에 대한 고지를 하지 말아야 한다: (1) 고지 대상이 되는 개인정보가 법 제32조 제2항 각 호의 어느 하나에 해당하는 개인정보파일에 포함되어 있는 경우로서 이 조항에 의해 보호되는 이익이 정보주체의 권리보다 명백히 우선하고, 그 고지가 이 조항에 의해 보호되는 이익의 달성을 위협하는 경우(예를 들어 진행 중인 범죄 수사를 위태롭게 하거나, 국가안보를 위협하는 경우를 말한다), (2) 고지로 인하여 다른 사람의 생명·신체를 해할 우려가 있거나 다른 사람의 재산과 그 밖의 권리 또는 이익을 부당하게 침해할 우려가 있는 경우로서 다른 사람의 생명, 신체, 재산과 그 밖의 권리 또는 이익

4. 개인정보의 국외 이전에 필요한 보호조치 등

개인정보처리자는 개인정보를 국외로 이전하는 경우 국외 이전과 관련한 이 법의 다른 규정, 제17조부터 제19조까지의 규정 및 제5장의 규정을 준수해야 하고, 대통령령으로 정하는 보호조치를 하여야 한다.[88] 그러나, 국외 이전에 필요한 보호조치 등에 관한 법 제28조의8 제4항은 법리 내지 입법기술의 관점에서 다소 문제가 될 수 있다. 첫째, 이 법의 개정으로 제3장에 개인정보의 국외 이전에 관한 제4절이 신설되면서 개인정보의 국외 제3자 제공에 관한 법 제17조 제3항이 삭제되었다. 이로써 법 제17조는 개인정보의 국내 제3자 제공에 한정되므로, 개인정보의 국외 이전에서 동 규정의 준수를 명시한 것은 법리적으로 맞지 않는다. 둘째, 이 법의 개정으로 개인정보의 목적 외 이용·제공 제한에 관한 법 제18조 제1항에서 국외 제3자 제공에 관한 법 제17조 제3항이 삭제되고 국외 이전에 관한 제28조의8 제1항이 신설되었다. 따라서, 개인정보의 국외 이전에서 법 제18조의 준수는 당연히 요구되어서 동 규정의 준수를 명시한 것은 굳이 필요하지 않을 것이다.[89] 셋째, 개인정보를 제공받은 자의 이용·제공 제한에 관한 법 제19조는 개인정보처리자로부터 개인정보를 제공받은 자에게 일반적으로 적용되어서 개인정보의 국외 이전의 경우에도 적용

이 정보주체의 권리보다 명백히 우선하는 경우, (3) 개인정보처리자가 알려야 하는 정보를 정보주체가 이미 보유하고 있는 경우, (4) 법 제3절의 규정에 따라 개인정보를 처리하는 경우를 포함하여 개인정보처리자가 정보주체에게 연락 가능한 정보를 보유하고 있지 않거나 과도한 노력이 수반되어야 하는 경우. 마지막 경우에 해당하는지 여부를 판단할 때에는 EU에서 개인정보를 이전한 자와 협력할 수 있는지를 고려해야 한다. 보완규정 제3절 제3조 제(iii)항.

88) 법 제28조의8 제4항. 2023년 3월14일 개정으로 삭제된 법 제39조의12 제4항에 따라 정보통신서비스 제공자등은 개인정보를 국외로 이전하는 경우 대통령령으로 정하는 바에 따라 보호조치를 하도록 요구되었다.

89) 법 제18조 제1항은 법 제28조의8 제1항에 따른 범위를 초과하여 제3자에게 제공하지 않도록 규정하면서, 법 제18조 제2항은 '제1항에도 불구하고 … 이를 제3자에게 제공할 수 있다'고 규정한다. 법 제28조의8 제4항은 국외 이전의 경우 법 제18조의 규정을 준수할 것을 규정한다. 따라서, 법 제18조 제2항의 아홉 가지 법적 근거에 따른 목적 외 국외 제3자 제공, 즉 국외 이전이 허용된다고 볼 수 있다.

되어야 한다. 따라서, 해당 규정의 준수를 명시한 것은 굳이 필요하지 않을 것이다.

또한, 정보주체의 권리 보장에 관한 법 제5장의 규정은 개인정보의 국외 이전을 포함하여 개인정보처리자에게 일반적으로 적용된다. 따라서, 개인정보의 국외 이전에 관하여 개인정보처리자가 법 제5장의 규정을 준수하라는 규정 역시 굳이 필요하지 않을 것이다. 마찬가지로, 개인정보의 국외 이전에 관하여 개인정보처리자로 하여금 '국외 이전과 관련한 이 법의 다른 규정'을 준수하라고 요구하는 규정도 굳이 필요하지 않다. 물론 국외 이전의 대상인 개인정보의 적법한 수집 등 이 법에 따른 처리는 요구된다.[90] 따라서, 개인정보의 국외 이전에서 개인정보처리자로 하여금 '국외 이전과 관련한 이 법의 다른 규정' 대신 '이 법의 다른 규정'을 준수하라고 요구하는 규정이 타당할 것이다.

결국, 법 제28조의8 제4항에서 실제로 의미 있는 규정은 2023년 3월 14일 개정으로 삭제된 법 제39조의12 제4항에서와 같이 '대통령령으로 정하는 보호조치'가 된다. '대통령령으로 정하는 보호조치'는 다음 각 호와 같다:[91] 1. 영 제30조 제1항에 따른 개인정보보호를 위한 안전성 확보 조치, 2. 개인정보 침해에 대한 고충처리 및 분쟁해결에 관한 조치, 3. 그 밖에 정보주체의 개인정보보호를 위하여 필요한 조치. 개인정보처리자가 개인정보를 국외로 이전하려는 경우에는 위의 세 가지 보호조치에 관하여 이전받는 자와 미리 협의하고 이를 계약 내용 등에 반영해야 한다.[92]

---

90) 개인정보의 국외 이전은 먼저 첫째 단계로서 개인정보의 적법한 처리를 위하여 이 법의 제3장 등이 준수되고, 둘째 단계로서 개인정보의 적법한 국외 이전을 위하여 이 법의 제3장 제4절이 준수되어야 한다. 즉 개인정보의 국외 이전이 실시되기 전에 개인정보의 수집·이용에 관한 법 제15조, 개인정보의 수집 제한에 관한 법 제16조, 개인정보의 목적 외 이용·제공 제한에 관한 법 제18조, 민감정보의 처리 제한에 관한 법 제23조 등이 준수되어야 할 것이다. GDPR 제44조는 '이전의 일반원칙'(General principle for transfers)을 규정하는데, 개인정보의 역외이전에 관한 GDPR 제5장에 규정된 조건의 준수에 더하여 컨트롤러와 프로세서는 '본 규칙의 다른 규정'(the other provisions of this Regulation)의 조건을 충족할 것이 요구된다.

91) 영 제29조의10 제1항.

92) 영 제29조의10 제2항.

5. 개인정보의 국외 이전에 관한 계약 체결

개인정보처리자는 이 법을 위반하는 사항을 내용으로 개인정보의 국외 이전에 관한 계약을 체결하여서는 아니 된다.[93] 문제는 개인정보의 국외 이전에 관한 계약이 그 대상이 국외 이전인 점에서 개인정보의 국외 이전을 허용하는 별도의 근거가 될 수 있느냐이다. 그러나, 법 제28조의8 제1항이 정보주체의 별도의 동의 등 개인정보의 국외 이전을 허용하는 다섯 가지 근거를 명시한 점을 고려할 때, 법 제28조의8 제5항에 언급된 개인정보의 국외 이전에 관한 계약은 개인정보의 국외 이전의 추가적인 근거가 될 수 없을 것이다. 또한, 개인정보의 국외 이전에 관한 계약은 일견 법 제28조의8 제1항 제3호에 규정된 '정보주체와의 계약'으로 고려될 수 있지만, 정보주체와의 계약은 그 자체 직접적으로 개인정보의 국외 이전을 대상으로 하지 않을 것이다. 동시에 개인정보의 국외 이전에 관한 계약에서 정보주체는 당사자가 아니다.

다만, 정보주체와의 계약의 체결 및 이행에서 필요한 개인정보의 처리위탁과 보관을 위하여 개인정보처리자는 국외에서 해당 개인정보의 처리수탁과 보관을 하는 자와 일종의 개인정보 처리계약을 체결해야 할 것이고, 이러한 계약은 개인정보의 국외 이전에 관한 계약이 될 것이다. 또한, 법 제28조의8 제1항 제4호에 따라 보호위원회의 고시에 따른 인증을 받아 개인정보가 국외로 이전될 수있는데, 이 경우 개인정보처리자와 개인정보를 이전받는 자는 인증의 적용을 받는 구체적인 국외 이전을 규정하는 계약을 체결해야 할 것이다.[94] 또한, 법 제28조의8 제1항 제5호에 따라 보호위원회가 이 법에 따른 개인정보보호 수준과 실질적으로 동등한 수준을 갖추었다고 인정한 국가 또는 국제기구

---

93) 법 제28조의8 제5항. 2023년 3월 14일 개정 전에는 법 제17조 제3항과 제39조의12 제1항이 개인정보의 국외 이전에 관련된 계약에 관한 규정을 두었는데, 개인정보의 국외 제3자 제공에 관한 제17조 제3항에 유사한 규정으로 통합된 것이다. 2023년 3월 14일 개정으로 삭제된 법 제17조 제3항은 개인정보처리자가 "이 법을 위반하는 내용으로 개인정보의 국외 이전에 관한 계약을 체결하여서는 아니 된다"고 규정하였고, 같이 삭제된 법 제39조의12 제1항은 정보통신서비스 제공자등이 "이용자의 개인정보에 관하여 이 법을 위반하는 사항을 내용으로 하는 국제계약을 체결해서는 아니 된다"고 규정하였다.

94) EDPB Guidelines 07/2022, paras. 43−2a), 48 참조.

로 개인정보가 이전될 수 있는데 이러한 국가나 국제기구로 개인정보의 국외 이전을 위하여 통상적으로 개인정보의 국외 이전을 내용으로 하는 계약이 체결될 것이다. 이러한 계약이 체결된다면, 동 계약은 이 법을 위반하는 사항을 내용으로 할 수 없다.

개인정보의 국외 이전에 관한 계약을 체결하여 이 법의 적용을 회피하는 것은 허용되지 않음이 분명하다. 개인정보처리자는 이 법은 물론 관계 법령에서 규정하고 있는 책임과 의무를 준수하고 실천해야 하기 때문이다.[95] 문제는 이러한 계약의 이 법과의 합치성의 확인이다. 이 경우 개인정보 보호책임자의 역할이 중요할 것이다. 개인정보처리자가 지정한 개인정보 보호책임자는 개인정보의 처리에 관한 업무를 총괄하여 책임지고, 특히 개인정보 처리 실태 및 관행의 정기적인 조사 및 개선을 수행한다.[96] 또한, 개인정보보호와 관련하여 이 법과 다른 관계 법령의 위반 사실을 알게 된 경우에는 즉시 개선조치를 하여야 하고, 필요하면 소속 기관 또는 단체의 장에게 개선조치를 보고하여야 한다.[97]

EU GDPR

GDPR은 개인정보의 역외 이전을 위하여 계약을 보다 적극적으로 활용한다. GDPR에서 유럽위원회 또는 감독당국이 채택하고 유럽위원회가 승인한 표준개인정보보호조항(standard data protection clauses)은 적절한 안전장치가 되어서 감독당국의 특정한 허가를 요구하지 않고서 컨트롤러 또는 프로세서는 제3국 또는 국제기구로 개인정보를 이전할 수 있다.[98] 회원국 소관당국의 허가를 조건으로

---

95) 법 제3조 제8항.

96) 법 제31조 제1항 및 제31조 제3항 제2호.

97) 법 제31조 제5항.

98) GDPR 제46조 제2항(c)와 (d). 표준개인정보보호조항은 개인정보보호 원칙, 내부규율, 피해보상 등 필수적인 조항을 계약서 형식으로 표준화한 것으로, 적정성 결정을 받지 못한 국가의 기업에게 가장 널리 활용되는 역외이전 수단이고, 동 표준조항을 이용한 계약 체결을 위해서는 프로젝트별로 3개월 이상의 시간과 상당한 비용(3천만원 - 1억원)이 소요된다고 한다. 보호위원회, "한국, EU「개인정보보호 적정성 결정」최종 통과", 보도자료(2021.12.18.).

컨트롤러 또는 프로세서와 제3국이나 국제기구의 컨트롤러, 프로세서 또는 개인정보 수령자 사이의 계약조항(contractual clauses)은 적절한 안전장치에 해당하여 컨트롤러 또는 프로세서는 제3국 또는 국제기구로 개인정보를 역외 이전할 수 있다.[99] 또한, 유럽위원회의 적정성 결정과 적절한 안전장치가 없을 경우 정보주체의 이익을 위해 컨트롤러와 다른 자연인 또는 법인 사이에 체결된 계약의 체결 또는 이행을 위해 역외 이전이 필요한 경우 제3국 또는 국제기구로 역외 이전이 허용된다.[100] 이러한 역외 이전은 공공당국이 자신의 공적 권한의 행사에서 수행되는 활동에 적용되지 않는다.[101]

6. 개인정보의 국외 이전 중지명령

보호위원회는 개인정보의 국외 이전이 계속되고 있거나 추가적인 국외 이전이 예상되는 경우로서 다음 각 호의 어느 하나에 해당하는 경우에는 개인정보처리자에게 개인정보의 국외 이전을 중지할 것을 명할 수 있다.[102] 첫째, 개인정보의 국외 이전에 관한 법 제28조의8 제1항, 개인정보의 목적 외 이용·제공 제한 등 국외 이전 관련 규정의 준수를 규정한 법 제28조의8 제4항 또는 이 법을 위반하는 내용으로 개인정보의 국외 이전에 관한 계약의 체결 금지에 관한 법 제28조의8 제5항을 위반한 경우이다.[103] 둘째, 개인정보를 이전받는 자나 개인정보가 이전되는 국가 또는 국제기구가 이 법에 따른 개인정보보호 수준에 비하여 개인정보를 적정하게 보호하지 아니하여 정보주체에게 피해가 발생하거나 발생할 우려가 현저한 경우이다.[104] 예컨대, 개인정보 이전 대상 국가의 법령 개정 등으로 개인정보 처리 기준이 변경되어 개인정보 이전 요건이 충족되지 않을 경우이다.

---

99) GDPR 제46조 제3항(a).

100) GDPR 제49조 제1항(c).

101) GDPR 제49조 제3항.

102) 법 제28조의9 제1항. 보호위원회는 법 제28조의9에 따른 개인정보의 국외 이전 중지명령에 관한 사항을 심의·의결한다. 법 제7조의9 제1항 제6호의2.

103) 법 제28조의9 제1항 제1호.

104) 법 제28조의9 제1항 제2호.

보호위원회는 개인정보의 국외 이전을 중지할 것을 명하려는 경우에는 다음 각 호의 사항을 종합적으로 고려하여야 한다.[105] 첫째, 국외로 이전되었거나 추가적인 국외 이전이 예상되는 개인정보의 유형 및 규모가 고려되어야 한다.[106] 둘째, 개인정보처리자의 개인정보의 국외 이전에 관한 법 제28조의8 제1항, 개인정보의 목적 외 이용·제공 제한 등 국외 이전 관련 규정의 준수를 규정한 제4항 또는 이 법을 위반하는 내용으로 개인정보의 국외 이전에 관한 계약의 체결 금지에 관한 제5항의 위반의 중대성이 고려되어야 한다.[107] 셋째, 정보주체에게 발생하거나 발생할 우려가 있는 피해가 중대하거나 회복하기 어려운 피해인지 여부가 고려되어야 한다.[108] 넷째, 국외 이전의 중지를 명하는 것이 중지를 명하지 않는 것보다 명백히 정보주체에게 이익이 되는지 여부가 고려되어야 한다.[109] 다섯째, 법 제64조 제1항 각 호에 해당하는 조치를 통해 개인정보의 보호 및 침해 방지가 가능한지 여부가 고려되어야 한다.[110] 여섯째, 개인정보를 이전받는 자나 개인정보가 이전되는 이전대상국등이 정보주체의 피해구제를 위한 실효적인 수단을 갖추고 있는지 여부가 고려되어야 한다.[111] 일곱째, 개인정보를 이전받는 자나 개인정보가 이전되는 이전대상국등에서 중대한 개인정보 침해가 발생하는 등 개인정보를 적정하게 보호하기 어렵다고 인정할 만한 사유가 존재하는지 여부가 고려되어야 한다.[112]

보호위원회는 국외이전을 중지할 것을 명하려는 경우에는 국외이전전문위원회의 평가를 거쳐야 한다.[113] 보호위원회는 국외이전전문위원회의 심의 내용

---

105) 영 제29조의11 제1항. 영 제29조의11는 2023년 9월 12일 개정으로 신설되었다. 영 제29조의11 제1항부터 제3항까지에서 규정한 사항 외에 개인정보의 국외 이전 중지 명령의 기준 등에 관하여 필요한 사항은 보호위원회가 정하여 고시한다. 영 제29조의11 제4항.
106) 영 제29조의12 제1항 제1호.
107) 영 제29조의11 제1항 제2호.
108) 영 제29조의11 제1항 제3호.
109) 영 제29조의11 제1항 제4호.
110) 영 제29조의11 제1항 제5호.
111) 영 제29조의11 제1항 제6호.
112) 영 제29조의11 제1항 제7호.
113) 영 제29조의11 제2항. 국외이전전문위원회가 평가를 할 때에는 법령 위반의 중대성, 피해의 심각성 등을 심의하고 심의 내용을 보호위원회에 제출하여야 한다. 개인정보 국외이전고시 제23조.

을 바탕으로 해당 개인정보처리자에 대한 개인정보 국외 이전 중지 명령 여부를 심의하여야 한다.[114] 보호위원회는 국외 이전을 중지할 것을 명할 때에는 개인정보처리자에게 중지명령의 내용, 사유, 이의 제기 절차·방법 및 그 밖에 필요한 사항을 문서로 알려야 한다.[115]

개인정보처리자는 국외 이전 중지명령을 받은 경우에는 명령을 받은 날부터 7일 이내에 보호위원회에 이의를 제기할 수 있다.[116] 이의를 제기하려는 자는 국외 이전 중지 명령을 받은 날부터 7일 이내에 보호위원회가 정하는 이의신청서에 이의신청 사유를 증명할 수 있는 서류를 첨부하여 보호위원회에 제출해야 한다.[117] 보호위원회는 이의신청서를 제출받은 날부터 30일 이내에 그 처리 결과를 해당 개인정보처리자에게 문서로 알려야 한다.[118]

처리결과는 중지 명령 해제 여부이다.[119] 보호위원회는 다음 각 호의 어느 하나에 해당하는 경우 개인정보의 국외 이전 중지 명령을 해제할 수 있다:[120] 1. 보호위원회가 법 제28조의9 제1항 각 호의 어느 하나에 해당하지 않는다고 인정하는 경우, 2. 보호위원회가 개인정보처리자의 법 제28조의9 제2항에 따른 이의제기가 정당하다고 인정하는 경우, 3. 그 밖에 보호위원회가 필요하다고 인정하는 경우. 보호위원회는 중지 명령을 해제할 때에는 해당 개인정보처리자에게 문서로 알려야 한다.[121]

---

114) 개인정보 국외이전고시 제24조 제1항. 보호위원회는 중지 명령의 심의에 필요한 경우 해당 개인정보처리자에게 관련 자료를 요청할 수 있다. 개인정보 국외이전고시 제24조 제2항.

115) 영 제29조의11 제3항.

116) 법 제28조의9 제2항. 개인정보 국외 이전 중지명령의 기준, 동 명령에 대한 불복 절차 등에 필요한 사항은 대통령령으로 정한다. 법 제28조의9 제3항.

117) 영 제29조의12 제1항. 영 제29조의12는 2023년 9월 12일 개정으로 신설되었다. 2023년 5월 이 영의 입법예고 개정안은 이의제기는 중지명령의 효력이나 그 집행 또는 절차의 속행에 영향을 주지 아니한다고 규정하였다. 영 제29조의12 제1항 및 제2항에서 규정한 사항 외에 이의 제기의 절차 등에 관하여 필요한 사항은 보호위원회가 정하여 고시한다. 영 제29조의12 제3항.

118) 영 제29조의12 제2항.

119) 개인정보 국외이전고시 제26조 제2항.

120) 개인정보 국외이전고시 제27조 제1항.

121) 개인정보 국외이전고시 제27조 제3항.

회원국 감독당국은 시정권한(corrective power)으로서 제3국의 수령자 또는 국제기구에게 개인정보 이전의 중지를 명할 수 있다.[122]

7. 상호주의 원칙

이 법은 정보주체의 개인정보 국외 이전을 허용하지만, 개인정보의 국외 이전을 제한하는 국가의 개인정보처리자에 대해서는 해당 국가의 수준에 상응하는 제한을 할 수 있다.[123] 그러나, 조약 또는 그 밖의 국제협정의 이행에 필요한 경우에는 이러한 상응하는 제한을 하지 않는다.[124]

상호주의 원칙은 국가별로 개인정보보호 수준이 다르므로 개인정보보호 수준에 맞게 개인정보의 국외 이전을 합리적이고 탄력적으로 관리할 수 있게 하고자 도입되었다. 따라서, 한국에 대한 개인정보 이전을 제한하는 국가에 대하여 한국으로부터 개인정보의 국외 이전이 제한될 수 있다. 이러한 상호주의 원칙의 구체적 실행에 관한 보다 상세한 정책과 관련 규정이 마련되어야 한다.

유럽위원회와 감독당국은 개인정보보호를 위한 '법 집행의 국제상호지원(international mutual assistance for the enforcement of legislation)'을 제공 및 원활하게 하는 국제협력메커니즘을 개발하기 위해 상호성(reciprocity)에 기반하여 제3국의 소관당국과 권한 행사에 관련된 활동에서 정보를 교환하고 협력하도록 요구된다.[125]

---

122) GDPR 제58조 제2항(j).

123) 법 제28조의10. 개인정보의 국외 이전에 대한 상호주의 원칙은 2018년 9월 18일 개정으로 정보통신망법 제63조의2로서 신설되었고, 2020년 2월 4일 개정으로 법 제39조의13으로 통합되었다가, 2023년 3월 14일 개정으로 삭제되면서 법 제28조의10으로 대체되었다. 상호주의 원칙은 개인정보처리자에 대하여 일반적으로 적용된다.

124) 법 제28조의10 단서.

8. 한국이 참여한 개인정보의 국외 이전에 관한 국제체제

(1) APEC CBPR체제

아시아태평양경제협력체(APEC) 정상들이 2011년 승인한 '국경간 프라이버시규칙체제'(Cross Border Privacy Rules system, 'CBPR체제')는 APEC 회원국들 사이에서 자유롭고 안전한 개인정보 이전을 지원하기 위하여 APEC 프라이버시보호원칙을 기반으로 해당 기업의 개인정보보호체계를 평가하여 인증하는 다자적 인증제도이다.[126] 2023년 5월 현재 미국, 멕시코, 일본, 캐나다, 한국, 호주, 싱가포르, 대만, 필리핀이 CBPR체제에 가입하고 있다.[127] CBPR체제 인증을 취득한 기업은 CBPR체제 참여국들 사이에서 정보주체의 별도의 동의나 표준계약 등 별도의 안전장치 없이 개인정보를 이전받을 수 있다.[128]

한편, 2022년 4월 21일 미국 주도로 CBPR체제 참여국들이 '글로벌 CBPR

---

125) GDPR 상설 제116항.

126) CBPR체제는 APEC 회원국 간 '프라이버시를 존중하는 개인정보 이동을 원활하기 위한 자발적인 책임성-기반 제도'(a voluntary accountability-based scheme to facilitate privacy-respecting personal information flow)이다. APEC Privacy Framework(2015), 제12항 주석. 동 프레임워크는 2015년 APEC 회원국들이 역내 프라이버시를 보호하고 역내 개인정보 이전을 가능하게 하려고 채택하였다. 동 프레임워크는 2004년 채택된 프레임워크를 개정한 것이고, 각각 1980년과 2013년 OECD 프라이버시가이드라인과 일치한다. APEC Privacy Framework(2015), 제5항.

127) 한국은 2016년 12월 28일 CBPR체제에 가입하는 의향서를 APEC 운영위원회(Steering Group)에 제출하였고, 2017년 6월 7일 가입 승인을 통보받았다.

128) 개인정보의 이전은 예컨대, 첫째, GDPR의 BCRs과 유사하게, 인증받은 동일한 기업 그룹 내의 다른 APEC 회원국 소재 구성원 기업들 사이에서 가능하고, 둘째, 서로 다른 APEC 회원국 소재 다른 인증받은 기업들 사이에서 가능하다. 특히 일본과 싱가포르는 자국법에 따라 CBPR 인증 기업에 대하여 개인정보보호 수준을 인정하여 개인정보의 국외 이전을 허용한다. 한국인터넷진흥원, "APEC CBPR 인증", https://www.privacy.go.kr/pic/cbpr_info.do. 보호위원회와 한국인터넷진흥원은 2022년 12월 22일 CBPR체제의 50개 기준을 충족한 네이버(주)에 인증서를 수여하였다. 보호위원회, "국내 최초 아태지역 개인정보 국제인증 부여", 보도자료(2022.12.22.). 2013년 8월 IBM이 처음 인증을 받았고, 2014년 HP는 처음으로 CBPR체제의 인증과 GDPR의 BCRs을 동시에 받았다. 애플, 시스코, 야후재팬 등 50여 기업이 CBPR체제 인증을 부여받았다.

포럼'(Global CBPR Forum)을 출범하였다. 동 포럼은 CBPR체제를 APEC 역외로 확대하려는 것인데, 중국을 배제하려는 의도가 있는 것으로 보인다.[129] APEC CBPR체제나 글로벌 CBPR 포럼에서 인증받은 기업은 참여국들 사이에서 개인 정보를 자유롭게 이전받을 수 있는데, 해당 참여국들에 계열사, 자회사 등이 위치한 경우 특히 유용할 것이다.

(2) RCEP 등 통상조약

최근 주요 자유무역협정들이 디지털통상(digital trade)에 관한 개별 챕터를 규정하거나, 디지털통상을 전적으로 규정하는 독립된 조약이 채택되고 있다. 예컨 대, 「역내포괄적경제동반자협정」(Regional Comprehensive Economic Partnership, 'RCEP'), 「포괄적·점진적환태평양동반자협정」(Comprehensive and Progressive Trans-Pacific Partnership, 'CPTPP')과 NAFTA를 대체하여 체결된 「미국·멕시코·캐나다협정」 (U.S. - Mexico - Canada Agreement, 'USMCA')도 디지털통상에 관한 별도의 장을 규정한다.[130]

한국은 동남아시아국가연합(ASEAN) 10개국과 중국·일본·호주·뉴질랜드 4개국과 함께 RCEP을 채택하였는데, 제12장은 전자상거래를 규정하고, 제 12.15조는 전자적 수단에 의한 정보의 국경간 이전을 규정한다.[131] 당사국은 전자적 수단에 의한 정보의 국경 간 이전이 적용 대상인의 사업을 수행하기 위한 것인 경우 그러한 행위를 금지하지 않는다.[132] 그러나, 당사국이 다음을 채택하거나 유지하는 것을 금지하지 않는다: 가. 정당한 공공정책 목표를 달성하기 위하여 당사국이 필요하다고 여기는 제2항[전자적 수단에 의한 정보의 국경

---

129) 글로벌 CBPR 포럼의 참여는 개방적이지만, 새로운 참여의 결정에 기존 참여국의 총의 (consensus) 결정이 요구된다. Global Cross-Border Privacy Rules(CBPR) Declaration(Apr. 21, 2022).

130) 디지털통상 규정에 관하여 박노형, "데이터무역 국제규범의 출범 -TPP의 중요한 의 의-", 안암법학 제50권(2016), 53-87 참조.

131) 동 협정은 2020년 11월 15일 서명되었고, 2022년 2월 1일 발효하였다. RCEP의 국문 본은 영문본의 'Party'를 '당사자'라 표기하는데, 기업 등이 아닌 국가를 의미하는 '당사 국'이 적합할 것이다.

132) RCEP 제12.15조 제2항.

간 이전]과 불합치하는 모든 조치,[133] 또는 나. 당사국의 필수적인 안보 이익 보호를 위하여 그 당사국이 필요하다고 여기는 모든 조치.[134] CPTPP 등 다른 통상협정의 규정과 달리, RCEP에서 국경 간 정보 이전은 당사국의 자의적 결정으로 제한될 가능성이 높다.

이렇게 당사국들 사이에서 정보의 국경 간 이전이 원칙적으로 제한되지 않는 것은 각 당사국의 개인정보보호제도가 완비되어 있음을 전제로 한다. 이에 제12.8조는 온라인 개인정보보호를 규정한다. 각 당사국은 전자상거래 사용자의 개인정보보호를 보장하는 법적 틀을 채택하거나 유지하여야 하는데,[135] 당사국들은 다른 당사국으로부터 이전된 개인정보 보호를 위하여 '가능한 한도에서'(to the extent possible) 협력하여야 한다.[136] 즉 다른 당사국으로부터 이전된 개인정보 보호는 개인정보가 이전된 당사국의 개인정보보호 역량과 수준에 따르게 된다. 각각의 RCEP 당사국의 개인정보보호 수준에 차이가 있는 현실에서 그 보호가 당연히 요구되는 것이 아니라 보호를 위한 협력이 가능한 한도에서 요구되는 것은 문제이다. 따라서, RCEP 당사국들 사이의 개인정보의 국경 간 이전은 실제적으로는 제한적일 것이다.

한국은 싱가포르와 한국-싱가포르 FTA의 전자상거래에 관한 제14장을 대체하는 「한국-싱가포르 디지털동반자협정」(Korea-Singapore Digital Partnership Agreement, '한-싱DPA')을 체결하였고, 제14.14조는 전자적 수단에 의한 국경 간 정보 이전을 규정한다.[137] 개인정보를 포함하여 전자적 수단에 의한 국경 간 정보 전송이 적용 대상인의 사업 수행을 위한 것일 경우 어떠한 당사국도

---

133) RCEP 제12.15조 제3항 가목. 다만, 그 조치가 자의적이거나 부당한 차별 또는 무역에 대한 위장된 제한 수단을 구성하게 될 방식으로 적용되지 않아야 한다. 동 목 단서. 당사국들은 그러한 정당한 공공정책 이행의 필요성은 이행 당사국이 결정하는 것임을 확인한다. RCEP 제12.15조 제3항 가목에 대한 각주 14.

134) RCEP 제12.15조 제3항 나목. 그러한 조치는 다른 당사국들에 의하여 분쟁의 대상이 되지 않는다. RCEP 제12.15조 제3항 나목 제2문.

135) RCEP 제12.8조 제1항. 'shall' 단어를 사용하여 이러한 법적 틀의 채택과 유지는 강제적이다. 당사국은 사생활 또는 개인정보 보호를 위한 포괄적인 법과 규정, 개인정보 보호를 적용 대상으로 하는 분야별 법과 규정, 또는 개인정보 보호와 관련하여 법인이 부담하는 계약상 의무의 집행을 규정하는 법과 규정과 같은 조치를 채택하거나 유지함으로써 이 항에 따른 의무를 준수할 수 있다. RCEP 제12.8조 제1항에 대한 각주 8.

136) RCEP 제12.8조 제5항.

137) 동 협정은 2021년 12월 15일 협상 타결이 선언되었고, 2023년 1월 14일 발효하였다.

이러한 활동을 금지하거나 제한하지 않는다.138) 이와 함께 당사국이 정당한 공공정책 목표를 달성하기 위하여 제2항[전자적 수단에 의한 국경 간 정보 이전]과 불합치하는 조치를 채택하거나 유지하는 것을 금지하지 않는다.139)

　　한－싱 DPA도 국경간 정보 이전을 위하여 각 당사국의 개인정보보호제도가 완비되어 있음을 전제로 할 것이다. 한－싱DPA 제14.17조는 개인정보 보호를 규정하는데, 각 당사국은 전자거래(electronic transactions)를 수행하거나 이에 참여하는 인(persons)의 개인정보 보호를 규정하는 법체계를 채택하거나 유지하여야 한다.140) 개인정보 보호를 위한 자국의 법체계를 개발할 때, 각 당사국은 관련 국제기관의 원칙 및 지침을 고려하여야 한다.141) 특히 각 당사국은 자국 영역에서 발생하는 개인정보 보호 위반으로부터 전자거래를 수행하거나 이에 참여하는 인(persons)을 보호할 때 비차별적 관행을 채택하여야 한다.142) 즉 각 당사국은 자국 내에서 발생하는 개인정보보호의 위반으로부터 전자거래에 종사하는 인의 보호에 있어서 차별해서는 아니 된다.

---

138) 한－싱DPA 제14.14조 제2항. 'cross－border transfer of information'은 정부의 국문 번역에서 '국경간 정보의 전송'이라고 하는데 '국경간 정보 이전'이 보다 타당할 것이다. 전송(transmission)은 보다 특정한 의미를 가질 수 있기 때문이다. 예컨대, 디지털 제품(digital product)은 디지털 방식으로 부호화되고 상업적 판매 또는 배포를 목적으로 생산되며 '전자적으로 전송될 수 있는'(can be transmitted electronically) 컴퓨터 프로그램, 문자열, 동영상, 이미지, 녹음물 또는 그 밖의 제품이다. 동 협정 제14.1조. '전자적 전송 또는 전자적으로 전송된'(electronic transmission or transmitted electronically)은 광자적 수단을 포함한 모든 전자기적 수단을 이용하여 이루어지는 전송(transmission)이다. 동 협정 제14.1조.

139) 한－싱DPA 제14.14조 제3항 본문. 다만, 그러한 조치는 자의적이거나 부당한 차별 수단 또는 무역에 대한 위장된 제한을 구성하는 방식으로 적용되지 않아야 하고, 그러한 목표를 달성하기 위하여 요구되는 것 이상의 제한을 정보 전송에 부과하지 않아야 한다. 각각 한－싱DPA 제14.14조 제3항 단서 가, 나목.

140) 한－싱DPA 제14.17조 제2항 제1문. 'shall' 단어를 사용하여 이러한 법체계의 채택과 유지는 강제적이다.

141) 한－싱DPA 제14.17조 제2항 제2문. 당사국은 사생활, 개인정보 또는 개인데이터 보호를 위한 포괄적인 법, 데이터 보호 또는 사생활을 적용 대상으로 하는 분야별 법이나 데이터 보호 또는 사생활과 관련하여 기업의 자발적 약속 이행을 규정하는 법과 같은 조치를 채택하거나 유지함으로써 이 항의 의무를 준수할 수 있다. 한－싱DPA 제14.17조 제2항 제2문에 대한 각주 14－8.

142) 한－싱DPA 제14.17조 제4항.

또한, 양 당사국은 APEC CBPR체제 및/또는 APEC PRP체제가 개인정보를 보호하면서 국경간 정보 이전을 촉진하는 유효한 메커니즘임을 인정한다.[143] 이와 동시에 양 당사국은 CBPR체제가 개인정보 보호에 관한 당사국의 법과 규정을 대체하거나 변경하지 않는다는 것 역시 인정한다.[144] 한국과 싱가포르가 CBPR체제의 참여국으로서 개인정보의 국경간 이전에 관하여 APEC CBPR체제를 유효한 메커니즘으로 인정한 것이다.

한국은 RCEP과 한-싱DPA에 더하여 2023년 6월 싱가포르, 뉴질랜드, 칠레의 「디지털경제동반자협정」(Digital Economy Partnership Agreement, DEPA)에 대한 가입을 타결하였고, 「인도태평양경제프레임워크」(Indo-Pacific Economic Framework, IPEF)의 디지털통상 협상 및 WTO의 전자상거래 협상에 참여하고 있으며, EU와 디지털통상협정의 협상도 진행하고 있다.

---

143) 한-싱DPA 제14.17조 제8항.
144) 한-싱DPA 제14.17조 제8항에 대한 각주 14-9.

정보주체의 권리

이 법은 총칙인 제1장의 제4조에서 정보주체의 여섯 가지 기본적 권리의 원칙을 명시하고, 정보주체의 권리 보장에 관한 제5장의 제35조부터 제39조의7까지에서 개인정보의 열람 등 정보주체의 권리 보장을 구체적으로 규정한다.

2023년 3월 14일 개정으로 개인정보의 전송 요구에 관한 법 제35조의2와 자동화된 결정에 대한 정보주체의 권리 등에 관한 제37조의2가 신설되어서, 이 법은 GDPR의 정보주체의 권리에 관한 규정에 상응하게 되었다.

Chapter

07

정보주체의 권리

■ **I. 정보주체의 기본적 권리의 원칙**

이 법의 주된 목적은 개인정보처리자의 개인정보 처리에서 정보주체의 보호이다. 이 목적을 달성하기 위하여 이 법은 개인정보처리자에게 다양한 구체적인 의무를 규정한다. 개인정보처리자의 이러한 의무 수행으로 정보주체의 권리와 이익이 보호될 수 있다. 또한, 이 법은 정보주체의 여섯 가지 기본적 권리의 원칙을 규정한다. 이러한 권리의 원칙은 구체적이지는 않지만, 개인정보의 처리에서 정보주체의 권리가 구체적으로 실현되는데 있어 기반이 된다.[1]

1. 개인정보자기결정권과 정보주체의 권리

헌법재판소는 지문날인제도와 관련된 위헌확인청구 사건에서 '정보주체가 개인정보의 공개와 이용에 관하여 스스로 결정할 권리'인 개인정보자기결정권을 인정하였다.[2] 법 제4조에 규정된 정보주체의 여섯 가지 기본적 권리의 원

---

1) 법 제5장에 규정된 정보주체의 구체적인 권리에 대비하여 제4조에 규정된 권리는 '기본적 권리의 원칙'이라 부른다.
2) 헌재 2005.5.26. 99헌마513, 2004헌마190(병합).

칙은 그의 개인정보자기결정권을 보호하는 등 개인정보의 처리에서 실현되어야 한다.

2. 정보주체의 기본적 권리의 원칙

정보주체는 자신의 개인정보의 처리와 관련하여 아래 여섯 가지 권리의 원칙으로 보호된다.

(1) 개인정보의 처리에 관한 정보를 제공받을 권리

정보주체는 자신의 개인정보의 처리에 관한 정보를 제공받을 권리를 가진다.[3] 보다 구체적으로 정보주체는 자신의 동의를 받아 자신에 관한 개인정보의 수집·이용, 제공 및 목적 외 이용·제공이 이루어지는 경우 개인정보의 항목과 개인정보의 보유 및 이용 기간 등의 정보를 개인정보처리자로부터 제공받아야 한다.[4] 정보주체의 이러한 권리를 보장하기 위하여 개인정보처리자는 개인정보의 수집과 제공의 목적 등 고지, 개인정보 처리방침의 공개 등 관련 의무를 준수하여야 한다.

또한, 개인정보처리자가 정보주체 이외로부터 수집한 개인정보를 처리하는 때에는 정보주체의 요구가 있으면 즉시 다음 각 호의 모든 사항을 정보주체에게 알려야 한다:[5] 1. 개인정보의 수집 출처, 2. 개인정보의 처리 목적, 3. 법 제37조에 따른 개인정보 처리의 정지를 요구하거나 동의를 철회할 권리가 있다는 사실. 개인정보의 종류·규모, 종업원 수 및 매출액 규모 등을 고려하여 대통령령으로 정하는 기준에 해당하는 개인정보처리자는 정보주체의 요구가 없어도 위의 세 가지 모든 사항을 정보주체에게 알려야 한다.[6] 이러한 통지 의무는 가명정보에 대하여 적용되지 않는다.[7]

---

3) 법 제4조 제1호.
4) 법 제15조 제2항, 제17조 제2항, 제18조 제3항 참조.
5) 법 제20조 제1항.
6) 법 제20조 제2항.
7) 법 제28조의7.

(2) 개인정보의 처리의 동의에 관하여 결정할 권리

정보주체는 자신의 개인정보의 처리에 관한 동의 여부, 동의 범위 등을 선택하고 결정할 권리를 가진다.[8] 개인정보자기결정권의 기본은 정보주체가 자신의 개인정보의 공개와 이용 등 처리에 대한 동의 여부를 결정하는 것이다. 이에 따라 개인정보처리자는 개인정보의 처리에 관한 동의 여부, 동의 범위 등을 정보주체가 선택하여 결정할 수 있도록 관련 의무를 준수하여야 한다.[9] 예컨대, 정보주체의 포괄적 동의를 요구하는 것은 금지된다. 또한, 개인정보처리자는 정보주체의 동의를 받을 때에는 동의를 거부할 권리가 있다는 사실 및 동의 거부에 따른 불이익이 있는 경우에는 그 불이익의 내용을 알려야 한다.[10] 동의에 관하여 결정할 권리는 주어진 동의를 철회하는 권리도 포함한다.[11] 또한, 동의에 관한 권리는 개인정보의 수집·이용과 제3자 제공의 기본적 근거가 됨으로써 개인정보의 처리정지 등 개인정보의 처리에 있어 정보주체의 실천적 권리와 구별된다.

(3) 개인정보의 열람 및 전송을 요구할 권리

정보주체는 개인정보의 처리 여부를 확인하고 개인정보에 대한 열람(사본의 발급을 포함한다) 및 전송을 요구할 권리를 가진다.[12] 정보주체의 개인정보자기결정권의 완전한 실현을 위하여 자신에 관한 개인정보가 처리되는 여부, 즉 자신의 개인정보를 누가 얼마나 보유하고 이를 어떻게 이용 또는 제공하고 있는지 등을 확인할 수 있어야 한다. 따라서, 정보주체는 자신의 개인정보에 대한 접근, 즉 열람을 할 수 있어야 한다.[13] 정보주체의 열람요구권 행사로 개인

---

8) 법 제4조 제2호.

9) 정보주체의 동의를 받는 방법에 관하여 법 제22조 참조.

10) 법 제15조 제2항 제4호, 제17조 제2항 제5호, 제18조 제3항 제5호 참조.

11) 법 제37조 제1항. 동의의 철회 권리는 2023년 3월 14일 개정으로 신설되었다. 동 개정으로 삭제된 법 제39조의7 제1항에 따라 정보통신서비스 이용자는 정보통신서비스 제공자등에 대하여 언제든지 개인정보 수집·이용·제공 등의 동의를 철회할 수 있었다.

12) 법 제4조 제3호.

13) 개인정보의 열람에 관하여 법 제35조 참조.

정보처리자의 무분별한 개인정보의 수집 등 불공정한 처리가 방지될 수 있다. 그러나, 가명정보에 대하여 열람의 요구 권리는 적용되지 않는다.[14)

정보주체는 개인정보의 처리 능력 등을 고려하여 대통령령으로 정하는 기준에 해당하는 개인정보처리자에 대하여 일정한 개인정보를 자신에게로 전송할 것을 요구할 수 있다.[15) 개인정보의 전송을 요구할 권리는 가명정보에 대하여 적용되지 않는다.[16)

(4) 개인정보의 처리정지, 정정 · 삭제 및 파기를 요구할 권리

정보주체는 자신의 개인정보의 처리정지, 정정 · 삭제 및 파기를 요구할 권리를 가진다.[17) 정보주체의 개인정보자기결정권이 완전히 실현되어야 하기 때문이다. 개인정보의 처리 목적이 달성되는 등 개인정보를 계속하여 보유할 필요가 없어져서 해당 개인정보가 지체 없이 파기되면 개인정보의 유출이나 오용 · 남용이 발생할 가능성이 낮게 된다. 개인정보처리자는 이러한 정보주체의 권리행사를 보장하기 위하여 관련 의무를 준수하여야 한다. 그러나, 이 법은 정보주체의 권리 보장에 관한 제5장에서 처리 정지와 정정 · 삭제의 경우와 같은 수준에서 파기 요구의 권리를 별도로 명시하지 않는다.[18) 또한, 개인정보의 처리정지, 정정 · 삭제를 요구할 권리는 가명정보에 대하여 적용되지 않는다.[19)

---

14) 법 제28조의7.
15) 법 제35조의2 제1항. 법 제35조의2는 2023년 3월 14일 개정으로 신설되었고, 2024년 3월 15일부터 2025년 3월 14일까지 대통령령으로 정하는 날 시행된다. 법 부칙 제1조 제2호.
16) 법 제28조의7. 그러나, 개인정보 전송 요구의 권리는 가명정보에 적용되어야 할 것이다.
17) 법 제4조 제4호. 개인정보의 처리정지에 관하여 법 제37조, 정정 · 삭제에 관하여 법 제36조 및 파기에 관하여 법 제21조 참조.
18) 법 제21조는 개인정보처리자의 파기 의무를 규정하는데, 정보주체의 권리행사 방법과 절차를 규정한 법 제38조는 개인정보의 파기에 관한 법 제21조를 명시하지 않는다. 그러나, 개인정보처리자는 정보주체의 요구에 따라 처리가 정지된 개인정보에 대하여 지체 없이 해당 개인정보의 파기 등 필요한 조치를 하여야 한다. 법 제37조 제5항.
19) 2023년 3월 14일 개정으로 개인정보의 파기에 관한 법 제21조는 가명정보에 대하여 적용되게 되었다. 법 제28조의7.

(5) 피해를 구제받을 권리

정보주체는 자신의 개인정보의 처리로 인하여 발생한 피해를 신속하고 공정한 절차에 따라 구제받을 권리를 가진다.[20] 정보주체는 개인정보처리자의 개인정보 수집·이용 및 제공 등으로 피해를 입은 경우, 신속하고 공정한 절차에 따라 구제받아야 한다. 이에 정보주체는 이 법을 위반한 개인정보처리자에게 손해배상을 청구할 수 있다.[21] 또한, 이 법은 개인정보 보호책임자의 지정,[22] 입증책임의 전환,[23] 징벌적 손해배상,[24] 법정손해배상,[25] 분쟁의 조정,[26] 집단분쟁조정,[27] 단체소송[28] 및 보호위원회의 시정조치[29] 등을 규정한다.

---

20) 법 제4조 제5호.

21) 법 제39조 제1항.

22) 개인정보 보호책임자는 개인정보의 처리와 관련한 불만의 처리 및 피해 구제의 업무를 수행한다. 법 제31조 제3항 제3호.

23) 개인정보처리자는 정보주체의 동의 없이 처리할 수 있는 개인정보에 대해서는 그 항목과 처리의 법적 근거를 정보주체의 동의를 받아 처리하는 개인정보와 구분하여야 하는데, 동의 없이 처리할 수 있는 개인정보라는 입증책임은 개인정보처리자가 부담한다. 법 제22조 제3항 제2문. 또한, 정보주체는 개인정보처리자가 이 법을 위반한 행위로 손해를 입으면 개인정보처리자에게 손해배상을 청구할 수 있는데, 그 개인정보처리자는 고의 또는 과실이 없음을 입증하지 아니하면 책임을 면할 수 없다. 법 제39조 제1항 제2문. 개인정보처리자의 고의 또는 중대한 과실로 인하여 개인정보가 분실·도난·유출·위조·변조 또는 훼손된 경우로서 정보주체에게 손해가 발생한 때에는 법원은 그 손해액의 5배를 넘지 아니하는 범위에서 손해배상액을 정할 수 있는데, 개인정보처리자가 고의 또는 중대한 과실이 없음을 증명한 경우에는 그러하지 아니하다. 법 제39조 제3항 단서. 또한, 정보주체는 개인정보처리자의 고의 또는 과실로 인하여 개인정보가 분실·도난·유출·위조·변조 또는 훼손된 경우에는 300만원 이하의 범위에서 상당한 금액을 손해액으로 하여 배상을 청구할 수 있는데, 해당 개인정보처리자는 고의 또는 과실이 없음을 입증하지 아니하면 책임을 면할 수 없다. 법 제39조의2 제1항 제2문.

24) 법 제39조 제3항.

25) 법 제39조의2 제1항.

26) 법 제43조부터 제48조까지 및 제50조.

27) 법 제49조와 제50조.

28) 법 제51조부터 제57조까지.

29) 법 제64조.

(6) 완전히 자동화된 개인정보의 처리에 따른 결정을 거부하거 나 그에 대한 설명 등을 요구할 권리

정보주체는 완전히 자동화된 시스템(인공지능 기술을 적용한 시스템을 포함한 다)으로 개인정보를 처리하여 이루어지는 결정('자동화된 결정')이 자신의 권리 또 는 의무에 중대한 영향을 미치는 경우에는 해당 개인정보처리자에 대하여 해당 결정을 거부할 수 있는 권리를 가진다.[30] 또한, 정보주체는 개인정보처리자가 자동화된 결정을 한 경우에는 그 결정에 대하여 설명 등을 요구할 수 있다.[31]

3. 정보주체의 권리 제한

이 법에 규정된 정보주체의 권리는 절대적이지 않다. 이와 관련하여 헌법 제37조 제2항은 다음과 같이 규정한다: "국민의 모든 자유와 권리는 국가안전 보장·질서유지 또는 공공복리를 위하여 필요한 경우에 한하여 법률로써 제한 할 수 있으며, 제한하는 경우에도 자유와 권리의 본질적인 내용을 침해할 수 없다." 따라서, 정보주체의 권리는 제한될 수 있지만, 그 본질적 내용은 침해될 수 없다.[32]

예컨대, 개인정보보호에서 정보주체의 기본적 권리는 개인정보처리자의 개 인정보 수집·이용 및 제공에 대한 동의를 주는 것이다. 이러한 동의를 주는 권리는 개인정보자기결정권의 기본이다. 그러나, 법률에 특별한 규정이 있거나 법령상 의무를 준수하기 위하여 불가피한 경우 등 이 법은 정보주체의 동의를 얻지 않고서도 개인정보의 수집·이용 등 처리를 허용한다. 이렇게 정보주체의 동의를 얻지 않고서도 개인정보의 수집 등 처리가 허용되는 것은 일응 정보주

---

30) 법 제4조 제6호와 법 제37조의2 제1항. 이들 두 규정은 2023년 3월 14일 개정으로 신 설되었다. 법 제37조의2는 2024년 3월 15일 시행된다. 법 부칙 제1조 제1호.

31) 법 제4조 제6호와 법 제37조의2 제2항. 이들 두 규정은 2023년 3월 14일 개정으로 신 설되었다. 법 제37조의2는 2024년 3월 15일 시행된다. 법 부칙 제1조 제1호.

32) 형사소송법, 공직자윤리법, 의료법, 감염병예방법 등은 해당 입법 목적으로 개인정보의 처리에서 정보주체의 권리를 제한하지만, 정보주체의 보호와 균형을 맞추려 한다. 법 제 6조 제2항 참조.

체의 권리 제한이라고 볼 수 있다. 2020년 2월 4일 신설된 가명처리 및 가명정보의 처리로 정보주체의 동의를 줄 권리와 열람 등의 권리가 제한되지만, 이러한 제한은 제4차 산업혁명시대에서 개인정보보호와 개인정보의 활용을 위한 시의적 균형을 반영한 것으로 이해될 수 있다.

이 법은 다음과 같이 구체적으로 정보주체의 권리를 제한한다. 첫째, 정보주체는 개인정보처리자에 대하여 자신의 개인정보에 대한 열람을 요구할 수 있는데, 개인정보처리자는 이러한 열람을 제한하거나 거절할 수 있다.[33] 둘째, 자신의 개인정보를 열람한 정보주체는 개인정보처리자에게 그 개인정보의 정정 또는 삭제를 요구할 수 있는데, 다른 법령에서 그 개인정보가 수집 대상으로 명시되어 있는 경우에는 그 삭제를 요구할 수 없다.[34] 셋째, 정보주체는 개인정보처리자에 대하여 자신의 개인정보의 처리정지를 요구하거나 처리에 대한 동의를 철회할 수 있는데, 개인정보처리자는 이러한 요구를 거절할 수 있다.[35] 넷째, 다음 각 호의 개인정보에 관하여는 법 제35조부터 제39조의7까지에서 규정된 정보주체의 구체적 권리에 관한 규정이 적용되지 않는다.[36]: 2. 국가안전보장과 관련된 정보 분석을 목적으로 수집 또는 제공 요청되는 개인정보, 4. 언론, 종교단체, 정당이 각각 취재·보도, 선교, 선거 입후보자 추천 등 고유 목적을 달성하기 위하여 수집·이용하는 개인정보. 이들 두 가지 유형의 개인정보의 처리에 있어서 제5장에 구체적으로 규정된 정보주체의 권리 보장은 포괄적으로 배제된다.[37]

---

33) 법 제35조 제4항. 이 경우 개인정보처리자는 정보주체에게 그 사유를 알려야 한다.

34) 법 제36조 제1항 단서.

35) 법 제37조 제2항 단서 및 제3항 단서. 이 경우 개인정보처리자는 정보주체에게 지체 없이 그 사유를 알려야 한다. 법 제37조 제4항.

36) 법 제58조 제1항.

37) 이 경우에도 총칙인 제1장에 규정된 정보주체의 권리에 관한 제4조는 적용된다. 또한, 개인정보처리자는 처리 목적을 위하여 필요한 범위에서 최소한의 기간에 최소한의 개인정보만을 처리하여야 하며, 개인정보의 안전한 관리를 위하여 필요한 기술적·관리적 및 물리적 보호조치, 개인정보의 처리에 관한 고충처리, 그 밖에 개인정보의 적절한 처리를 위하여 필요한 조치를 마련하여야 한다. 법 제58조 제4항.

EU GDPR

EU GDPR은 제3장에서 다음과 같이 정보주체의 11개 권리를 규정한다: 제12조
(정보주체의 권리행사를 위한 투명한 정보, 통지 및 양식), 제13조(개인정보가 정
보주체로부터 수집되는 경우 제공되어야 할 정보), 제14조(개인정보가 정보주체
로부터 획득되지 않은 경우 제공되어야 할 정보), 제15조(정보주체의 접근권), 제
16조(정정권), 제17조(삭제권('잊힐 권리')), 제18조(처리제한권), 제19조(개인정
보의 정정이나 삭제 또는 처리 제한에 관한 통지 의무), 제20조(개인정보 이동
권), 제21조(반대권), 제22조(프로파일링을 포함한 자동화된 개별 의사결정).

GDPR은 개인정보의 처리와 표현과 정보의 자유의 관계를 명시적으로 규정한다.
회원국은 법에 의하여 GDPR에 따른 개인정보의 보호에 대한 권리와 언론 목적
및 학술, 예술 또는 문학적 표현 목적의 처리를 포함하여 표현과 정보의 자유에
대한 권리를 조화시켜야 한다.[38] 언론 목적 또는 학술, 예술 또는 문학적 표현 목
적으로 수행된 처리에 대하여 회원국은, '개인정보 보호에 대한 권리와 표현과 정
보의 자유를 조화시켜야'(to reconcile the right to the protection of personal
data with the freedom of expression and information) 할 필요가 있는 경우,
GDPR의 제2장(원칙), 제3장(정보주체의 권리), 제4장(컨트롤러와 프로세서), 제5
장(제3국 또는 국제기구로의 개인정보 이전), 제6장(독립된 감독당국), 제7장(협
력과 일관성) 및 제9장(특정 개인정보 처리 상황)의 면제 또는 일탈을 규정해야
한다.[39]

---

38) GDPR 제85조 제1항.
39) GDPR 제85조 제2항.

■ II. 개인정보의 열람 요구권

정보주체의 개인정보를 처리함으로써 자신의 업무 목적을 달성하는 개인정보처리자는 정보주체가 자신의 권리를 용이하게 행사할 수 있게 하여 정보주체의 신뢰를 얻을 수 있다.[40] 이 법은 정보주체의 권리를 보장하는 권리로서 열람, 전송 요구, 정정·삭제, 처리정지, 자동화된 결정에 대한 권리 및 권리행사 방법과 절차를 구체적으로 규정한다.

정보주체가 자신에 관한 개인정보의 통제, 즉 자기결정권을 효과적으로 행사하기 위하여 먼저 개인정보처리자가 자신에 관한 어떤 개인정보를 보유하고 있고 그 개인정보가 정확한지 등을 확인할 수 있어야 한다. 따라서, 정보주체는 개인정보처리자가 처리하는 자신의 개인정보에 대한 열람을 해당 개인정보처리자에게 요구할 수 있다.[41] 개인정보의 열람은 사본의 발급을 포함한다.[42] 정보주체의 열람 요구의 상대인 개인정보처리자는 공공부문과 민간부문을 불문한다. 가명정보에 개인정보의 열람 요구에 관한 법 제35조는 적용되지 않는다.[43]

1. 열람 요구의 대상

정보주체의 열람 요구의 대상, 즉 열람하려는 사항은 다음 각 호의 사항이다:[44] 1. 개인정보의 항목 및 내용, 2. 개인정보의 수집·이용의 목적, 3. 개인정보 보유 및 이용 기간, 4. 개인정보의 제3자 제공 현황, 5. 개인정보 처리에 동의한 사실 및 내용. 정보주체는 이들 열람 항목 모두 또는 그 일부를 특정하

---

40) 법 제3조 제8항 참조.

41) 법 제35조 제1항. 열람 요구에 관하여 법 제35조 제1항부터 제4항까지의 규정에 따른 열람 요구, 열람 제한, 통지 등의 방법 및 절차에 관하여 필요한 사항은 대통령령으로 정한다. 법 제35조 제5항.

42) 법 제4조 제3호. GDPR 제15조 제3항은 컨트롤러에게 처리 중인 개인정보의 사본을 제공하게 규정한다.

43) 법 제28조의7.

44) 영 제41조 제1항.

여 열람을 요구할 수 있다.

이들 열람 항목을 통하여 정보주체는 개인정보처리자가 보유 중인 자신에 관한 개인정보의 항목과 내용, 개인정보의 처리 목적, 개인정보의 보유·이용 기간, 개인정보를 제공받는 제3자 및 자신이 개인정보 처리에 동의한 사실을 확인할 수 있다. 열람 요구의 대상인 개인정보는 정보주체가 직접 제공한 개인 정보는 물론 언론기사, 소속기관 홈페이지에 소개된 인사정보 등 개인정보처리 자가 제3자로부터 또는 공개적으로 수집한 개인정보와 금융기관의 신용평가, 소속 기관의 인사평가, 병원의 진료기록 등 개인정보처리자가 스스로 생산한 개인정보 및 입출금기록, 인터넷 이용의 쿠키와 로그기록 등 서비스 제공 등의 과정에서 자동적으로 생성된 개인정보도 포함한다.[45]

2. 열람 요구의 방법 · 절차

(1) 열람 요구의 방법 · 절차

정보주체는 자신의 개인정보에 대한 열람을 요구하려면 열람하려는 사항을 개인정보처리자가 마련한 방법과 절차에 따라 요구하여야 한다.[46] 개인정보처 리자가 마련한 열람 요구 방법과 절차는 해당 개인정보의 수집 방법과 절차에 비하여 어렵지 않아야 한다.[47]

개인정보처리자가 마련한 방법과 절차는 다음 각 호의 사항을 준수하여야 한다. 첫째, 서면, 전화, 전자우편, 인터넷 등 정보주체가 쉽게 활용할 수 있는

---

45) 2020년 해설서 369면.

46) 영 제41조 제1항. 개인정보의 열람, 정정·삭제, 처리정지 요구 절차의 개선 차원에서 2017년 10월 17일 개정으로 종래에 일반적으로 요구되던 개인정보 열람요구서 제출의 방법이 삭제되었다.

47) 영 제41조 제2항. 개인정보처리자는 정보주체가 열람 신청서를 자필로 작성하지 않아 열람을 거절하였으나, 전화로 수집하는 녹취파일의 열람을 위해 자필로 작성한 신청서 를 요구하는 것은 수집 방법보다 열람 요구 방법을 어렵게 한 것으로, 통상의 개인정보 처리자들이 신청서의 작성방식(자필작성인지 워드프로세서 등으로 작성하였는지 여부) 에 제한을 두지 않는 점을 고려할 때, 정보주체의 열람 요구를 거절할 정당한 사유로 보기 어렵다. 보호위원회, '개인정보보호 법규 위반행위에 대한 시정조치에 관한 건'(제 2023-004-033호, 2023.3.8.).

방법으로 열람을 제공해야 한다.[48] 둘째, 개인정보를 수집한 창구의 지속적 운영이 곤란한 경우 등 정당한 사유가 있는 경우를 제외하고는 최소한 개인정보를 수집한 창구 또는 방법과 동일하게 개인정보의 열람을 요구할 수 있도록 하여야 한다.[49] 셋째, 인터넷 홈페이지를 운영하는 개인정보처리자는 홈페이지에 열람 요구 방법과 절차를 공개하여야 한다.[50]

(2) 공공기관에 대한 특례

정보주체가 자신의 개인정보에 대한 열람을 공공기관에 요구하고자 할 때에는 공공기관에 직접 열람을 요구하거나 대통령령으로 정하는 바에 따라 보호위원회를 통하여 열람을 요구할 수 있다.[51] 정보주체가 보호위원회를 통하여 자신의 개인정보에 대한 열람을 요구하려는 경우에는 보호위원회가 정하여 고시하는 바에 따라 열람하려는 사항을 표시한 개인정보 열람요구서를 보호위원회에 제출해야 한다.[52] 이 경우 보호위원회는 지체 없이 그 개인정보 열람요구서를 해당 공공기관에 이송해야 한다.[53]

3. 열람 요구에 대한 대응 조치

개인정보처리자는 열람을 요구받았을 때에는 대통령령으로 정하는 기간 내에 정보주체가 해당 개인정보를 열람할 수 있도록 하여야 한다.[54] '대통령령으로 정하는 기간'은 10일이다.[55] 개인정보처리자는 개인정보 열람 요구를 받은

---

48) 영 제41조 제2항 제1호.
49) 영 제41조 제2항 제2호.
50) 영 제41조 제2항 제3호.
51) 법 제35조 제2항. 보호위원회의 열람 요구의 접수 및 처리는 한국인터넷진흥원에 위탁된다. 영 제62조 제3항 제7호.
52) 영 제41조 제3항 제1문.
53) 영 제41조 제3항 제2문.
54) 법 제35조 제3항 제1문.
55) 영 제41조 제4항.

날부터 10일 이내에 정보주체에게 해당 개인정보를 열람할 수 있도록 하는 경우에는 열람할 개인정보와 열람이 가능한 날짜·시간 및 장소 등을 보호위원회가 정하여 고시하는 열람통지서로 해당 정보주체에게 알려야 한다.[56] 즉시 열람하게 하는 경우에는 열람통지서 발급을 생략할 수 있다.[57]

열람 요구를 받고 10일 이내에 열람할 수 없는 정당한 사유가 있을 때에는 정보주체에게 그 사유를 알리고 열람을 연기할 수 있으며, 그 사유가 소멸하면 지체 없이 열람하게 하여야 한다.[58] 개인정보처리자가 정보주체의 열람을 연기하려는 경우에는 열람 요구를 받은 날부터 10일 이내에 연기의 사유 및 이의제기방법을 보호위원회가 정하여 고시하는 열람의 연기·거절 통지서로 해당 정보주체에게 알려야 한다.[59]

4. 열람의 제한 또는 거절

개인정보처리자는 정보주체의 자신에 관한 개인정보 열람의 요구를 모두 수용하도록 요구되지 않는다. 일정한 조건이 충족되면 개인정보처리자는 정보주체가 요구한 열람을 제한하거나 거절할 수 있다. 열람을 제한하거나 거절하는 경우 개인정보처리자는 정보주체에게 그 사유를 알려야 한다.[60]

개인정보처리자는 열람 요구 사항 중 일부가 열람의 제한에 해당하는 경우에는 그 일부에 대하여 열람을 제한할 수 있고, 열람이 제한되는 사항을 제외한 부분은 열람할 수 있도록 하여야 한다.[61] 개인정보처리자는 열람 요구 사항 중 일부를 열람하게 하는 경우에는 열람할 개인정보와 열람이 가능한 날짜·시간 및 장소 및 열람 요구 사항 중 일부만의 열람 사유와 이의제기방법을 보호

---

56) 영 제41조 제5항.

57) 영 제41조 제5항 단서.

58) 법 제35조 제3항 제2문. 개인정보의 열람을 연기한 후 그 사유가 소멸한 경우에는 정당한 사유가 없는 한 사유가 소멸한 날로부터 10일 이내에 열람하도록 하여야 한다. 표준지침 제31조 제1항.

59) 영 제42조 제2항.

60) 법 제35조 제4항과 영 제42조 제2항.

61) 영 제42조 제1항.

위원회가 정하여 고시하는 열람통지서로 해당 정보주체에게 알려야 한다.[62] 개인정보처리자가 정보주체의 열람을 거절하려는 경우에는 열람 요구를 받은 날부터 10일 이내에 거절의 사유 및 이의제기방법을 보호위원회가 정하여 고시하는 열람의 연기·거절 통지서로 해당 정보주체에게 알려야 한다.[63]

(1) 법률에 따라 열람이 금지되거나 제한되는 경우

법률에 따라 열람이 금지되거나 제한되는 경우 개인정보처리자는 열람을 제한하거나 거절할 수 있다.[64] 예컨대, 법률의 규정에 의하여 비밀로 취급되는 개인정보파일에 포함된 개인정보의 열람은 제한되거나 거절될 수 있다.

(2) 다른 사람의 생명·신체를 해하는 등 우려가 있는 경우

다른 사람의 생명·신체를 해할 우려가 있거나 다른 사람의 재산과 그 밖의 이익을 부당하게 침해할 우려가 있는 경우 개인정보처리자는 열람을 제한하거나 거절할 수 있다.[65] 예컨대, 열람이 요구된 개인정보에 정보주체의 개인정보와 함께 다른 사람의 개인정보가 함께 공개되면 다른 사람의 생명이나 신체를 해하거나 재산 등의 이익을 부당하게 침해할 우려가 있는 경우 동 열람은 제한되거나 거절될 수 있다.[66]

---

62) 영 제41조 제5항.
63) 영 제42조 제2항.
64) 법 제35조 제4항 제1호.
65) 법 제35조 제4항 제2호.
66) 예컨대, 차량 소유자가 자신의 차량을 훼손한 사람의 과실 여부를 판단하기 위해 구청에 영상정보의 열람을 청구하는 경우 제3자에 대해 모자이크 또는 마스킹 처리 등 보호조치를 취하더라도 정보주체가 제3자를 쉽게 식별할 수 있는 경우가 발생하고 있는 현실에서 보호위원회는 "정보주체가 개인영상정보 열람·존재확인 청구서상 청구 목적이 오로지 제3자의 이익을 해하기 위한 것으로 추정되는 등 당해 열람이 다른 사람의 생명·신체를 해할 우려가 있거나 다른 사람의 재산과 그 밖의 이익을 부당하게 침해할 우려가 있다고 인정할 만한 특별한 사정이 없는 이상 정보주체가 보호조치된 제3자를 알아볼 수 있다는 이유만으로 [법] 제35조 제4항 제2호를 근거로 개인영상정보 열람을 거절할 수는 없다 할 것"이라고 판단하였다. 보호위원회, '은평구의 개인영상정보 열람요

(3) 공공기관의 업무 수행에 중대한 지장을 초래하는 경우

공공기관이 다음의 어느 하나에 해당하는 업무를 수행할 때 중대한 지장을 초래하는 경우 개인정보처리자는 열람을 제한하거나 거절할 수 있다.[67] 첫째, 조세의 부과·징수 또는 환급에 관한 업무이다.[68] 둘째, 「초·중등교육법」 및 「고등교육법」에 따른 각급 학교, 「평생교육법」에 따른 평생교육시설, 그 밖의 다른 법률에 따라 설치된 고등교육기관에서의 성적 평가 또는 입학자 선발에 관한 업무이다.[69] 셋째, 학력·기능 및 채용에 관한 시험, 자격 심사에 관한 업무이다.[70] 넷째, 보상금·급부금 산정 등에 대하여 진행 중인 평가 또는 판단에 관한 업무이다.[71] 다섯째, 다른 법률에 따라 진행 중인 감사 및 조사에 관한 업무이다.[72]

EU GDPR ───────────────────────────────────────

GDPR은 정보주체의 접근권(right of access)을 규정한다. 정보주체는 컨트롤러로부터 자신에 관한 개인정보가 처리되고 있는지 여부에 대하여 확인받을 권리를 가진다. 자신에 관한 개인정보가 처리되고 있는 경우에는 자신의 개인정보 및 다음의 정보에 대한 접근의 권리를 가진다:[73] (a) 처리 목적, (b) 관련 개인정보의 범주, (c) 개인정보가 공개되었거나 공개될 수령자 또는 수령자의 범주, 특히 제3

구 거절 관련 법령해석에 관한 건'(제2019-14-223호, 2019.7.22.).

67) 법 제35조 제4항 제3호.

68) 법 제35조 제4항 제3호 가목.

69) 법 제35조 제4항 제3호 나목.

70) 법 제35조 제4항 제3호 다목.

71) 법 제35조 제4항 제3호 라목.

72) 법 제35조 제4항 제3호 마목. 정보주체로부터 개인정보의 제3자 제공 현황의 열람 청구를 받은 개인정보처리자는 국가안보에 긴요한 사안으로 다른 법률에 따라 진행 중인 감사 및 조사에 관한 업무를 수행하는데 중대한 지장을 초래하는 경우, 제3자에게 열람청구의 허용 또는 제한, 거부와 관련한 의견을 조회하여 결정할 수 있다. 표준지침 제31조 제2항.

73) GDPR 제15조 제1항.

국 또는 국제기구의 수령자, (d) 가능한 경우, 개인정보가 저장될 예상 기간, 또는 불가능한 경우 동 기간의 결정에 사용되는 기준, (e) 컨트롤러로부터 개인정보의 정정이나 삭제 또는 정보주체에 관한 처리 제한을 요청할 권리 또는 이러한 처리에 대한 반대할 권리의 존재, (f) 감독당국에 민원을 제기할 권리, (g) 개인정보가 정보주체로부터 수집되지 않은 경우, 그 출처에 관한 모든 이용 가능한 정보, (h) 프로파일링을 포함하여 자동화된 의사 결정의 존재 및 최소한 이 경우 수반된 로직에 관한 중요한 정보와 그러한 처리의 정보주체에 대한 유의성 및 예상된 결과. 개인정보가 제3국 또는 국제기구에 이전되는 경우 정보주체는 그 이전과 관련된 제46조에 따른 적절한 안전장치에 대해서 고지받을 권리를 가진다.[74]

---

74) GDPR 제15조 제2항. GDPR 제46조 제2항에 따라 개인정보의 제3국 또는 국제기구로의 이전을 위한 적절한 안전장치는 감독당국의 특정한 허가를 요구하지 않고 다음에 의하여 제공될 수 있다: (a) 공공당국 또는 기관 사이의 법적 구속력 있고 집행가능한 문서, (b) 제47조에 따른 구속력 있는 기업규칙, (c) 제93조 제2항에서 언급된 검토절차에 따라 유럽위원회가 채택한 표준개인정보보호조항, (d) 감독당국이 채택하고 제93조 제2항에 언급된 검토절차에 따라 유럽위원회가 승인한 표준개인정보보호조항, (e) 제3국에서 정보주체의 권리에 관한 것을 포함하여 적절한 안전장치를 적용하는 컨트롤러 또는 프로세서의 구속력 있고 집행가능한 약속과 함께 제40조에 따라 승인된 행동규약, 또는 (f) 제3국에서 정보주체의 권리에 관한 것을 포함하여 적절한 안전장치를 적용하는 컨트롤러 또는 프로세서의 구속력 있고 집행가능한 약속과 함께 제42조에 따라 승인된 인증 메커니즘. 또한, 소관 감독당국의 허가를 조건으로, 이러한 적절한 안전장치는 특히 다음에 의하여 제공될 수 있다: (a) 컨트롤러 또는 프로세서와 제3국이나 국제기구의 컨트롤러, 프로세서 또는 개인정보의 수령자 사이의 계약 조항 또는 (b) 집행력 있고 유효한 정보주체 권리를 포함하는 공공당국 또는 기관 사이의 행정약정에 삽입되는 규정. GDPR 제46조 제3항.

■ III. 개인정보의 전송 요구권

오늘날 디지털경제 활성화로 개인정보가 대량으로 수집·유통되고 있으나, 정보주체는 자신의 개인정보를 자신이 원하는 방향으로 활용하지 못하고 있다. 금융과 공공 분야에서 전송요구권이 신설되었으나, 분야별 접근 방식에 대한 개선이 요구되었다.[75] 개인정보의 전송 요구권은 GDPR 제20조에 규정된 '개인정보 이동권'(right to data portability)의 선례를 따른 것으로 보인다. 개인정보의 전송 요구권은 정보주체가 자신의 개인정보에 대한 통제를 강화할 수 있게 한다.[76] 또한, 일부 플랫폼 기업 등으로 개인정보가 집중되는 독과점 현상을 타개하고, 스타트업 등 다양한 경제주체의 시장진입을 원활하게 할 수 있다. 2023년 3월 14일 개정으로 개인정보보호를 전제로 교육과 의료 등 모든 분야에서 개인정보의 이동을 보장하기 위한 일반법적 근거로서 법 제35조의2, 제35조의3 및 제35조의4가 신설되었다.[77] 또한, 법 제4조 제3호에 정보주체의 권리로서 개인정보에 대한 전송을 요구할 권리가 신설되었다. 정보주체는 법 제35조의2 제1항과 제2항에 따른 전송 요구를 철회할 수 있다.[78] 개인정보의 전송 요구에 관한 법 제35조의2는 가명정보에 적용되지 않는다.[79] 그러나, 개인정보의 전송

---

75) 2020년 2월 4일 개정으로 개인인 신용정보주체의 개인신용정보 전송요구권을 규정한 신용정보법 제33조의2가 신설되었고, 2021년 6월 8일 개정으로 정보주체 본인에 관한 행정정보의 제공요구권을 규정한 전자정부법 제43조의2가 신설되었다. 4차 산업혁명위원회 주관 제9차 규제제도혁신 해커톤(2021.1.19.-20)에서 개인정보 이동권을 이 법에 규정하여 디지털경제의 정보주체 권리를 보장하도록 합의되었다.

76) GDPR 상설 제68항.

77) 법 제35조의2는 2024년 3월 15일부터 2025년 3월 14일까지 대통령령으로 정하는 날에 시행된다. 법 부칙 제1조 제2호. 법 제35조의3은 2024년 3월 15일 시행된다. 법 부칙 제1조 제1호. 신용정보법에서 도입된 금융마이데이터 표준화 등 준비에 2년 정도의 시간이 소요되었다. 법 제35조의2 제1항부터 제7항까지 규정한 사항 외에 전송 요구의 대상이 되는 정보의 범위, 전송 요구의 방법, 전송의 기한 및 방법, 전송 요구 철회의 방법, 전송 요구의 거절 및 전송 중단의 방법 등 필요한 사항은 대통령령으로 정한다. 법 제35조의2 제8항.

78) 법 제35조의2 제5항.

79) 법 제28조의7. 그런데, 정보주체의 개인정보 전송 요구에 관한 법 제35조의2가 가명정보에 적용되지 않는 점은 검토가 필요하다. 즉 가명정보는 정보주체에게 분명히 연결될

요구의 취지를 고려할 때 이 법의 전송 요구의 대상은 지나치게 크다고 볼 수
있다.

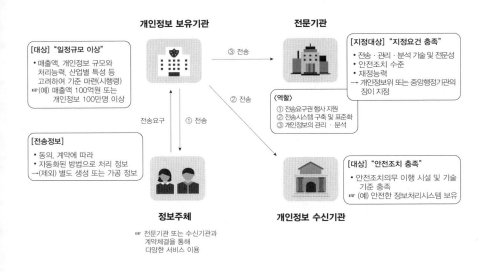

〈개인정보 전송 요구권 운영체계〉[80]

1. 전송 상대

(1) 정보주체 본인

정보주체는 개인정보의 처리 능력 등을 고려하여 대통령령으로 정하는 기
준에 해당하는 개인정보처리자에 대하여 관련 요건을 모두 충족하는 개인정보
를 자신에게 전송할 것을 요구할 수 있다.[81] 이러한 정보주체 중심의 전송 요

수 있어서 특히 과학적 연구와 통계작성의 목적의 가명정보는 개인정보로서 전송 대상
이 될 수 있다고 보아야 한다. 제29조 작업반 Guidelines on Portability, p. 7 및
GDPR 제89조 제2항 참조. 또한, 정보주체는 정보이동권 등 제15조에서 제20조까지 규
정된 자신의 권리를 행사할 목적으로 자신의 신원 확인을 가능하게 하는 '추가적 정
보'(additional information)를 컨트롤러에게 제공하는 경우 정보이동권에 관한 제20조
등이 적용된다. GDPR 제11조 제2항.

80) 2021년 개정안 설명자료 7면.
81) 법 제35조의2 제1항. 제35조의2는 2024년 3월 15일부터 2025년 3월 14일까지 대통령

구권은 소위 마이데이터 산업과 관련된다.

(2) 정보주체가 아닌 제3자

정보주체는 매출액, 개인정보의 보유 규모, 개인정보 처리 능력, 산업별 특성 등을 고려하여 대통령령으로 정하는 기준에 해당하는 개인정보처리자에 대하여 전송 요구 대상인 개인정보를 기술적으로 허용되는 합리적인 범위에서 다음 각 호의 자에게 전송할 것을 요구할 수 있다:[82] 1. 법 제35조의3 제1항에 따른 개인정보관리 전문기관, 2. 법 제29조에 따른 안전조치 의무를 이행하고 대통령령으로 정하는 시설 및 기술 기준을 충족하는 자. 기술적으로 허용되는 합리적인 범위는 사안별로 확인되어야 할 것이다. 또한, 개인정보처리자는 '기술적으로 양립가능한 처리시스템'(processing systems which are technically compatible)을 채택하거나 유지할 의무를 부담하지 않을 것이다.[83]

1) 개인정보관리 전문기관

정보주체는 매출액, 개인정보의 보유 규모, 개인정보 처리 능력, 산업별 특성 등을 고려하여 대통령령으로 정하는 기준에 해당하는 개인정보처리자에 대하여 전송 요구 대상인 개인정보를 기술적으로 허용되는 합리적인 범위에서 개인정보관리 전문기관에게 전송할 것을 요구할 수 있다.[84] 현실적으로 정보주체가 곳곳에 산재된 개인정보에 대한 효과적인 통제를 하지 못하고, 개인정보처리자는 전송 시스템 등의 미비로 이러한 정보주체의 전송 요구에 응하기 어려운 현실에서 개인정보관리 전문기관이 설치된다.[85] 개인정보관리 전문기관

령으로 정하는 날에 시행된다. 법 부칙 제1조 제2호.

82) 법 제35조의2 제2항.

83) GDPR 상설 제68항 참조.

84) 법 제35조의2 제2항 제1호. 법 제35조의3 제1항에 따른 개인정보관리 전문기관의 지정 절차, 제2항에 따른 지정요건의 세부기준, 제4항에 따른 지정취소의 절차 등에 필요한 사항은 대통령령으로 정한다. 법 제35조의3 제8항.

85) 개인정보관리 전문기관으로 의료 분야에서 건강보험공단과 건강보험심사평가원 등, IT 서비스 분야에서 포털과 스타트업 등, 교통 분야에서 한국도로공사, 교통카드사와 운수회사 등, 교육 분야에서 대학교와 민간 교육기관 등이 지정될 것이다. 2021년 개정안

은 개인정보의 전송 외에도 정보주체의 권리행사를 지원하는 역할을 하는 점에서 소위 맞춤형 서비스의 제공에도 기여할 수 있다.

보호위원회 또는 관계 중앙행정기관의 장으로부터 개인정보관리 전문기관의 지정을 받은 자는 다음 각 호의 업무를 수행할 수 있다:[86] 1. 법 제35조의2에 따른 개인정보의 전송 요구권 행사 지원, 2. 정보주체의 권리행사를 지원하기 위한 개인정보 전송시스템의 구축 및 표준화,[87] 3. 정보주체의 권리행사를 지원하기 위한 개인정보의 관리·분석, 4. 그 밖에 정보주체의 권리행사를 효과적으로 지원하기 위하여 대통령령으로 정하는 업무. 개인정보관리 전문기관은 정보주체의 요구에 따라 위 각 호의 업무를 수행하는 경우 정보주체로부터 그 업무 수행에 필요한 비용을 받을 수 있다.[88] 보호위원회 및 관계 중앙행정기관의 장은 개인정보관리 전문기관에 대하여 업무 수행에 필요한 지원을 할 수 있다.[89]

개인정보관리 전문기관의 지정요건은 다음 각 호와 같다:[90] 1. 개인정보를 전송·관리·분석할 수 있는 기술 수준 및 전문성을 갖추었을 것, 2. 개인정보를 안전하게 관리할 수 있는 안전성 확보 조치 수준을 갖추었을 것, 3. 개인정보관리 전문기관의 안정적인 운영에 필요한 재정 능력을 갖추었을 것. 보호위원회 및 관계 중앙행정기관의 장은 개인정보관리 전문기관이 다음 각 호의 어느 하나에 해당하는 경우에는 개인정보관리 전문기관의 지정을 취소할 수 있다:[91] 1. 거짓이나 부정한 방법으로 지정을 받은 경우,[92] 2. 법 제35조의3 제2항에 따른 지정요건을 갖추지 못하게 된 경우. 보호위원회 및 관계 중앙행정기관의 장은 개인정보관리 전문기관의 지정을 취소하는 경우에는 행정절차법에 따른 청문을 실시하여야 한다.[93]

설명자료 12면.

86) 법 제35조의3 제1항. 제35조의3은 2024년 3월 15일 시행된다. 법 부칙 제1조 제1호.

87) 개인정보관리 전문기관의 지정을 받지 않고 개인정보 전송시스템의 구축 및 표준화 업무를 수행한 자에게 3천만원 이하의 과태료가 부과된다. 법 제75조 제2항 제20호.

88) 법 제35조의3 제7항.

89) 법 제35조의3 제6항.

90) 법 제35조의3 제2항.

91) 법 제35조의3 제4항.

92) 이 경우 지정을 취소하여야 한다. 법 제35조의3 제4항 단서.

93) 법 제35조의3 제5항.

개인정보관리 전문기관은 다음 각 호의 어느 하나에 해당하는 행위를 하여서는 아니 된다. 첫째, 정보주체에게 개인정보의 전송 요구를 강요하거나 부당하게 유도하는 행위를 하여서는 아니 된다.[94] 둘째, 그 밖에 개인정보를 침해하거나 정보주체의 권리를 제한할 우려가 있는 행위로서 대통령령으로 정하는 행위를 하여서는 아니 된다.[95]

2) 다른 개인정보처리자

정보주체는 매출액, 개인정보의 보유 규모, 개인정보 처리 능력, 산업별 특성 등을 고려하여 대통령령으로 정하는 기준에 해당하는 개인정보처리자에 대하여 전송 요구 대상인 개인정보를 기술적으로 허용되는 합리적인 범위에서 법 제29조에 따른 안전조치 의무를 이행하고 대통령령으로 정하는 시설 및 기술 기준을 충족하는 자에게 전송할 것을 요구할 수 있다.[96] 이렇게 개인정보를 전송받은 개인정보처리자는 정보주체의 동의를 얻거나 정보주체와 계약을 통하여 정보주체에게 관련 서비스 등을 제공할 수 있을 것이다.[97]

EU GDPR

정보주체는 개인정보가 제공된 컨트롤러의 방해 없이 다른 컨트롤러에게 해당 개인정보를 전송할 권리를 가져야 한다.[98] 정보주체는 기술적으로 가능한 경우 개인정보를 한 컨트롤러로부터 다른 컨트롤러에게 직접 전송하게 할 권리를 가져야 한다.[99]

---

94) 법 제35조의3 제3항 제1호. 동 규정을 위반한 자에게 3천만원 이하의 과태료가 부과된다. 법 제75조 제2항 제21호.
95) 법 제35조의3 제3항 제2호. 동 규정을 위반한 자에게 3천만원 이하의 과태료가 부과된다. 법 제75조 제2항 제21호.
96) 법 제35조의2 제2항 제2호.
97) 제29조 작업반 Guidelines on Portability, p. 9.
98) GDPR 제20조 제1항.
99) GDPR 제20조 제2항.

2. 전송 요구의 대상인 개인정보

(1) 전송 요구의 대상인 개인정보

정보주체의 전송 요구의 대상은 정보주체 본인에 관한 개인정보이다.[100] 익명이거나 정보주체에게 관련되지 않은 정보는 전송 요구의 대상이 되지 않는다. 여러 정보주체가 관련된 개인정보에 관하여, 예컨대 전화통화 기록은 제3자인 여럿 상대방의 개인정보를 포함하게 되는데, 이 경우 해당 정보주체의 개인정보가 전송 요구의 대상이 될 것이다.[101]

전송 대상인 개인정보의 예는 대체로 회원 정보, 로그 정보와 쿠키 정보 등 자동 수집된 정보, SNS 활동 정보와 채팅 정보 등 SNS 관련 정보, 요금납부 정보, 통신이용 정보와 기기 정보 등 정보통신 분야 정보, 위치정보, 탑승정보와 자율주행 자동차 정보 등 교통 관련 정보 및 진단 정보, 약물처방 정보, 병리검사 정보 등 보건의료 분야 정보를 포함한다.[102]

전송을 요구하는 개인정보는 컴퓨터 등 정보처리장치로 처리되어야 한다.[103] 정보주체의 전송 요구의 대상은 정보주체 본인에 관한 개인정보로서 다음 세 가지 중 어느 하나에 해당하는 정보이다.

1) 정보주체의 동의를 받아 처리되는 개인정보

첫째 유형의 정보주체의 전송 요구 대상은 법 제15조 제1항 제1호에 따라 정보주체의 동의를 받아 수집된 개인정보, 법 제23조 제1항 제1호에 따라 정보주체의 별도의 동의를 받아 처리되는 민감정보 또는 법 제24조 제1항 제1호에 따라 정보주체의 별도의 동의를 받아 처리되는 고유식별정보이다.[104]

---

100) 법 제35조의2 제1항.
101) 제29조 작업반 Guidelines on Portability, pp. 7–8.
102) 2021년 개정안 설명자료 11면.
103) 법 제35조의2 제1항 제3호.
104) 법 제35조의2 제1항 제1호 가목.

2) 정보주체와 체결한 계약에 관련되어 처리되는 개인정보

둘째 유형의 정보주체의 전송 요구 대상은 법 제15조 제1항 제4호에 따라 정보주체와 체결한 계약을 이행하거나 계약을 체결하는 과정에서 정보주체의 요청에 따른 조치를 이행하기 위하여 처리되는 개인정보이다.[105]

3) 보호위원회가 심의 · 의결하여 지정한 개인정보

셋째 유형의 정보주체의 전송 요구 대상은 법 제15조 제1항 제2호 · 제3호, 제23조 제1항 제2호 또는 제24조 제1항 제2호에 따라 처리되는 개인정보 중 정보주체의 이익이나 공익적 목적을 위하여 관계 중앙행정기관의 장의 요청에 따라 보호위원회가 심의 · 의결하여 전송 요구의 대상으로 지정한 개인정보이다.[106] 이러한 개인정보는 각각 법률에 특별한 규정이 있거나 법령상 의무를 준수하기 위하여 불가피한 경우 수집된 개인정보,[107] 공공기관이 법령 등에서 정하는 소관 업무의 수행을 위하여 불가피한 경우 수집된 개인정보,[108] 법령에서 처리를 요구하거나 허용하여 처리되는 민감정보[109] 또는 법령에서 구체적으로 처리를 요구하거나 허용하여 처리되는 고유식별정보이다.[110]

전송 요구의 대상인 개인정보는 정보주체가 개인정보처리자에게 제공한 개인정보에 국한하지 않고, 정보주체의 이익이나 공익적 목적을 위한 경우 보호위원회가 심의 · 의결하면 전송 요구의 대상이 된다. 이렇게 전송 요구의 대상이 확대되면, 개인정보의 활용이 커지게 되는 경제사회적 장점이 있을 수 있다. 그러나, 정보주체의 개인정보자기결정권의 충실한 실현이라는 전송 요구의 취지를 고려할 때, 정보주체가 개인정보처리자에게 제공하지 않은 개인정보를 전송 요구의 대상으로 확대하는 것은 적절하지 않을 것이다.

---

105) 법 제35조의2 제1항 제1호 나목.
106) 법 제35조의2 제1항 제1호 다목.
107) 법 제15조 제1항 제2호.
108) 법 제15조 제1항 제3호.
109) 법 제23조 제1항 제2호.
110) 법 제24조 제1항 제2호.

4) 세금 관련 개인정보

정보주체로부터 개인정보의 전송 요구를 받은 개인정보처리자는 다음의 어느 하나에 해당하는 법률의 관련 규정에도 불구하고 정보주체에 관한 개인정보를 전송하여야 한다:111) 1. 국세기본법 제81조의13,112) 2. 지방세기본법 제86조113) 및 3. 그 밖에 제1호 및 제2호와 유사한 규정으로서 대통령령으로 정하는 법률의 규정.

납세자의 납세의무 이행에서 세무공무원이 업무상 취득한 자료, 즉 과세정보는 타인에게 제공 또는 누설하거나 목적 외의 용도로 사용할 수 없다. 세무공무원의 특별한 비밀유지 의무에도 불구하고, 정보주체의 세금 관련 개인정보의 전송 요구가 허용된다.

EU GDPR ────────────────────────────────────

GDPR에서 이동의 대상이 되는 개인정보는 정보주체 자신에 관한 것이고 또한 '자신이 컨트롤러에게 제공한'(he or she has provided to a controller) 것이다.114) 우편주소, 사용자 이름, 나이 등 정보주체가 적극적으로 인지하여 제공한 정보는 이동의 대상이 된다.115) 검색 기록, 트래픽정보(traffic data), 위치정보, 심장박동수 등 정보주체가 서비스나 기기의 사용으로 제공한 '관찰정보'(observed

---

111) 법 제35조의2 제4항.

112) 세무공무원은 납세자가 세법에서 정한 납세의무를 이행하기 위하여 제출한 자료나 국세의 부과·징수를 위하여 업무상 취득한 자료 등('과세정보')을 타인에게 제공 또는 누설하거나 목적 외의 용도로 사용해서는 아니 된다. 국세기본법 제81조의13 제1항.

113) 세무공무원은 납세자가 지방세기본법 또는 지방세관계법에서 정한 납세의무를 이행하기 위하여 제출한 자료나 지방세의 부과 또는 징수를 목적으로 업무상 취득한 자료 등('과세정보')을 다른 사람에게 제공 또는 누설하거나 목적 외의 용도로 사용해서는 아니 된다. 지방세기본법 제86조 제1항.

114) GDPR 제20조 제1항. 그러나, 개인정보 이동권의 정책 목적을 고려할 때, 정보주체가 제공한 개인정보는 넓게 해석되어야 한다고 한다. 제29조 작업반 Guidelines on Portability, p. 8.

115) 제29조 작업반 Guidelines on Portability, p. 8.

data)는 전송 요구의 대상이 된다.116)

개인정보 이동권을 행사하기 위하여 컨트롤러의 개인정보 처리는 다음과 같다:117) (a) 일반적 또는 특별한 범주의 개인정보에 관하여 정보주체의 동의 또는 명시적 동의를 받거나 정보주체가 당사자인 계약의 이행에 필요한 경우 및 (b) 동 처리가 자동화된 수단에 의해 수행되는 경우. 즉 GDPR에서 개인정보 이동권은 정보주체의 동의 또는 정보주체가 당사자인 계약이 아닌 다른 법적 근거에 따른 개인정보 처리에 적용되지 않는다.118)

GDPR에서 개인정보 이동권은 공익을 위하여 또는 공적 권한의 행사로서 수행되고, 컨트롤러에게 부여된 직무의 실행에 필요한 개인정보 처리에 적용되지 않는다.119) 또한, 개인정보 이동권의 행사는 삭제권에 저촉하지 않아야 한다.120)

(2) 전송 요구의 대상이 아닌 개인정보

전송을 요구하는 개인정보가 개인정보처리자가 수집한 개인정보를 기초로 분석·가공하여 별도로 생성한 정보는 정보주체의 전송 요구의 대상에서 제외된다.121) 예컨대, 수집된 전자적 검침 기록의 분석으로 생성된 사용자 프로파일과 같은 정보는 개인정보처리자가 생성한 것이어서, 전송 요구의 대상이 되지 않는다.122) 또한, 신용평가점수 등 추론정보(infrerred data)는 정보주체가 제공한 데이터에 기반하여 컨트롤러가 생성한 것이다.123)

---

116) 제29조 작업반 Guidelines on Portability, p. 8.

117) GDPR 제20조 제1항.

118) GDPR 상설 제68항.

119) GDPR 제20조 제3항.

120) GDPR 제20조 제3항. 개인정보 이동권은 정보주체가 개인정보의 삭제를 얻을 권리를 저촉하지 않아야 하고, 계약의 이행을 위하여 개인정보가 필요한 한도에서 계약의 이행을 위하여 정보주체가 제공한 자신의 개인정보의 삭제를 의미하지 않는다. GDPR 상설 제68항.

121) 법 제35조의2 제1항 제2호.

122) 제29조 작업반 Guidelines on Portability, p. 8.

123) 제29조 작업반 Guidelines on Portability, p. 8.

3. 전송 요구에 대한 대응 조치

개인정보처리자는 정보주체로부터 개인정보의 전송 요구를 받은 경우에는 시간, 비용, 기술적으로 허용되는 합리적인 범위에서 해당 정보를 컴퓨터 등 정보처리장치로 처리 가능한 형태로 전송하여야 한다.[124)]

EU GDPR

컨트롤러는 정보주체에게 '과도하게 지체하지 않고'(without undue delay) 그리고 어느 경우에도 개인정보 이동의 '요청 수령 후 한달 이내에'(within one month of receipt of the request) 관련 정보를 제공하도록 요구된다.[125)] 정보주체는 개인정보를 '구조화되고, 일반적으로 사용되며, 기계 판독이 가능하고 상호 호환이 가능한 포맷으로'(in a structured, commonly used, machine-readable and interoperable format) 수령할 권리를 가진다.[126)] 컨트롤러는 상호호환이 가능한 포맷을 개발하도록 권장되어야 하지만, 기술적으로 양립가능한 처리시스템을 채택 또는 유지하도록 하는 의무를 가지지 않는다.[127)]

---

124) 법 제35조의2 제3항.

125) GDPR 제12조 제3항. 요청의 복잡성과 건수를 고려하여 필요한 경우 2개월 더 연장할 수 있다. GDPR 제12조 제3항. 정보주체의 요청에 따르지 않는 경우, 컨트롤러는 늦어도 요청의 접수 후 한 달 내에 조치를 취하지 않은 사유와 감독당국에 민원을 제기하거나 사법적 구제를 구할 가능성을 정보주체에게 고지해야 한다. GDPR 제12조 제4항.

126) GDPR 제20조 제1항과 상설 제68항. 상호호환성은 '이질적이고 다양한 기관들이, 그들이 지원하는 업무 절차를 통하여, 그들 각각의 ICT시스템 사이에서 데이터의 교환으로, 기관들 사이에서 정보와 지식의 공유를 포함하여, 상호 유익하고 합의된 공동의 목적으로 상호작용하는 능력'으로 정의된다. Decision No 922/2009/EC of the European Parliament and of the Council of 16 September 2009 on interoperability solutions for European public administrations (ISA) OJ L 260, 03.10.2009, p. 20, Art. 2(a). 기계 판독 가능한 포맷은 소프트웨어 앱이 개개 사실의 진술을 포함한 특정 데이터 및 그들의 내부 구조를 용이하게 확인하고, 인정하며 추출할 수 있도록 구조화된 파일 포맷을 가리킨다. Directive 2013/37/EU of the European Parliament and of the Council of 26 June 2013 amending Directive 2003/98/EC on the re-use of public sector information L 175/1, 27.6.2013, Art. 2(6).

127) GDPR 상설 제68항.

4. 전송 요구의 거절 또는 전송 중단

(1) 전송 요구의 거절 또는 전송 중단

개인정보처리자는 정보주체의 본인 여부가 확인되지 아니하는 경우 등 대통령령으로 정하는 경우에는 정보주체의 개인정보 전송 요구를 거절하거나 전송을 중단할 수 있다.[128]

EU GDPR ────────────────────────────────────

개인정보처리자가 정보주체의 본인 여부에 대하여 합리적 의심을 가지는 경우, 동 정보주체의 신원을 확인하기 위하여 추가 정보를 요청할 수 있다.[129] 따라서, 정보주체가 그의 신원을 확인하게 하는 추가 정보를 제공하면, 개인정보처리자는 전송 요구를 거부할 수 없다.[130] 실제로는 SNS 계정 등에서 사용자명(username)과 암호(password)를 통하여 자신의 신원을 완전히 밝히지 않고서 자신의 개인정보에 접근할 수 있게 된다.[131]

(2) 타인의 권리 등 침해 금지

정보주체는 개인정보의 전송 요구로 인하여 타인의 권리나 정당한 이익을 침해하여서는 아니 된다.[132]

---

128) 법 제35조의2 제6항.
129) GDPR 제12조 제6항 참조.
130) 제29조 작업반 Guidelines on Portability, p. 11.
131) 제29조 작업반 Guidelines on Portability, pp. 11 – 12.
132) 법 제35조의2 제7항.

개인정보 이동권은 '다른 자'(others)의 권리와 자유에 불리하게 영향을 미쳐서는 안 된다.[133] 특히 둘 이상의 정보주체가 관련된 개인정보에 관하여, 다른 정보주체의 권리와 자유가 침해되지 않아야 한다.[134] 또한, 개인정보를 전송받은 새로운 개인정보처리자는 다른 정보주체의 권리와 자유를 부정적으로 영향을 주는 방식으로 동 개인정보를 처리할 수 없다.[135]

5. 개인정보 전송 관리 및 지원

보호위원회는 제35조의2 제1항 및 제2항에 따라 정보주체로부터 개인정보의 전송을 요구받은 개인정보처리자 및 제35조의3 제1항에 따른 개인정보관리 전문기관 현황, 활용 내역 및 관리실태 등을 체계적으로 관리·감독하여야 한다.[136]

보호위원회는 개인정보가 안전하고 효율적으로 전송될 수 있도록 다음 각호의 사항을 포함한 개인정보 전송 지원 플랫폼을 구축·운영할 수 있다:[137] 1. 개인정보관리 전문기관 현황 및 전송 가능한 개인정보 항목 목록, 2. 정보주체의 개인정보 전송 요구·철회 내역, 3. 개인정보의 전송 이력 관리 등 지원 기능, 4. 그 밖에 개인정보 전송을 위하여 필요한 사항. 보호위원회는 개인정보 전송지원 플랫폼의 효율적 운영을 위하여 개인정보관리 전문기관에서 구축·운영하고 있는 전송 시스템을 상호 연계하거나 통합할 수 있다.[138] 이 경우 관계 중앙행정기관의 장 및 해당 개인정보관리 전문기관과 사전에 협의하여야 한다.[139]

---

133) GDPR 제20조 제4항.

134) GDPR 상설 제68항.

135) 제29조 작업반 Guidelines on Portability, p. 8.

136) 법 제35조의4 제1항. 법 제35조의4 제1항부터 제3항까지의 규정에 따른 관리·감독과 개인정보 전송지원 플랫폼의 구축 및 운영에 필요한 사항은 대통령령으로 정한다. 법 제35조의4 제4항.

137) 법 제35조의4 제2항.

138) 법 제35조의4 제3항 제1문.

139) 법 제35조의4 제3항 제2문.

표.20 개인정보 전송 요구권의 비교[140)

	법 제35조의2	신용정보법 제33조의2	GDPR 제20조
요구 주체	정보주체	개인인 신용정보주체	정보주체
요구 상대방	개인정보처리자	신용정보제공·이용자등	컨트롤러
주요 내용	개인정보를 본인, 다른 개인정보처리자 또는 개인정보관리 전문기관에 전송 요구	개인신용정보를 본인 또는 본인신용정보관리회사 등에 전송 요구	개인정보를 본인이 체계적 형식으로 제공받거나, 다른 컨트롤러에게 전송할 것을 요구
전송 개인정보 범위	• 정보주체의 동의 또는 계약의 이행 등으로 처리되거나 보호위원회가 심의·의결하여 지정한 개인정보로서 • 컴퓨터 등 정보처리장치로 처리되는 개인정보 ※ 개인정보처리자가 별도로 생성한 정보는 제외	• 신용정보주체로부터 수집하거나 신용정보주체가 제공하거나 권리·의무관계에서 생성한 신용정보로서 • 컴퓨터 등 정보처리장치로 처리된 신용정보 ※ 신용정보제공·이용자등이 별도로 생성하거나 가공한 신용정보는 제외	• 정보주체의 동의 또는 계약의 이행 등을 위하여 처리되는 개인정보로서 • 자동화된 수단에 의하여 처리되는 개인정보 ※ 컨트롤러가 생성·파생한 정보는 제외
권리 제한	• 본인 여부가 확인되지 않는 경우 등 요구 거절 또는 전송 중단 • 타인의 권리와 정당한 이익의 침해 불가	본인 여부가 확인되지 않는 경우 등 요구 거절 또는 전송 정지·중단	다른 자의 권리와 자유의 불리한 영향을 주는 것은 금지

---

140) 2021년 개정안 설명자료 10면 참조.

■ IV. 개인정보의 정정 · 삭제 요구권

자신에 관한 개인정보를 열람한 정보주체는 동 개인정보가 정확하지 않거나 보유기간을 경과하는 등 자신의 개인정보가 보호받을 수 없을 경우 개인정보의 정정이나 삭제를 요구할 수 있다. 법 제35조에 따라 자신의 개인정보를 열람한 정보주체는 개인정보처리자에게 그 개인정보의 정정 또는 삭제를 요구할 수 있다.[141] 즉 개인정보처리자가 열람을 제한하거나 거절할 수 있는 경우에는 정보주체의 정정 · 삭제 요구권이 인정되지 않는다. 다른 법령에서 그 개인정보가 수집 대상으로 명시되어 있는 경우에는 그 삭제를 요구할 수 없다.[142] 또한, 가명정보에 개인정보의 정정 · 삭제 요구에 관한 법 제36조가 적용되지 않는다.[143]

1. 정정 · 삭제의 요구 대상

정보주체의 정정 · 삭제의 요구 대상은 자신이 열람한 개인정보이다.

2. 정정 · 삭제의 방법 · 절차

정보주체가 개인정보처리자에게 자신이 열람한 개인정보의 정정 또는 삭제를 요구하려면 개인정보처리자가 마련한 방법과 절차에 따라 요구하여야 한다.[144] 개인정보처리자가 마련한 정정 또는 삭제 요구 방법과 절차는 해당 개

---

141) 법 제36조 제1항. 정정 · 삭제 요구에 관하여 법 제36조 제1항 · 제2항 및 제4항에 따른 정정 또는 삭제 요구, 통지 방법 및 절차 등에 필요한 사항은 대통령령으로 정한다. 법 제36조 제6항.

142) 법 제36조 제1항 단서.

143) 법 제28조의7.

144) 영 제43조 제1항 제1문. 개인정보처리자가 개인정보의 정정 또는 삭제 요구 방법과 절차를 마련할 때에는 개인정보의 열람에 관한 영 제41조 제2항을 준용하고, 열람은 정정 또는 삭제로 본다. 동 항 제2문.

인정보의 수집 방법과 절차에 비하여 어렵지 않아야 한다.145)

개인정보처리자가 마련한 방법과 절차는 다음 각 호의 사항을 준수하여야 한다. 첫째, 서면, 전화, 전자우편, 인터넷 등 정보주체가 쉽게 활용할 수 있는 방법으로 제공해야 한다.146) 둘째, 개인정보를 수집한 창구의 지속적 운영이 곤란한 경우 등 정당한 사유가 있는 경우를 제외하고는 최소한 개인정보를 수집한 창구 또는 방법과 동일하게 개인정보의 정정 또는 삭제를 요구할 수 있도록 하여야 한다.147) 셋째, 인터넷 홈페이지를 운영하는 개인정보처리자는 홈페이지에 정정 또는 삭제 요구 방법과 절차를 공개하여야 한다.148)

3. 정정 · 삭제 요구에 대한 대응 조치

개인정보처리자는 정보주체의 요구를 받았을 때에는 개인정보의 정정 또는 삭제에 관하여 다른 법령에 특별한 절차가 규정되어 있는 경우를 제외하고는 지체 없이 그 개인정보를 조사하여 정보주체의 요구에 따라 정정 · 삭제 등 필요한 조치를 한 후 그 결과를 정보주체에게 알려야 한다.149)

(1) 해당 개인정보의 조사

개인정보처리자는 정보주체의 정정 · 삭제의 요구를 받았을 때에는 개인정보의 정정 또는 삭제에 관하여 다른 법령에 특별한 절차가 규정되어 있는 경우를 제외하고는 지체 없이 그 개인정보를 조사하여야 한다.150) 개인정보처리자는 정정 · 삭제의 요구를 받은 개인정보를 조사할 때 필요하면 해당 정보주체에게 정정 · 삭제 요구사항의 확인에 필요한 증거자료를 제출하게 할 수 있다.151)

---

145) 영 제43조 제1항 제2문 및 제41조 제2항.
146) 영 제41조 제2항 제1호.
147) 영 제41조 제2항 제2호.
148) 영 제41조 제2항 제3호.
149) 법 제36조 제2항.
150) 법 제36조 제2항.
151) 법 제36조 제5항.

(2) 정정·삭제 등 필요한 조치

개인정보처리자는 개인정보의 정정 또는 삭제에 관하여 다른 법령에 특별한 절차가 규정되어 있는 경우를 제외하고는 해당 개인정보의 조사 후 정보주체의 요구에 따라 정정·삭제 등 필요한 조치를 하여야 한다.152) 개인정보처리자가 개인정보를 삭제할 때에는 복구 또는 재생되지 아니하도록 조치하여야 한다.153)

(3) 정정·삭제 결과의 통지

개인정보처리자는 개인정보의 정정 또는 삭제에 관하여 다른 법령에 특별한 절차가 규정되어 있는 경우를 제외하고는 해당 개인정보의 조사 후 정보주체의 요구에 따라 정정·삭제 등 필요한 조치를 한 후 그 결과를 정보주체에게 알려야 한다.154) 해당 개인정보의 정정·삭제 등의 조치를 한 경우에는 개인정보처리자는 개인정보의 정정·삭제를 요구받은 날부터 10일 이내에 그 조치를 한 사실을 보호위원회가 정하여 고시하는 개인정보 정정·삭제 결과 통지서로 해당 정보주체에게 알려야 한다.155) 정정·삭제의 대상인 개인정보가 제공된 제3자 등에게 관련 사실이 통지되어야 할 것이다.

(4) 다른 개인정보처리자로부터 제공받은 개인정보의 정정·삭제 등

다른 개인정보처리자로부터 개인정보를 제공받아 개인정보파일을 처리하는 개인정보처리자는 개인정보의 정정 또는 삭제 요구를 받으면 그 요구에 따라

---

152) 법 제36조 제2항.
153) 법 제36조 제3항.
154) 법 제36조 제2항.
155) 영 제43조 제3항. 이러한 정보주체에게의 통지의무는 다른 개인정보처리자로부터 개인정보를 제공받아 개인정보파일을 처리하는 개인정보처리자에게도 적용된다. 영 제43조 제2항 참조.

해당 개인정보를 정정·삭제하거나 그 개인정보 정정·삭제에 관한 요구 사항을 해당 개인정보를 제공한 기관의 장에게 지체 없이 알리고 그 처리 결과에 따라 필요한 조치를 하여야 한다.[156] 해당 개인정보의 정정·삭제 등의 조치를 한 경우에는 개인정보처리자는 개인정보의 정정·삭제를 요구받은 날부터 10일 이내에 그 조치를 한 사실을 보호위원회가 정하여 고시하는 개인정보 정정·삭제 결과 통지서로 해당 정보주체에게 알려야 한다.[157]

4. 삭제 요구의 금지

자신의 개인정보를 열람한 정보주체는 다른 법령에서 그 개인정보가 수집 대상으로 명시되어 있는 경우에는 개인정보처리자에게 그 삭제를 요구할 수 없다.[158] 예컨대, 전자상거래 등에서 사업자는 다음 각 호의 기록을 보존해야 한다.[159] 1. 표시·광고에 관한 기록: 6개월, 2. 계약 또는 청약철회 등에 관한 기록: 5년, 3. 대금결제 및 재화등의 공급에 관한 기록: 5년, 4. 소비자의 불만 또는 분쟁처리에 관한 기록: 3년.

정보주체의 요구가 다른 법령에서 그 개인정보가 수집 대상으로 명시되어 있어서 그 삭제를 요구할 수 없을 때에는 개인정보처리자는 지체 없이 그 내용을 정보주체에게 알려야 한다.[160] 삭제 요구에 따르지 아니한 경우에는 개인정보처리자는 개인정보의 정정·삭제 요구를 받은 날부터 10일 이내에 삭제 요구에 따르지 아니한 사실 및 이유와 이의제기방법을 보호위원회가 정하여 고시하는 개인정보 정정·삭제 결과 통지서로 해당 정보주체에게 알려야 한다.[161] 이 경우 정당한 사유가 없는 한 정정·삭제 요구를 받은 날로부터 10일 이내에

---

156) 영 제43조 제2항. '해당 개인정보를 제공한 기관의 장'이라고 규정하여 개인정보를 제공한 '다른 개인정보처리자'가 공공기관에 국한되는 것으로 보일 수 있다.

157) 영 제43조 제3항.

158) 법 제36조 제1항 단서.

159) 전자상거래법 시행령 제6조 제1항.

160) 법 제36조 제4항.

161) 영 제43조 제3항. 이러한 정보주체에게의 통지의무는 다른 개인정보처리자로부터 개인정보를 제공받아 개인정보파일을 처리하는 개인정보처리자에게도 적용된다. 영 제43조 제2항 참조.

삭제를 요구할 수 없는 근거법령의 내용을 정보주체에게 알려야 한다.[162]

개인정보처리자는 법률에 특별한 규정이 있거나 법령상 의무를 준수하기 위하여 불가피한 경우 또는 공공기관인 개인정보처리자는 법령 등에서 정하는 소관 업무의 수행을 위하여 불가피한 경우 개인정보를 수집할 수 있다.[163] 이렇게 수집된 개인정보를 정보주체의 요구만으로 삭제할 수 있다면 관련 법령의 목적 달성이 저해될 것이다. 따라서, 다른 법령에서 그 개인정보가 수집 대상으로 명시되어 있는 경우에는 정보주체는 그 삭제를 요구할 수 없다. 이 경우 삭제의 요구가 거부될 뿐이어서 정보주체는 정확하지 않은 자신의 개인정보의 정정은 요구할 수 있어야 할 것이다.

EU GDPR

GDPR은 정보주체의 삭제권 또는 소위 '잊힐 권리'(right to be forgotten)를 규정한다.[164] 2012년 1월 25일 유럽위원회는 1995년 개인정보보호지침을 대체하는 GDPR에 Facebook과 같은 SNS의 이용자에게 잊힐 권리를 부여하는 것을 제안하였다. 유럽위원회는 정당한 이유가 없는 경우에 특히 자신이 미성년인 때 제공된 자신의 개인정보가 더 이상 처리되지 않기를 바라는 정보주체에게 컨트롤러로 하여금 해당 개인정보를 삭제하도록 요구하는 잊힐 권리를 부각하였다. 유럽의회는 유럽위원회의 초안에 규정되어 있지 않던 언론의 자유와 잊힐 권리의 균형이 필요함도 주장하였다. 1995년 개인정보보호지침 제12조는 회원국으로 하여금 모든 정보주체에게 컨트롤러로부터 개인정보의 완전하지 않거나 정확하지 않은 성격 등을 이유로 동 지침의 규정을 준수하지 않는 처리의 경우 적절하게 동 개인정보의 '교정, 삭제 또는 차단'(rectification, erasure or blocking)을 획득하는 권리를 보장하도록 규정하였다. 2012년 1월 유럽위원회가 제안한 것은 해당 개인정보가 정확한 여부에 관계 없이 정보주체의 요구가 있으면 지체 없이 동 개인정보의 삭제의 권리를 인정하려는 것이다. 흥미롭게도 GDPR이 채택되기 전인 2014년 5월

---

162) 표준지침 제32조 제2항.
163) 법 제15조 제1항 제2호 및 제3호.
164) GDPR 제17조.

13일 EU사법법원은 소위 구글 사건에서 1995년 개인정보보호지침에 근거하여 잊힐 권리를 인정하는 획기적인 판결을 내렸다.[165]

삭제권 또는 잊힐 권리는 다음의 여섯 가지 근거로 행사될 수 있다:[166] (a) 개인정보가 수집된 목적 또는 달리 처리된 목적과 관련하여 더 이상 필요하지 않은 경우, (b) 정보주체가 처리의 근거가 되는 동의를 철회하고, 그 처리에 대한 다른 법적 근거가 없는 경우, (c) 정보주체가 제21조 제1항에 따라 처리를 반대하고 그 처리의 우선적인 정당한 근거가 없는 경우 또는 정보주체가 제21조 제2항에 따라 처리를 반대하는 경우, (d) 개인정보가 불법적으로 처리된 경우, (e) 컨트롤러에게 적용되는 EU 또는 회원국 법의 법적 의무를 준수하기 위해 개인정보가 삭제되어야 하는 경우 또는 (f) 개인정보가 제8조 제1항에서 언급된 정보사회서비스의 제공과 관련하여 수집된 경우. 삭제권은 다음의 다섯 가지 경우에는 적용되지 않는다:[167] (a) 표현 및 정보의 자유권 행사, (b) 컨트롤러에게 적용되는 EU 또는 회원국 법에 의해 처리가 요구되는 법적 의무의 준수 또는 공익을 위하여 또는 공적 권한의 행사로서 수행되고, 컨트롤러에게 부여된 직무의 실행, (c) 제9조 제2항(h)와 (i) 및 제9조 제3항에 따른 공중보건 분야의 공익적 이유, (d) 제89조에 따른 공익을 위한 문서보존 목적, 과학적 및 역사적 연구 목적 또는 통계적 목적을 위한 경우로써 삭제권이 그러한 처리의 목적 달성을 불가능하게 하거나 심각하게 저해할 것 같은 경우 또는 (e) 법적 청구권의 설정, 행사 및 방어.

---

165) CJEU, Judgment in Case C−131/12, Google Spain SL and Google Inc. v Agencia Española de Protección de Datos(AEPD) and Mario Costeja González(13 May 2014). 2010년 스페인 변호사 마리오 곤잘레스가 1998년 발생한 자신의 파산에 관련된 기사가 구글 검색엔진을 통해 공개되어 사생활이 침해된다고 스페인 법원에 구글과 해당 신문사를 상대로 해당 기사의 삭제 소송을 제기하였다. 스페인 법원은 이에 대한 법률적 판단을 EU사법법원에 의뢰하였고, EU사법법원은 구글에게 관련 링크를 삭제하라고 결정하였다. EU사법법원은 1995년 개인정보보호지침 제6조(1)항(c)−(e)의 요건을 고려할 때 정확한 정보의 처음의 적법한 처리도 시간이 경과하면 동 정보가 수집 또는 처리되는 목적을 고려하여 더 이상 필요하지 않은 경우 동 지침과 상반할 수 있다고 지적하였다. 특히 '목적들에 관련하여 그리고 경과한 시간을 고려하고'(in relation to those purposes and in the light of the time that had elapsed) 부적당하고, 부적절하거나 더 이상 적절하지 않거나, 지나친 것으로 보이는 경우에도 그러하다고 판단하였다. Case C−131/12, para. 93.
166) GDPR 제17조 제1항.
167) GDPR 제17조 제3항.

유럽개인정보보호이사회(EDPB)는 검색엔진으로 검색되는 개인정보와 관련하여 개인정보가 수집된 목적 또는 달리 처리된 목적과 관련하여 더 이상 필요하지 않은 경우와 정보주체가 처리를 반대하고 그 처리의 우선적인 정당한 근거가 없는 경우에 삭제권이 주로 행사될 것이라 판단하였다.[168]

---

168) EDPB Guidelines on the Right to be Forgotten, p. 6.

■ V. 개인정보의 처리정지 요구권

개인정보자기결정권에 따라 정보주체는 자신의 개인정보가 처리되는 것을 허용할지 스스로 결정할 수 있어야 한다. 따라서, 정보주체는 자신이 원하지 않는 개인정보의 처리를 정지하도록 요구하거나 동의를 철회할 수 있어야 한다. 개인정보의 처리정지는 그 효과 면에서 개인정보의 수집·이용에 대한 동의 철회와 유사하지만, 처리정지 요구가 동의 철회보다 폭넓은 개념일 것이다. 동의 철회는 정보주체가 동의한 처리에 한정되고, 처리정지 요구는 정보주체가 동의하지 않은 것을 포함한 자신의 모든 개인정보의 처리에 대한 것이기 때문이다.169)

1. 처리정지 등의 요구 대상

정보주체는 개인정보처리자에 대하여 자신의 개인정보 처리의 정지를 요구하거나 개인정보 처리에 대한 동의를 철회할 수 있다.170) 예컨대, 개인정보처리자는 정보주체가 자신의 개인정보에 대한 가명처리 정지를 요구한 경우 지체 없이 해당 정보주체의 개인정보 처리의 전부 또는 일부를 정지하여야 한다.171)

---

169) 처리정지 요구는 법 제37조 제2항에 규정된 네 가지 경우에 거부될 수 있다. 이들 네 가지 경우는 법 제15조 제1항에 규정된 개인정보 수집·이용을 허용하는 일곱 가지 근거 중에서 대체로 정보주체의 동의와 개인정보처리자의 정당한 이익의 달성을 제외한 것이다.

170) 법 제37조 제1항 제1문. 2023년 3월 14일 개정으로 이용자의 정보통신서비스 제공자 등에 대한 동의를 철회할 수 있게 규정한 법 제39조의7 제1항이 삭제되면서, 정보주체의 개인정보처리자에 대한 개인정보 처리에 대한 동의 철회권이 제37조 제1항에 신설되었다. 법 제37조 제1항부터 제5항까지의 규정에 따른 처리정지의 요구, 동의 철회, 처리정지의 거절, 통지 등의 방법 및 절차에 필요한 사항은 대통령령으로 정한다. 법 제37조 제6항.

171) 가명정보 가이드라인 66면. 이미 해당 정보주체의 개인정보가 가명처리된 경우에는 가명처리 정지 요구가 적용되지 않는다. 즉 가명정보에 개인정보의 처리정지에 관한 법 제37조는 적용되지 않는다. 법 제28조의7. 가명정보는 특정 개인을 알아볼 수 없는 정보로서 법 제28조의5 제1항에 따라 재식별이 불가하고, 따라서 해당 정보주체의 개인정보가 가명처리되었는지 여부를 확인할 수 없다. 가명정보 가이드라인 66면. 예컨대,

(1) 민간부문 개인정보처리자의 경우

정보주체는 개인정보처리자에 대하여 자신의 개인정보 처리의 정지를 요구하거나 개인정보 처리에 대한 동의를 철회할 수 있다.[172] 정보주체의 처리정지 요구의 대상은 정보주체의 개인정보이다.

(2) 공공기관인 개인정보처리자의 경우

정보주체는 공공기관에 대해서는 보호위원회에 등록 대상이 되는 개인정보파일 중 자신의 개인정보에 대한 처리의 정지를 요구하거나 개인정보 처리에 대한 동의를 철회할 수 있다.[173] 다음의 개인정보파일은 보호위원회에 등록되지 못하여 정보주체의 처리정지 요구의 대상에서 제외된다:[174] 1. 국가 안전, 외교상 비밀, 그 밖에 국가의 중대한 이익에 관한 사항을 기록한 개인정보파일, 2. 범죄의 수사, 공소의 제기 및 유지, 형 및 감호의 집행, 교정처분, 보호처분, 보안관찰처분과 출입국관리에 관한 사항을 기록한 개인정보파일, 3. 조세범처벌법에 따른 범칙행위 조사 및 관세법에 따른 범칙행위 조사에 관한 사항을 기록한 개인정보파일, 4. 일회적으로 운영되는 파일 등 지속적으로 관리할 필요성이 낮다고 인정되어 대통령령으로 정하는 개인정보파일,[175] 5. 다른 법령에 따라 비밀로 분류된 개인정보파일.

가명처리 대상 정보에서 해당 정보주체의 정보를 제외하고 선정해야 한다. 가명정보 가이드라인 13면.

172) 법 제37조 제1항 제1문.

173) 법 제37조 제1항 제2문. 공공기관의 장은 개인정보파일을 운용하는 경우 보호위원회에 개인정보파일의 명칭 등을 등록해야 한다. 법 제32조 참조.

174) 법 제32조 제2항 참조.

175) '대통령령으로 정하는 개인정보파일'은 다음 각 호와 같다: 1. 회의 참석 수당 지급, 자료·물품의 송부, 금전의 정산 등 단순 업무 수행을 위해 운영되는 개인정보파일로서 지속적 관리 필요성이 낮은 개인정보파일, 2. 공중위생 등 공공의 안전과 안녕을 위하여 긴급히 필요한 경우로서 일시적으로 처리되는 개인정보파일, 3. 그 밖에 일회적 업무 처리만을 위해 수집된 개인정보파일로서 저장되거나 기록되지 않는 개인정보파일. 영 제33조 제2항. 동 규정은 2023년 9월 12일 개정으로 신설되었다.

2. 처리정지 등의 요구 방법 · 절차

정보주체는 개인정보처리자에게 자신의 개인정보 처리의 정지를 요구하려면 개인정보처리자가 마련한 방법과 절차에 따라 요구하여야 한다.176) 개인정보처리자가 마련한 처리의 정지 요구 방법과 절차는 해당 개인정보의 수집 방법과 절차에 비하여 어렵지 않아야 한다.177)

개인정보처리자가 마련한 방법과 절차는 다음 각 호의 사항을 준수하여야 한다. 첫째, 서면, 전화, 전자우편, 인터넷 등 정보주체가 쉽게 활용할 수 있는 방법으로 제공해야 한다.178) 둘째, 개인정보를 수집한 창구의 지속적 운영이 곤란한 경우 등 정당한 사유가 있는 경우를 제외하고는 최소한 개인정보를 수집한 창구 또는 방법과 동일하게 개인정보의 처리정지를 요구할 수 있도록 하여야 한다.179) 셋째, 인터넷 홈페이지를 운영하는 개인정보처리자는 홈페이지에 처리정지 요구 방법과 절차를 공개하여야 한다.180)

3. 처리정지 등의 요구에 대한 대응 조치

(1) 대응조치

개인정보처리자는 개인정보 처리정지의 요구를 받았을 때에는 지체 없이 정보주체의 요구에 따라 개인정보 처리의 전부를 정지하거나 일부를 정지하여야 한다.181) 개인정보의 처리는 그 전부에 대하여 또는 그 일부에 대하여 정지될 수 있다.

개인정보처리자는 정보주체의 요구에 따라 처리가 정지된 개인정보에 대하

---

176) 영 제44조 제1항 제1문. 이 경우 개인정보처리자가 개인정보의 처리정지 요구 방법과 절차를 마련할 때에는 영 제41조 제2항을 준용하되, 열람은 처리정지로 본다. 동 항 제2문.
177) 영 제41조 제2항 참조.
178) 영 제41조 제2항 제1호.
179) 영 제41조 제2항 제2호.
180) 영 제41조 제2항 제3호.
181) 법 제37조 제2항.

여 지체 없이 해당 개인정보의 파기 등 필요한 조치를 하여야 한다.[182] 개인정보처리자는 정보주체가 개인정보의 처리에 대한 동의를 철회한 때에는 지체 없이 수집된 개인정보를 복구·재생할 수 없도록 파기하는 등 필요한 조치를 하여야 한다.[183] 개인정보의 파기 외에 해당 개인정보가 이용·제공되지 않도록 별도의 개인정보파일에 분리·보관 또는 해당 개인정보의 처리가 정지된 목적을 달성하는 범위에서 해당 개인정보의 이용·제공에 대한 제한이 가능할 것이다.[184]

(2) 대응조치의 통지

해당 개인정보의 처리정지 조치를 한 경우에는 개인정보처리자는 개인정보의 처리정지 요구를 받은 날부터 10일 이내에 그 조치를 한 사실을 보호위원회가 정하여 고시하는 개인정보 처리정지 요구에 대한 결과 통지서로 해당 정보주체에게 알려야 한다.[185]

4. 처리정지 등의 요구 거절

다음의 네 가지 경우에 개인정보처리자는 정보주체의 개인정보 처리정지 요구를 거절할 수 있다.[186] 이러한 네 가지 경우에는 동의 철회에 따른 조치,

---

182) 법 제37조 제5항. 개인정보처리자는 정보주체의 요구에 따라 처리가 정지된 개인정보에 대하여 정당한 사유가 없는 한 처리정지의 요구를 받은 날로부터 10일 이내에 해당 개인정보의 파기 등 정보주체의 요구에 상응하는 조치를 취하고 그 결과를 정보주체에게 알려야 한다. 표준지침 제33조 제2항. 따라서, 정보주체는 개인정보의 처리정지에 관하여 개인정보처리자에게 파기 요구권을 행사할 수 있다.
183) 법 제37조 제3항. 동 규정은 2023년 3월 14일 개정으로 신설되었는데, 동 개정으로 삭제된 정보통신서비스 제공자등에 적용되는 법 제39조의7 제3항과 유사하다.
184) 2020년 해설서 382면.
185) 영 제44조 제2항. 동 규정에 동의 철회에 관한 언급이 필요하다.
186) 법 제37조 제2항 단서. 이들 네 가지 경우는 개인정보의 수집을 허용하는 일곱 가지 근거 중에서 대체로 정보주체의 동의와 개인정보처리자의 정당한 이익의 달성을 제외한 것이다. 따라서, 처리정지 요구의 거절은 개인정보 처리에 관하여 공공성 내지 계약적 형평성을 반영한 것으로 보인다.

즉 수집된 개인정보를 복구·재생할 수 없도록 파기하는 등 필요한 조치를 하지 아니할 수 있다.[187]

이렇게 개인정보처리자가 처리정지 요구를 거절하거나 동의 철회에 따른 조치를 하지 아니하였을 때에는 정보주체에게 지체 없이 그 사유를 알려야 한다.[188] 처리정지 요구에 따르지 않은 경우에는 개인정보처리자는 개인정보 처리정지 요구를 받은 날부터 10일 이내에 그 사실 및 이유와 이의제기방법을 보호위원회가 정하여 고시하는 개인정보 처리정지 요구에 대한 결과 통지서로 해당 정보주체에게 알려야 한다.[189]

(1) 법률에 특별한 규정이 있거나 법령상 의무를 준수하기 위하여 불가피한 경우

법률에 특별한 규정이 있거나 법령상 의무를 준수하기 위하여 불가피한 경우 개인정보처리자는 정보주체의 개인정보 처리정지 요구를 거절하거나 동의 철회에 따른 조치를 하지 않을 수 있다.[190]

(2) 다른 사람의 생명·신체를 해하는 등 우려가 있는 경우

다른 사람의 생명·신체를 해할 우려가 있거나 다른 사람의 재산과 그 밖의 이익을 부당하게 침해할 우려가 있는 경우 개인정보처리자는 정보주체의 개인정보 처리정지 요구를 거절하거나 동의 철회에 따른 조치를 하지 않을 수 있다.[191]

(3) 공공기관이 소관 업무를 수행할 수 없는 경우

공공기관이 개인정보를 처리하지 아니하면 다른 법률에서 정하는 소관 업

---

187) 법 제37조 제3항 단서. 동 규정은 2023년 3월 14일 개정으로 신설되었다.
188) 법 제37조 제4항.
189) 영 제44조 제2항. 동 규정에 동의 철회에 관한 언급이 필요하다.
190) 법 제37조 제2항 단서 제1호 및 제3항 단서.
191) 법 제37조 제2항 단서 제2호 및 제3항 단서.

무를 수행할 수 없는 경우 개인정보처리자는 정보주체의 개인정보 처리정지 요구를 거절하거나 동의 철회에 따른 조치를 하지 않을 수 있다.[192]

(4) 계약 이행이 곤란한 경우로서 정보주체가 그 계약의 해지 의사를 명확하게 밝히지 아니한 경우

개인정보를 처리하지 아니하면 정보주체와 약정한 서비스를 제공하지 못하는 등 계약의 이행이 곤란한 경우로서 정보주체가 그 계약의 해지 의사를 명확하게 밝히지 아니한 경우 개인정보처리자는 정보주체의 개인정보 처리정지 요구를 거절하거나 동의 철회에 따른 조치를 하지 않을 수 있다.[193] 이 경우 정보주체가 개인정보처리자와 체결한 계약을 해지하지 않은 상황에서 해당 계약의 이행에 필요한 개인정보의 처리정지 요구를 거절하거나 동의 철회에 따른 조치를 하지 않을 수 없게 하는 것은 개인정보처리자의 계약상 이익을 부당하게 침해하게 될 것이다.

EU GDPR

GDPR은 정보주체의 반대권(right to object)을 규정한다. 정보주체는 자신의 특별한 상황에 관한 사유로 제6조 제1항(e) 또는 (f)에 근거한 프로파일링을 포함하여 이들 규정에 근거한 자신에 관한 개인정보의 처리를 언제든지 반대할 권리를 가져야 한다.[194] 컨트롤러는 정보주체의 이익, 권리 및 자유에 우선하는 처리 또는 법적 청구권의 설정, 행사 또는 방어를 위한 납득할만한 정당한 근거를 증명하지 않는 한 더 이상 개인정보를 처리해서는 안 된다.[195] 직접마케팅을 목적으로 개인정보가 처리되는 경우, 정보주체는 이러한 마케팅을 위한 자신에 관한 개인정보의 처리에 언제든지 반대할 권리를 가져야 하고, 이러한 직접마케팅과 관련되는 한도 내에서 프로파일링을 포함한다.[196] 정보주체가 직접마케팅 목적의 처

---

192) 법 제37조 제2항 단서 제3호 및 제3항 단서.
193) 법 제37조 제2항 단서 제4호 및 제3항 단서.
194) GDPR 제21조 제1항.
195) GDPR 제21조 제1항.
196) GDPR 제21조 제2항.

리에 반대하는 경우, 개인정보는 더 이상 그러한 목적으로 처리되어서는 안 된다.[197] 개인정보가 제89조 제1항에 따라 과학적 또는 역사적 연구 목적 또는 통계적 목적으로 처리되는 경우, 정보주체는 자신의 특별한 상황에 관련된 사유로 자신에 관한 개인정보의 처리에 반대할 권리를 가져야 하는데, 다만 처리가 공익을 이유로 수행되는 직무 실행을 위해 필요한 경우는 예외로 한다.[198]

또한, GDPR은 정보주체의 처리제한권(right to restriction of processing)을 규정한다. 정보주체의 처리제한권에 상응하는 권리는 이 법에 규정되어 있지 않다.[199] 정보주체는 다음의 하나에 해당하는 경우 컨트롤러로부터 처리제한을 획득할 권리를 가져야 한다:[200] (a) 정보주체가 개인정보의 정확성에 대하여 문제를 제기한 경우로서 컨트롤러가 개인정보의 정확성을 입증할 수 있는 기간 동안, (b) 처리가 불법적이고 정보주체가 개인정보의 삭제에 반대하면서 대신에 그의 이용 제한을 요청한 경우, (c) 컨트롤러가 처리 목적으로 개인정보가 더 이상 필요하지 않으나, 정보주체가 법적 청구권의 설정, 행사 또는 방어를 위하여 그를 요구하는 경우, (d) 정보주체가 제21조 제1항에 따라 처리에 반대한 경우로서 컨트롤러의 정당한 근거가 정보주체의 정당한 근거에 우선적인지 여부가 확인될 때까지.

처리가 제한된 경우, 그러한 개인정보는, 저장의 경우를 제외하고, 정보주체의 동의가 있거나, 법적 청구권의 설정, 행사 또는 방어를 위해서 또는 다른 자연인 또는 법인의 권리 보호를 위하여 또는 EU나 회원국의 중요한 공익을 이유로만 처리되어야 한다.[201]

---

197) GDPR 제21조 제3항.

198) GDPR 제21조 제6항.

199) 정보통신망법 제30조 제5항에 따라 정보통신서비스 제공자등은 오류의 정정을 요구받으면 지체 없이 그 오류를 정정하거나 정정하지 못하는 사유를 이용자에게 알리는 등 필요한 조치를 하여야 하고, 필요한 조치를 할 때까지는 해당 개인정보를 이용하거나 제공하여서는 안 되었다. 다른 법률에 따라 개인정보의 제공을 요청받은 경우에는 그 개인정보를 제공하거나 이용할 수 있었다. 동 항 단서. 동 규정은 2020년 2월 4일 삭제되었다.

200) GDPR 제18조 제1항.

201) GDPR 제18조 제2항.

오늘날 인공지능(artificial intelligence, AI), 사물인터넷(Internet of Things, IoT), 빅데이터 등 기술의 발전에 따라 완전히 자동화된 시스템에 의한 개인정보의 처리는 현격히 증가하고 있다. 개인정보처리자는 자동화된 처리에 전적으로 의존하여 금융상품에 관한 신용평가, 인공지능 면접을 통한 채용 등 정치·사회·경제 전반의 영역에서 정보주체의 생활에 중대한 영향을 미치는 일련의 결정을 내리고 있다. 자동화된 시스템으로 개인정보의 처리는 정보주체 행동의 신속한 예측·평가·분석을 가능하게 하고, 개인에게 특화된 맞춤형 서비스를 제공하는 등 효율적일 수 있다. 그러나, 인간의 판단이 배제된 상황에서 오로지 AI 등 기계에 의하여 특정인에 대한 차별을 초래하거나 프라이버시를 침해할 수 있는 위험도 내포하고 있다. 이러한 현실은 완전히 자동화된 시스템으로 개인정보를 처리하여 이루어지는 결정으로부터 부당하게 자신의 권리와 이익을 침해받지 않을 정보주체의 권리가 불가피함을 보여준다.

2021년 9월 정부는 AI 기술을 적용한 시스템을 포함하여 완전히 자동화된 시스템으로 개인정보를 처리하여 이루어지는 결정에 대한 정보주체의 대응권을 도입하는 이 법의 개정안을 국회에 발의하였다.202) 2023년 3월 14일 개정으로 '자동화된 결정에 대한 정보주체의 권리등'을 규정한 제37조의2가 신설되었다.203) 법 제37조의2는 GDPR 제22조의 '프로파일링을 포함한 자동화된 개

---

202) 「개인정보 보호법 일부개정법률안」(정부 제출, 의안 번호 12723, 2021.9.28)('정부 개정안'). 정부 개정안이 발의되기 전인 2021년 1월 보호위원회는 '자동화 의사결정에 대한 배제등의 권리'를 도입하는 개정안을 입법예고하였다. 보호위원회, 「개인정보 보호법 일부개정법률(안)」입법예고」(공고 제2021-1호, 2021.1.6.)('보호위원회 개정안'). 자동화된 결정에 대한 대응권을 신설한 다른 배경은 신용정보법에 상응하는 조문을 신설하기 위함이다. 신용정보법은 2020년 2월 4일 개정으로 개인신용평가를 비롯한 특정 행위에 대하여 자동화평가를 시행하는 경우, 신용정보주체로 하여금 그 결과에 대한 설명 및 이의제기를 요구할 수 있는 대응권을 신설하였다. 신용정보법 제36조의2.
203) 법 제37조의2는 보호위원회 개정안에서 시작하여 국회에 제출한 정부 개정안을 거쳐서 2023년 3월 14일 개정으로 확정될 때까지 지난한 내용의 변경을 감수하였다. 정부 개정안의 GDPR과의 비교 분석은 박노형·김효권, "자동화된 결정에 관한 개인정보보호법 정부 개정안 신설 규정의 문제점 - EU GDPR과의 비교 분석", 사법 62호(2022년

별 의사결정'(automated individual decision-making, including profiling)에 상응하는 정보주체의 권리이다.

1. 자동화된 결정에 대한 정보주체의 권리의 성격

정보주체는 개인정보가 수집될 수 있는 일곱 가지 법적 근거에 따르는 경우 자신의 권리 또는 의무에 중대한 영향을 미치는 자동화된 결정을 거부할 수 있는 권리를 가진다.[204] 그러나, 정보주체는 다음과 같은 개인정보의 수집에 기반한 자동화된 결정은 거부할 권리를 갖지 못한다:[205] 1) 정보주체의 동의를 받은 경우, 2) 법률에 특별한 규정이 있거나 법령상 의무를 준수하기 위하여 불가피한 경우, 3) 정보주체와 체결한 계약의 이행 및 계약의 체결 과정에서 정보주체의 요청에 따른 조치를 이행하기 위하여 필요한 경우.

법 제37조의2에 따르면, 개인정보처리자는 일응 정보주체의 권리 또는 의무에 중대한 영향을 미치는 자동화된 결정을 할 수 있고, 해당 정보주체에게 해당 자동화된 결정을 거부할 수 있는 권리를 부여한다. 다만, 정보주체는 이러한 자동화된 결정을 거부할 수 있는 권리를 적극적으로 행사해야 할 것이다. 정보주체의 동의를 받은 경우 등 세 가지 경우에는 예외적으로 정보주체는 이러한 자동화된 결정을 수용할 수밖에 없다. 법 제37조의2는 자동화된 결정을 원칙적으로 금지하는 것으로 볼 수 없다.

12월) 365-390 참조. 동 논문의 대상인 법 제37조의2의 내용은 2023년 3월 14일 개정된 내용과 상당한 차이가 있는데, 정부 개정안의 분석을 통해 당시 정부의 입법 의도를 파악할 수 있다. 법 제37조의2는 2024년 3월 15일 시행한다. 법 부칙 제1조 제1호. 법 제37조의2는 수탁자에 관하여 준용한다. 법 제26조 제8항. 법 제37조의2 제1항부터 제4항까지 규정한 사항 외에 자동화된 결정의 거부 · 설명 등을 요구하는 절차 및 방법, 거부 · 설명 등의 요구에 따른 필요한 조치, 자동화된 결정의 기준 · 절차 및 개인정보가 처리되는 방식의 공개 등에 필요한 사항은 대통령령으로 정한다. 법 제37조의2 제5항.

204) 법 제37조의2 제1항.

205) 법 제37조의2 제1항 단서.

정보주체는 자신에 관한 법적 효과를 주거나 유사하게 자신에게 중대한 영향을 미치는 프로파일링을 포함한 자동화된 처리에만 근거한 결정에 따르지 않을 권리를 가진다.[206] 그러나, 법적 효과를 주는 등의 자동화된 의사결정이 다음의 세 가지 경우에 해당하면, 이러한 자동화된 의사결정에 따르지 않을 권리는 적용되지 않는다:[207] 1) 정보주체의 명시적 동의, 2) EU 또는 회원국 법의 준수, 3) 정보주체와의 계약 체결 및 이행.

그러나, 법적 효과를 주는 등의 자동화된 의사결정에 따르지 않을 권리는 정보주체가 적극적으로 원용해야 하는 권리가 아니다.[208] 이렇게 법적 효과를 주는 등의 자동화된 의사결정은 일반적으로 금지된다.[209] 제22조는 정보주체가 원용해야 하는 권리가 아니라 이러한 자동화된 의사결정의 일반적 금지로서 이해되어야 한다.[210] 따라서, 정보주체는 자신의 개인정보를 통제하게 된다.[211] 그럼에도, 정보주체의 명시적 동의 등 세 가지 경우에는 예외적으로 이러한 자동화된 결정이 '허용되어야 한다'(should be allowed).

2. 자동화된 결정에 대한 정보주체의 권리

(1) 자동화된 결정

자동화된 결정은 '완전히 자동화된 시스템(인공지능 기술을 적용한 시스템을 포함한다)으로 개인정보를 처리하여 이루어지는 결정'이고, 행정청의 자동적 처분은 제외한다.[212] 자동화된 결정은 개인정보처리자의 인적 개입이 없이 완전히

---

206) GDPR 제22조 제1항.

207) GDPR 제22조 제2항.

208) 제29조 작업반 Guidelines on Automated Individual Decision-making, p. 19.

209) 제29조 작업반 Guidelines on Automated Individual Decision-making, p. 20, 28.

210) 제29조 작업반 Guidelines on Automated Individual Decision-making, p. 19-20. 또는, GDPR은 자동화된 결정의 '제한적 금지'(qualified prohibition)를 규정한 것으로 볼 수 있다고 한다. Bygrave, pp. 530-531.

211) 제29조 작업반 Guidelines on Automated Individual Decision-making, p. 20.

212) 법 제37조의2 제1항. 행정청은 법률로 정하는 바에 따라 완전히 자동화된 시스템(인공

자동화된 시스템으로 개인정보를 처리하여 이루어지는 결정이다. 따라서, 법 제37조의2는 인적 개입을 수반하는 자동화된 처리에 따른 결정에 적용되지 않는다. 또한, 정보주체의 권리 또는 의무에 중대한 영향을 미치는 자동화된 결정에 대하여 정보주체의 거부권이 인정되는 점에서, 자동화된 결정은 정보주체의 권리 또는 의무에 중대한 영향을 미치지 않는 경우를 포함할 수 있다.

자동화된 결정이 구체적으로 어떻게 이루어져야 하는지 명확하지 않다. 또한, 자동화된 개인정보 처리의 대표적 유형인 프로파일링이 명시되어 있지 않다. 법 제37조의2는 자동화된 결정이 정보주체의 권리 또는 의무에 중대한 영향을 미치는 경우에 적용되는데, 프로파일링은 정보주체의 권리 또는 의무에 중대한 영향을 미칠 수 있다.[213] 실제로 자동화된 결정이 정보주체의 권리를 침해하는 사례는 종종 프로파일링과 관련하여 발생한다.[214] 프로파일링의 현실적 중요성을 고려할 때, 이 법에 프로파일링의 정의 및 프로파일링에 법 제37조의2가 적용됨을 명시적으로 규정할 필요가 있다.

자동화된 결정의 분야별 사례는 다음과 같다.[215] 채용 분야에서 게임 등 다양한 상황에 대한 답변에 대한 사고 및 행동의 특성 분석은 물론 얼굴과 음성 분석을 통한 감정 분석 등 AI 역량 검사가 있다. 인사 분야에서 업무 수행 로그나 처리 시간 등 직원의 업무숙련도 분석은 물론 자격증 등 직원의 경력 분석 등 AI 인사이동이 있다. 의료 분야에서 진료내역, 치료비용 등 진료내용의 분석 및 진료내역별 평균 치료비용 등 집중 심사대상자 분석을 포함한 AI 보험청구 심사가 있다. 출입국 관리 분야에서 지문과 얼굴 등 출입국 대상자 확인 및 범

지능 기술을 적용한 시스템을 포함한다)으로 처분을 할 수 있다. 행정기본법 제20조. 다만, 처분에 재량이 있는 경우는 그러하지 아니하다. 행정기본법 제20조 단서. 신용정보법의 자동화평가는 '제15조 제1항에 따른 신용정보회사등의 종사자가 평가 업무에 관여하지 아니하고 컴퓨터 등 정보처리장치로만 개인신용정보 및 그 밖의 정보를 처리하여 개인인 신용정보주체를 평가하는 행위'를 말한다. 신용정보법 제2조 제14호. 동법 제15조 제1항은 신용정보회사등이 신용정보를 수집하고 이를 처리할 수 있는 근거 규정이다.

213) 신용정보법의 자동화평가는 자동화된 처리 중에서 프로파일링에 가까운 개념이다. 신용정보법 제2조 제14호 참조.
214) Bygrave, p. 530.
215) 2021년 개정안 설명자료 31면.

죄와 납세 정보 등 출입국 거부 사유 분석을 포함한 AI 출입국 심사가 있다.

EU GDPR

자동화된 의사결정과 관련하여 정보주체에 관하여 공정하고 투명한 처리를 보장하기 위하여 컨트롤러에게 다음의 요건이 요구된다. 컨트롤러는 1) 개인정보가 처리되는 특정한 환경과 문맥을 고려하고, 2) 프로파일링을 위한 적절한 수학적 또는 통계적 절차를 사용하며, 3) 특히 개인정보를 부정확하게 하는 요소의 교정과 오류 위험성의 최소화를 보장하는데 적절한 기술적·관리적 조치를 이행하고, 4) 인종 또는 민족, 정치적 견해, 종교 또는 신념, 노동조합의 가입 여부, 유전적 또는 건강의 지위 또는 성적 취향에 근거한 자연인에 대한 차별적 효과 등을 방지하고 정보주체의 이익과 권리에 수반되는 잠재적 위험을 고려하는 방식으로 개인정보를 안전하게 하여야 한다.[216] 이러한 조치는 자동화된 개인정보 처리를 구상하는 단계에서부터 실제 처리에 이르기까지 지속적으로 이루어져야 한다.[217] 프로파일링(profiling)은 '자연인과 관련된 일정한 개인적 측면을 평가하기 위하여, 특히 그 자연인의 업무능력, 경제 상황, 건강, 개인적 선호, 관심사, 신뢰도, 행동, 위치 또는 이동과 관련된 측면의 분석 또는 예측을 위하여 개인정보를 사용하는 모든 형태의 자동화된 개인정보 처리'이다.[218] EU 역외에 위치한 컨트롤러가 EU 거주자의 개인정보를 프로파일링하는 경우 GDPR이 적용된다.[219]

---

216) GDPR 상설 제71항.
217) 제29조 작업반 Guidelines on Automated Individual Decision−making, p. 28.
218) GDPR 제4조 제4호. 자동화된 결정은 프로파일링을 반드시 수반하지 않는다. 프로파일링은 1) 인간의 성격, 행태, 취향 등을 분석·예측·평가하기 위한 목적으로 이루어지는 2) 모든 형태의 자동화된 개인정보 처리이다. 따라서, 과속 단속 카메라 증거에 기초하여 일괄적으로 과태료를 부과하는 사례와 같이, 전자의 요건이 충족되지 않는 자동화된 결정은 프로파일링이 될 수 없다. 제29조 작업반 Guidelines on Automated Individual Decision−making, p. 8.
219) GDPR 상설 제24항. EU 역외에 설립된 기업이 행태정보를 이용한 광고 목적 또는 행위 기반 맞춤형 광고 목적 등 프로파일링 맥락에서 EU 거주자의 개인정보를 처리하는 경우 GDPR이 적용된다. 여기서 GDPR의 역외적용은 문제 된 개인정보가 자동화된 시스템에 의하여 처리·결정되기 때문이 아니라, 역외 기업이 역내에 거주하는 정보주체의 행동을 프로파일링에 따라 지속적으로 추적·감시할 수 있기 때문이다.

자동화된 결정에서 처리되는 개인정보의 범위는 달리 제한되지 않는다. 따라서, 개인정보처리자는 민감정보를 처리하여 자동화된 결정을 내릴 수 있다.[220] 민감정보와 관련하여 특히 문제가 될 수 있는 것은 프로파일링이다. 프로파일링은 그 자체로는 민감정보가 아닌 정보로부터 추론을 통하여 민감정보를 생성할 수 있기 때문이다. 예컨대, 개인정보처리자는 정보주체의 음식 구매 기록과 그 음식의 품질 또는 식품영양 정보를 결합하여 특정인의 건강에 관한 민감정보를 얻을 수 있다.[221]

EU GDPR

GDPR은 이 법의 민감정보에 상응하는 '특수한 범주의 개인정보'를 자동화된 결정에서 특별히 규정한다.[222] 특수한 범주의 개인정보 즉 민감정보에 대한 자동화된 결정은 다음의 요건에 따라 제한적으로 허용된다. 첫째, 이러한 결정은 정보주체의 명시적 동의가 존재하거나[223] 또는 상당한 공익을 이유로 처리가 필요한 경우에 추구하는 목적에 비례적이고 개인정보 보호 권리의 본질을 존중하며 정보주체의 기본적 권리와 이익을 보호하기 위해 적합하고 특정한 조치를 규정한 EU 또는 회원국 법에 근거하여야 한다.[224] 둘째, 자동화된 결정은 정보주체의 권리와 자유 및 정당한 이익을 보호하는 적합한 조치를 갖추어야 한다.[225]

---

220) 민감정보의 처리는 원칙적으로 금지되지만, 1) 정보주체의 별도의 동의 또는 2) 민감정보의 처리를 요구·허용하는 법령에 근거하여 예외적으로 허용될 수 있다. 법 제23조 제1항.

221) Michael Kosinski et al, "Private traits and attributes are predictable from digital records of human behaviour", 110(15) Proc. Nat'l. Acad. Sci. USA (2013), pp. 5802–5805.

222) 특수한 범주의 개인정보는 인종 또는 민족, 정치적 견해, 종교적 또는 철학적 신념, 노동조합의 가입 여부, 유전자 정보, 자연인을 고유하게 식별할 목적의 생체정보, 건강정보, 성생활 또는 성적 취향에 관한 정보를 가리킨다. GDPR 제9조 제1항.

223) GDPR 제22조 제4항 및 제9조 제2항(a).

224) GDPR 제22조 제4항 및 제9조 제2항(g).

225) GDPR 제22조 제4항.

(2) 자동화된 결정에 대한 거부권

정보주체는 자동화된 결정이 자신의 권리 또는 의무에 중대한 영향을 미치는 경우에 해당 개인정보처리자에 대하여 해당 결정을 거부할 수 있는 권리를 가진다. 즉 정보주체는 일반적인 자동화된 결정이 아니라 자신의 권리 또는 의무에 중대한 영향을 미치는 자동화된 결정을 거부할 수 있다.[226]

1) 자동화된 결정에 대한 거부권 인정

정보주체는 완전히 자동화된 시스템으로 개인정보를 처리하여 이루어지는 결정 즉 자동화된 결정이 자신의 권리 또는 의무에 중대한 영향을 미치는 경우에는 해당 개인정보처리자에 대하여 해당 결정을 거부할 수 있는 권리를 가진다.[227] 자동화된 결정이 정보주체의 권리 또는 의무에 중대한 영향을 미치는 경우가 아니면 해당 결정을 거부할 수 있는 권리가 인정되지 않을 것이다. 따라서, 자동화된 결정에 대한 일반적인 거부권이 인정되는 것이 아니라, 정보주체의 권리 또는 의무에 중대한 영향을 주는 자동화된 결정에 대한 거부권이 인정된다.

정보주체가 거부할 수 있는 자동화된 결정은 자신의 권리 또는 의무에 중대한 영향을 미치는 경우이다. 권리 또는 의무에 대한 중대한 영향이 무엇인지 분명하지 않다. 정보주체의 권리 또는 의무에 대한 중대한 영향은 일응 정보주체에 관한 법적 효과를 의미할 것이다. 또한, 정보주체를 보다 적극적으로 보호하는 차원에서, 정보주체의 권리 또는 의무에 대한 중대한 영향과 유사하게 그에게 중대한 영향을 주는 경우에도 자동화된 결정을 거부할 권리를 인정하여야 할 것이다.[228]

---

226) 법 제37조의2 제1항 제1문은 '완전히 자동화된 시스템 … 으로 개인정보를 처리하여 이루어지는 결정'인 자동화된 결정이 정보주체의 권리 또는 의무에 중대한 영향을 미치는 경우에는 정보주체가 해당 결정을 거부할 수 있게 규정한다. 그런데, 그 이외의 규정 특히 제2항과 제4항은 정보주체의 '권리 또는 의무에 중대한 영향을 미치는 경우'의 자동화된 결정이 아닌 일반적인 자동화된 결정을 규정한 것으로 해석될 수 있다.

227) 법 제37조의2 제1항.

228) 보호위원회 개정안은 '법적 효력 또는 생명·신체·정신·재산에 중대한 영향을 미치는

정보주체는 자신에 관한 법적 효과를 주거나 유사하게 자신에게 중요한 영향을 주는 '프로파일링을 포함하여 자동화된 처리에만 근거한 결정에 따르지 않을 권리'(right not to be subject to a decision based solely on automated processing, profiling)를 가진다.229)

2) 자동화된 결정에 대한 거부권의 불인정

자동화된 결정이 제15조 제1항 제1호·제2호 및 제4호에 따라 이루어지는 경우에는 정보주체는 해당 결정을 거부할 수 없다.230) 여기서 문제는 '자동화된 결정'이 일응 정보주체의 권리 또는 의무에 중대한 영향을 미치는 경우로 한정되지 않는 것으로 해석될 수 있는 점이다. 법 제27조의2의 입법 취지를 올바르게 이해한다면, '정보주체의 권리 또는 의무에 중대한 영향을 미치는 자동화된 결정' 또는 '이러한 자동화된 결정'이라고 규정해야 할 것이다. 이러한 자동화된 결정에 대한 거부권 행사의 배제는 정보주체의 개인정보자기결정권에 대한 제한이 된다. 이러한 자동화된 결정에 대한 거부권을 배제하는 세 가지 경우는 GDPR의 경우와 유사하다.231)

의사결정'에 대한 거부 등을 요구할 수 있게 규정하였다.

229) GDPR 제22조 제1항. 이 조문은 1995년 개인정보보호지침 제15조를 보완한 것이다. GDPR은 오로지 프로파일링만을 규정한 동 지침의 적용 범위를 자동화된 처리로 확대하였다.

230) 법 제37조의2 제1항 단서.

231) 한편, 개인신용평가회사등은 다음 각 호의 어느 하나에 해당하는 경우에는 자동화평가 결과에 대한 설명과 관련 행위 등 개인인 신용정보주체의 요구를 거절할 수 있다: 1. 동 법 또는 다른 법률에 특별한 규정이 있거나 법령상 의무를 준수하기 위하여 불가피한 경우, 2. 해당 신용정보주체의 요구에 따르게 되면 금융거래 등 상거래관계의 설정 및 유지 등이 곤란한 경우, 3. 그 밖에 제1호 및 제2호에서 정한 경우와 유사한 경우로서 대통령령으로 정하는 경우. 신용정보법 제36조의2 제3항.

① 정보주체의 동의를 받은 경우

자동화된 결정이 정보주체의 동의를 받아 개인정보가 수집되는 경우 정보주체는 동 자동화된 결정에 대한 거부권을 가지지 않는다.[232) 정보주체는 동의를 통하여 개인정보의 수집과 이용에 대한 직접적 통제를 하게 되므로, 이 경우 자동화된 결정을 거부할 권리가 인정되지 않는다. 그러나, 정보주체의 동의가 자동화된 처리와 결정에 있어서 정보주체를 충분히 보호할 수 없다는 비판이 제기될 수 있다.[233) 한편, 은행 대출 등 정보주체에게 이익이 되는 자동화된 결정에 대하여 정보주체는 자신의 자유로운 의사로서 동의를 주게 될 것이다.[234) 일단 주어진 동의도 향후의 자동화된 결정에 대하여 정보주체는 철회할 수 있다고 보아야 한다.[235)

EU GDPR

GDPR에서 자동화된 의사결정에 따르지 않을 권리는 동 결정이 정보주체의 '명시적 동의'(explicit consent)에 기반하면 인정되지 않는다.[236) 자동화된 결정이 허용되는 경우, 최소한 컨트롤러에 의한 인적 개입을 얻을 권리 등 정보주체의 권리와 자유 및 정당한 이익을 보장하고, 정보주체가 의견을 표명하며 동 결정에 이의를 제기하도록 컨트롤러는 적합한 조치를 취해야 한다.[237)

---

232) 법 제37조의2 제1항 단서.
233) Bart W. Schermer et al, "The Crisis of Consent: How Stronger Legal Protection May Lead to Weaker Consent in Data Protection", 16 Ethics & Info. Tech (2014), pp. 171－182 참조.
234) Bygrave, p. 537.
235) 법 제37조 제1항.
236) GDPR 제22조 제2항(c). 이 법은 동의가 명시적일 것을 요구하지 않으나, 개인정보처리자에게 동의 사항을 구분하여 정보주체가 이를 명확하게 인지할 수 있도록 알리고 동의를 받을 것을 요구하므로, GDPR의 명시적 동의와 다르지 않다. 법 제22조 제1항 참조.
237) GDPR 제22조 제3항, 적합한 조치는 결정에 대한 설명을 얻을 권리를 포함한다. GDPR 상설 제71항.

② 법률에 특별한 규정이 있거나 법령상 의무를 준수하기 위하여 불가피한 경우

자동화된 결정이 법률에 특별한 규정이 있거나 법령상 의무를 준수하기 위하여 불가피하여 개인정보가 수집되는 경우 정보주체는 동 자동화된 결정에 대한 거부권을 가지지 않는다.[238) 자동화된 결정에 대한 정보주체의 거부권이 인정되지 않아서, 정보주체의 헌법상 권리인 개인정보자기결정권이 제한되지만, 법률이나 법령상 의무 준수를 위하여 예외적으로 허용된다.[239) GDPR의 경우와 같이, 자동화된 결정에 대한 정보주체의 거부권이 인정되지 않는 경우의 법률의 특별한 규정 등이 민주사회에서 필요성과 비례성 원칙 등을 충족해야 할 것이다.

EU GDPR

GDPR에서 자동화된 의사결정에 따르지 않을 권리는 동 결정이 EU 또는 회원국의 법에 따라 허가된 경우 인정되지 않는다.[240) 동 법은 정보주체의 권리와 자유 및 정당한 이익을 보호하는 적합한 조치를 규정해야 하고 컨트롤러에게 적용되어야 한다.[241) EU 또는 회원국 법에 따른 프로파일링에 근거한 결정에 대한 정보주체의 권리 제한은 특히 재난에 대한 대응에서 인간 생명의 보호를 포함한 공공의 안전을 보호하기 위하여 민주사회에서 필요하고 비례적이어야 한다.[242)

---

238) 법 제37조의2 제1항 단서.

239) 국민의 모든 자유와 권리는 국가안전보장·질서유지 또는 공공복리를 위하여 필요한 경우에 한하여 법률로써 제한할 수 있으며, 제한하는 경우에도 자유와 권리의 본질적인 내용을 침해할 수 없다. 헌법 제37조 제2항.

240) GDPR 제22조 제2항(b). 이러한 허가는 명시적이고, 이러한 EU 및 회원국 법은 사기 및 탈세의 감시와 예방을 목적으로 제정된 입법과 컨트롤러가 제공하는 서비스의 안전과 신뢰를 보장하기 위한 목적으로 제정된 입법을 포함한다. GDPR 상설 제71항.

241) 상설 제71항. 그런데, 컨트롤러의 적합한 조치는 정보주체와의 계약 이행이나 정보주체의 명시적 동의의 경우에 요구되는 것으로 명시되어 있다. GDPR 제22조 제3항.

242) GDPR 상설 제73항.

③ 정보주체와 체결한 계약의 이행 및 계약의 체결 과정에서 정보주체의 요청에 따른 조치를 이행하기 위하여 필요한 경우

자동화된 결정이 정보주체와 체결한 계약을 이행하거나 계약을 체결하는 과정에서 정보주체의 요청에 따른 조치를 이행하기 위하여 필요하여 개인정보가 수집되는 경우 정보주체는 동 자동화된 결정에 대한 거부권을 가지지 않는다.243) 정보주체와 계약의 체결과 이행은 정보주체가 관여하는 행위인 점에서, 자동화된 결정에 대한 정보주체의 거부권이 인정되지 않는다.

개인정보처리자가 다수의 정보주체와 계약 체결 및 이행을 위하여 방대한 분량의 데이터를 처리하는 경우, 완전히 자동화된 시스템으로 개인정보를 처리하여 이루어지는 결정에 인적 개입을 상정하는 것은 비현실적이다.244) 다만, 개인정보처리자는 자동화된 개인정보 처리가 계약의 목적 달성을 위하여 가장 적합한 것인지 고려해야 한다.245) 즉 개인정보처리자는 자동화된 결정이 필요하다는 사실을 입증할 수 있어야 하고, 프라이버시가 덜 침해되는 여타의 수단이 대체될 수 있는지 고려하여야 한다.246)

EU GDPR

GDPR에서 자동화된 의사결정에 따르지 않을 권리는 동 결정이 정보주체와 컨트롤러 사이의 계약의 체결 또는 이행에 필요하면 인정되지 않는다.247) 자동화된 결정이 허용되는 경우, 최소한 컨트롤러에 의한 인적 개입을 얻을 권리 등 정보주체의 권리와 자유 및 정당한 이익을 보장하고, 정보주체가 의견을 표명하며 동 결정에 이의를 제기하도록 컨트롤러는 적합한 조치를 취해야 한다.248)

---

243) 법 제37조의2 제1항 단서.
244) 제29조 작업반 Guidelines on Automated Individual Decision-making, p. 23.
245) 제29조 작업반 Guidelines on Automated Individual Decision-making, p. 23.
246) EDPS Toolkit, pp. 17-23.
247) GDPR 제22조 제2항(a).
248) GDPR 제22조 제3항. 적합한 조치는 결정에 대한 설명을 얻을 권리를 포함한다. GDPR 상설 제71항.

(3) 자동화된 결정에 대한 설명 등 요구권

정보주체는 개인정보처리자가 자동화된 결정을 한 경우에는 그 결정에 대하여 설명 등을 요구할 수 있다.[249] 자동화된 결정에 대한 거부권과 달리, 자동화된 결정에 대하여 설명 등을 요구할 권리는 일응 법 제15조 제1항에서 허용된 모든 개인정보 수집의 경우에 인정된다. 따라서, 자동화 결정에 대한 설명 등 요구권은 동 결정에 대한 거부권이 인정되지 않는 네 가지 경우에도 인정된다.

정보주체는 자동화된 결정에 대한 '설명 등'을 요구할 수 있어서, 설명과 함께 이의제기도 요구할 수 있을 것이다.[250] 그런데, 개인정보처리자는 자동화된 결정의 결과를 정보주체에게 제공하도록 요구되지 않는다.[251] 정보주체가 자동화된 결정에 대한 설명 등을 요구하기 위하여 개인정보처리자는 정보주체에게 프로파일링을 포함한 자동화된 결정의 존재 및 수반된 로직에 관한 의미 있는 정보 등을 제공하도록 요구되어야 할 것이다.[252]

한편, 신용정보법의 자동화평가와 관련하여, 개인인 신용정보주체는 개인신용평가회사등에게 다음 각 호의 사항을 설명하여 줄 것을 요구할 수 있다. 첫째, 다음 각 목의 행위에 자동화평가를 하는지 여부이다:[253] 가. 개인신용평가, 나. 대통령령으로 정하는 금융거래의 설정 및 유지 여부, 내용의 결정(대통령령으로 정하는 신용정보제공·이용자에 한정한다), 다. 그 밖에 컴퓨터 등 정보처리장치로만 처리하면 개인신용정보 보호를 저해할 우려가 있는 경우로서 대통령령

---

249) 법 제37조의2 제2항.

250) 보호위원회 개정안은 정보주체가 설명과 함께 이의제기를 요구할 수 있게 규정하였다.

251) 처리하는 개인정보의 종류·규모, 종업원 수 및 매출액 규모 등을 고려하여 대통령령으로 정하는 기준에 해당하는 개인정보처리자가 제17조 제1항 제1호에 따라 정보주체 이외로부터 개인정보를 수집하여 처리하는 때에는 개인정보의 수집 출처와 처리 목적 등을 정보주체에게 알려야 한다. 법 제20조 제2항. 대통령령으로 정하는 기준에 해당하는 개인정보처리자는 이 법에 따라 수집한 개인정보의 이용·제공 내역이나 이용·제공 내역을 확인할 수 있는 정보시스템에 접속하는 방법을 주기적으로 정보주체에게 통지하여야 한다. 법 제20조의2 제1항.

252) GDPR 제13조 제2항(f) 및 제14조 제2항(g) 참조.

253) 신용정보법 제36조의2 제1항 제1호.

으로 정하는 행위. 둘째, 자동화평가를 하는 경우 다음 각 목의 사항이다:254) 가. 자동화평가의 결과, 나. 자동화평가의 주요 기준, 다. 자동화평가에 이용된 기초정보('기초정보')의 개요, 라. 그 밖에 가목부터 다목까지의 규정에서 정한 사항과 유사한 사항으로서 대통령령으로 정하는 사항. 또한, 개인인 신용정보주체는 개인신용평가회사등에 대하여 다양한 행위를 할 수 있다. 첫째, 해당 신용정보주체에게 자동화평가 결과의 산출에 유리하다고 판단되는 정보의 제출이다.255) 둘째, 자동화평가에 이용된 기초정보의 내용이 정확하지 아니하거나 최신의 정보가 아니라고 판단되는 경우 다음 각 목의 어느 하나에 해당하는 행위이다:256) 가. 기초정보를 정정하거나 삭제할 것을 요구하는 행위, 나. 자동화평가 결과를 다시 산출할 것을 요구하는 행위.

EU GDPR —————————————————————————————

GDPR에서 '어떠한 경우에도'([i]n any case) 컨트롤러가 이행해야 하는 적합한 조치는 자동화된 의사결정에 대하여 1) '인적 개입을 얻을'(to obtain human intervention), 2) '의사를 표현할'(to express his or her point of view), 3) '그 결정에 대한 설명을 얻을'(to obtain an explanation of the decision), 4) '결정에 이의를 제기할'(to challenge the decision) 정보주체의 권리와 정보주체에 대한 특정 정보를 포함하여야 한다.257)

3. 자동화된 결정에 대한 정보주체의 권리에 대한 대응조치

개인정보처리자는 정보주체가 자동화된 결정을 거부하거나 이에 대한 설명 등을 요구한 경우에는 정당한 사유가 없는 한 자동화된 결정을 적용하지 아니

---

254) 신용정보법 제36조의2 제1항 제2호.
255) 신용정보법 제36조의2 제2항 제1호.
256) 신용정보법 제36조의2 제2항 제2호.
257) GDPR 상설 제71항.

하거나 인적 개입에 의한 재처리·설명 등 필요한 조치를 하여야 한다.258)

(1) 자동화된 결정의 비적용

정보주체가 자동화된 결정을 거부한 경우에는 개인정보처리자는 정당한 사유가 없는 한 해당 자동화된 결정을 적용하지 않아야 한다.259) 개인정보처리자는 해당 자동화된 결정을 계속 적용하기 위하여 그러한 정당한 사유를 제시하여야 할 것이다.

(2) 인적 개입에 의한 재처리

정보주체가 자동화된 결정을 거부한 경우에는 개인정보처리자는 정당한 사유가 없는 한 해당 자동화된 결정을 적용하지 않는 대신 인적 개입에 의한 재처리를 해야 한다.260) 자동화된 결정은 완전히 자동화된 시스템으로 개인정보가 처리되는 점에서 '인적 개입'(human intervention)이 없는 경우이다. 자동화된 결정은 사람이 해당 결정에 대하여 실제적 영향을 미칠 수 없는 상황을 의미한다.261)

인적 개입은 개인정보처리자의 관리·감독이 '단순한 형식적 시늉'(just a token gesture)에 그쳐서는 아니 되고, 이러한 개입자에게 자동화된 결정을 변경할 권한이 부여되어야 한다.262) 따라서, 인적 개입에 의한 재처리를 통하여 정보주체를 위한 보다 신중한 결정이 이루어지도록 기대된다.

---

258) 법 제37조의2 제3항. 동 규정을 위반하여 정당한 사유 없이 정보주체의 요구에 따르지 않는 자는 3천만원 이하의 과태료가 부과된다. 법 제75조 제2항 제24호. 동 과태료 규정은 2024년 3월 15일 시행된다. GDPR은 프로파일링을 포함한 자동화된 결정에 대한 정보주체의 권리가 침해되는 경우, 1) 2천만 유로 이하 또는 2) 직전 회계연도의 전 세계 연간 총매출액의 4% 이하를 비교하여 더 높은 금액을 과징금으로 부과할 수 있다. GDPR 제83조 제5항(b).

259) 법 제37조의2 제3항.

260) 법 제37조의2 제3항.

261) 제29조 작업반 Guidelines on Automated Individual Decision—making, pp. 20–21.

262) 제29조 작업반 Guidelines on Automated Individual Decision—making, 21.

(3) 설명 등

정보주체가 자동화된 결정에 대하여 설명 등을 요구한 경우에는 개인정보
처리자는 정당한 사유가 없는 한 해당 자동화된 결정에 대한 설명 등 필요한
조치를 하여야 한다.263) 이러한 설명은 해당 자동화된 결정의 결과는 물론 그
러한 결정에 이르게 된 과정을 포함해야 할 것이다.

4. 자동화된 결정의 기준과 절차 등 공개

개인정보처리자는 자동화된 결정의 기준과 절차, 개인정보가 처리되는 방식
등을 정보주체가 쉽게 확인할 수 있도록 공개하여야 한다.264) 프로파일링과 같
은 자동화된 개인정보 처리에 내재한 기술적 특성을 고려하여 도입된 규정이
다. 인공지능의 '기계학습'(machine-learning) 확산과 그 복잡성으로 인하여 정
보주체가 자동화된 결정에 관한 내용을 알기 쉽지 않기 때문이다.

개인정보처리자가 정보주체가 쉽게 확인할 수 있도록 공개해야 하는 자동
화된 결정에 관련된 정보 중에서 개인정보가 처리되는 방식, 즉 자동화된 결정
에 수반되는 로직에 관한 정보가 특히 중요할 것이다.

개인정보처리자는 자동화된 결정에 관한 기준과 절차, 개인정보가 처리되는
방식 등을 정보주체가 쉽게 확인할 수 있도록 공개하여야 하는데, 이러한 정보
는 공개가 아니라 정보주체에게 제공될 필요가 있다. 자동화된 결정의 기준과
절차 등이 공개되더라도, 정보주체가 해당 정보를 실제로 쉽게 확인할 수 있을
지 분명하지 않기 때문이다.

EU GDPR

공정하고 투명한 개인정보 처리를 위하여 컨트롤러는 1) 프로파일링을 포함한 자
동화된 의사결정의 존재, 2) 자동화된 의사결정에 수반된 로직에 관한 의미 있는

---

263) 법 제37조의2 제3항.
264) 법 제37조의2 제4항.

정보, 3) 그러한 처리의 정보주체에 대한 중대성과 예상된 결과를 정보주체에게 제공하여야 한다.265) 컨트롤러는 자동화된 개인정보 처리에 이용된 알고리즘을 상세히 설명할 필요는 없으나, 정보주체가 자동화된 의사결정의 이유를 이해할 수 있을 정도의 '충분하게 포괄적인'(sufficiently comprehensive) 정보를 제공해야 한다.266) 다만, 프로파일링에 근거한 개인정보의 자동화된 처리에 수반된 로직 등의 정보를 얻을 정보주체의 권리는 영업비밀 또는 지재권 및 특히 소프트웨어를 보호하는 저작권 등 타인의 권리에 부정적 영향을 끼쳐서는 아니 된다.267) 컨트롤러가 정보주체로부터 개인정보를 직접 또는 달리 획득한 시점에서 이러한 정보가 제공되어야 한다.268)

▌ 표.21 자동화된 결정에 대한 정보주체의 권리 비교269)

	법 제37조의2	신용정보법 제36조의2	GDPR 제22조
주체	정보주체	개인인 신용정보주체	정보주체
상대방	개인정보처리자	신용정보제공·이용자등	컨트롤러
기본권리			프로파일링 등 자동화된 처리에만 의존하는 결정에 따르지 않을 권리
주요 권리	정보주체의 권리 또는 의무에 중대한 영향을 미치는 자동화된 결정에 대한 거부, 설명 등 요구 권리	자동화평가 여부와 그 결과 등에 대한 설명, 기초정보의 정정 또는 삭제 및 자동화평가 결과의 재산출 등 요구	

---

265) GDPR 제13조 제2항(f) 및 제14조 제2항(g). 컨트롤러의 개인정보 처리가 제22조에 따른 자동화된 결정에 해당하지 않더라도, 개인정보 처리의 공정성을 위하여 위 세 가지 정보는 정보주체에게 제공되도록 권고된다. 제29조 작업반 Guidelines on Automated Individual Decision−making, p. 25. 정보주체는 적어도 프로파일링에 근거할 때 자동화된 개인정보 처리에 수반된 로직과 그러한 처리의 결과를 알 권리를 가진다. GDPR 상설 제63항.

266) 제29조 작업반 Guidelines on Automated Individual Decision−making, p. 25.

267) GDPR 상설 제63항.

268) GDPR 제13조 제2(f)항 및 제14조 제2(g)항.

269) 2021년 개정안 설명자료, 29면 참조.

		권리	
적용 제한	• 동의 • 법률상 특별한 규정 또는 법령상 의무 준수 • 정보주체와의 계약 체결·이행에 필요한 경우 거부권 불인정	• 법률에 특별한 규정 또는 법령상 의무 준수 • 상거래관계 설정 및 유지가 곤란한 경우 요구 거절	• 정보주체와의 계약 체결·이행에 필요 • EU 또는 회원국 법률의 허용 • 정보주체의 명백한 동의에 근거하는 경우 자동화된 처리에만 의존하는 결정에 따라야 함
대응조치	• 자동화 결정의 비적용 • 재처리 • 설명 등 필요한 조치	• 자동화평가 여부와 그 결과 등에 대한 설명, • 기초정보의 정정 또는 삭제 및 • 자동화평가 결과의 재산출 등	자동화된 결정에 대한 • 정보주체의 인적 개입을 얻을, 의사를 표현할, 결정에 대한 설명을 얻을, 결정에 이의를 제기할 권리와 • 정보주체에 대한 특정 정보를 포함하는 적합한 조치

■ VII. 권리행사의 방법 및 절차 등

이 법은 정보주체의 권리를 보장할 수 있도록 자신의 개인정보에 관한 열람의 요구 등 다양한 권리를 규정하는데, 이들 권리의 행사 방법과 절차는 정보주체에게 부담이 되는 방식으로 실행될 수 없다. 정보주체는 이들 권리를 투명하고 원활하게 행사할 수 있어야 한다.

1. 정보주체의 권리행사 방법

(1) 대리인과 법정대리인에 의한 행사

정보주체는 개인정보처리자에 대한 개인정보의 열람, 개인정보의 전송, 정정·삭제, 처리정지 및 동의 철회, 자동화된 결정에 대한 거부·설명 등의 요구('열람등요구')를 문서 등 대통령령으로 정하는 방법·절차에 따라 대리인에게 하게 할 수 있다.[270] 물론 일반적으로 정보주체는 스스로 열람등요구를 할 수 있다.

열람등요구에 관하여 정보주체를 대리할 수 있는 자는 정보주체의 법정대리인 또는 정보주체로부터 위임을 받은 임의대리인이다.[271] 만 14세 미만 아동의 법정대리인은 개인정보처리자에게 그 아동의 개인정보 열람등요구를 할 수 있다.[272] 따라서, 아동이 법정대리인의 동의를 받아서 열람등요구를 할 수 없다.[273]

---

270) 법 제38조 제1항.

271) 각각 영 제45조 제1항 제1호와 제2호.

272) 법 제38조 제2항. 개인정보처리자는 만 14세 미만 아동의 개인정보를 처리하기 위하여 이 법에 따른 동의를 받아야 할 때에는 그 법정대리인의 동의를 받아야 하며, 법정대리인이 동의하였는지 확인하여야 한다. 법 제22조의2 제1항.

273) 2020년 해설서 386면.

(2) 행사 방법 및 절차

1) 행사 방법과 절차

개인정보처리자는 자신에 대한 정보주체의 개인정보 열람, 전송, 정정·삭제, 처리정지 및 동의 철회, 자동화된 결정에 대한 거부·설명 등의 요구, 즉 열람등요구를 할 수 있는 구체적인 방법과 절차를 마련하고, 이를 정보주체가 알 수 있도록 공개하여야 한다.[274]

열람등요구의 방법과 절차는 해당 개인정보의 수집 방법과 절차보다 어렵지 아니하도록 하여야 한다.[275] 즉 개인정보처리자는 개인정보를 수집하는 방법과 동일하거나 보다 쉽게 정보주체가 열람요구 등 권리를 행사할 수 있도록 간편한 방법을 제공하여야 한다.[276] 예컨대, 방문, 서면, 전화, 전자우편, 인터넷 사이트 등 다양한 방법을 제공할 수 있다.[277] 또한, 개인정보의 수집 시에 요구되지 않았던 증빙서류 등을 요구하거나 추가적인 절차를 요구할 수 없다.[278]

2) 이의제기 절차

개인정보처리자는 자신에 대한 정보주체의 개인정보 열람, 전송, 정정·삭제, 처리정지 및 동의 철회, 자동화된 결정에 대한 거부·설명 등의 요구, 즉 열람등요구에 대한 거절 등 조치에 대하여 불복이 있는 경우 이의를 제기할 수 있도록 필요한 절차를 마련하고 안내하여야 한다.[279]

3) 지원시스템 구축

개인정보처리자는 열람등요구 및 그에 대한 통지를 갈음하여 해당 업무를

---

274) 법 제38조 제4항 제1문.
275) 법 제38조 제4항 제2문. 동 규정은 2023년 3월 14일 개정으로 신설되었는데, 동 개정으로 삭제된 정보통신서비스 제공자등에 대한 법 제39조의7 제2항과 유사하다.
276) 표준지침 제34조 제1항.
277) 2020년 해설서 388면.
278) 표준지침 제34조 제1항.
279) 법 제38조 제5항.

전자적으로 처리할 수 있도록 시스템을 구축·운영하거나 그 밖의 절차를 정하여 해당 업무를 처리할 수 있다.[280) 보호위원회는 개인정보처리자 중 공공기관이 보유하고 있는 개인정보에 관한 열람등요구 및 그에 대한 통지에 관한 공공기관의 업무 수행을 효율적으로 지원하기 위하여 시스템을 구축·운영할 수 있다.[281)

2. 신원 확인 방법

개인정보처리자는 정보주체의 개인정보 열람, 정정·삭제, 처리정지 또는 동의 철회 등의 요구를 받았을 때에는 이러한 열람등 요구를 한 사람이 본인이거나 정당한 대리인인지를 확인하여야 한다.[282)

(1) 신원 확인 방법

개인정보처리자는 정보주체가 열람등요구를 하여서 동 요구를 한 사람이 정보주체 본인이거나 정당한 대리인인지를 확인하는 경우에는 해당 개인정보를 수집하는 방법과 동일하거나 보다 쉽게 간편한 방법을 제공하여야 한다.[283) 개인정보의 수집 시에 요구되지 않았던 증빙서류 등을 요구하거나 추가적인 절차를 요구할 수 없다.[284)

정보주체 본인이나 대리인의 신원 확인은 합리적이고 객관적이어야 한다. 정보주체의 법정대리인을 포함한 대리인이 정보주체의 열람등요구에 관하여 정보주체를 대리할 때에는 개인정보처리자에게 보호위원회가 정하여 고시하는 정보주체의 위임장을 제출하여야 한다.[285) 신원을 확인하기 위하여 온라인의

---

280) 영 제48조 제1항.
281) 영 제48조 제2항. '개인정보 포털'에서 '정보주체 권리행사 서비스' (https://www.privacy.go. kr/front/contents/cntntsView.do?contsNo＝196)가 운영되고 있다.
282) 영 제46조 제1항. 2023년 9월 12일 개정에서 개인정보의 전송과 자동화된 결정에 대한 거부·설명은 이 영에 신설되지 않았다.
283) 표준지침 제34조 제2항.
284) 표준지침 제34조 제2항.
285) 영 제45조 제2항.

경우 전자서명, 이동전화번호와 생년월일 등으로 확인하고, 오프라인의 경우 주민등록증 등으로 확인할 수 있다.[286]

(2) 공공기관의 특례

공공기관인 개인정보처리자가 행정정보의 공동이용을 통하여 정보주체의 개인정보 열람, 정정·삭제, 처리정지 및 동의 철회 등의 요구, 즉 열람등요구를 한 사람이 정보주체 본인이거나 정당한 대리인인지 확인을 할 수 있는 경우에는 행정정보의 공동이용을 통하여 확인하여야 한다.[287] 해당 공공기관이 행정정보의 공동이용을 할 수 없거나 정보주체가 확인에 동의하지 아니하는 경우에는 행정정보의 공동이용을 통하지 않는다.[288]

3. 수수료 등의 청구

(1) 부과 기준

개인정보처리자는 정보주체의 개인정보 열람, 전송, 정정·삭제, 처리정지 및 동의 철회, 자동화된 결정에 대한 거부·설명 등의 요구, 즉 열람등요구를 하는 자에게 대통령령으로 정하는 바에 따라 수수료와 우송료를 청구할 수 있다.[289] 수수료와 우송료의 금액은 이러한 열람등요구에 필요한 실비의 범위에서 해당 개인정보처리자가 정하는 바에 따른다.[290] 개인정보의 전송 요구의 경우에는 전송을 위해 추가로 필요한 설비 등을 함께 고려하여 수수료를 산정할 수 있다.[291]

---

286) 2020년 해설서 386-387면.
287) 영 제46조 제2항. 2023년 9월 12일 개정에서 개인정보의 전송과 자동화된 결정에 대한 거부·설명은 이 영에 신설되지 않았다. 행정정보의 공동이용은 전자정부법 제36조 제1항 참조.
288) 영 제46조 제2항 단서.
289) 법 제38조 제3항. 우송료는 사본의 우송을 청구하는 경우에 한한다.
290) 영 제47조 제1항. 개인정보처리자가 지방자치단체인 경우에는 그 지방자치단체의 조례로 정하는 바에 따른다. 영 제47조 제1항 단서.
291) 법 제38조 제3항 단서. 동 규정은 2023년 3월 14일 개정으로 신설되었다. 그러나, 개

(2) 납부 방법

정보주체 등 열람등요구를 한 사람은 개인정보처리자에게 수수료 또는 우송료를 다음 구분에 따른 방법으로 낸다. 첫째, 국회, 법원, 헌법재판소, 중앙선거관리위원회, 중앙행정기관 및 그 소속 기관('국가기관')인 개인정보처리자에게 내는 경우 수입인지로 납부한다.[292] 둘째, 지방자치단체인 개인정보처리자에게 내는 경우 수입증지로 납부한다.[293] 셋째, 국가기관 및 지방자치단체 외의 개인정보처리자에게 내는 경우 해당 개인정보처리자가 정하는 방법으로 납부한다.[294] 국가기관 또는 지방자치단체인 개인정보처리자는 전자지급수단 또는 통신과금서비스를 이용하여 수수료 또는 우송료를 내게 할 수 있다.[295]

개인정보처리자는 정보주체 등 열람등요구를 한 사람에게 수수료와 우송료를 청구하는 경우에는 개인정보의 수집 방법과 절차보다 어렵지 아니하도록 하여야 한다.[296] 즉 개인정보처리자는 개인정보를 수집하는 방법과 동일하거나 보다 쉽게 청구할 수 있도록 간편한 방법을 제공하여야 한다.[297] 예컨대, 개인정보의 수집 시에 요구되지 않았던 증빙서류 등을 요구하거나 추가적인 절차를 요구할 수 없다.[298]

인정보 이동권의 행사에 따른 조치는 무료로 제공되어야 할 것이다. GDPR 제12조 제5항 참조.

292) 영 제47조 제3항 제1호.

293) 영 제47조 제3항 제2호.

294) 영 제47조 제3항 제3호.

295) 영 제47조 제3항 단서. 전자지급수단은 전자자금이체, 직불전자지급수단, 선불전자지급수단, 전자화폐, 신용카드, 전자채권 그 밖에 전자적 방법에 따른 지급수단이다. 전자금융거래법 제2조 제11호. 통신과금서비스는 정보통신서비스로서 '가. 타인이 판매·제공하는 재화 또는 용역('재화등')의 대가를 자신이 제공하는 전기통신역무의 요금과 함께 청구·징수하는 업무' 또는 '나. 타인이 판매·제공하는 재화등의 대가가 가목의 업무를 제공하는 자의 전기통신역무의 요금과 함께 청구·징수되도록 거래정보를 전자적으로 송수신하는 것 또는 그 대가의 정산을 대행하거나 매개하는 업무'이다. 정보통신망법 제2조 제1항 제10호.

296) 법 제38조 제4항 제2문.

297) 표준지침 제34조 제2항.

298) 표준지침 제34조 제2항.

(3) 수수료 등 청구권 상실

개인정보처리자는 열람등요구를 하게 된 사유가 개인정보처리자 자신에게 있는 경우에는 수수료와 우송료를 청구해서는 아니 된다.[299] 이렇게 수수료와 우송료를 청구하지 못하는 상황은 개인정보처리자의 잘못이 있다는 것이 아니고 해당 개인정보의 처리가 개인정보처리자의 이익을 위하여 또는 개인정보처리자의 책임 영역에서 발생하였다는 의미이다.[300]

---

299) 영 제47조 제2항.
300) 2020년 해설서 388면.

■ VIII. 손해배상책임

이 법의 주된 내용은 정보주체의 보호를 위하여 개인정보처리자가 개인정보의 처리에 있어 준수해야 할 의무이다. 개인정보처리자가 이 법을 위반하여 정보주체가 손해를 입으면 개인정보처리자는 손해배상책임을 진다. 2011년 9월 30일 이 법의 시행 이후 2014년 1월 드러난 카드3사의 개인정보 유출과 같은 대규모 개인정보 유출이 빈번하게 발생하면서, 개인정보 침해에 대한 피해구제를 강화하기 위하여 손해배상책임의 경감 규정이 삭제되었다.[301] 이와 함께 징벌적 손해배상제도와 법정손해배상제도가 신설되었다.[302]

1. 손해배상책임

정보주체는 개인정보처리자가 이 법을 위반한 행위로 손해를 입으면 개인정보처리자에게 손해배상을 청구할 수 있다.[303] 손해배상책임의 성립요건은 다음의 네 가지이다: 개인정보처리자의 이 법의 위반행위, 정보주체의 손해, 손해와 위반행위 사이의 인과관계 및 개인정보처리자의 고의 또는 과실.

(1) 개인정보처리자의 개인정보보호법 위반행위

개인정보처리자가 이 법을 위반한 행위, 즉 침해행위가 존재해야 손해배상청구권이 발생한다. 이 법의 특정 규정을 위반하면 과징금 또는 과태료도 부과될 수 있다.[304] 이렇게 과징금 또는 과태료가 부과된 경우에 이 법의 특정 규

---

301) 2015년 7월 24일 개정으로 삭제된 법 제39조 제2항에 따라 개인정보처리자는 이 법에 따른 의무를 준수하고 상당한 주의와 감독을 게을리하지 아니한 경우에는 개인정보의 분실·도난·유출·변조 또는 훼손으로 인한 손해배상책임을 감경받을 수 있었다.

302) 이 법의 징벌적 손해배상제도와 법정손해배상제도는 2015년 7월 24일 개정으로 신설되었는데, 정보통신망법에서 법정손해배상제도는 2014년 5월 28일 개정으로 신설되었고 징벌적 손해배상제도는 2016년 3월 22일 개정으로 신설되었다.

303) 법 제39조 제1항 제1문. 고의 또는 과실로 인한 위법행위로 타인에게 손해를 가한 자는 그 손해를 배상할 책임이 있다. 민법 제750조.

304) 예컨대, 보호위원회는 개인정보처리자가 법 제28조의5 제1항을 위반하여 특정 개인을

정을 위반한 행위가 공식적으로 확인될 수 있다.

이 법을 위반한 행위는 개인정보 안전성기준 등 이 법에 근거한 보호위원회의 고시를 위반한 행위를 포함한다.[305] 예컨대, EU의 적정성 결정을 위하여 채택된 보호위원회의 고시인 보완규정은 대한민국의 법 체계상 이 법의 해석과 집행 기준을 명확히 하기 위하여 소관 행정청이 작성·공표하는 행정규칙으로서, 동 고시의 내용을 위반하는 행위는 관련 법 조항을 위반하는 행위로 간주될 수 있으므로 개인정보처리자에게 법적 구속력을 가진다고 한다.[306]

(2) 정보주체의 손해

정보주체에게 손해가 존재해야 손해배상청구권이 발생한다. 타인의 신체, 자유 또는 명예를 해하거나 기타 정신상 고통을 가한 자는 재산 이외의 손해에 대하여도 배상할 책임이 있다.[307] 개인정보처리자의 손해배상책임은 이 법의 위반으로 초래한 재산적 손해는 물론 정신적 손해도 포함한다. 개인정보 침해로 인한 재산적 손해는 신용카드번호가 유출되어 신용카드가 불법적으로 사용되거나 개인정보를 이용하여 불법대출이 실행된 경우에 발생한다. 정신적 손해

알아보기 위한 목적으로 정보를 처리한 경우 전체 매출액의 100분의 3을 초과하지 아니하는 범위에서 과징금으로 부과할 수 있다. 법 제64조의2 제1항 제6호. 법 제28조의2 또는 제28조의3에 따라 가명정보를 처리하는 자는 특정 개인을 알아보기 위한 목적으로 가명정보를 처리해서는 아니 된다. 법 제28조의5 제1항. 또한, 법 제28조의5 제2항을 위반하여 개인을 알아볼 수 있는 정보가 생성되었음에도 이용을 중지하지 아니하거나 이를 회수·파기하지 아니한 자에게는 3천만원 이하의 과태료가 부과된다. 법 제75조 제2항 제13호.

305) 정보통신서비스 제공자가 방송통신위원회 고시에서 정하고 있는 기술적·관리적 보호조치를 다하였다고 하더라도, 정보통신서비스 제공자가 마땅히 준수해야 한다고 일반적으로 쉽게 예상할 수 있고 사회통념상으로도 합리적으로 기대 가능한 보호조치를 다하지 아니한 경우에는 위법행위로 평가될 수 있다. 대법원 2018.1.25. 선고 2015다24904, 24911, 24928, 24935 판결. 동 사건에서 고시는 방송통신위원회의 「개인정보의 기술적·관리적 보호조치 기준」이다. 이러한 고시가 해당 법령을 보완하는 것이지만, 그 자체로서 기술적·관리적 보호조치를 완전하게 규율할 수는 없을 것이다.

306) 본 고시를 위반하여 개인의 권리와 이익이 침해되는 경우 해당 개인은 보호위원회 또는 법원 등에 구제를 요구할 수 있다. 보완규정 제1절.

307) 민법 제751조 제1항.

는 이메일주소나 휴대번호가 유출되어 원하지 않는 스팸메일이나 마케팅광고가 부당하게 수신된 경우에 발생한다.308) 불법행위로 입은 정신적 고통에 대한 위자료 액수에 관하여는 사실심 법원이 여러 사정을 참작하여 그 직권에 속하는 재량에 의하여 확정할 수 있다.309) 손해가 발생했다는 사실과 손해액에 대하여 정보주체가 증명해야 한다.310)

(3) 손해와 위반행위 사이의 인과관계

정보주체의 손해와 개인정보처리자의 이 법의 위반행위 사이에 인과관계가 존재해야 손해배상청구권이 발생한다. 인과관계는 경험칙에서 원인된 행위로 통상적으로 손해가 발생할 것이라고 인정된다는 상당인과관계를 의미한다.311)

---

308) 대법원 2010.10.28. 선고 2008다6755 판결. 카드고객정보 유출사고에서 유출된 개인정보는 원고들 개인을 식별할 수 있고 개인의 사생활과 밀접한 관련이 있으며 이를 이용한 2차 범죄에 악용될 수 있고, 이미 제3자에 의해 열람되었거나 앞으로 열람될 가능성이 크므로, 사회통념상 원고들에게 개인정보 유출로 인한 정신적 손해가 현실적으로 발생하였다고 판단하는 등 여러 사정을 고려하여 피고가 원고들에게 배상하여야 할 위자료를 각 10만 원으로 정하였다. 서울고법 2018.1.12. 선고 2016나2049021 판결 및 대법원 2018.12.28. 선고 2018다214142 판결.

309) 개인정보처리자가 수집한 개인정보가 유출되어 정보주체에게 위자료로 배상할 만한 정신적 손해가 발생하였는지에 관하여 "유출된 개인정보의 종류와 성격이 무엇인지, 개인정보 유출로 정보주체를 식별할 가능성이 발생하였는지, 제3자가 유출된 개인정보를 열람하였는지 또는 제3자의 열람 여부가 밝혀지지 않았다면 제3자의 열람 가능성이 있었거나 앞으로 열람 가능성이 있는지, 유출된 개인정보가 어느 범위까지 확산되었는지, 개인정보 유출로 추가적인 법익침해 가능성이 발생하였는지, 개인정보를 처리하는 자가 개인정보를 관리해 온 실태와 개인정보가 유출된 구체적인 경위는 어떠한지, 개인정보 유출로 인한 피해 발생 및 확산을 방지하기 위하여 어떠한 조치가 취하여졌는지 등 여러 사정을 종합적으로 고려하여 구체적 사건에 따라 개별적으로 판단하여야 한다." 대법원 2018.12.28. 선고 2018다214142 판결.

310) 2020년 해설서 393면.

311) 갑 주식회사와 정보통신서비스 이용계약을 체결한 을 등의 개인정보가 해킹사고로 유출되자 을 등이 갑 회사를 상대로 손해배상을 구한 사건에서, 피고가 소외 2의 퇴직 후 소외 2의 N-STEP ID를 폐기하여 개인정보처리시스템인 N-STEP 시스템에 대한 접근권한을 말소하였다고 하더라도, ESB 서버는 그 접근권한 말소 여부를 확인하지 않으므로 이 사건 해킹프로그램을 이용한 고객정보 유출을 막을 수 없다는 사실과 소외 1로서는 소외 2의 ID 대신 N-STEP ID의 규격에 맞게 임의의 7자리 숫자를 입력하였더라도 이 사건 해킹프로그램을 통해 ESB 서버에 접속할 수 있었을 것으로 보인다는

따라서, 원인된 행위와 손해 사이에 인과관계가 존재하는 한 모든 손해를 배상하도록 요구하는 것이 아니라 통상의 손해를 한도로 배상하면 된다.312)

개인정보처리자의 위반행위와 정보주체의 손해 사이의 상당인과관계는 정보주체가 증명해야 한다. 특별한 사정으로 인한 손해는 개인정보처리자가 그 사정을 알았거나 알 수 있었을 때에 배상의 책임을 진다.313) 개인정보처리자가 그 사정을 알았거나 알 수 있었을 것이라는 사실은 정보주체가 증명해야 한다.314)

(4) 개인정보처리자의 고의 또는 과실

개인정보처리자의 고의 또는 과실이 존재해야 손해배상청구권이 발생한다. 고의는 개인정보처리자가 이 법의 위반이 된다는 점을 알면서 위반행위를 하는 것인데, 미필적 고의도 포함된다.315) 과실은 개인정보처리자의 경험 등 사회적 지위에 비추어 신의칙상 요구되는 정도의 주의를 결여하여 이 법을 위반함을 인식하지 못한 것을 말한다.316) 개인정보처리자가 선량한 관리자로서 주의의무를 다하지 않으면 과실이 인정된다.

판단에서, 피고가 퇴직자 소외 2의 접근권한을 말소하지 않아 방송통신위원회의 고시규정을 위반하였다고 하더라도, 그것과 이 사건 정보유출사고 발생 사이에 상당인과관계를 인정하기 어렵다고 판단되었다. 대법원 2018.12.28. 선고 2017다256910 판결.

312) 2020년 해설서 393면. 채무불이행으로 인한 손해배상은 통상의 손해를 그 한도로 한다. 민법 제393조 제1항.

313) 민법 제393조 제2항 및 제763조.

314) 2020년 해설서 393면.

315) 행위자가 결과 발생의 가능성을 인식하면서도 이를 용인한 경우는 미필적 고의이고, 용인하지 않은 경우는 인식 있는 과실이 된다. 대법원 1987.2.10. 선고 86도2338 판결. 미필적 고의는 중대한 과실과는 달리 범죄사실의 발생 가능성에 대한 인식이 있고, 나아가 범죄사실이 발생할 위험을 용인하는 내심의 의사가 있어야 한다. 행위자가 범죄사실이 발생할 가능성을 용인하고 있었는지 여부는, 행위자의 진술에 의존하지 않고, 외부에 나타난 행위의 형태와 행위의 상황 등 구체적인 사정을 기초로, 일반인이라면 해당 범죄사실이 발생할 가능성을 어떻게 평가할 것인지를 고려하면서, 행위자의 입장에서 그 심리상태를 추인하여야 한다. 대법원 2017.1.12. 선고 2016도15470 판결 및 대법원 2018.1.25. 선고 2017도12537 판결 참조.

316) 2020년 해설서 394면.

개인정보처리자의 감독을 받는 개인정보취급자의 고의·과실은 개인정보처리자 자신의 고의·과실로 인정된다.[317] 개인정보 처리업무 수탁자가 이 법을 위반하여 발생한 손해배상책임에 대하여 수탁자의 고의·과실은 개인정보처리자의 소속 직원의 고의·과실로 본다.[318]

2. 징벌적 손해배상

개인정보처리자의 고의 또는 중대한 과실로 인하여 개인정보가 분실·도난·유출·위조·변조 또는 훼손된 경우로서 정보주체에게 손해가 발생한 때에는 법원은 그 손해액의 5배를 넘지 아니하는 범위에서 손해배상액을 정할 수 있다.[319] 개인정보처리자에 의한 개인정보의 유출 등 반사회적 행위를 징벌하는 의미에서 법원은 정보주체의 실제 손해액을 초과하여 최대 5배까지 손해배상액을 정할 수 있다. 징벌적 손해배상은 개인정보처리자로 하여금 이 법을 성실하게 준수하면서 개인정보를 처리하라는 사회적 책임을 갖게 하는 것이다.

징벌적 손해배상책임의 성립요건은 다음의 네 가지이다: 개인정보처리자의 개인정보 분실·도난·유출·위조·변조 또는 훼손 행위, 정보주체의 손해, 손해와 유출 등 사이의 인과관계 및 개인정보처리자의 고의 또는 중대한 과실. 일반적 손해배상과 비교할 때, 징벌적 손해배상은 개인정보처리자의 고의 또는 중대한 과실이 요구되고, 개인정보의 분실·도난·유출·위조·변조 또는 훼손에 한정된다.

개인정보처리자의 개인정보 유출 등 반사회적 행위를 징벌하기 위한 것이

---

317) 채무자가 타인을 사용하여 이행하는 경우에 피용자의 고의나 과실은 채무자의 고의나 과실로 본다. 민법 제391조.

318) 수탁자가 위탁받은 업무와 관련하여 개인정보를 처리하는 과정에서 이 법을 위반하여 발생한 손해배상책임에 대하여는 수탁자를 개인정보처리자의 소속 직원으로 본다. 법 제26조 제7항.

319) 법 제39조 제3항 제1문. 2023년 3월 14일 개정으로 손해배상액은 '3배'에서 '5배'로 증대되었다. 원칙적으로 불법행위로 인한 손해배상은 피해자가 입은 현실적인 손해만을 전보하는 것인데, 징벌적 손해배상은 가해자가 일부러 피해자의 손해를 악화시키거나 책임을 회피하는 경우, 기존의 손해 전보를 뛰어 넘어 형벌적 성격을 가지는 손해배상이다. 현암사 861면.

지만, 징벌적 손해배상으로 불합리하게 과도한 배상은 허용되지 않는다. 법원은 손해배상액을 정할 때에는 다음 각 호의 사항을 고려하여야 한다:320) 1. 고의 또는 손해 발생의 우려를 인식한 정도, 2. 위반행위로 인하여 입은 피해 규모, 3. 위법행위로 인하여 개인정보처리자가 취득한 경제적 이익, 4. 위반행위에 따른 벌금 및 과징금, 5. 위반행위의 기간·횟수 등, 6. 개인정보처리자의 재산상태, 7. 개인정보처리자가 정보주체의 개인정보 분실·도난·유출 후 해당 개인정보를 회수하기 위하여 노력한 정도, 8. 개인정보처리자가 정보주체의 피해구제를 위하여 노력한 정도.

징벌적 손해배상책임과 관련하여 손해를 재산적 손해로 국한하는지 여부가 문제될 수 있다. 2016년 3월 22일 개정으로 정보통신망법에 징벌적 손해배상 제도가 도입되었을 때 그 이유로 개인정보 유출에 대하여 법정손해배상제만으로는 재산적 피해 보전의 어려움 및 피해방지의 실효성 의문이 제기되는 상황이 지적되었다.321) 이 점을 고려할 때 징벌적 손해배상책임은 개인정보 유출 등으로 야기된 재산적 손해를 대상으로 한 것이라 이해될 수 있다. 그러나, 징벌적 손해배상책임을 인정하기 위하여 개인정보처리자의 개인정보 유출 등에 대한 고의 또는 중대한 과실의 요건이 요구되는데, 이러한 요건이 현실적으로 충족되기는 쉽지 않을 것이다.322) 따라서, 징벌적 손해배상책임의 현실적 효용성에 의문이 제기될 수 있다.323)

---

320) 법 제39조 제4항.

321) 정보통신망법 [법률 제14080호, 2016.3.22. 일부개정] 개정이유.

322) 예컨대, 해킹 사건에서 이러한 요건이 충족되려면 해당 개인정보처리자가 '해킹을 당해도 하는 수 없다'는 태도로 개인정보보호를 소홀히 했어야 하는데 현실적으로 이런 사실이 증명되는 사례는 많지 않다고 한다. 전승재 260-261면.

323) 개인정보의 유출 등으로 재산적 손해가 직접 발생하기 어렵고 동 유출 후의 결제도용이나 보이스피싱 등 범죄를 통하여 2차 피해로서 재산적 손해가 발생한다. 그런데 개인정보 유출 등과 후속 범죄와의 인과관계 증명이 쉽지 않다. 개인정보 유출 등으로 정신적 손해배상청구가 대부분인 현실에서 징벌적 손해배상은 활용도가 크게 떨어진다고 한다. 전승재 258-260면.

3. 법정손해배상

법 제39조 제1항의 일반적 손해배상책임에도 불구하고, 정보주체는 개인정보처리자의 고의 또는 과실로 인하여 개인정보가 분실 · 도난 · 유출 · 위조 · 변조또는 훼손된 경우에는 300만원 이하의 범위에서 상당한 금액을 손해액으로 하여 배상을 청구할 수 있다.[324] 징벌적 손해배상과 법정손해배상은 개인정보의분실 · 도난 · 유출 · 위조 · 변조 또는 훼손에 특정하는 점에서 공통점을 가진다.다만, 징벌적 손해배상은 개인정보처리자의 고의 또는 중대한 과실을, 법정손해배상은 개인정보처리자의 고의 또는 과실을 요구한다.

법원은 법정손해배상의 청구가 있는 경우에 변론 전체의 취지와 증거조사의 결과를 고려하여 300만원 이하의 범위에서 상당한 손해액을 인정할 수 있다.[325] 법정손해배상제도의 취지는 손해의 발생이 인정되지만 그 손해액을 증명하기 위하여 필요한 사실을 증명하는 것이 해당 사실의 성질상 극히 곤란한경우에 '증명도 · 심증도를 경감함으로써 손해의 공평 · 타당한 분담을 지도원리로 하는 손해배상제도의 이상과 기능을 실현'하는 것이다.[326]

피해자인 정보주체는 구체적인 손해액을 증명할 필요는 없지만, 손해의 발생 사실은 증명해야 한다.[327] 정보주체는 개인정보처리자의 위법행위와 자신의손해 사이의 상당인과관계의 존재를 증명하여야 한다.[328] 법원은 증거조사의결과에 따라 통상의 손해를 한도로 상당한 손해액을 인정한다.[329] 특별한 사정으로 인한 손해에 대하여는 개인정보처리자가 그 사정을 알았거나 알 수 있었을 때에 배상의 책임을 지며, 정보주체는 이러한 사실을 증명해야 한다.[330] 이

---

324) 법 제39조의2 제1항 제1문.
325) 법 제39조의2 제2항.
326) 대법원 2011.5.13. 선고 2010다58728 판결. 법원은 손해액 산정의 근거가 되는 간접사실의 탐색에 최선의 노력을 다하고 이러한 간접사실을 합리적으로 평가하여 객관적으로 수긍할 수 있는 손해액을 산정하게 된다. 대법원 2011.5.13. 선고 2010다58728 판결.
327) 2020년 해설서 399면.
328) 2020년 해설서 400면.
329) 민법 제393조 제1항.
330) 민법 제393조 제2항.

점에서 법관에게 손해액의 산정에 있어 자유재량이 부여된 것은 아니다.[331] 실제로 재산적 손해가 확인이 된다면 실제 손해액이 대체로 300만원을 넘게 되고, 개인정보 유출 등에 대한 정신적 손해로 개별적으로 10 - 20만원이 인정되는 현실에서 법정손해배상제도의 현실적 유용성에 문제가 제기될 수 있다.[332]

법 제39조에 따라 손해배상을 청구한 정보주체는 사실심의 변론이 종결되기 전까지 그 청구를 법정손해배상 청구로 변경할 수 있다.[333] 같은 취지에서, 법정손해배상을 청구한 정보주체는 사실심의 변론이 종결되기 전까지 실제 손해액을 증명하여 법 제39조에 따른 손해배상청구로 변경할 수 있을 것이다.[334]

4. 입증책임의 전환

개인정보의 유출 등 침해가 발생하면 그러한 침해가 누구에 의하여, 언제, 어떻게 발생하였는지 확인하기 쉽지 않다. 개인정보처리자가 의도적으로 개인정보 침해를 통하여 자신의 이익을 추구하려는 경우 이러한 침해로 피해를 입게 되는 개인인 정보주체는 해당 개인정보처리자와의 관계에서 이러한 침해의 존재는 물론 침해와 피해의 인과관계의 존재 등의 규명에 있어서 불리한 입장에 놓이게 된다. 이러한 현실을 고려하여 개인정보처리자는 손해배상책임에 관하여 스스로 고의 또는 과실이 없음을 증명하도록 요구된다. 이렇게 고의·과실의 입증책임이 개인정보처리자에게 전환됨으로써 정보주체의 용이한 피해구제가 가능하게 된다.

개인정보처리자는 이 법의 위반에 대하여 고의 또는 과실이 없음을 입증하지 아니하면 손해배상책임을 면할 수 없다.[335] 개인정보처리자는 개인정보의 분실·도난·유출·위조·변조 또는 훼손에 대하여 고의 또는 중대한 과실이 없음을 증명한 경우에는 징벌적 손해배상책임을 지지 않는다.[336] 개인정보처리자

---

331) 대법원 2011.5.13. 선고 2010다58728 판결.

332) 법정손해배상에 300만원의 상한이 정해져 있지만 그 하한이 정해져 있지 않아서 실무적으로 정신적 위자료 금액이 높아지지 않을 것이라고 한다. 전승재 262 - 264면 참조.

333) 법 제39조의2 제3항.

334) 2020년 해설서 401면. 그 손해액이 300만원을 훨씬 상회하는 경우가 될 것이다.

335) 법 제39조 제1항 제2문.

는 개인정보의 분실·도난·유출·위조·변조 또는 훼손에 대하여 고의 또는 과실이 없음을 입증하지 아니하면 법정손해배상책임을 면할 수 없다.[337]

5. 손해배상청구권의 소멸

개인정보처리자의 이 법의 위반행위에 따른 정보주체의 손해배상청구권의 행사기간은 명시되어 있지 않다. 민법은 손해배상청구권의 소멸에 관하여 다음과 같이 규정한다. 첫째, 불법행위로 인한 손해배상청구권은 피해자나 그 법정대리인이 그 손해 및 가해자를 안 날로부터 3년간 이를 행사하지 아니하면 시효로 인하여 소멸한다.[338] 해당 정보주체 또는 그의 법정대리인은 이 법의 위반행위로 손해가 발생한 사실 및 해당 개인정보처리자를 안 날로부터 3년 이내에 손해배상을 청구하여야 한다. 둘째, 이러한 손해배상청구권은 불법행위를 한 날로부터 10년을 경과한 때에 소멸한다.[339]

6. 손해배상의 보장

개인정보처리자로서 매출액, 개인정보의 보유 규모 등을 고려하여 대통령령으로 정하는 기준에 해당하는 자는 일반적, 징벌적, 법정손해배상책임의 이행을 위하여 보험 또는 공제에 가입하거나 준비금을 적립하는 등 필요한 조치를 하여야 한다.[340] 그러나, 다음 각 호의 어느 하나에 해당하는 자는 이러한 보험 또는 공제에 가입하거나 준비금을 적립하는 등 필요한 조치를 하지 아니할 수 있다:[341] 1. 대통령령으로 정하는 공공기관, 비영리법인 및 단체, 2. 소상공

---

336) 법 제39조 제3항 단서.

337) 법 제39조의2 제1항 제2문.

338) 민법 제766조 제1항.

339) 민법 제766조 제2항.

340) 법 제39조의7 제1항. 동 규정은 2023년 3월 14일 개정으로 삭제된 정보통신서비스 제공자등에 대한 손해배상의 보장을 규정한 제39조의9에서 이동한 것이다. 법 제39조의7은 2024년 3월 15일 시행된다. 법 부칙 제1조 제1호. 개인정보처리자의 손해배상책임 이행 기준 등에 필요한 사항은 대통령령으로 정한다. 법 제39조의7 제3항.

341) 법 제39조의7 제2항. 개인정보처리자의 손해배상책임 이행 기준 등에 필요한 사항은

인으로서 대통령령으로 정하는 자에게 개인정보 처리를 위탁한 자,[342] 3. 다른 법률에 따라 일반적, 징벌적, 법정손해배상책임의 이행을 보장하는 보험 또는 공제에 가입하거나 준비금을 적립한 개인정보처리자.

다음 각 호의 요건을 모두 갖춘 정보통신서비스 제공자 및 그로부터 이용자의 개인정보를 법 제17조 제1항 제1호에 따라 제공받은 자는 소위 사이버보험인 보험 또는 공제에 가입하거나 준비금을 적립해야 한다:[343] 1. 전년도(법인의 경우에는 전 사업연도를 말한다)의 매출액이 5천만원 이상일 것, 2. 전년도 말기준 직전 3개월간 그 개인정보가 저장·관리되고 있는 이용자 수가 일일평균 1천명 이상일 것. 가입대상 개인정보처리자 즉 제1항 각 호의 요건을 모두 갖춘 정보통신서비스 제공자 및 그로부터 이용자의 개인정보를 법 제17조 제1항 제1호에 따라 제공받는 자가 보험 또는 공제에 가입하거나 준비금을 적립할 경우 최저가입금액(준비금을 적립하는 경우 최소적립금액을 말한다)의 기준은 별표 1의4와 같다.[344] 가입대상 개인정보처리자가 보험 또는 공제 가입과 준비금 적립을 병행하는 경우 보험 또는 공제 가입금액과 준비금 적립금액을 합산한 금액이 별표 1의4에서 정한 최저가입금액의 기준 이상이어야 한다.[345]

개인정보보호법 시행령 [별표 1의4]
손해배상책임의 이행을 위한 최저가입금액(최소적립금액)의 기준(영 제48조의7 제2항 관련)

가입 대상 개인정보처리자의 가입금액 산정요소		최저가입금액 (최소적립금액)
매출액	이용자 수	
800억원 초과	100만명 이상	10억원
50억원 초과 800억원 이하		5억원

대통령령으로 정한다. 법 제39조의7 제3항.

342) 소상공인의 개념은 소상공인기본법 제2조 제1항 참조.

343) 영 제48조의7 제1항. 정보통신서비스 제공자와 이용자는 정보통신망법 제2조 제1항 제3호와 제4호 참조.

344) 영 제48조의7 제2항.

345) 영 제48조의7 제2항 단서.

5천만원 이상 50억원 이하		2억원
800억원 초과	10만명 이상 100만명 미만	5억원
50억원 초과 800억원 이하		2억원
5천만원 이상 50억원 이하		1억원
800억원 초과	1천명 이상 10만명 미만	2억원
50억원 초과 800억원 이하		1억원
5천만원 이상 50억원 이하		5천만원

7. 손해배상청구소송

2023년 3월 14일 개정으로 다음과 같은 손해배상청구소송 관련 법 제39조의3, 법 제39조의4, 법 제39조의5 및 법 제39조의6이 신설되었다.[346]

(1) 자료의 제출

법원은 이 법을 위반한 행위로 인한 손해배상청구소송에서 당사자의 신청에 따라 상대방 당사자에게 해당 손해의 증명 또는 손해액의 산정에 필요한 자료의 제출을 명할 수 있다.[347] 제출명령을 받은 자가 그 자료의 제출을 거부할 정당한 이유가 있으면 그러하지 아니하다.[348] 법원은 위의 제출명령을 받은 자가 그 자료의 제출을 거부할 정당한 이유가 있다고 주장하는 경우에는 그 주장의 당부(當否)를 판단하기 위하여 자료의 제시를 명할 수 있다.[349] 이 경우 법원은 그 자료를 다른 사람이 보게 하여서는 아니 된다.[350] 제출되어야 할 자료

---

346) 2023년 3월 14일 개정으로 신설된 법 제39조의3부터 제39조의6까지의 개정규정은 이 법 시행, 즉 2023년 9월 15일 이후 손해배상청구의 소를 제기하는 경우부터 적용한다. 법 부칙 제3조.
347) 법 제39조의3 제1항.
348) 법 제39조의3 제1항 단서.
349) 법 제39조의3 제2항 제1문.
350) 법 제39조의3 제2항 제2문.

가 영업비밀에 해당하나 손해의 증명 또는 손해액의 산정에 반드시 필요한 경우에는 자료 제출을 거부할 정당한 이유로 보지 아니한다.351) 이 경우 법원은 제출명령의 목적 내에서 열람할 수 있는 범위 또는 열람할 수 있는 사람을 지정하여야 한다.352)

법원은 손해배상청구소송에서 제출명령을 받은 자가 정당한 이유 없이 그 명령에 따르지 아니한 경우에는 자료의 기재에 대한 신청인의 주장을 진실한 것으로 인정할 수 있다.353) 이러한 경우 법원은 신청인이 자료의 기재에 관하여 구체적으로 주장하기에 현저히 곤란한 사정이 있고 자료로 증명할 사실을 다른 증거로 증명하는 것을 기대하기도 어려운 경우에는 신청인이 자료의 기재로 증명하려는 사실에 관한 주장을 진실한 것으로 인정할 수 있다.354)

(2) 비밀유지 명령

법원은 이 법을 위반한 행위로 인한 손해배상청구소송에서 당사자의 신청에 따른 결정으로 다음 각 호의 자에게 그 당사자가 보유한 영업비밀을 해당 소송의 계속적인 수행 외의 목적으로 사용하거나 그 영업비밀에 관계된 이 항에 따른 명령을 받은 자 외의 자에게 공개하지 아니할 것을 명할 수 있다:355) 1. 다른 당사자(법인인 경우에는 그 대표자를 말한다), 2. 당사자를 위하여 해당 소송을 대리하는 자, 3. 그 밖에 해당 소송으로 영업비밀을 알게 된 자. 다만, 그 신청 시점까지 이들이 준비서면의 열람이나 증거조사 외의 방법으로 그 영업비밀을 이미 취득하고 있는 경우에는 그러하지 아니하다.356)

이러한 비밀유지 명령을 신청하는 자는 다음 각 호의 사유를 모두 소명하여야 한다. 첫째, 비밀유지 명령을 신청하는 자는 이미 제출하였거나 제출하여야 할 준비서면, 이미 조사하였거나 조사하여야 할 증거 또는 법 제39조의3 제

---

351) 법 제39조의3 제3항 제1문. 영업비밀의 개념은 부정경쟁방지법 제2조 제2호 참조.
352) 법 제39조의3 제3항 제2문.
353) 법 제39조의3 제4항.
354) 법 제39조의3 제5항.
355) 법 제39조의4 제1항.
356) 법 제39조의4 제1항 단서.

1항에 따라 제출하였거나 제출하여야 할 자료에 영업비밀이 포함되어 있다는 것을 소명해야 한다.357) 둘째, 비밀유지 명령을 신청하는 자는 동 영업비밀이 해당 소송 수행 외의 목적으로 사용되거나 공개되면 당사자의 영업에 지장을 줄 우려가 있어 이를 방지하기 위하여 영업비밀의 사용 또는 공개를 제한할 필요가 있다는 것을 소명해야 한다.358)

비밀유지 명령의 신청은 다음 각 호의 사항을 적은 서면으로 하여야 한다:359) 1. 비밀유지 명령을 받을 자, 2. 비밀유지 명령의 대상이 될 영업비밀을 특정하기에 충분한 사실, 3. 제2항 각 호의 사유에 해당하는 사실.

법원은 비밀유지 명령이 결정된 경우에는 그 결정서를 비밀유지 명령을 받을 자에게 송달하여야 한다.360) 비밀유지 명령은 위 결정서가 비밀유지명령을 받을 자에게 송달된 때부터 효력이 발생한다.361) 비밀유지 명령의 신청을 기각하거나 각하한 재판에 대해서는 즉시항고를 할 수 있다.362)

(3) 비밀유지 명령의 취소

비밀유지 명령을 신청한 자 또는 비밀유지 명령을 받은 자는 법 제39조의4 제2항 각 호의 사유에 부합하지 아니하는 사실이나 사정이 있는 경우 소송기록을 보관하고 있는 법원(소송기록을 보관하고 있는 법원이 없는 경우에는 비밀유지 명령을 내린 법원을 말한다)에 비밀유지 명령의 취소를 신청할 수 있다.363) 법원은 비밀유지 명령의 취소신청에 대한 재판이 있는 경우에는 그 결정서를 그 신청을 한 자 및 상대방에게 송달하여야 한다.364) 비밀유지 명령의 취소신청에 대한 재판에 대해서는 즉시항고를 할 수 있다.365) 비밀유지 명령을 취소하는

---

357) 법 제39조의4 제2항 제1호.
358) 법 제39조의4 제2항 제2호.
359) 법 제39조의4 제3항.
360) 법 제39조의4 제4항.
361) 법 제39조의4 제5항.
362) 법 제39조의4 제6항.
363) 법 제39조의5 제1항.
364) 법 제39조의5 제2항.
365) 법 제39조의5 제3항.

재판은 확정되어야 효력이 발생한다.366) 비밀유지 명령을 취소하는 재판을 한 법원은 비밀유지 명령의 취소신청을 한 자 또는 상대방 외에 해당 영업비밀에 관한 비밀유지 명령을 받은 자가 있는 경우에는 그 자에게 즉시 비밀유지 명령의 취소 재판을 한 사실을 알려야 한다.367)

(4) 소송기록 열람 등의 청구 통지 등

비밀유지명령이 내려진 소송(모든 비밀유지명령이 취소된 소송은 제외한다)에 관한 소송기록에 대하여 민사소송법 제163조 제1항에 따라 열람 등의 신청인을 당사자로 제한하는 결정이 있었던 경우로서 당사자가 같은 항에서 규정하는 비밀 기재부분의 열람 등의 청구를 하였으나 그 청구 절차를 해당 소송에서 비밀유지명령을 받지 아니한 자가 밟은 경우에는 법원서기관, 법원사무관, 법원주사 또는 법원주사보('법원사무관등')는 같은 항의 신청을 한 당사자(그 열람 등의 청구를 한 자는 제외한다.)에게 그 청구 직후에 그 열람 등의 청구가 있었다는 사실을 알려야 한다.368)

법원사무관등은 법 제39조의6 제1항의 청구가 있었던 날부터 2주일이 지날 때까지(그 청구 절차를 밟은 자에 대한 비밀유지명령 신청이 그 기간 내에 이루어진 경우에는 그 신청에 대한 재판이 확정되는 시점까지를 말한다) 그 청구 절차를 밟은 자에게 법 제39조의6 제1항의 비밀 기재부분의 열람 등을 하게 하여서는 아니 된다.369) 법 제39조의6 제2항은 동 조 제1항의 열람 등의 청구를 한 자에게 제1항의 비밀 기재부분의 열람 등을 하게 하는 것에 대하여 민사소송법 제163조 제1항의 신청을 한 당사자 모두가 동의하는 경우에는 적용되지 아니한다.370)

---

366) 법 제39조의5 제4항.
367) 법 제39조의5 제5항.
368) 법 제39조의6 제1항.
369) 법 제39조의6 제2항.
370) 법 제39조의6 제3항. 다음 각호 가운데 어느 하나에 해당한다는 소명이 있는 경우에는 법원은 당사자의 신청에 따라 결정으로 소송기록 중 비밀이 적혀 있는 부분의 열람·복사, 재판서·조서중 비밀이 적혀 있는 부분의 정본·등본·초본의 교부('비밀 기재부분의 열람 등')를 신청할 수 있는 자를 당사자로 한정할 수 있다: 1. 소송기록 중에 당사자의 사생활에 관한 중대한 비밀이 적혀 있고, 제3자에게 비밀 기재부분의 열람 등

을 허용하면 당사자의 사회생활에 지장이 클 우려가 있는 때, 2. 소송기록 중에 당사자가 가지는 영업비밀(부정경쟁방지법 제2조 제2호에 규정된 영업비밀을 말한다)이 적혀 있는 때. 민사소송법 제163조 제1항. 소송관계인의 생명 또는 신체에 대한 위해의 우려가 있다는 소명이 있는 경우에는 법원은 해당 소송관계인의 신청에 따라 결정으로 소송기록의 열람·복사·송달에 앞서 주소 등 대법원규칙으로 정하는 개인정보로서 해당 소송관계인이 지정하는 부분('개인정보 기재부분')이 제3자(당사자를 포함한다)에게 공개되지 아니하도록 보호조치를 할 수 있다. 민사소송법 제163조 제2항. 위 제1항 또는 제2항의 신청이 있는 경우에는 그 신청에 관한 재판이 확정될 때까지 제3자는 개인정보 기재부분 또는 비밀 기재부분의 열람 등을 신청할 수 없다. 민사소송법 제163조 제3항. 소송기록을 보관하고 있는 법원은 이해관계를 소명한 제3자의 신청에 따라 제1항 또는 제2항의 사유가 존재하지 아니하거나 소멸되었음을 이유로 제1항 또는 제2항의 결정을 취소할 수 있다. 민사소송법 제163조 제4항. 제1항 또는 제2항의 신청을 기각한 결정 또는 제4항의 신청에 관한 결정에 대하여는 즉시항고를 할 수 있다. 민사소송법 제163조 제5항. 제4항의 취소결정은 확정되어야 효력을 가진다. 민사소송법 제163조 제6항.

08

개인정보의 안전한 관리

개인정보의 안전한 관리는 협의로는 개인정보 그 자체를 안전하게 보호하는 것이고, 광의로는 개인정보 처리에서 정보주체의 보호, 즉 개인정보보호를 충실하게 확보하는 것이다. 본서에서 '개인정보의 보호' 또는 '개인정보 보호'(protection of personal data)는 전자를 가리키고, '개인정보보호'(data protection)는 후자를 가리킨다.

Chapter

08

개인정보의 안전한 관리

■ I. 개인정보처리자의 안전조치 의무

개인정보가 침해된 경우 정보주체를 위한 사후적 피해구제가 중요하지만, 개인정보 침해가 발생하지 않도록 사전적 예방도 중요하다. 개인정보 침해의 사전적 예방을 위하여 개인정보처리자에게 개인정보의 안전한 관리에 관한 의무가 부과된다. 개인정보 침해는 넓게는 개인정보의 유출, 오·남용 또는 허술한 관리로 야기되지만, 이 법은 특히 개인정보가 분실·도난·유출·위조·변조 또는 훼손되지 않도록 개인정보처리자의 안전조치 의무를 규정한다. 즉 개인정보처리자는 개인정보가 분실·도난·유출·위조·변조 또는 훼손되지 아니하도록 내부 관리계획 수립, 접속기록 보관 등 대통령령으로 정하는 바에 따라 안전성 확보에 필요한 기술적·관리적 및 물리적 조치를 하여야 한다.[1]

EU GDPR ─────────────────────────────

'개인정보의 안전 위험'(data security risk)의 평가에서 특히 신체적, 물질적 또는

───────────────

1) 법 제29조.

비물질적 손해에 이를 수 있는 전송되거나 저장되거나 달리 처리되는 개인정보의 우연적이거나 불법적인 파기, 분실, 변경, 허가받지 않은 공개 또는 접근과 같이 개인정보의 처리로 제시되는 위험이 고려되어야 한다.[2] 따라서, GDPR의 '개인정보의 안전'(security of personal data)에 관한 제32조는 개인정보의 처리 전반에 걸친 안전을 규정한 점에서 개인정보의 분실 등에 국한하는 법 제29조보다 적용 범위가 일반적이다.

개인정보처리자는 법 제30조에 따른 개인정보 처리방침을 정하여 정보주체가 쉽게 확인할 수 있도록 공개하여야 하는데, 개인정보의 안전성 확보조치에 관한 사항은 동 처리방침에 포함된다.[3]

1. 개인정보의 안전성 확보

개인정보가 분실, 도난, 유출, 위조, 변조 또는 훼손되지 않도록 안전성이 확보되어야 한다. 개인정보 유출은 '법령이나 개인정보처리자의 자유로운 의사에 의하지 않고, 정보주체의 개인정보에 대하여 개인정보처리자가 통제를 상실하거나 또는 권한 없는 자의 접근을 허용한 것'으로서, 다음 어느 하나에 해당하는 경우를 의미한다:[4] 가. 개인정보가 포함된 서면, 이동식 저장장치, 휴대용 컴퓨터 등을 분실하거나 도난당한 경우, 나. 개인정보가 저장된 데이터베이스 등 개인정보처리시스템에 정상적인 권한이 없는 자가 접근한 경우, 다. 개인정보처리자의 고의 또는 과실로 인해 개인정보가 포함된 파일 또는 종이문서, 기타 저장매체가 권한이 없는 자에게 잘못 전달된 경우, 라. 기타 권한이 없는 자에게 개인정보가 전달되거나 개인정보처리시스템 등에 접근 가능하게 된 경우.
이 법이 개인정보의 유출 등 여섯 가지 유형의 침해를 구체적이고 한정적으로 명시한 점에서 그 이외의 침해에 대한 안전성 확보에 필요한 조치를 취하

---

2) GDPR 제32조 제2항과 상설 제83항.

3) 법 제3조 제5항 및 법 제30조 제1항 제8호와 영 제31조 제1항 제3호.

4) 「국무조정실 및 국무총리비서실 개인정보 보호지침」 제3조 제16호. 동 정의는 2020년 표준지침 제25조와 거의 동일한데, 네 번째 유형에서 '개인정보처리시스템 등에 접근 가능하게 된 경우'가 추가되어 있다.

지 않아도 되는 것처럼 보인다.[5] 그러나, 안전성 확보에 필요한 보호조치를 개인정보 처리 전반에 요구하는 것이 정보주체의 보호에 바람직할 것이다. 개인정보의 안전한 관리에서 중요한 것은 개인정보처리자의 처리 결과가 아니라 개인정보처리자의 안전성 확보에 필요한 조치의 이행이다.[6]

(1) 안전성 확보의 필요

개인정보처리자에게 요구된 개인정보의 안전에 관한 조치는 안전성 확보에 필요한 기술적·관리적 및 물리적 조치이다.[7] 개인정보의 안전에 관한 조치는 모든 개인정보처리자에게 일률적으로 동일하게 요구되는 것이 아니라 개인정보처리자, 처리되는 개인정보 및 처리의 성격 등 상황에 따라 구체적으로 안전성이 확보되는 한도에서 적절하게 요구되는 것이 바람직하다.[8] 따라서, 개인정

---

5) 유출과 혼용되는 누출은 '개인정보가 해당 정보통신서비스 제공자의 관리·통제권을 벗어나 제3자가 그 내용을 알 수 있는 상태에 이르게 된 것'을 의미한다. 대법원 2014.5.16. 선고 2011다24555, 24562 판결. 동 사건은 이 법의 규정과 유사한 정보통신망법에서의 누출을 판단하였다. 대법원은 "어느 개인정보가 정보통신서비스 제공자의 관리·통제하에 있고 그 개인정보가 제3자에게 실제 열람되거나 접근되지 아니한 상태라면, 정보통신서비스 제공자의 기술적·관리적 보호조치에 미흡한 점이 있어서 제3자가 인터넷상 특정 사이트를 통해 정보통신서비스 제공자가 보관하고 있는 개인정보에 접근할 수 있는 상태에 놓여 있었다고 하더라도 그것만으로 바로 개인정보가 정보통신서비스 제공자의 관리·통제권을 벗어나 제3자가 그 내용을 알 수 있는 상태에 이르게 되었다고 할 수는 없다." 고 판단하였다.

6) UNDP Guide, p. 64.

7) 법 제29조. 개인정보 안전성기준은 고시로서 법 제29조와 영 제16조 제2항, 제30조 및 제30조의2에 따라 개인정보처리자가 개인정보를 처리함에 있어서 개인정보가 분실·도난·유출·위조·변조 또는 훼손되지 아니하도록 안전성 확보에 필요한 기술적·관리적 및 물리적 안전조치에 관한 최소한의 기준을 정하는 것을 목적으로 한다. 동 기준 제1조 참조. 보호위원회는 개인정보 안전성기준에 대하여 2023년 9월 15일을 기준으로 매 3년이 되는 시점(매 3년째의 9월 14일까지를 말한다)마다 그 타당성을 검토하여 개선 등의 조치를 하여야 한다. 개인정보 안전성기준 제18조.

8) 개인정보의 안전성 확보에 필요한 보호조치를 취하여야 할 법률상 또는 계약상 의무를 위반하였는지 여부를 판단함에 있어서 다음을 종합적으로 고려하여 정보통신서비스 제공자가 해킹 등 침해사고 당시 사회통념상 합리적으로 기대 가능한 정도의 보호조치를 다하였는지 여부를 기준으로 판단하여야 한다: '해킹 등 침해사고 당시 보편적으로 알려져 있는 정보보안의 기술 수준, 정보통신서비스 제공자의 업종·영업규모와 정보통신서비스

보처리자는 처리하는 개인정보의 보유수, 유형 및 정보주체에게 미치는 영향 등을 고려하여 스스로의 환경에 맞는 개인정보의 안전성 확보에 필요한 조치를 적용하여야 한다.[9]

(2) 개인정보처리자의 특별한 안전조치 의무

법 제29조의 일반적인 안전조치 의무에 더하여 이 법에 다음과 같은 경우에 특별한 안전조치 의무가 규정되어 있다.

1) 개인정보를 추가적으로 이용·제공하는 경우

개인정보처리자는 정보주체의 동의 없이 개인정보를 추가적으로 이용·제공하려는 경우 가명처리 또는 암호화 등 안전성 확보에 필요한 조치를 하였는지 여부를 고려해야 한다.[10]

2) 개인정보를 목적 외 용도로 제3자에게 제공하는 경우

개인정보처리자는 아홉 가지 조건의 하나에 해당하여 개인정보를 목적 외의 용도로 제3자에게 제공하는 경우 개인정보를 제공받는 자에게 이용 목적, 이용 방법, 그 밖에 필요한 사항에 대하여 제한을 하거나, 개인정보의 안전성 확보를 위하여 필요한 조치를 마련하도록 요청하여야 한다.[11] 이러한 요청을 받은 제3자는 개인정보의 안전성 확보를 위하여 필요한 조치를 하여야 한다.[12]

제공자가 취하고 있던 전체적인 보안조치의 내용, 정보보안에 필요한 경제적 비용 및 그 효용의 정도, 해킹기술의 수준과 정보보안기술의 발전 정도에 따른 피해 발생의 회피 가능성, 정보통신서비스 제공자가 수집한 개인정보의 내용과 개인정보의 누출로 인하여 이용자가 입게 되는 피해의 정도 등의 사정'. 대법원 2015.2.12. 선고 2013다43994, 44003 판결.

9) 개인정보 안전성기준 제3조.
10) 영 제14조의2 제1항 제4호. GDPR에서 가명처리는 암호화와 함께 개인정보의 안전한 처리의 조치이다. GDPR 제32조 제1항(a).
11) 법 제18조 제5항 제1문.
12) 법 제18조 제5항 제2문.

3) 민감정보를 처리하는 경우

개인정보처리자는 자신이 처리하는 민감정보가 분실·도난·유출·위조·변조 또는 훼손되지 아니하도록 법 제29조에 따른 안전성 확보에 필요한 조치를 하여야 한다.[13)

4) 고유식별정보를 처리하는 경우

개인정보처리자는 자신이 처리하는 고유식별정보가 분실·도난·유출·위조·변조 또는 훼손되지 아니하도록 대통령령으로 정하는 바에 따라 암호화 등 안전성 확보에 필요한 조치를 하여야 한다.[14) 민감정보의 경우와 다르게, '암호화 등'이 안전성 확보조치의 예로 명기된다.

5) 주민등록번호를 처리하는 경우

개인정보처리자는 주민등록번호가 분실·도난·유출·위조·변조 또는 훼손되지 아니하도록 암호화 조치를 통하여 안전하게 보관하여야 한다.[15) 이 경우 암호화 적용 대상 및 대상별 적용 시기 등에 관하여 필요한 사항은 개인정보의 처리 규모와 유출 시 영향 등을 고려하여 대통령령으로 정한다.[16)

6) 고정형 영상정보처리기기를 설치·운영하는 경우

고정형 영상정보처리기기 운영자는 개인정보가 분실·도난·유출·위조·변조 또는 훼손되지 아니하도록 법 제29조에 따라 안전성 확보에 필요한 조치를 하여야 한다.[17) 동 규정은 이동형 영상정보처리기기의 운영에 관하여 준용된다.[18)

---

13) 법 제23조 제2항.
14) 법 제24조 제3항.
15) 법 제24조의2 제2항 제1문.
16) 법 제24조의2 제2항 제2문.
17) 법 제25조 제6항.
18) 법 제25조의2 제4항.

7) 업무위탁에 따라 개인정보를 처리하는 경우

개인정보의 처리 업무 위탁자는 업무위탁으로 인하여 정보주체의 개인정보가 분실·도난·유출·위조·변조 또는 훼손되지 아니하도록 수탁자를 교육하고, 처리 현황 점검 등 대통령령으로 정하는 바에 따라 수탁자가 개인정보를 안전하게 처리하는지를 감독하여야 한다.[19] 개인정보처리자가 제3자에게 개인정보의 처리 업무를 위탁하는 경우에는 개인정보에 대한 접근 제한 등 안전성 확보 조치에 관한 사항이 포함된 문서로 하여야 한다.[20]

8) 가명정보를 처리하는 경우

개인정보처리자는 법 제28조의2 또는 제28조의3에 따라 가명정보를 처리하는 경우에는 원래의 상태로 복원하기 위한 추가 정보를 별도로 분리하여 보관·관리하는 등 해당 정보가 분실·도난·유출·위조·변조 또는 훼손되지 않도록 대통령령으로 정하는 바에 따라 안전성 확보에 필요한 기술적·관리적 및 물리적 조치를 하여야 한다.[21]

9) 이 법의 포괄적 면제의 경우

국가안전보장과 관련된 정보 분석을 목적으로 수집 또는 제공 요청되는 개인정보 및 언론, 종교단체, 정당이 각각 취재·보도, 선교, 선거 입후보자 추천 등 고유 목적을 달성하기 위하여 수집·이용하는 개인정보에 관하여 이 법의 제3장에서 제8장까지의 규정이 적용되지 않는다.[22] 이렇게 이 법 적용의 포괄적 면제가 허용되는 개인정보처리자도 개인정보의 안전한 관리를 위하여 필요한 기술적·관리적 및 물리적 보호조치를 마련하여야 한다.[23]

---

19) 법 제26조 제4항.
20) 법 제26조 제1항 제3호 및 영 제28조 제1항 제3호.
21) 법 제28조의4 제1항. 영 제29조의5는 가명정보 및 추가 정보에 대한 안전성 확보조치를 자세히 규정한다.
22) 법 제58조 제1항.
23) 법 제58조 제4항.

(3) 징벌적 손해배상 및 법정손해배상

개인정보처리자의 고의 또는 중대한 과실로 인하여 개인정보가 분실·도난·유출·위조·변조 또는 훼손된 경우로서 정보주체에게 손해가 발생한 때에는 법원은 그 손해액의 5배를 넘지 아니하는 범위에서 징벌적 손해배상액을 정할 수 있다.[24) 정보주체는 개인정보처리자의 고의 또는 과실로 인하여 개인정보가 분실·도난·유출·위조·변조 또는 훼손된 경우에는 300만원 이하의 범위에서 상당한 금액을 손해액으로 하여 법정손해배상을 청구할 수 있다.[25)

2. 안전조치

개인정보처리자는 내부 관리계획 수립, 접속기록 보관 등 대통령령으로 정하는 바에 따라 안전성 확보에 필요한 기술적, 관리적 및 물리적 조치를 하여야 한다.[26) 이러한 조치를 취할 의무는 법률상 의무이다.[27) 예컨대, 개인정보처리자가 자신의 서비스를 이용하려는 이용자와 이용계약을 체결하면서, 이용자로 하여금 이용약관 등을 통하여 개인정보 등 회원정보를 필수적으로 제공하도록 요청하여 이를 수집하였다면, 개인정보처리자는 수집한 이용자의 개인정보 등이 분실 등 훼손되지 않도록 개인정보의 안전성 확보에 필요한 보호조치를 취하여야 할 이용계약상 의무를 부담한다.[28)

---

24) 법 제39조 제3항. 이 경우 개인정보처리자가 고의 또는 중대한 과실이 없음을 증명한 경우에는 그러하지 아니하다. 동 항 단서. 2023년 3월 14일 개정으로 손해액의 '3배'가 '5배'로 확대되었다.

25) 법 제39조의2 제1항 제1문. 이 경우 해당 개인정보처리자는 고의 또는 과실이 없음을 입증하지 아니하면 책임을 면할 수 없다. 동 항 제2문.

26) 법 제29조.

27) 대법원 2015.2.12. 선고 2013다43994, 44003 판결.

28) 대법원 2015.2.12. 선고 2013다43994, 44003 판결.

컨트롤러와 프로세서는 최신의 기술, 이행 비용 및 처리의 성격, 범위, 문맥과 목적뿐 아니라 자연인의 권리와 자유의 변경 가능성과 심각성의 위험을 고려하여, 적절하게 '그 위험에 적절한 안전 수준'(a level of security appropriate to the risk)을 보장하기 위한 '적절한 기술적 및 관리적 조치'(appropriate technical and organizational measures)를 이행하여야 한다.[29] 정보주체의 권리와 자유에 대한 위험 가능성과 심각성은 개인정보 처리의 성격, 범위, 문맥과 목적을 고려하여 결정되어야 한다.[30] 위험은 처리 작업이 '위험 또는 높은 위험'(a risk or a high risk)을 수반하는지 확정하는 객관적 평가에 기초하여 평가된다.[31] 안전을 유지하고 GDPR에 위반하는 처리를 방지하기 위하여, 컨트롤러 또는 프로세서는 개인정보 처리에 내재하는 위험을 평가하고 암호화와 같은 위험을 저감하는 조치를 이행하여야 한다.[32]

보호위원회는 개인정보처리자가 안전성 확보 조치를 하도록 시스템을 구축하는 등 필요한 지원을 할 수 있다.[33] 보호위원회는 안전성 확보 조치에 관한 세부 기준을 정하여 고시한다.[34] 개인정보처리자는 법 제29조에 따라 다음 각호의 안전성 확보 조치를 하여야 한다.[35]

---

29) GDPR 제32조 제1항.

30) GDPR 상설 제76항.

31) GDPR 상설 제76항. 위험(risk)은 '위해의 발생 가능성'(the chance of harm being done)을 의미하고, 위해(harm)는 부상이나 건강 악화와 같은 '부정적인 안전과 건강의 결과'(a negative safety and health consequence)를 의미한다. EUROPEAN AGENCY FOR SAFETY AND HEALTH AT WORK, https://osha.europa.eu/en/faq/risk−assess ment/what−are−hazard−risk−and−harm.

32) GDPR 상설 제83항. 이러한 위험 저감 조치는 보호되어야 하는 개인정보의 위험과 성격에 관련하여 첨단 기술과 이행 비용을 고려하여 기밀성(confidentiality)을 포함하여 안전의 적절한 수준을 보장하여야 한다.

33) 영 제30조 제2항.

34) 영 제30조 제3항. 이러한 목적으로 개인정보 안전성기준이 시행되고 있다.

35) 2023년 9월 12일 개정으로 영 제30조 제1항은 일곱 가지 구체적인 안전성 확보조치를 규정하였는데, 대체로 동 개정으로 삭제된 정보통신서비스 제공자 등에 적용된 영 제48조의2를 발전시킨 내용이다. 영 제30조 제1항 제8호는 '그 밖에 개인정보의 안전성 확

(1) 내부 관리계획의 수립·시행 및 점검

내부 관리계획은 개인정보처리자가 개인정보를 안전하게 처리하기 위하여 내부 의사결정절차를 통하여 수립·시행하는 내부 기준이다.[36] 개인정보의 안전한 처리를 위한 내부 관리계획의 수립·시행 및 점검은 다음 각 목의 내용을 포함한다. 첫째, 법 제28조 제1항에 따른 개인정보취급자에 대한 관리·감독 및 교육에 관한 사항이다.[37] 둘째, 법 제31조에 따른 개인정보 보호책임자의 지정 등 개인정보 보호 조직의 구성·운영에 관한 사항이다.[38] 셋째, 영 제30조 제1항 제2호부터 제8호까지의 규정에 따른 조치를 이행하기 위하여 필요한 세부 사항이다.[39]

개인정보처리자는 내부 관리계획의 사항에 중요한 변경이 있는 경우에는 이를 즉시 반영하여 내부 관리계획을 수정하여 시행하고, 그 수정 이력을 관리하여야 한다.[40] 개인정보 보호책임자는 접근 권한 관리, 접속기록 보관 및 점검, 암호화 조치 등 내부 관리계획의 이행 실태를 연 1회 이상 점검·관리 하여야 한다.[41]

(2) 개인정보에 대한 접근 권한의 제한

개인정보에 대한 접근 권한의 제한은 다음 각 목의 조치를 포함한다. 첫째, 데이터베이스시스템 등 개인정보를 처리할 수 있도록 체계적으로 구성한 시스템('개인정보처리시스템')에 대한 접근 권한의 부여·변경·말소 등에 관한 기준의

보를 위하여 필요한 조치'를 규정하여, 이러한 안전성 확보조치는 계속 확대될 수 있을 것이다.

36) 2020년 해설서 262면. 1만명 미만의 정보주체에 관하여 개인정보를 처리하는 소상공인·개인·단체의 경우에는 내부관리계획을 생략할 수 있다. 개인정보 안전성기준 제4조 제1항 단서.
37) 영 제30조 제1항 제1호 가목.
38) 영 제30조 제1항 제1호 나목.
39) 영 제30조 제1항 제1호 다목.
40) 개인정보 안전성기준 제4조 제3항.
41) 개인정보 안전성기준 제4조 제4항.

수립·시행을 포함한다.[42] 둘째, 정당한 권한을 가진 자에 의한 접근인지를 확인하기 위해 필요한 인증수단 적용 기준의 설정 및 운영을 포함한다.[43] 셋째, 그 밖에 개인정보에 대한 접근 권한을 제한하기 위하여 필요한 조치를 포함한다.[44]

(3) 개인정보에 대한 접근 통제의 권한

개인정보에 대한 접근 통제의 권한은 다음 각 목의 조치를 포함한다. 첫째, 개인정보처리시스템에 대한 침입을 탐지하고 차단하기 위해 필요한 조치를 포함한다.[45] 둘째, 개인정보처리시스템에 접속하는 개인정보취급자의 컴퓨터 등으로서 보호위원회가 정하여 고시하는 기준에 해당하는 컴퓨터 등에 대한 인터넷망의 차단을 포함한다.[46] 셋째, 그 밖에 개인정보에 대한 접근을 통제하기 위하여 필요한 조치를 포함한다.[47]

---

42) 영 제30조 제1항 제2호 가목.
43) 영 제30조 제1항 제2호 나목.
44) 영 제30조 제1항 제2호 다목.
45) 영 제30조 제1항 제3호 가목.
46) 영 제30조 제1항 제3호 나목. 다만, 전년도 말 기준 직전 3개월 간 그 개인정보가 저장·관리되고 있는 이용자 수가 일일평균 100만명 이상인 개인정보처리자만 해당한다. 동목 단서. 이용자는 '정보통신서비스 제공자가 제공하는 정보통신서비스를 이용하는 자'를 말한다. 정보통신망법 제2조 제1항 제4호.
47) 영 제30조 제1항 제3호 다목. 한편, 금융회사 또는 전자금융업자는 정보처리시스템 및 정보통신망을 해킹 등 전자적 침해행위로부터 방지하기 위한 대책을 수립·운용하여야 한다. 예컨대, 전산실 내에 위치한 정보처리시스템과 해당 정보처리시스템의 운영, 개발, 보안 목적으로 직접 접속하는 단말기에 대해서는 인터넷 등 외부통신망으로부터 물리적으로 분리하여야 한다. 「전자금융감독규정」 제15조 제1항 제5호. 그러나, 이용자의 고유식별정보 또는 개인신용정보를 처리하지 않는 연구·개발 목적의 경우(단, 금융회사 또는 전자금융업자가 자체 위험성 평가를 실시한 후 금융감독원장이 정한 망분리 대체 정보보호통제를 적용한 경우에 한한다) 또는 업무상 불가피한 경우로서 금융감독원장이 인정하는 경우에는 분리하지 아니하여도 된다. 「전자금융감독규정」 제15조 제1항 제5호 단서. 이렇게 금융감독원장이 망분리의 적용 예외를 인정하는 경우는 금융업무위탁규정에 따라 정보 처리업무를 국외 소재 전산센터에 위탁하여 처리하는 경우를 포함한다. 「전자금융감독규정 시행세칙」 제2조의2 제2항 제1호. 해당 국외 소재 전산센터에 대해서는 물리적 방식 외의 방법으로 망을 분리하여야 하고, 이 경우에도 국내 소재 전산센터 및

(4) 개인정보의 안전한 저장·전송

개인정보의 안전한 저장·전송은 다음 각 목의 조치를 필요로 한다. 첫째, 비밀번호의 일방향 암호화 저장 등 인증정보의 암호화 저장 또는 이에 상응하는 조치를 필요로 한다.[48] 둘째, 주민등록번호 등 보호위원회가 정하여 고시하는 정보의 암호화 저장 또는 이에 상응하는 조치를 필요로 한다.[49] 셋째, 정보통신망을 통하여 정보주체의 개인정보 또는 인증정보를 송신·수신하는 경우 해당 정보의 암호화 또는 이에 상응하는 조치를 필요로 한다.[50] 넷째, 그 밖에 암호화 또는 이에 상응하는 기술을 이용한 보안조치를 필요로 한다.[51] 암호화는 개인정보취급자의 실수 또는 해커의 공격 등으로 인해 개인정보가 비인가자에게 유·노출되더라도 그 주요 내용을 확인할 수 없게 하는 보안기술을 의미한다.[52]

(5) 개인정보 침해사고 대응을 위한 조치

개인정보 침해사고 발생에 대응하기 위한 접속기록의 보관 및 위조·변조 방지를 위한 조치는 다음 각 목의 조치를 포함한다.[53] 첫째, 개인정보처리시스

정보처리시스템 등은 물리적으로 망을 분리하여야 한다. 「전자금융감독규정 시행세칙」 제2조의2 제2항 제1호 단서.

48) 영 제30조 제1항 제4호 가목. 개인정보처리자는 비밀번호, 생체인식정보 등 인증정보를 저장 또는 정보통신망을 통하여 송·수신하는 경우에 이를 안전한 알고리즘으로 암호화 하여야 한다. 개인정보 안전성기준 제7조 제1항. 비밀번호를 저장하는 경우에는 복호화 되지 않도록 일방향 암호화하여 저장하여야 한다. 동 항 단서.

49) 영 제30조 제1항 제4호 나목. 개인정보처리자는 고유식별정보, 신용카드번호, 계좌번호, 생체인식정보를 안전한 암호 알고리즘으로 암호화하여 저장하여야 한다. 개인정보 안전 성기준 제7조 제2항.

50) 영 제30조 제1항 제4호 다목. 정보통신망은 '전기통신사업법 제2조 제2호에 따른 전기 통신설비를 이용하거나 전기통신설비와 컴퓨터 및 컴퓨터의 이용기술을 활용하여 정보 를 수집·가공·저장·검색·송신 또는 수신하는 정보통신체제'를 말한다. 정보통신망법 제2조 제1항 제1호. 개인정보 안전성기준 제7조 제1항 참조.

51) 영 제30조 제1항 제4호 라목.

52) 2020년 해설서 266면.

53) 접속기록은 '개인정보처리시스템에 접속하는 자가 개인정보처리시스템에 접속하여 수행

템에 접속한 자의 접속일시, 처리내역 등 접속기록의 저장·점검 및 이의 확인·감독을 포함한다.[54] 둘째, 개인정보처리시스템에 대한 접속기록의 안전한 보관을 포함한다.[55] 개인정보처리자는 개인정보취급자가 개인정보처리시스템에 접속한 기록을 1년 이상 보관·관리하여야 한다.[56] 다만, 5만명 이상의 정보주체에 관하여 개인정보를 처리하거나, 고유식별정보 또는 민감정보를 처리하는 개인정보처리시스템의 경우 및 개인정보처리자로서 전기통신사업법 제6조 제1항에 따라 등록을 하거나 동 항 단서에 따라 신고한 기간통신사업자에 해당하는 경우 2년 이상 보관·관리하여야 한다.[57] 셋째, 그 밖에 접속기록 보관 및 위조·변조 방지를 위하여 필요한 조치를 포함한다.[58]

(6) 개인정보에 대한 보안프로그램의 설치·갱신

개인정보처리시스템 및 개인정보취급자가 개인정보 처리에 이용하는 정보기기에 대해 컴퓨터바이러스, 스파이웨어, 랜섬웨어 등 악성프로그램의 침투 여부를 항시 점검·치료할 수 있도록 하는 등의 기능이 포함된 프로그램의 설치·운영과 주기적 갱신·점검 조치가 요구된다.[59] 개인정보처리자는 발견된 악성프로그램 등에 대해 삭제 등 대응 조치를 하여야 한다.[60]

한 업무내역에 대하여 식별자, 접속일시, 접속지 정보, 처리한 정보주체 정보, 수행업무 등을 전자적으로 기록한 것'이다. 개인정보 안전성기준 제2조 제3호 제1문. 접속은 '개인정보처리시스템과 연결되어 데이터 송신 또는 수신이 가능한 상태'이다. 개인정보 안전성기준 제2조 제3호 제2문.

54) 영 제30조 제1항 제5호 가목.

55) 영 제30조 제1항 제5호 나목.

56) 개인정보 안전성기준 제8조 제1항.

57) 개인정보 안전성기준 제8조 제1항 단서.

58) 영 제30조 제1항 제5호 다목.

59) 영 제30조 제1항 제6호. 악성 프로그램 또는 악성 코드는 제작자가 악의적으로 피해를 주고자 만든 프로그램 및 실행 가능한 코드를 의미하는데, 컴퓨터 바이러스, 인터넷 웜, 트로이 목마, 스파이웨어 등이 있다. 2020년 해설서 268면.

60) 개인정보 안전성기준 제9조 제1항 제2호.

(7) 개인정보의 안전한 보관을 위한 물리적 조치

개인정보의 안전한 보관을 위한 보관시설의 마련 또는 잠금장치의 설치 등 물리적 조치가 요구된다.[61] 예컨대, 개인정보처리자는 전산실, 자료보관실 등 개인정보를 보관하고 있는 물리적 보관 장소를 별도로 두고 있는 경우에는 이에 대한 출입통제 절차를 수립·운영하여야 한다.[62] 개인정보처리자는 개인정보가 포함된 서류, 보조저장매체 등을 잠금장치가 있는 안전한 장소에 보관하여야 한다.[63] 개인정보처리자는 개인정보가 포함된 보조저장매체의 반출·입 통제를 위한 보안대책을 마련하여야 한다.[64] 다만, 별도의 개인정보처리시스템을 운영하지 아니하고 업무용 컴퓨터 또는 모바일 기기를 이용하여 개인정보를 처리하는 경우에는 이를 적용하지 아니할 수 있다.[65]

3. 공공시스템운영기관등의 개인정보 안전성 확보조치 등

주요 공공시스템을 운영하는 공공기관에 대하여 개별 공공시스템에 대한 안전조치를 내부관리계획에 포함하고 접근 권한에 대한 안전한 관리를 위해 필요한 조치를 명시하며 권한의 범위를 초과하여 접근한 사실이 확인될 경우 지체없이 통지하도록 하는 등 안전조치 기준을 강화될 필요가 있다.[66]

개인정보의 처리 규모, 접근 권한을 부여받은 개인정보취급자의 수 등 보호위원회가 고시하는 기준에 해당하는 개인정보처리시스템('공공시스템')을 운영하는 공공기관('공공시스템운영기관')은 법 제29조에 따라 영 제30조의 안전성 확보조치 외에 다음 각 호의 조치를 하여야 한다:[67] 1. 제30조 제1항 제1호에 따른

---

61) 영 제30조 제1항 제7호.
62) 개인정보 안전성기준 제10조 제1항.
63) 개인정보 안전성기준 제10조 제2항.
64) 개인정보 안전성기준 제10조 제3항.
65) 개인정보 안전성기준 제10조 제3항 단서.
66) 이에 2023년 9월 12일 개정으로 영 제30조의2가 신설되었다. 동 개정규정은 2024년 9월 15일 시행한다. 영 부칙 제1조 제1호. 영 제30조의2 제1항부터 제6항까지에서 규정한 사항 외에 공공시스템운영기관 등의 개인정보 안전성 확보 조치에 필요한 사항은 보호위원회가 정하여 고시한다. 영 제30조의2 제7항.
67) 영 제30조의2 제1항.

내부 관리계획에 공공시스템별로 작성한 안전성 확보 조치를 포함할 것, 2. 공공시스템에 접속하여 개인정보를 처리하는 기관('공공시스템이용기관')이 정당한 권한을 가진 개인정보취급자에게 접근 권한을 부여·변경·말소 등을 할 수 있도록 하는 등 접근 권한의 안전한 관리를 위해 필요한 조치, 3. 개인정보에 대한 불법적인 접근 및 침해사고 방지를 위한 공공시스템 접속기록의 저장·분석·점검·관리 등의 조치.

공공시스템운영기관 및 공공시스템이용기관은 정당한 권한 없이 또는 허용된 권한을 초과하여 개인정보에 접근한 사실이 확인되는 경우에는 지체 없이 정보주체에게 해당 사실과 피해 예방 등을 위해 필요한 사항을 통지해야 한다.[68] 이 경우 다음 각 호의 어느 하나에 해당하는 경우에는 통지를 한 것으로 본다: 1. 법 제34조 제1항에 따라 정보주체에게 개인정보의 분실·도난·유출에 대하여 통지한 경우, 2. 다른 법령에 따라 정보주체에게 개인정보에 접근한 사실과 피해 예방 등을 위해 필요한 사항을 통지한 경우.[69]

공공시스템운영기관(공공시스템을 개발하여 배포하는 공공기관이 따로 있는 경우에는 그 공공기관을 포함한다.)은 해당 공공시스템의 규모와 특성, 해당 공공시스템이용기관의 수 등을 고려하여 개인정보의 안전한 관리에 관련된 업무를 전담하는 부서를 지정하여 운영하거나 전담인력을 배치해야 한다.[70]

공공시스템운영기관은 공공시스템별로 해당 공공시스템을 총괄하여 관리하는 부서의 장을 관리책임자로 지정해야 한다.[71] 다만, 해당 공공시스템을 총괄하여 관리하는 부서가 없을 때에는 업무 관련성 및 수행능력 등을 고려하여 해당 공공시스템운영기관의 관련 부서의 장 중에서 관리책임자를 지정해야 한다.[72]

공공시스템운영기관은 공공시스템의 안전성 확보 조치 이행상황 점검 및 개선에 관한 사항을 협의하기 위하여 다음 각 호의 기관으로 구성되는 공공시스템운영협의회를 공공시스템별로 설치·운영해야 한다:[73] 1. 공공시스템운영

---

68) 영 제30조의2 제2항 제1문.
69) 영 제30조의2 제2항 제2문.
70) 영 제30조의2 제3항.
71) 영 제30조의2 제4항.
72) 영 제30조의2 제4항 단서.
73) 영 제30조의2 제5항.

기관, 2. 공공시스템의 운영을 위탁하는 경우 해당 수탁자, 3. 공공시스템운영기관이 필요하다고 인정하는 공공시스템이용기관. 다만, 하나의 공공기관이 2개 이상의 공공시스템을 운영하는 경우에는 공공시스템운영협의회를 통합하여 설치·운영할 수 있다.[74] 보호위원회는 공공시스템운영기관이 개인정보의 안전성 확보 조치를 이행하는데 필요한 지원을 할 수 있다.[75]

---

74) 영 제30조의2 제5항 단서.
75) 영 제30조의2 제6항.

■ II. 개인정보 처리방침의 수립 및 공개

개인정보처리자는 개인정보 처리방침을 수립하여 공개하여야 한다. 개인정
보 처리방침의 수립과 공개는 공공기관의 개인정보파일의 보호위원회에의 등
록과 개인정보 처리에 대한 영향평가와 함께 개인정보처리자 및 개인정보의
처리에 관한 정보를 정보주체는 물론 일반인도 쉽게 접근할 수 있게 하여 개인
정보의 처리 투명성을 보장하려는 것이다. 특히 개인정보 처리방침과 관련하여
개인정보처리자는 자신의 개인정보 처리 기준과 보호방침을 자율적으로 결정
하여 공개함으로써 자신의 개인정보 처리의 투명성을 높이고 필요한 경우 자
신의 개인정보 처리행위를 개선할 수 있게 된다. 개인정보 처리방침을 통하여
정보주체는 개인정보처리자의 개인정보 처리 기준과 방침을 확인할 수 있어서
보다 안전하게 개인정보를 처리하는 개인정보처리자를 신뢰할 수 있다.

1. 개인정보 처리방침의 수립

개인정보 처리방침은 사업자나 공공기관 등의 개인정보처리자가 개인정보
의 처리에 관하여 자체적으로 정한 내부적 기준이나 방침이다. 개인정보처리자
는 개인정보 처리방침을 정하여야 한다.[76] 그러나, 동창회 등 친목도모를 위한
단체를 운영하기 위하여 개인정보를 처리하는 개인정보처리자는 개인정보 처
리방침을 정하지 않아도 된다.[77]

공공기관은 보호위원회에의 등록대상이 되는 개인정보파일에 대하여 개인
정보 처리방침을 정해야 한다.[78] 그러나, 예컨대 공공기관의 국가 안전, 외교
상 비밀, 그 밖에 국가의 중대한 이익에 관한 사항을 기록한 개인정보파일은
보호위원회에의 등록이 요구되지 않는다.[79] 이런 개인정보파일이 등록되어 개

---

76) 법 제30조 제1항 제1문.
77) 법 제58조 제3항.
78) 법 제30조 제1항 제2문. 공공기관의 개인정보파일 등록에 관하여 법 제32조 참조.
79) 법 제32조 제2항 제1호.

인정보 처리방침을 정하여 공개하는 것은 해당 공공기관의 업무 수행에 심각한 장애가 될 것이다.

개인정보 처리방침은 다음 각 호의 사항을 포함한다:[80] 1. 개인정보의 처리 목적, 2. 개인정보의 처리 및 보유 기간, 3. 개인정보의 제3자 제공에 관한 사항(해당되는 경우에만 정한다), 3의2. 개인정보의 파기절차 및 파기방법(제21조 제1항 단서에 따라 개인정보를 보존하여야 하는 경우에는 그 보존근거와 보존하는 개인정보 항목을 포함한다), 3의3. 법 제23조 제3항에 따른 민감정보의 공개 가능성 및 비공개를 선택하는 방법(해당되는 경우에만 정한다), 4. 개인정보 처리의 위탁에 관한 사항(해당되는 경우에만 정한다), 4의2. 법 제28조의2 및 제28조의3에 따른 가명정보의 처리 등에 관한 사항(해당되는 경우에만 정한다), 5. 정보주체와 법정대리인의 권리·의무 및 그 행사방법에 관한 사항, 6. 법 제31조에 따른 개인정보 보호책임자의 성명 또는 개인정보 보호업무 및 관련 고충사항을 처리하는 부서의 명칭과 전화번호 등 연락처, 7. 인터넷 접속정보파일 등 개인정보를 자동으로 수집하는 장치의 설치·운영 및 그 거부에 관한 사항(해당하는 경우에만 정한다), 8. 그 밖에 개인정보의 처리에 관하여 대통령령으로 정한 사항. '대통령령으로 정한 사항'은 다음 각 호의 사항이다:[81] 1. 처리하는 개인정보의 항목, 3. 영 제30조에 따른 개인정보의 안전성 확보 조치에 관한 사항.

---

80) 법 제30조 제1항. 2023년 3월 14일 개정으로 제3호의3과 제4호의2가 신설되었다. 개인정보처리자는 이러한 필수적 기재사항 이외에 내부방침으로 정할 다른 사항도 개인정보 처리방침에 포함할 수 있다. 2023년 개정 행정예고된 표준지침 제19조는 추가로 개인정보의 안전성 확보 조치에 관한 사항(제12호), 개인정보를 처리위탁·보관하기 위하여 국외 이전이 필요한 경우 법 제28조의8 제2항 각 호의 사항(해당하는 경우에만 정한다)(제11호), 국내대리인을 지정하는 경우 국내대리인의 성명, 주소, 전화번호 및 전자우편 주소(해당하는 경우에만 정한다)(제15호), 개인정보의 열람, 정정·삭제, 처리정지 요구권 등 정보주체와 법정대리인의 권리·의무 및 그 행사방법에 관한 사항(제16호), 개인정보 처리방침의 변경에 관한 사항(제13호), 개인정보의 열람청구를 접수·처리하는 부서(제17호) 및 정보주체의 권익침해에 대한 구제방법(제18호)을 개인정보 처리방침에 기재하도록 규정한다. 또한, 개인정보처리자는 정보주체의 동의 없는 개인정보의 추가적인 이용 또는 제공이 지속적으로 발생하는 경우에는 영 제14조의2 제1항에 규정된 각 호의 고려사항에 대한 판단 기준을 개인정보 처리방침에 공개해야 한다. 2023년 9월 12일 개정으로 이러한 공개는 미리 하지 않아도 된다. 영 제14조의2 제2항.

81) 영 제31조 제1항. 대통령령으로 개인정보 처리방침에 포함될 이들 두 사항은 필수적 기재사항으로 보여서, 법 제30조 제1항에 명시될 수 있을 것이다.

2. 개인정보 처리방침의 작성 기준

보호위원회는 개인정보 처리방침의 작성지침을 정하여 개인정보처리자에게 그 준수를 권장할 수 있다.[82] 개인정보처리자가 개인정보 처리방침을 작성하는 때에는 동 처리방침에 포함되는 사항을 명시적으로 구분하되, 알기 쉬운 용어로 구체적이고 명확하게 표현하여야 한다.[83] 일반 개인인 정보주체도 개인정보처리자의 개인정보 처리 내용 등을 용이하게 이해할 수 있어야 한다. 개인정보처리자는 처리하는 개인정보가 개인정보의 처리 목적에 필요한 최소한이라는 점을 밝혀야 한다.[84] 개인정보의 처리 목적에 필요한 범위에서 최소한의 개인정보만의 적법하고 정당한 수집은 개인정보 처리의 가장 중요한 원칙 중의 하나이다.[85]

3. 개인정보 처리방침의 공개

개인정보처리자가 개인정보 처리방침을 수립하거나 변경하는 경우에는 정보주체가 쉽게 확인할 수 있도록 대통령령으로 정하는 방법에 따라 공개하여야 한다.[86] 대통령령으로 정하는 공개 방법은 개인정보 처리방침을 개인정보처리자의 인터넷 홈페이지에 지속적으로 게재하는 것이다.[87] 이렇게 인터넷 홈페이지에 게재할 수 없는 경우에는 다음 각 호의 어느 하나 이상의 방법으로 수립하거나 변경한 개인정보 처리방침을 공개하여야 한다:[88] 1. 개인정보처리자의 사업장등의 보기 쉬운 장소에 게시하는 방법, 2. 관보(개인정보처리자가 공공기관인 경우만 해당한다)나 개인정보처리자의 사업장등이 있는 시·도 이상의 지

---

82) 법 제30조 제4항.
83) 표준지침 제18조 제1항.
84) 표준지침 제18조 제2항.
85) 법 제3조 제1항과 제16조 참조.
86) 법 제30조 제2항.
87) 영 제31조 제2항.
88) 영 제31조 제3항.

역을 주된 보급지역으로 하는 일반일간신문, 일반주간신문 또는 인터넷신문에 싣는 방법,[89] 3. 같은 제목으로 연 2회 이상 발행하여 정보주체에게 배포하는 간행물·소식지·홍보지 또는 청구서 등에 지속적으로 싣는 방법, 4. 재화나 서비스를 제공하기 위하여 개인정보처리자와 정보주체가 작성한 계약서 등에 실어 정보주체에게 발급하는 방법.

개인정보 처리방침을 공개하는 경우 '개인정보 처리방침'이라는 명칭을 사용하되, 글자 크기, 색상 등을 활용하여 다른 고지사항과 구분함으로써 정보주체가 쉽게 확인할 수 있도록 하여야 한다.[90]

4. 개인정보 처리방침의 변경

개인정보 처리방침의 수립과 마찬가지로 개인정보처리자는 개인정보 처리방침을 변경하는 경우에도 정보주체가 쉽게 확인할 수 있도록 대통령령으로 정하는 방법에 따라 공개하여야 한다.[91] 개인정보처리자가 개인정보 처리방침을 변경하는 경우에는 변경 및 시행의 시기, 변경된 내용을 지속적으로 공개하여야 하고, 변경된 내용은 정보주체가 쉽게 확인할 수 있도록 변경 전·후를 비교하여 공개하여야 한다.[92]

5. 개인정보 처리방침의 성격

개인정보 처리방침은 사업자나 공공기관 등의 개인정보처리자가 개인정보의 처리에 관하여 자체적으로 정한 내부적 기준이나 방침이다. 따라서, 개인정보 처리방침은 개인정보처리자가 정보주체 등과 체결하는 계약도 약관도 아니다.[93] 즉 개인정보처리자는 개인정보 처리방침에 대하여 정보주체의 동의를 구

---

89) 신문법 제2조 제1호 가목·다목 및 동 조 제2호 참조.

90) 표준지침 제20조 제1항.

91) 법 제30조 제2항. 영 제31조 제2항과 제3항 참조.

92) 표준지침 제21조.

93) 약관은 그 명칭이나 형태 또는 범위에 상관없이 계약의 한쪽 당사자가 여러 명의 상대방과 계약을 체결하기 위하여 일정한 형식으로 미리 마련한 계약의 내용을 말한다. 약

하는 것이 아니다.

개인정보 처리방침의 내용과 개인정보처리자와 정보주체 간에 체결한 계약의 내용이 다른 경우에는 정보주체에게 유리한 것을 적용한다.[94] 따라서, 개인정보처리자가 임의로 변경한 개인정보 처리방침을 공개하는 것만으로 정보주체와의 계약 내용을 임의로 변경할 수 없다. 개인정보 처리방침의 내용 중에서 개인정보처리자가 정보주체와 체결한 계약 또는 약관의 내용보다 정보주체에게 불리한 것이 있으면 당해 계약이나 약관에 따라야 한다.

6. 개인정보 처리방침의 평가 및 개선 권고

보호위원회는 개인정보 처리방침에 관하여 다음 각 호의 사항을 평가하고, 평가 결과 개선이 필요하다고 인정하는 경우에는 개인정보처리자에게 법 제61조 제2항에 따라 개선을 권고할 수 있다.[95] 첫째, 이 법에 따라 개인정보 처리방침에 포함하여야 할 사항을 적정하게 정하고 있는지 여부가 평가된다.[96] 둘째, 개인정보 처리방침을 알기 쉽게 작성하였는지 여부가 평가된다.[97] 셋째, 개인정보 처리방침을 정보주체가 쉽게 확인할 수 있는 방법으로 공개하고 있는지 여부가 평가된다.[98]

개인정보 처리방침의 평가 대상, 기준 및 절차 등에 필요한 사항은 대통령령으로 정한다.[99] 보호위원회는 개인정보 처리방침을 평가하는 경우 다음 각 호의 사항을 종합적으로 고려하여 평가 대상을 선정한다:[100] 1. 개인정보처리자의 유형 및 매출액 규모, 2. 민감정보 및 고유식별정보 등 처리하는 개인정

관법 제2조 제1호.

94) 법 제30조 제3항.

95) 법 제30조의2 제1항. 동 조문은 2023년 3월 14일 개정으로 신설되었다.

96) 법 제30조의2 제1항 제1호.

97) 법 제30조의2 제1항 제2호.

98) 법 제30조의2 제1항 제3호.

99) 법 제30조의2 제2항.

100) 영 제31조의2 제1항. 영 제31조의2는 2023년 9월 12일 개정으로 신설되었다. 영 제31조의2 제1항부터 제4항까지에서 규정한 사항 외에 개인정보 처리방침 평가를 위한 세부적인 대상 선정 기준과 절차는 보호위원회가 정하여 고시한다. 영 제31조의2 제5항.

보의 유형 및 규모, 3. 개인정보 처리의 근거 및 방식, 4. 법 위반행위 발생 여부, 5. 아동·청소년 등 정보주체의 특성. 보호위원회는 평가 대상 개인정보 처리방침을 선정한 경우에는 평가 개시 10일 전까지 해당 개인정보처리자에게 평가 내용·일정 및 절차 등이 포함된 평가계획을 통보해야 한다.[101] 보호위원회는 법 제30조의2에 따른 개인정보 처리방침의 평가에 필요한 경우에는 해당 개인정보처리자에게 의견을 제출하도록 요청할 수 있다.[102] 보호위원회는 법 제30조의2에 따라 개인정보 처리방침을 평가한 후 그 결과를 지체 없이 해당 개인정보처리자에게 통보해야 한다.[103]

---

101) 영 제31조의2 제2항.
102) 영 제31조의2 제3항.
103) 영 제31조의2 제4항.

III. 개인정보 보호책임자의 지정

개인정보처리자는 개인정보의 처리에 관한 업무를 총괄하여 책임질 담당자를 지정하여 개인정보 처리에 관한 내부적 관리체계를 공고히 하여 개인정보 보호를 충실하게 할 수 있다. 개인정보 보호책임자는 개인정보처리자의 개인정보 처리에 관한 업무를 총괄하는 책임자를 의미한다.[104] 개인정보 보호책임자는 개인정보처리자의 개인정보 처리에 관하여 대내외적으로 책임을 지기 때문에 개인정보의 수집·이용 및 제공의 목적, 방법 등에 관하여 실질적 권한을 가져야 한다.

1. 개인정보 보호책임자의 지정

개인정보처리자는 개인정보의 처리에 관한 업무를 총괄하여 책임질 개인정보 보호책임자를 지정하여야 한다.[105] 다만, 종업원 수, 매출액 등이 대통령령으로 정하는 기준에 해당하는 개인정보처리자의 경우에는 지정하지 아니할 수 있다.[106] 이러한 기준에 해당하여 개인정보 보호책임자를 지정하지 아니하는 경우에는 개인정보처리자의 사업주 또는 대표자가 개인정보 보호책임자가 된다.[107] 또한, 동창회 등 친목도모를 위한 단체를 운영하기 위하여 개인정보를 처리하는 개인정보처리자는 개인정보 보호책임자를 지정하지 않아도 된다.[108]

개인정보 보호책임자는 다음과 같이 공공기관과 공공기관 외의 개인정보처리자로 구분하여 지정한다. 개인정보보호의 엄중함을 고려할 때, 개인정보 보

---

104) 법 제31조 제1항.

105) 법 제31조 제1항. 법 제31조 제1항에 따른 개인정보 보호책임자의 자격요건, 제3항에 따른 업무 및 제6항에 따른 독립성 보장 등에 필요한 사항은 매출액, 개인정보의 보유 규모 등을 고려하여 대통령령으로 정한다. 법 제31조 제9항.

106) 법 제31조 제1항 단서. 동 규정은 2023년 3월 14일 개정으로 신설되었고, 2024년 3월 15일 시행된다. 법 부칙 제1조 제1호.

107) 법 제31조 제2항. 동 규정은 2023년 3월 14일 개정으로 신설되었고, 2024년 3월 15일 시행된다. 법 부칙 제1조 제1호.

108) 법 제58조 제3항.

호책임자가 해당 개인정보처리자의 조직에서 고위급인 점은 바람직하나, 현실적으로 개인정보보호의 책임을 질 만큼 전문성을 가져야 할 것이다. 개인정보처리자는 개인정보의 안전한 처리 및 보호, 정보의 교류, 그 밖에 대통령령으로 정하는 공동의 사업을 수행하기 위하여 개인정보 보호책임자를 구성원으로 하는 개인정보 보호책임자 협의회를 구성·운영할 수 있다.[109]

(1) 공공기관인 개인정보처리자

공공기관은 다음 각 목의 구분에 따른 기준에 해당하는 공무원 등이 지정된다:[110] 가. 국회, 법원, 헌법재판소, 중앙선거관리위원회의 행정사무를 처리하는 기관 및 중앙행정기관: 고위공무원단에 속하는 공무원('고위공무원') 또는 그에 상당하는 공무원, 나. 가목 외에 정무직공무원을 장으로 하는 국가기관: 3급 이상 공무원(고위공무원을 포함한다) 또는 그에 상당하는 공무원, 다. 가목 및 나목 외에 고위공무원, 3급 공무원 또는 그에 상당하는 공무원 이상의 공무원을 장으로 하는 국가기관: 4급 이상 공무원 또는 그에 상당하는 공무원, 라. 가목부터 다목까지의 규정에 따른 국가기관 외의 국가기관(소속 기관을 포함한다): 해당 기관의 개인정보 처리 관련 업무를 담당하는 부서의 장, 마. 시·도 및 시·도 교육청: 3급 이상 공무원 또는 그에 상당하는 공무원, 바. 시·군 및 자치구: 4급 공무원 또는 그에 상당하는 공무원, 사. 각급 학교:[111] 해당 학교의 행정사무를 총괄하는 사람, 아. 가목부터 사목까지의 규정에 따른 기관 외의 공공기관:[112] 개인정보 처리 관련 업무를 담당하는 부서의 장.

---

109) 법 제31조 제7항. 보호위원회는 개인정보 보호책임자 협의회의 활동에 필요한 지원을 할 수 있다. 법 제31조 제8항. 이들 두 규정은 2023년 3월 14일 개정으로 신설되었다.

110) 영 제32조 제2항 제1호.

111) 「초·중등교육법」, 「고등교육법」, 그 밖의 다른 법률에 따라 설치된 각급 학교이다. 영 제2조 제5호 참조.

112) 개인정보 처리 관련 업무를 담당하는 부서의 장이 2명 이상인 경우에는 해당 공공기관의 장이 지명하는 부서의 장이 된다. 영 제32조 제2항 제1호 단서.

(2) 공공기관 외의 개인정보처리자

공공기관 외의 개인정보처리자는 다음 각 목의 어느 하나에 해당하는 사람이 지정된다:[113] 가. 사업주 또는 대표자, 나. 임원(임원이 없는 경우에는 개인정보 처리 관련 업무를 담당하는 부서의 장). 개인정보처리자가 소상공인에 해당하는 경우에는 별도의 지정 없이 그 사업주 또는 대표자를 개인정보 보호책임자로 지정한 것으로 본다.[114]

2. 개인정보 보호책임자의 업무

개인정보 보호책임자는 다음 각 호의 업무를 수행한다:[115] 1. 개인정보보호 계획의 수립 및 시행, 2. 개인정보 처리 실태 및 관행의 정기적인 조사 및 개선,[116] 3. 개인정보 처리와 관련한 불만의 처리 및 피해 구제, 4. 개인정보 유출 및 오용·남용 방지를 위한 내부통제시스템의 구축, 5. 개인정보보호 교육 계획의 수립 및 시행, 6. 개인정보파일의 보호 및 관리·감독, 7. 그 밖에 개인정보의 적절한 처리를 위하여 대통령령으로 정한 업무. '대통령령으로 정한 업무'는 다음 각 호와 같다:[117] 1. 법 제30조에 따른 개인정보 처리방침의 수립·변경 및 시행, 2. 개인정보보호 관련 자료의 관리, 3. 처리 목적이 달성되거나 보유기간이 지난 개인정보의 파기.

개인정보처리자는 개인정보 보호책임자가 자신의 업무를 수행함에 있어서

---

113) 영 제32조 제2항 제2호.
114) 영 제32조 제3항. 개인정보처리자가 별도로 개인정보 보호책임자를 지정한 경우에는 그렇지 않다. 동 항 단서. 소상공인은 중소기업기본법 제2조 제2항에 따른 소기업 중 다음 각 호의 요건을 모두 갖춘 자를 말한다: 1. 상시 근로자 수가 10명 미만일 것, 2. 업종별 상시 근로자 수 등이 대통령령으로 정하는 기준에 해당할 것. 소상공인법 제2조.
115) 법 제31조 제3항.
116) 개인정보처리자는 정보주체의 동의 없는 개인정보의 추가적인 이용 또는 제공이 지속적으로 발생하는 경우에는 영 제14조의2 제1항에 규정된 각 호의 고려사항에 대한 판단 기준을 개인정보 처리방침에 공개해야 한다. 영 제14조의2 제2항 및 2023년 개정 행정예고된 표준지침 제19조 제5호.
117) 영 제32조 제1항.

정당한 이유 없이 불이익을 주거나 받게 하여서는 아니 되며, 개인정보 보호책임자가 업무를 독립적으로 수행할 수 있도록 보장하여야 한다.[118]

3. 개인정보 보호책임자의 권한과 의무

개인정보 보호책임자는 자신의 업무를 수행함에 있어서 필요한 경우 개인정보의 처리 현황, 처리 체계 등에 대하여 수시로 조사하거나 관계 당사자로부터 보고를 받을 수 있다.[119] 개인정보 보호책임자는 개인정보보호와 관련하여 이 법 및 다른 관계 법령의 위반 사실을 알게 된 경우에는 즉시 개선조치를 해야 하며, 필요하면 소속 기관 또는 단체의 장에게 개선조치를 보고하여야 한다.[120]

4. 개인정보 보호책임자의 공개

개인정보처리자의 개인정보 처리방침은 개인정보 보호책임자의 성명 또는 개인정보보호 업무 및 관련 고충사항을 처리하는 부서의 명칭과 전화번호 등 연락처를 포함한다.[121] 개인정보처리자는 개인정보 보호책임자의 지정 및 변경 사실, 성명과 부서의 명칭, 전화번호 등 연락처를 공개하여야 한다.[122]

---

118) 법 제31조 제6항. 개인정보 보호책임자 업무의 독립적 수행 보장은 2023년 3월 14일 개정으로 신설되었다.

119) 법 제31조 제4항.

120) 법 제31조 제5항.

121) 법 제30조 제1항 제6호.

122) 표준지침 제22조 제1항. 개인정보처리자는 개인정보 보호책임자를 공개하는 경우 개인정보보호와 관련한 고충처리 및 상담을 실제로 처리할 수 있는 연락처를 공개하여야 한다. 표준지침 제22조 제2항 제1문. 이 경우 개인정보 보호책임자와 개인정보보호 업무를 처리하는 담당자의 성명, 부서의 명칭, 전화번호 등 연락처를 함께 공개할 수 있다. 표준지침 제22조 제2항 제2문.

5. 개인정보 보호책임자의 교육

개인정보처리자가 이 법의 준수를 통하여 적법하고 공정하게 개인정보를 처리하기 위하여 개인정보 보호책임자의 역할은 중요하다. 이 점에서 개인정보 보호책임자의 책임있는 업무 수행을 위하여 정부 차원의 교육과 지원이 필요하다. 보호위원회는 개인정보 보호책임자가 자신의 업무를 원활히 수행할 수 있도록 개인정보 보호책임자에 대한 교육과정을 개설·운영하는 등 지원을 할 수 있다.[123] 개인정보 보호책임자에 대한 교육의 내용은 다음 각 호와 같다:[124] 1. 개인정보보호 관련 법령 및 제도의 내용, 2. 개인정보 보호책임자의 업무 수행에 필요한 사항, 3. 그 밖에 개인정보처리자의 개인정보보호를 위하여 필요한 사항. 보호위원회는 매년 초 해당 연도 개인정보 보호책임자 교육계획을 수립하여 시행한다.[125]

---

123) 영 제32조 제4항.
124) 표준지침 제23조.
125) 표준지침 제24조 제1항.

■ IV. 국내대리인의 지정

국외 개인정보처리자도 국내 개인정보처리자와 마찬가지로 개인정보에 대한 수집·이용·제공 등에 대한 동의 철회, 열람 청구, 정정 요구 등 정보주체의 개인정보자기결정권의 실현을 보장하여야 한다. 또한, 정부는 국외 사업자의 개인정보 침해 여부를 판단하기 위해 필요한 자료를 신속하게 제출받을 수 있어야 한다. 이에 이 법에 GDPR처럼 국내대리인 제도가 도입되었다. 국내대리인의 지정이 요구되는 국외의 개인정보처리자는 예컨대, 한국어 서비스를 운영하거나, 한국인을 이용 대상 중 하나로 상정하고 있거나, 국내에 사업 신고를 하였는지 등을 고려하여 한국에 정보통신서비스를 제공하고 있을 것이다.[126] 국내대리인 제도는 이 법의 사실상 역외적용 실현을 위한 장치가 될 수 있는 점에서 현실적인 의미를 가진다.

국내에 주소 또는 영업소가 없는 개인정보처리자로서 매출액과 개인정보보유 규모 등을 고려하여 대통령령으로 정하는 자는 개인정보 보호책임자의 업무 등을 대리하는 자 즉 국내대리인을 지정하여야 한다.[127] '대통령령으로 정하는 자'는 다음 어느 하나에 해당하는 자를 말한다. 첫째, 전년도(법인인 경우에는 전 사업연도를 말한다) 전체 매출액이 1조원 이상인 자이다.[128] 한국에서 발생한 매출액에 한정하지 않고, 전 세계에서 발생하는 전체 매출액을 의미한다.[129] 둘째, 전년도 말 기준 직전 3개월간 그 개인정보가 저장·관리되고 있

---

126) 2020년 해설서 464면.

127) 법 제31조의2 제1항 제1문. 국내대리인에 관한 규정은 2018년 9월 18일 개정으로 정보통신망법 제32조의5로서 신설되었고, 2020년 2월 4일 개정으로 법 제39조의11로 통합되었으며, 2023년 3월 14일 개정으로 개인정보처리자에게 일반적으로 적용되도록 법 제31조의2로 이동하였다. 한편, 정보통신망법의 국내대리인에 관한 제32조의5는 동법의 위반에 관련하여 해당 정보통신서비스 제공자에게 관계 물품·서류 등의 제출을 대리하게 규정하고, 전기통신사업법의 국내대리인에 관한 제22조의8은 전기통신역무에 관하여 이용자 보호 업무 등의 사항을 대리하게 규정한다. 이들 세 개 법률에 규정된 국내대리인의 지정 기준과 해석이 통일될 필요가 있다.

128) 영 제32조의2 제1항 제1호. 전체 매출액은 전년도 평균환율을 적용하여 원화로 환산한 금액을 기준으로 한다. 동 조 제2항.

129) 2020년 해설서 464－465면.

는 국내 정보주체의 수가 일일평균 100만명 이상인 자이다.[130] 전년도 말 기준 직전 3개월 간 일일평균 이용자 수는 국내대리인을 지정해야 할 연도의 전년도 10월, 11월, 12월 전체 일일 이용자 수의 총합을 92일로 나누어 산정한다.[131] 셋째, 법 제63조 제1항에 따라 관계 물품·서류 등 자료의 제출을 요구받은 자로서 국내대리인을 지정할 필요가 있다고 보호위원회가 심의·의결한 자이다.[132] 국내대리인의 지정 여부는 '개인정보 국외 이전 인증 평가 기준'의 '마. 책임성'의 세부 평가 항목이다.[133]

국내대리인의 지정은 문서로 하여야 한다.[134] 국내대리인은 국내에 주소 또는 영업소가 있어야 한다.[135]

국내대리인이 대리해야 하는 사항은 다음과 같다:[136] 1. 법 제31조 제3항에 따른 개인정보 보호책임자의 업무, 2. 법 제34조 제1항과 제3항에 따른 개인정보 유출등의 통지 및 신고, 3. 법 제63조 제1항에 따른 물품·서류 등 자료의 제출이다. 국내대리인이 대리하는 사항에 관련하여 이 법을 위반한 경우에는 개인정보처리자가 그 행위를 한 것으로 본다.[137] 국내대리인은 개인정보 보호책임자가 아니라 그 업무를 대리하는 자이므로 국내대리인의 구체적인 업무는 해당 개인정보처리자와 체결한 세부적인 계약에 따르게 된다.[138]

국내대리인을 지정하면 다음 각 호의 사항을 개인정보 처리방침에 포함하여야 한다:[139] 1. 국내대리인의 성명(법인의 경우에는 그 명칭 및 대표자의 성명을 말한다), 2. 국내대리인의 주소(법인의 경우에는 영업소의 소재지를 말한다), 전화번호 및 전자우편 주소.

해외 유명 사업자들이 다양하게 국내대리인을 지정하고 있다.[140] Agoda,

---

130) 영 제32조의2 제1항 제2호.

131) 2020년 해설서 465면.

132) 영 제32조의2 제1항 제3호.

133) 개인정보 국외이전고시 [별표 1].

134) 법 제31조의2 제1항 제2문.

135) 법 제31조의2 제2항.

136) 법 제31조의2 제1항.

137) 법 제31조의2 제4항.

138) 2020년 해설서 465면.

139) 법 제31조의2 제3항.

140) 보호위원회, "개인정보보호위원회, 국내대리인 부실 운영한 해외사업자 7곳에 개선권

Expedia, Hotels combined, Hotels.com, Tiktok 등은 여러 국내 법무법인을 국내대리인으로 지정하고, Amazon, Booking.com, Linkedin, Microsoft, Nike, Paypal 등은 동일한 국내대리인을 지정하고 있으며, Christian Dior Couture, Hyatt Hotel, Oracle, Sony 등은 국내 자회사 등을 국내대리인으로 지정하고 있다.

EU GDPR

EU 내에 설립되지 않은 컨트롤러 또는 프로세서가 EU 내 정보주체의 개인정보를 처리하면서 상품 또는 서비스를 제공하는 경우 또는 EU 내 관련 행동에 대해 감시가 이루어지는 경우 GDPR의 역외적용이 허용된다.[141] 이렇게 GDPR의 역외적용이 허용되는 경우 EU 내에 설립되지 않은 컨트롤러 또는 프로세서는 EU 내에 대리인(representatives)을 지정하여야 한다.[142] 이러한 대리인의 지정 의무는 EU 내 정보주체의 권리를 충실하게 보호하기 위한 것이다. 대리인의 지정 의무는 다음의 경우에 적용되지 않는다. 첫째, 처리의 성격, 문맥, 범위와 목적을 고려하여 간헐적이고, 대규모로 제9조 제1항에 언급된 특수한 범주의 개인정보의 처리 또는 제10조에 언급된 범죄경력 및 범죄행위에 관련된 개인정보의 처리를 포함하지 않으며, 자연인의 권리와 자유에 대한 위험을 초래할 것 같지 않은 처리의 경우이다.[143] 둘째, 공공당국 또는 기관의 경우이다.

대리인은 정보주체가 소재하고, 그에 대한 상품 또는 서비스의 제공과 관련하여 개인정보가 처리되거나 그의 행동이 감시되는 회원국들 중 하나에 설립되어야 한다.[144] GDPR의 준수를 보장하기 위한 목적으로 대리인은, 컨트롤러 또는 프로세서와 함께 또는 이를 대신하여, 처리와 관련한 모든 쟁점에 대하여 특히 감독당국과 정보주체를 상대하도록 컨트롤러 또는 프로세서에 의하여 권한이 부여되어야

고" 보도자료(2020.9.9.).

[141] GDPR 제3조 제2항.

[142] GDPR 제27조 제1항.

[143] GDPR 제27조 제2항(a). GDPR 제9조 제1항과 제10조에 언급된 개인정보는 이 법의 민감정보에 해당한다.

[144] GDPR 제27조 제3항.

한다.[145) 컨트롤러 또는 프로세서의 대리인 지정으로 컨트롤러 또는 프로세서 자신에 대하여 개시될 수 있는 법적 조치는 영향을 받지 않는다.[146)

---

145) GDPR 제27조 제4항.
146) GDPR 제27조 제5항.

공공기관의 보호위원회에의 개인정보파일 등록은 공공기관의 개인정보 처리를 사전에 점검하고 확인하기 위한 것이다.[147] 불필요한 행정적 낭비를 방지하고 개인정보 처리의 투명성과 관리의 적절성을 확보하기 위하여 공공기관의 개인정보파일은 일정한 요건을 갖춘 경우에 의무적으로 등록 및 공개가 요구된다.

1. 개인정보파일의 등록

개인정보처리자가 개인정보를 처리하는 것은 업무를 목적으로 개인정보파일을 운용하기 위한 것이다.[148] 개인정보파일은 개인정보를 쉽게 검색할 수 있도록 일정한 규칙에 따라 체계적으로 배열하거나 구성한 개인정보의 집합물이다.[149] 따라서, 개인정보파일은 이 법의 개인정보처리자에 대한 적용을 위한 가장 중요한 요소라고 할 수 있다. 이 법은 공공기관의 경우에 국한하여 개인정보파일의 내용을 보호위원회에 등록할 것을 요구한다. 민간부문의 개인정보처리자는 개인정보파일의 명칭 등을 보호위원회에 등록하도록 요구되지 않는다.[150] 공공기관이 공권력을 행사하면서 개인정보 침해의 부정적 영향이 더 클 것이어서 공공기관에 한하여 개인정보파일의 등록이 요구된다.

---

147) 공공기관의 개인정보파일 등록은 이 법으로 폐지된 공공기관개인정보보호법 제6조에 규정된 개인정보파일의 보유·변경에 관한 공공기관의 장과 행정안전부장관의 사전협의를 대체한 것이다.

148) 법 제2조 제5호 참조.

149) 법 제2조 제4호.

150) 민간부문의 개인정보파일의 등록과 공개는 자발적으로 적극 노력하라고도 규정되지 않는다. 한편, 개인정보파일의 운용으로 정보주체의 개인정보가 침해될 우려에 대한 개인정보 영향평가는 공공기관의 일정한 개인정보파일에 대하여 의무적으로 요구되면서 민간부문의 경우 적극 노력하라고 규정되어 있다. 법 제33조 제11항.

(1) 등록 의무자

공공기관의 장이 개인정보파일을 운용하는 경우에는 개인정보파일의 명칭 등을 보호위원회에 등록하여야 한다.[151] 공공기관은 국회, 법원, 헌법재판소, 중앙선거관리위원회의 행정사무를 처리하는 기관, 대통령 소속 기관과 국무총리 소속 기관을 포함한 중앙행정기관 및 그 소속 기관, 지방자치단체는 물론 그 밖의 국가기관 및 공공단체 중 대통령령으로 정하는 기관을 말한다.[152]

개인정보파일을 운용하는 공공기관의 개인정보 보호책임자는 그 현황을 보호위원회에 등록하여야 한다.[153] 중앙행정기관, 광역자치단체, 특별자치시도, 기초자치단체는 보호위원회에 직접 등록하여야 한다.[154] 교육청 및 각급 학교 등은 교육부를 통하여 보호위원회에 등록하여야 한다.[155] 중앙행정기관 및 지방자치단체의 소속기관, 기타 공공기관은 상위 관리기관을 통하여 보호위원회에 등록하여야 한다.[156]

(2) 등록사항

공공기관의 장은 다음 각 호의 사항을 보호위원회에 등록하여야 한다:[157] 1. 개인정보파일의 명칭, 2. 개인정보파일의 운영 근거 및 목적, 3. 개인정보파일에 기록되는 개인정보의 항목, 4. 개인정보의 처리방법, 5. 개인정보의 보유기간, 6. 개인정보를 통상적 또는 반복적으로 제공하는 경우에는 그 제공받는 자, 7. 그 밖에 대통령령으로 정하는 사항. '대통령령으로 정하는 사항'은 다음

---

151) 법 제32조 제1항 제1문.
152) 법 제2조 제6호.
153) 표준지침 제51조 제1항.
154) 표준지침 제51조 제2항.
155) 표준지침 제51조 제3항.
156) 표준지침 제51조 제4항. '통하여' 등록하는 것은 상위기관에서 개인정보파일의 등록변경 사항을 검토하고 그 적정성을 판단하여 의견을 제시하고, 등록은 해당 기관이 자체적으로 수행함을 의미한다. 2020년 해설서 293면.
157) 법 제32조 제1항 제1문.

각 호의 사항이다:158) 1. 개인정보파일을 운용하는 공공기관의 명칭, 2. 개인정보파일로 보유하고 있는 개인정보의 정보주체 수, 3. 해당 공공기관에서 개인정보 처리 관련 업무를 담당하는 부서, 4. 개인정보의 열람 요구를 접수·처리하는 부서,159) 5. 개인정보파일의 개인정보 중 열람을 제한하거나 거절할 수 있는 개인정보의 범위 및 제한 또는 거절 사유.160) 공공기관의 장은 개인정보영향평가를 한 개인정보파일을 보호위원회에 등록할 때에는 동 영향평가 결과를 함께 첨부하여야 한다.161)

이미 등록한 사항이 변경된 경우에도 해당 공공기관의 장은 변경된 내용을 보호위원회에 등록하여야 한다.162) 등록사항의 변경된 내용을 등록하게 하는 것은 등록사항을 정확하고 완전하게 하려는 취지이다.

(3) 등록 절차

개인정보파일(법 제32조 제2항 및 영 제33조 제2항에 따른 개인정보파일은 제외한다)을 운용하는 공공기관의 장은 그 운용을 시작한 날부터 60일 이내에 보호위원회가 정하여 고시하는 바에 따라 보호위원회에 법 제32조 제1항 및 영 제33조 제1항에 따른 등록사항의 등록을 신청하여야 한다.163) 개인정보파일을 운용하는 공공기관의 개인정보취급자는 해당 공공기관의 개인정보 보호책임자에게 개인정보파일 등록을 신청하여야 한다.164)

개인정보파일의 등록 또는 변경 신청을 받은 개인정보 보호책임자는 등록·변경 사항을 검토하고 그 적정성을 판단한 후 보호위원회에 등록하여야 한다.165) 교육청 및 각급 학교 등의 개인정보 보호책임자는 교육부에 개인정보파

---

158) 영 제33조 제1항.
159) 개인정보의 열람절차 등에 관하여 영 제41조 참조.
160) 개인정보의 열람 제한 또는 거절 사유에 관하여 법 제35조 제4항 참조.
161) 법 제33조 제5항.
162) 법 제32조 제1항 제2문.
163) 영 제34조 제1항 제1문. 등록 후 등록한 사항이 변경된 경우에도 또한 같다. 영 제34조 제1항 제2문.
164) 표준지침 제52조 제1항.

일의 등록·변경 사항의 검토 및 적정성 판단을 요청한 후, 교육부의 확인을 받아 보호위원회에 등록하여야 한다.166) 중앙행정기관 및 지방자치단체의 소속기관, 기타 공공기관은 상위 관리기관에 등록·변경 사항의 검토 및 적정성 판단을 요청한 후, 상위 관리기관의 확인을 받아 보호위원회에 등록하여야 한다.167) 위의 세 가지 경우에 개인정보파일의 등록은 60일 이내에 하여야 한다.168)

특별지방행정기관, 지방자치단체, 교육기관(학교 포함) 등 전국적으로 단일한 공통업무를 집행하고 있는 기관은 각 중앙행정기관에서 제공하는 '개인정보파일 표준목록'에 따라 등록해야 한다.169) 전국 단일의 공통업무와 관련된 개인정보파일 표준목록은 해당 중앙행정기관에서 등록·관리해야 한다.170)

2. 개인정보파일의 등록 면제

공공기관의 장은 다음의 다섯 가지 경우에 보호위원회에 개인정보파일의 명칭 등의 등록이 요구되지 않는다.171) 개인정보처리자인 공공기관이 개인정보파일의 등록으로 개인정보 처리방침을 공개하여 개인정보보호의 민주적 가치를 존중하는 것이 국가 안전 등 다른 중요한 사회적 가치를 훼손할 수 있기 때문이다.

---

165) 표준지침 제53조 제1항.
166) 표준지침 제53조 제2항.
167) 표준지침 제53조 제3항.
168) 표준지침 제53조 제4항.
169) 표준지침 제54조 제1항.
170) 표준지침 제54조 제2항.
171) 법 제32조 제2항. 국가 안전 등 국가의 중대한 이익 등의 보호를 위하여 공공기관의 일부 개인정보파일에 대하여 일반적으로 등록을 요구하는 법 제32조 제1항이 적용되지 않는다는 것은 등록해서는 안 된다는 의미로 이해해야 할 것이다. 특히 국가 안전 등 국가의 중대한 이익 등의 보호를 위하여 공공기관의 일부 개인정보파일이 등록되지 않는 것은 법 제58조 제1항에 규정된 국가안전보장과 관련된 개인정보에 대한 법 제3장부터 제8장까지의 적용 면제와 구별하여야 한다. 후자의 경우에는 개인정보파일의 등록에 관한 제32조를 포함한 제4장도 적용되지 않는다. 표준지침 제50조 제3호 나목 참조. 또한, 영상정보처리기기를 통하여 처리되는 개인영상정보파일에 표준지침의 공공기관 개인정보파일 등록·공개의 규정은 적용되지 않는다. 표준지침 제50조 제4호.

(1) 국가 안전 등 국가의 중대한 이익에 관한 사항

국가 안전, 외교상 비밀, 그 밖에 국가의 중대한 이익에 관한 사항을 기록한 개인정보파일은 보호위원회에 등록하지 말아야 한다.[172] 국가 안전이나 외교상 비밀[173]을 기록한 개인정보파일이 등록되지 않는다는 것은 이러한 개인정보파일을 다루는 해당 공공기관의 다른 모든 개인정보파일이 등록되지 않는다는 것은 아니다. 국가 안전과 외교상 비밀 및 국가의 중대한 이익에 관한 사항을 기록한 특정된 개인정보파일이 등록되지 않는 것이다. 국가의 중대한 이익이 무엇을 의미하는지 분명하지 않아서, 자칫 공공기관의 장이 자의적으로 국가의 중대한 이익 여부를 판단하여 개인정보파일이 필요 이상으로 등록되지 않을 수 있다.

(2) 범죄 수사 등

범죄의 수사, 공소의 제기 및 유지, 형 및 감호의 집행, 교정처분, 보호처분, 보안관찰처분과 출입국관리에 관한 사항을 기록한 개인정보파일은 보호위원회에 등록하지 말아야 한다.[174]

(3) 조세와 관세의 범칙행위 조사

「조세범처벌법」에 따른 범칙행위 조사 및 「관세법」에 따른 범칙행위 조사에 관한 사항을 기록한 개인정보파일은 보호위원회에 등록하지 말아야 한다.[175] 조세범칙조사사무는 조세범처벌법에서 규정하는 조세범칙행위에 대해 범칙혐의 유무를 입증하기 위하여 조사계획을 수립하고 조세범칙행위 혐의자나 참고인을

---

172) 법 제32조 제2항 제1호.
173) 외국 정부나 국제기구로부터 접수한 비밀은 그 생산기관이 필요로 하는 정도로 보호할 수 있도록 분류하여야 한다. 보안업무규정 제12조 제3항.
174) 법 제32조 제2항 제2호.
175) 법 제32조 제2항 제3호.

심문, 압수·수색, 범칙처분하는 등 조사집행과 관련된 조사사무를 말한다.176) 관세범칙조사는 세관공무원이 범칙행위에 대하여 범인을 검거하고 범죄사실 및 증거를 확인·확보·보전하기 위하여 수행하는 일련의 조사활동이다.177)

(4) 대통령령으로 정하는 개인정보파일

일회적으로 운영되는 파일 등 지속적으로 관리할 필요성이 낮다고 인정되어 대통령령으로 정하는 개인정보파일은 보호위원회에 등록하지 말아야 한다.178) '대통령령으로 정하는 개인정보파일'은 다음 각 호의 어느 하나에 해당하는 개인정보파일을 말한다:179) 1. 회의 참석 수당 지급, 자료·물품의 송부, 금전의 정산 등 단순 업무 수행을 위해 운영되는 개인정보파일로서 지속적 관리 필요성이 낮은 개인정보파일, 2. 공중위생 등 공공의 안전과 안녕을 위하여 긴급히 필요한 경우로서 일시적으로 처리되는 개인정보파일, 3. 그 밖에 일회적 업무 처리만을 위해 수집된 개인정보파일로서 저장되거나 기록되지 않는 개인정보파일.

(5) 다른 법령에 따라 비밀로 분류된 개인정보파일

다른 법령에 의하여 비밀로 분류된 개인정보파일은 보호위원회에 등록하지 말아야 한다.180) 예컨대, 기록물관리기관의 장은 대통령령으로 정하는 바에 따

---

176) 「조사사무처리규정」 제3조 제4호. 조세범처벌법의 조세는 관세를 제외한 국세를 말한다. 「조세범처벌법」 제2조.

177) 「세관공무원의 범칙조사에 관한 훈령」 제2조 제1호.

178) 법 제32조 제2항 제4호. 2023년 3월 14일 개정 전에는 '공공기관의 내부적 업무처리만을 위하여 사용되는 개인정보파일'이라고 규정되었다. 이 법 시행 당시, 즉 2023년 9월 15일 종전의 제58조 제1항 제1호에 따른 개인정보, 즉 공공기관이 처리하는 개인정보 중 「통계법」에 따라 수집되는 개인정보가 포함된 개인정보파일을 운용하고 있는 공공기관의 장은 이 법 시행일, 즉 2023년 9월 15일부터 60일 이내에 해당 개인정보파일을 제32조의 개정규정에 따라 보호위원회에 등록을 하여야 한다. 법 부칙 제9조.

179) 영 제33조 제2항. 동 규정은 2023년 9월 12일 개정으로 신설되었다.

180) 법 제32조 제2항 제5호.

라 비밀기록물 관리에 필요한 별도의 전용서고 등 비밀기록물 관리체계를 갖추고 전담 관리요원을 지정하여야 하며, 비밀기록물 취급과정에서 비밀이 누설되지 아니하도록 보안대책을 수립·시행하여야 한다.[181] 공공기관은 비밀기록물을 생산할 때에는 그 기록물의 원본에 비밀 보호기간 및 보존기간을 함께 정하여 보존기간이 끝날 때까지 관리되도록 하여야 한다.[182] 이 경우 보존기간은 비밀 보호기간 이상의 기간으로 책정하여야 한다.[183] 비밀기록물의 원본은 대통령령으로 정하는 바에 따라 관할 기록물관리기관으로 이관하여 보존하여야 한다.[184]

국가기밀에 속하는 문서·자재·시설·지역 또는 국가안전보장에 한정된 국가 기밀을 취급하는 인원을 관리하는 사람과 관계 기관의 장은 관리 대상에 대하여 보안책임을 진다.[185] 비밀은 그 중요성과 가치의 정도에 따라 다음 각 호와 같이 구분한다:[186] 1. Ⅰ급비밀: 누설될 경우 대한민국과 외교관계가 단절되고 전쟁을 일으키며, 국가의 방위계획·정보활동 및 국가방위에 반드시 필요한 과학과 기술의 개발을 위태롭게 하는 등의 우려가 있는 비밀, 2. Ⅱ급비밀: 누설될 경우 국가안전보장에 막대한 지장을 끼칠 우려가 있는 비밀, 3. Ⅲ급비밀: 누설될 경우 국가안전보장에 해를 끼칠 우려가 있는 비밀. 각급기관의 장은 비밀의 작성·분류·취급·유통 및 이관 등의 모든 과정에서 비밀이 누설되거나 유출되지 아니하도록 보안대책을 수립하여 시행하여야 한다. 즉 이 경우 비밀의 제목 등 해당 비밀의 내용을 유추할 수 있는 정보가 포함된 자료는 공

---

181) 공공기록물법 제32조. 기록물은 공공기관이 업무와 관련하여 생산하거나 접수한 문서·도서·대장·카드·도면·시청각물·전자문서 등 모든 형태의 기록정보 자료와 행정박물(行政博物)을 의미한다. 공공기록물법 제3조 제2호.

182) 공공기록물법 제33조 제1항 제1문.

183) 공공기록물법 제33조 제1항 제2문.

184) 공공기록물법 제33조 제2항.

185) 보안업무규정 제3조.

186) 보안업무규정 제4조. 비밀은 국가 기밀로서 동 규정에 따라 비밀로 분류된 것을 말한다. 보안업무규정 제2조 제1호. 국가 기밀은 '국가의 안전에 대한 중대한 불이익을 피하기 위하여 한정된 인원만이 알 수 있도록 허용되고 다른 국가 또는 집단에 대하여 비밀로 할 사실·물건 또는 지식으로서 국가 기밀로 분류된 사항만'을 말한다. 국가정보원법 제4조 제1항 제2호.

개하지 않는다.[187]

3. 개인정보파일 등록에 대한 개선 권고

보호위원회는 필요한 경우 공공기관의 장이 등록한 개인정보파일의 등록 여부와 그 내용을 검토하여 해당 공공기관의 장에게 개선을 권고할 수 있다.[188] 보호위원회는 공공기관의 장이 등록한 개인정보파일의 [등록 여부]와 그 내용을 검토하고 다음 각 호의 어느 하나에 해당하는 경우 해당 공공기관의 개인정보 보호책임자에게 개선을 권고할 수 있다:[189] 1. 개인정보파일이 과다하게 운용된다고 판단되는 경우, 2. 등록하지 않은 개인정보파일이 있는 경우, 3. 개인정보파일 등록 사실이 삭제되었음에도 불구하고 개인정보파일을 계속 보유하고 있는 경우, 4. 개인정보 영향평가를 받은 개인정보파일을 보유하고 있음에도 그 결과를 등록사항에 포함하지 않은 경우, 5. 기타 개인정보파일의 등록 및 공개에 위반되는 사항이 있다고 판단되는 경우. 이렇게 개선을 권고한 경우에는 보호위원회는 심의·의결을 거쳐 그 내용 및 결과를 공표할 수 있다.[190]

공공기관의 개인정보 보호책임자는 등록·변경 사항을 검토하고 그 적정성을 판단한 후 개인정보파일이 과다하게 운용되고 있다고 판단되는 경우에는 개선을 권고할 수 있다.[191] 교육청 및 각급 학교, 중앙행정기관 및 지방자치단체의 소속기관, 기타 공공기관의 개인정보 보호책임자는 개인정보파일이 과다하게 운용된다고 판단되거나, 등록되지 않은 파일이 있는 것으로 확인되는 경우에는 개선을 권고할 수 있다.[192]

---

187) 보안업무규정 제5조.
188) 법 제32조 제3항. 2023년 3월 14일 개정 전에는 '등록사항과 그 내용'을 검토하였다.
189) 표준지침 제57조 제3항.
190) 표준지침 제57조 제4항.
191) 표준지침 제57조 제1항.
192) 표준지침 제57조 제2항.

4. 개인정보파일의 관리 및 공개

보호위원회는 개인정보파일의 등록사항을 등록하거나 변경하는 업무를 전자적으로 처리할 수 있도록 시스템을 구축·운영할 수 있다.[193] 공공기관의 개인정보 보호책임자는 개인정보파일의 보유·파기현황을 주기적으로 조사하여 그 결과를 해당 공공기관의 개인정보 처리방침에 포함하여 관리해야 한다.[194]

(1) 개인정보파일대장 작성

공공기관은 1개의 개인정보파일에 1개의 개인정보파일대장을 작성해야 한다.[195]

(2) 개인정보파일 이용·제공 관리

공공기관은 법 제18조 제2항 각 호에 따라 제3자가 개인정보파일의 목적 외 이용·제공을 요청한 경우에는 각각의 이용·제공 가능 여부를 확인하고 별지 제6호 서식의 '개인정보 목적 외 이용·제공대장'에 기록하여 관리해야 한다.[196]

(3) 개인정보파일 보유기간 산정

개인정보파일 보유기간은 전체 개인정보가 아닌 개별 개인정보의 수집부터 삭제까지의 생애주기로서 보유 목적에 부합된 최소기간으로 산정하되, 개별 법령의 규정에 명시된 자료의 보존기간에 따라 산정해야 한다.[197] 개별 법령에

---

193) 영 제34조 제3항.
194) 표준지침 제61조 제1항.
195) 표준지침 제58조.
196) 표준지침 제59조.
197) 표준지침 제60조 제1항.

구체적인 보유기간이 명시되어 있지 않은 경우에는 개인정보 보호책임자의 협의를 거쳐 기관장의 결재를 통하여 산정해야 한다.[198] 보유기간은 표준지침 별표 1의 '개인정보파일 보유기간 책정 기준표'에서 제시한 기준과 공공기록물법 시행령에 따른 기록관리기준표를 상회할 수 없다.[199]

(4) 개인정보파일 등록 현황의 공개

보호위원회는 정보주체의 권리 보장 등을 위하여 필요한 경우 공공기관의 장이 등록한 개인정보파일의 등록 현황을 누구든지 쉽게 열람할 수 있도록 공개할 수 있다.[200] 보호위원회는 개인정보파일의 등록 현황을 공개하는 경우 보호위원회가 구축하는 인터넷 사이트에 게재하여야 한다.[201] 보호위원회는 전 공공기관의 개인정보파일 등록 및 삭제 현황을 종합하여 매년 공개해야 한다.[202]

(5) 개인정보파일의 파기 및 등록 사실 삭제

공공기관은 개인정보파일의 보유기간 경과, 처리 목적 달성 등 개인정보파일이 불필요하게 되었을 때에는 지체 없이 그 개인정보파일을 파기하여야 한다.[203] 다른 법령에 따라 보존하여야 하는 경우에는 해당 개인정보파일을 파기하지 아니한다.[204] 공공기관은 개인정보파일의 보유기간, 처리 목적 등을 반영한 개인정보 파기계획을 수립·시행하여야 한다.[205] 내부 관리계획이 수립되어

---

198) 표준지침 제60조 제2항.
199) 표준지침 제60조 제2항 단서. 2023년 개정 행정예고에서 "정책고객, 홈페이지회원 등의 홍보 및 대국민서비스 목적의 외부고객 명부는 특별한 경우를 제외하고는 2년을 주기로 정보주체의 재동의 절차를 거쳐 동의한 경우에만 계속하여 보유할 수 있다."는 표준지침 제60조 제3항은 삭제되었다.
200) 법 제32조 제4항. 2023년 3월 14일 개정으로 이러한 공개는 강제적이지 않게 되었다.
201) 영 제34조 제2항.
202) 표준지침 제61조 제3항.
203) 표준지침 제55조 제1항.
204) 표준지침 제55조 제1항 단서.
205) 표준지침 제55조 제2항.

있는 경우에는 내부 관리계획에 개인정보 파기계획을 포함하여 시행할 수 있다.[206) 개인정보취급자는 보유기간 경과, 처리 목적 달성 등 파기 사유가 발생한 개인정보파일을 선정하고, '개인정보파일 파기요청서'에 파기 대상 개인정보파일의 명칭, 파기방법 등을 기재하여 개인정보 보호책임자의 승인을 받아 개인정보를 파기하여야 한다.[207) 개인정보 보호책임자는 개인정보 파기 시행 후 파기 결과를 확인하고 '개인정보파일 파기 관리대장'을 작성하여야 한다.[208)

개인정보취급자는 개인정보파일을 파기한 경우, 개인정보파일의 등록 사실에 대한 삭제를 개인정보 보호책임자에게 요청해야 한다.[209) 개인정보파일 등록의 삭제를 요청받은 개인정보 보호책임자는 그 사실을 확인하고, 지체 없이 등록 사실을 삭제한 후 그 사실을 보호위원회에 통보한다.[210)

5. 국회 등에 대한 특칙

국회, 법원, 헌법재판소, 중앙선거관리위원회(그 소속 기관 포함)의 개인정보파일 등록 및 공개에 관하여는 국회규칙, 대법원규칙, 헌법재판소규칙 및 중앙선거관리위원회규칙으로 정한다.[211)

---

206) 표준지침 제55조 제2항 단서. 개인정보의 안전한 처리를 위한 내부 관리계획에 관하여
     영 제30조 제1항 제1호와 개인정보 안전성기준 제4조 참조.
207) 표준지침 제55조 제3항.
208) 표준지침 제55조 제4항.
209) 표준지침 제56조 제1항.
210) 표준지침 제56조 제2항.
211) 법 제32조 제6항.

▌ VI. 개인정보보호 인증

개인정보처리자는 개인정보를 처리하면서, 개인정보의 안전한 관리를 위하여 안전조치 의무를 규정한 법 제29조를 포함한 이 법을 준수하여야 한다. 개인정보처리자가 법 제29조를 포함하여 이 법에 따라 개인정보를 처리하고 있음은 일응 개인정보가 적정하게 취급되고 있음을 의미한다.212) 개인정보처리자의 개인정보 처리와 개인정보보호에 관한 조치가 이 법에 부합하는지 확인하는 제도가 개인정보보호 인증이다. 특히 개인정보를 이전받는 자가 개인정보보호 인증 등 보호위원회가 정하여 고시하는 인증을 받은 경우에 개인정보 국외 이전이 허용되는 점에서 개인정보보호 인증의 현실적인 역할이 인정된다.213) 인증의 핵심적 대상은 개인정보처리자의 안전성 확보조치로서 개인정보보호의 관리적·기술적·물리적 보호대책이다.

1. 인증

보호위원회는 개인정보처리자의 개인정보 처리 및 보호와 관련한 일련의 조치가 이 법에 부합하는지 등에 관하여 인증할 수 있다.214) '정보보호 및 개인정보보호 관리체계 인증'(ISMS-P)은 '인증 신청인의 정보보호 및 개인정보보호를 위한 일련의 조치와 활동이 인증기준에 적합함을 한국인터넷진흥원 또는

---

212) 예컨대, 개인정보 제공 시 보호조치로서 개인정보를 국외로 이전하는 경우 국외 이전에 대한 동의, 관련 사항에 대한 공개 등 적절한 보호조치를 수립·이행하여야 한다. 개인정보보호 인증고시 [별표 7] 인증기준(제23조 관련) 3.3.4.

213) 법 제28조의8 제1항 제4호 참조.

214) 법 제32조의2 제1항. 개인정보 관리체계, 정보주체 권리보장, 안전성 확보조치가 이 법에 부합하는지 여부 등 인증의 기준·방법·절차 등 필요한 사항은 대통령령으로 정한다. 법 제32조의2 제8항. 보호위원회는 영 제30조 제1항 각 호의 사항을 고려하여 개인정보 보호의 관리적·기술적·물리적 보호대책의 수립 등을 포함한 법 제32조의2 제1항에 따른 인증의 기준을 정하여 고시한다. 영 제34조의2 제1항. 영 제34조의2에서 규정한 사항 외의 인증신청, 인증심사, 인증위원회의 설치·운영 및 인증서의 발급 등 개인정보보호 인증에 필요한 세부사항은 보호위원회가 정하여 고시한다. 영 제34조의2 제6항. 개인정보보호 인증고시가 시행 중이다.

인증기관이 증명하는 것'을 말한다.[215] 인증 대상은 공공부문과 민간부문의 개인정보처리자이다. 보호위원회의 인증의 유효기간은 3년이다.[216]

2. 인증 절차

(1) 인증 신청

개인정보보호 인증을 받으려는 신청인은 인증을 신청하기 전에 인증기준에 따른 정보보호 및 개인정보보호 관리체계를 구축하여 최소 2개월 이상 운영하여야 한다.[217] 개인정보보호 인증을 받으려는 신청인은 다음 각 호의 사항을 포함하는 개인정보보호 인증신청서를 개인정보보호 인증 전문기관('인증기관')에 제출하여야 한다:[218] 1. 인증 대상 개인정보처리시스템의 목록, 2. 개인정보보호 관리체계를 수립·운영하는 방법과 절차, 3. 개인정보보호 관리체계 및 보호대책 구현과 관련되는 문서 목록.

인증기관은 인증신청서를 받은 경우에는 신청인과 인증의 범위 및 일정 등에 관하여 협의하여야 한다.[219] 인증의 심사수행기관은 신청인의 인증심사 사전준비사항을 확인할 수 있고, 신청인의 준비가 미흡한 경우에는 신청인에 이를 보완할 것을 요구할 수 있다.[220] 심사수행기관은 인증범위의 변경이 필요한

---

215) 개인정보보호 인증고시 제2조 제1호. 과학기술정보통신부장관과 보호위원회는 정보보호 및 개인정보보호 관리체계 인증 운영에 관한 정책 사항을 협의하기 위하여 '정보보호 및 개인정보보호 관리체계 인증 협의회'를 운영한다. 개인정보보호 인증고시 제4조 제1항.

216) 법 제32조의2 제2항. 인증을 취득한 자는 인증서 유효기간 만료 3개월 전에 갱신심사를 신청하여야 한다. 개인정보보호 인증고시 제28조 제1항. 인증을 취득한 자가 인증의 갱신을 신청하지 않고 인증의 유효기간이 경과한 때에는 인증의 효력은 상실된다. 개인정보보호 인증고시 제28조 제3항.

217) 개인정보보호 인증고시 제17조 제1항. 동 고시 제18조의2 제1항 제1호에 따른 가상자산사업자에 대한 예비인증의 경우에는 그러지 아니한다.

218) 영 제34조의2 제2항. 인증신청서는 전자문서로 된 신청서를 포함한다. 영 제34조의2 제2항.

219) 영 제34조의2 제3항.

220) 개인정보보호 인증고시 제18조 제4항.

경우에 이를 신청인과 협의하여 변경할 수 있다.221)

　　신청인은 인증기관에 개인정보보호 인증 심사에 소요되는 수수료를 납부하여야 한다.222) 보호위원회는 개인정보보호 인증 심사에 투입되는 인증 심사원의 수 및 인증심사에 필요한 일수 등을 고려하여 수수료 산정을 위한 구체적인 기준을 정하여 고시한다.223)

(2) 인증 심사

　　개인정보보호 인증 심사는 개인정보보호 인증심사원이 서면심사 또는 현장심사의 방법으로 실시한다.224) 서면심사는 인증기준에 적합한지에 대하여 정보보호 및 개인정보보호 관리체계 구축·운영 관련 정책, 지침, 절차 및 이행의 증거자료 검토, 정보보호대책 및 개인정보 처리단계별 요구사항 적용 여부 확인 등의 방법으로 관리적 요소를 심사한다.225) 현장심사는 서면심사의 결과와 기술적·물리적 보호대책 이행여부를 확인하기 위하여 담당자 면담, 관련 시스템 확인 및 취약점 점검 등의 방법으로 기술적 요소를 심사한다.226)

　　심사수행기관은 인증심사에서 발견된 결함에 대해 심사종료 다음날부터 최대 100일(재조치 요구 60일 포함) 이내에 보완조치를 완료하도록 신청인에게 요청할 수 있다.227) 심사수행기관은 인증위원회 심의결과에 따라 인증위원회 종료 다음날부터 30일 이내에 신청인에게 추가 보완조치를 요구할 수 있다.228) 재난의 발생 등 협의회가 인정하는 불가피한 경우 원격심사를 병행할 수 있다.229)

---

221) 개인정보보호 인증고시 제18조 제5항.

222) 영 제34조의3 제1항.

223) 영 제34조의3 제2항.

224) 영 제34조의2 제4항.

225) 개인정보보호 인증고시 제25조 제2항.

226) 개인정보보호 인증고시 제25조 제3항.

227) 개인정보보호 인증고시 제25조 제4항.

228) 개인정보보호 인증고시 제25조 제5항.

229) 개인정보보호 인증고시 제25조 제6항. 재난은 국민의 생명·신체·재산과 국가에 피해를 주거나 줄 수 있는 것으로서 다음 각 목의 것을 말한다: 가. 자연재난: 태풍, 홍수, 호우(豪雨), 강풍, 풍랑, 해일(海溢), 대설, 한파, 낙뢰, 가뭄, 폭염, 지진, 황사(黃砂),

(3) 인증 기준

정보보호 및 개인정보보호 관리체계 인증의 기준은 관리체계 수립 및 운영, 보호대책 요구사항 및 개인정보 처리단계별 요구사항으로 구성된다. 관리체계 수립 및 운영은 16개 기준이고, 보호대책 요구사항은 64개 기준이다. 개인정보 처리단계별 요구사항은 개인정보 수집시 보호조치, 개인정보 보유 및 이용시 보호조치, 개인정보 제공시 보호조치, 개인정보 파기시 보호조치, 및 정보주체 권리 보호의 22개 기준이다.

▌ 표.22 정보보호 및 개인정보보호 관리체계 인증 기준[230)

통합인증	분야(인증기준 개수)
관리체계 수립 및 운영(16)	1.1 관리체계 기반 마련(6), 1.2 위험관리(4), 1.3 관리체계 운영(3), 1.4 관리체계 점검 및 개선(3)
보호대책 요구사항(64)	2.1 정책, 조직, 자산 관리(3), 2.2 인적 보안(6), 2.3 외부자 보안(4), 2.4 물리 보안(7), 2.5 인증 및 권한 관리(6), 2.6 접근통제(7), 2.7 암호화 적용(2), 2.8 정보시스템 도입 및 개발 보안(6), 2.9 시스템 및 서비스 운영관리(7), 2.10 시스템 및 서비스 보안관리(9), 2.11 사고 예방 및 대응(5), 2.12 재해복구(2)
개인정보 처리단계별 요구사항(22)	3.1 개인정보 수집 시 보호조치(7), 3.2 개인정보 보유 및 이용 시 보호조치(5), 3.3 개인정보 제공 시 보호조치(4), 3.4 개인정보 파기 시 보호조치(3), 3.5 정보주체 권리보호(3)

조류(藻類) 대발생, 조수(潮水), 화산활동, 소행성·유성체 등 자연우주물체의 추락·충돌, 그 밖에 이에 준하는 자연현상으로 인하여 발생하는 재해, 나. 사회재난: 화재·붕괴·폭발·교통사고(항공사고 및 해상사고를 포함한다)·화생방사고·환경오염사고 등으로 인하여 발생하는 대통령령으로 정하는 규모 이상의 피해와 국가핵심기반의 마비, 「감염병의 예방 및 관리에 관한 법률」에 따른 감염병 또는 「가축전염병예방법」에 따른 가축전염병의 확산, 「미세먼지 저감 및 관리에 관한 특별법」에 따른 미세먼지 등으로 인한 피해재난 및 안전관리 기본법」 제3조에 따른 미세먼지 등으로 인한 피해. 재난안전법 제3조 제1호.

230) 개인정보보호 인증고시 [별표 7] 인증기준(제23조 관련) 참조.

3. 인증 취소

보호위원회는 다음 각 호의 어느 하나에 해당하는 경우에는 대통령령으로 정하는 바에 따라 인증을 취소할 수 있다:231) 1. 거짓이나 그 밖의 부정한 방법으로 개인정보보호 인증을 받은 경우, 2. 사후관리를 거부 또는 방해한 경우, 3. 인증기준에 미달하게 된 경우, 4. 개인정보 보호 관련 법령을 위반하고 그 위반사유가 중대한 경우. 보호위원회는 첫 번째 취소 사유인 거짓이나 그 밖의 부정한 방법으로 개인정보보호 인증을 받은 경우에는 취소하여야 한다.232)

이러한 네 가지 인증 취소 사유에 더하여 한국인터넷진흥원 또는 인증기관은 다음의 두 가지 사유를 발견한 때는 인증위원회 심의·의결을 거쳐 인증을 취소할 수 있다. 첫째, 인증을 취득한 자가 사후심사 또는 갱신심사를 받지 않았거나 보완조치를 하지 않은 경우이다.233) 둘째, 인증받은 내용을 홍보하면서 인증범위 및 유효기간을 허위로 표기하거나 누락한 경우이다.234)

인증기관은 인증을 취소하려는 경우에는 인증위원회의 심의·의결을 거쳐야 한다.235) 보호위원회 또는 인증기관은 인증을 취소한 경우에는 그 사실을 당사자에게 통보하고, 관보 또는 인증기관의 홈페이지에 공고하거나 게시해야 한다.236)

4. 이의신청

신청인 또는 인증을 취득한 자가 인증심사 결과 또는 인증 취소처분에 관하여 이의가 있는 때에는 그 결과를 통보받은 날부터 15일 이내에 이의신청서

---

231) 법 제32조의2 제3항.
232) 법 제32조의2 제3항 단서.
233) 개인정보보호 인증고시 제35조 제1항 제3호. 사후심사는 동 고시 제27조 제1항, 갱신심사는 동 고시 제28조 제1항, 보완조치는 동 고시 제25조 제4항 참조.
234) 개인정보보호 인증고시 제35조 제1항 제4호. 인증 표시 및 홍보는 동 고시 제34조 제2항 참조.
235) 영 제34조의4 제1항.
236) 영 제34조의4 제2항.

를 한국인터넷진흥원 또는 인증기관에 제출하여야 한다.[237] 한국인터넷진흥원 또는 인증기관은 이의신청이 이유가 있다고 인정되는 경우에는 인증위원회에 재심의를 요청할 수 있다.[238] 한국인터넷진흥원 또는 인증기관은 이의신청에 대한 처리결과를 신청인 또는 인증을 취득한 자에 통지하여야 한다.[239]

5. 사후관리

보호위원회는 개인정보보호 인증의 실효성 유지를 위하여 연 1회 이상 사후관리를 실시하여야 한다.[240] 사후관리 심사는 서면심사 또는 현장심사의 방법으로 실시한다.[241] 인증기관은 사후관리를 실시한 결과 인증의 취소 사유를 발견한 경우에는 인증위원회의 심의를 거쳐 그 결과를 보호위원회에 제출해야 한다.[242] 인증 취득한 범위와 관련하여 침해사고 또는 개인정보 유출사고가 발생한 경우 한국인터넷진흥원은 필요에 따라 인증 관련 항목의 보안 향상을 위한 필요한 지원 등을 할 수 있다.[243]

6. 인증 전문기관 등

인증기관과 심사기관은 인증심사의 공정성 및 독립성 확보를 위해 다음 각 호의 행위가 발생되지 않도록 노력하여야 한다:[244] 1. 정보보호 및 개인정보보호 관리체계 구축과 관련된 컨설팅 업무를 수행하는 행위, 2. 정당한 사유 없

---

237) 개인정보보호 인증고시 제36조 제1항.
238) 개인정보보호 인증고시 제36조 제2항.
239) 개인정보보호 인증고시 제36조 제3항.
240) 법 제32조의2 제4항.
241) 영 제34조의5 제1항.
242) 영 제34조의5 제2항. 인증의 취소사유는 법 제32조의2 제3항 참조.
243) 개인정보보호 인증고시 제27조 제3항.
244) 개인정보보호 인증고시 제10조. 한국인터넷진흥원, 인증기관, 심사기관, 인증위원회 위원, 인증심사원 등 인증심사 업무에 종사하는 자 또는 종사하였던 자는 인증에 관련하여 일체의 금전, 금품, 이익 등을 부당하게 수수하여서는 아니 된다. 개인정보보호 인증고시 제37조 제2항.

이 인증절차, 인증기준 등의 일부를 생략하는 행위, 3. 조직의 이익 등을 위해 인증심사 결과에 영향을 주는 행위, 4. 그 밖에 인증심사의 공정성 및 독립성을 훼손할 수 있는 행위. 이러한 행위가 발생하지 않도록 노력하는 것을 요구하는 것은 인증 심사의 공정성과 독립성 및 인증에 따른 개인정보보호의 추구라는 점에서 적절하지 않다. 인증심사의 공정성과 독립성을 해치는 행위는 금지되어야 할 것이다.245)

(1) 인증 전문기관

보호위원회는 대통령령으로 정하는 전문기관으로 하여금 인증, 인증 취소, 사후관리 및 인증심사원 관리 업무를 수행하게 할 수 있다.246) '대통령령으로 정하는 전문기관'은 다음의 기관을 말한다. 첫째, 한국인터넷진흥원이다.247) 둘째, 다음 각 목의 요건을 모두 충족하는 법인, 단체 또는 기관 중에서 보호위원회가 지정·고시하는 법인, 단체 또는 기관이다:248) 가. 개인정보보호 인증심사원 5명 이상을 보유할 것, 나. 보호위원회가 실시하는 업무수행 요건·능력 심사에서 적합하다고 인정받을 것.

(2) 인증위원회

인증기관은 인증심사의 결과를 심의하기 위하여 정보보호에 관한 학식과 경험이 풍부한 사람을 위원으로 하는 인증위원회를 설치·운영하여야 한다.249) 인증위원회는 다음 각 호의 사항을 심의·의결한다:250) 1. 최초심사 또는 갱신

---

245) 한국인터넷진흥원은 '인증심사원으로서 객관적이고 공정한 인증심사를 수행하지 않은 경우' 인증심사원의 자격을 취소할 수 있다. 개인정보보호 인증고시 제16조 제1항 제3호.

246) 법 제32조의2 제5항.

247) 영 제34조의6 제1항 제1호.

248) 영 제34조의6 제1항 제2호. 이러한 법인, 단체 또는 기관의 지정과 그 지정의 취소에 필요한 세부기준 등은 보호위원회가 정하여 고시한다. 영 제34조의6 제2항.

249) 영 제34조의2 제5항. 인증위원회 위원은 정보보호 및 개인정보보호 관련 분야의 학식과 경험이 있어야 한다. 개인정보보호 인증고시 제29조 제2항.

250) 개인정보보호 인증고시 제29조 제1항.

심사 결과가 인증기준에 적합한지 여부, 2. 인증의 취소에 관한 사항, 3. 이의 신청에 관한 사항, 4. 그 밖에 정보보호 및 개인정보보호 관리체계 인증과 관련하여 위원장이 필요하다고 인정하는 사항.

(3) 인증심사원

인증을 위하여 필요한 심사를 수행할 심사원의 자격 및 자격 취소 요건 등에 관하여는 전문성과 경력 및 그 밖에 필요한 사항을 고려하여 대통령령으로 정한다.[251] 인증기관은 개인정보보호에 관한 전문지식을 갖춘 사람으로서 인증 심사에 필요한 전문 교육과정을 이수하고 시험에 합격한 사람에게 개인정보보호 인증심사원의 자격을 부여한다.[252]

인증기관은 인증심사원이 다음 각 호의 어느 하나에 해당하는 경우 그 자격을 취소할 수 있다:[253] 1. 거짓이나 부정한 방법으로 인증심사원 자격을 취득한 경우, 2. 개인정보보호 인증 심사와 관련하여 금전, 금품, 이익 등을 부당하게 수수한 경우, 3. 개인정보보호 인증 심사 과정에서 취득한 정보를 누설하거나 정당한 사유 없이 업무상 목적 외의 용도로 사용한 경우. 인증기관은 거짓이나 부정한 방법으로 인증심사원 자격을 취득한 경우 그 자격을 취소하여야 한다.[254] 인증심사에 필요한 전문 교육과정의 이수, 인증심사원 자격의 부여 및 취소 등에 관한 세부 사항은 보호위원회가 정하여 고시한다.[255]

7. 인증 내용의 표시 · 홍보

보호위원회의 인증을 받은 자는 대통령령으로 정하는 바에 따라 인증의 내용을 표시하거나 홍보할 수 있다.[256] 인증을 받은 자가 인증받은 내용을 표시

---

251) 법 제32조의2 제7항.
252) 영 제34조의8 제1항.
253) 영 제34조의8 제2항.
254) 영 제34조의8 제2항 단서.
255) 영 제34조의8 제3항.
256) 법 제32조의2 제6항.

하거나 홍보하려는 경우에는 보호위원회가 정하여 고시하는 개인정보보호 인증표시를 사용할 수 있다.[257] 이 경우 인증의 범위와 유효기간을 함께 표시해야 한다.[258]

한국인터넷진흥원 또는 인증기관의 장은 인증위원회에서 인증적합으로 판정된 경우 그 결과에 따라 신청인에게 정보보호 및 개인정보보호 관리체계 인증서를 발급하여야 한다.[259] 인증서 발급 시 인증번호는 인증의 표시를 따른다.[260] 인증서의 유효기간은 3년이다.[261] 한국인터넷진흥원은 인증정보를 제공하는 홈페이지를 통해 인증현황을 공개하여야 한다.[262]

8. 비밀유지 의무

개인정보의 처리는 물론 개인정보보호를 위한 정책적 업무는 자칫 정보주체의 프라이버시나 개인정보를 침해할 가능성이 있다. 이 법은 특정 업무 담당자에 대한 비밀유지 의무를 부과한다. 개인정보보호 인증 업무에 종사하거나 종사하였던 자는 직무상 알게 된 비밀을 다른 사람에게 누설하거나 직무상 목적 외의 용도로 이용하여서는 아니 된다.[263] 한국인터넷진흥원, 인증기관, 심사기관, 인증위원회 위원, 인증심사원 등 인증심사 업무에 종사하는 자 또는 종사하였던 자는 정당한 권한 없이 또는 허용된 권한을 초과하여 업무상 지득한 비밀에 관한 정보를 누설하거나 이를 업무 목적 이외에 사용하여서는 아니 된다.[264] 그러나, 다른 법률에 특별한 규정이 있는 경우에는 예외가 허용된다.[265]

---

257) 영 제34조의7 제1문.
258) 영 제34조의7 제2문.
259) 개인정보보호 인증고시 제32조 제1항.
260) 개인정보보호 인증고시 제32조 제2항. 동 고시 [별표 8] 참조.
261) 개인정보보호 인증고시 제32조 제3항.
262) 개인정보보호 인증고시 제34조 제3항.
263) 법 제60조 제3호. 개인정보보호 인증 업무 관련 비밀유지 의무는 2020년 2월 4일 개정으로 신설되었다.
264) 개인정보보호 인증고시 제37조 제1항.
265) 법 제60조 단서.

대량의 개인정보를 효율적으로 수집·이용하기 위하여 성능이 개선된 정보처리시스템의 도입이 증가하고 있다. 이러한 정보처리시스템의 도입이나 변경으로 개인정보가 침해될 가능성이 커질 수 있다. 개인정보 영향평가는 개인정보 침해가 발생하기 전에 관련 문제점을 예측하여 정보처리시스템의 지속적 보완을 도모하여 개인정보의 처리에 대한 정보주체의 신뢰를 확보할 수 있다.

1. 개인정보 영향평가의 의미

개인정보 영향평가는 개인정보파일의 운용으로 인하여 정보주체의 개인정보 침해가 우려되는 경우 그 위험요인의 분석과 개선 사항 도출을 위한 평가이다.266) 개인정보 침해로 발생한 피해에 대하여 원상회복 등 사후의 권리구제가 어려우므로 영향평가를 실시하여 사전에 위험요인을 분석하고 이를 제거하여 개인정보의 유출 및 오·남용 등 피해를 효과적으로 예방하고자 한다.267)

2. 개인정보 영향평가 실시 대상

개인정보 영향평가는 처리 대상인 개인정보의 성격이나 정보주체의 수 등 정보주체의 권리 침해 우려가 특히 큰 사유에 해당될 때 수행되도록 요구된다.

(1) 실시 대상 개인정보처리자

공공기관의 장은 대통령령으로 정하는 기준에 해당하는 개인정보파일의 운

---

266) 법 제33조 제1항. 보호위원회는 영향평가의 활성화를 위하여 관계 전문가의 육성, 영향평가 기준의 개발·보급 등 필요한 조치를 마련하여야 한다. 법 제33조 제6항. 보호위원회의 관계 전문가의 육성 및 영향평가 기준의 개발은 한국인터넷진흥원에 위탁된다. 영 제62조 제3항 제6호.

267) 국회 행정안전위원장, 「개인정보보호법안(대안)」(의안번호 11087, 2011.3.10.), 6면.

용으로 인하여 정보주체의 개인정보 침해가 우려되는 경우에는 그 위험요인의 분석과 개선 사항 도출을 위한 평가를 하고 그 결과를 보호위원회에 제출하여야 한다.[268] 개인정보 영향평가는 개인정보처리자 중에서 공공기관에만 요구된다.

공공기관 외의 개인정보처리자는 개인정보파일 운용으로 인하여 정보주체의 개인정보 침해가 우려되는 경우에는 영향평가를 하기 위하여 적극 노력하여야 한다.[269] 민간부문은 개인정보 영향평가가 요구되지 않지만, 소비자 또는 고객의 보호 차원에서 충실한 개인정보보호를 위하여 동 영향평가를 자율적으로 수행할 수 있을 것이다. 민간부문은 정보통신, 금융, 의료 등 분야별로 개인정보 처리 양태가 다양하여서 일률적으로 개인정보 영향평가를 실시하도록 강제하는 것이 어려울 것이다. 그럼에도 민간부문의 개인정보처리자에 의한 개인정보의 처리 비중이 상당함을 고려할 때, 민간부문의 영향평가 실시에 대한 긍정적인 검토가 필요하다.[270]

(2) 실시 대상 개인정보파일

개인정보 영향평가의 대상이 되는 '대통령령으로 정하는 기준에 해당하는 개인정보파일'은 개인정보를 전자적으로 처리할 수 있는 개인정보파일로서 다음 각 호의 어느 하나에 해당하는 개인정보파일을 말한다. 첫째, 구축·운용 또는 변경하려는 개인정보파일로서 5만명 이상의 정보주체에 관한 민감정보 또는 고유식별정보의 처리가 수반되는 개인정보파일이다.[271] 둘째, 구축·운용하고 있는 개인정보파일을 해당 공공기관 내부 또는 외부에서 구축·운용하고 있는 다른 개인정보파일과 연계하려는 경우로서 연계 결과 50만명 이상의 정보주체에 관한 개인정보가 포함되는 개인정보파일이다.[272] 셋째, 구축·운용 또는 변경하려는 개인정보파일로서 100만명 이상의 정보주체에 관한 개인정보파

---

268) 법 제33조 제1항 제1문.

269) 법 제33조 제11항.

270) 민간기관이 개인정보 영향평가를 받고자 할 경우, 보호위원회가 지정하는 평가기관에 의뢰할 수 있다. 2020년 해설서 349면.

271) 영 제35조 제1항 제1호.

272) 영 제35조 제1항 제2호.

일이다.273) 넷째, 개인정보 영향평가를 받은 후에 개인정보 검색체계 등 개인정보파일의 운용체계를 변경하려는 경우 그 개인정보파일인데, 이 경우 영향평가 대상은 변경된 부분으로 한정한다.274)

EU GDPR

공공기관인 여부에 관계없이 컨트롤러는 '개인정보보호 영향평가'(data protection impact assessment)를 실시하여야 한다. 특히 새로운 기술을 사용하는 처리의 유형이, 처리의 성격, 범위, 맥락 및 목적을 고려할 때, 자연인의 권리와 자유에 대한 높은 위험을 초래할 것 같은 경우 컨트롤러는 처리 전에 예상되는 처리작업의 개인정보보호에 대한 영향을 평가하여야 한다.275) 정보주체의 권리와 자유에 대한 위험 가능성과 심각성은 개인정보 처리의 성격, 범위, 문맥과 목적을 고려하여 결정되어야 한다.276) 개인정보의 처리가 GDPR에 부합한다고 증명하기 위하여 취해야 하는 적절한 조치를 결정할 때 영향평가의 결과가 고려되어야 한다.277) 영향평가가 처리작업이 컨트롤러가 이용가능한 기술과 이행 비용의 관점에서 적절한 조치로 저감할 수 없는 높은 위험을 수반한다고 나타내는 경우, 개인정보의 처리 전에 감독당국의 협의가 있어야 한다.278)

3. 개인정보 영향평가 실시 방법279)

(1) 개인정보 영향평가의 고려 사항

공공기관의 장이 개인정보 영향평가를 수행하는 경우에 다음 각 호의 사항

---

273) 영 제35조 제1항 제3호.
274) 영 제35조 제1항 제4호.
275) GDPR 제35조 제1항.
276) GDPR 상설 제76항.
277) GDPR 상설 제84항.
278) GDPR 상설 제84항.
279) 보호위원회는 이 법 및 이 영에서 정한 사항 외에 평가기관의 지정 및 영향평가의 절차 등에 관한 세부 기준을 정하여 고시할 수 있다. 영 제38조 제4항. 개인정보 영향평가 고시가 시행 중이다.

을 고려하여야 한다:[280] 1. 처리하는 개인정보의 수, 2. 개인정보의 제3자 제공 여부, 3. 정보주체의 권리를 해할 가능성 및 그 위험 정도, 4. 그 밖에 대통령령으로 정한 사항. '대통령령으로 정한 사항'은 다음 각 호의 사항이다:[281] 1. 민감정보 또는 고유식별정보의 처리 여부, 2. 개인정보 보유기간. 영향평가의 취지를 고려할 때, 영향평가의 고려 사항에서 정보주체의 권리를 침해할 가능성 및 그 위험 정도가 가장 중요할 것이다. 따라서, 개인정보처리자는 영향평가의 고려사항인 민감정보나 고유식별정보를 가능한대로 처리하지 않는 것이 바람직하다.

(2) 평가기관의 지정 및 지정 취소

보호위원회는 대통령령으로 정하는 인력·설비 및 그 밖에 필요한 요건을 갖춘 자를 영향평가를 수행하는 기관('평가기관')으로 지정할 수 있으며, 공공기관의 장은 영향평가를 평가기관에 의뢰하여야 한다.[282] 보호위원회는 다음 각 호의 요건을 모두 갖춘 법인을 평가기관으로 지정할 수 있다. 첫째, 최근 5년간 다음 각 목의 어느 하나에 해당하는 업무 수행의 대가로 받은 금액의 합계액이 2억원 이상인 법인이다:[283] 가. 영향평가 업무 또는 이와 유사한 업무, 나. 전자정부법상 정보시스템(정보보호시스템을 포함한다)의 구축 업무 중 정보보호컨설팅 업무(전자적 침해행위에 대비하기 위한 정보시스템의 분석·평가와 이에 기초한 정보보호 대책의 제시 업무를 말한다),[284] 다. 전자정부법상 정보시스템 감리

---

280) 법 제33조 제3항.

281) 영 제37조.

282) 법 제33조 제2항. 이 법 시행 당시, 즉 2023년 9월 15일 종전의 제58조 제1항 제1호에 따른 개인정보, 즉 공공기관이 처리하는 개인정보 중 「통계법」에 따라 수집되는 개인정보가 포함된 개인정보파일(제33조 제1항에 따른 영향평가의 대상이 되는 개인정보파일에 한정한다)을 운용하고 있는 공공기관의 장은 이 법 시행일, 즉 2023년 9월 15일부터 2년 이내에 영향평가를 실시하고 그 결과를 보호위원회에 제출하여야 한다. 법 부칙 제10조.

283) 영 제36조 제1항 제1호.

284) 정보시스템은 정보의 수집·가공·저장·검색·송신·수신 및 그 활용과 관련되는 기기와 소프트웨어의 조직화된 체계이다. 전자정부법 제2조 제13호.

업무 중 정보보호컨설팅 업무,[285] 라. 정보보호산업에 해당하는 업무 중 정보보호컨설팅 업무,[286] 마. 주요정보통신기반시설의 취약점 분석·평가 업무와 주요정보통신기반시설 보호대책의 수립 업무.[287] 둘째, 개인정보 영향평가와 관련된 분야에서의 업무 경력 등 보호위원회가 정하여 고시하는 자격을 갖춘 전문인력을 10명 이상 상시 고용하고 있는 법인이다.[288] 셋째, 다음 각 목의 사무실 및 설비를 갖춘 법인이다:[289] 가. 신원 확인 및 출입 통제를 위한 설비를 갖춘 사무실, 나. 기록 및 자료의 안전한 관리를 위한 설비.

평가기관으로 지정받으려는 자는 보호위원회가 정하여 고시하는 평가기관 지정신청서에 다음 각 호의 서류를 첨부하여 보호위원회에 제출해야 한다:[290] 1. 정관, 2. 대표자의 성명, 3. 전문인력의 자격을 증명할 수 있는 서류, 4. 그 밖에 보호위원회가 정하여 고시하는 서류. 평가기관 지정신청서를 제출받은 보호위원회는 행정정보의 공동이용을 통하여 다음 각 호의 서류를 확인해야 한다:[291] 1. 법인 등기사항증명서, 2. 외국인등록 사실증명[292](외국인인 경우만 해당한다).

보호위원회는 평가기관을 지정한 경우에는 지체 없이 평가기관 지정서를 발급하고, 다음 각 호의 사항을 관보에 고시해야 한다:[293] 1. 평가기관의 명칭·

---

285) 정보시스템 감리는 감리발주자 및 피감리인의 이해관계로부터 독립된 자가 정보시스템의 효율성을 향상시키고 안전성을 확보하기 위하여 제3자의 관점에서 정보시스템의 구축 및 운영 등에 관한 사항을 종합적으로 점검하고 문제점을 개선하도록 하는 것이다. 전자정부법 제2조 제14호.

286) 정보보호산업은 정보보호를 위한 기술(정보보호기술) 및 정보보호기술이 적용된 제품(정보보호제품)을 개발·생산 또는 유통하거나 이에 관련한 서비스(정보보호서비스)를 제공하는 산업이다. 정보보호산업법 제2조 제1항 제2호.

287) 각각 정보보호산업법 제23조 제1항 제1호와 제2호 참조. 주요정보통신기반시설의 지정은 정보통신기반보호법 제8조 참조.

288) 영 제36조 제1항 제2호.

289) 영 제36조 제1항 제3호.

290) 영 제36조 제2항. 보호위원회의 평가기관 지정신청서의 접수 및 신고 사항의 접수는 한국인터넷진흥원에 위탁된다. 영 제62조 제3항 제9호.

291) 영 제36조 제3항. 행정정보의 공동이용은 전자정부법 제36조 제1항 참조.

292) 외국인등록 사실증명은 출입국관리법 제88조 제2항 참조. 신청인이 이의 확인에 동의하지 않는 경우에는 신청인에게 그 서류를 첨부하게 해야 한다. 영 제36조 제3항 단서.

293) 영 제36조 제4항 제1문. 고시된 사항이 변경된 경우에도 평가기관의 명칭·주소 및 전

주소 및 전화번호와 대표자의 성명, 2. 지정 시 조건을 붙이는 경우 그 조건의 내용.

지정된 평가기관은 지정된 후 다음 각 호의 어느 하나에 해당하는 사유가 발생한 경우에는 보호위원회가 정하여 고시하는 바에 따라 그 사유가 발생한 날부터 14일 이내에 보호위원회에 신고해야 한다:[294] 1. 평가기관 지정요건의 사항이 변경된 경우, 2. 평가기관의 명칭·주소 및 전화번호와 대표자의 성명이 변경된 경우, 3. 평가기관을 양도·양수하거나 합병하는 등의 사유가 발생한 경우.[295]

보호위원회는 지정된 평가기관이 다음 각 호의 어느 하나에 해당하는 경우에는 평가기관의 지정을 취소할 수 있다:[296] 1. 거짓이나 그 밖의 부정한 방법으로 지정을 받은 경우, 2. 지정된 평가기관 스스로 지정취소를 원하거나 폐업한 경우, 3. 지정요건을 충족하지 못하게 된 경우, 4. 고의 또는 중대한 과실로 영향평가업무를 부실하게 수행하여 그 업무를 적정하게 수행할 수 없다고 인정되는 경우, 5. 그 밖에 대통령령으로 정하는 사유에 해당하는 경우. '대통령령으로 정하는 사유에 해당하는 경우'는 다음 각 호의 어느 하나에 해당하는 경우를 말한다:[297] 1. 영 제36조 제6항에 따른 신고의무를 이행하지 아니한 경우, 2. 평가기관으로 지정된 날부터 2년 이상 계속하여 정당한 사유 없이 영향평가 실적이 없는 경우, 3. 영 제38조 제2항 각 호 외의 부분에 따른 영향평가서 등 영향평가 업무 수행 과정에서 알게 된 정보를 누설한 경우, 4. 그 밖에 이 법 또는 이 영에 따른 의무를 위반한 경우. 다만, 거짓이나 그 밖의 부정한 방법으로 지정을 받은 경우 및 지정된 평가기관 스스로 지정취소를 원하거나 폐업한 경우에는 평가기관의 지정을 취소하여야 한다.[298] 보호위원회는 평가기

화번호와 대표자의 성명 및 지정 시 조건을 붙이는 경우 그 조건의 내용을 관보에 고시해야 한다. 영 제36조 제4항 제2문.

294) 영 제36조 제6항. 보호위원회의 평가기관 지정신청서의 접수 및 신고 사항의 접수는 한국인터넷진흥원에 위탁된다. 영 제62조 제3항 제9호.

295) 이 경우에는 그 사유가 발생한 날부터 60일 이내에 신고해야 한다. 영 제36조 제6항 단서.

296) 법 제33조 제7항. 2023년 3월 14일 개정으로 신설된 동 규정은 영 제37조 제5항에서 이동하였다.

297) 영 제36조 제5항.

298) 법 제33조 제7항 단서.

관 지정을 취소하는 경우에는 행정절차법에 따른 청문을 실시하여야 한다.299)

(3) 영향평가의 평가기준

개인정보 영향평가의 기준·방법·절차 등에 관하여 필요한 사항은 대통령령으로 정한다.300) 영향평가의 평가기준은 다음 각 호와 같다:301) 1. 해당 개인정보파일에 포함되는 개인정보의 종류·성질, 정보주체의 수 및 그에 따른 개인정보 침해의 가능성, 2. 안전성 확보 조치의 수준 및 이에 따른 개인정보 침해의 가능성,302) 3. 개인정보 침해의 위험요인별 조치 여부, 4. 그 밖에 이 법 및 이 영에 따라 필요한 조치 또는 의무 위반 요소에 관한 사항.

4. 개인정보 영향평가 결과의 활용

영향평가를 의뢰받은 평가기관은 평가기준에 따라 개인정보파일의 운용으로 인한 개인정보 침해의 위험요인을 분석·평가한 후 다음 각 호의 사항이 포함된 평가 결과를 영향평가서로 작성하여 해당 공공기관의 장에게 보내야 한다:303) 1. 영향평가의 대상 및 범위, 2. 평가 분야 및 항목, 3. 평가기준에 따른 개인정보 침해의 위험요인에 대한 분석·평가, 4. 제3호의 분석·평가 결과에 따라 조치한 내용 및 개선계획, 5. 영향평가의 결과, 6. 제1호부터 제5호까지의 사항에 대하여 요약한 내용. 공공기관의 장은 영향평가의 대상이 되는 개인정보파일을 운용 또는 변경하기 전에 그 영향평가서를 보호위원회에 제출해야

---

299) 법 제33조 제8항. 2023년 3월 14일 개정으로 신설된 동 규정은 영 제37조 제7항에서 이동하였다.

300) 법 제33조 제9항.

301) 영 제38조 제1항.

302) 안전성 확보조치는 법 제23조 제2항(민감정보의 처리), 제24조 제3항(고유식별정보의 처리), 제24조의2 제2항(주민등록번호 처리), 제25조 제6항(고정형 영상정보처리기기의 설치·운영), 제25조의2 제4항(이동형 영상정보처리기기의 운영) 및 제29조(안전조치 의무) 참조.

303) 영 제38조 제2항 전단. 보호위원회 또는 공공기관의 장은 동 항 제6호에 따른 영향평가서 요약 내용을 공개할 수 있다. 영 제38조 제3항.

한다.304)

영향평가서를 제출받은 공공기관의 장은 개선사항으로 지적된 부분에 대한 이행계획 등을 영향평가서를 제출받은 날로부터 1년 이내에 보호위원회에 제출하여야 한다.305) 보호위원회는 공공기관의 장으로부터 제출받은 영향평가 결과에 대하여 의견을 제시할 수 있다.306)

공공기관의 장은 영향평가를 한 개인정보파일을 보호위원회에 등록할 때에는 영향평가 결과를 함께 첨부하여야 한다.307) 공공기관의 장은 개인정보파일을 운용할 때 동 파일의 명칭 등을 보호위원회에 등록하여야 하는데,308) 공공기관의 장이 영향평가를 한 개인정보파일의 영향평가 결과를 첨부하여 등록하게 한 것은 공공기관의 개인정보파일이 모두 영향평가의 대상이 되지 않음을 의미한다. 이 점에서 영향평가의 대상이 되는 개인정보파일의 기준은 대통령령으로 정하게 된다.309) 보호위원회 또는 공공기관의 장은 영향평가를 받은 개인정보파일을 운용하는 경우에는 영향평가서를 요약한 내용을 공개할 수 있다.310)

5. 국회 등에 대한 특칙

국회, 법원, 헌법재판소, 중앙선거관리위원회(그 소속 기관을 포함한다)의 영향평가에 관한 사항은 국회규칙, 대법원규칙, 헌법재판소규칙 및 중앙선거관리위원회규칙으로 정하는 바에 따른다.311)

---

304) 영 제38조 제2항 후단.
305) 개인정보 영향평가고시 제14조.
306) 법 제33조 제4항. 보호위원회는 영향평가 결과에 관한 사항을 심의·의결한다. 법 제7조의9 제1항 제7호.
307) 법 제33조 제5항.
308) 법 제32조 제1항.
309) 법 제33조 제1항 및 영 제35조 참조.
310) 영 제38조 제3항. 동 규정은 2023년 9월 12일 개정으로 신설되었다. 영향평가서는 영향평가의 결과 5개 사항 및 이들의 요약한 내용을 포함한다. 영 제38조 제2항 참조.
311) 법 제33조 제10항.

6. 비밀유지 의무

개인정보 처리는 물론 개인정보보호를 위한 정책적 업무의 수행에서 자칫 정보주체의 프라이버시나 개인정보가 침해될 가능성이 있다. 이 법은 특정 업무 담당자에 대한 비밀유지 의무를 부과한다. 개인정보 영향평가 업무에 종사하거나 종사하였던 자는 직무상 알게 된 비밀을 다른 사람에게 누설하거나 직무상 목적 외의 용도로 이용하여서는 아니 된다.[312] 그러나 다른 법률에 특별한 규정이 있는 경우에는 예외가 허용된다.[313]

---

312) 법 제60조 제4호.
313) 법 제60조 단서.

■ VIII. 개인정보 유출등 통지 · 신고

개인정보의 안전성 확보를 위한 필요한 조치를 취하였음에도 불구하고 개인정보 침해가 발생하는 경우 정보주체에 대한 피해를 저감하는 등 동 침해에 효과적으로 대응하여야 한다. 그러나, 개인정보처리자는 많은 경우 자신의 평판 추락과 손해배상 등 금전적 비용의 이유로 개인정보 침해사실을 공개하지 않거나 정보주체에게 통지하지 않으려 한다. 심지어 개인정보처리자는 개인정보 침해사실을 제대로 파악하지 못하기도 한다. 이러한 현실에서 최선의 노력으로 방지할 수 있는 후속피해가 방치되고 정보주체에 대한 피해구제도 어렵게 된다. 또한, 일단 유출된 개인정보가 불법적으로 악용되어 정보주체는 물론 사회에 피해가 확산하는 것을 방지해야 한다. 유출된 개인정보의 수량과 종류 등은 관계가 없고, 한 건의 개인정보가 유출되어도 유출이다.314)

법 제34조의 적용을 받는 개인정보의 분실 · 도난 · 유출('유출등')은 법령이나 개인정보처리자의 자유로운 의사에 의하지 않고 개인정보가 해당 개인정보처리자의 관리통제권을 벗어나 제3자가 그 내용을 알 수 있는 상태에 이르게 된 것을 말한다.315)

EU GDPR

'개인정보 침해'(personal data breach)는 전송, 저장, 또는 달리 처리되는 개인정보의 '우발적 또는 불법적 파기, 분실, 변조, 허가받지 않은 공개 또는 접근에 이르는 안전의 침해'(a breach of security leading to the accidental or unlawful destruction, loss, alteration, unauthorized disclosure of, or access to)라고 정의된다.316)

---

314) 2020년 해설서 354면.
315) 표준지침 제25조. 2023년 개정 행정예고에서 '개인정보의 유출' 개념이 '개인정보의 유출등' 개념으로 대체되었다.
316) GDPR 제4조 제12호.

1. 개인정보 유출등의 통지와 신고[317]

(1) 개인정보 유출등의 통지[318]

1) 통지 사항

개인정보처리자는 개인정보가 분실·도난·유출('유출등')되었음을 알게 되었을 때에는 지체 없이 해당 정보주체에게 다음 각 호의 사항을 알려야 한다:[319] 1. 유출등이 된 개인정보의 항목, 2. 유출등이 된 시점과 그 경위, 3. 유출등으로 인하여 발생할 수 있는 피해를 최소화하기 위하여 정보주체가 할 수 있는 방법 등에 관한 정보, 4. 개인정보처리자의 대응조치 및 피해 구제절차, 5. 정보주체에게 피해가 발생한 경우 신고 등을 접수할 수 있는 담당부서 및 연락처.

개인정보처리자는 개인정보의 유출등을 통지하려는 경우에는 유출등이 된 개인정보의 항목, 유출등이 된 시점과 그 경위에 관한 구체적인 내용을 확인하지 못한 경우에는 개인정보가 유출된 사실, 그때까지 확인된 내용 및 유출등으로 인하여 발생할 수 있는 피해를 최소화하기 위하여 정보주체가 할 수 있는 방법 등에 관한 정보, 개인정보처리자의 대응 조치 및 피해 구제절차, 정보주체에게 피해가 발생한 경우 신고 등을 접수할 수 있는 담당부서 및 연락처를 서면등의 방법으로 우선 통지해야 하며, 추가로 확인되는 내용에 대해서는 확

---

317) 2020년 2월 4일 개정으로 개인정보 유출등의 통지·신고에 관한 정보통신망법 제27조의3은 법 제39조의4로 통합되었고, 2023년 3월 14일 개정으로 법 제34조와 병합되었다. 법 제34조의 개정규정은 이 법 시행, 즉 2023년 9월 15일 이후 개인정보가 분실·도난·유출되었음을 알게 된 경우부터 적용한다. 법 부칙 제2조. 유출등의 통지 및 유출등의 신고의 시기, 방법, 절차 등에 필요한 사항은 대통령령으로 정한다. 법 제34조 제4항.

318) 2023년 9월 12일 개정으로 수정된 영 제39조는 동 개정으로 삭제된 정보통신서비스 제공자등에 적용된 영 제48조의4와 유사하다. 가명정보에 개인정보의 유출등의 통지에 관한 법 제34조 제1항은 적용되지 않는다. 법 제28조의7.

319) 법 제34조 제1항. 2023년 3월 14일 개정으로 '유출되었음'이 '분실·도난·유출'로 변경되었다. 이로써 개인정보가 분실·도난·유출·위조·변조 또는 훼손되지 않도록 필요한 보호조치를 하도록 요구한 법 제29조와 상당히 일치하게 되었다. 개인정보의 '위조·변조 또는 훼손'도 통지와 신고가 요구되어야 할 것이다.

인되는 즉시 통지해야 한다.[320]

2) 통지 시점과 방법

개인정보처리자는 개인정보의 유출등을 알게 되었을 때에는 지체 없이 해당 정보주체에게 통지할 사항을 알려야 한다.[321] 통지의무의 발생 기준은 개인정보처리자가 유출등을 알게 되었을 때이지 유출등이 되었을 때가 아니다. 즉 개인정보처리자가 유출등의 사실을 인지하였을 때이다.

개인정보처리자는 유출등이 되었음을 알게 되었을 때에는 서면등의 방법으로 72시간 이내에 통지할 사항을 정보주체에게 알려야 한다.[322] 다만, 다음 각 호의 하나에 해당하는 경우에는 해당 사유가 해소된 후 지체 없이 정보주체에게 알릴 수 있다:[323] 1. 유출등이 된 개인정보의 확산 및 추가 유출등을 방지하기 위하여 접속경로의 차단, 취약점 점검·보완, 유출등이 된 개인정보의 회수·삭제 등 긴급한 조치가 필요한 경우, 2. 천재지변이나 그 밖에 부득이한 사유로 인하여 72시간 이내에 통지하기 곤란한 경우. 개인정보처리자는 개인정보 유출등의 사고를 인지하지 못해 유출등의 사고가 발생한 시점으로부터 72시간 이내에 해당 정보주체에게 개인정보 유출등의 통지를 하지 아니한 경우에는 실제 유출등의 사고를 알게 된 시점을 입증하여야 한다.[324]

통지의 '서면등의 방법'은 서면, 전자우편, 팩스, 전화, 문자전송 또는 이에 상당하는 방법이다.[325] 개인정보 유출등의 통지는 유출로 피해를 입을 수 있는

---

320) 영 제39조 제2항. 우선 통지해야 할 '개인정보가 유출된 사실'이 아니라 '개인정보가 유출등이 된 사실'이어야 할 것이다. 영 제40조 제2항 참조.

321) 법 제34조 제1항.

322) 영 제39조 제1항. 2023년 개정 행정예고된 표준지침 제26조 제1항도 정당한 사유가 없는 한 '5일' 이내에서 '72시간' 이내로 통지 기한을 단축하였다. 2023년 3월 14일 개정으로 삭제된 법 제39조의4 제1항은 정보통신서비스 제공자등에게 정당한 사유 없이 유출등 사실을 안 때부터 24시간을 경과하여 통지·신고해서는 아니 된다고 규정하였다. 정당한 사유는 개인정보 유출등과 관련하여 수사기관의 비공개 요청이 있는 경우 또는 단전, 홍수 등의 천재지변으로 통지가 불가능한 경우 등을 말한다. 2020년 해설서 354면.

323) 영 제39조 제1항 단서 및 표준지침 제27조 제1항 단서.

324) 2023년 개정 행정예고된 표준지침 제26조 제3항.

325) 영 제17조 제5항.

정보주체를 보호하기 위한 것이므로 통지방법은 개별적인 것이어서 관보 고시 등 집단적 공시는 적당한 통지 방법이 아니다.[326]

정보주체의 연락처를 알 수 없는 경우 등 정당한 사유가 있는 경우에는 대통령령으로 정하는 바에 따라 통지를 갈음하는 조치를 취할 수 있다.[327] 개인정보처리자는 정보주체의 연락처를 알 수 없는 경우 등 정당한 사유가 있는 경우에는 유출등에 관한 통지사항을 정보주체가 쉽게 알 수 있도록 자신의 인터넷 홈페이지에 30일 이상 게시하는 것으로 정보주체에 대한 통지를 갈음할 수 있다.[328] 다만, 인터넷 홈페이지를 운영하지 아니하는 개인정보처리자의 경우에는 사업장등의 보기 쉬운 장소에 통지사항을 30일 이상 게시하는 것으로 통지를 갈음할 수 있다.[329]

(2) 개인정보 유출등의 신고

1) 신고 사항

개인정보처리자는 개인정보의 유출등이 있음을 알게 되었을 때에는 개인정보의 유형, 유출등의 경로 및 규모 등을 고려하여 대통령령으로 정하는 바에 따라 다음 각 호의 사항을 지체 없이 보호위원회 또는 대통령령으로 정하는 전문기관에 신고하여야 한다.[330] 1. 유출등이 된 개인정보의 항목, 2. 유출등이 된 시점과 그 경위, 3. 유출등으로 인하여 발생할 수 있는 피해를 최소화하기 위하여 정보주체가 할 수 있는 방법 등에 관한 정보, 4. 개인정보처리자의 대응조치 및 피해 구제절차, 5. 정보주체에게 피해가 발생한 경우 신고 등을 접

---

326) 2020년 해설서 355면.

327) 법 제34조 제1항 단서. 동 규정은 2023년 3월 14일 개정으로 신설되었다.

328) 영 제39조 제3항 및 표준지침 제27조 제2항. 2023년 9월 12일 개정으로 종래 '7일 이상'에서 '30일 이상'으로 게시 기간이 연장되었다. 종전에는 1만명 이상의 정보주체에 관한 개인정보가 유출된 경우 인터넷 홈페이지 게재가 요구되었으나, 2017년 10월 17일 개정으로 1천명 이상의 정보주체로 변경되었고, 2023년 9월 12일 개정으로 정보주체의 수는 삭제되었다.

329) 영 제39조 제3항 단서 및 표준지침 제27조 제2항 단서. 2023년 9월 12일 개정으로 종래 '7일 이상'에서 '30일 이상'으로 게시 기간이 연장되었다.

330) 법 제34조 제3항 제1문.

수할 수 있는 담당부서 및 연락처. 개인정보처리자의 보호위원회 등에 대한 신고는 다음 각 호의 하나에 해당하는 경우에 요구된다:331) 1. 1천명 이상의 정보주체에 관한 개인정보가 유출등이 된 경우, 2. 민감정보, 고유식별정보가 유출등이 된 경우, 3. 개인정보처리시스템 또는 개인정보취급자가 개인정보 처리에 이용하는 정보기기에 대한 외부로부터의 불법적인 접근에 의해 개인정보가 유출등이 된 경우. 다만, 천재지변이나 그 밖에 부득이한 사유로 인하여 72시간 이내에 신고하기 곤란한 경우에는 해당 사유가 해소된 후 지체없이 신고할 수 있으며, 개인정보 유출등의 경로가 확인되어 해당 개인정보를 회수·삭제하는 등의 조치를 통해 정보주체의 권익 침해 가능성이 현저히 낮은 경우에는 그러하지 아니하다.332)

개인정보처리자는 개인정보의 유출등에 관한 사항을 신고하려는 경우에는 유출등이 된 개인정보의 항목, 유출등이 된 시점과 그 경위에 관한 구체적인 내용을 확인하지 못한 경우에는 개인정보가 유출등이 된 사실, 그때까지 확인된 내용 및 유출등으로 인하여 발생할 수 있는 피해를 최소화하기 위하여 정보주체가 할 수 있는 방법 등에 관한 정보, 개인정보처리자의 대응 조치 및 피해구제절차, 정보주체에게 피해가 발생한 경우 신고 등을 접수할 수 있는 담당부서 및 연락처를 서면등의 방법으로 우선 신고해야 하며, 추가로 확인되는 내용에 대해서는 확인되는 즉시 신고해야 한다.333)

이 경우 보호위원회 또는 대통령령으로 정하는 전문기관은 피해 확산방지, 피해 복구 등을 위한 기술을 지원할 수 있다.334) 여기서 '대통령령으로 정하는 전문기관'은 한국인터넷진흥원이다.335)

2) 신고 시점과 방법

개인정보처리자는 개인정보의 유출등이 있음을 알게 되었을 때에는 개인정

---

331) 영 제40조 제1항 및 표준지침 제28조 제1항. 2023년 9월 12일 개정으로 제2호와 제3호가 신설되었다.

332) 영 제40조 제1항 단서.

333) 영 제40조 제2항. 2023년 개정 행정예고된 표준지침 제28조 제4항 참조.

334) 법 제34조 제3항 제2문.

335) 영 제40조 제3항.

보의 유형, 유출등의 경로 및 규모 등을 고려하여 대통령령으로 정하는 바에 따라 신고 사항을 지체 없이 보호위원회 또는 대통령령으로 정하는 전문기관에 신고하여야 한다.[336) 개인정보처리자는 다음 각 호의 어느 하나에 해당하는 경우로서 개인정보가 유출등이 되었음을 알게 되었을 때에는 72시간 이내에 신고사항을 서면등의 방법으로 보호위원회 또는 전문기관에 신고해야 한다:[337) 1. 1천명 이상의 정보주체에 관한 개인정보가 유출등이 된 경우, 2. 민감정보 또는 고유식별정보가 유출등이 된 경우, 3. 개인정보처리시스템 또는 개인정보 취급자가 개인정보 처리에 이용하는 정보기기에 대한 외부로부터의 불법적인 접근에 의해 개인정보가 유출등이 된 경우. 다만, 천재지변이나 그 밖에 부득이한 사유로 인하여 72시간 이내에 신고하기 곤란한 경우에는 해당 사유가 해소된 후 지체 없이 신고할 수 있으며, 개인정보 유출등의 경로가 확인되어 해당 개인정보를 회수·삭제하는 등의 조치를 통해 정보주체의 권익 침해 가능성이 현저히 낮아진 경우에는 신고하지 않을 수 있다.[338)

신고의 '서면등의 방법'은 서면, 전자우편, 팩스, 전화, 문자전송 또는 이에 상당하는 방법이다.[339) 개인정보처리자는 전자우편, 팩스 또는 개인정보 포털(www.privacy.go.kr)을 통하여 유출등 신고를 할 시간적 여유가 없거나 그밖에 특별한 사정이 있는 때에는 먼저 전화를 통하여 신고한 후, 개인정보 유출등 신고서를 제출할 수 있다.[340)

EU GDPR

개인정보 침해로 자연인의 권리와 자유에 대한 높은 위험이 초래될 것 같으면, 컨

---

336) 법 제34조 제3항 제1문.
337) 영 제40조 제1항 및 표준지침 제28조 제1항. 전문기관은 한국인터넷진흥원이다. 표준지침 제28조 제1항. 2023년 3월 14일 개정으로 삭제된 법 제39조의4 제1항은 정보통신서비스 제공자등에게 정당한 사유 없이 유출등 사실을 안 때부터 24시간을 경과하여 통지·신고해서는 아니 된다고 규정하였다.
338) 영 제40조 제1항 단서.
339) 영 제17조 제5항. 개인정보의 유출 신고는 '개인정보 유출등 신고서'를 통하여 하여야 한다. 표준지침 제28조 제2항.
340) 표준지침 제28조 제3항.

트롤러는 과도하게 지체하지 않고 정보주체에게 개인정보 침해를 통지하여야 (communicate) 한다.[341] 개인정보 침해의 경우 컨트롤러는, 과도하게 지체하지 않고 가능하면 이를 안 이후 72시간 내에 소관 감독당국에 개인정보 침해를 신고하여야(notify) 하고, 개인정보 침해가 자연인의 권리와 자유에 대한 위험을 초래할 것 같지 않으면 예외로 한다.[342]

2. 대책 마련 등 필요한 조치

개인정보처리자는 개인정보가 유출등이 된 경우 그 피해를 최소화하기 위한 대책을 마련하고 필요한 조치를 하여야 한다.[343] 다음 각 호의 어느 하나에 해당하는 개인정보처리자는 유출등 사고 발생 시 신속한 대응을 통해 피해 발생을 최소화하기 위해 '개인정보 유출등 사고 대응 매뉴얼'을 마련하여야 한다:[344] 1. 공공기관,[345] 2. 그 밖에 1천명 이상의 정보주체에 관한 개인정보를 처리하는 개인정보처리자.

'개인정보 유출등 사고 대응 매뉴얼'에는 유출등 통지 · 조회 절차, 영업점 · 인터넷회선 확충 등 고객 민원 대응조치, 현장 혼잡 최소화 조치, 고객불안 해소조치, 피해자 구제조치 등을 포함하여야 한다.[346] 또한, 개인정보 유출등을 야기한 사고발생 원인을 확인하여 제거하고, 관련 기술적 · 관리적 · 물리적 보호조치를 보완해야 할 것이다. 개인정보처리자는 개인정보 유출등에 따른 피해 복구 조치 등을 수행함에 있어 정보주체의 불편과 경제적 부담을 최소화할 수 있도록 노력하여야 한다.[347]

---

341) GDPR 제34조 제1항.
342) GDPR 제33조 제1항. 72시간 내에 감독당국에 신고되지 않으면, 지체 이유가 첨부되어야 한다.
343) 법 제34조 제2항.
344) 표준지침 제29조 제1항.
345) 공공기관의 정의는 법 제2조 제6호 참조.
346) 표준지침 제29조 제2항.
347) 표준지침 제29조 제3항.

■ IX. 노출된 개인정보의 삭제 · 차단

개인정보가 정보통신망을 통하여 공중에 노출되는 경우 신속하고 광범위하게 사생활 침해, 명의도용, 불법스팸 등으로 심각한 경제적 · 정신적 피해가 야기될 수 있다. 이에 노출된 개인정보의 삭제와 차단이 요구된다.

1. 노출 방지 의무

개인정보처리자는 고유식별정보, 계좌정보, 신용카드정보 등 개인정보가 정보통신망을 통하여 공중(公衆)에 노출되지 아니하도록 하여야 한다.[348] '고유식별정보, 계좌정보, 신용카드정보 등 개인정보'라고 규정된 점에서 민감정보 등 다른 개인정보도 정보통신망을 통하여 공중(公衆)에 노출되지 않아야 할 것이다. 정보통신망을 통하여 공중에 노출되는 것은 해킹 등 특별한 방법에 의하지 않고도 정보통신망을 통하여 이용자의 개인정보를 손쉽게 조회하거나 획득할 수 있게 되는 상태이다.[349]

2. 노출된 개인정보의 삭제 등 조치 의무

개인정보처리자는 공중에 노출된 개인정보에 대하여 보호위원회 또는 대통령령으로 지정한 전문기관의 요청이 있는 경우에는 해당 정보를 삭제하거나 차단하는 등 필요한 조치를 하여야 한다.[350] '대통령령으로 지정한 전문기관'은 한국인터넷진흥원이다.[351]

개인정보의 노출 원인이 관리자 부주의, 이용자 부주의, 설계 및 개발 오류,

---

348) 법 제34조의2 제1항. 2023년 3월 14일 개정으로 삭제된 법 제39조의10이 개인정보처리자에게 일반적으로 적용되도록 법 제34조의2로 이동하였다.

349) 2020년 해설서 461면.

350) 법 제34조의2 제2항.

351) 영 제40조의2.

검색엔진 등을 통한 노출 등 다양한데, 필요한 조치 중 공통된 조치는 마스킹 및 삭제 조치이다.[352]

---

352) 2020년 해설서 462면.

■ X. 금지행위

개인정보를 처리하거나 처리하였던 자는 정보주체의 개인정보에 관한 권리와 이익을 침해하는 행위를 할 수 없다.

1. 금지행위의 주체

법 제59조에 따른 금지행위의 의무주체는 '개인정보를 처리하거나 처리하였던 자'이다. 이 법은 일반적으로 개인정보처리자에 대한 의무를 규정하는 점에서 개인정보처리자가 이 법의 주된 수범자가 되는데, '개인정보를 처리하거나 처리하였던 자'를 의무주체로 하는 금지행위가 특별하게 규정된다. 따라서, 개인정보를 처리하거나 처리하였던 자는 개인정보처리자에 한정하지 않고 실제로 개인정보를 처리하거나 처리하였던 자를 포함한다. 개인정보처리자 이외의 자에 의하여 이루어지는 개인정보 침해행위로 인한 폐해를 방지하여 사생활의 비밀 보호 등 이 법의 입법 목적을 달성하려 한 것으로 볼 수 있다.[353] 개인정보처리자에 소속되어 개인정보를 직접 처리하거나 처리하였던 직원은 물론 처리 업무를 위탁받은 수탁자와 그 소속 직원도 법 제59조에 특정된 행위가 금지된다.

2. 금지된 행위

(1) 부정한 수단으로 개인정보의 취득 또는 동의의 획득

개인정보를 처리하거나 처리하였던 자는 거짓이나 그 밖의 부정한 수단이나 방법으로 개인정보를 취득하거나 처리에 관한 동의를 받는 행위를 하여서

---

353) 법 제59조 제2호 소정의 의무주체인 개인정보를 처리하거나 처리하였던 자는 법 제2조 제5호 소정의 개인정보처리자에 한정되지 않고, 업무상 알게 된 법 제2조 제1호 소정의 개인정보를 법 제2조 제2호 소정의 방법으로 처리하거나 처리하였던 자를 포함한다고 보아야 한다. 대법원 2016.3.10. 선고 2015도8766 판결.

는 아니 된다.354) 거짓이나 그 밖의 부정한 수단이나 방법은 '개인정보를 취득하거나 또는 그 처리에 관한 동의를 받기 위하여 사용하는 위계 기타 사회통념상 부정한 방법이라고 인정되는 것으로서 개인정보 취득 또는 그 처리에 동의할지 여부에 관한 정보주체의 의사결정에 영향을 미칠 수 있는 적극적 또는 소극적 행위'를 의미한다.355) 이러한 수단이나 방법에 사기 또는 기망, 공갈, 협박 및 착오나 오인의 유발 등이 포함될 것이다.356)

거짓이나 그 밖의 부정한 수단이나 방법으로 개인정보를 취득하거나 그 처리에 관한 동의를 받았는지 여부의 판단은 다음과 같이 네 단계를 거친다.357) 첫째, 개인정보처리자가 그에 관한 동의를 받는 행위 그 자체만을 분리하여 개별적으로 판단하여서는 안 된다. 둘째, 개인정보처리자가 개인정보를 취득하거나 처리에 관한 동의를 받게 된 전 과정을 살펴보아야 한다. 셋째, 이러한 전 과정에서 드러난 개인정보 수집 등의 동기와 목적, 수집 목적과 수집 대상인 개인정보의 관련성, 수집 등을 위하여 사용한 구체적인 방법, 이 법 등 관련 법령을 준수하였는지 여부 및 취득한 개인정보의 내용과 규모, 특히 민감정보·고유식별정보 등의 포함 여부 등을 종합적으로 고려하여야 한다. 넷째, 사회통념에 따라 판단하여야 한다.

(2) 업무상 알게 된 개인정보의 누설이나 부당한 제공

개인정보를 처리하거나 처리하였던 자는 업무상 알게 된 개인정보를 누설

---

354) 법 제59조 제1호.

355) 대법원 2017.4.7. 선고 2016도13263 판결. 피고인들이 이 사건 광고 및 경품행사의 주된 목적을 숨긴 채 사은행사를 하는 것처럼 소비자들을 오인하게 한 다음 경품행사와는 무관한 고객들의 개인정보까지 수집하여 이를 제3자에게 제공한 점, 피고인들이 이와 같은 행위를 하면서 개인정보 보호법상의 개인정보 보호 원칙 및 제반 의무를 위반한 점, 피고인들이 수집한 개인정보에는 사생활의 비밀에 관한 정보나 심지어는 고유식별정보 등도 포함되어 있는 점 및 피고인들이 수집한 개인정보의 규모 및 이를 제3자에게 판매함으로써 얻은 이익 등을 종합적으로 고려하여 보면, 피고인들은 법 제72조 제2호에 규정된 '거짓이나 그 밖의 부정한 수단이나 방법으로 개인정보를 취득하거나 개인정보 처리에 관한 동의를 받는 행위를 한 자'에 해당한다고 보는 것이 옳다.

356) 2020년 해설서 534면.

357) 대법원 2017.4.7. 선고 2016도13263 판결 참조.

하거나 권한 없이 다른 사람이 이용하도록 제공하는 행위를 하여서는 아니 된다.[358] 업무상 알게 된 개인정보는 업무의 처리 과정에서 우연히 알게 된 것을 포함하여서 반드시 자신에게 부여된 업무의 처리 과정에서 적법하게 알게 된 것일 필요는 없다.[359]

개인정보의 누설은 아직 개인정보를 알지 못하는 타인에게 알려주는 일체의 행위이다.[360] 누설의 상대방은 '당해 개인정보를 처리하거나 처리하였던 사람을 제외한 모든 사람'을 의미한다.[361] 예컨대, 공동주택과 관련한 개인정보처리자인 관리사무소나 입주자대표회의의 소속 직원이나 입주자대표가 업무로 알게 된 관리소장의 휴대전화 번호를 동의 없이 제3자에게 제공할 수 없다.[362]

(3) 권한 없이 다른 사람의 개인정보 이용 등

개인정보를 처리하거나 처리하였던 자는 정당한 권한 없이 또는 허용된 권한을 초과하여 다른 사람의 개인정보를 이용, 훼손, 멸실, 변경, 위조 또는 유출하는 행위를 하여서는 아니 된다.[363] 개인정보의 훼손은 다른 사람의 개인정보를 조작하거나 일부를 삭제하거나 다르게 만들어서 본래의 개인정보의 특성, 효용 및 사회적 가치를 손상시키거나 침해하는 행위를 가리키고, 멸실은 개인정보를 삭제 · 폐기 · 소각 등의 행위를 통하여 없애는 행위를 가리키며, 변경은 개인정보의 내용을 본래의 것과 다르게 바꾸는 행위를 가리키고, 위조는 다른

---

358) 법 제59조 제2호.

359) 2020년 해설서 535면.

360) 대법원 2015.7.9. 선고 2013도13070 판결. 고소 · 고발장에 다른 정보주체의 개인정보를 첨부하여 경찰서에 제출한 것은 그 정보주체의 동의도 받지 아니하고 관련 법령에 정한 절차를 거치지 아니한 이상 부당한 목적하에 이루어진 개인정보의 누설에 해당한다. 대법원 2008. 10. 23. 선고 2008도5526 판결.

361) 서울고등법원 2013.5.30. 선고 2013노613 판결.

362) 2022 표준해석례 128면.

363) 법 제59조 제3호. 2023년 3월 14일 개정으로 '이용'이 신설되었다. 이렇게 금지되는 구체적인 행위는 개인정보의 이용, 훼손, 멸실, 변경, 위조 또는 유출인데, 이 법의 일반적인 안전조치 의무에서는 개인정보의 분실, 도난, 유출, 위조, 변조 또는 훼손을 규정한다. 법 제29조 참조.

사람을 속일 목적으로 꾸며서 진짜처럼 만드는 행위를 가리키며, 유출은 법령이나 개인정보처리자의 자유로운 의사에 의하지 않고 정보주체의 개인정보에 대하여 개인정보처리자가 통제를 상실하거나 권한 없는 자의 접근을 허용하는 행위를 가리킨다.[364]

개인정보의 부정이용 사례는 다음을 포함한다:[365] 인사시스템상 개인정보를 취득하여 자신의 소송을 제기하는 데 사용, 민원인의 주소를 무단 취득 후 민원인의 자택을 방문, 교사가 부모의 거부에도 불구하고 학생의 사생활 침해가 우려되는 개인정보를 자신의 보고서에 기재, 업무상 알게 된 상대방의 연락처를 통해 동의 없이 사적 목적으로 연락. 개인정보의 무단유출 사례는 다음을 포함한다:[366] 민원이 제기된 당사자에게 민원인의 개인정보를 누설, 코로나 확진자의 개인정보(성명, 주소, 동선 등)를 지인에게 유출, 인사 관련 개인정보를 해당 인사 업무와 무관한 타 직원에게 누설, 업무상 알게 된 영장 발부 사실을 제3자에게 유출, 선거 후보자에게 주민들의 성명, 연락처를 무단 제공, 홈페이지에 개인정보가 포함된 파일을 게시하여 유출.

---

364) 2020년 해설서 536면.
365) 보호위원회, 「개인정보 보호 법규 위반 비위 징계 처리 지침」 2면.
366) 보호위원회, 「개인정보 보호 법규 위반 비위 징계 처리 지침」 2면.

■ XI. 비밀유지 등

개인정보의 처리는 물론 개인정보보호 관련 업무의 처리에서도 자칫 정보주체의 프라이버시 및 개인정보가 침해될 가능성이 높다. 이 법은 개인정보보호의 특정 업무 담당자에게 직무상 알게 된 비밀을 다른 사람에게 누설하거나 직무상 목적 외의 용도로 이용하지 않도록 비밀유지 의무를 부과한다.

1. 비밀유지 의무 주체

이 법에 따라 특별하게 요구되는 직무상 알게 된 비밀유지 의무의 주체는 다음의 여섯 가지 부류이다. 첫째 부류는 보호위원회의 업무에 종사하거나 종사하였던 자이다. 둘째 부류는 가명정보의 결합·반출에 있어 전문기관의 지정 업무 및 전문기관의 업무에 종사하거나 종사하였던 자이다. 셋째 부류는 개인정보보호 인증의 업무에 종사하거나 종사하였던 자이다. 넷째 부류는 개인정보 영향평가의 업무에 종사하거나 종사하였던 자이다. 다섯째 부류는 개인정보의 전송에 있어서 개인정보관리 전문기관의 지정 업무 및 개인정보관리 전문기관의 업무에 종사하거나 종사하였던 자이다. 여섯째 부류는 분쟁조정위원회의 분쟁조정 업무에 종사하거나 종사하였던 자이다. 이들 업무에 종사하거나 종사하였던 자인 점에서 전·현직을 가리지 않는다. 또한, 비밀유지 의무는 직접적으로 해당 업무를 다룬 보호위원회 위원과 분쟁조정위원회 위원 등은 물론 자문위원과 전문위원 등을 포함하여 폭넓게 인정될 수 있다.[367]

---

367) 2020년 해설서 538면. 법 제60조를 위반하여 직무상 알게 된 비밀을 누설하거나 직무상 목적 외에 이용한 자는 3년 이하의 징역 또는 3천만원 이하의 벌금에 처한다. 법 제72조 제3호.

2. 비밀유지 의무 대상인 업무

(1) 보호위원회 업무

보호위원회의 소관 사무와 심의·의결 사항의 업무에 종사하거나 종사하였던 자는 직무상 알게 된 비밀을 다른 사람에게 누설하거나 직무상 목적 외의 용도로 이용하여서는 아니 된다.[368)

(2) 전문기관의 지정 업무 및 전문기관의 업무

통계작성, 과학적 연구, 공익적 기록보존 등을 위한 서로 다른 개인정보처리자 간의 가명정보의 결합은 보호위원회 또는 관계 중앙행정기관의 장이 지정하는 전문기관이 수행한다.[369) 결합을 수행한 기관 외부로 결합된 정보를 반출하려는 개인정보처리자는 가명정보 또는 익명정보로 처리한 뒤 전문기관의 장의 승인을 받아야 한다.[370) 전문기관의 지정 업무 및 전문기관의 업무에 종사하거나 종사하였던 자는 직무상 알게 된 비밀을 다른 사람에게 누설하거나 직무상 목적 외의 용도로 이용하여서는 아니 된다.[371)

(3) 개인정보보호 인증 업무

개인정보보호 인증의 업무에 종사하거나 종사하였던 자는 직무상 알게 된 비밀을 다른 사람에게 누설하거나 직무상 목적 외의 용도로 이용하여서는 아니 된다.[372) 한국인터넷진흥원, 인증기관, 심사기관, 인증위원회 위원, 인증심

---

368) 법 제60조 제1호. 보호위원회의 소관 업무는 법 제7조의8, 심의·의결 사항은 법 제7조의9 참조.

369) 법 제28조의3 제1항.

370) 법 제28조의3 제2항.

371) 법 제60조 제2호. 전문기관의 지정 업무 및 전문기관의 업무 관련 비밀유지 의무는 2023년 3월 14일 개정으로 신설되었다.

372) 법 제60조 제3호. 개인정보보호 인증은 법 제32조의2 참조. 개인정보보호 인증 업무 관련 비밀유지 의무는 2020년 2월 4일 개정으로 신설되었다.

사원 등 인증심사 업무에 종사하는 자 또는 종사하였던 자는 정당한 권한 없이 또는 허용된 권한을 초과하여 업무상 지득한 비밀에 관한 정보를 누설하거나 이를 업무 목적 이외에 사용하여서는 아니 된다.[373]

(4) 개인정보 영향평가 업무

개인정보 영향평가의 업무에 종사하거나 종사하였던 자는 직무상 알게 된 비밀을 다른 사람에게 누설하거나 직무상 목적 외의 용도로 이용하여서는 아니 된다.[374]

(5) 개인정보관리 전문기관의 지정 업무 및 개인정보관리 전문기관의 업무

개인정보의 전송 요구권 행사 지원 등의 업무를 수행하려는 자는 보호위원회 또는 관계 중앙행정기관의 장으로부터 개인정보관리 전문기관의 지정을 받아야 한다.[375] 개인정보관리 전문기관의 지정 업무 및 개인정보관리 전문기관의 업무에 종사하거나 종사하였던 자는 직무상 알게 된 비밀을 다른 사람에게 누설하거나 직무상 목적 외의 용도로 이용하여서는 아니 된다.[376]

(6) 분쟁조정위원회의 분쟁조정 업무

개인정보에 관한 분쟁의 조정 업무에 종사하거나 종사하였던 자는 직무상 알게 된 비밀을 다른 사람에게 누설하거나 직무상 목적 외의 용도로 이용하여서는 아니 된다.[377]

---

373) 개인정보보호 인증고시 제37조 제1항.
374) 법 제60조 제4호. 개인정보 영향평가는 법 제33조 참조.
375) 법 제35조의3 제1항.
376) 법 제60조 제5호. 동 규정은 2023년 3월 14일 개정으로 신설되었고, 2024년 3월 15일 시행된다. 법 부칙 제1조 제1호.
377) 법 제60조 제6호. 분쟁조정위원회의 설치와 구성에 관하여 법 제40조 참조.

3. 비밀유지 의무 대상인 직무상 알게 된 비밀

직무상 알게 된 비밀은 법령에 의하여 비밀로 분류된 것은 물론 사회통념
상 비밀로 인식될 수 있는 모든 사항이 포함된다.[378] 이 법에서 직무상 알게
된 비밀은 보호위원회의 심의에서 알게 된 국가정보기관 등이 보유한 개인정
보파일 현황, 분쟁조정위원회의 조정 과정에서 알게 된 당사자의 사생활에 관
한 정보, 인증이나 영향평가 과정에서 알게 된 기업 등의 정보시스템에 관한
사항이 포함될 것이다.[379]

직무상 알게 된 비밀의 유지 의무는 국가 또는 해당 기관이나 조직의 기능
을 보호하기 위한 것이다.[380] 즉 해당 기관이나 조직의 목적 달성을 위하여 실
질적으로 그것을 비밀로서 보호할 가치가 있는 것이어야 할 것이다.[381] 비밀인
지 여부는 해당 사실이 누설됨으로써 해당 조직이나 기관의 목적 달성을 저해
하거나 그 기능을 위협할 우려가 있는지 여부를 기준으로 판단하여야 하고 비
밀을 알게 된 직무 내용이 반드시 해당 기관이나 조직의 공식적인 업무에 한정

---

378) 2020년 해설서 538면.

379) 2020년 해설서 538 – 539면.

380) 대법원 2020.2.27. 선고 2016도8741 판결.

381) 예컨대, 근로복지공단의 임직원 등의 업무상 알게 된 비밀의 누설을 금지한 산업재해
보상보험법 제21조와 관련하여 대법원은 "비밀의 누설에 의하여 위협받는 근로복지공
단의 기능을 보호하기 위한 것이므로, 여기에서 '직무상 알게 된 비밀'은 근로복지공단
의 목적 달성을 위하여 실질적으로 그것을 비밀로서 보호할 가치가 있는 것이어야 하
고, 단순히 공단이 보유한 자료가 법령이나 근로복지공단의 내규에서 정한 절차를 밟
지 않고 부적정한 방법으로 외부에 유출된 사실이 알려짐으로써 근로복지공단의 공신
력이 저하될 우려가 있다는 사정만으로 근로복지공단의 기능이 위협을 받게 된다고는
볼 수 없다"고 밝혔다. 대법원 2015.7.9. 선고 2013도13070 판결. 동 사건에서 대법원
은 성명, 주민등록번호, 재해일시, 상병내용, 치료기간, 요양기관, 장해등급, 평균임금
등 재해자 관련 사항이 누설된다고 하여 산업재해보험료의 부과·징수, 산업재해보험
급여의 결정·지급, 업무상 재해를 입은 근로자의 요양·재활 사업 등 국가 또는 근로
복지공단의 기능이 위협받는다고 보기 어렵고, 근로복지공단의 목적 달성을 위하여 실
질적으로 위 자료들을 비밀로서 보호할 가치가 있다고 할 수 없다고 판단하였다. 마침
이 사건에서 이러한 재해자 관련 사항은 이 법에 따라 보호되는 개인정보 내지 민감정
보에 해당한다.

하는 것은 아니다.[382) 따라서, 직무상 알게 된 비밀의 범위는 작지 않을 것이다.

이 법의 비밀유지 의무도 보호위원회와 분쟁조정위원회 등 해당 직무가 수행되는 기관이나 부서 등의 기능을 보호하기 위한 것이라 볼 수 있다. 개인정보보호가 주된 목적인 이 법의 취지를 고려할 때 직무상 알게 된 비밀의 유지 의무는 보호위원회 등의 직무와 관련되거나 대상인 개인, 즉 정보주체의 프라이버시와 개인정보도 직·간접적으로 보호하게 될 것이다.[383)

4. 예외

직무상 알게 된 비밀을 다른 사람에게 누설하거나 직무상 목적 외의 용도로 이용하지 않을 비밀유지 의무는 다른 법률에 특별한 규정이 있는 경우에는 요구되지 않는다.[384) 예컨대, 국회에서 국정조사 등과 관련하여 증인·참고인으로 출석하게 되는 경우[385) 또는 법원에서 증인으로 신문되거나 검찰에서 수사에 필요하여 진술하는 경우이다.[386)

---

382) 대법원 2020.2.27. 선고 2016도8741 판결. 동 사건에서 대법원은 비밀을 알게 된 직무 내용이 반드시 한국주택금융공사법 제22조 제1항 각호에서 열거하는 업무에 한정되는 것은 아니라고 판단하였다.
383) 개인정보를 처리하거나 처리하였던 자는 업무상 알게 된 개인정보를 누설하거나 권한 없이 다른 사람이 이용하도록 제공하는 행위를 하여서는 아니 된다. 법 제59조 제2호.
384) 법 제60조 단서.
385) 국회증언감정법 제2조와 제4조 참조.
386) 형사소송법 제146조와 제221조 참조.

Chapter

09

개인정보 분쟁해결

일반적으로 분쟁은 법원의 재판에 따라 종국적으로 해결되지만, 재판은 시간과 비용이 많이 소요되는 점에서 중재 또는 조정을 통한 해결이 선호된다. 이 법은 시간과 비용이 적게 소요되는 조정을 통한 개인정보 분쟁해결을 규정한다. 개인정보처리자를 상대로 정보주체는 개인 정보 침해로 야기되는 분쟁의 해결에서 자신에 대한 침해사실의 입증은 물론 손해액의 산정 등에서 다양한 어려움을 겪을 수 있다. 개인정보보호 전문가들로 구성되는 분쟁조정위원회에서 정보주체는 분쟁에 대한 공정하고 효과적인 피해구제를 받을 수 있다. 개인정보처리자도 분쟁을 신속하게 해결할 수 있다. 이 법은 집단분쟁조정과 단체소송도 규정한다. 2023년 3월 14일 개정으로 공공기관을 포함한 모든 개인정보처리자가 특별한 사유가 없으면 분쟁조정에 응하여야 하고, 조정안을 제시받은 당사자가 제시받은 날부터 15일 이내에 수락 여부를 알리지 아니하면 조정을 수락한 것으로 본다. 따라서, 분쟁조정이 더 활성화될 것으로 기대된다.

■ I. 개인정보 분쟁조정위원회

'개인정보 분쟁조정위원회'('분쟁조정위원회')는 개인정보에 관한 분쟁의 조정을 위하여 설치된다.[1] 분쟁조정위원회는 정보통신망법에 따라 2001년 12월 설치되었고, 2008년 2월 정보통신부에서 행정자치부로 주무부처가 변경되었다. 2011년 9월 30일 이 법의 시행으로 분쟁조정위원회의 설치 근거는 정보통신망법에서 이 법으로 변경되었고, 2016년 7월 25일부터 개인정보 분쟁조정 업무는 행정자치부에서 보호위원회로 이관되었다. 행정기관인 분쟁조정위원회가 주관하는 개인정보 분쟁조정은 그 성격상 행정형 조정으로 이해될 수 있다.

분쟁조정위원회의 운영 및 분쟁조정 절차에 관하여 이 법에서 규정하지 아니한 사항에 대하여는 민사조정법을 준용한다.[2] 이 법에서 규정된 사항 외에 분쟁조정위원회의 운영에 필요한 사항은 대통령령으로 정한다.[3] 이 법 및 이 영에서 규정한 사항 외에 분쟁의 조정절차 및 조정업무의 처리 등 분쟁조정위

---

1) 법 제40조 제1항. 분쟁조정위원회는 소관 업무 수행과 관련하여 개인정보 보호 및 정보주체의 권리 보호를 위한 개선의견을 보호위원회 및 관계 중앙행정기관의 장에게 통보할 수 있다. 법 제50조의2. 동 규정은 2023년 3월 14일 개정으로 신설되었다.
2) 법 제50조 제2항.
3) 법 제40조 제9항.

원회의 운영 및 집단분쟁조정을 위하여 필요한 사항은 분쟁조정위원회의 의결을 거쳐 분쟁조정위원회 위원장이 정한다.[4]

1. 구성

분쟁조정위원회는 위원장 1명을 포함한 30명 이내의 위원으로 구성하며, 위원은 당연직위원과 위촉위원으로 구성한다.[5] 대통령령으로 정하는 국가기관 소속 공무원은 당연직위원이 된다.[6] 보호위원회 위원장은 보호위원회의 고위 공무원단에 속하는 일반직공무원으로서 개인정보보호에 관한 업무를 담당하는 사람 중에서 당연직위원을 지명한다.[7] 보호위원회 위원장은 다음 각 호의 어느 하나에 해당하는 사람 중에서 위촉위원을 위촉한다:[8] 1. 개인정보보호업무를 관장하는 중앙행정기관의 고위공무원단에 속하는 공무원으로 재직하였거나 이에 상당하는 공공부문 및 관련 단체의 직에 재직하고 있거나 재직하였던 사람으로서 개인정보보호업무의 경험이 있는 사람, 2. 대학이나 공인된 연구기관에서 부교수 이상 또는 이에 상당하는 직에 재직하고 있거나 재직하였던 사람, 3. 판사·검사 또는 변호사로 재직하고 있거나 재직하였던 사람, 4. 개인정보보호와 관련된 시민사회단체 또는 소비자단체로부터 추천을 받은 사람, 5. 개인정보처리자로 구성된 사업자단체의 임원으로 재직하고 있거나 재직하였던 사람. 보호위원회 위원장은 위원들 중에서 공무원이 아닌 사람으로 분쟁조정위원회 위원장을 위촉한다.[9] 분쟁조정위원회 위원장과 위촉위원의 임기는 2년이고, 1차에 한하여 연임할 수 있다.[10]

분쟁조정위원회는 분쟁조정 업무를 효율적으로 수행하기 위하여 필요한 경

---

4) 영 제57조. 2022년 12월 20일 개정된 「개인정보 분쟁조정위원회 운영세칙」('조정운영세칙')이 시행 중이다. 조정운영세칙에 개인정보 분쟁조정 신청서 등의 양식이 마련되어 있다.
5) 법 제40조 제2항. 2023년 3월 14일 개정으로 분쟁조정위원회 위원 수는 20명 이내에서 30명 이내로 확대되었다.
6) 법 제40조 제3항.
7) 영 제48조의14. 당연직 위원은 보호위원회 조사조정국장이다. 조정운영세칙 제3조 제2항.
8) 법 제40조 제3항.
9) 법 제40조 제4항.
10) 법 제40조 제5항. 공무원인 당연직위원은 그 직에 재직하는 동안 재임한다.

우 대통령령으로 정하는 바에 따라 조정사건의 분야별로 5명 이내의 위원으로 구성되는 조정부를 둘 수 있다.[11] 분쟁조정위원회 위원장은 조정부의 위원을 지명하고, 그 중 1명은 변호사 자격이 있는 위원으로 한다.[12] 분쟁조정위원회 위원장은 조정부의 회의를 소집한다.[13] 조정부의 회의를 소집하기 위하여 분쟁조정위원회 위원장은 회의 날짜·시간·장소 및 안건을 정하여, 긴급한 사정이 있는 경우를 제외하고, 회의 개최 7일 전까지 조정부의 각 위원에게 알려야 한다.[14] 조정부의 장은 위원 중에서 호선한다.[15] 이외에 조정부의 구성 및 운영 등에 필요한 사항은 분쟁조정위원회의 의결을 거쳐 분쟁조정위원회 위원장이 정한다.[16] 조정부가 분쟁조정위원회의 위임을 받아 의결한 사항은 동 위원회가 의결한 것으로 본다.[17] 분쟁조정위원회와 조정부는 재적위원 과반수의 출석으로 개의하고, 출석위원 과반수의 찬성으로 의결한다.[18]

보호위원회는 분쟁조정 접수, 사실 확인 등 분쟁조정에 필요한 사무를 처리할 수 있다.[19] 이러한 사무처리는 보호위원회의 사무기구가 수행한다.[20] 사무기구는 분쟁조정 접수·진행 및 당사자 통지 등 분쟁조정에 필요한 사무를 전자적으로 처리하기 위하여 분쟁조정업무시스템을 구축하여 운영할 수 있다.[21]

2. 위원의 신분보장

분쟁조정위원회 위원은 자격정지 이상의 형을 선고받거나 심신상의 장애로

---

11) 법 제40조 제6항 제1문.
12) 영 제49조 제1항. 분쟁조정위원회 위원장은 조정부의 위원을 지명하고자 하는 때에는 변호사의 자격을 가진 위원을 포함하여 3인 이상의 위원을 지명하여야 한다. 조정운영 세칙 제9조 제2항.
13) 영 제49조 제2항.
14) 영 제49조 제3항.
15) 영 제49조 제4항.
16) 영 제49조 제5항.
17) 법 제40조 제6항 제2문.
18) 법 제40조 제7항.
19) 법 제40조 제8항.
20) 영 제50조 제1항.
21) 영 제50조 제2항.

직무를 수행할 수 없는 경우를 제외하고는 그의 의사에 반하여 면직되거나 해촉되지 아니한다.22) 분쟁조정위원회 위원은 다음 각 호의 어느 하나에 해당하는 경우 동 위원회에 신청된 분쟁조정사건의 심의·의결에서 제척된다.23) 첫째, 위원 또는 그 배우자나 배우자였던 자가 동 사건의 당사자가 되거나 동 사건에 관하여 공동의 권리자 또는 의무자의 관계에 있는 경우이다.24) 둘째, 위원이 동 사건의 당사자와 친족이거나 친족이었던 경우이다.25) 셋째, 위원이 동 사건에 관하여 증언, 감정, 법률자문을 한 경우이다.26) 넷째, 위원이 동 사건에 관하여 당사자의 대리인으로서 관여하거나 관여하였던 경우이다.27)

분쟁조정사건의 당사자는 특정 위원으로부터 공정한 심의·의결을 기대하기 어려운 사정이 있으면 분쟁조정위원회 위원장에게 기피신청을 할 수 있다.28) 이 경우 위원장은 위원의 기피신청에 대하여 분쟁조정위원회의 의결을 거치지 아니하고 결정한다.29) 위원은 위의 제척·기피의 사유에 해당하는 경우 스스로 해당 분쟁조정사건의 심의·의결에서 회피할 수 있다.30)

3. 운영

분쟁조정위원회 위원장은 동 위원회 회의를 소집하고, 그 의장이 된다.31) 분쟁조정위원회 위원장이 동 위원회 회의를 소집하려면, 긴급한 사정이 있는 경우를 제외하고, 회의 개최 7일 전까지 회의 날짜·시간·장소 및 안건을 각 위원에게 알려야 한다.32) 분쟁조정위원회와 조정부의 회의는 공개하지 아니한

---

22) 법 제41조.
23) 법 제42조 제1항.
24) 법 제42조 제1항 제1호.
25) 법 제42조 제1항 제2호.
26) 법 제42조 제1항 제3호.
27) 법 제42조 제1항 제4호.
28) 법 제42조 제2항 제1문.
29) 법 제42조 제2항 제2문.
30) 법 제42조 제3항.
31) 영 제51조 제1항.
32) 영 제51조 제2항.

다.33) 그러나, 필요하다고 인정되는 경우에는 분쟁조정위원회의 의결로 당사자 또는 이해관계인의 방청이 허용될 수 있다.34)

분쟁조정위원회, 조정부 및 분쟁조정전문위원회의 회의에 출석한 위원 등에게는 예산의 범위에서 수당과 여비를 지급할 수 있다.35) 그러나, 공무원인 위원이 그 소관 업무와 직접적으로 관련되어 출석하는 경우에는 수당과 여비를 지급하지 아니한다.36)

4. 분쟁조정전문위원회

분쟁조정위원회는 개인정보에 관한 분쟁의 조정과 관련된 사항의 전문적인 검토를 위하여 분쟁조정위원회에 분야별 전문위원회('분쟁조정전문위원회')를 둘 수 있다.37) 분쟁조정전문위원회는 위원장 1명을 포함한 10명 이내의 위원으로 구성한다.38) 분쟁조정전문위원회 위원은 다음 각 호의 사람 중에서 분쟁조정위원회 위원장이 임명하거나 위촉하고, 분쟁조정전문위원회 위원장은 분쟁조정전문위원회 위원 중에서 분쟁조정위원회 위원장이 지명한다:39) 1. 분쟁조정위원회 위원, 2. 개인정보 보호 관련 업무를 담당하는 중앙행정기관의 관계 공무원, 3. 대학에서 개인정보 보호 분야의 조교수 이상으로 재직하고 있거나 재직하였던 사람, 4. 공인된 연구기관에서 개인정보 보호 관련 분야의 5년 이상 연구경력이 있는 사람, 5. 변호사 자격을 취득한 후 개인정보 보호 관련 분야에 1년 이상 경력이 있는 사람, 6. 그 밖에 개인정보 보호 및 분쟁의 조정과 관련하여 전문지식과 경험이 풍부한 사람.

---

33) 영 제51조 제3항.
34) 영 제51조 제3항 단서.
35) 영 제56조.
36) 영 제56조 단서.
37) 영 제49조의2 제1항. 영 제49조의2는 2023년 9월 12일 개정으로 신설되었다. 영 제49조의2 제1항부터 제3항까지에서 규정한 사항 외에 분쟁조정전문위원회의 구성 및 운영 등에 필요한 사항은 분쟁조정위원회의 의결을 거쳐 분쟁조정위원회 위원장이 정한다. 영 제49조의2 제4항.
38) 영 제49조의2 제2항.
39) 영 제49조의2 제3항.

5. 비밀유지 의무

개인정보 처리는 물론 개인정보 관련 업무의 처리에서도 자칫 정보주체의 프라이버시나 개인정보가 침해될 가능성이 높다. 이 법은 특정 업무 담당자에게 비밀유지 의무를 부과한다. 분쟁조정위원회의 분쟁조정 업무에 종사하거나 종사하였던 자는 직무상 알게 된 비밀을 다른 사람에게 누설하거나 직무상 목적 외의 용도로 이용하여서는 아니 된다.[40] 전문위원회를 포함하여 분쟁조정위원회의 위원 또는 위원회 사무기구 직원의 직에 있거나 있었던 자는 정당한 사유 없이 위원회의 회의내용, 결정사항 그 밖에 직무상 지득한 개인정보 또는 비밀 및 위원회 회의 자료와 이를 위하여 작성된 자료 등을 외부로 유출하거나 직무상 목적 외의 용도로 이용하여서는 아니 된다.[41] 그러나, 다른 법률에 특별한 규정이 있는 경우에는 예외가 허용된다.[42]

---

40) 법 제60조 제6호.
41) 조정운영세칙 제48조 제1항.
42) 법 제60조 단서.

■ II. 개인정보 분쟁조정[43]

분쟁조정위원회는 정보주체 등이 개인정보 관련 분쟁의 조정을 신청하면, 분쟁 원인의 사실관계를 확인하고 이 법 등 개인정보보호 관련 법령의 위반 등의 법리적 검토를 한다. 당사자들 사이에서 자율적 합의가 되지 않으면, 분쟁조정위원회는 해당 분쟁조정사건을 조정부에 회부하는데, 동 조정부는 개인정보보호 관련 법령의 위반 등 법리적 판단을 통하여 개인정보 침해의 원상회복 또는 재발방지책 마련, 손해배상액의 지급 등의 내용으로 조정안을 제시할 수 있다.

분쟁조정위원회에 의한 개인정보와 관련된 분쟁의 조정은 일반적인 의미의 당사자 중심의 촉진적 조정이라고 보기는 어렵다. 촉진적 조정은 제3자인 조정인이 분쟁당사자들의 협상에 의한 해결을 지원함으로써 분쟁당사자들이 주체가 되는 분쟁해결방법이다. 이 법의 조정은 분쟁조정위원회가 당사자들에게 조정 전 합의를 권고하기는 하지만, 궁극적으로 당사자들에게 조정안을 제시하여 수락하게 함으로써 분쟁조정위원회가 주도적인 역할을 하기 때문이다. 이 점에서 분쟁조정위원회에 의한 조정은 평가적 내지 준사법적 성격을 가진다고 볼 수 있다. 그러나, 당사자들이 분쟁조정위원회의 조정안을 적극적으로 거부할 수 있는 점에서 당사자의 사적자치에 의한 분쟁해결인 조정의 테두리에서 벗어나지는 않는다.[44]

법 제43조부터 제49조까지의 규정에서 정한 것 외에 분쟁의 조정방법, 조정절차 및 조정업무의 처리 등에 필요한 사항은 대통령령으로 정한다.[45] 분쟁

---

43) 정보통신망을 통하여 유통되는 정보 중 사생활의 침해 또는 명예훼손 등 타인의 권리를 침해하는 정보와 관련된 분쟁의 조정업무를 효율적으로 수행하기 위하여 명예훼손분쟁조정부가 설치된다. 정보통신망법 제44조의10. 동 조정에 관하여 정보통신망법 시행령 제36조는 물론 「명예훼손 분쟁조정 절차 등에 관한 규칙」과 「명예훼손 분쟁조정부 구성 및 운영에 관한 규칙」이 시행되고 있다.

44) 분쟁조정위원회에서 조정자는 당사자들에게 결정을 촉구하지 않고 대화를 통하여 쟁점을 해결하도록 도움을 주기 위하여 5단계의 조정절차를 진행한다고 한다. 2019 개인정보분쟁조정사례집 2-3면 참조.

45) 법 제50조 제1항.

조정위원회의 분쟁조정 절차에 관하여 이 법에서 규정하지 아니한 사항에 대하여는 민사조정법을 준용한다.46)

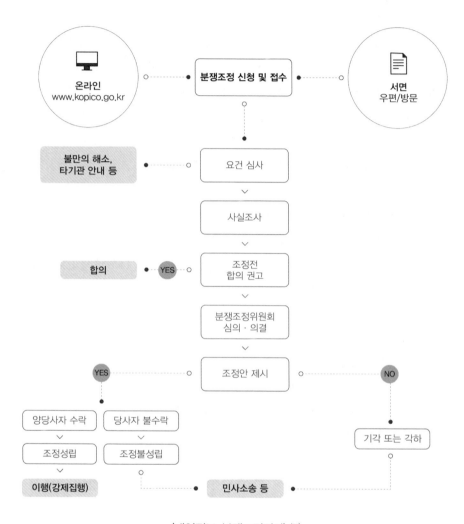

〈개인정보 분쟁조정절차〉47)

46) 법 제50조 제2항.
47) 개인정보 포털, https://www.privacy.go.kr/front/contents/cntntsView.do?contsNo=47
   참조.

1. 조정의 신청 및 처리

개인정보와 관련한 분쟁의 조정을 원하는 자는 분쟁조정위원회에 분쟁조정을 신청할 수 있다.[48] 분쟁조정을 신청하는 민원(이첩민원 포함)이 접수된 경우에 당해 서류의 명칭 및 형식의 여하에 불구하고 조정신청이 있는 것으로 본다.[49] 분쟁조정위원회에 제기되는 분쟁은 개인정보의 처리에 관하여 개인정보처리자와 정보주체 사이에 의견의 대립이 있거나, 개인정보처리자의 법 위반 등에 의하여 정보주체가 피해를 입은 경우에 발생할 것이다. 분쟁조정위원회에 신청되는 개인정보 관련 분쟁은 반드시 이 법의 위반에 따른 개인정보 침해를 대상으로 하지 않는다. 분쟁조정위원회에 신청된 개인정보 관련 분쟁조정은 대체로 이 법과 정보통신망법 및 신용정보법 위반 여부에 따른 분쟁이었는데, 의료법과 민법 등 법률에 관련된 개인정보 침해도 대상으로 한다.

이 법은 분쟁조정위원회에 조정을 신청하는 자를 '분쟁의 조정을 원하는 자'라고 규정하는데, 개인정보 처리와 관련된 분쟁의 조정인 점에서 정보주체나 개인정보처리자가 분쟁의 조정을 신청할 것이다.[50]

---

48) 법 제43조 제1항. 법 제62조 제1항에 따라 개인정보처리자가 개인정보를 처리할 때 개인정보에 관한 권리 또는 이익을 침해받은 사람은 보호위원회에 그 침해 사실을 신고할 수 있다. 동 조 제2항과 영 제59조에 따라 보호위원회는 한국인터넷진흥원을 개인정보 침해 신고 등 처리 업무의 효율적 수행을 위한 전문기관으로 지정하여 개인정보침해 신고센터를 설치·운영하게 하고 있다. 개인정보침해 신고 처리는 접수일로부터 60일 이내에 완료하는 것을 원칙으로 한다. 신고가 접수되면 개인정보침해 신고센터 조사관에게 사건이 배정되며, 담당 조사관은 개인정보침해 신고센터 업무 소관 여부를 판단하여 아닐 경우에는 해당 기관을 안내하고 그 사실을 신고인에게 통보한다. 또한, 민사상 손해배상이나 분쟁 해결을 요구하는 경우에는 분쟁조정위원회를 안내할 수 있다. 담당 조사관은 자신이 배정받은 신고 사건에 대하여 피신고인(공공기관, 법인, 단체, 개인 등)에 대해 자료 제출 요구 또는 검사 등의 사실조사를 실시한다. 사실조사가 완료되면 그 결과에 따라 위법 사항이 발견된 경우, 「행정조사기본법」 제4조(행정조사의 기본원칙) 제4항에 따라 해당 피고인에 대해 개인정보침해 시정 유도를 진행할 수 있다. 최종적으로 담당 조사관은 신고인에게 사실조사 및 조치 결과를 통보하게 된다. 개인정보침해 신고센터, https://privacy.kisa.or.kr/counsel/privacy/InfoUse.do?tab=tab4 참조.

49) 조정운영세칙 제18조 제3항.

50) 집단분쟁조정의 경우 정보주체와 개인정보처리자 외에 국가 및 지방자치단체, 개인정보

개인정보 침해 관련 사건이 접수되면, 보호위원회 사무국이 분쟁 원인인 사실관계를 확인하고 개인정보보호 관련 법령의 위반 여부를 실무 차원에서 법리검토를 한다.[51]

분쟁조정위원회는 당사자 일방으로부터 분쟁조정 신청을 받았을 때에는 그 신청내용을 상대방에게 알려야 한다.[52] 분쟁조정의 상대방, 즉 피신청인은 대체로 기업 등 개인정보처리자가 될 것이다.

개인정보처리자가 분쟁조정의 통지를 받은 경우, 즉 분쟁조정의 피신청인인 경우 특별한 사유가 없으면 분쟁조정에 응하여야 한다.[53] 개인정보처리자는 분쟁조정에 응하지 않기 위하여 특별한 사유를 제시하여야 할 것이다.[54] 특별한 사유가 있어 분쟁조정에 응하지 않으려는 경우에는 개인정보처리자는 분쟁조정의 통지를 받은 날부터 10일 이내에 그 사유를 명시하여 분쟁조정 불응 의사를 분쟁조정위원회에 알려야 한다.[55] 개인정보처리자가 분쟁조정의 통지를 받은 경우 특별한 사유가 없으면 의무적으로 분쟁조정에 응해야 하는 점에서, 개인정보 분쟁조정이 사실상 강제된다.

보호단체 및 기관도 분쟁조정위원회에 일괄적인 분쟁조정을 의뢰할 수 있다. 법 제49조 제1항.

51) 2022년 연차보고서 228면.

52) 법 제43조 제2항.

53) 법 제43조 제3항. 2023년 3월 14일 개정으로 강제적으로 분쟁조정을 응해야 하는 피신청인이 공공기관에서 개인정보처리자 전체로 확대되었다. 이는 2021년 페이스북에 대하여 신청된 집단분쟁조정 사건에서 페이스북이 자료요청에 응하지 않는 등 조정참여를 실질적으로 거부한 사실에 기인한다. 2022년 연차보고서 230면 참조. 동 개정규정은 이 법 시행, 즉 2023년 9월 15일 이후 분쟁조정 또는 집단분쟁조정이 신청되거나 의뢰되는 경우부터 적용한다. 법 부칙 제4조. 또한, 행정기관의 장은 민원의 신청을 받았을 때에는 다른 법령에 특별한 규정이 있는 경우를 제외하고는 그 접수를 보류하거나 거부할 수 없으며, 접수된 민원문서를 부당하게 되돌려 보내서는 아니 된다. 민원처리법 제9조 참조.

54) 2023년 5월 이 영의 입법예고 개정안은 특별한 사유를 다음과 같이 규정하였다: 1. 분쟁조정 신청인이 분쟁조정을 신청하기 이전에 해당 분쟁조정에 대한 소가 제기된 경우, 2. 동일한 분쟁조정이 합의, 확정판결, 다른 법률에 따른 분쟁조정기구에 의한 결정 등의 방법으로 이미 종결된 경우, 3. 당사자가 이미 분쟁조정위원회에서 심의·결정하였거나 조정 전 합의로 종결 처리한 사건을 다시 조정 신청한 경우, 4. 그 밖에 제1호부터 제3호까지에 준하는 경우라고 분쟁조정위원회가 인정하는 경우.

55) 영 제51조의2.

2. 조정 처리 기간

분쟁조정위원회는 분쟁조정 신청을 받은 날부터 60일 이내에 이를 심사하여 조정안을 작성하여야 한다.[56] 조정의 장점은 제3자인 조정인의 도움을 받아 당사자들이 협상을 통하여 그들의 분쟁을 자발적으로 해결하여 시간과 비용을 절감하는 것이다. 조정에 의한 분쟁의 신속한 해결을 도모하기 위하여 조정신청일로부터 60일 내에 조정안의 작성이 요구된다. 그러나, 부득이한 사정이 있는 경우에는 분쟁조정위원회의 의결로 조정의 처리기간이 연장될 수 있다.[57] 분쟁조정위원회의 의결을 거쳐 30일 이내의 범위에서 처리기간을 정하여 한 차례 연장할 수 있다.[58] 분쟁조정위원회가 조정의 처리기간을 연장한 경우에는 기간 연장의 사유와 그 밖의 기간 연장에 관한 사항을 신청인에게 알려야 한다.[59]

3. 자료의 요청 및 사실조사 등[60]

분쟁조정위원회는 분쟁조정 신청을 받았을 때에는 해당 분쟁의 조정을 위하여 필요한 자료를 분쟁당사자에게 요청할 수 있다.[61] 이 경우 분쟁당사자는 정당한 사유가 없으면 요청에 따라야 한다.[62]

---

56) 법 제44조 제1항.

57) 법 제44조 제1항 단서. 소비자분쟁조정위원회는 분쟁조정을 신청받은 날부터 30일 이내에 그 분쟁조정을 마쳐야 하는데, 정당한 사유가 있는 경우로서 30일 이내에 그 분쟁조정을 마칠 수 없는 경우에는 그 기간을 연장할 수 있다. 소비자기본법 제66조 제1항.

58) 조정운영세칙 제30조 제1항. 다만, 연장된 처리기간 내에 조정안을 작성할 수 없는 경우에는 신청인의 동의를 받아 의결을 거쳐 30일 이내의 범위에서 처리기간을 정하여 한 차례 추가 연장할 수 있다. 동 항 단서.

59) 법 제44조 제2항. 분쟁조정위원회의 요청에 따른 분쟁조정에 필요한 자료의 제출이 지체되는 경우 조정 처리기간이 연장될 수 있을 것이다.

60) 2023년 3월 14일 개정으로 분쟁조정위원회에 현장 출입과 자료 조사 등 사실조사 및 협조요청을 부여하는 법 제45조 제2항과 제3항 및 제4항이 신설되었다. 동 개정규정은 이 법 시행, 즉 2023년 9월 15일 이후 분쟁조정 또는 집단분쟁조정이 신청되거나 의뢰되는 경우부터 적용한다. 법 부칙 제4조.

61) 법 제45조 제1항 제1문.

62) 법 제45조 제1항 제2문.

분쟁조정위원회는 분쟁의 조정을 위하여 사실 확인이 필요한 경우에는 분쟁조정위원회의 위원 또는 대통령령으로 정하는 사무기구의 소속 공무원으로 하여금 사건과 관련된 장소에 출입하여 관련 자료를 조사하거나 열람하게 할 수 있다.63) '대통령령으로 정하는 사무기구'는 분쟁조정에 필요한 사무처리를 담당하는 보호위원회의 사무기구이다.64) 이 경우 분쟁당사자는 해당 조사·열람을 거부할 정당한 사유가 있을 때에는 그 사유를 소명하고 조사·열람에 따르지 아니할 수 있다.65) 분쟁조정위원회는 조사·열람을 하려는 경우에는 그 7일 전까지 조사·열람 대상자에게 다음 각호의 사항을 문서로 알려야 한다:66) 1. 조사·열람의 목적, 2. 조사·열람의 기간과 장소, 3. 조사·열람을 하는 사람의 직위와 성명, 4. 조사·열람의 범위와 내용, 5. 정당한 사유가 있는 경우 조사·열람을 거부할 수 있다는 사실, 6. 정당한 사유 없이 조사·열람을 거부·방해 또는 기피할 경우 불이익의 내용, 7. 그 밖에 분쟁조정을 위한 조사·열람에 필요한 사항.

분쟁조정위원회는 조사·열람을 할 때에는 분쟁당사자 또는 분쟁당사자가 지명하는 자가 입회하거나 의견을 진술하도록 요청할 수 있다.67) 이러한 조사·열람을 하는 위원 또는 공무원은 그 권한을 표시하는 증표를 지니고 이를 관계인에게 내보여야 한다.68)

분쟁조정위원회는 분쟁의 조정을 위하여 필요하다고 인정하면 관계 기관 등에 자료 또는 의견의 제출 등 필요한 협조를 요청할 수 있다.69) 분쟁조정위원회는 필요하다고 인정하면 분쟁당사자나 참고인을 동 위원회에 출석하도록

---

63) 법 제45조 제2항 제1문. 동 개정규정은 이 법 시행, 즉 2023년 9월 15일 이후 분쟁조정 또는 집단분쟁조정이 신청되거나 의뢰되는 경우부터 적용한다. 법 부칙 제4조.

64) 영 제51조의3 제1항.

65) 법 제45조 제2항 제2문.

66) 영 제51조의3 제2항. 다만, 조사·열람 목적을 침해할 우려가 있는 경우에는 미리 알리지 않을 수 있다. 영 제51조의3 제2항 단서.

67) 영 제51조의3 제3항.

68) 법 제45조 제3항. 동 개정규정은 이 법 시행, 즉 2023년 9월 15일 이후 분쟁조정 또는 집단분쟁조정이 신청되거나 의뢰되는 경우부터 적용한다. 법 부칙 제4조.

69) 법 제45조 제4항. 동 개정규정은 이 법 시행, 즉 2023년 9월 15일 이후 분쟁조정 또는 집단분쟁조정이 신청되거나 의뢰되는 경우부터 적용한다. 법 부칙 제4조.

하여 그 의견을 들을 수 있다.[70] 분쟁조정위원회는 그 의견을 들으려면 회의 일시 및 장소를 정하여 회의 개최 15일 전까지 분쟁당사자 또는 참고인에게 출석을 통지해야 한다.[71]

4. 진술의 원용 제한

조정절차에서의 의견과 진술은 소송(해당 조정에 대한 준재심은 제외한다)에서 원용(援用)하지 못한다.[72] 분쟁조정 당사자들이 조정절차에서 개진한 의견과 진술을 소송에서 원용하지 못하면 당사자들은 조정절차에서 합리적이고 상호 이익이 되는 해결을 추구하는데 최선을 다할 수 있다. 이는 당사자 중심의 사적자치가 실현되는 조정절차에서 일반적인 원칙이다. 조정절차에서 개진된 의견과 진술은 소송은 물론 중재 등 강제적인 분쟁해결절차에서도 원용하지 못하는 것이 바람직할 것이다.

5. 조정 전 합의 권고

분쟁조정위원회는 분쟁조정의 신청을 받았을 때에는 당사자에게 그 내용을 제시하고 조정의 수행 전에 합의를 권고할 수 있다.[73] 분쟁조정사건을 담당한 조사관이 당사자들의 의견을 듣고 관련 법령과 기존 분쟁조정사례 등을 참고하여 당사자들의 합의를 유도하는 것이다.[74]

---

70) 법 제45조 제5항.
71) 영 제51조의3 제4항.
72) 법 제45조의2. 동 규정은 2023년 3월 14일 개정으로 신설되었고, 이 법 시행 즉 2023년 9월 15일 이후 분쟁조정 또는 집단분쟁조정이 신청되거나 의뢰되는 경우부터 적용한다. 법 부칙 제4조.
73) 법 제46조.
74) 조정 전 합의는 사건 담당 조사관이 당사자들로부터 사건에 대한 의견을 듣고 법령상 문제가 있는지 확인하고 법령 위반 소지가 있다고 판단하는 경우 상대방에게 관련 법령과 유사 분쟁조정 사례 등을 설명하여 원만한 합의를 유도하는 것이다. 담당 조사관이 개인정보보호에 관한 법적 전문성과 함께 협상과 조정의 실무적 기법을 이해하고 있으면 조정 전 합의의 가능성이 높아질 것이다.

합의 권고에 따라 당사자들의 합의가 성립하면 조정사건은 종결된다. 당사자간 합의가 이루어진 때에는 당사자의 확인을 받은 후 합의이행이 있으면 사건이 종결된다.[75] 분쟁조정위원회의 조정서 작성 및 기명날인에 따른 조정 내용이 재판상 화해와 동일한 효력을 가지는 것과 달리 조정 전 합의는 민사상 화해가 된다. 조정 전 합의는 분쟁조정위원회에서 가장 많이 처리되고 있는 유형이다.[76]

6. 조정안의 작성 및 수락

당사자들 사이에서 조정 전 합의가 이루어지지 않으면, 5명 이내의 위원으로 구성되는 조정부 회의에 회부하여 법리적 판단을 하게 된다. 분쟁조정위원회는 사건 당사자들의 의견 청취, 증거 수집, 전문가 자문 등 필요한 절차를 거쳐 당사자들에게 합당한 조정안을 제시하게 된다. 분쟁조정위원회는 다음 각호의 어느 하나의 사항을 포함하여 조정안을 작성할 수 있다:[77] 1. 조사 대상 침해행위의 중지, 2. 원상회복, 손해배상, 그 밖에 필요한 구제조치, 3. 같거나 비슷한 침해의 재발을 방지하기 위하여 필요한 조치. 분쟁조정위원회는 위의 조정결정을 하는 경우 당사자에게 다음 각호에 따른 이행기간을 부여할 수 있다:[78] 1. 손해배상: 조정이 성립된 날부터 4주 이내, 2. 원상회복, 같거나 비슷한 침해의 재발을 방지하기 위하여 필요한 조치등의 이행 계획 수립 및 제출: 조정이 성립된 날부터 6주 이내.

---

75) 조정운영세칙 제24조 제1항.

76) 예컨대, 2021년 처리된 870건의 분쟁조정사건 중 233건은 조정부에 회부하여 조정안 제시 또는 기각 등으로 처리되거나 조정 전 합의로 처리되었다. 조정 전 합의 건수는 매년 증가하고 있는데, 2021년에는 147건으로 2020년 처리 77건 대비 91% 증가하였다. 2022년 연차보고서 229-230면.

77) 법 제47조 제1항. 신청인은 개인정보분쟁조정신청서에서 신청 내용으로 '침해행위의 중지, 손해배상, 원상회복, 재발방지를 위한 조치(제도개선), 그 밖에 필요한 구제조치'의 요구사항을 중복하여 선택할 수 있다. 그러나, 처벌, 벌금, 과태료의 요구는 분쟁조정의 범위에 포함되지 않는다. 개인정보의 열람, 정정, 삭제 등의 요구와 같은 적극적인 이행청구도 가능하다. 2020년 해설서 493면.

78) 조정운영세칙 제31조 제2항. 특별한 사정이 있는 경우에는 그에 상당한 기간으로 정할 수 있다. 동 항 단서.

분쟁조정위원회는 개인정보보호 관련 법령이 위반된 사안에서 개인정보 침해로 야기된 정신적 손해에 대하여 많은 경우 4주 이내에 십만원 또는 2십만원의 손해배상금 지급을 결정하였다.[79] 분쟁조정위원회의 조정안은 금전적 손해배상에 국한하지 않고 침해행위의 중지 등 사안별로 적절한 구제조치가 포함될 수 있다. 구제조치에는 개인정보 열람 요구, 정정 요구, 삭제 요구 등과 같은 정보주체의 적극적 권리행사도 포함될 수 있다. 또한, 제도 개선이 포함될 수 있다.[80]

분쟁조정위원회는 조정안을 작성하면 지체 없이 각 당사자에게 제시하여야 한다.[81] 분쟁조정위원회는 당사자에게 조정안을 제시할 때에는 조정안을 제시받은 날부터 15일 이내에 수락 여부를 알리지 않으면 조정을 수락한 것으로 본다는 사실을 알려야 한다.[82] 조정안을 제시받은 당사자는 조정안을 거부하려는 경우에는 조정안을 제시받은 날부터 15일 이내에 인편, 등기우편 또는 전자우편의 방법으로 그 의사를 분쟁조정위원회에 알려야 한다.[83] 조정안을 제시받은 당사자가 제시받은 날부터 15일 이내에 수락 여부를 알리지 아니하면 조정을 수락한 것으로 본다.[84] 따라서, 조정이 수락될 가능성이 높아질 것이다.

---

79) 2019 개인정보분쟁조정사례집 참조. 예컨대, 이동통신서비스 가입자인 신청인이 이동통신사인 피신청인을 상대로 제기한 분쟁조정사건에서 신청인이 개인정보 활용 동의서에 동의한 내용에 피신청인이 비즈링 서비스를 위탁처리한다는 내용이 포함되지 않았음에도 신청인 휴대전화에 부가서비스로 비즈링이 적용되어 매월 3,500원씩 4개월 여 동안 17,389원의 요금이 자동인출되어 정보통신서비스 제공자는 이용자의 개인정보를 수탁자가 수집·이용 등 행위를 할 수 있도록 업무를 위탁하는 경우 수탁업무 내용 등을 이용자에게 알리고 동의를 받도록 요구한 정보통신망법 제25조 제1항의 위반이 판단되었고, 당사자들은 '167,389원'의 손해배상금의 지급을 내용으로 하는 조정안을 수락하였다. 동 금액은 신청인의 정신적 고통과 17,398원의 재산적 손해를 포함한 것이다. 2019 개인정보분쟁조정사례집 32-36면 참조.

80) 예컨대, 분쟁조정위원회는 피신청인이 민원업무 처리 시 개인정보를 안전하게 관리할 수 있도록 업무처리 절차를 개선하고, 소속 직원을 대상으로 개선된 절차에 대한 교육을 실시하도록 결정하였고, 이러한 조정안을 당사자들이 수락하여 조정이 성립되었다. 2019 개인정보분쟁조정사례집 73-75면 참조.

81) 법 제47조 제2항.

82) 영 제51조의4 제1항.

83) 영 제51조의4 제2항.

84) 법 제47조 제3항. 2023년 3월 14일 개정으로 조정의 '거부'가 '수락'으로 개정되었다. 동 개정규정은 이 법 시행, 즉 2023년 9월 15일 이후 분쟁조정 또는 집단분쟁조정이 신청

당사자가 조정내용을 수락한 경우(당사자가 조정안을 제시받은 날부터 15일 이내에 수락 여부를 알리지 않아 수락한 것으로 보는 경우를 포함한다) 분쟁조정위원회는 조정서를 작성하고, 분쟁조정위원회의 위원장과 각 당사자가 기명날인 또는 서명을 한 후 조정서 정본을 지체 없이 각 당사자 또는 그 대리인에게 송달하여야 한다.[85] 다만, 당사자가 조정안을 제시받은 날부터 15일 이내에 수락 여부를 알리지 않아 수락한 것으로 보는 경우 각 당사자의 기명날인 및 서명을 생략할 수 있다.[86]

7. 조정의 거부 및 중지

분쟁조정위원회는 분쟁의 성질상 동 위원회에서 조정하는 것이 적합하지 아니하다고 인정하거나 부정한 목적으로 조정이 신청되었다고 인정하는 경우에는 그 조정을 거부할 수 있다.[87] 예컨대, 분쟁조정위원회에 조정을 위하여 제기된 분쟁이 개인정보에 관련되지 않거나, 악의에 의한 지속적인 조정의 신청이거나, 사안의 내용과 성격이 합의나 조정으로 해결되기에 어려운 경우이다. 이 경우 분쟁조정위원회는 조정 거부의 사유 등을 신청인에게 알려야 한다.[88] 분쟁조정위원회는 신청된 조정사건에 대한 처리절차를 진행하던 중에 한쪽 당사자가 소를 제기하면 그 조정의 처리를 중지하고 이를 당사자에게 알려야 한다.[89]

8. 조정의 효력

당사자가 수락한 조정의 내용은 재판상 화해와 동일한 효력을 갖는다.[90]

되거나 의뢰되는 경우부터 적용한다. 법 부칙 제4조.
85) 법 제47조 제4항. 동 개정규정은 이 법 시행, 즉 2023년 9월 15일 이후 분쟁조정 또는 집단분쟁조정이 신청되거나 의뢰되는 경우부터 적용한다. 법 부칙 제4조.
86) 법 제47조 제4항 단서.
87) 법 제48조 제1항 제1문.
88) 법 제48조 제1항 제2문.
89) 법 제48조 제2항.
90) 법 제47조 제5항.

즉 민사소송법상 확정판결과 동일한 효력을 갖는다. 조정의 성립에도 불구하고 동 내용을 이행하지 않을 경우에 「각종 분쟁조정위원회 등의 조정조서 등에 대한 집행문 부여에 관한 규칙」[91]에 따라 법원으로부터 집행문을 부여받아 강제집행을 할 수 있다.[92] 조정이 성립되어 재판상 화해의 효력이 인정되면 기판력이 발생하여 다시 소송을 제기하여 다툴 수 없다.

9. 조정 운영 상황[93]

분쟁조정위원회가 2021년 처리한 분쟁조정 건수는 870건인데, 2020년 처리 431건 대비 102% 증가하였다. 2021년 처리한 870건의 분쟁조정사건 중 233건은 조정부에 회부하여 조정안 제시 또는 기각 등으로 처리되거나 조정 전 합의로 처리되었고, 637건은 상담과정에서 해결되었거나 신청인 취하 등으로 종결되었다. 조정 전 합의 건수는 매년 증가하고 있는데, 2021년에는 147건으로 2020년 처리 77건 대비 91% 증가하였다.

2021년 분쟁조정위원회가 조정을 진행한 214건의 경우 당사자 모두 조정안을 수락하여 조정이 성립된 5건과 사실조사 과정에서 당사자들 사이에서 조정 전 합의가 된 147건 등 152건의 분쟁이 해결되어 조정성립율은 71%이다.

분쟁조정위원회가 2021년 처리한 분쟁조정 사건 중에서 가장 많은 침해유형은 '동의 없는 개인정보 수집·이용'으로서 113건이다.[94] 2020년 처리한 동일 유형의 64건 대비 76.6% 증가하였다. 다음으로 '목적 외 이용 또는 제3자 제공'으로서 86건,[95] '동의 철회·열람 또는 정정 요구 등 불응'으로서 79건,[96]

---

91) 대법원규칙 제1768호.

92) 동 규칙은 민사집행법이 적용 또는 준용되지 아니하는 법률의 규정에 의하여 재판상 화해와 동일한 효력이 있는 문서에 대한 집행문의 부여절차 기타 필요한 사항을 규정함을 목적으로 한다. 동 규칙 제1조.

93) 분쟁조정위원회의 분쟁조정 운영상황은 보호위원회가 발간하는 개인정보보호 연차보고서와 분쟁조정위원회 홈페이지(https://www.kopico.go.kr/main/main.do)에 게시되는 '개인정보 분쟁조정사건 처리통계'에서 확인할 수 있다. 2021년 분쟁조정사건 처리는 2022년 연차보고서 229-232면 참조.

94) 주요 사례는 정보주체의 동의 없이 결제계좌정보 등의 변경, 미취업청년 취업장려금 지급시 개인정보의 과다한 수집, 보험금 청구에 대한 조사를 위하여 보험금 지급 현황 등의 임의 조회를 포함한다.

'개인정보 훼손·침해 또는 누설'으로서 34건,[97] '개인정보보호 기술적·관리적·물리적 조치 미비'로서 23건, '보유기간 경과 또는 목적 달성 후 미파기'로서 21건이다. 위의 침해 사례에 포함하기 어려운 '기타 개인정보 침해' 사례는 2021년 494건으로서 2020년 175건 대비 182% 대폭 증가하였는데, 그만큼 개인정보의 침해 양상이 복잡하고 다양해지는 현실을 반영한다.[98]

개인정보 분쟁조정사건의 신청대상, 즉 피신청인은 민간부문이 공공부문에 비교하여 압도적으로 많다. 2021년 분쟁조정위원회가 처리한 870건의 분쟁조정사건 중에서 공공부문은 불과 66건을 차지하였다.[99] 민간부문에서는 식당 등 소상공인 업종, 정보통신 업종 및 보험/금융 업종이 절대적으로 다수를 차지하였다. 보다 구체적으로는, 식당 등 소상공인 273건, 이동통신사업자 65건, 보험회사 61건, 기타 정보통신사업자 47건, 게임사업자 41건, 온라인 쇼핑몰 40건, 백화점 등 유통업 28건, 제조업 28건, 인터넷 포털 등 26건, 비영리단체 23건, 사설학원 등 사교육 23건, 통신판매중개업 19건, 아파트 관리사무소 18건, 대부업체 등 기타 금융 17건, 의료기관 17건, 은행 14건, 카드사 11건, 디지털콘텐츠유통업자 10건, 운송·택배업 10건, 여행·숙박업 10건, 부동산 중개업이 6건을 차지하였다.

---

95) 주요 사례는 신청인의 개인영상정보의 행정소송 증거자료로 법원에 제공, 동의 없이 개인정보의 수사기관에 제공, 개인정보가 포함된 보도자료의 동의 없이 배포를 포함한다.

96) 주요 사례는 개인정보 열람 및 가명처리 정지 요구, 보유기간 경과한 개인정보 파기 요구, 아파트 입주민 개인정보를 제공하지 않은 행위에 대한 시정 요구, 은행 업무 처리장면이 촬영된 CCTV 열람 요청 거부 취소 요구를 포함한다.

97) 주요 사례는 지방자치단체 직원의 신청인 전입사실의 제3자에게 유출, 기초생활수급자의 동의 없이 수급계좌의 변경, 보험사에서 신청인의 주민등록번호의 착오 입력을 포함한다.

98) 주요 사례는 버스 내부에 설치된 고정형 영상정보처리기기의 녹음기능의 사용, 개인정보 수집 출처 등을 알리지 않고 개인정보 이용내역도 통지하지 않음, 개인정보 침해와 관련 없는 임대차계약 분쟁, 가맹점 사업 관련 분쟁을 포함한다.

99) 이 중에서 기초지자체가 20건이다.

■ III. 개인정보 집단분쟁조정

개인정보의 침해는 종종 수천 건에서 수천만 건에 이르는 개인정보 유출 및 오·남용 사건이 되는데, 이러한 집단적인 개인정보 침해에 대한 피해자인 정보주체와 가해자인 개인정보처리자의 개별적인 분쟁조정은 많은 시간과 비용을 중복적으로 초래하게 된다. 이렇게 개인정보 침해가 다수의 정보주체에게 동일하거나 유사하게 발생한 경우 동일한 개인정보처리자에 대한 다수의 정보주체가 일괄적으로 조정을 통하여 분쟁을 효율적으로 신속하게 해결할 필요가 있다. 이 법은 개인정보 관련 분쟁의 집단조정을 통한 해결을 규정한다. 그러나, 개인정보 관련 분쟁의 집단조정은 다수의 개인정보 침해에 대한 결과적인 높은 수준의 손해배상 결정으로 개인정보처리자인 피신청인이 조정결정을 거부할 경향이 농후하다.[100]

집단분쟁조정의 절차 등에 관하여 필요한 사항은 대통령령으로 정한다.[101] 이 법 및 이 영에서 규정한 사항 외에 집단분쟁조정을 위하여 필요한 사항, 즉 분쟁조정 세칙은 분쟁조정위원회의 의결을 거쳐 동 위원회 위원장이 정한다.[102] 분쟁조정위원회의 집단분쟁조정 절차에 관하여 이 법에서 규정하지 아니한 사항에 대하여는 민사조정법을 준용한다.[103]

---

100) 분쟁조정위원회의 개인정보 집단분쟁조정 절차 등에 관하여 https://www.privacy.go.kr/front/contents/cntntsView.do?contsNo=48 참조. 소비자기본법에 따라 설치된 소비자분쟁조정위원회는 일반분쟁조정과 집단분쟁조정을 수행하는데, 2019년 일반분쟁조정사건은 3,392건 접수되었고, 집단분쟁조정사건은 7건 접수되었다. 이렇게 일반분쟁조정사건의 접수건수는 매년 3천 건 전후가 되는데, 집단분쟁조정사건은 2017년 5건, 2018년 11건, 2019년 7건이 접수되었다. 2019 소비자 피해구제 연보 254면.
101) 법 제49조 제8항.
102) 영 제57조.
103) 법 제50조 제2항.

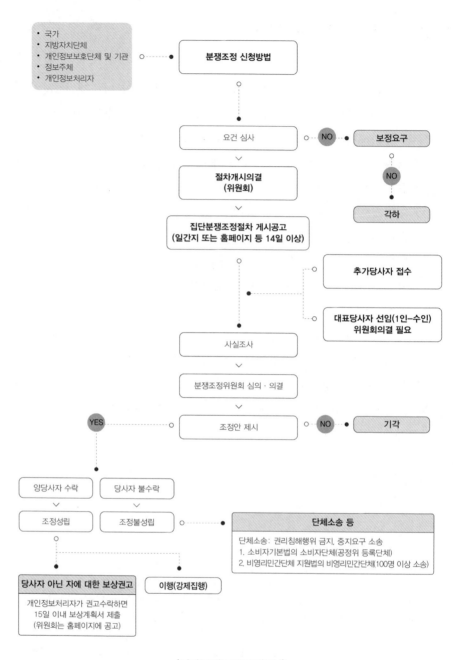

- 국가
- 지방자치단체
- 개인정보보호단체 및 기관
- 정보주체
- 개인정보처리자

분쟁조정 신청방법

요건 심사 ○─ NO ─● 보정요구

절차개시의결
(위원회)

NO

각하

집단분쟁조정절차 게시공고
(일간지 또는 홈페이지 등 14일 이상)

추가당사자 접수

대표당사자 선임(1인~수인)
위원회의결 필요

사실조사

분쟁조정위원회 심의 · 의결

YES ○─ 조정안 제시 ─○ NO ─● 기각

양당사자 수락   당사자 불수락

조정성립   조정불성립

단체소송 등

단체소송: 권리침해행위 금지, 중지요구 소송
1. 소비자기본법의 소비자단체(공정위 등록단체)
2. 비영리민간단체 지원법의 비영리민간단체(100명 이상 소송)

당사자 아닌 자에 대한 보상권고

개인정보처리자가 권고수락하면
15일 이내 보상계획서 제출
(위원회는 홈페이지에 공고)

이행(강제집행)

〈집단분쟁조정절차〉104)

---

104) 개인정보 포털, https://www.privacy.go.kr/front/contents/cntntsView.do?contsNo=

1. 집단분쟁조정의 신청

국가 및 지방자치단체, 개인정보 보호단체 및 기관, 정보주체, 개인정보처리자는 정보주체의 피해 또는 권리침해가 다수의 정보주체에게 같거나 비슷한 유형으로 발생하는 경우로서 대통령령으로 정하는 사건에 대하여는 분쟁조정위원회에 일괄적인 분쟁조정, 즉 집단분쟁조정을 의뢰 또는 신청할 수 있다.[105] 신청인등은 집단분쟁을 의뢰 또는 신청하고자 하는 때에는 다음 각 호의 사항을 기재한 집단분쟁조정 신청서를 서면 또는 분쟁조정업무시스템을 통하여 분쟁조정위원회에 제출하여야 한다:[106] 1. 신청인의 성명, 주소, 전화번호 및 전자우편 주소(의뢰 또는 신청기관의 명칭 및 대표자 성명), 2. 피신청인의 명칭 또는 상호, 주소, 전화번호, 홈페이지 주소 등, 3. 사건의 개요 및 신청취지와 사유, 4. 대표당사자의 성명, 전자우편 주소, 전화번호 및 선임하는 사실을 증명하는 서면(대표당사자를 선임하려는 경우). 집단분쟁을 의뢰 또는 신청하는 내용의 민원서류가 분쟁조정위원회에 접수된 경우 그 내용이 법령에 따라 조정절차에 의해 처리함이 타당하다고 인정되는 때에는 적법하게 집단분쟁이 의뢰 또는 신청된 것으로 본다.[107]

(1) 집단분쟁조정 사건

집단분쟁조정의 대상이 될 수 있는 사건은 정보주체의 피해 또는 권리침해가 다수의 정보주체에게 같거나 비슷한 유형으로 발생하는 경우로서 다음 각호의 요건을 모두 갖추어야 한다. 첫째 요건으로서 피해 또는 권리침해를 입은 정보주체의 수가 다음 각 목의 정보주체를 제외하고 50명 이상이어야 한다:[108] 가. 개인정보처리자와 분쟁해결이나 피해보상에 관한 합의가 이루어진 정보주

---

48 참조.
105) 법 제49조 제1항.
106) 조정운영세칙 제37조 제1항.
107) 조정운영세칙 제37조 제2항.
108) 영 제52조 제1호.

체, 나. 동일한 사안으로 다른 법령에 따라 설치된 분쟁조정기구에서 분쟁조정 절차가 진행 중인 정보주체, 다. 해당 개인정보 침해로 인한 피해에 대하여 법원에 소를 제기한 정보주체. 둘째 요건으로서 사건의 중요한 쟁점이 사실상 또는 법률상 공통되어야 한다.[109] 중요한 쟁점은 개인정보 침해로 인한 피해 원인이나 결과 등을 가리킨다.

(2) 집단분쟁조정 신청자

분쟁조정위원회에게 집단분쟁조정을 의뢰 또는 신청할 수 있는 자는 국가 및 지방자치단체, 개인정보 보호단체 및 기관, 정보주체, 개인정보처리자이다.[110]

2. 집단분쟁조정 절차

(1) 집단분쟁조정 절차의 개시 및 공고

집단분쟁조정을 의뢰받거나 신청받은 분쟁조정위원회는 그 의결로써 집단분쟁조정의 절차를 개시할 수 있다.[111] 이 경우 분쟁조정위원회는 14일 이상의 기간 동안 그 절차의 개시를 공고하여야 한다.[112] 집단분쟁조정 절차의 개시공고는 분쟁조정위원회의 인터넷 홈페이지 및 전국을 보급지역으로 하는 일반일간신문에 게재하는 방법으로 한다.[113]

---

109) 영 제52조 제2호.
110) 법 제49조 제1항.
111) 법 제49조 제2항 제1문.
112) 법 제49조 제2항 제2문 및 영 제53조 제1항.
113) 영 제53조 제2항. 일반일간신문은 정치·경제·사회·문화 등에 관한 보도·논평 및 여론 등을 전파하기 위하여 매일 발행하는 간행물이다. 신문법 제2조 제1호 가목.

(2) 집단분쟁조정 절차의 참가

분쟁조정위원회는 집단분쟁조정의 당사자가 아닌 정보주체 또는 개인정보처리자로부터 그 분쟁조정의 당사자에 추가로 포함될 수 있도록 하는 신청을 받을 수 있다.[114] 집단분쟁조정의 당사자가 아닌 정보주체 또는 개인정보처리자가 추가로 집단분쟁조정의 당사자로 참가하려면 집단분쟁조정 절차의 개시에 관한 공고기간에 문서로 참가 신청을 하여야 한다.[115] 집단분쟁조정의 당사자 참가 신청을 받은 분쟁조정위원회는 참가 신청기간이 끝난 후 10일 이내에 참가 인정 여부를 서면으로 알려야 한다.[116]

(3) 대표당사자의 선임

분쟁조정위원회는 그 의결로써 집단분쟁조정의 당사자 중에서 공동의 이익을 대표하기에 가장 적합한 1인 또는 수인을 대표당사자로 선임할 수 있다.[117] 분쟁조정위원회는 다수의 당사자들을 상대하지 않고 소수의 대표당사자를 상대로 조정절차를 보다 효율적으로 진행할 수 있게 된다. 공동의 이익을 대표하기에 가장 적합하면 될 것이어서 집단분쟁조정의 원래의 당사자는 물론 추가로 당사자로 포함된 정보주체나 개인정보처리자도 대표당사자로 선임될 수 있다. 분쟁조정위원회는 변호사가 각 신청인을 모두 대리하여 집단분쟁조정을 의뢰 또는 신청한 경우 대표당사자를 선임하지 아니할 수 있다.[118]

(4) 집단분쟁조정 절차의 중지

분쟁조정위원회에 의한 조정의 진행 중에 일방 당사자가 소를 제기하면 그

---

114) 법 제49조 제3항.
115) 영 제54조 제1항.
116) 영 제54조 제2항.
117) 법 제49조 제4항.
118) 조정운영세칙 제41조.

조정의 절차는 중지된다.[119] 그러나, 집단분쟁조정의 경우 분쟁조정위원회는 당사자인 다수의 정보주체 중 일부의 정보주체가 법원에 소를 제기한 경우에는 그 절차를 중지하지 아니하고, 소를 제기한 일부의 정보주체를 그 절차에서 제외한다.[120]

집단분쟁조정 절차가 개시된 후 다음 각 목의 하나에 해당하게 된 정보주체는 당사자에서 제외된다:[121] 가. 개인정보처리자와 분쟁해결이나 피해보상에 관한 합의가 이루어진 정보주체, 나. 같은 사안으로 다른 법령에 따라 설치된 분쟁조정기구에서 분쟁조정 절차가 진행 중인 정보주체, 다. 해당 개인정보 침해로 인한 피해에 대하여 법원에 소를 제기한 정보주체. 분쟁조정위원회는 집단분쟁조정 절차가 개시되고 나면 그 후 집단분쟁조정 당사자 중 일부가 개인정보처리자와 분쟁해결이나 피해보상에 관한 합의가 이루어진 정보주체, 같은 사안으로 다른 법령에 따라 설치된 분쟁조정기구에서 분쟁조정 절차가 진행 중인 정보주체, 해당 개인정보 침해로 인한 피해에 대하여 법원에 소를 제기한 정보주체가 되어서 당사자로서 결격되어도 집단분쟁조정 절차를 중지하지 아니한다.[122]

(5) 집단분쟁조정 기간

집단분쟁조정의 기간은 절차개시 공고가 종료된 날의 다음 날부터 60일 이내로 한다.[123] 부득이한 사정이 있는 경우에는 분쟁조정위원회의 의결로 처리기간이 연장될 수 있다.[124] 집단분쟁조정의 처리기간이 분쟁조정위원회의 의결에 따라 연장될 수 있어도, 신속한 분쟁해결이라는 조정의 취지를 고려할 때, 예컨대 2회에 한하여 각각 30일의 범위에서 연장이 가능하게 하는 등의 제한이 필요할 것이다.[125]

---

119) 법 제48조 제2항.
120) 법 제49조 제6항.
121) 영 제55조 제1항 및 제52조 제1호.
122) 영 제55조 제2항 및 제52조.
123) 법 제49조 제7항.
124) 법 제49조 제7항 단서.
125) 소비자 관련 집단분쟁조정은 원칙적으로 절차의 개시 공고가 종료한 날의 다음 날부터

3. 집단분쟁조정의 효력

(1) 집단분쟁조정의 효력

분쟁조정위원회의 조정으로 결정된 내용은 당사자들에게 통보되고 당사자들은 통보를 받은 날로부터 15일 이내에 분쟁조정의 내용에 대한 수락 여부를 동 위원회에 통보하여야 한다.[126] 당사자들이 15일 이내에 수락 여부를 알리지 않으면 조정을 수락한 것으로 본다.[127] 당사자들이 조정 내용을 수락하여 조정이 성립된 경우 그 조정 내용은 일반 분쟁조정사건과 같이 재판상 화해와 동일한 효력이 있다.[128] 다수의 정보주체 중 일부만이 조정을 수락하는 경우 해당 수락한 정보주체에 대하여 재판상 화해의 효력이 미친다.[129]

(2) 보상계획서 작성

분쟁조정위원회는 개인정보처리자가 분쟁조정위원회의 집단분쟁조정의 내용을 수락한 경우에는 집단분쟁조정의 당사자가 아닌 자로서 피해를 입은 정보주체에 대한 보상계획서를 작성하여 동 위원회에 제출하도록 권고할 수 있다.[130] 보상계획서 제출을 권고받은 개인정보처리자는 그 권고를 받은 날부터 15일 이내에 권고의 수락여부를 통지하여야 한다.[131] 집단분쟁조정 절차에 참

30일 이내에 마쳐야 한다. 소비자기본법 제68조 제7항.

126) https://www.kopico.go.kr/intro/disputeMediatIntro.do 참조.

127) 법 제47조 제3항 참조.

128) 법 제47조 제5항 참조.

129) 2020년 해설서 501면.

130) 법 제49조 제5항. 참고로 소비자기본법에 따라 소비자분쟁조정위원회는 사업자가 동 위원회의 집단분쟁조정의 내용을 수락한 경우 집단분쟁조정의 당사자가 아닌 자로서 피해를 입은 소비자에 대한 보상계획서를 작성하여 동 위원회에 제출하도록 권고할 수 있다. 소비자기본법 제68조 제5항. 소비자분쟁조정위원회로부터 보상계획서 제출을 권고받은 사업자는 그 권고를 받은 날부터 15일 이내에 권고의 수락여부를 동 위원회에 알려야 한다. 소비자기본법 시행령 제60조.

131) 개인정보 포털, https://www.privacy.go.kr/front/contents/cntntsView.do?contsNo=

가하지 못한 정보주체가 보상계획서에 따라 피해보상을 받을 수 있도록 분쟁조정위원회 위원장은 해당 사업자가 제출한 보상계획서를 일정한 기간 동안 인터넷 홈페이지 등을 통해 알릴 수 있다.[132]

4. 집단분쟁조정 운영 상황

이 법의 시행 이후 2016년까지 7건의 집단분쟁조정 사건이 접수되었고, 2021년 페이스북 가입자 181명이 페이스북을 상대로 손해배상을 요구하는 집단분쟁조정을 신청하였다.[133] 분쟁조정위원회는 조정절차 개시 결정 후 추가 당사자 신청접수와 사실확인 등을 거쳐 조정안을 작성하여 양 당사자에게 제시하였다. 페이스북이 자료요청에 응하지 않는 등 조정 참여를 실질적으로 거부하고, 조정안을 수락하지도 않아 조정이 성립하지 않았다.

---

48 참조.

132) 개인정보 포털, https://www.privacy.go.kr/front/contents/cntntsView.do?contsNo= 48 참조.

133) 2022년 연차보고서 230면 참조.

개인정보 침해는 종종 다수의 정보주체에게 발생하는데, 이들 다수 정보주체가 개별적으로 개인정보처리자를 상대로 소송을 제기하는 것은 현실적으로 많은 어려움을 야기할 것이다. 효율적인 분쟁 해결을 위하여 일정한 자격을 갖춘 단체가 당사자 적격을 부여받아 정보주체를 위하여 소송을 수행하게 할 필요가 인정된다. 이 법은 소비자기본법 제8장 제4절에 규정된 소비자단체소송에 유사한 개인정보 단체소송을 규정한다.

단체소송에 관하여 이 법에 특별한 규정이 없는 경우에는 민사소송법을 적용한다.[134] 단체소송의 허가결정이 있는 경우에는 민사집행법 제4편에 따른 보전처분을 할 수 있다.[135] 단체소송의 절차에 관하여 필요한 사항은 대법원규칙으로 정한다.[136] 개인정보 단체소송에 관하여 단체소송규칙에 특별한 규정이 없는 때에는 민사소송규칙을 적용한다.[137]

1. 단체소송의 제기

(1) 원고 적격

개인정보처리자가 집단분쟁조정을 거부하거나 집단분쟁조정의 결과를 수락하지 아니한 경우에는 일정한 요건에 부합하는 단체는 법원에 권리침해 행위의 금지·중지를 구하는 소송 즉 단체소송을 제기할 수 있다.[138] 이러한 단체소송을 제기할 수 있는 단체는 다음과 같다. 첫째, 소비자기본법 제29조에 따

---

134) 법 제57조 제1항.

135) 법 제57조 제2항.

136) 법 제57조 제3항. 2011년 9월 28일 「개인정보 단체소송규칙」('단체소송규칙')이 제정되어 2011년 9월 30일 시행되었다. 2007년 11월 28일 제정된 대법원규칙 제2117호인 소비자단체소송규칙은 2008년 1월 1일 시행되었다.

137) 단체소송규칙 제2조.

138) 법 제51조.

라 공정거래위원회에 등록한 소비자단체로서 다음 각 목의 요건을 모두 갖춘 단체이다:139) 가. 정관에 따라 상시적으로 정보주체의 권익증진을 주된 목적으로 하는 단체일 것, 나. 단체의 정회원수가 1천명 이상일 것, 다. 소비자기본법 제29조에 따른 등록 후 3년이 경과하였을 것. 둘째, 비영리민간단체지원법 제2조에 따른 비영리민간단체로서 다음 각 목의 요건을 모두 갖춘 단체이다:140) 가. 법률상 또는 사실상 동일한 침해를 입은 100명 이상의 정보주체로부터 단체소송의 제기를 요청받을 것, 나. 정관에 개인정보보호를 단체의 목적으로 명시한 후 최근 3년 이상 이를 위한 활동실적이 있을 것, 다. 단체의 상시 구성원수가 5천명 이상일 것, 라. 중앙행정기관에 등록되어 있을 것.

위의 소비자단체나 비영리민간단체는 법원의 허가를 받아 다른 단체와 개인정보처리자 사이에 계속 중인 개인정보 단체소송에 공동소송인으로 참가할 수 있다.141) 이때 공동소송참가신청서와 공동소송참가허가신청서는 법 제54조 제1항의 소장과 소송허가신청서로 본다. 이 경우 개인정보처리자가 분쟁조정위원회의 조정을 거부하거나 조정결과를 수락하지 아니하였을 것이 요구되지 않는다.142)

---

139) 법 제51조 제1호. 소비자기본법 제29조 제1항은 소비자단체가 특히 물품 등의 규격·품질·안전성·환경성에 관한 시험·검사 및 가격 등을 포함한 거래조건이나 거래방법에 관한 조사·분석의 업무를 수행하고, 소비자의 불만 및 피해를 처리하기 위한 상담·정보제공 및 당사자 사이의 합의의 권고를 수행하며, 물품 및 용역에 대하여 전반적인 소비자문제를 취급할 것을 요구한다.

140) 법 제51조 제2호. 비영리민간단체지원법 제2조는 비영리민간단체를 영리가 아닌 공익활동을 수행하는 것을 주된 목적으로 하는 민간단체로서 다음의 요건을 갖춘 단체라고 정의한다: 1. 사업의 직접 수혜자가 불특정 다수일 것, 2. 구성원 상호간에 이익분배를 하지 아니할 것, 3. 사실상 특정정당 또는 선출직 후보를 지지·지원 또는 반대할 것을 주된 목적으로 하거나, 특정 종교의 교리전파를 주된 목적으로 설립·운영되지 아니할 것, 4. 상시 구성원수가 100인 이상일 것, 5. 최근 1년 이상 공익활동실적이 있을 것, 6. 법인이 아닌 단체일 경우에는 대표자 또는 관리인이 있을 것.

141) 단체소송규칙 제12조 제1항. 법원의 단체소송 허가에 관하여 법 제55조 제1항 참조. 소송목적이 일방당사자와 제3자에게 합일적으로 확정되어야 할 경우 그 제3자는 공동소송인으로 소송에 참가할 수 있다. 민사소송법 제83조 제1항.

142) 단체소송규칙 제12조 제2항. 법 제54조 제2항 제2호와 제55조 제1항 제1호 참조.

(2) 조정전치주의

단체소송의 대상이 되는 개인정보처리자의 행위는 분쟁조정위원회의 집단조정의 거부 또는 동 조정결과의 수락 거부이다.[143] 개인정보처리자는 집단분쟁조정으로 개인정보 관련 분쟁이 해결되지 않으면 단체소송을 감수할 수밖에 없다. 반대로 단체소송을 제기하기 위하여는 개인정보 집단분쟁조정 절차를 거쳐야 한다.

2. 단체소송의 청구범위

단체소송은 개인정보처리자의 권리침해 행위의 금지·중지를 구하는 소송이다.[144] 단체소송의 청구범위는 권리침해 행위의 금지·중지이지만, 집단분쟁조정의 대상은 정보주체의 피해 또는 권리침해이다.

단체소송이 권리침해 행위의 금지·중지를 청구하는 점에서 손해배상은 청구범위에 해당하지 않는다. 개인정보의 유출 등으로 인한 손해배상의 청구나 권리의 침해 이전으로 원상회복의 청구는 단체소송을 통하여 제기할 수 없을 것이다. 이러한 원상회복이나 손해배상의 청구는 민사소송으로 가능하다.[145]

한국소비자원 등 소비자단체는 사업자가 소비자의 권익증진 관련 기준의 준수를 요구하는 소비자기본법 제20조를 위반하여 소비자의 생명·신체 또는 재산에 대한 권익을 직접적으로 침해하고 그 침해가 계속되는 경우에 법원에 소비자권익침해행위의 금지·중지를 구하는 소비자단체소송을 제기할 수 있다.[146] 소비자단체소송과 비교할 때 이 법의 단체소송의 대상은 집단분쟁조정의 거부 또는 동 결과의 수락 거부인 점에서 간결하다고 볼 수 있다.

---

143) 법 제51조. 원고가 청구의 기초가 바뀌지 않는 한도 안에서 청구의 취지 또는 원인을 바꿀 때에는 소송허가 신청과 단체소송 허가에 관한 법 제54조와 제55조의 규정을 적용하지 아니한다. 단체소송규칙 제13조.

144) 법 제51조.

145) 2020년 해설서 511면.

146) 소비자기본법 제70조.

3. 전속관할

단체소송의 소는 피고의 주된 사무소 또는 영업소가 있는 곳, 주된 사무소나 영업소가 없는 경우에는 주된 업무담당자의 주소가 있는 곳의 지방법원 본원 합의부의 관할에 전속한다.[147] 외국사업자의 경우 전속관할은 대한민국에 있는 이들의 주된 사무소·영업소 또는 업무담당자의 주소에 따라 정한다.[148]

4. 소송대리인의 선임

개인정보 단체소송의 원고는 변호사를 소송대리인으로 선임하여야 한다.[149] 개인정보 단체소송에서 원고가 변호사를 소송대리인으로 선임하도록 요구되는 것은 다수의 정보주체가 원고가 되는 등 소송이 복잡하여 법적 전문성이 요구되고 단체소송의 남용을 방지하려는 것이다.

원고의 소송대리인 전원이 사망 또는 사임하거나 해임된 때에는 원고가 새로운 소송대리인을 선임할 때까지 소송절차가 중지된다.[150] 원고 소송대리인 전원의 사망, 사임 또는 해임을 이유로 소송절차가 중지된 경우 법원은 원고에게 1개월 이상의 기간을 정하여 변호사를 선임할 것을 명하여야 한다.[151] 원고가 법원의 명령을 받고도 정해진 기간 내에 변호사를 선임하지 아니한 때에는 법원은 결정으로 소를 각하하여야 한다.[152] 이러한 소 각하의 결정에 대하여는 즉시항고를 할 수 있다.[153]

---

147) 법 제52조 제1항.
148) 법 제52조 제2항. 이 목적으로 국내대리인이 활용될 수 있을 것이다. 법 제31조의2 참조.
149) 법 제53조. 참고로 「증권관련 집단소송법」은 동 소송의 원고와 피고 모두에게 변호사를 소송대리인으로 선임하도록 요구한다. 동 법 제5조 제1항.
150) 단체소송규칙 제11조 제1항.
151) 단체소송규칙 제11조 제2항.
152) 단체소송규칙 제11조 제3항.
153) 단체소송규칙 제11조 제4항.

5. 소송허가신청

단체소송을 제기하는 단체는 소장과 함께 소송허가신청서를 법원에 제출하여야 한다.[154] 소장은 다음의 사항을 기재하여야 한다:[155] 1. 원고 및 그 소송대리인, 2. 피고, 3. 청구의 취지와 원인. 소송허가신청서는 다음의 사항을 기재하여야 한다:[156] 1. 원고 및 그 소송대리인, 2. 피고, 3. 정보주체의 침해된 권리의 내용. 소송허가신청서에는 다음의 자료를 첨부하여야 한다:[157] 1. 소제기단체가 단체소송을 제기할 수 있는 요건[158]을 갖추고 있음을 소명하는 자료, 2. 개인정보처리자가 조정을 거부하였거나 조정결과를 수락하지 아니하였음을 증명하는 서류. 소비자단체는 소송허가신청서에 다음의 자료 등을 붙여야 한다:[159] 1. 단체의 정관, 2. 단체의 정회원수가 1천명 이상임을 소명할 수 있는 자료, 3. 소비자기본법 제29조에 따라 소비자단체로 등록한 사실 및 등록일자를 소명하는 서면. 비영리민간단체는 소송허가신청서에 다음의 자료 등을 붙여야 한다:[160] 1. 단체의 정관, 2. 개인정보보호와 관련된 최근 3년간의 활동실적, 3. 단체의 상시 구성원수가 5천명 이상임을 소명할 수 있는 자료, 4. 중앙행정기관에 등록되어 있음을 소명하는 서면, 5. 단체소송의 제기를 요청한 정보주체의 이름·주소와 연락처(전화번호·팩시밀리번호 또는 전자우편주소 등을 말한다), 6. 정보주체들이 단체소송의 제기를 요청한 서면(각 정보주체별 침해 내용과 서명 또는 날인 포함하여야 한다). 소송허가신청서의 부본은 소장부본과 함께 피고에게 송달한다.[161]

---

154) 법 제54조 제1항.
155) 단체소송규칙 제4조.
156) 법 제54조 제1항. 이 법이 요구한 세 가지 사항에 더하여 '허가신청의 취지와 원인'이 기재되어야 한다. 단체소송규칙 제5조 제3호.
157) 법 제54조 제2항.
158) 법 제51조 참조.
159) 단체소송규칙 제6조 제1항. 법 제51조 제1호 참조.
160) 단체소송규칙 제6조 제2항. 법 제51조 제2호 참조.
161) 단체소송규칙 제8조.

6. 소송허가요건 등

법원은 다음의 요건을 모두 갖춘 경우에 한하여 결정으로 단체소송을 허가한다:[162] 1. 개인정보처리자가 분쟁조정위원회의 조정을 거부하거나 조정결과를 수락하지 아니하였을 것, 2. 소송허가신청서의 기재사항에 흠결이 없을 것. 소송허가신청서의 기재사항 및 소송허가신청서에 붙일 서류에 흠이 있는 때에는 재판장은 상당한 기간을 정하여 그 기간 이내에 흠을 보정하도록 명하여야 한다.[163] 원고가 재판장의 명령에도 불구하고 흠을 보정하지 아니한 때에는 법원은 결정으로 단체소송을 불허가한다.[164] 법원은 소송허가 여부를 결정하기 위하여 필요하다고 인정하는 때에는 원고의 대표자, 피용자, 회원 또는 구성원, 피고 및 정보주체 등을 심문할 수 있다.[165]

소송허가결정서 및 소송불허가결정서에는 다음의 사항을 기재하고 결정을 한 법관이 기명날인하여야 한다:[166] 1. 원고 및 그 소송대리인, 2. 피고, 3. 주문, 4. 이유. 소송불허가결정서의 이유에는 흠결이 있는 소송허가요건을 명시하여야 한다.[167] 소송허가결정 및 소송불허가결정은 그 결정등본을 원고와 피고에게 송달하여야 한다.[168] 소송불허가결정이 확정된 때에는 단체소송이 제기되지 아니한 것으로 본다.[169] 단체소송을 허가하거나 불허가하는 결정에 대하여는 즉시 항고할 수 있다.[170]

7. 변론의 병합

동일한 법원에 청구의 기초와 피고인 개인정보처리자가 같은 여러 개의 개

---

162) 법 제55조 제1항.
163) 단체소송규칙 제7조 제1항.
164) 단체소송규칙 제7조 제2항.
165) 단체소송규칙 제9조.
166) 단체소송규칙 제10조 제1항.
167) 단체소송규칙 제10조 제2항.
168) 단체소송규칙 제10조 제3항.
169) 단체소송규칙 제10조 제4항.
170) 법 제55조 제2항.

인정보 단체소송이 계속 중인 때에는 이를 병합하여 심리하여야 한다.[171] 다만, 심리상황이나 그 밖의 사정을 고려하여 병합심리가 타당하지 아니한 때에는 그러하지 아니하다.[172]

8. 확정판결의 효력

원고의 청구를 기각하는 판결이 확정된 경우 이와 동일한 사안에 관하여는 단체소송을 제기할 수 있는 다른 단체는 단체소송을 제기할 수 없다.[173] 그러나, 다음 각 호의 어느 하나에 해당하는 경우에는 청구기각판결이 확정되어도 동일한 사안에 관하여 다른 단체도 단체소송을 제기할 수 있다:[174] 1. 판결이 확정된 후 그 사안과 관련하여 국가·지방자치단체 또는 국가·지방자치단체가 설립한 기관에 의하여 새로운 증거가 나타난 경우, 2. 기각판결이 원고의 고의로 인한 것임이 밝혀진 경우.

---

171) 단체소송규칙 제14조.
172) 단체소송규칙 제14조 단서.
173) 법 제56조.
174) 법 제56조 단서.

Chapter

10

벌칙

이 법의 주된 수범자인 개인정보처리자는 의도적이든 아니든 이 법의 규정을 위반할 수 있다. 이 법은 관련 규정의 위반에 대하여 손해배상책임과 함께 다양한 벌칙을 정한다. 2011년 9월 30일 이 법의 시행 이후 지속적으로 드러난 개인정보 침해를 극복하면서 이 법의 위반에 대한 처벌의 수위도 높아졌다. 개인정보 처리에서 정보주체의 보호와 함께 개인정보처리자의 개인정보 활용이 제한되지 않도록 균형의 관점에서 벌칙 수준이 적절한지 지속적인 검토가 필요하다.

■ I. 형사처벌

　　징역과 벌금의 형사처벌은 정보주체의 개인정보자기결정권을 상실하게 하
거나 개인정보보호의 안전과 신뢰를 심각하게 저해하는 경우와 같이 정보주체
의 중대한 권리와 이익의 침해에 대하여 부과된다. 원칙적으로 이 법의 위반에
따른 형사처벌의 주된 대상은 개인정보처리자이고, 벌칙 규정은 위반이 되는
조문을 명시하여 해당 조문의 이행의무자인 개인정보처리자가 처벌 대상임을
명확하게 한다. 개인정보처리자가 개인이 아닌 경우에는 실제로 개인정보를 처
리한 자도 처벌을 받는다.

1. 형사처벌 내용

　　형사처벌은 위반행위의 사회에 미치는 악영향과 정보주체의 피해 정도를
고려하여 다음과 같이 네 가지 벌칙 수준으로 구성된다: 1. 10년 이하의 징역
또는 1억원 이하의 벌금, 2. 5년 이하의 징역 또는 5천만원 이하의 벌금, 3. 3
년 이하의 징역 또는 3천만원 이하의 벌금, 4. 2년 이하의 징역 또는 2천만원

이하의 벌금. 형사처벌은 대체로 이 법의 명시적 위반에 대하여 부과되지만, 그러한 사정 즉 그 위반된 사실을 알면서도 영리 또는 부정한 목적으로 개인정보를 제공받은 자도 형사처벌을 받는다.[1]

조문	위반행위	벌칙
법 제70조	1. 공공기관의 개인정보 처리업무를 방해할 목적으로 공공기관에서 처리하고 있는 개인정보를 변경하거나 말소하여 공공기관의 업무 수행의 중단·마비 등 심각한 지장을 초래한 자 2. 거짓이나 그 밖의 부정한 수단이나 방법으로 다른 사람이 처리하고 있는 개인정보를 취득한 후 이를 영리 또는 부정한 목적으로 제3자에게 제공한 자와 이를 교사·알선한 자	10년 이하 징역 또는 1억원 이하 벌금
법 제71조	1. 제17조 제1항 제2호에 해당하지 아니함에도 같은 항 제1호(제26조 제8항에 따라 준용되는 경우를 포함한다)를 위반하여 정보주체의 동의를 받지 아니하고 개인정보를 제3자에게 제공한 자 및 그 사정을 알면서도 개인정보를 제공받은 자 2. 제18조 제1항·제2항, 제27조 제3항 또는 제28조의2(제26조 제8항에 따라 준용되는 경우를 포함한다), 제19조 또는 제26조 제5항을 위반하여 개인정보를 이용하거나 제3자에게 제공한 자 및 그 사정을 알면서도 영리 또는 부정한 목적으로 개인정보를 제공받은 자 3. 제22조의2 제1항(제26조 제8항에 따라 준용되는 경우를 포함한다)을 위반하여 법정대리인의 동의를 받지 아니하고 만 14세 미만인 아동의 개인정보를 처리한 자 4. 제23조 제1항(제26조 제8항에 따라 준용되는 경우를 포함한다)을 위반하여 민감정보를 처리한 자 5. 제24조 제1항(제26조 제8항에 따라 준용되는 경우를 포함한다)을 위반하여 고유식별정보를 처리한 자 6. 제28조의3 제1항(제26조 제8항에 따라 준용되는 경우를 포함한다)을 위반하여 보호위원회	5년 이하 징역 또는 5천만원 이하 벌금

---

1) 법 제71조 제1호, 제2호, 제7호 및 제72조 제2호.

	또는 관계 중앙행정기관의 장으로부터 전문기관으로 지정받지 아니하고 가명정보를 결합한 자 7. 제28조의3 제2항(제26조 제8항에 따라 준용되는 경우를 포함한다)을 위반하여 전문기관의 장의 승인을 받지 아니하고 결합을 수행한 기관 외부로 결합된 정보를 반출하거나 이를 제3자에게 제공한 자 및 그 사정을 알면서도 영리 또는 부정한 목적으로 결합된 정보를 제공받은 자 8. 제28조의5 제1항(제26조 제8항에 따라 준용되는 경우를 포함한다)을 위반하여 특정 개인을 알아보기 위한 목적으로 가명정보를 처리한 자 9. 제59조 제2호를 위반하여 업무상 알게 된 개인정보를 누설하거나 권한 없이 다른 사람이 이용하도록 제공한 자 및 그 사정을 알면서도 영리 또는 부정한 목적으로 개인정보를 제공받은 자 10. 제59조 제3호를 위반하여 다른 사람의 개인정보를 이용, 훼손, 멸실, 변경, 위조 또는 유출한 자	
법 제72조	1. 제25조 제5항(제26조 제8항에 따라 준용되는 경우를 포함한다)을 위반하여 고정형 영상정보처리기기의 설치 목적과 다른 목적으로 고정형 영상정보처리기기를 임의로 조작하거나 다른 곳을 비추는 자 또는 녹음기능을 사용한 자 2. 법 제59조 제1호를 위반하여 거짓이나 그 밖의 부정한 수단이나 방법으로 개인정보를 취득하거나 개인정보 처리에 관한 동의를 받는 행위를 한 자 및 그 사정을 알면서도 영리 또는 부정한 목적으로 개인정보를 제공받은 자 3. 법 제60조를 위반하여 직무상 알게 된 비밀을 누설하거나 직무상 목적 외에 이용한 자	3년 이하 징역 또는 3천만원 이하 벌금
법 제73조 제1항	1. 제36조 제2항(제26조 제8항에 따라 준용되는 경우를 포함한다)을 위반하여 정정·삭제 등 필요한 조치를 하지 아니하고 개인정보를 계속 이용하거나 이를 제3자에게 제공한 자 2. 제37조 제2항(제26조 제8항에 따라 준용되는 경우를 포함한다)을 위반하여 개인정보의 처리를 정지하지 아니하고 개인정보를 계속 이용하거나 제3자에게 제공한 자	2년 이하 징역 또는 2천만원 이하 벌금

3. 국내외에서 정당한 이유 없이 제39조의4에 따른 비밀유지명령을 위반한 자[2])
4. 제63조 제1항(제26조 제8항에 따라 준용되는 경우를 포함한다)에 따른 자료제출 요구에 대하여 법 위반사항을 은폐 또는 축소할 목적으로 자료제출을 거부하거나 거짓의 자료를 제출한 자
5. 제63조 제2항(제26조 제8항에 따라 준용되는 경우를 포함한다)에 따른 출입·검사 시 자료의 은닉·폐기, 접근 거부 또는 위조·변조 등을 통하여 조사를 거부·방해 또는 기피한 자

2. 양벌규정

실제로 개인정보처리자를 위하여 대표자, 대리인, 사용인, 종업원 등 개인이 개인정보를 처리한다. 일정한 경우에 개인정보의 처리행위자인 이들 개인은 물론 개인정보처리자도 처벌되게 하는 것이 양벌규정이다. 양벌규정은 이 법을 위반한 행위자인 개인과 함께 그 감독자인 개인정보처리자를 처벌하여 개인정보보호의 경각심을 높이고자 한다. 그러나, 사용인 등의 법 위반에 대하여 비난받을 만한 행위가 있었는지 여부, 즉 '선임감독상의 과실(기타 … 귀책사유)이 인정'되는 경우가 확인되는 등 형사법의 책임주의에 따라 개인정보처리자는 해당 업무에 관하여 상당한 주의와 감독을 게을리한 경우에 처벌된다.[3]) 양벌규정이 적용되는 위반행위는 법 제70조, 법 제71조, 법 제72조, 법 제73조에서 규정한다.

---

2) 비밀유지명령을 신청한 자의 고소가 없으면 공소를 제기할 수 없다. 법 제73조 제2항.
3) 법 제74조 제1항과 제2항의 단서. 양벌규정의 형사법상 책임원칙의 요건에 관하여 헌재 2007.11.29. 2005헌가10 참조. 형사법상 책임주의는 책임없는 자에게 형벌을 부과할 수 없다는 원칙이다.

조문	위반행위	벌칙
법 제74조 제1항	법인의 대표자나 법인 또는 개인의 대리인, 사용인[4]), 그 밖의 종업원이 그 법인 또는 개인의 업무에 관하여 법 제70조에 해당하는 위반행위[5])를 하면 그 행위자를 벌하는 외에 그 법인 또는 개인도 처벌[6])	7천만원 이하의 벌금
법 제74조 제2항	법인의 대표자나 법인 또는 개인의 대리인, 사용인, 그 밖의 종업원이 그 법인 또는 개인의 업무에 관하여 법 제71조부터 법 제73조까지의 어느 하나에 해당하는 위반행위[7])를 하면 그 행위자를 벌하는 외에 그 법인 또는 개인도 처벌[8])	해당 조문의 벌금형

양벌규정의 적용을 위하여 구체적인 사안에서 법인이 상당한 주의 또는 관리감독 의무를 게을리하였는지 여부는 당해 위반행위와 관련된 모든 사정, 즉 '당해 법률의 입법 취지, 처벌조항 위반으로 예상되는 법익 침해의 정도, 그 위반행위에 관하여 양벌규정을 마련한 취지 등은 물론 위반행위의 구체적인 모습과 그로 인하여 실제 야기된 피해 또는 결과의 정도, 법인의 영업 규모 및 행위자에 대한 감독가능성 또는 구체적인 지휘감독관계, 법인이 위반행위 방지를 위하여 실제 행한 조치 등'을 전체적으로 종합하여 판단하여야 한다.[9]

---

4) 근로계약에 따라 근로를 제공하고 그 대가를 받는 임직원을 통상적으로 사용인이라고 한다.

5) 법 제70조는 다음 각 호의 어느 하나에 해당하는 자를 10년 이하의 징역 또는 1억원 이하의 벌금에 처하도록 규정한다: 1. 공공기관의 개인정보 처리업무를 방해할 목적으로 공공기관에서 처리하고 있는 개인정보를 변경하거나 말소하여 공공기관의 업무 수행의 중단·마비 등 심각한 지장을 초래한 자, 2. 거짓이나 그 밖의 부정한 수단이나 방법으로 다른 사람이 처리하고 있는 개인정보를 취득한 후 이를 영리 또는 부정한 목적으로 제3자에게 제공한 자와 이를 교사·알선한 자.

6) 법인 또는 개인이 그 위반행위를 방지하기 위하여 해당 업무에 관하여 상당한 주의와 감독을 게을리하지 아니한 경우에는 처벌하지 아니한다. 법 제74조 제1항 단서.

7) 법 제71조에 따라 법 제23조 제1항(제26조 제8항에 따라 준용되는 경우를 포함한다)을 위반하여 민감정보를 처리한 자 등은 5년 이하의 징역 또는 5천만원 이하의 벌금에 처한다. 법 제72조에 따라 법 제60조를 위반하여 직무상 알게 된 비밀을 누설하거나 직무상 목적 외에 이용한 자 등은 3년 이하의 징역 또는 3천만원 이하의 벌금에 처한다. 법 제73조에 따라 법 제37조 제2항(제26조 제8항에 따라 준용되는 경우를 포함한다)을 위반하여 개인정보의 처리를 정지하지 아니하고 계속 이용하거나 제3자에게 제공한 자 등은 2년 이하의 징역 또는 2천만원 이하의 벌금에 처한다.

8) 법인 또는 개인이 그 위반행위를 방지하기 위하여 해당 업무에 관하여 상당한 주의와 감독을 게을리하지 아니한 경우에는 부과하지 아니한다. 법 제74조 제2항 단서.

9) 대법원 2010.7.8. 선고 2009도6968 판결. 법원은 양벌규정의 실효성 확보 및 취지에 비

3. 몰수 · 추징

2014년 1월 드러난 카드 3사 개인정보 유출사고와 같은 대형 개인정보 유출이 빈발하는 등 개인정보보호에 대한 인식 수준이 낮은 상황임을 고려하여 개인정보 관련 범죄에 대한 제재수준을 강화하고자, 2015년 7월 24일 개정으로 이 법의 특정 위반행위로 취득한 부정한 이익을 적극적으로 환수하기 위하여 몰수와 추징의 규정이 신설되었다.

형사처벌을 규정한 법 제70조부터 제73조까지 적용을 받는 자가 해당 위반행위와 관련하여 취득한 금품이나 그 밖의 이익은 몰수할 수 있으며, 이를 몰수할 수 없을 때에는 그 가액을 추징할 수 있다.[10] 이 경우 몰수 또는 추징은 다른 벌칙에 부가하여 과할 수 있다.[11]

몰수는 범죄행위와 관계있는 일정한 물품을 압수하여 국고에 귀속시키는 처분이다.[12] 몰수는 형식상 형벌의 일종이지만, 그 실제 목적은 범죄에 의한 부당한 이익을 갖게 하지 않겠다는 것이다. 추징은 몰수할 수 있는 물건의 전부 또는 일부가 소비되었거나 분실 기타 이유로 몰수할 수 없게 된 경우에 그 물건에 상당한 가액을 징수하는 것이다.[13] 추징의 목적도 범죄에 의하여 생긴 불법한 이익을 범인에게 귀속시키지 아니하기 위한 것이다.

추어 정보통신망법 제75조의 "상당한 정도의 주의와 감독이란 법인이 사용인의 위반행위를 방지하기 위하여 기울여야 하는 해당 업무에 관한 고도의 주의와 감독이라고 할 것인" 점 등에 비추어 피고인 회사가 직원들을 상대로 교육을 하는 등 일반적이고 추상적인 감독을 한 것만으로는 정보통신망법 제75조 단서의 면책사유에 해당한다고 보기 어렵다고 판시하였다. 서울서부지방법원 2012.4.5. 선고 2012노10 판결. 당시 정보통신망법 제75조는 법 제74조와 유사한 규정이다.

10) 법 제74조의2 제1문.

11) 법 제74조의2 제2문.

12) 현암사 1088면. 몰수할 것인지의 여부는 법원의 재량에 맡겨져 있는데, '범죄로 얻은 수익, 물건 중 범죄 실행과 관련된 부분의 별도 분리 가능성, 물건의 실질적 가치와 범죄와의 상관성 및 균형성' 등 제반 사정이 고려되어야 한다. 대법원 2013.5.23. 선고 2012도11586 판결.

13) 현암사 1088면.

■ II. 과징금

　　과징금은 중요한 법적 의무의 불이행에 대하여 행정청이 부과하는 금전적 행정벌이다. 과징금은 행정법상 의무 이행 확보 수단으로서 행정 제재적 요소와 부당이득 환수적 요소를 동시에 가지고 있다.[14] 2023년 3월 14일 개정에서 과징금의 부과에 관한 제64조의2가 신설되어 과징금의 부과 근거가 통합되고, 과징금 상한액 기준이 '위반행위 관련'에서 '전체 매출액'으로 상향 조정되었다.[15] 또한, 법 제64조의2는 과징금이 개인정보처리자의 책임의 범위를 벗어나 과도하게 부과되지 않도록 비례성과 효과성을 확보하고, 안전조치 노력 정도, 피해회복조치 정도, 업무형태와 규모 등을 종합적으로 고려할 것을 요구한다.[16]

■ 표.23 공공기관 대비 민간 사업자에 대한 과징금 처분 건수[17] (단위: 건, 천원)

구분		2017	2018	2019	2020	-21.09	계
공공	건수	0	2	1	2	0	5
	금액	0	34,055	30,380	33,750	0	98,185
민간	건수	2	5	16	22	15	60
	금액	344,500	1,003,250	2,260,200	9,374,420	7,047,775	20,030,145

---

14) 현암사 859면. 과징금은 형사법상 금전적 제재수단인 벌금과 구별된다.

15) 보호위원회는 가명정보 처리 시 금지의무를 위반하거나(법 제28조의6 제1항) 주민등록번호의 유출 등(법 제34조의2 제1항)에 관하여 또한 정보통신서비스 제공자등에게도 이 법의 주요 규정 위반(법 제39조의15 제1항)에 관하여 과징금을 부과할 수 있었으나, 2023년 3월 14일 개정으로 이들 개별적인 과징금 부과 근거 규정은 삭제되었다. 또한, 이 법 시행, 즉 2023년 9월 15일 전에 종료된 위반행위에 대한 과징금의 부과는 법 제64조의2의 개정규정에도 불구하고 종전의 법 제28조의6, 법 제34조의2 및 법 제39조의15에 따른다. 이 법 시행 당시 종료되지 아니한 위반행위에 대한 과징금의 부과는 법 제64조의2의 개정규정에 따른다. 각각 법 부칙 제8조 제1항과 제2항.

16) 2021년 개정안 설명자료 56-58면 참조.

17) 2018년 이후 2021년 9월까지 개인정보 유출(안전조치 미비)에 대하여 과징금 부과 건수와 금액이 가장 크다. 2021년 개정안 설명자료 59면 참조.

1. 과징금 산정

보호위원회는 법 제64조의2 제1항의 9개 호의 경우 해당 개인정보처리자에게 전체 매출액의 100분의 3을 초과하지 아니하는 범위에서 과징금을 부과할 수 있다.[18] 전체 매출액은 위반행위가 있었던 사업연도('해당사업연도') 직전 3개 사업연도의 해당 개인정보처리자의 연평균 매출액으로 한다.[19] 해당사업연도의 첫날 현재 사업을 개시한지 3년이 되지 않은 경우에는 그 사업개시일부터 직전 사업연도 말일까지의 매출액을 연평균 매출액으로 환산한 금액으로 하며, 해당사업연도에 사업을 개시한 경우에는 사업개시일부터 위반행위일까지의 매출액을 연매출액으로 환산한 금액으로 한다.[20]

매출액이 없거나 매출액의 산정이 곤란한 경우로서 대통령령으로 정하는 경우에는 20억원을 초과하지 아니하는 범위에서 과징금을 부과할 수 있다.[21] '대통령령으로 정하는 경우'는 다음 각 호의 어느 하나에 해당하는 경우를 말한다:[22] 1. 다음 각 목의 어느 하나에 해당하는 사유로 영업실적이 없는 경우: 가. 영업을 개시하지 않은 경우, 나. 영업을 중단한 경우, 다. 수익사업을 영위하지 않는 등 가목 및 나목에 준하는 경우, 2. 재해 등으로 인하여 매출액 산

---

18) 법 제64조의2 제1항. 과징금은 법 제64조의2 제2항부터 제5항까지를 고려하여 산정하되, 구체적인 산정기준과 산정절차는 영 [별표 1의5]와 같다. 법 제64조의2 제6항과 영 제60조의2 제6항. 보호위원회는 2023년 7월 12일 ㈜엘지유플러스에게 고객 휴대전화번호, 성명, 주소, 생년월일, 이메일주소, 아이디, USIM고유번호 등 개인정보 297,117건 (중복제거시)의 유출에 대하여 과징금 68억45만2천원과 과태료 2,700만원을 부과하였다. 유출된 데이터와 가장 일치하는 데이터를 보관하는 시스템은 일부 부가서비스 제공 과정에서 고객인증과 부가서비스 가입·해지 기능을 제공하는 고객인증 시스템(CAS)이어서, 동 과징금은 전체 매출액이 아닌 부가서비스 관련 매출액을 기준으로 산정되었다. 보호위원회, "개인정보위, ㈜엘지유플러스 개인정보 유출사고에 대해 과징금 68억 원, 과태료 2,700만 원 및 시정명령 부과", 보도자료(2023.7.12.). 2023년 3월 14일 개정으로 이 사건이 전체 매출액을 기준으로 과징금이 결정될 경우, 그 금액은 상당한 수준이 될 것이다.

19) 영 제60조의2 제1항.

20) 영 제60조의2 제1항 단서.

21) 법 제64조의2 제1항 단서.

22) 영 제60조의2 제2항.

정자료가 소멸되거나 훼손되는 등 객관적인 매출액의 산정이 곤란한 경우. 이러한 범위의 기준은 상한선이어서, 실제로 부과될 과징금은 낮아질 수 있다.

보호위원회는 과징금을 부과하려면 전체 매출액에서 위반행위와 관련이 없는 매출액을 제외한 매출액을 기준으로 과징금을 산정한다.[23] 위반행위와 관련이 없는 매출액은 전체 매출액 중 다음 각 호의 어느 하나에 해당하는 금액으로 한다:[24] 1. 개인정보의 처리와 관련이 없는 재화 또는 서비스의 매출액, 2. 영 제60조의2 제4항에 따라 제출받은 자료 등에 근거하여 보호위원회가 위반행위로 인하여 직접 또는 간접적으로 영향을 받는 재화 또는 서비스의 매출액이 아닌 것으로 인정하는 매출액. 보호위원회는 위의 매출액 산정 등을 위하여 재무제표 등의 자료가 필요한 경우 20일 이내의 기간을 정하여 해당 개인정보처리자에게 관련 자료의 제출을 요청할 수 있다.[25]

조문	위반행위	과징금
법 제64조의2	1. 제15조 제1항, 제17조 제1항, 제18조 제1항·제2항(제26조 제8항에 따라 준용되는 경우를 포함한다) 또는 제19조를 위반하여 개인정보를 처리한 경우 2. 제22조의2 제1항(제26조 제8항에 따라 준용되는 경우를 포함한다)을 위반하여 법정대리인의 동의를 받지 아니하고 만 14세 미만인 아동의 개인정보를 처리한 경우 3. 제23조 제1항 제1호(제26조 제8항에 따라 준용되는 경우를 포함한다)를 위반하여 정보주체의 동의를 받지 아니하고 민감정보를 처리한 경우 4. 제24조 제1항·제24조의2 제1항(제26조 제8항에 따라 준용되는 경우를 포함한다)을 위반하여 고유식별정보 또는 주민등록번호를 처리한 경우 5. 제26조 제4항에 따른 관리·감독 또는 교육을 소홀히 하여 수탁자가 이 법의 규정을 위반한 경우 6. 제28조의5 제1항(제26조 제8항에 따라 준용되는 경우를 포함한다)을 위반하여 특정 개인을 알아보기 위한 목적으로 정보를 처리한 경우 7. 제28조의8 제1항(제26조 제8항 및 제28조의11에 따라 준	전체 매출액의 100분의 3을 초과하지 아니하는 범위

---

23) 법 제64조의2 제2항.

24) 영 제60조의2 제3항.

25) 영 제60조의2 제4항.

용되는 경우를 포함한다)을 위반하여 개인정보를 국외로 이전한 경우

8. 제28조의9 제1항(제26조 제8항 및 제28조의11에 따라 준용되는 경우를 포함한다)을 위반하여 국외 이전 중지 명령을 따르지 아니한 경우

9. 개인정보처리자가 처리하는 개인정보가 분실·도난·유출·위조·변조·훼손된 경우. 다만, 개인정보가 분실·도난·유출·위조·변조·훼손되지 아니하도록 개인정보처리자가 제29조(제26조 제8항에 따라 준용되는 경우를 포함한다)에 따른 안전성 확보에 필요한 조치를 다한 경우에는 그러하지 아니하다.

EU GDPR ───────────────────────────────────

GDPR은 다음과 같이 두 가지 경우의 과징금 부과를 규정한다. 정보사회서비스와 관련하여 아동의 동의에 적용되는 조건에 관한 제8조 등의 위반에 대하여 직전 회계연도 전세계 연간 총매출액의 2% 이하 또는 1천만 유로 이하 중 높은 금액으로 과징금이 부과될 수 있다.[26] 또한, 처리의 적법성에 관한 제6조 등의 위반에 대하여 직전 회계연도 전세계 연간 총매출액의 4% 이하 또는 2천만 유로 이하 중 높은 금액으로 과징금이 부과될 수 있다.[27]

2. 과징금 부과 방법

보호위원회는 과징금을 부과하려면 개인정보처리자가 정당한 사유 없이 매출액 산정자료의 제출을 거부하거나 거짓의 자료를 제출한 경우에는 해당 개인정보처리자의 전체 매출액을 기준으로 산정하되 해당 개인정보처리자 및 비슷한 규모의 개인정보처리자의 개인정보 보유 규모, 재무제표 등 회계자료, 상품·용역의 가격 등 영업현황 자료에 근거하여 매출액을 추정할 수 있다.[28]

보호위원회는 과징금을 부과하려면 위반행위에 상응하는 비례성과 침해 예

---

26) EU GDPR 제83조 제4항.

27) EU GDPR 제83조 제5항.

28) 법 제64조의2 제3항.

방에 대한 효과성이 확보될 수 있도록 다음 각 호의 사항을 고려하여야 한다:[29] 1. 위반행위의 내용 및 정도, 2. 위반행위의 기간 및 횟수, 3. 위반행위로 인하여 취득한 이익의 규모, 4. 암호화 등 안전성 확보 조치 이행 노력, 5. 개인정보가 분실·도난·유출·위조·변조·훼손된 경우 위반행위와의 관련성 및 분실·도난·유출·위조·변조·훼손의 규모, 6. 위반행위로 인한 피해의 회복 및 피해 확산 방지 조치의 이행 여부, 7. 개인정보처리자의 업무 형태 및 규모, 8. 개인정보처리자가 처리하는 개인정보의 유형과 정보주체에게 미치는 영향, 9. 위반행위로 인한 정보주체의 피해 규모, 10. 개인정보 보호 인증, 자율적인 보호 활동 등 개인정보 보호를 위한 노력, 11. 보호위원회와의 협조 등 위반행위를 시정하기 위한 조치 여부.

보호위원회는 다음 각 호의 어느 하나에 해당하는 사유가 있는 경우에는 과징금을 부과하지 아니할 수 있다:[30] 1. 지급불능·지급정지 또는 자본잠식 등의 사유로 객관적으로 과징금을 낼 능력이 없다고 인정되는 경우, 2. 본인의 행위가 위법하지 아니한 것으로 잘못 인식할 만한 정당한 사유가 있는 경우, 3. 위반행위의 내용·정도가 경미하거나 산정된 과징금이 소액인 경우, 4. 그 밖에 정보주체에게 피해가 발생하지 아니하였거나 경미한 경우로서 대통령령으로 정하는 사유가 있는 경우. '대통령령으로 정하는 사유가 있는 경우'는 해당 개인정보처리자가 위반행위를 시정하고 보호위원회가 정하여 고시하는 기준에 해당되는 경우이다.[31]

보호위원회가 과징금을 부과하려는 경우에는 해당 위반행위를 조사·확인한 후 위반사실·부과금액·이의 제기 방법 및 이의 제기 기간 등을 서면으로 명시하여 과징금 부과대상자에게 통지해야 한다.[32] 통지를 받은 자는 통지를 받은 날부터 30일 이내에 보호위원회가 지정하는 금융기관에 과징금을 납부해야 한다.[33]

---

29) 법 제64조의2 제4항.
30) 법 제64조의2 제5항.
31) 영 제60조의2 제5항.
32) 영 제60조의3 제1항.
33) 영 제60조의3 제2항. 과징금의 납부를 받은 금융기관은 과징금을 납부한 자에게 영수증을 발급해야 한다. 영 제60조의3 제3항. 금융기관이 과징금을 수납한 때에는 지체 없이

보호위원회는 과징금의 납부기한을 「행정기본법」 제29조 및 같은 법 시행령 제7조에 따라 연기하는 경우에는 원래 납부기한의 다음 날부터 2년을 초과할 수 없다.[34] 보호위원회는 과징금을 「행정기본법」 제29조 및 같은 법 시행령 제7조에 따라 분할 납부하게 하는 경우에는 각 분할된 납부기한 간의 간격은 6개월을 초과할 수 없으며, 분할 횟수는 6회를 초과할 수 없다.[35] 보호위원회는 과징금을 내야 할 자가 납부기한까지 이를 내지 아니하면 납부기한의 다음 날부터 내지 아니한 과징금의 연 100분의 6에 해당하는 가산금을 징수한다.[36] 보호위원회는 과징금을 내야 할 자가 납부기한까지 내지 아니한 경우에는 기간을 정하여 독촉하고, 독촉으로 지정한 기간 내에 과징금과 가산금을 내지 아니하면 국세강제징수의 예에 따라 징수한다.[37]

보호위원회는 법원의 판결 등의 사유로 부과된 과징금을 환급하는 경우에는 과징금을 낸 날부터 환급하는 날까지의 기간에 대하여 금융회사 등의 예금 이자율 등을 고려하여 대통령령으로 정하는 이자율을 적용하여 계산한 환급가산금을 지급하여야 한다.[38] 보호위원회는 법원의 판결에 따라 과징금 부과처분이 취소되어 그 판결이유에 따라 새로운 과징금을 부과하는 경우에는 당초 납부한 과징금에서 새로 부과하기로 결정한 과징금을 공제한 나머지 금액에 대해서만 환급가산금을 계산하여 지급한다.[39]

그 사실을 보호위원회에 통보해야 한다. 영 제60조의3 제4항.

34) 영 제60조의4 제1항. 영 제60조의4 제1항 및 제2항에서 규정한 사항 외에 과징금 납부 기한 연기 및 분할 납부 신청 등에 필요한 사항은 보호위원회가 정하여 고시한다. 영 제 60조의4 제3항. 과징금 납부 의무자는 과징금 납부기한을 연기하거나 과징금을 분할 납 부하려는 경우에는 납부기한 10일 전까지 과징금 납부기한의 연기나 과징금의 분할 납 부를 신청하는 문서에 사유를 증명하는 서류를 첨부하여 행정청에 신청해야 한다. 행정 기본법 시행령 제7조 제1항 참조.

35) 영 제60조의4 제2항.

36) 법 제64조의2 제7항 제1문. 이 경우 가산금을 징수하는 기간은 60개월을 초과하지 못한 다. 법 제64조의2 제7항 제2문.

37) 법 제64조의2 제8항.

38) 법 제64조의2 제9항. '대통령령으로 정하는 이자율'은 「국세기본법 시행령」 제43조의3 제2항 본문에 따른 이자율을 말한다. 영 제60조의5.

39) 법 제64조의2 제10항.

3. 과징금 부과 기준[40]

개인정보보호법 시행령 [별표 1의5]

과징금의 산정기준과 산정절차(영 제60조의2 제6항 관련)

1. 과징금의 산정단계

과징금은 법 제64조의2 제4항 각 호에 따른 고려 사항과 이에 영향을 미치는 행위를 종합적으로 고려하여 제2호 가목에 따라 산정된 기준금액에 같은 호 나목에 따른 1차 조정, 같은 호 다목에 따른 2차 조정, 같은 호 라목에 따른 부과과징금 결정을 순차적으로 거쳐 산정한다. 다만, 가중하는 경우에도 법 제64조의2 제1항 각 호 외의 부분에 따른 과징금 금액의 상한을 넘을 수 없다.

2. 과징금의 산정단계에 따른 산정방식과 고려 사유

가. 기준금액의 산정

1) 기준금액은 제60조의2 제1항에 따른 전체 매출액에서 같은 조 제3항에 따른 위반행위와 관련이 없는 매출액을 제외한 매출액에 위반행위의 중대성에 따라 다음과 같이 구분된 과징금의 산정비율(이하 "부과기준율"이라 한다)을 곱하여 산출한 금액으로 한다.

위반행위의 중대성	부과기준율
매우 중대한 위반행위	2.1% 이상 2.7% 이하
중대한 위반행위	1.5% 이상 2.1% 미만
보통 위반행위	0.9% 이상 1.5% 미만
약한 위반행위	0.03% 이상 0.9% 미만

2) 제60조의2 제2항 각 호의 어느 하나에 해당하는 경우에는 1)에도 불구하고 위반행위의 중대성에 따라 기준금액을 다음과 같이 한다.

위반행위의 중대성	기준금액
매우 중대한 위반행위	7억원 이상 18억원 이하
중대한 위반행위	2억원 이상 7억원 미만
보통 위반행위	5천만원 이상 2억원 미만
약한 위반행위	5백만원 이상 5천만원 미만

---

40) 부과 과징금의 결정을 위한 세부 기준 등은 과징금 부과 기준 참조.

3) 위반행위의 중대성은 다음의 사항을 종합적으로 고려하여 판단한다.

　　가) 위반행위의 내용 및 정도

　　나) 암호화 등 안전성 확보 조치 이행 노력

　　다) 개인정보가 분실·도난·유출·위조·변조·훼손된 경우 위반행위와의 관련성 및 분실·도난·유출·위조·변조·훼손의 규모

　　라) 개인정보처리자가 처리하는 개인정보의 유형과 정보주체에게 미치는 영향

　　마) 위반행위로 인한 정보주체의 피해 규모

나. 1차 조정

위반행위의 기간 및 횟수, 위반행위로 인하여 취득한 이익의 규모, 개인정보처리자의 업무 형태 및 규모를 고려하여 가목에 따른 기준금액의 100분의 90의 범위에서 보호위원회가 정하여 고시하는 기준에 따라 가중하거나 감경할 수 있다.

다. 2차 조정

다음의 사항(법 제64조의2 제4항 각 호의 사항 중 가목에 따른 기준금액 산정 및 나목에 따른 1차 조정 단계에서 고려된 사항은 제외한다)을 종합적으로 고려하여 1차 조정을 거친 금액의 100분의 50의 범위에서 보호위원회가 정하여 고시하는 기준에 따라 가중하거나 감경할 수 있다.

1) 보호위원회와의 협조 등 위반행위를 시정하기 위한 조치 여부

2) 위반행위로 인한 피해의 회복 및 피해 확산 방지 조치의 이행 여부

3) 개인정보 보호 인증, 자율적인 보호 활동 등 개인정보 보호를 위한 노력

4) 위반행위의 주도 여부

5) 위반행위 사실의 자진신고 여부

라. 부과과징금의 결정

1) 다음의 사항을 고려하여 다목에 따라 산정된 과징금이 과중하다고 인정되는 경우에는 해당 금액의 100분의 90 범위에서 감경할 수 있다.

　　가) 위반행위자의 현실적인 부담능력

　　나) 경제위기 등으로 위반행위자가 속한 시장·산업 여건이 현저하게 변동되거나 지속적으로 악화된 상태인지 여부

2) 법 제64조의2 제5항 각 호의 어느 하나에 해당하는 경우에는 과징금을 부과하지 않을 수 있다.

3. 세부 기준

매출액의 산정에 관한 세부 기준, 위반행위의 중대성 판단 기준, 1차 조정 및 2차 조정을 위한 세부 기준, 부과과징금의 결정을 위한 세부 기준과 그 밖에 과징금의 부과에 필요한 사항은 보호위원회가 정하여 고시한다.

■ III. 과태료

　　과태료는 비교적 단순한 법적 의무의 위반에 대하여 행정청이 부과하는 금전적 행정벌이다. 이 법에서 개인정보처리자의 개인정보의 안전한 보호·관리 의무 위반 등에 대하여 과태료가 부과된다. 국가기관에는 원칙적으로 과태료를 부과할 수 없으나, 이 법은 국가기관에 대한 과태료 부과를 규정한다.[41)]

▌표.24 공공기관 대비 민간 사업자에 대한 과태료 처분 건수[42)] (단위: 건, 천원)

구분		2017	2018	2019	2020	−21.09	계
공공	건수	67	36	25	8	19	155
	금액	479,000	227,000	163,000	76,500	93,600	1,039,100
민간	건수	217	176	155	104	67	719
	금액	1,909,000	1,525,300	1,746,500	1,138,700	499,600	6,819,100

1. 과태료 부과 내용

조문	위반행위	과태료
법 제75조 제1항	1. 제25조 제2항(제26조 제8항에 따라 준용되는 경우를 포함한다)을 위반하여 고정형 영상정보처리기기를 설치·운영한 자 2. 제25조의2 제2항(제26조 제8항에 따라 준용되는 경우를 포함한다)을 위반하여 이동형 영상정보처리기기로 사람 또는 그 사람과 관련된 사물의 영상을 촬영한 자	5천만원 이하
법 제75조 제2항	1. 제16조 제3항·제22조 제5항(제26조 제8항에 따라 준용되는 경우를 포함한다)을 위반하여 재화 또는 서비스의 제공을 거부한 자	3천만원 이하

---

41) 과태료는 이 법의 주요 제재 수단이고, 국가기관은 공익성이 큰 만큼 더욱 엄격하게 규율해야 하는 점 등을 고려하여, 국가기관만 과태료 부과 대상에서 제외할 이유는 없다. 보호위원회, '개인정보보호 법규 위반행위에 대한 시정조치에 관한 건'(제2022−007−046호, 2022.4.27.).

42) 2021년 개정안 설명자료, 59면 참조.

2. 제20조 제1항·제2항을 위반하여 정보주체에게 같은 조 제1항 각 호의 사실을 알리지 아니한 자

3. 제20조의2 제1항을 위반하여 개인정보의 이용·제공 내역이나 이용·제공 내역을 확인할 수 있는 정보시스템에 접속하는 방법을 통지하지 아니한 자

4. 제21조 제1항(제26조 제8항에 따라 준용되는 경우를 포함한다)을 위반하여 개인정보의 파기 등 필요한 조치를 하지 아니한 자

5. 제23조 제2항·제24조 제3항·제25조 제6항(제25조의2 제4항에 따라 준용되는 경우를 포함한다)·제28조의4 제1항·제29조(제26조 제8항에 따라 준용되는 경우를 포함한다)를 위반하여 안전성 확보에 필요한 조치를 하지 아니한 자

6. 제23조 제3항(제26조 제8항에 따라 준용되는 경우를 포함한다)을 위반하여 민감정보의 공개 가능성 및 비공개를 선택하는 방법을 알리지 아니한 자

7. 제24조의2 제1항(제26조 제8항에 따라 준용되는 경우를 포함한다)을 위반하여 주민등록번호를 처리한 자

8. 제24조의2 제2항(제26조 제8항에 따라 준용되는 경우를 포함한다)을 위반하여 암호화 조치를 하지 아니한 자

9. 제24조의2 제3항(제26조 제8항에 따라 준용되는 경우를 포함한다)을 위반하여 정보주체가 주민등록번호를 사용하지 아니할 수 있는 방법을 제공하지 아니한 자

10. 제25조 제1항(제26조 제8항에 따라 준용되는 경우를 포함한다)을 위반하여 고정형 영상정보처리기기를 설치·운영한 자

11. 제25조의2 제1항(제26조 제8항에 따라 준용되는 경우를 포함한다)을 위반하여 사람 또는 그 사람과 관련된 사물의 영상을 촬영한 자

12. 제26조 제3항을 위반하여 정보주체에게 알려야 할 사항을 알리지 아니한 자

13. 제28조의5 제2항(제26조 제8항에 따라 준용되는 경우를 포함한다)을 위반하여 개인을 알아볼 수 있는 정보가 생성되었음에도 이용을 중지하지 아니하거나 이를 회수·파기하지 아니한 자

14. 제28조의8 제4항(제26조 제8항 및 제28조의11에 따라 준용되는 경우를 포함한다)을 위반하여 보호조치를 하지 아니한 자

15. 제32조의2 제6항을 위반하여 인증을 받지 아니하였음에도 거짓으로 인증의 내용을 표시하거나 홍보한 자

16. 제33조 제1항을 위반하여 영향평가를 하지 아니하거나 그 결과를 보호위원회에 제출하지 아니한 자[43]
17. 제34조 제1항(제26조 제8항에 따라 준용되는 경우를 포함한다)을 위반하여 정보주체에게 같은 항 각 호의 사실을 알리지 아니한 자
18. 제34조 제3항(제26조 제8항에 따라 준용되는 경우를 포함한다)을 위반하여 보호위원회 또는 대통령령으로 정하는 전문기관에 신고하지 아니한 자
19. 제35조 제3항(제26조 제8항에 따라 준용되는 경우를 포함한다)을 위반하여 열람을 제한하거나 거절한 자
20. 제35조의3 제1항에 따른 지정을 받지 아니하고 같은 항 제2호의 업무를 수행한 자[44]
21. 제35조의3 제3항을 위반한 자[45]
22. 제36조 제2항(제26조 제8항에 따라 준용되는 경우를 포함한다)을 위반하여 정정·삭제 등 필요한 조치를 하지 아니한 자
23. 제37조 제3항 또는 제5항(제26조 제8항에 따라 준용되는 경우를 포함한다)을 위반하여 파기 등 필요한 조치를 하지 아니한 자
24. 제37조의2 제3항(제26조 제8항에 따라 준용되는 경우를 포함한다)을 위반하여 정당한 사유 없이 정보주체의 요구에 따르지 아니한 자[46]
25. 제63조 제1항(제26조 제8항에 따라 준용되는 경우를 포함한다)에 따른 관계 물품·서류 등 자료를 제출하지 아니하거나 거짓으로 제출한 자
26. 제63조 제2항(제26조 제8항에 따라 준용되는 경우를 포함한다)에 따른 출입·검사를 거부·방해 또는 기피한 자
27. 제64조 제1항에 따른 시정조치 명령에 따르지 아니한 자

법 제75조 제3항	1. 제26조 제6항을 위반하여 위탁자의 동의를 받지 아니하고 제3자에게 다시 위탁한 자 2. 제31조의2 제1항을 위반하여 국내대리인을 지정하지 아니한 자	2천만원 이하

---

43) 동 규정은 2024년 3월 15일 시행된다.
44) 동 규정은 2024년 3월 15일 시행된다.
45) 동 규정은 2024년 3월 15일 시행된다.
46) 동 규정은 2024년 3월 15일 시행된다.

법 제75조 제4항	1. 제11조의2 제2항을 위반하여 정당한 사유 없이 자료를 제출하지 아니하거나 거짓으로 제출한 자[47)] 2. 제21조 제3항(제26조 제8항에 따라 준용되는 경우를 포함한다)을 위반하여 개인정보를 분리하여 저장·관리하지 아니한 자 3. 제22조 제1항부터 제3항까지(제26조 제8항에 따라 준용되는 경우를 포함한다)를 위반하여 동의를 받은 자 4. 제26조 제1항을 위반하여 업무 위탁 시 같은 항 각 호의 내용이 포함된 문서로 하지 아니한 자 5. 제26조 제2항을 위반하여 위탁하는 업무의 내용과 수탁자를 공개하지 아니한 자 6. 제27조 제1항·제2항(제26조 제8항에 따라 준용되는 경우를 포함한다)을 위반하여 정보주체에게 개인정보의 이전 사실을 알리지 아니한 자 7. 제28조의4 제3항(제26조 제8항에 따라 준용되는 경우를 포함한다)을 위반하여 관련 기록을 작성하여 보관하지 아니한 자 8. 제30조 제1항 또는 제2항(제26조 제8항에 따라 준용되는 경우를 포함한다)을 위반하여 개인정보 처리방침을 정하지 아니하거나 이를 공개하지 아니한 자 9. 제31조 제1항(제26조 제8항에 따라 준용되는 경우를 포함한다)을 위반하여 개인정보 보호책임자를 지정하지 아니한 자[48)] 10. 제35조 제3항·제4항, 제36조 제2항·제4항 또는 제37조 제4항(제26조 제8항에 따라 준용되는 경우를 포함한다)을 위반하여 정보주체에게 알려야 할 사항을 알리지 아니한 자 11. 제45조 제1항에 따른 자료를 정당한 사유 없이 제출하지 아니하거나 거짓으로 제출한 자 12. 제45조 제2항에 따른 출입·조사·열람을 정당한 사유 없이 거부·방해 또는 기피한 자	1천만원 이하

2. 과태료 부과 방법

과태료는 대통령령으로 정하는 바에 따라 보호위원회가 부과·징수한다.[49)]

---

47) 동 규정은 2024년 3월 15일 시행된다.

48) 동 규정은 2024년 3월 15일 시행된다.

49) 법 제75조 제5항 제1문. 2023년 3월 14일 개정으로 관계 중앙행정기관의 장에 의한 과태료 부과 근거가 삭제되었다. 법 제75조에 따른 과태료의 부과기준은 영 [별표 2]와 같다. 영 제63조.

이 경우 보호위원회는 위반행위의 정도·동기·결과, 개인정보처리자의 규모 등을 고려하여 과태료를 감경하거나 면제할 수 있다.[50]

과태료의 부과 대상자는 원칙적으로 개인정보처리자이다.[51] 법인의 대표자, 법인 또는 개인의 대리인·사용인 및 그 밖의 종업원이 업무에 관하여 법인 또는 그 개인에게 부과된 법률상의 의무를 위반한 때에는 법인 또는 그 개인에게 과태료를 부과한다.[52]

과태료에 관한 규정을 적용할 때 과징금을 부과한 행위에 대하여는 과태료를 부과할 수 없다.[53] 과징금과 과태료는 행정벌 성격의 금전적 제재인 점에서 과잉금지원칙에 따라 이들 두 제재의 중복적 부과는 허용되지 않는다.

3. 과태료 부과 기준

> 개인정보보호법 시행령 [별표 2]
> 과태료의 부과기준(영 제63조 관련)[54]
> 1. 일반기준
>   가. 위반행위의 횟수에 따른 과태료의 가중된 부과기준은 최근 3년간 같은 위반행위로 과태료 부과처분을 받은 경우에 적용한다. 이 경우 기간의 계산은 위반행위에 대하여 과태료 부과처분을 받은 날과 그 처분 후 다시 같은 위반행위를 하여 적발된 날을 기준으로 한다.
>   나. 가목에 따라 가중된 부과처분을 하는 경우 가중처분의 적용 차수는 그 위반행위 전 부과처분 차수(가목에 따른 기간 내에 과태료 부과처분이 둘 이상 있었던 경우에는 높은 차수를 말한다)의 다음 차수로 한다.

---

50) 법 제75조 제5항 제2문.
51) 법 제25조는 고정형 영상정보처리기기의 설치·운영에 관하여 '누구든지' 규율하는 점에서 법 제75조 제1항 제1호, 제2항 제10호에 따라 각각 법 제25조 제2항(제26조 제8항에 따라 준용되는 경우를 포함한다)과 제25조 제1항(제26조 제8항에 따라 준용되는 경우를 포함한다)의 위반에 대한 과태료 부과 대상은 개인정보처리자만이 아닐 수 있다.
52) 질서위반행위규제법 제11조 제1항. 질서위반행위규제법은 법률상 의무의 효율적인 이행을 확보하고 국민의 권리와 이익을 보호하기 위하여 과태료의 부과·징수 및 재판 등에 관한 사항을 규정한다.
53) 법 제76조. 과징금의 부과는 법 제64조의2 참조.

다. 부과권자는 다음의 어느 하나에 해당하는 경우에는 제2호의 개별기준에 따른
　　 과태료 금액을 줄이거나 면제할 수 있다. 다만, 과태료를 체납하고 있는 위반
　　 행위자에 대해서는 그렇지 않다.

　　 1) 위반행위가 사소한 부주의나 오류로 인한 것으로 인정되는 경우
　　 2) 위반의 내용·정도가 경미하다고 인정되는 경우
　　 3) 위반행위자가 「중소기업기본법」 제2조에 따른 중소기업자인 경우 등 위반행위자의 업
　　 　무 형태 및 규모에 비해 과중하다고 인정되는 경우
　　 4) 위반행위자가 법 위반상태를 시정하거나 해소하기 위하여 노력한 것이 인정되는 경우
　　 5) 위반행위자가 위반행위로 인한 피해의 회복 및 피해 확산 방지 조치를 이행한 경우
　　 6) 위반행위자가 법 제32조의2에 따른 개인정보 보호 인증을 받거나 자율적인 보호 활동
　　 　을 하는 등 개인정보 보호를 위하여 노력한 것이 인정되는 경우
　　 7) 위반행위자가 위반행위 사실을 자진신고한 경우
　　 8) 그 밖에 위반행위의 정도, 위반행위의 동기와 그 결과 등을 고려하여 과태료 금액을
　　 　줄이거나 면제할 필요가 있다고 인정되는 경우

라. 부과권자는 다음의 어느 하나에 해당하는 경우에는 제2호의 개별기준에 따른
　　 과태료의 2분의 1 범위에서 그 금액을 늘려 부과할 수 있다. 다만, 늘려 부과
　　 하는 경우에도 법 제75조 제1항부터 제4항까지의 규정에 따른 과태료 금액의
　　 상한을 넘을 수 없다.

　　 1) 위반의 내용·정도가 중대하여 정보주체 등에게 미치는 피해가 크다고 인정되는 경우
　　 2) 그 밖에 위반행위의 정도·기간, 위반행위의 동기와 그 결과 등을 고려하여 과태료 금
　　 　액을 늘릴 필요가 있다고 인정되는 경우

2. 개별기준

(단위: 만원)

위반행위	근거 법조문	과태료 금액		
		1회 위반	2회 위반	3회 이상 위반
가. 법 제11조의2 제2항을 위반하여 정당한 사유 없이 자료를 제출하지 않거나 거짓으로 제출한경우	법 제75조 제4항 제1호			
1) 자료를 제출하지 않은 경우		100	200	400
2) 자료를 거짓으로 제출한 경우		200	400	800
나. 법 제16조 제3항·제22조 제5항(법 제26조 제8항에 따라 준용되는 경우를 포함한다)을 위반하여 재화 또는 서비스의 제공을 거부한 경우	법 제75조 제2항 제1호	600	1,200	2,400

다. 법 제20조 제1항·제2항을 위반하여 정보주체에게 같은 조 제1항 각 호의 사실을 알리지 않은 경우	법 제75조 제2항 제2호	600	1,200	2,400
라. 법 제20조의2 제1항을 위반하여 개인정보의 이용·제공 내역이나 이용·제공 내역을 확인할 수 있는 정보시스템에 접속하는 방법을 통지하지 않은 경우	법 제75조 제2항 제3호	600	1,200	2,400
마. 법 제21조 제1항(법 제26조 제8항에 따라 준용되는 경우를 포함한다)을 위반하여 개인정보의 파기 등 필요한 조치를 하지 않은 경우	법 제75조 제2항 제4호	600	1,200	2,400
바. 법 제21조 제3항(법 제26조 제8항에 따라 준용되는 경우를 포함한다)을 위반하여 개인정보를 분리하여 저장·관리하지 않은 경우	법 제75조 제4항 제2호	200	400	800
사. 법 제22조 제1항부터 제3항까지(법 제26조 제8항에 따라 준용되는 경우를 포함한다)를 위반하여 동의를 받은 경우	법 제75조 제4항 제3호	200	400	800
아. 법 제23조 제2항·제24조 제3항·제25조 제6항(법 제25조의2 제4항에 따라 준용되는 경우를 포함한다)·제28조의4 제1항·제29조(법 제26조 제8항에 따라 준용되는 경우를 포함한다)를 위반하여 안전성 확보에 필요한 조치를 하지 않은 경우	법 제75조 제2항 제5호	600	1,200	2,400
자. 법 제23조 제3항(법 제26조 제8항에 따라 준용되는 경우를 포함한다)을 위반하여 민감정보의 공개 가능성 및 비공개를 선택하는 방법을 알리지 않은 경우	법 제75조 제2항 제6호	600	1,200	2,400
차. 법 제24조의2 제1항(법 제26조 제8항에 따라 준용되는 경우를 포함한다)을 위반하여 주민등록번호를 처리한 경우	법 제75조 제2항 제7호	600	1,200	2,400
카. 법 제24조의2 제2항(법 제26조 제8항에 따라 준용되는 경우를 포함한다)을 위반하여 암호화 조치를 하지 않은 경우	법 제75조 제2항 제8호	600	1,200	2,400
타. 법 제24조의2 제3항(법 제26조 제8항에 따라 준용되는 경우를 포함한다)을 위반하여 정보주체가 주민등록번호를 사용하지 않을 수 있는 방법을 제공하지 않은 경우	법 제75조 제2항 제9호	600	1,200	2,400
파. 법 제25조 제1항(법 제26조 제8항에 따라 준용되는 경우를 포함한다)을 위반하여 고정형 영상정보처리기기를 설치·운영한 경우	법 제75조 제2항 제10호	600	1,200	2,400
하. 법 제25조 제2항(법 제26조 제8항에 따라 준용되는 경	법 제75조	1,000	2,000	4,000

우를 포함한다)을 위반하여 고정형 영상정보처리기기를 설치·운영한 경우	제1항 제1호			
거. 법 제25조의2 제1항(법 제26조 제8항에 따라 준용되는 경우를 포함한다)을 위반하여 사람 또는 그 사람과 관련된 사물의 영상을 촬영한 경우	법 제75조 제2항 제11호	600	1,200	2,400
너. 법 제25조의2 제2항(법 제26조 제8항에 따라 준용되는 경우를 포함한다)을 위반하여 이동형 영상정보처리기기로 사람 또는 그 사람과 관련된 사물의 영상을 촬영한 경우	법 제75조 제1항 제2호	1,000	2,000	4,000
더. 법 제26조 제1항을 위반하여 업무 위탁 시 같은 항 각호의 내용이 포함된 문서로 하지 않은 경우	법 제75조 제4항 제4호	200	400	800
러. 법 제26조 제2항을 위반하여 위탁하는 업무의 내용과 수탁자를 공개하지 않은 경우	법 제75조 제4항 제5호	200	400	800
머. 법 제26조 제3항을 위반하여 정보주체에게 알려야 할 사항을 알리지 않은 경우	법 제75조 제2항 제12호	600	1,200	2,400
버. 법 제26조 제6항을 위반하여 위탁자의 동의를 받지 않고 제3자에게 다시 위탁한 경우	법 제75조 제3항 제1호	400	800	1,600
서. 법 제27조 제1항·제2항(법 제26조 제8항에 따라 준용되는 경우를 포함한다)을 위반하여 정보주체에게 개인정보의 이전 사실을 알리지 않은 경우	법 제75조 제4항 제6호	200	400	800
어. 법 제28조의4 제3항(법 제26조 제8항에 따라 준용되는 경우를 포함한다)을 위반하여 관련 기록을 작성하여 보관하지 않은 경우	법 제75조 제4항 제7호	200	400	800
저. 법 제28조의5 제2항(법 제26조 제8항에 따라 준용되는 경우를 포함한다)을 위반하여 개인을 알아볼 수 있는 정보가 생성되었음에도 이용을 중지하지 않거나 이를 회수·파기하지 않은 경우	법 제75조 제2항 제13호	600	1,200	2,400
처. 법 제28조의8 제4항(법 제26조 제8항 및 제28조의11에 따라 준용되는 경우를 포함한다)을 위반하여 보호조치를 하지 않은 경우	법 제75조 제2항 제14호	600	1,200	2,400
커. 법 제30조 제1항 또는 제2항(법 제26조 제8항에 따라 준용되는 경우를 포함한다)을 위반하여 개인정보 처	법 제75조 제4항	200	400	800

리방침을 정하지 않거나 이를 공개하지 않은 경우	제8호			
터. 법 제31조 제1항(법 제26조 제8항에 따라 준용되는 경우를 포함한다)을 위반하여 개인정보 보호책임자를 지정하지 않은 경우	법 제75조 제4항 제9호	200	400	800
퍼. 법 제31조의2 제1항을 위반하여 국내대리인을 지정하지 않은 경우	법 제75조 제3항 제2호	2,000		
허. 법 제32조의2 제6항을 위반하여 인증을 받지 않았음에도 거짓으로 인증의 내용을 표시하거나 홍보한 경우	법 제75조 제2항 제15호	600	1,200	2,400
고. 법 제33조 제1항을 위반하여 영향평가를 하지 않거나 그 결과를 보호위원회에 제출하지 않은 경우	법 제75조 제2항 제16호	600	1,200	2,400
노. 법 제34조 제1항(법 제26조 제8항에 따라 준용되는 경우를 포함한다)을 위반하여 정보주체에게 같은 항 각 호의 사실을 알리지 않은 경우	법 제75조 제2항 제17호	600	1,200	2,400
도. 법 제34조 제3항(법 제26조 제8항에 따라 준용되는 경우를 포함한다)을 위반하여 보호위원회 또는 전문기관에 신고하지 않은 경우	법 제75조 제2항 제18호	600	1,200	2,400
로. 법 제35조 제3항(법 제26조 제8항에 따라 준용되는 경우를 포함한다)을 위반하여 열람을 제한하거나 거절한 경우	법 제75조 제2항 제19호	600	1,200	2,400
모. 법 제35조 제3항·제4항, 제36조 제2항·제4항 또는 제37조 제4항(법 제26조 제8항에 따라 준용되는 경우를 포함한다)을 위반하여 정보주체에게 알려야 할 사항을 알리지 않은 경우	법 제75조 제4항 제10호	200	400	800
보. 법 제35조의3 제1항에 따른 지정을 받지 않고 같은 항 제2호의 업무를 수행한 경우	법 제75조 제2항 제20호	600	1,200	2,400
소. 법 제35조의3 제3항을 위반한 경우	법 제75조 제2항 제21호	600	1,200	2,400
오. 법 제36조 제2항(법 제26조 제8항에 따라 준용되는 경우를 포함한다)을 위반하여 정정·삭제 등 필요한 조치를 하지 않은 경우	법 제75조 제2항 제22호	600	1,200	2,400
조. 법 제37조 제3항 또는 제5항(법 제26조 제8항에 따라	법 제75조	600	1,200	2,400

준용되는 경우를 포함한다)을 위반하여 파기 등 필요한 조치를 하지 않은 경우	제2항 제23호			
초. 법 제37조의2 제3항(법 제26조 제8항에 따라 준용되는 경우를 포함한다)을 위반하여 정당한 사유 없이 정보주체의 요구에 따르지 않은 경우	법 제75조 제2항 제24호	600	1,200	2,400
코. 법 제45조 제1항에 따른 자료를 정당한 사유 없이 제출하지 않거나 거짓으로 제출한 경우	법 제75조 제4항 제11호			
1) 자료를 제출하지 않은 경우		100	200	400
2) 자료를 거짓으로 제출한 경우		200	400	800
토. 법 제45조 제2항에 따른 출입·조사·열람을 정당한 사유 없이 거부·방해 또는 기피한 경우	법 제75조 제4항 제12호	200	400	800
포. 법 제63조 제1항(법 제26조 제8항에 따라 준용되는 경우를 포함한다)에 따른 관계 물품·서류 등 자료를 제출하지 않거나 거짓으로 제출한 경우	법 제75조 제2항 제25호			
1) 자료를 제출하지 않은 경우		300	600	1,200
2) 자료를 거짓으로 제출한 경우		600	1,200	2,400
호. 법 제63조 제2항(법 제26조 제8항에 따라 준용되는 경우를 포함한다)에 따른 출입·검사를 거부·방해 또는 기피한 경우	법 제75조 제2항 제26호	600	1,200	2,400
구. 법 제64조 제1항에 따른 시정조치 명령에 따르지 않은 경우	법 제75조 제2항 제27호	600	1,200	2,400

54) [별표 2] 제2호 가목·고목·보목·소목 및 초목의 개정규정은 2024년 3월 15일 시행한다.

Chapter

11

개인정보 보호정책 수립 등

이 법의 주된 목적인 개인정보의 처리에서 정보주체의 보호를 위한 개인정보 보호정책의 수립과 시행이 중요하다. 이 법에 따른 개인정보 보호정책은 보호위원회를 중심으로 수립되고 집행된다. 2020년 2월 4일 소위 '데이터 3법 개정'으로 보호위원회는 일반적이고 기본적인 개인정보 보호정책 수립과 집행의 책임을 온전히 맡게 되었다. 보호위원회의 올바른 활동으로 국내외 개인정보보호 수준이 보다 더 충실해지고 국내외 경제와 사회도 함께 발전하게 될 것이다.

■ I. 국가 등의 책무

국가와 지방자치단체는 공공부문의 개인정보처리자로서 이 법에서 의무의
주체가 되지만, 동시에 개인정보보호에 관한 정부 정책을 수립하고 집행한다.
이러한 점에서 이 법은 국가와 지방자치단체에게 정보주체의 사생활과 존엄을
보호하기 위한 책무를 일반적으로 규정한다. 개인정보의 처리에서 정보주체를
보호하는 일반법으로서 이 법은 국가와 지방자치단체의 개인정보보호 관련 정
책과 법령 등의 채택과 시행에 있어 기준이 되어야 한다.

이 법에 따른 보호위원회 또는 관계 중앙행정기관의 장의 권한은 그 일부
를 대통령령으로 정하는 바에 따라 특별시장, 광역시장, 도지사, 특별자치도지
사 또는 대통령령으로 정하는 전문기관에 위임하거나 위탁할 수 있다.[1] 보호
위원회 또는 관계 중앙행정기관의 장의 권한을 위임 또는 위탁받은 기관은 위

---

1) 법 제68조 제1항. 행정권한에 있어서 위탁은 '법률에 규정된 행정기관의 장의 권한 중 일
   부를 다른 행정기관의 장에게 맡겨 그의 권한과 책임 아래 행사하도록 하는 것'이다. 행
   정위임위탁규정 제2조 제2호. 행정권한에 있어서 위임은 '법률에 규정된 행정기관의 장의
   권한 중 일부를 그 보조기관 또는 하급행정기관의 장이나 지방자치단체의 장에게 맡겨
   그의 권한과 책임 아래 행사하도록 하는 것'이다. 행정위임위탁규정 제2조 제1호.

임 또는 위탁받은 업무의 처리 결과를 보호위원회 또는 관계 중앙행정기관의 장에게 통보하여야 한다.2) 보호위원회는 전문기관에 권한의 일부를 위임하거나 위탁하는 경우 해당 전문기관의 업무 수행을 위하여 필요한 경비를 출연할 수 있다.3) 보호위원회 또는 관계 중앙행정기관의 장의 권한을 위탁한 업무에 종사하는 관계 기관의 임직원은 형법 제129조부터 제132조까지의 규정을 적용할 때에는 공무원으로 본다.4)

1. 인간의 존엄과 개인의 사생활 보호를 도모하는 시책 강구

국가와 지방자치단체는 개인정보의 목적 외 수집, 오용·남용 및 무분별한 감시·추적 등에 따른 폐해를 방지하여 인간의 존엄과 개인의 사생활 보호를 도모하기 위한 시책을 강구하여야 한다.5) 국가 등의 이러한 책무는 개인정보의 처리에 있어서 정보주체의 보호라는 이 법의 목적을 실현하기 위한 것이다. 예컨대, 2013년 미국 국가안보국(NSA)의 전세계적 무차별 감청행위가 폭로되었는데, 이러한 감청행위를 통하여 개인의 사생활이 침해되지 않도록 필요한 시책이 강구되어야 한다.6) 한편, 2016년 3월 3일 테러방지법이 제정되어 같은

---

2) 법 제68조 제2항.

3) 법 제68조 제3항.

4) 법 제69조 제2항. 형법 제129조는 '수뢰, 사전수뢰'에 관하여, 제130조는 '제삼자 뇌물제공'에 관하여, 제131조는 '수뢰후 부정처사, 사후수뢰'에 관하여, 제132조는 '알선수뢰'에 관하여 규정한다.

5) 법 제5조 제1항.

6) 2013년 12월 UN총회는 독일과 브라질의 주도로 온라인에서 개인의 프라이버시 보호를 위한 결의 「디지털시대에서 프라이버시에 대한 권리」(Right to Privacy in the Digital Age)를 채택하였다. 동 결의 제4항에서 모든 국가들은 (a) 디지털통신 문맥에서를 포함하여 프라이버시권을 존중하고 보호하며, (b) 관련 국내법이 국제인권법상 의무에 부합하도록 보장하는 것을 포함하여 이들 권리의 위반을 그만두고, 이러한 위반을 방지하는 조건을 만드는 조치를 취하고, (c) 국제인권법상 모든 의무의 완전하고 효과적인 이행을 보장하여 프라이버시권을 보호하기 위하여 '대량감청, 도청과 수집을 포함하여 통신의 감청, 개인정보의 도청과 수집'(surveillance of communications, their interception and collection of personal data, including mass surveillance, interception and collection)에 관한 절차, 관행 및 입법을 검토하며, (d) '국가의 통신감청, 개인정보의 도청과 수집'(State surveillance of communications, their interception and collection of personal

날 시행되었는데, 테러위험인물의 민감정보를 포함한 개인정보와 위치정보의 수집 및 동 인물에 대한 추적이 허용된다.[7] 동 법은 무분별한 감시·추적을 방지하는 법적 장치를 마련한다.[8]

국가와 지방자치단체가 개인정보의 목적 외 수집, 오용·남용 및 무분별한 감시·추적 등에 따른 폐해를 방지하도록 요구된 점은, 개인정보의 목적 외 수집과 오용·남용이 국가와 사회에서 문제가 되는 것을 반증한 것이다. 국가와 지방자치단체는 빅데이터 등 소위 제4차 산업혁명시대의 촉진에 필요한 개인정보의 활용을 위한 정책 마련에 신중하여야 할 것이다.

2. 정보주체의 권리 보호를 위한 시책 마련

국가와 지방자치단체는 정보주체의 권리를 보호하기 위하여 법령의 개선 등 필요한 시책을 마련하여야 한다.[9] 법 제4조는 개인정보의 처리에 관한 정보를 제공받을 권리 등 정보주체의 여섯 가지 기본적 권리의 원칙을 규정하고, 법 제5장은 정보주체의 구체적인 권리 보장을 규정한다. 이러한 명시적인 규정에도 불구하고, 국가와 지방자치단체는 보다 적극적으로 정보주체의 권리를 보호하기 위한 시책을 개발하여 시행할 것이 요구된다. 예컨대, 국가 및 지방자치단체는 소비자가 사업자와의 거래에서 개인정보의 분실·도난·누출·변조 또는 훼손으로 인하여 부당한 피해를 입지 아니하도록 필요한 시책을 강구하여야 하고, 또한 국가는 소비자의 개인정보를 보호하기 위한 기준을 정하여야

data)에 대한 책임 및 적절하게 투명성을 보장할 수 있는 기존의 독립적이고 효과적인 국내 감시기능을 수립 또는 유지하도록 요구되었다. 수사기관의 오·남용으로 통신감청에 대한 국민의 불신이 높아지고 있는데, 프라이버시 보호 내지 개인정보보호와 국가안보의 균형된 접근에 대하여 보다 진중하고 솔직한 국민적인 합의가 필요하다.

7) 국가정보원장은 테러위험인물에 대한 민감정보를 포함한 개인정보와 위치정보를 법 제2조의 개인정보처리자와 위치정보법 제5조 제7항에 따른 개인위치정보사업자와 제5조의2 제3항에 따른 사물위치정보사업자에게 요구할 수 있다. 테러방지법 제9조 제3항.

8) 국가정보원장은 테러위험인물에 대하여 출입국·금융거래 및 통신이용 등 관련 정보를 수집할 수 있는데, 이 경우 출입국·금융거래 및 통신이용 등 관련 정보의 수집에 있어서는 출입국관리법, 관세법, 특정금융정보법, 통신비밀보호법의 절차에 따른다. 테러방지법 제9조 제1항.

9) 법 제5조 제2항.

한다.[10)]

    정보주체의 권리를 보호하기 위한 법령의 개선과 관련하여 2015년 7월 24
일 개정으로 신설된 '개인정보 침해요인 평가'제도가 주목받을 필요가 있다. 중
앙행정기관의 장은 소관 법령의 제정 또는 개정을 통하여 개인정보 처리를 수
반하는 정책이나 제도를 도입·변경하는 경우에는 보호위원회에 개인정보 침해
요인 평가를 요청하여야 한다.[11)] 보호위원회가 이렇게 요청을 받은 때에는 해
당 법령의 개인정보 침해요인을 분석·검토하여 그 법령의 소관기관의 장에게
그 개선을 위하여 필요한 사항을 권고할 수 있다.[12)] 개인정보 침해요인의 평가
는 테러방지법 등 개인정보보호에 영향을 줄 수 있는 법령의 제정이나 개정이
개인정보보호를 침해하지 않도록 법제도적 안전장치가 된다.[13)]

3. 만 14세 미만 아동의 개인정보보호에 필요한 시책 마련

    국가와 지방자치단체는 만 14세 미만 아동이 개인정보의 처리가 미치는 영
향과 정보주체의 권리 등을 명확하게 알 수 있도록 만 14세 미만 아동의 개인
정보 보호에 필요한 시책을 마련하여야 한다.[14)]

4. 개인정보처리자의 자율적 개인정보보호 활동의 존중

    국가와 지방자치단체는 개인정보의 처리에 관한 불합리한 사회적 관행을
개선하기 위하여 개인정보처리자의 자율적인 개인정보보호 활동을 존중하고
촉진·지원하여야 한다.[15)] 이 법은 기본적으로 개인정보처리자에게 관련 의무

---

10) 소비자기본법 제15조 제1항과 제2항.

11) 법 제8조의2 제1항.

12) 법 제8조의2 제2항.

13) 법 제6조 제2항 참조.

14) 법 제5조 제3항. 본 규정은 2023년 3월 14일 개정으로 신설되었다. 아동의 개인정보보
    호에 관하여 법 제22조의2 참조.

15) 법 제5조 제4항. 개인정보보호와 관련하여 자율규제를 수행하는 단체, 즉 자율규제단체
    의 지정 등에 관한 사항을 정함으로써 개인정보처리자의 자율적인 개인정보보호 활동을
    촉진하고 이를 지원하고자 함을 목적으로 자율규제단체지정규정이 시행 중이다.

를 부과하여 개인정보의 처리에서 정보주체를 보호하고자 한다. 따라서, 개인정보처리자는 이 법에 규정된 의무만을 준수하면 적어도 법적 책임에서 벗어날 수 있다.[16] 그러나, 개인정보보호와 그 침해는 관련 과학기술 발전의 영향을 받을 수밖에 없고, 특히 개인정보의 처리에 관한 법령은 관련 과학기술의 발전에 앞서기 어렵다. 이 점에서 개인정보를 처리하는 개인정보처리자는 관련 법령에 따른 타율적이 아닌 자율적으로 정보주체를 보호할 필요가 있다. 따라서, 국가와 지방자치단체가 개인정보처리자에 의한 정보주체 보호의 자율성을 존중하면 정보주체가 실질적으로 보호될 수 있다.

이 법의 준수 여부를 떠나서 사업의 고객이 되는 정보주체가 보호되는 것이 실제로 개인정보처리자의 사업 등에 도움이 된다. 정보주체의 신뢰를 얻게 됨으로써 궁극적으로 개인정보처리자의 개인정보 처리가 보다 활성화될 수 있기 때문이다. 개인정보처리자의 정보주체 보호에 대한 기여를 인정하여, 국가와 지방자치단체가 개인정보처리자의 자율적 활동을 존중하고 촉진·지원할 것이 규정된 것이다. 또한, 보호위원회는 개인정보처리자의 자율적인 개인정보보호 활동을 촉진하고 지원하기 위하여 필요한 시책을 마련하여야 한다.[17]

5. 법령과 조례의 개인정보보호 원칙에 맞는 적용

국가와 지방자치단체는 개인정보의 처리에 관한 법령 또는 조례를 적용할 때에는 정보주체의 권리가 보장될 수 있도록 개인정보 보호 원칙에 맞게 적용하여야 한다.[18] 이 법의 개인정보보호 원칙에 맞게 적용되어야 하는 대상은 개

---

16) 대법원은 「개인정보의 기술적·관리적 보호조치 기준」(정보통신부 고시)은 정보통신망법 제28조 제1항에 따라 해킹 등 침해사고 당시의 기술수준 등을 고려하여 정보통신서비스제공자가 준수해야 할 기술적·관리적 보호조치를 구체적으로 규정하고 있는데, 정보통신서비스 제공자가 동 고시에서 정하고 있는 기술적·관리적 보호조치를 다하였다면, 특별한 사정이 없는 한, 정보통신서비스 제공자가 개인정보의 안전성 확보에 필요한 보호조치를 취하여야 할 법률상 또는 계약상 의무를 위반하였다고 보기는 어렵다고 판단하였다. 대법원 2015.2.12. 선고 2013다43994, 44003 판결.

17) 법 제13조. 이러한 시책에는 개인정보처리자의 자율적인 규약의 제정·시행 지원이 포함된다. 법 제13조 제4호.

18) 법 제5조 제5항. 2023년 3월 14일 개정 전에는 "국가와 지방자치단체는 개인정보의 처

인정보의 처리에 관한 법령 또는 조례이다. 그 대상인 법령이나 조례가 개인정보의 처리에 관한 것으로 국한된다. 엄격하게 해석하면, 이 법의 개인정보보호 원칙에 맞게 적용되어야 하는 대상은 직접적으로 개인정보 처리를 내용으로 하는 법령이나 조례가 될 것이다. 예컨대, 신용정보의 오용·남용에 대하여 신용정보법이나 위치정보의 유출·오용 및 남용에 대하여 위치정보법이 그러한 법령에 해당한다. 그런데, 개인정보보호가 주된 목적이 아닌 「소비자기본법」,[19] 「교육기본법」[20]이나 「의료법」[21]도 개인정보보호에 관한 규정을 두고 있다. 국가와 지방자치단체가 개인정보의 처리에 관한 법령이나 조례를 개인정보보호 원칙에 맞게 적용하여야 한다면, 개인정보의 처리에 관한 한 해당 법령이나 조례는 개인정보보호 원칙에 맞게 적용되어야 한다.[22] 또한, 개인정보의 처리에 관한 법령 또는 조례가 이 법의 개인정보보호 원칙에 맞게 적용되려면, 기본적으로

리에 관한 법령 또는 조례를 제정하거나 개정하는 경우에는 이 법의 목적에 부합되도록 하여야 한다.”로 규정되었다. 동 개정으로 동 규정의 내용은 법 제6조 제2항으로 이동하였다.

19) 소비자기본법 제15조 제1항은 “국가 및 지방자치단체는 소비자가 사업자와의 거래에서 개인정보의 분실·도난·누출·변조 또는 훼손으로 인하여 부당한 피해를 입지 아니하도록 필요한 시책을 강구하여야 한다”고 규정하고, 동 조 제2항은 “국가는 제1항의 규정에 따라 소비자의 개인정보를 보호하기 위한 기준을 정하여야 한다”고 규정한다.

20) 교육기본법 제23조의3 제1항은 “학교생활기록 등의 학생정보는 교육적 목적으로 수집·처리·이용 및 관리되어야 한다”고 규정하고, 동 조 제2항은 “부모 등 보호자는 자녀 등 피보호자에 대한 제1항의 학생정보를 제공받을 권리를 가진다”고 규정하며, 동 조 제3항은 “제1항에 따른 학생정보는 법률로 정하는 경우 외에는 해당 학생(학생이 미성년자인 경우에는 학생 및 학생의 부모 등 보호자)의 동의 없이 제3자에게 제공되어서는 아니 된다”고 규정한다.

21) 의료법 제18조 제3항은 “누구든지 정당한 사유 없이 전자처방전에 저장된 개인정보를 탐지하거나 누출·변조 또는 훼손하여서는 아니 된다”고 규정하고, 제23조 제3항은 “누구든지 정당한 사유 없이 전자의무기록에 저장된 개인정보를 탐지하거나 누출·변조 또는 훼손하여서는 아니 된다”고 규정한다.

22) 영어로 표기한다면, ‘개인정보 처리에 관한 법’은 ‘law on(or regarding) data processing’이 될 것인데, 이보다는 ‘law affecting data processing’에 해당하는 ‘개인정보 처리에 영향을 주는 법’이 이 법의 목적과 원칙을 일반적으로 확산할 수 있을 것이다. 마침 보호위원회의 관계기관에 대한 의견 제시에 관하여 법 제61조 제1항은 ‘개인정보 보호에 영향을 미치는 내용이 포함된 법령이나 조례’를 언급하고 있는데, 법 제5조 제5항도 ‘개인정보의 처리에 관한 법령 또는 조례’ 대신 ‘개인정보 보호에 영향을 미치는 법령 또는 조례’로 개정하는 것이 바람직할 것이다.

해당 법령과 조례는 이 법의 목적과 원칙을 충실히 반영해야 할 것이다.[23]

---

23) 법 제6조 제2항 참조.

■ II. 개인정보 보호위원회

2020년 2월 4일 이 법의 개정으로 '개인정보 보호위원회'('보호위원회')는 종래 개인정보 보호정책의 심의·의결기관에서 벗어나 개인정보 보호정책의 수립과 시행의 독립된 중앙행정기관으로서 법제도적으로 및 현실적으로 그 지위가 확고하게 되었다.

1. 보호위원회의 설치, 구성 및 운영

개인정보 보호정책의 주무기관으로서 보호위원회의 구성과 운영은 다음과 같다.

(1) 설치

보호위원회는 개인정보보호에 관한 사무를 독립적으로 수행하기 위하여 국무총리 소속으로 설치된다.[24) 보호위원회는 정부조직법의 중앙행정기관으로 본다.[25] 그러나, 보호위원회의 사무 중 '정보주체의 권리침해에 대한 조사 및 이에 따른 처분에 관한 사항'[26]과 '개인정보의 처리와 관련한 고충처리·권리구제 및 개인정보에 관한 분쟁의 조정'[27] 및 '개인정보 침해요인 평가에 관한 사항'[28]에 대하여 보호위원회 위원장은 대통령의 명에 따른 국무총리의 지휘·감독을 받지 않는다.[29] 이로써 보호위원회는 개인정보보호에 관한 법집행, 특

---

24) 법 제7조 제1항. 2020년 2월 4일 개정 전의 보호위원회는 대통령 소속이지만 개인정보 보호에 관한 사항을 심의·의결하는 기능을 수행하였다.

25) 법 제7조 제2항.

26) 법 제7조의8 제3호.

27) 법 제7조의8 제4호.

28) 법 제7조의9 제1항 제1호. 법 제8조의2 참조.

29) 법 제7조 제2항 단서. 정부조직법 제18조 제1항에 따라 국무총리는 대통령의 명을 받아 각 중앙행정기관의 장을 지휘·감독하고, 동 조 제2항에 따라 국무총리는 중앙행정기관의 장의 명령이나 처분이 위법 또는 부당하다고 인정될 경우에는 대통령의 승인을 받아

히 정보주체의 권리 보호, 개인정보 관련 분쟁의 조정 및 개인정보보호 관련 입법적 감독에 있어서 상급기관인 국무총리로부터 독립적이다.

(2) 구성

보호위원회는 상임위원인 위원장 1명과 부위원장 1명을 포함한 9명의 위원으로 구성한다.[30] 위원장과 부위원장은 정무직 공무원으로 임명한다.[31] 보호위원회의 위원은 대통령이 임명하거나 위촉하는데, 위원장과 부위원장은 국무총리의 제청으로, 다른 위원 2명은 위원장의 제청으로, 2명은 대통령이 소속되거나 소속되었던 정당의 교섭단체 추천으로, 3명은 그 외의 교섭단체 추천으로 대통령이 임명 또는 위촉한다.[32]

1) 보호위원회 위원의 자격

보호위원회 위원이 될 수 있는 사람은 개인정보보호에 관한 경력과 전문지식이 풍부하여야 하는데, 자격은 다음 각 호와 같다:[33] 1. 개인정보보호 업무를 담당하는 3급 이상 공무원(고위공무원단에 속하는 공무원을 포함한다)의 직에 있거나 있었던 사람, 2. 판사·검사·변호사의 직에 10년 이상 있거나 있었던 사람, 3. 공공기관 또는 단체(개인정보처리자로 구성된 단체를 포함한다)에 3년 이상 임원으로 재직하였거나 이들 기관 또는 단체로부터 추천받은 사람으로서 개인정보 보호 업무를 3년 이상 담당하였던 사람, 4. 개인정보 관련 분야에 전

이를 중지 또는 취소할 수 있다.

30) 법 제7조의2 제1항. 2020년 2월 4일 개정 전에는 보호위원회는 15명 이내의 위원으로 구성되었다.

31) 법 제7조의2 제3항. 2020년 2월 4일 개정 전에는 위원장은 위원 중에서 공무원이 아닌 사람으로 대통령이 위촉하였다.

32) 법 제7조의2 제2항. 2020년 2월 4일 개정 전에는 위원 중 5명은 대법원장이 지명하였다.

33) 법 제7조의2 제2항. 2020년 2월 4일 개정 전에는 위원의 자격은 1. 개인정보보호와 관련된 시민사회단체 또는 소비자단체로부터 추천을 받은 사람, 2. 개인정보처리자로 구성된 사업자단체로부터 추천을 받은 사람, 3. 그 밖에 개인정보에 관한 학식과 경험이 풍부한 사람이었다.

문지식이 있고 「고등교육법」 제2조 제1호에 따른 학교에서 부교수 이상으로 5년 이상 재직하고 있거나 재직하였던 사람. 보호위원회 위원의 임기는 3년으로 하되, 한 차례만 연임할 수 있다.[34] 보호위원회 위원이 궐위된 때에는 지체 없이 새로운 위원을 임명 또는 위촉하여야 한다.[35]

다음 각 호의 어느 하나에 해당하는 사람은 보호위원회 위원이 될 수 없다:[36] 1. 대한민국 국민이 아닌 사람, 2. 「국가공무원법」 제33조에 따라 공무원으로 임용될 수 없는 사람,[37] 3. 「정당법」 제22조에 따른 당원.[38] 보호위원회 위원이 대한민국 국민이 아니게 되거나, 공무원으로 임용될 수 없게 되거나, 당원이 된 때에는 그 직에서 당연 퇴직한다.[39]

---

34) 법 제7조의4 제1항.

35) 법 제7조의4 제2항 제1문. 이 경우 후임으로 임명 또는 위촉된 위원의 임기는 새로이 개시된다. 동 항 제2문. 이 점에서 보호위원회 활동의 연속성이 유지될 수 있다.

36) 법 제7조의7 제1항.

37) 국가공무원법 제33조에 따라 다음 각 호의 어느 하나에 해당하는 자는 공무원으로 임용될 수 없다: 1. 피성년후견인 또는 피한정후견인, 2. 파산선고를 받고 복권되지 아니한 자, 3. 금고 이상의 실형을 선고받고 그 집행이 종료되거나 집행을 받지 아니하기로 확정된 후 5년이 지나지 아니한 자, 4. 금고 이상의 형을 선고받고 그 집행유예 기간이 끝난 날부터 2년이 지나지 아니한 자, 5. 금고 이상의 형의 선고유예를 받은 경우에 그 선고유예 기간 중에 있는 자, 6. 법원의 판결 또는 다른 법률에 따라 자격이 상실되거나 정지된 자, 6의2. 공무원으로 재직기간 중 직무와 관련하여 형법 제355조 및 제356조에 규정된 죄를 범한 자로서 300만원 이상의 벌금형을 선고받고 그 형이 확정된 후 2년이 지나지 아니한 자, 6의3. 성폭력처벌법 제2조에 규정된 죄를 범한 사람으로서 100만원 이상의 벌금형을 선고받고 그 형이 확정된 후 3년이 지나지 아니한 사람, 6의4. 미성년자에 대한 다음 각 목의 어느 하나에 해당하는 죄를 저질러 파면·해임되거나 형 또는 치료감호를 선고받아 그 형 또는 치료감호가 확정된 사람(집행유예를 선고받은 후 그 집행유예기간이 경과한 사람을 포함한다): 가. 성폭력처벌법 제2조에 따른 성폭력범죄, 나. 청소년성보호법 제2조 제2호에 따른 아동·청소년대상 성범죄, 7. 징계로 파면처분을 받은 때부터 5년이 지나지 아니한 자, 8. 징계로 해임처분을 받은 때부터 3년이 지나지 아니한 자.

38) 정당법 제2조에 따라 정당은 '국민의 이익을 위하여 책임있는 정치적 주장이나 정책을 추진하고 공직선거의 후보자를 추천 또는 지지함으로써 국민의 정치적 의사형성에 참여함을 목적으로 하는 국민의 자발적 조직'인 점에서 정당의 구성원인 당원은 '법률과 양심에 따라 독립적으로 직무를 수행'하는 보호위원회 위원에 적합하지 않을 것이다. 또한 보호위원회 위원은 정치활동에 관여할 수 없다. 법 제7조의6 제3항.

39) 법 제7조의7 제2항. 다만, 「국가공무원법」 제33조 제2호는 파산선고를 받은 사람으로서 채무자회생법에 따라 신청 기한 내에 면책신청을 하지 아니하였거나 면책불허가 결정

2) 보호위원회 위원의 신분보장

보호위원회 위원은 다음 각 호의 어느 하나에 해당하는 경우를 제외하고는 그 의사에 반하여 면직 또는 해촉되지 아니한다.[40] 1. 장기간 심신장애로 인하여 직무를 수행할 수 없게 된 경우, 2. 위원이 될 수 없는 결격사유에 해당하는 경우,[41] 3. 이 법 또는 그 밖의 다른 법률에 따른 직무상의 의무를 위반한 경우.

3) 보호위원회 위원의 겸직금지 등

보호위원회 위원은 법률과 양심에 따라 독립적으로 직무를 수행한다.[42] 보호위원회 위원이 법률에 따라 독립적으로 직무를 수행하는 점에서 개인정보보호 관련 법의 전문성을 가져야 할 것이다.

보호위원회 위원은 재직 중 다음 각 호의 직을 겸하거나 직무와 관련된 영리업무에 종사하여서는 아니 된다.[43] 1. 국회의원 또는 지방의회의원, 2. 국가공무원 또는 지방공무원, 3. 그 밖에 대통령령으로 정하는 직. 보호위원회 위원은 영리를 목적으로 다음 각 호의 어느 하나에 해당하는 업무를 수행해서는 아니 된다.[44] 1. 보호위원회의 심의·의결 사항과 관련된 업무, 2. 분쟁조정위원회가 조정하는 사항과 관련된 업무. 보호위원회 위원은 정치활동에 관여할 수 없다.[45]

또는 면책 취소가 확정된 경우만 해당하고, 동 법 제33조 제5호는 「형법」 제129조부터 제132조까지, 「성폭력범죄의 처벌 등에 관한 특례법」 제2조, 「아동·청소년의 성보호에 관한 법률」 제2조 제2호 및 직무와 관련하여 「형법」 제355조 또는 제356조에 규정된 죄를 범한 사람으로서 금고 이상의 형의 선고유예를 받은 경우만 해당한다. 법 제7조의 7 제2항 단서.

40) 법 제7조의5 제1항.
41) 보호위원회 위원의 결격사유에 관하여 법 제7조의7 참조.
42) 법 제7조의5 제2항. 헌법 제103조에 따라 법관은 헌법과 법률에 의하여 그 양심에 따라 독립하여 심판하도록 요구되는 점에서, 보호위원회 위원은 법관에 준하는 수준의 직무 수행이 요구된다고 볼 수 있다.
43) 법 제7조의6 제1항.
44) 영 제4조의2.
45) 법 제7조의6 제3항.

(3) 운영[46]

1) 보호위원회 위원장 등

보호위원회 위원장은 보호위원회를 대표하고, 동 위원회 회의를 주재하며, 소관 업무를 총괄한다.[47] 보호위원회 위원장이 부득이한 사유로 직무를 수행할 수 없을 때에는 부위원장이 그 직무를 대행하고, 위원장·부위원장이 모두 부득이한 사유로 직무를 수행할 수 없을 때에는 보호위원회가 미리 정하는 위원이 위원장의 직무를 대행한다.[48] 보호위원회 위원장은 국회에 출석하여 보호위원회의 소관 사무에 관하여 의견을 진술할 수 있으며, 국회에서 요구하면 출석하여 보고하거나 답변하여야 한다.[49] 보호위원회 위원장은 국무회의에 출석하여 발언할 수 있으며, 그 소관 사무에 관하여 국무총리에게 의안 제출을 건의할 수 있다.[50] 보호위원회 위원장, 부위원장 및 사무처의 장은 정부위원이 된다.[51]

2) 회의

보호위원회의 회의는 위원장이 필요하다고 인정하거나 재적위원 4분의 1 이상의 요구가 있는 경우에 위원장이 소집한다.[52] 보호위원회 위원장 또는 2명 이상의 위원은 보호위원회에 의안을 제의할 수 있다.[53] 보호위원회 회의는 재적위원 과반수의 출석으로 개의하고, 출석위원 과반수의 찬성으로 의결한다.[54] 보호위원회의 의사는 공개한다.[55] 그러나, 보호위원회 위원장이 필요하다고 인

---

46) 이 법과 다른 법령에 규정된 것 외에 보호위원회의 운영 등에 필요한 사항은 보호위원회의 규칙으로 정한다. 법 제7조의14. 보호위원회 운영규칙이 시행 중이다.

47) 법 제7조의3 제1항.

48) 법 제7조의3 제2항.

49) 법 제7조의3 제3항.

50) 법 제7조의3 제4항.

51) 법 제7조의2 제4항. 정부위원은 각 부 장관을 보좌하고 국회에 출석하여 발언할 수 있는 정부 소속의 공무원이다. 정부조직법 제10조 참조.

52) 법 제7조의10 제1항.

53) 법 제7조의10 제2항.

54) 법 제7조의10 제3항.

55) 영 제6조.

정하는 경우에는 공개하지 아니할 수 있다.[56]

3) 보호위원회 위원의 제척 · 기피 · 회피

보호위원회 위원은 다음 각 호의 어느 하나에 해당하는 경우에는 심의 · 의결에서 제척된다.[57] 1. 위원 또는 그 배우자나 배우자였던 자가 해당 사안의 당사자가 되거나 그 사건에 관하여 공동의 권리자 또는 의무자의 관계에 있는 경우, 2. 위원이 해당 사안의 당사자와 친족이거나 친족이었던 경우, 3. 위원이 해당 사안에 관하여 증언, 감정, 법률자문을 한 경우, 4. 위원이 해당 사안에 관하여 당사자의 대리인으로서 관여하거나 관여하였던 경우, 5. 위원이나 위원이 속한 공공기관 · 법인 또는 단체 등이 조언 등 지원을 하고 있는 자와 이해관계가 있는 경우.

보호위원회 위원에게 심의 · 의결의 공정을 기대하기 어려운 사정이 있는 경우 당사자는 기피 신청을 할 수 있고, 보호위원회는 의결로 이를 결정한다.[58] 보호위원회 위원이 위의 제척 · 기피 또는 회피의 사유가 있는 경우에는 해당 사안에 대하여 회피할 수 있다.[59]

4) 소위원회

보호위원회는 효율적인 업무 수행을 위하여 개인정보 침해 정도가 경미하거나 유사 · 반복되는 사항 등을 심의 · 의결할 소위원회를 둘 수 있다.[60] 소위원회는 3명의 위원으로 구성한다.[61] 소위원회가 심의 · 의결한 것은 보호위원회

---

56) 영 제6조 단서.

57) 법 제7조의11 제1항. 2020년 2월 4일 개정으로 보호위원회 위원의 제척 · 기피 · 회피에 관한 영 제4조가 법 제7조의11로 이동하였다. 법조인이 보호위원회 위원의 자격으로서 중요하게 됨에 따라 당사자의 대리인으로서 관여하였던 사정으로 심의 · 의결에서 제척되는 경우가 발생할 수 있다. 2020년 2월 4일 이 법의 개정 전에는 '위원 또는 위원의 배우자, 4촌 이내의 혈족, 2촌 이내의 인척 관계에 있는 사람'인 경우 심의 · 의결에서 제척되었는데, 이제 '친족이거나 친족이었던 경우'로 제척과 회피의 범위가 확대되었다.

58) 법 제7조의11 제2항.

59) 법 제7조의11 제3항.

60) 법 제7조의12 제1항.

가 심의·의결한 것으로 본다.[62] 소위원회 회의는 구성위원 전원의 출석과 출석위원 전원의 찬성으로 의결한다.[63]

소위원회는 제1소위원회와 제2소위원회로 운영한다. 제1소위원회는 공공기관 간 의견 조정, 법령의 해석·운용, 개인정보의 목적 외 이용·제공에 관한 사항 등을 심의·의결한다.[64] 제2소위원회는 개인정보 침해요인평가, CCTV안내판 설치 시 법정 기재사항 누락 등 제재 처분 안건 중 경미하거나 유사·반복되는 사항 등을 심의·의결한다.[65]

5) 전문위원회

보호위원회는 심의·의결 사항에 대하여 사전에 전문적으로 검토하기 위하여 다음 각 호의 분야별 전문위원회를 둔다:[66] 1. 개인정보의 국외 이전 분야, 2. 그 밖에 보호위원회가 필요하다고 인정하는 분야. 2023년 9월 12일 개정으로 국외이전전문위원회와 함께 분쟁조정전문위원회가 설치될 수 있게 되었다.[67] 전문위원회의 위원은 위원장 1명을 포함한 20명 이내의 위원으로 성별을 고려하여 구성한다.[68]

전문위원회는 다음 각 호의 어느 하나에 해당하는 사람 중에서 보호위원회 위원장이 임명하거나 위촉한다:[69] 1. 보호위원회 위원, 2. 개인정보보호 관련 업무를 담당하는 중앙행정기관의 관계 공무원, 3. 개인정보보호에 관한 전문지식과 경험이 풍부한 사람, 4. 개인정보보호와 관련된 단체 또는 사업자 단체에

---

61) 법 제7조의12 제2항.
62) 법 제7조의12 제3항.
63) 법 제7조의12 제4항.
64) 2022 연차보고서 115면.
65) 2022 연차보고서 115면.
66) 영 제5조 제1항. 영 제5조 제1항 및 제2항에서 규정한 사항 외에 전문위원회의 구성 및 운영 등에 필요한 사항은 보호위원회의 의결을 거쳐 보호위원회 위원장이 정한다. 영 제5조 제3항.
67) 영 제49조의2 참조.
68) 영 제5조 제2항.
69) 영 제5조 제2항.

속하거나 추천을 받은 사람. 전문위원회 위원장은 보호위원회 위원장이 전문위원회 위원 중에서 지명한다.[70]

6) 사무처

보호위원회의 사무를 처리하기 위하여 보호위원회에 사무처를 두고, 이 법에 규정된 것 외에 보호위원회의 조직에 관한 사항은 대통령령으로 정한다.[71]

2. 보호위원회의 기능

(1) 소관 사무

보호위원회는 다음의 소관 사무를 수행한다. 첫째, 개인정보의 보호와 관련된 법령의 개선에 관한 사항이다.[72] 예컨대, 2018년 4월 대통령 소속 4차 산업혁명위원회가 주관한 해커톤에서 개인정보의 안전한 활용을 위한 가명정보의 도입 등이 합의되었고, 국회는 보호위원회를 개인정보보호 분야의 독립기구로 위상을 강화하여 전향적인 개인정보 활용 방안을 마련하라는 특별권고를 하였다. 이에 정부는 해커톤 합의와 국회의 권고를 바탕으로 보호위원회, 행정안전부, 방송통신위원회, 금융위원회 등 관계기관 중심으로 개인정보보호 법제 개선안을 도출하였다. 이후 당정협의를 거쳐 2018년 11월 이 법, 정통망법과 신용정보법의 개정인 '데이터 3법 개정'이 의원입법 형식으로 국회에 발의되있다.[73]

둘째, 개인정보보호와 관련된 정책·제도·계획 수립·집행에 관한 사항이다.[74] 예컨대, 보호위원회는 제4차 개인정보보호 기본계획의 수립을 위해 중앙행정기관과 분야별 민간 전문가가 참여하는 '관계부처 TF'와 '전문가 자문단'을 구성하고, 관계부처 및 분야별 민간 전문가 의견수렴 등을 통해 제4차 기본계획 초안을 마련하여, 2020년 1월 13일 심의·의결을 통하여 2021년부터 2023

---

70) 영 제5조 제2항.
71) 법 제7조의13.
72) 법 제7조의8 제1호.
73) 2019 연차보고서 124－126면 참조.
74) 법 제7조의8 제2호.

년까지 제4차 기본계획을 확정하였다.[75]

셋째, 정보주체의 권리침해에 대한 조사 및 이에 따른 처분에 관한 사항이다.[76] 예컨대, 보호위원회는 현장점검을 실시하고, 이 법의 주요 규정을 위반한 개인정보처리자에게 개선권고를 하고 과태료를 부과한다.[77]

넷째, 개인정보의 처리와 관련한 고충처리 · 권리구제 및 개인정보에 관한 분쟁의 조정이다.[78] 예컨대, 분쟁조정위원회는 2021년 한 해 동안 운영 사항 및 주요 사건에 관한 심의를 위한 전체회의를 7회, 통상적인 분쟁조정사건 심의를 위한 조정부 회의를 11회 개최하는 등 총 18회 회의를 열어 안건 등을 심의하였다.[79]

다섯째, 개인정보보호를 위한 국제기구 및 외국의 개인정보보호 기구와의 교류 · 협력이다.[80] 예컨대, 보호위원회는 2012년 10월 제34차 우루과이 총회에서 국제개인정보보호감독기관회의(International Conference of Data Protection and Privacy Commissioners, ICDPPC) 회원으로 가입한 이래 매년 정기총회에 참석하고 있고, 2012년 3월 아시아태평양프라이버시감독기구협의체(Asia Pacific Privacy Authorities, APPA) 회원으로 가입한 이래 매년 포럼에 참석하여 국내 개인정보 보호정책 현황을 회원국들에게 소개하고 각국의 정책 현황을 공유하고 있다.[81]

여섯째, 개인정보보호에 관한 법령 · 정책 · 제도 · 실태 등의 조사 · 연구, 교육 및 홍보에 관한 사항이다.[82] 예컨대, 보호위원회는 개인정보처리자를 대상으로 개인정보보호 실태조사를 실시하고,[83] 각 기관, 공무원 교육기관 등에게 개인정보보호 교육을 시행하도록 독려하며, 개인정보보호 업무담당자들의 업무 숙련도 제고를 위해 전문교육을 실시한다.[84] 보호위원회는 개인정보보호 관련

---

75) 보호위원회, '제4차 개인정보보호 기본계획 결정'(제2019−25−404호, 2020.1.13.) 참조.
76) 법 제7조의8 제3호.
77) 2019 연차보고서 48−52면 참조.
78) 법 제7조의8 제4호.
79) 2022 연차보고서 228면.
80) 법 제7조의8 제5호.
81) 2019 연차보고서 134−139면 참조.
82) 법 제7조의8 제6호.
83) '2021 개인정보보호 실태조사' 결과는 2022 연차보고서 48−62면 참조.
84) 2019 연차보고서 168−169면 참조.

정책과 법제도를 일반인들이 쉽게 찾아볼 수 있도록 '개인정보 포털'(www. privacy.go.kr)을 운영하고 있다.

일곱째, 개인정보 보호에 관한 기술개발의 지원·보급, 기술의 표준화 및 전문인력의 양성에 관한 사항이다.[85] 예컨대, 개인정보보호 기술지원센터 운영을 통해 영세사업자 등을 대상으로 이 법의 의무사항 준수·이행을 위한 개인정보 보호조치 온라인 컨설팅을 지원하고, 고유식별정보 암호화, 비밀번호 적용 등 안전조치 여부를 스스로 점검할 수 있는 PC 환경의 자율점검 도구를 배포하여 취약계층에 대한 개인정보의 안전조치 수준을 제고하고 자율적 안전조치 역량을 강화한다.[86]

여덟째, 이 법 및 다른 법령에 따라 보호위원회의 사무로 규정된 사항이다.[87]

위의 여덟 가지 소관 사무 중에서 '정보주체의 권리침해에 대한 조사 및 이에 따른 처분에 관한 사항'과 '개인정보의 처리와 관련한 고충처리·권리구제 및 개인정보에 관한 분쟁의 조정'은 정부조직법 제18조의 적용을 받지 않는다.[88] 즉 이러한 두 가지 소관 사무에 관하여 보호위원회 위원장은 대통령의 명에 따른 국무총리의 지휘·감독을 받지 않는다.

(2) 심의·의결 사항 등

보호위원회는 다음의 사항을 심의·의결한다. 첫째, 법 제8조의2에 따른 개인정보 침해요인 평가에 관한 사항이다.[89] 둘째, 법 제9조에 따른 개인정보보호 기본계획 및 제10조에 따른 시행계획에 관한 사항이다.[90] 셋째, 개인정보보호와 관련된 정책, 제도 및 법령의 개선에 관한 사항이다.[91] 넷째, 개인정보의

---

85) 법 제7조의8 제7호.

86) 개인정보보호 기술지원센터는 2018년 한 해 동안 쇼핑몰·음식점·학원·복지 등 사회 전반에 걸쳐 서비스를 하고 있는 소상공인, 중소기업 및 비영리단체 약 180여 업체를 지원하였고, 중소사업체 및 비영리단체 소속직원 3,040명을 대상으로 업무용 PC 개인정보 점검도구를 배포하였다. 2019 연차보고서 160 – 162면 참조.

87) 법 제7조의8 제8호.

88) 법 제7조 제2항 단서.

89) 법 제7조의9 제1항 제1호.

90) 법 제7조의9 제1항 제2호.

처리에 관한 공공기관 간의 의견조정에 관한 사항이다.[92] 다섯째, 개인정보보호에 관한 법령의 해석·운용에 관한 사항이다.[93] 여섯째, 법 제18조 제2항 제5호에 따른 개인정보의 이용·제공에 관한 사항이다.[94] 일곱째, 법 제28조의9에 따른 개인정보의 국외 이전 중지명령에 관한 사항이다.[95] 여덟째, 법 제33조 제4항에 따른 공공기관의 개인정보 영향평가 결과에 관한 사항이다.[96] 아홉째, 법 제64조의2에 따른 과징금 부과에 관한 사항이다.[97] 열째, 법 제61조에

---

91) 법 제7조의9 제1항 제3호.

92) 법 제7조의9 제1항 제4호.

93) 법 제7조의9 제1항 제5호. 예컨대, 보호위원회는 2018년 금융감독원의 보이스피싱 전화번호 공개 및 제공에 관한 건, 경찰청 차적자료의 다른 수사기관 제공에 관한 건, 한국조폐공사의 국회 안건 심의를 위한 직원정보 제공에 관한 건 등 법령의 해석·운용에 관하여 20건의 안건을 의결하였다. 2019 개인정보보호 연차보고서 91-99면 참조. 다음의 경우에는 개인정보보호에 관한 법령의 해석·운용에 관한 심의·의결은 반려된다: 1. 개인정보와 명백히 관계없는 사항인 경우, 2. 수사 중인 경우, 3. 행정심판 또는 소송이 진행 중이거나 그 절차가 끝난 경우, 4. 이미 행해진 구체적인 처분의 위법·부당 여부에 관한 사항, 5. 개인정보에 관한 분쟁조정 절차가 진행 중이거나 그 절차가 끝난 경우, 6. 구체적 사실인정에 관한 사항으로 그 사실에 대해 조사 또는 수사가 필요한 경우, 7. 해석 대상 법령이 특정되지 않는 경우, 8. 법령의 규정상 명백하여 해석이 불필요한 경우, 9. 정립된 판례나 보호위원회의 법령해석이 있는 경우, 10. 그 밖에 위의 사항과 유사한 사유로 심의·의결이 필요하지 않다고 소위원회 위원장이 결정하는 경우. 보호위원회, https://www.pipc.go.kr/np/default/page.do?mCode=E010010010 참조.

94) 법 제7조의9 제1항 제6호. 공공기관은 개인정보를 목적 외의 용도로 이용하거나 이를 제3자에게 제공하지 아니하면 다른 법률에서 정하는 소관 업무를 수행할 수 없는 경우에 보호위원회의 심의·의결을 거쳐야 한다. 법 제18조 제2항 제5호. 예컨대, 보호위원회는 2018년 주택용 소방시설 무상 지원보급을 위한 개인정보 제공에 관한 건, 인천광역시의 수도요금 할인을 위한 기초자치단체 보유 개인정보 제공 요청에 관한 건, 육군본부의 무공훈장 찾아주기 사업을 위한 국가보훈처 보유 개인정보 제공에 관한 건 등 목적 외 이용과 제3자 제공에 관하여 13건의 안건을 의결하였다. 2019 연차보고서 99-103면 참조.

95) 법 제7조의9 제1항 제6호의2. 보호위원회는 개인정보의 국외 이전이 법 제28조의8 제1항, 제4항 또는 제5항의 위반 등의 이유로 해당 개인정보의 국외 이전 중지를 명할 수 있다. 법 제28조의9 제1항. 이들 두 규정은 2023년 3월 14일 개정으로 신설되었다.

96) 법 제7조의9 제1항 제7호. 공공기관의 장은 대통령령으로 정하는 기준에 해당하는 개인정보파일의 운용으로 인하여 정보주체의 개인정보 침해가 우려되는 경우에는 그 위험요인의 분석과 개선 사항 도출을 위한 평가, 즉 영향평가를 하고 그 결과를 보호위원회에 제출하여야 한다. 법 제33조 제1항. 보호위원회는 이렇게 제출받은 공공기관의 영향평가 결과에 대하여 의견을 제시할 수 있다. 동 조 제4항.

97) 법 제7조의9 제1항 제8호. 보호위원회는 개인정보처리자가 개인정보의 수집 근거인 법

따른 법령이나 조례에 대한 의견 제시 및 개인정보 처리 실태의 개선 권고에 관한 사항이다.[98] 열한째, 법 제63조의2 제2항에 따른 시정권고에 관한 사항이다.[99] 열두째, 법 제64조에 따른 법을 위반한 자에 대한 시정조치 등에 관한 사항이다.[100] 열세째, 법 제65조에 따른 개인정보보호와 관련된 법규의 위반에 따른 범죄혐의에 대한 고발 및 개인정보보호와 관련된 법규의 위반행위에 대한 책임이 있는 자의 징계 권고에 관한 사항이다.[101] 열넷째, 법 제66조에 따른 개인정보 처리 실태의 개선 권고 등 처리 결과의 공표 및 공표명령에 관한 사항이다.[102] 열다섯째, 법 제75조에 따른 과태료 부과에 관한 사항이다.[103]

제15조 제1항 등 주요 규정을 위반하여 개인정보를 처리한 경우 해당 개인정보처리자에게 전체 매출액의 100분의 3을 초과하지 않는 범위에서 과징금을 부과할 수 있다. 법 제64조의2. 동 규정은 2023년 3월 14일 개정으로 과징금 부과에 관한 개별 규정을 통합하여 신설되었다.

98) 법 제7조의9 제1항 제9호. 보호위원회는 개인정보보호에 영향을 미치는 내용이 포함된 법령이나 조례에 대하여 필요하다고 인정하면 심의·의결을 거쳐 관계 기관에 의견을 제시할 수 있다. 법 제61조 제1항. 또한, 보호위원회는 개인정보보호를 위하여 필요하다고 인정하면 개인정보처리자에게 개인정보 처리 실태의 개선을 권고할 수 있다. 이 경우 권고를 받은 개인정보처리자는 이를 이행하기 위하여 성실하게 노력하여야 하며, 그 조치 결과를 보호위원회에 알려야 한다. 동 조 제2항.

99) 법 제7조의9 제1항 제9호의2. 보호위원회는 개인정보처리자에 대하여 개인정보 보호실태를 점검하여 이 법의 위반사항을 발견한 때에는 해당 개인정보처리자에 대하여 시정방안을 정하여 이에 따를 것을 권고할 수 있다. 법 제63조의2 제2항. 두 규정은 2023년 3월 14일 개정으로 신설되었다.

100) 법 제7조의9 제1항 제10호. 보호위원회는 이 법을 위반한 자(중앙행정기관, 지방자치단체, 국회, 법원, 헌법재판소, 중앙선거관리위원회는 제외한다)에 대하여 다음 각 호에 해당하는 조치를 명할 수 있다: 1. 개인정보 침해행위의 중지, 2. 개인정보 처리의 일시적인 정지, 3. 그 밖에 개인정보의 보호 및 침해 방지를 위하여 필요한 조치. 법 제64조 제1항.

101) 법 제7조의9 제1항 제11호. 보호위원회는 개인정보처리자에게 이 법 등 개인정보보호와 관련된 법규의 위반에 따른 범죄혐의가 있다고 인정될 만한 상당한 이유가 있을 때에는 관할 수사기관에 그 내용을 고발할 수 있다. 법 제65조 제1항. 또한, 보호위원회는 이 법 등 개인정보보호와 관련된 법규의 위반행위가 있다고 인정될 만한 상당한 이유가 있을 때에는 책임이 있는 자(대표자 및 책임있는 임원을 포함한다)를 징계할 것을 해당 개인정보처리자에게 권고할 수 있다. 이 경우 권고를 받은 사람은 이를 존중하여야 하며 그 결과를 보호위원회에 통보하여야 한다. 동 조 제2항.

102) 법 제7조의9 제1항 제12호. 보호위원회는 법 제61조에 따른 개선 권고, 법 제64조에 따른 시정조치 명령, 법 제64조의2에 따른 과징금 부과, 법 제65조에 따른 고발 또는 징계권고 및 법 제75조에 따른 과태료 부과의 내용 및 결과에 대하여 공표할 수 있다. 법 제66조 제1항. 보호위원회는 위와 같이 과태료 부과처분 등을 한 경우에는 처분 등

열여섯째, 소관 법령 및 보호위원회 규칙의 제정·개정 및 폐지에 관한 사항이다.[104] 열일곱째, 개인정보보호와 관련하여 보호위원회의 위원장 또는 위원 2명 이상이 회의에 부치는 사항이다.[105] 열여덟째, 그 밖에 이 법 또는 다른 법령에 따라 보호위원회가 심의·의결하는 사항이다.[106]

보호위원회의 심의·의결 사항 중에서 '개인정보 침해요인 평가에 관한 사항'에 정부조직법 제18조가 적용되지 않는다.[107] 즉 이 심의·의결 사항에 관하여 보호위원회 위원장은 대통령의 명에 따른 국무총리의 지휘·감독을 받지 않는다.

보호위원회의 심의·의결 사항은 2020년 2월 4일 이 법의 개정으로 12건에서 16건으로, 2023년 3월 14일 개정으로 16건에서 18건으로 확대되었다. 종래에는 개인정보보호와 관련하여 대통령이 보호위원회 회의에 부치는 사항을 심의·의결하게 되었는데,[108] 대통령의 이러한 권한이 삭제되었다. 이 점에서 보호위원회의 개인정보보호에 관한 사무의 독립적 수행이 보장된다.

보호위원회는 위의 사항을 심의·의결하기 위하여 필요한 경우 다음 각 호의 조치를 할 수 있다:[109] 1. 관계 공무원, 개인정보보호에 관한 전문 지식이 있는 사람이나 시민사회단체 및 관련 사업자로부터의 의견 청취, 2. 관계 기관 등에 대한 자료 제출이나 사실조회 요구. 보호위원회의 자료 제출이나 사실조

을 받은 자에게 해당 처분 등을 받았다는 사실을 공표할 것을 명할 수 있다. 법 제66조 제2항.

103) 법 제7조의9 제1항 제13호. 보호위원회는 법 제25조 제2항을 위반하여 고정형 영상정보처리기기를 설치·운영한 자 등에 대하여 5천만원 이하, 법 제16조 제3항 등을 위반하여 재화 또는 서비스의 제공을 거부한 자 등에 대하여 3천만원 이하, 법 제26조 제6항을 위반하여 위탁자의 동의를 받지 아니하고 제3자에게 다시 위탁한 자 등에 대하여 2천만원 이하, 또는 법 제11조의2 제2항을 위반하여 정당한 사유 없이 자료를 제출하지 아니하거나 거짓으로 제출한 자 등에 대하여 1천만원 이하의 과태료를 부과한다. 법 제75조.

104) 법 제7조의9 제1항 제14호.

105) 법 제7조의9 제1항 제15호.

106) 법 제7조의9 제1항 제16호.

107) 법 제7조 제2항 단서. 개인정보 침해요인의 평가는 법 제8조의2 참조.

108) 2020년 2월 4일 개정 전 법 제8조 제1항 제11호 참조.

109) 법 제7조의9 제2항.

회 요구를 받은 관계 기관 등은 특별한 사정이 없으면 이에 따라야 한다.[110] 보호위원회는 개인정보보호와 관련된 정책, 제도 및 법령의 개선에 관한 사항을 심의·의결한 경우에는 관계 기관에 그 개선을 권고할 수 있다.[111] 이 경우 보호위원회는 개선의 권고 내용과 사유 등을 함께 통보하여야 한다.[112] 보호위원회는 관계 기관에 대한 이러한 개선의 권고 내용 이행 여부를 점검할 수 있다.[113] 이 경우 보호위원회는 관계 기관에 권고사항의 이행결과에 대한 자료 제출을 요청할 수 있다.[114]

(3) 연차보고

보호위원회는 관계 기관 등으로부터 필요한 자료를 제출받아 매년 개인정보보호 시책의 수립 및 시행에 관한 보고서를 작성하여 정기국회 개회 전까지 국회에 제출하여야 하는데, 정보통신망에 의한 제출이 포함된다.[115] 국회에 제출하는 연차보고서는 다음 각 호의 내용이 포함되어야 한다:[116] 1. 정보주체의 권리침해 및 그 구제현황, 2. 개인정보 처리에 관한 실태조사 및 개인정보 보호수준 평가 등의 결과,[117] 3. 개인정보보호 시책의 추진현황 및 실적, 4. 개인정보 관련 해외의 입법 및 정책 동향, 5. 주민등록번호 처리와 관련된 법률·대통령령·국회규칙·대법원규칙·헌법재판소규칙·중앙선거관리위원회규칙 및 감사원규칙의 제정·개정 현황 및 6. 그 밖에 개인정보보호 시책에 관하여 공개 또는 보고하여야 할 사항.

---

110) 법 제7조의9 제3항.
111) 법 제7조의9 제4항.
112) 영 제9조의2 제1항.
113) 법 제7조의9 제5항.
114) 영 제9조의2 제2항.
115) 법 제67조 제1항.
116) 법 제67조 제2항.
117) 2023년 3월 14일 개정으로 '실태조사 및 개인정보 보호수준 평가'가 신설되었고, 동 개정규정은 이 법 시행, 즉 2023년 9월 15일 이후 그 다음 연도에 작성하는 보고서부터 적용한다. 법 부칙 제7조.

(4) 비밀유지 의무

개인정보 처리는 물론 개인정보보호를 위한 정책적 업무는 자칫 정보주체의 프라이버시나 개인정보를 침해할 가능성이 있다. 이 법은 특정 업무 담당자에 대한 비밀유지 의무를 부과한다. 보호위원회의 소관 사무 수행과 심의·의결 업무에 종사하거나 종사하였던 자는 직무상 알게 된 비밀을 다른 사람에게 누설하거나 직무상 목적 외의 용도로 이용하여서는 안 된다.[118] 다른 법률에 특별한 규정이 있는 경우에는 예외가 허용된다.[119]

---

118) 법 제60조 제1호. 각각 법 제7조의8과 제7조의9 참조.
119) 법 제60조 단서.

개인정보보호를 위한 종합적이고 체계적인 추진을 위한 기본계획이 마련되어 시행되고, 연도별 시행계획이 마련되어 시행된다.

1. 개인정보보호 기본계획

보호위원회는 개인정보의 보호와 정보주체의 권익 보장을 위하여 3년마다 '개인정보보호 기본계획'('기본계획')을 관계 중앙행정기관의 장과 협의하여 수립한다.[120] 보호위원회는 3년마다 기본계획을 그 3년이 시작되는 해의 전년도 6월 30일까지 수립해야 한다.[121] 보호위원회는 2021년부터 2023년까지 제4차 개인정보보호 기본계획을 수립하기 위하여 중앙행정기관 및 분야별 민간 전문가가 참여하는 '관계부처 TF'와 '전문가 자문단'을 구성하고, 관계부처 및 분야별 민간 전문가 의견수렴 등을 통해 제4차 기본계획 초안을 마련하여, 2020년 1월 13일 심의·의결을 통하여 제4차 기본계획을 확정하였다.[122]

기본계획에는 다음 각 호의 사항이 포함되어야 한다:[123] 1. 개인정보보호의 기본목표와 추진방향, 2. 개인정보보호와 관련된 제도 및 법령의 개선, 3. 개인정보 침해 방지를 위한 대책, 4. 개인정보보호 자율규제의 활성화, 5. 개인정보보호 교육·홍보의 활성화, 6. 개인정보보호를 위한 전문인력의 양성, 7. 그 밖

---

120) 법 제9조 제1항. 2020년 2월 4일 개정 전에 행정안전부장관이 3년마다 개인정보보호 기본계획을 관계 중앙행정기관의 장과 협의 하에 작성하여 보호위원회에 제출하면, 동 기본계획은 보호위원회의 심의·의결을 거쳐 시행되었다. 2014년 1월 드러난 카드 3사 개인정보 유출 사고와 같은 대형 개인정보 유출이 빈발함에 따라 2015년 7월 24일 이 법의 개정으로 개인정보보호 기본계획의 수립 권한은 보호위원회로 이관되었다.

121) 영 제11조 제1항. 보호위원회는 관계 중앙행정기관의 장으로부터 개인정보보호 관련 중장기계획과 시책 등을 반영한 부문별 계획을 제출받아 기본계획에 반영할 수 있다. 이 경우 보호위원회는 기본계획의 목표, 추진방향 및 부문별 계획의 작성 지침 등에 관하여 관계 중앙행정기관의 장과 협의하여야 한다. 동 조 제2항. 보호위원회는 기본계획이 확정되면 지체 없이 관계 중앙행정기관의 장에게 통보하여야 한다. 동 조 제3항.

122) 보호위원회 '제4차 개인정보보호 기본계획 결정'(제2019-25-404호, 2020.1.13.) 참조.

123) 법 제9조 제2항.

에 개인정보보호를 위하여 필요한 사항. 국회, 법원, 헌법재판소, 중앙선거관리위원회는 그 소속기관을 포함하여 해당 기관의 개인정보보호를 위한 기본계획을 수립·시행할 수 있다.[124] 이들 헌법기관은 권력분립에 있어 행정부와 독립된 기관으로서 자체적으로 개인정보보호 기본계획을 수립·시행할 수 있는 것이다.

2. 개인정보보호 시행계획

중앙행정기관의 장은 기본계획에 따라 매년 개인정보보호를 위한 시행계획을 작성하여 보호위원회에 제출하고, 보호위원회의 심의·의결을 거쳐 시행하여야 한다.[125] 이에 따라 법무부, 국방부, 방송통신위원회 등 중앙행정기관은 중기적 기본계획에 따라 소관 분야에 관한 개인정보보호 시책을 매년 마련하여 시행하여야 한다.

보호위원회는 매년 6월 30일까지 다음 해 시행계획의 작성방법 등에 관한 지침을 마련하여 관계 중앙행정기관의 장에게 통보하여야 한다.[126] 관계 중앙행정기관의 장은 위의 지침에 따라 기본계획 중 다음 해에 시행할 소관 분야의 시행계획을 작성하여 매년 9월 30일까지 보호위원회에 제출하여야 한다.[127] 보호위원회는 중앙행정기관의 장이 제출한 시행계획을 그 해 12월 31일까지 심의·의결하여야 한다.[128]

3. 자료제출 요구

개인정보보호를 위한 기본계획과 시행계획의 효율적 수립 및 추진을 위하여 관련 자료와 의견이 필요하다. 이에 보호위원회와 중앙행정기관의 장은 개

---

124) 법 제9조 제3항.
125) 법 제10조 제1항.
126) 영 제12조 제1항.
127) 영 제12조 제2항.
128) 영 제12조 제3항.

인정보처리자 등에게 관련 자료의 제출과 의견의 진술 등 행정조사를 수행할 수 있다.129) 개인정보보호 정책 추진, 성과 평가 등을 위하여 개인정보처리자 등을 대상으로 개인정보 관리 수준 및 실태 파악 등을 위한 행정조사는 이 법의 위반 사항의 발견 등의 경우에 보호위원회가 실시하는 자료 제출 요구 및 검사와 구별된다.130)

보호위원회는 기본계획을 효율적으로 수립하기 위하여 개인정보처리자, 관계 중앙행정기관의 장, 지방자치단체의 장 및 관계 기관·단체 등에 개인정보처리자의 법규 준수 현황과 개인정보 관리 실태 등에 관한 자료의 제출이나 의견의 진술 등을 요구할 수 있다.131) 법규는 이 법을 포함한 개인정보보호에 관련된 법령을 포함할 것이다. 또한, 보호위원회는 개인정보처리자에게 다음 각 호의 사항에 관한 자료의 제출이나 의견의 진술 등을 요구할 수 있다:132) 1. 해당 개인정보처리자가 처리하는 개인정보 및 개인정보파일의 관리와 고정형 영상정보처리기기 또는 이동형 영상정보처리기기의 설치·운영에 관한 사항, 2. 개인정보 보호책임자의 지정 여부에 관한 사항, 3. 개인정보의 안전성 확보를 위한 기술적·관리적·물리적 조치에 관한 사항, 4. 정보주체의 열람, 개인정보의 정정·삭제·처리정지의 요구 및 조치 현황에 관한 사항, 5. 그 밖에 이법 및 영의 준수에 관한 사항 등 기본계획의 수립·추진을 위하여 필요한 사항. 보호위원회는 위의 자료 제출이나 의견 진술 등을 요구할 때에는 기본계획을 효율적으로 수립·추진하기 위하여 필요한 최소한의 범위로 한정하여 요구하여야 한다.133)

보호위원회는 개인정보 보호정책의 추진, 성과평가 등을 위하여 필요한 경우 개인정보처리자, 관계 중앙행정기관의 장, 지방자치단체의 장 및 관계 기관·단체 등을 대상으로 개인정보관리 수준 및 실태파악 등을 위한 조사를 실시

---

129) 이러한 자료 제출 등의 범위와 방법 등 필요한 사항은 대통령령으로 정한다. 법 제11조 제5항. 행정조사의 절차와 방법 등은 행정조사기본법에 따른다.

130) 이 법의 위반 사항의 발견 등의 경우 자료 제출 요구 및 검사에 관하여 법 제63조 제1항 참조.

131) 법 제11조 제1항.

132) 영 제13조 제1항.

133) 영 제13조 제2항.

할 수 있다.134) 중앙행정기관의 장은 시행계획을 효율적으로 수립·추진하기 위하여 소관 분야의 개인정보처리자에게 법규 준수 현황과 개인정보 관리 실태 등에 관한 자료의 제출 등을 요구할 수 있다.135) 중앙행정기관의 장이 소관 분야의 개인정보처리자에게 자료 제출 등을 요구하는 경우에는 보호위원회의 개인정보처리자에게 자료 제출이나 의견 진술 등의 요구에 관한 규정을 준용한다.136) 보호위원회와 중앙행정기관의 장으로부터 자료 제출 등을 요구받은 자는 특별한 사정이 없으면 이에 따라야 한다.137)

4. 개인정보 보호정책 협의

(1) 개인정보 보호정책협의회

개인정보보호 정책의 일관성 있는 추진과 개인정보보호 관련 사안에 대한 관계 중앙행정기관 간 협의를 위하여 보호위원회에 개인정보 보호정책협의회를 둘 수 있다.138) 개인정보 보호정책협의회는 다음 각 호의 사항을 협의한다:139) 1. 개인정보보호 기본계획 및 시행계획 등 개인정보보호와 관련된 주요 정책, 2. 개인정보보호와 관련된 주요 법령의 제·개정, 3. 개인정보보호와 관련된 주요 정책의 협력 및 의견 조정, 4. 개인정보 침해사고 예방 및 대응, 5. 개인정보보호 기술개발 및 전문인력의 양성, 6. 그 밖에 개인정보보호와 관련하여 관계 중앙행정기관 간 협의가 필요한 사항.

개인정보 보호정책협의회의 의장은 보호위원회의 부위원장이 된다.140) 개

---

134) 법 제11조 제2항.

135) 법 제11조 제3항.

136) 영 제13조 제3항. 영 제13조 제1항과 제2항 참조.

137) 법 제11조 제4항.

138) 영 제5조의2 제1항. 개인정보 보호정책협의회에 관한 영 제5조의2는 2020년 8월 4일 개정으로 신설되었다. 이 법에서 규정한 사항 외에 개인정보 보호정책협의회의 운영에 필요한 사항은 개인정보 보호정책협의회의 의결을 거쳐 의장이 정한다. 영 제5조의2 제7항.

139) 영 제5조의2 제2항.

140) 영 제5조의2 제3항.

인정보 보호정책협의회는 관계 중앙행정기관의 고위공무원단에 속하는 공무원 또는 그에 상당하는 공무원으로서 개인정보보호와 관련된 업무를 담당하는 사람 중 소속 기관의 장이 지명하는 사람으로 구성한다.[141] 개인정보 보호정책협의회의 업무를 지원하기 위하여 필요하면 동 정책협의회에 실무협의회 또는 분야별 협의회를 둘 수 있다.[142] 개인정보 보호정책협의회의 실무협의회와 분야별 협의회의 의장은 보호위원회 소속 공무원 중에서 의장이 임명한다.[143] 개인정보 보호정책협의회, 실무협의회 및 분야별 협의회는 업무를 수행하기 위하여 필요한 경우 관계 기관·단체 및 전문가 등에게 출석, 자료 또는 의견의 제출 등 필요한 협조를 요청할 수 있다.[144]

(2) 시·도 개인정보보호 관계기관협의회

개인정보 보호정책의 효율적인 추진과 자율적인 개인정보보호 강화를 위하여 특별시, 광역시, 특별자치시, 도, 특별자치도('시·도')에 시·도 개인정보보호 관계기관협의회('시·도협의회')를 둘 수 있다.[145] 시·도협의회는 다음 각 호의 사항을 협의한다:[146] 1. 시·도 개인정보 보호정책, 2. 관계 기관·단체 등의 의견 수렴 및 전달, 3. 개인정보보호 우수사례 공유, 4. 그 밖에 개인정보보호와 관련하여 시·도협의회의 협의가 필요한 사항.

---

141) 영 제5조의2 제3항.
142) 영 제5조의2 제4항.
143) 영 제5조의2 제5항.
144) 영 제5조의2 제6항.
145) 영 제5조의3 제1항. 시도협의회에 관한 영 제5조의3은 2020년 8월 4일 개정으로 신설되어 2021년 2월 5일 시행되었다. 이 법에서 규정한 사항 외에 시·도협의회의 구성 및 운영 등에 필요한 사항은 시·도의 조례로 정한다. 영 제5조의3 제3항.
146) 영 제5조의3 제2항.

■ IV. 개인정보 보호수준 평가

　이 법은 개인정보처리자가 개인정보의 처리에서 준수해야 하는 의무를 중점적으로 규정하는데, 개인정보처리자는 민간부문과 공공기관을 모두 포함한다. 중앙행정기관과 지방자치단체 등 공공기관은 특히 전체 국민 또는 특정 지역 주민의 개인정보를 처리하게 되는 점에서 국민의 개인정보보호에 보다 주의를 해야 할 것이다. 2023년 3월 14일 개정으로 이들 공공기관에 대한 개인정보 보호수준의 평가가 신설되었다.147)

　보호위원회는 공공기관 중 중앙행정기관 및 그 소속기관, 지방자치단체, 그 밖에 대통령령으로 정하는 기관을 대상으로 매년 개인정보 보호정책·업무의 수행 및 이 법에 따른 의무의 준수 여부 등을 평가('개인정보 보호수준 평가')하여야 한다.148) 보호위원회는 개인정보 보호수준 평가에 필요한 경우 해당 공공기관의 장에게 관련 자료를 제출하게 할 수 있다.149) 보호위원회는 개인정보 보호수준 평가의 결과를 인터넷 홈페이지 등을 통하여 공개할 수 있다.150) 보호위원회는 개인정보 보호수준 평가의 결과에 따라 우수기관 및 그 소속 직원에 대하여 포상할 수 있고, 개인정보 보호를 위하여 필요하다고 인정하면 해당 공공기관의 장에게 개선을 권고할 수 있다.151) 이 경우 권고를 받은 공공기관의 장은 이를 이행하기 위하여 성실하게 노력하여야 하며, 그 조치 결과를 보호위원회에 알려야 한다.152) 그 밖에 개인정보 보호수준 평가의 기준·방법·절차 및 제2항에 따른 자료 제출의 범위 등에 필요한 사항은 대통령령으로 정한다.153)

---

147) 개인정보 보호수준 평가에 관한 법 제11조의2는 2024년 3월 15일 시행된다. 법 부칙 제1조 제1호.
148) 법 제11조의2 제1항.
149) 법 제11조의2 제2항.
150) 법 제11조의2 제3항.
151) 법 제11조의2 제4항 제1문.
152) 법 제11조의2 제4항 제2문.
153) 법 제11조의2 제5항.

이 법은 개인정보처리자가 개인정보의 처리에서 준수해야 하는 의무를 중점적으로 규정하는데, 동 의무는 일반적이고 다소 추상적으로 규정되어 있어서, 그 의무의 이해와 이행에 어려움이 발생할 수 있다. 이에 개인정보처리자의 이 법의 충실한 준수를 위한 표준적 지침과 구체적 지침이 마련된다.

1. 개인정보 보호지침의 제정

보호위원회는 개인정보의 처리에 관한 기준, 개인정보 침해의 유형 및 예방조치 등에 관한 「표준 개인정보 보호지침」('표준지침')을 정하여 개인정보처리자에게 그 준수를 권장할 수 있다.[154] 보호위원회는 2020년 8월 11일 표준지침을 제정하였고, 동 표준지침은 같은 날 시행되었다.[155]

중앙행정기관의 장은 표준지침에 따라 소관 분야의 개인정보 처리와 관련한 개인정보 보호지침을 정하여 개인정보처리자에게 그 준수를 권장할 수 있다.[156] 예컨대, 과학기술정통부는 「과학기술정보통신부 개인정보보호지침」을 채택하고 있다. 국회, 법원, 헌법재판소 및 중앙선거관리위원회는 해당 기관(그 소속 기관을 포함한다)의 개인정보 보호지침을 정하여 시행할 수 있다.[157]

2. 개인정보 보호지침의 성격

표준지침 등은 이 법의 범위 내에서 이 법의 적용에 필요한 사항들을 구체화한 것이다. 이 법이 개인정보보호의 일반법으로서 일반적이고 추상적인 내용

---

154) 법 제12조 제1항.
155) 보호위원회고시 제2020−1호. 그 내용은 직전의 행정안전부가 제정한 표준지침과 사실상 동일하다. 또한, 표준지침은 이 법의 2023년 3월 14일 개정에 따라 개정 행정예고되었다.
156) 법 제12조 제2항.
157) 법 제12조 제3항.

으로 규정되어서, 개인정보 보호지침은 분야·산업별 특성을 고려하여 개별적으로 보충하기 위한 입법보충권의 행사로 채택된다.[158]

개인정보보호에 관하여 이 법과 이 영의 하부규범인 표준지침 등은 고시로서 관련 행정기관이 재량적으로 채택한다.[159] 보호위원회나 중앙행정기관의 장은 개인정보처리자에게 표준지침이나 분야별 지침의 준수를 권장할 수 있을 뿐이다.[160] 표준지침 등은 개인정보처리자에게 그 준수를 권장하는 점에서 그 자체로서 법적 강제력이 부여되어 있지 않다.

그럼에도 이 법의 집행을 담당하는 보호위원회와 중앙행정기관이 개인정보처리자가 이 법을 준수하는데 도움이 되도록 마련한 표준지침 등은 개인정보처리자가 준수해야 할 사실상의 강제력을 가지는 것은 부인하기 어렵다. 특히 이 법과 이 영에 따라 구체적인 경우에 보호위원회가 정한 고시는 개인정보처리자가 준수해야 할 것이다.[161]

이 점에서 표준지침 등은 상위규범인 이 법과 이 영의 규범적 범위 내에서

---

158) 2020년 해설서 66면.

159) 고시는 행정기관이 결정한 사항 등을 널리 일반 국민에게 알리기 위하여 공고하는 일종의 공고형식이어서, 원칙적으로 법규로서의 성질을 갖지 않는다. 현암사 204면. 대법원은 행정명령으로서 훈령, 예규, 통첩, 지시, 고시, 각서 등 그 사용명칭 여하에 불구하고 공법상의 법률관계 내부에서 준거할 준칙 등을 정하는데 그치고 대외적으로는 아무런 구속력도 가지는 것이 아니라고 판단하였다. 대법원 1983.6.13. 선고 83누54판결 참고.

160) 법 제12조 제1항과 제2항.

161) 예컨대, 방송통신위원회의 「개인정보의 기술적·관리적 보호조치 기준」(방송통신위원회 고시 제2011-1호)은 정보통신서비스 제공자가 반드시 준수해야 할 최소한의 기준을 정한 것으로 보는 것이 타당하다고 한다. 방송통신위원회의 동 고시는 해킹 등 침해사고 당시의 기술 수준 등을 고려하여 정보통신서비스 제공자가 정보통신망법 제28조 제1항 등에 따라 준수해야 할 기술적·관리적 보호조치를 구체적으로 규정한 것이어서, 정보통신서비스 제공자가 동 고시에서 정하고 있는 기술적·관리적 보호조치를 다하였다면, 특별한 사정이 없는 한 정보통신서비스 제공자가 개인정보의 안전성 확보에 필요한 보호조치를 취하여야 할 법률상 또는 계약상 의무를 위반하였다고 보기는 어렵기 때문이다. 그럼에도 정보통신서비스 제공자가 동 고시에서 정하고 있는 기술적·관리적 보호조치를 다하였다고 하더라도, 정보통신서비스 제공자가 마땅히 준수해야 한다고 일반적으로 쉽게 예상할 수 있고 사회통념상으로도 합리적으로 기대 가능한 보호조치를 다하지 아니한 경우에는 위법행위로 평가될 수 있다. 대법원 2018.1.25. 선고 2015다24904, 24911, 24928, 24935 판결 및 대법원 2015.2.12. 선고 2013다43994, 44003 판결.

내용적으로 중복되지 않으면서 정보주체의 권리와 개인정보처리자의 정당한 이익을 부당하게 훼손하지 않아야 한다. 특히 표준지침은 그 자체 위법성을 해석·심사하는 기준이 될지언정 또다시 해석의 여지를 남기는 추상적·다의적 내용이어서는 안 된다.[162]

---

162) 2020년 해설서 67면.

■ VI. 자율규제의 촉진 및 지원

효율적이고 충실한 개인정보보호를 위하여 법적 규제가 중요하지만, 실제로 개인정보를 처리하는 개인정보처리자의 자발적이고 자율적인 개인정보보호도 중요하다. 이 점에서 개인정보처리자의 자율규제가 촉진되고, 정부의 지원이 필요하다. 국가와 지방자치단체는 개인정보의 처리에 관한 불합리한 사회적 관행을 개선하기 위하여 개인정보처리자의 자율적인 개인정보보호활동을 존중하고 촉진·지원하여야 한다.[163)]

보호위원회는 개인정보처리자의 자율적인 개인정보보호 활동을 촉진하고 지원하기 위하여 다음 각 호의 필요한 시책을 마련하여야 한다:[164)] 1. 개인정보보호에 관한 교육·홍보,[165)] 2. 개인정보보호와 관련된 기관·단체의 육성 및 지원, 3. 개인정보보호 인증마크의 도입·시행 지원,[166)] 4. 개인정보처리자의 자율적인 규약의 제정·시행 지원,[167)] 5. 그 밖에 개인정보처리자의 자율적 개인정보보호 활동을 지원하기 위하여 필요한 사항. 보호위원회는 개인정보처리자의 자율적인 개인정보보호 활동을 촉진하기 위하여 예산의 범위에서 개인정보보호와 관련된 기관 또는 단체에 필요한 지원을 할 수 있다.[168)]

---

163) 법 제5조 제4항.

164) 법 제13조. 개인정보보호와 관련하여 자율규제를 수행하는 단체 즉 자율규제단체의 지정 등에 관한 사항을 정함으로써 개인정보처리자의 자율적인 개인정보보호 활동을 촉진하고 이를 지원하고자 자율규제단체지정규정이 시행 중이다.

165) 보호위원회의 개인정보보호에 관한 교육·홍보는 한국인터넷진흥원에 위탁된다. 영 제62조 제3항 제4호. 개인정보보호 자율규제단체는 소속 개인정보처리자의 자율적인 개인정보보호 활동을 지원하기 위하여 특히 개인정보보호 교육 및 홍보 활동을 수행하도록 노력하여야 한다. 자율규제단체지정규정 제10조 제1호.

166) 인증마크는 개인정보를 적법하고 안전하게 처리하는 개인정보처리자에게 부여되는 안전마크의 하나이다. 보호위원회는 개인정보처리자의 개인정보 처리 및 보호와 관련한 일련의 조치가 이 법에 부합하는지 등에 관하여 인증할 수 있다. 법 제32조의2 제1항.

167) 개인정보보호 자율규제단체와 그 소속 개인정보처리자는 상호 신뢰와 합의에 기초하여 자율규제 규약을 마련하여 준수하여야 한다. 또한, 동 자율규제단체는 소속 개인정보처리자의 개인정보 처리 특성을 고려하여 개인정보보호에 필요한 규약, 즉 자율규제규약을 작성하고 공표하여야 한다. 각각 자율규제단체지정규정 제3조 제1호 및 제11조 제1항.

168) 영 제14조.

EU GDPR ───

컨트롤러나 프로세서의 범주를 대표하는 협회와 다른 기관은 개인정보의 공정하고 투명한 처리 등을 위하여 GDPR의 적용을 구체화하기 위하여 행동규약(code of conduct)을 준비하거나 개정 또는 연장할 수 있다.[169]

---

169) GDPR 제40조와 제41조 참조.

■ VII. 개인정보보호의 날

개인정보보호는 개인정보 처리로부터 사적 또는 공적 이익을 얻는 개인정보처리자의 기본적인 책임이지만, 처리되는 개인정보의 주체, 즉 정보주체의 개인정보보호에 대한 이해와 인식도 중요하다. 이런 점에서 개인정보보호에 대한 올바른 인식은 국민 전체에게 요구된다. 이에 2023년 3월 14일 개정으로 개인정보보호의 날이 신설되었다.

개인정보의 보호 및 처리의 중요성을 국민에게 알리기 위하여 매년 9월 30일을 개인정보 보호의 날로 지정한다.[170) 국가와 지방자치단체는 개인정보 보호의 날이 포함된 주간에 개인정보 보호 문화 확산을 위한 각종 행사를 실시할 수 있다.[171)

한편, 대규모 사이버 공격 등 사이버 침해가 빈번하고 사회경제적 큰 피해가 발생함에 따라, 사이버안전과 사이버안보의 중요성에 대한 국민 의식 제고 등을 위해, 2012년부터 매년 7월을 '정보보호의 달'로 지정하고 7월 둘째 수요일을 '정보보호의 날'로 기념하고 있다. '개인정보보호의 날'이 지정됨에 따라, '정보보호의 날'은 '사이버안전의 날' 등으로 명칭을 변경하는 것이 바람직할 것이다.

---

170) 법 제13조의2 제1항.
171) 법 제13조의2 제2항.

■ VIII. 국제협력

　최근의 대규모 피싱(phishing)이나 해킹(hacking) 등으로 야기된 개인정보 침해는 많은 경우 외국에 소재한 범죄집단의 소행인 것으로 밝혀지고 있다.[172) 이렇게 대량 유출되거나 침해된 개인정보는 인터넷 등을 통하여 해외 및 국내에서 대량 유통되어 해당 정보주체나 관련 산업에게 2차적인 막대한 피해를 야기할 수 있다. 이와 관련하여 국외로 유출된 개인정보의 파기나 삭제 등의 작업에 해당 국가의 긴밀한 협조와 지원이 요구된다. 또한, 정상적인 국제거래나 전산센터의 국외 설치 및 비자면제의 시행 등과 관련하여 국민의 개인정보 국외 이전은 불가피한 현실이다. 이렇게 정상적으로 국외로 이전되는 개인정보는 이 법에 따른 국내 수준으로 적정하게 보호될 필요가 있다.[173) 이 점에서 개인정보보호를 위하여 외국 정부나 국제기구와의 긴밀한 협력은 불가피하다.

　정부는 국제적 환경에서 개인정보보호 수준을 향상시키기 위하여 필요한 시책을 마련하여야 한다.[174) 또한, 정부는 개인정보의 국외 이전으로 인하여 정보주체의 권리가 침해되지 아니하도록 관련 시책을 마련하여야 한다.[175) 또한, 개인정보의 국외 이전을 제한하는 국가의 개인정보처리자에 대해서는 해당 국가의 수준에 상응하는 제한을 할 수 있다.[176)

　해외에서 우리 국민의 개인정보 침해에 대한 피해구제 및 해외진출 국내기업 대상의 컨설팅 지원, 정보주권 강화 등을 위하여 보호위원회와 한국인터넷

---

172) 피싱은 전자 우편이나 메신저를 사용해서 믿을 만한 사람이나 기업이 보낸 것처럼 가장하여, 비밀번호나 신용카드 정보와 같이 기밀을 유지해야 하는 정보를 부정하게 얻으려는 수법이다. 매일경제, https://terms.naver.com/entry.naver?docId=17679&cid=43659&categoryId=43659. 해킹은 컴퓨터 네트워크의 취약한 보안망에 불법적으로 접근하거나 정보 시스템에 유해한 영향을 끼치는 행위이다. 두산백과, https://terms.naver.com/entry.naver?docId=1167761&cid=40942&categoryId=32853.

173) 법 제28조의9 제1항 제2호 참조.

174) 법 제14조 제1항.

175) 법 제14조 제2항.

176) 법 제28조의10. 다만, 조약 또는 그 밖의 국제협정의 이행에 필요한 경우에는 그러하지 아니하다. 동 조 단서.

진흥원은 '개인정보보호 국제협력센터'를 운영하고 있다.177) 국제협력센터는 미국, EU, 중국 등 주요 국가들의 개인정보보호 관련 법률 및 제도 등을 안내하고, 해외시장 진출에 필요한 관련 정보를 제공한다. 또한, 보호위원회, 외교부, 방송통신위원회 등 관련부처와 학계, 업계, 법조계, 관련 단체 전문가로 구성된 민관협의회가 개인정보보호 국제협력이 필요한 주요 사안에 대하여 정보를 공유하고 있다.

아시아태평양경제협력체(Asia Pacific Economic Cooperation, APEC)는 2011년 역내 전자상거래 활성화와 안전한 개인정보 이전을 위해 회원국간 개인정보보호 인증시스템인 '국경간 프라이버시규칙 시스템'(Cross－Border Privacy Rules System, CBPR체제)을 개발하였고, 한국은 2017년 CBPR체제에 가입하였다.178) CBPR체제는 개인정보보호를 위한 국가별 규제적 차이가 국경간 상거래를 저해하지 않도록 보장함으로써, 소비자와 사업자에게 이익이 되고자 개발되었다. NAFTA를 대체한 USMCA의 미국, 캐나다와 멕시코는 CBPR체제를 개인정보를 보호하면서 국경간 정보 이전을 촉진하는 유효한 기능이라고 인정한다.179) 일본도 국내법의 준수에 있어 CBPR체제를 국경간 데이터 이전을 가능하게 하는 제도로 인식하고 있다.180)

보호위원회는 EU 유럽위원회가 GDPR 제45조에 근거하여 한국이 적정한 개인정보보호 수준을 보장하고 있다고 결정함에 따라, 2020년 9월 1일 법 제5조와 제14조에 근거하여 EU 적정성 결정에 기반하여 한국으로 이전된 개인정보 처리에 대하여 특정 법 조항에 대한 해석기준을 명확히 하고 양 국가간 제도적 차이점 보완을 위하여 보완규정을 채택하였다.181) 한국에 대한 EU의 개

---

177) https://www.privacy.go.kr/pic/index.do 참조.

178) 2023년 5월 현재 미국, 멕시코, 일본, 캐나다, 한국, 호주, 싱가포르, 대만, 필리핀의 9개 APEC회원국들이 CBPR체제에 가입하였다.

179) USMCA 19.8조.

180) 個人情報の保護に関する法律についてのガイドライン（外国にある第三者への提供編）(2016년 11월. 2019년 1월 일부개정) pp. 8－10.

181) 보완규정은 2021년 11월 16일 일부 개정되어 동년 12월 17일 EU 적정성 결정이 채택되면서 동시에 시행되었다. 보완규정의 적용을 받는 개인정보는 EU 27개 회원국들과 아이슬란드, 리히텐슈타인과 노르웨이로부터 이전되는 개인정보이다. 한편, 국내에서 EU '집행위원회'라 불리는 기관의 실제 명칭은 'European Commission'이어서, '유럽

인정보 역외이전에 관한 적정성 결정으로 APEC CBPR체제 가입국가들 사이에
서는 물론 EU로부터도 개인정보의 국경간 자유로운 이동을 보장받게 된다.182)

_____

위원회'라 불려야 할 것이다. 유럽위원회의 활동이 국내 행정부처와 유사한 점에서 집
행위원회라 불리지만, 유럽위원회는 입법 제안을 독점하는 등 집행 권한의 차원에서만
볼 수 없고, 또한 공식 명칭에 '집행'이란 용어도 없다.

182) APEC CBPR체제가 사실상 미국이 주도함으로써 EU의 경우보다 느슨한 개인정보 보호
체제가 되는데, 이들 두 체제의 상이점을 극복하여 개인정보의 국외 이전에서 우리 국
민과 기업이 효과적으로 보호될 수 있도록 하여야 한다.

■ IX. 개인정보보호법의 집행

개인정보보호에 관한 사무를 독립적으로 수행하기 위하여 설치된 보호위원회는 개인정보보호의 근간인 이 법의 올바른 집행에 대한 책임을 진다. 이 점에서 보호위원회는 개인정보보호와 관련된 이 법의 집행 및 정보주체의 권리 침해에 대한 처분의 구체적인 소관 사무를 수행한다.[183) 이 법의 위반에 대한 과징금과 과태료 부과, 개선 권고, 시정조치 명령, 징계 권고 및 공표는 보호위원회의 행정처분에 해당한다.[184) 과태료와 과징금의 부과는 벌칙의 장에서 검토한다.

1. 개인정보 침해요인 평가

보호위원회는 중앙행정기관의 장이 소관 법령의 제정 또는 개정을 통하여 개인정보의 처리를 수반하는 정책이나 제도를 도입·변경하는 경우에 요청을 받아 개인정보 침해요인 평가를 수행한다. 개인정보 침해요인 평가를 통하여 국내 법령의 내용이 이 법의 내용이나 취지에 어긋나도록 제정이나 개정이 이루어질 수 없게 된다.[185) 개인정보 침해요인 평가제도는 2014년 1월 드러난 카드 3사의 개인정보 유출 사고 이후 2014년 7월 발표된 '개인정보보호 정상화 대책'에 기인한다. 개인정보 침해요인 평가에 관한 법 제8조의2는 2015년 7월 24일 개정으로 신설되어 2016년 7월 25일 시행되었다.

(1) 침해요인 평가 요청과 권고

중앙행정기관의 장은 소관 법령의 제정 또는 개정을 통하여 개인정보 처리

---

183) 각각 법 제7조의8 제2호와 제3호.

184) 이 법에서 개인정보처리자가 행정처분의 주된 대상이지만, 고정형 영상정보처리기기의 설치·운영의 경우 관련 규정을 위반한 모든 사람이 처분 대상이 된다.

185) 법 제6조 제2항에 따라, 개인정보의 처리 및 보호에 관한 법률을 제정하거나 개정할 때 이 법의 목적과 원칙에 맞아야 한다.

를 수반하는 정책이나 제도를 도입·변경하는 경우에는 보호위원회에 개인정보 침해요인 평가를 요청하여야 한다.186) 중앙행정기관의 장이 침해요인 평가를 요청하는 경우 보호위원회에 제출하는 평가 요청서(전자문서를 포함한다)는 다음 각 호의 사항을 포함한다:187) 1. 법령(법령안을 포함한다)을 통하여 도입되거나 변경되는 개인정보 처리를 수반하는 정책·제도의 목적과 주요 내용, 2. 개인정보 처리를 수반하는 정책·제도의 도입·변경에 따른 영 제9조의3 제2항의 고려사항에 대한 개인정보 침해요인 자체 분석, 3. 개인정보 처리를 수반하는 정책·제도의 도입·변경에 따른 개인정보보호 대책. 법령을 제·개정하는 중앙행정기관이 개인정보 침해요인 평가제도를 알지 못하여 평가를 요청하지 않거나 늦게 요청함으로써 법제 처리가 지연될 우려가 있어 법제업무의 절차에 개인정보 침해요인 평가절차가 포함되었다.188)

보호위원회가 중앙행정기관의 장으로부터 요청을 받은 때에는 해당 법령의 개인정보 침해요인을 분석·검토하여 그 법령의 소관기관의 장에게 그 개선을 위하여 필요한 사항을 권고할 수 있다.189) 보호위원회는 침해요인 평가 요청서를 받은 경우에는 다음 각 호의 사항을 고려하여 침해요인 평가를 하고, 그 결과를 해당 중앙행정기관의 장에게 통보하여야 한다:190) 1. 개인정보 처리의 필요성, 2. [개인]정보주체의 권리보장의 적정성, 3. 개인정보 관리의 안전성, 4. 그 밖에 침해요인 평가에 필요한 사항. 보호위원회는 침해요인 평가를 하는 경우에는 침해요인 평가에 필요한 자료 등을 해당 중앙행정기관의 장에게 요청

---

186) 법 제8조의2 제1항. 개인정보 침해요인 평가의 절차와 방법에 관하여 필요한 사항은 대통령령으로 정한다. 법 제8조의2 제3항. 보호위원회는 침해요인 평가의 세부기준 및 방법 등 침해요인 평가에 필요한 지침을 수립하여 중앙행정기관의 장에게 통보할 수 있다. 영 제9조의3 제5항.

187) 영 제9조의3 제1항.

188) 법령안 주관기관의 장은 관계 기관의 장에게 관련 법률에 따라 법령안에 대한 의견조회를 하여야 하는데, 개인정보 침해요인 평가도 함께 요청하여야 하고, 보호위원회는 특별한 사정이 없으면 입법예고 기간이 끝나기 전까지 그 결과를 법령안 주관기관의 장에게 통보하여야 한다. 입법예고를 다시 하는 경우 그 입법예고 기간을 포함한다. 「법제업무 운영규정」 제11조 제6항. 입법예고 후 예고내용에 국민생활과 직접 관련된 내용이 추가되는 등 대통령령으로 정하는 중요한 변경이 발생하는 경우에는 해당 부분에 대한 입법예고를 다시 하여야 한다. 행정절차법 제41조 제4항.

189) 법 제8조의2 제2항.

190) 영 제9조의3 제2항.

할 수 있다.[191] 보호위원회는 침해요인 평가를 실시하기 위하여 필요하면 관계 전문가에게 자문 등을 할 수 있다.[192]

각 부처가 자신의 소관 법령의 개정에 따른 침해요인 평가요청서를 보호위원회에 제출하면, 보호위원회 사무국의 분석과 검토에 따른 침해요인이 평가되고, 경미한 사안은 제2소위원회에서 심의 · 의결하고 중요 사항은 전체회의에서 심의 · 의결하여, 이에 따른 평가결과는 해당 부처에 통보된다.[193] 보호위원회의 권고를 받은 경우 해당 소관기관의 장은 그 내용을 해당 법령안에 반영하는 등 권고내용을 이행하도록 노력하여야 한다.[194] 보호위원회의 권고대로 이행하기 곤란한 경우에는 그 사유를 보호위원회에 통보하여야 한다.[195]

침해요인 평가의 문제는 동 침해요인 평가가 국회 발의 입법에 적용되지 않는다는 점이다. 법령에서의 개인정보 침해요인의 엄정한 평가를 위하여 동 평가는 국회 발의 입법에도 적용되어야 할 것이다.

(2) 침해요인 평가 상황[196]

보호위원회는 2016년 9월 제도 시행 이후 2021년 12월 말까지 약 1,900개 법령안을 검토하였고, 이 중 약 39.3%인 747개에서 개인정보 침해요인을 탐지하여 소관 부처에 개선을 권고하였다. 2021년 한 해 동안 평가를 수행한 법률은 145건, 대통령령 980건, 시행규칙 814건 등 총 1,939건으로서, 이 중 개인정보 처리를 수반하지 않는 법령을 제외하면 실질 평가대상은 517건이다. 평가결과는 개선권고 164건(32%), 원안동의 353건(68%)이다. 개선권고의 주된 이유는 정책 달성 목적을 초과하여 관행적으로 과다하게 개인정보를 수집하는 경우로서 전체의 84.8%를 차지하고, 시행령이나 법률에 명백한 근거 없이 주민등록번호를 수집 · 이용 또는 제공하는 경우로서 4.3%, 제3자 보유 개인정보의

---

191) 영 제9조의3 제4항.
192) 영 제9조의3 제6항.
193) 2022 연차보고서 118면.
194) 영 제9조의3 제3항.
195) 영 제9조의3 제3항 단서.
196) 2022 연차보고서 118-124면 참조.

제공 요청과 관련하여 법률상 근거가 없거나 합리적 범위를 초과하여 요청한 경우로서 4.3%를 차지하였다.

개인정보 침해요인 평가제도의 시행 초반부터 국가사이버안보기본법 제정안, 개인영상정보보호법 제정안 등 사회적으로 민감한 법안이 심의되었고, 개인정보의 안전한 관리를 위한 보호조치 및 개인정보 오·남용 방지를 위한 감독제도, 개인정보보호의 효율성 및 법체계의 정합성 유지 등 개선권고 사항이 검토되었다.[197]

2. 의견 제시 및 개선 권고

2011년 9월 30일 개인정보보호에 관한 일반법인 이 법이 시행되고, 2020년 8월 5일 종래의 정보통신망법에 규정된 개인정보보호에 관한 규정이 이 법에 통합되어 시행됨으로써 개인정보보호의 통일적 법적 기반이 마련되었다. 그럼에도 신용정보법 등 다양한 법령에서 개인정보보호에 관련된 다양한 규정이 혼재하는 현실에서 개인정보보호를 위한 법체계의 일관성과 통일성을 유지할 필요가 있다. 이 점에서 법의 준수를 통한 개인정보보호를 위하여 보호위원회는 의견을 제시하고 개선을 권고할 수 있다.

(1) 법령·조례에 대한 의견 제시

국가와 지방자치단체는 개인정보의 목적 외 수집, 오용·남용 및 무분별한

---

197) 예컨대, 보호위원회는 「건설기계 안전기준에 관한 규칙」 제123조 제2항 제12호 '조종실 내 조종이력을 확인할 수 있는 영상기록장치를 설치할 것'의 일부개정안에서 영상정보의 처리는 작업자가 안전수칙을 준수하도록 강제함으로써 타인의 생명 및 재산피해를 예방하고 사고 발생 시 그 원인 파악을 위한 필요성은 인정될 수 있으나, 공간적으로 협소한 타워크레인 조종실 내에 장착되는 영상기록장치는 조종실 내 작업자가 촬영공간에서 벗어날 수 없고, 특정 작업자에 한해 상시적으로 노출되는 특성상 동 작업자에 대한 개인정보 자기결정권의 제한 및 근무 감시 수단으로 이용될 가능성 등이 제기될 수 있어서, 과도한 기본권 제한이 우려되는 내용은 원칙적으로 법률에 마련하는 것이 타당하다고 판단되므로 영상기록장치 관련 내용 중 조종실 내를 촬영하는 부분은 삭제할 필요가 있다고 결정하였다. 보호위원회, '「건설기계 안전기준에 관한 규칙」 일부개정안에 대한 개인정보 침해요인 평가 결과 건'(제2018-07-072호, 2018.3.26.).

감시·추적 등에 따른 폐해를 방지하여 인간의 존엄과 개인의 사생활 보호를 도모하기 위한 시책을 강구하여야 한다.198) 또한, 국가와 지방자치단체는 정보주체의 권리를 보호하기 위하여 법령의 개선 등 필요한 시책을 마련하여야 한다.199) 이를 위하여 국가와 지방자치단체는 개인정보의 처리에 관한 법령 또는 조례를 적용할 때에는 정보주체의 권리가 보장될 수 있도록 개인정보 보호 원칙에 맞게 적용하여야 한다.200)

개별 중앙행정기관과 지방자치단체는 개인정보보호에 관한 전문성을 가지고 있지 않을 수 있고, 자칫 이들이 제·개정한 법령과 조례가 이 법에 일치하지 않을 가능성도 있다.201) 이 점에서 보호위원회는 개인정보보호에 영향을 미치는 내용이 포함된 법령이나 조례에 대하여 필요하다고 인정하면 심의·의결을 거쳐 관계 기관에 의견을 제시할 수 있다.202) 마침 중앙행정기관의 장은 소관 법령의 제정 또는 개정을 통하여 개인정보 처리를 수반하는 정책이나 제도를 도입·변경하는 경우에는 보호위원회에 개인정보 침해요인 평가를 요청하여야 한다.203) 이러한 요청을 받은 보호위원회는 해당 법령의 개인정보 침해요인을 분석·검토하여 그 법령의 소관기관의 장에게 그 개선을 위하여 필요한 사항을 권고할 수 있다.204)

(2) 개인정보 처리 실태의 개선 권고

개인정보처리자의 개인정보 처리는 그 자체로 정보주체의 개인정보자기결정권을 제한할 수 있고, 이러한 개인정보의 처리로 자칫 정보주체의 개인정보보호가 침해될 수 있다. 이러한 현실을 고려하여, 보호위원회는 개인정보보호

---

198) 법 제5조 제1항.

199) 법 제5조 제2항.

200) 법 제5조 제5항.

201) 보호위원회와 행정안전부의 '2018 개인정보보호 실태조사'에 따르면 개인정보처리자 중 민간기업은 개인정보보호 담당자 10명 중 6명이 3년 이상 경력자이지만 공공기관은 개인정보보호 담당자의 절반 이상이 업무경력 2년 미만인 점에서 전문인력 확보를 위한 별도의 대책이 검토되어야 한다고 지적되었다. 2019 연차보고서 45면.

202) 법 제61조 제1항.

203) 법 제8조의2 제1항.

204) 법 제8조의2 제2항.

를 위하여 필요하다고 인정하면 개인정보처리자에게 개인정보 처리 실태의 개선을 권고할 수 있다.205) 개인정보 처리 실태의 개선 권고는 권고 사항, 권고 사유 및 조치 결과의 회신기간 등을 분명하게 밝힌 문서로 하여야 한다.206) 개인정보 처리 실태의 개선 권고를 받은 개인정보처리자는 이를 이행하기 위하여 성실하게 노력하여야 하고, 그 조치 결과를 보호위원회에 알려야 한다.207) 이 경우 개인정보처리자는 권고 내용에 따라 필요한 조치를 하고 그 결과를 보호위원회에게 문서로 통보하여야 한다.208) 권고 내용대로 조치하기 곤란하다고 판단되는 특별한 사정이 있는 경우에는 그 사유를 통보하여야 한다.209)

관계 중앙행정기관의 장도 개인정보보호를 위하여 필요하다고 인정하면 소관 법률에 따라 개인정보처리자에게 개인정보 처리 실태의 개선을 권고할 수 있다.210) 개인정보 처리 실태의 개선 권고는 권고 사항, 권고 사유 및 조치 결과의 회신기간 등을 분명하게 밝힌 문서로 하여야 한다.211) 보호위원회와 달리 관계 중앙행정기관의 장의 개인정보 처리 실태의 개선 권고는 소관 법률에 근거하여야 한다. 개인정보 처리 실태의 개선 권고를 받은 개인정보처리자는 이를 이행하기 위하여 성실하게 노력하여야 하고, 그 조치 결과를 관계 중앙행정기관의 장에게 알려야 한다.212) 이 경우 개인정보처리자는 권고 내용에 따라 필요한 조치를 하고 그 결과를 관계 중앙행정기관의 장에게 문서로 통보하여야 한다.213) 다만, 권고 내용대로 조치하기 곤란하다고 판단되는 특별한 사정

---

205) 법 제61조 제2항 제1문. 개인정보 침해가 발생하지는 않았지만 실태 개선이 필요한 경우 개인정보 처리 실태의 개선이 권고된다. 예컨대, 2020년 9월 9일 보호위원회는 국내대리인을 부실하게 운영한 해외사업자 7곳에 개선권고를 의결하였다. 이들은 개인정보 처리 관련 불만 민원업무를 제대로 처리하지 않거나 국내대리인 성명 등을 개인정보 처리방침에 포함하지 않았다. 보호위원회, "개인정보보호위원회, 국내대리인 부실 운영한 해외사업자 7곳에 개선권고" 보도자료(2020.9.9.).
206) 영 제58조 제1항.
207) 법 제61조 제2항 제2문.
208) 영 제58조 제2항 제1문.
209) 영 제58조 제2항 단서.
210) 법 제61조 제3항 제1문.
211) 영 제58조 제1항.
212) 법 제61조 제3항 제2문.
213) 영 제58조 제2항 제1문.

이 있는 경우에는 그 사유를 통보하여야 한다.[214]

(3) 중앙행정기관 등의 지도 · 점검 등

중앙행정기관, 지방자치단체, 국회, 법원, 헌법재판소, 중앙선거관리위원회
는 그 소속 기관 및 소관 공공기관에 대하여 개인정보보호에 관한 의견을 제시
하거나 지도 · 점검을 할 수 있다.[215] 보호위원회가 아닌 이들 국가기관이 그
소속 기관 등에게 개인정보보호에 관한 의견을 제시하고 지도 · 점검을 하기 위
하여 자체적인 개인정보보호에 관한 법적 전문성과 그러한 인력을 보유해야
할 것이다.

3. 침해 사실의 신고 접수 등

민간부문의 사업자나 공공기관인 개인정보처리자와의 관계에 있어서 정보
주체는 종종 열세의 지위에 있기 때문에 정보주체의 이익과 권리의 보호를 위
하여 보호위원회는 개인정보 침해 사실의 신고를 접수하는 등 개입할 수 있다.

(1) 침해 사실의 신고

개인정보처리자가 개인정보를 처리할 때 개인정보에 관한 권리 또는 이익
을 침해받은 사람은 보호위원회에 그 침해 사실을 신고할 수 있다.[216] 이렇게
보호위원회에게 신고할 수 있는 사람을 정보주체라 명시하지 않고 '개인정보에
관한 권리 또는 이익을 침해받은 사람'이라고 규정한다. 개인정보처리자는 민
간부문과 공공부문을 구별하지 않는다.

---

214) 영 제58조 제2항 단서.
215) 법 제61조 제4항.
216) 법 제62조 제1항.

(2) 신고센터

보호위원회는 개인정보 침해 사실 신고의 접수·처리 등에 관한 업무를 효율적으로 수행하기 위하여 전문기관을 지정할 수 있고, 이 경우 전문기관은 '개인정보침해 신고센터'('신고센터')를 설치·운영하여야 한다.[217] 보호위원회는 이러한 전문기관으로 한국인터넷진흥원을 지정한다.[218] 신고센터는 다음 각 호의 업무를 수행한다:[219] 1. 개인정보 처리와 관련한 신고의 접수·상담, 2. 사실의 조사·확인 및 관계자의 의견 청취, 3. 위의 두 가지 업무에 딸린 업무. 신고센터의 '딸린 업무'는 개인정보처리자에 대한 개인정보 침해 사실 안내 및 시정 유도, 사실 조사 결과가 정보주체의 권리 또는 이익 침해 사실이 없는 것으로 판단되는 경우 신고의 종결 처리 및 개인정보 분쟁조정위원회 조정 안내 등을 통한 고충 해소 지원이다.[220] 보호위원회는 개인정보 침해 사실의 조사·확인 등의 업무를 효율적으로 하기 위하여 필요하면 소속 공무원을 전문기관에 파견할 수 있다.[221]

4. 자료 제출 요구 및 검사

개인정보처리자의 이 법 준수와 정보주체의 권리와 이익의 침해 방지 등을 위하여 보호위원회와 관계 중앙행정기관의 장은 개인정보처리자에게 자료의 제출을 요구할 수 있고, 개인정보처리자와 관련 관계인의 사무소 등에서 자료를 검사할 수 있다.[222]

---

217) 법 제62조 제2항.

218) 영 제59조.

219) 법 제62조 제3항.

220) 각각 표준지침 제30조 제2항 제3호, 제4호 및 제5호.

221) 법 제62조 제4항. 국가기관의 장은 국가적 사업의 수행 또는 그 업무 수행과 관련된 행정 지원 등을 위하여 필요하면 소속 공무원을 다른 국가기관을 비롯한 그 밖의 기관에 일정 기간 파견근무하게 할 수 있다. 국가공무원법 제32조의4 제1항.

222) 한편, 개인정보보호의 정책적 차원에서 보호위원회와 중앙행정기관의 장은 각각 개인정보보호 기본계획과 시행계획의 효율적인 수립 등을 위하여 개인정보처리자 등에게 자료 제출이나 의견 진술 등을 요구할 수 있다. 법 제11조. 법 제63조에 따른 보호위원

(1) 자료 제출의 요구

보호위원회는 다음 각 호의 어느 하나에 해당하는 경우에는 개인정보처리자에게 관계 물품·서류 등 자료를 제출하게 할 수 있다:[223] 1. 이 법을 위반하는 사항을 발견하거나 혐의가 있음을 알게 된 경우, 2. 이 법 위반에 대한 신고를 받거나 민원이 접수된 경우, 3. 그 밖에 정보주체의 개인정보보호를 위하여 필요한 경우로서 대통령령으로 정하는 경우. '대통령령으로 정한 경우'는 개인정보의 유출 등 정보주체의 개인정보에 관한 권리 또는 이익을 침해하는 사건·사고 등이 발생하였거나 발생할 가능성이 상당히 있는 경우를 말한다.[224] 보호위원회는 이러한 자료의 제출 요구를 위하여 한국인터넷진흥원의 장에게 기술적인 사항을 자문하는 등 필요한 지원을 요청할 수 있다.[225]

(2) 검사

보호위원회는 개인정보처리자가 위에서 제출하도록 요구된 관계 물품·서류 등 자료를 제출하지 아니하거나 이 법을 위반한 사실이 있다고 인정되면 소속 공무원으로 하여금 개인정보처리자 및 해당 법 위반 사실과 관련한 관계인의 사무소나 사업장에 출입하여 업무 상황, 장부 또는 서류 등을 검사하게 할 수 있다.[226] 보호위원회는 이러한 검사 등을 위하여 한국인터넷진흥원의 장에게 기술적인 사항을 자문하는 등 필요한 지원을 요청할 수 있다.[227]

회의 자료제출 요구 및 검사 중 다음 각 목의 사항과 관련된 자료제출 요구 및 검사: 가. 법 제34조 제3항 전단에 따른 신고에 대한 기술지원, 나. 법 제62조에 따라 개인정보침해 신고센터에 접수된 신고의 접수·처리 및 상담은 한국인터넷진흥원에 위탁된다. 영 제62조 제3항 제8호.

223) 법 제63조 제1항. 자료제출 요구 및 방법 등에 관하여 필요한 사항은 보호위원회가 정하여 고시할 수 있다. 법 제63조 제5항.

224) 영 제60조 제1항.

225) 영 제60조 제2항.

226) 법 제63조 제2항 제1문. 이 경우 검사를 하는 공무원은 그 권한을 나타내는 증표를 지니고 이를 관계인에게 내보여야 한다. 법 제63조 제2항 제2문. 검사 절차 및 방법 등에 관하여 필요한 사항은 보호위원회가 정하여 고시할 수 있다. 법 제63조 제5항.

227) 영 제60조 제2항.

(3) 협조 요청

보호위원회는 이 법 등 개인정보 보호와 관련된 법규의 위반행위로 인하여 중대한 개인정보 침해사고가 발생한 경우 신속하고 효과적인 대응을 위하여 다음 각 호의 어느 하나에 해당하는 관계 기관의 장에게 협조를 요청할 수 있다:[228] 1. 중앙행정기관, 2. 지방자치단체, 3. 그 밖에 법령 또는 자치법규에 따라 행정권한을 가지고 있거나 위임 또는 위탁받은 공공기관. 보호위원회의 협조를 요청받은 관계 기관의 장은 특별한 사정이 없으면 이에 따라야 한다.[229]

(4) 자료의 안전한 관리

보호위원회는 개인정보처리자 등에게서 제출받거나 수집한 서류·자료 등을 이 법에 따른 경우를 제외하고는 제3자에게 제공하거나 일반에 공개해서는 안 된다.[230] 보호위원회는 정보통신망을 통하여 자료의 제출 등을 받은 경우나 수집한 자료 등을 전자화한 경우에는 개인정보·영업비밀 등이 유출되지 아니하도록 제도적·기술적 보완조치를 하여야 한다.[231]

(5) 신용정보법에 따른 자료 제출 요구·조사 등

금융위원회는 신용정보법에 따라 개인신용정보보호의 책임을 지지만, 보호위원회는 금융위원회의 감독을 받지 아니하는 신용정보제공·이용자인 '상거래 기업 및 법인'에게 관계 물품·서류 등 자료를 제출하게 할 수 있다.[232] 첫째,

---

228) 법 제63조 제3항. 동 규정은 2023년 3월 14일 개정으로 전부 수정되었다.

229) 법 제63조 제4항. 동 규정은 2023년 3월 14일 개정으로 전부 수정되었다.

230) 법 제63조 제6항.

231) 법 제63조 제7항.

232) 신용정보법 제45조의3 제1항. 금융위원회는 신용정보회사등에 대하여 신용정보법 또는 동 법에 따른 명령의 준수 여부를 감독한다. 신용정보법 제45조 제1항. 금융위원회의 감독·검사의 대상은 데이터전문기관을 포함하고, 다음 각 호에 해당하는 자 외의 자로서 대통령령으로 정하는 자는 제외한다: 1. 신용정보회사 및 채권추심회사, 2. 본인신용정보관리회사, 3. 신용정보집중기관, 4. 신용정보제공·이용자로서 「금융위원회의 설

상거래기업 및 법인이 다음 각 목의 규정('상거래정보보호규정')을 위반하는 사항을 발견하거나 혐의가 있음을 알게 된 경우이다:233) 가. 신용정보법 제15조 및 제17조, 나. 신용정보법 제19조 및 제20조의2, 다. 신용정보법 제32조 · 제33조 · 제34조 · 제36조 · 제37조 · 제38조 · 제38조의3 · 제39조의4 · 제40조의2 및 제42조. 이들 상거래정보보호규정은 개인정보인 개인신용정보의 처리에 관한 것이어서 이들 규정의 위반은 보호위원회의 관할에 둘 수 있도록 한 것이다. 둘째, 상거래기업 및 법인의 상거래정보보호규정 위반에 대한 신고를 받거나 민원이 접수된 경우이다.234) 셋째, 그 밖에 개인신용정보보호를 위하여 필요한 경우로서 대통령령으로 정하는 경우이다.235) '대통령령으로 정하는 경우'는 개인신용정보 누설 등 신용정보주체의 개인신용정보에 관한 권리 또는 이익을 침해하는 사건 · 사고 등이 발생했거나 발생할 가능성이 높은 경우를 말한다.236) 보호위원회는 위의 자료의 제출 요구 · 조사 등을 위해 침해 사실의 신고 등을 위한 전문기관인 한국인터넷진흥원에 기술적인 사항의 자문 등 필요한 지원을 요청할 수 있다.237)

보호위원회는 상거래기업 및 법인이 위의 자료를 제출하지 아니하거나 상

치 등에 관한 법률」 제38조 각 호의 어느 하나에 해당하는 자, 5. 제4호 외의 자로서 대통령령으로 정하는 금융업 또는 보험업을 하는 자. '대통령령으로 정하는 자'는 다음 각 호의 자를 제외한 자를 말한다: 1. 「자산유동화에 관한 법률」에 따라 금융위원회에 자산유동화계획을 등록한 유동화전문회사, 2. 서민금융진흥원, 3. 신용회복위원회, 4. 국민행복기금, 5. 「예금자보호법」 제36조의3 제1항에 따라 설립된 정리금융회사, 6. 그 밖에 금융위원회가 정하여 고시하는 자. 신용정보법 시행령 제36조의2.

233) 신용정보법 제45조의3 제1항 제1호. 신용정보법 제15조는 신용정보의 수집 · 처리에 관하여, 제17조는 처리 위탁에 관하여, 제19조는 신용정보전산시스템의 안전보호에 관하여, 제20조의2는 개인신용정보의 보유기간에 관하여, 제32조는 개인신용정보의 제공 · 활용에 대한 동의에 관하여, 제33조는 개인신용정보의 이용에 관하여, 제34조는 개인신용정보의 전송요구에 관하여, 제36조는 상거래 거절 근거 신용정보의 고지에 관하여, 제37조는 개인신용정보 제공 동의 철회권에 관하여, 제38조는 신용정보의 열람 및 정정청구에 관하여, 제38조의3은 개인신용정보의 삭제 요구에 관하여, 제39조의4는 개인신용정보 누설통지에 관하여, 제40조의2는 가명처리 · 익명처리에 관한 행위규칙에 관하여 및 제42조는 업무 목적 외 누설금지에 관하여 규정한다.

234) 신용정보법 제45조의3 제1항 제2호.

235) 신용정보법 제45조의3 제1항 제3호.

236) 신용정보법 시행령 제36조의4 제1항.

237) 신용정보법 시행령 제36조의4 제2항. 법 제62조 제2항과 영 제59조 참조.

거래정보보호규정을 위반한 사실이 있다고 인정되면 소속 공무원으로 하여금 상거래기업 및 법인 및 상거래정보보호규정 위반사실과 관련한 관계인의 사무소나 사업장에 출입하여 업무 상황, 장부 또는 서류 등을 조사하게 할 수 있다.[238] 보호위원회는 제출받거나 수집한 서류·자료 등을 신용정보법에 따른 경우를 제외하고는 제3자에게 제공하거나 일반에게 공개하여서는 아니 된다.[239] 보호위원회는 정보통신망을 통하여 자료의 제출 등을 받은 경우나 수집한 자료 등을 전자화한 경우에는 개인신용정보·영업비밀 등이 유출되지 아니하도록 제도적·기술적 보안조치를 하여야 한다.[240]

5. 사전 실태점검[241]

보호위원회는 자료제출에 관한 법 제63조 제1항 각 호에 해당하지 아니하는 경우로서 개인정보 침해사고 발생의 위험성이 높고 개인정보 보호의 취약점을 사전에 점검할 필요성이 인정되는 개인정보처리자에 대하여 개인정보 보호실태를 점검할 수 있다.[242] 보호위원회는 실태점검을 실시하여 이 법을 위반하는 사항을 발견한 경우 해당 개인정보처리자에 대하여 시정방안을 정하여 이에 따를 것을 권고할 수 있다.[243]

시정권고를 받은 개인정보처리자는 이를 통보받은 날부터 10일 이내에 해당 권고를 수락하는지 여부에 관하여 보호위원회에 통지하여야 하며, 그 이행 결과를 보호위원회가 고시로 정하는 바에 따라 보호위원회에 알려야 한다.[244] 시정권고를 받은 자가 해당 권고를 수락한 때에는 법 제64조 제1항에 따른 시정조치 명령(중앙행정기관, 지방자치단체, 국회, 법원, 헌법재판소, 중앙선거관리위원회

---

238) 신용정보법 제45조의3 제2항 제1문. 이 경우 검사를 하는 공무원은 그 권한을 나타내는 증표를 지니고 이를 관계인에게 내보여야 한다. 동 항 제2문.

239) 신용정보법 제45조의3 제3항.

240) 신용정보법 제45조의3 제4항.

241) 사전 실태점검에 관한 법 제63조의2는 2023년 3월 14일 개정으로 신설되었다.

242) 법 제63조의2 제1항.

243) 법 제63조의2 제2항.

244) 법 제63조의2 제3항.

의 경우에는 제64조제3항에 따른 권고를 말한다)을 받은 것으로 본다.[245]

보호위원회는 법 제63조의2 제2항에 따른 시정권고를 받은 자가 해당 권고를 수락하지 아니하거나 이행하지 아니한 경우 제63조 제2항에 따른 검사를 할 수 있다.[246] 보호위원회는 관계 중앙행정기관의 장과 합동으로 법 제63조의2 제1항에 따른 개인정보 보호실태를 점검할 수 있다.[247]

6. 시정조치 등

(1) 보호위원회

보호위원회는 이 법을 위반한 자(중앙행정기관, 지방자치단체, 국회, 법원, 헌법재판소, 중앙선거관리위원회는 제외한다)에 대하여 다음 각 호에 해당하는 조치를 명할 수 있다:[248] 1. 개인정보 침해행위의 중지, 2. 개인정보 처리의 일시적인 정지, 3. 그 밖에 개인정보의 보호 및 침해 방지를 위하여 필요한 조치. 회복하기 어려운 피해는 사회통념상 금전으로는 배상되지 않는다고 생각하는 피해를 가리킬 것이다.[249] 그 밖에 필요한 조치에는 이 법을 위반한 개인정보처리자의

---

245) 법 제63조의2 제4항.

246) 법 제63조의2 제5항.

247) 법 제63조의2 제6항.

248) 법 제64조 제1항. 2023년 3월 14일 개정으로 '개인정보가 침해되었다고 판단할 상당한 근거가 있고 이를 방치할 경우 회복하기 어려운 피해가 발생할 우려가 있다고 인정되면'의 문구가 삭제되었다. EU 적정성 결정에 따라 한국으로 이전된 개인정보를 처리하는 개인정보처리자가 동 고시에 부합하는 조치를 취하지 않는 경우에는 법 제64조 제1항에 따른 '개인정보가 침해되었다고 판단할 상당한 근거가 있고 이를 방치할 경우 회복하기 어려운 피해가 발생할 우려가 있다고 인정되는 경우'로 간주되고, 이러한 경우 보호위원회는 동 조항에서 부여한 권한에 따라 해당 개인정보처리자에게 시정조치 등을 명할 수 있고, 또한 구체적인 법 위반 행위에 따라 이에 상응하는 처벌(벌칙, 과태료 등)도 병과할 수 있다. 보완규정 제1절.

249) '회복하기 어려운 피해가 발생할 우려가 있다고 인정되는 경우'는 '이 법을 위반하여 개인정보에 대한 개인의 권리와 자유가 침해될 가능성이 있다고 간주되는 상황'을 말한다. 이는 개인정보에 대한 개인의 권리를 보호하기 위하여 이 법에 포함된 모든 원칙과 권리 및 의무가 위반될 때마다 해당될 수 있다. 보완규정 제3절 제5조 제(ii)항. 한편, 대법원은 행정소송법 제10조의 '회복할 수 없는 손해'를 '특별한 사정이 없는 한 금전으로 보상할 수 없는 손해를 가리키며 이는 단순히 금전보상이 불능인 경우 뿐만 아

대표자 또는 책임 있는 임원 등의 개인정보보호에 관한 특별교육 참석, 개인정보 보호책임자와 개인정보취급자 대상의 정기적 교육 실시 및 재발방지대책 수립, 악성코드에 감염된 직원 PC와 서버에 대한 자체점검과 해결조치가 포함될 수 있다.[250)

보호위원회는 이 법을 위반한 중앙행정기관, 지방자치단체, 국회, 법원, 헌법재판소, 중앙선거관리위원회에 대하여 해당 기관의 장에게 위의 개인정보 침해행위의 중지 등 조치를 하도록 권고할 수 있다.[251) 즉 이들 국가기관에 대하여는 이 법을 위반하여 개인정보가 침해되었다고 판단할 상당한 근거가 있고 이를 방치할 경우 회복하기 어려운 피해가 발생할 우려가 있다고 인정된 경우에도 보호위원회는 위의 개인정보 침해행위의 중지 등 조치를 명령할 수 없다. 이러한 권고를 받은 기관은 특별한 사유가 없으면 이를 존중하여야 한다.[252)

(2) 국회 등

지방자치단체, 국회, 법원, 헌법재판소, 중앙선거관리위원회는 그 소속 기관 및 소관 공공기관이 이 법을 위반하였을 때에는 위의 개인정보 침해행위의 중

니라 금전보상만으로써는 사회관념상 행정처분을 받은 당사자가 수인할 수 없거나 현저히 곤란한 유형 무형의 손해'를 일컫는다고 밝혔다. 대법원 1977.10.4. 자 75그2 결정.
250) 행정자치부/한국인터넷진흥원, 2013 - 2017 개인정보 실태 점검 및 행정처분 사례집 (2018.4), 25 - 26면.
251) 법 제64조 제3항 제1문. 중앙행정기관 등은 이 법을 적용받는 국가기관으로서, 이 법의 위반행위를 하여서는 안 되고, 예외적으로 위반 행위가 발생한 경우에는 해당 행위를 즉시 중지하는 등 시정조치를 하고, 피해를 배상해야 할 의무가 있다. 이 경우 보호위원회의 시정권고가 없더라도 중앙행정기관은 이 법의 위반 사항을 인지한 경우에는 위반에 대한 시정조치 등을 하여야 한다. 보완규정 제3절 제5조 제(iii)항.
252) 법 제64조 제3항 제2문. 보호위원회가 시정조치를 권고한 경우는 중앙행정기관 등의 이 법 위반 여부가 객관적으로 명확한 경우에 해당할 여지가 크다고 할 수 있으므로, 중앙행정기관 등이 이 법 위반이 아님을 입증할 수 있는 명확한 근거를 보호위원회에 제시하여 보호위원회가 이를 인정한 경우가 아니라면 보호위원회의 시정권고를 따라야 한다. 이러한 점을 고려할 때, 법 제64조 제[3]항의 '특별한 사유'는 보호위원회가 당초 파악하지 못한 '특별한 규정이 존재하는 경우' 등 중앙행정기관 등이 '이 법을 위반하지 아니하였음을 입증할 수 있는 명확한 사실이나 법적 근거가 있는 예외적인 경우'로 엄격히 제한되어야 한다. 보완규정 제3절 제5조 (iii)항.

지 등 조치를 명할 수 있다.[253]

(3) 신용정보법에 따른 시정조치

보호위원회는 상거래정보보호규정과 관련하여 개인신용정보가 침해되었다고 판단할 상당한 근거가 있고 이를 방치할 경우 회복하기 어려운 피해가 발생할 우려가 있다고 인정되면 상거래기업 및 법인에 대하여 다음 각 호에 해당하는 조치를 명할 수 있다:[254] 1. 개인신용정보 침해행위의 중지, 2. 개인신용정보 처리의 일시적인 정지, 3. 그 밖에 개인정보의 보호 및 침해 방지를 위하여 필요한 조치. 이러한 시정조치는 보호위원회의 이 법에 따른 시정조치의 내용과 동일하다.

7. 고발 및 징계 권고

(1) 고발

보호위원회는 개인정보처리자에게 이 법 등 개인정보보호와 관련된 법규의 위반에 따른 범죄혐의가 있다고 인정될 만한 상당한 이유가 있을 때에는 관할 수사기관에 그 내용을 고발할 수 있다.[255] 관계 중앙행정기관의 장도 소관 법률에 따라 개인정보처리자에 대하여 이 법 등 개인정보보호와 관련된 법규의

---

253) 법 제64조 제2항.

254) 신용정보법 제45조의4. 상거래기업 및 법인과 상거래정보보호규정은 보호위원회의 자료제출 요구·조사에 관한 신용정보법 제45조의3 참조.

255) 법 제65조 제1항. 보호위원회는 메타가 '페이스북 로그인'을 통해 해당 정보가 전송·수집되는 사실을 사업자와 이용자 모두 알 수 없도록 하는 등 부정한 방법으로 개인정보를 취득한 것으로 보고 고발 여부를 검토하였다. 그러나, 이 과정에서 메타는 3개월 내에 해당 행위를 자진 시정하겠다고 공식의견을 제출하였고, 자진 시정을 통해 이 법에서 규정한 개인정보보호 목적을 달성할 수 있다고 예상 가능한 점, 이용자 측면의 동의 의무 위반에 대해서는 이미 시정명령 및 과징금을 부과한 점 등을 종합적으로 고려하여, 보호위원회는 메타에 대한 법 위반 판단을 일시적으로 유보하였다. 보호위원회, "개인정보위, 메타 아일랜드 / 인스타그램 / 메타에 후속 제재", 보도자료(2023.7. 27.).

위반에 따른 범죄혐의가 있다고 인정될 만한 상당한 이유가 있을 때에는 관할 수사기관에 그 내용을 고발할 수 있다.[256] 고발의 대상이 되는 범죄혐의는 이 법은 물론 신용정보법 등 개인정보보호와 관련된 법규의 위반이다.

(2) 징계 권고

보호위원회는 이 법 등 개인정보보호와 관련된 법규의 위반행위가 있다고 인정될 만한 상당한 이유가 있을 때에는 책임이 있는 자(대표자 및 책임있는 임원을 포함한다)를 징계할 것을 해당 개인정보처리자에게 권고할 수 있다.[257] 이 경우 징계하도록 권고를 받은 사람은 이를 존중하여야 하고 그 결과를 보호위원회에 통보하여야 한다.[258] 이 법은 물론 신용정보법 등 개인정보보호와 관련된 법규의 위반에 대하여 징계가 권고될 수 있다.[259]

관계 중앙행정기관의 장도 소관 법률에 따라 이 법 등 개인정보보호와 관련된 법규의 위반행위가 있다고 인정될 만한 상당한 이유가 있을 때에는 책임이 있는 자를 징계할 것을 그 소속 기관·단체 등의 장에게 권고할 수 있다.[260] 이 경우 징계하도록 권고를 받은 사람은 이를 존중하여야 하고 그 결과를 관계 중앙행정기관의 장에게 통보하여야 한다.[261] 여기서 징계하도록 권고를 받은 사람은 소속 기관·단체 등의 장이 될 것이다. 이 법은 물론 신용정보법 등 개인정보보호와 관련된 법규의 위반에 대하여도 징계가 권고될 수 있다.

---

256) 법 제65조 제3항 제1문.

257) 법 제65조 제2항 제1문. 징계는 개인정보보호와 관련된 법규 위반에 책임이 있는 자에 대한 신분상 조치이다. "보호위원회는 개인정보처리자에 대한 조사를 하는 경우 위반행위에 대하여 책임이 있다고 인정될 만한 상당한 이유가 있는 개인정보취급자에 대해서도 조사를 할 수 있다."는 「개인정보 보호 법규 위반에 대한 징계권고 기준」 제5조는 2023년 개정으로 삭제되었다.

258) 법 제65조 제2항 제2문.

259) 보호위원회는 전국 지방자치단체 30개 기관을 대상으로 이 법의 위반에 대한 시정조치 권고처분을 내리고, 이 중 12개 기관에 대해서 징계권고를 병과했다. 보호위원회, "개인정보위, 보호법 위반 30개 지자체 시정조치 권고 - 업무처리 후 접속기록 미보관 등 위반행위 47건 적발 -", 보도자료(2021.1.28.).

260) 법 제65조 제3항 제1문.

261) 법 제65조 제3항 제2문.

▌표.25 개인정보 보호 법규 위반에 대한 징계권고 기준262)

비위의 정도 및 과실 여부 비위의 유형	비위의 정도가 심하고 고의가 있는 경우	비위의 정도가 심하고 중과실이거나, 비위의 정도가 약하고 고의가 있는 경우	비위의 정도가 심하고 경과실이거나, 비위의 정도가 약하고 중과실인 경우	비위의 정도가 약하고 경과실인 경우
1. 개인정보 무단 수집 · 열람	파면 – 해임	강등 – 정직	감봉	견책
2. 개인정보 무단 이용	파면 – 해임	해임 – 강등	정직	감봉 – 견책
3. 개인정보 유출	파면 – 해임	해임 – 강등	정직	감봉 – 견책
4. 개인정보 관리 소홀	파면 – 해임	강등 – 정직	감봉	견책

보호위원회와 관계 중앙행정기관의 장의 징계 권고는 권고 사항, 권고 사유 및 조치 결과의 회신기간 등을 분명하게 밝힌 문서로 하여야 한다.263) 이렇게 징계하도록 권고를 받은 자는 권고 내용에 따라 필요한 조치를 취하고, 그 결과를 보호위원회 또는 관계 중앙행정기관의 장에게 문서로 통보하여야 한다.264) 권고 내용대로 조치하기 곤란하다고 판단되는 특별한 사정이 있는 경우에는 그 사유를 통보하여야 한다.265)

8. 처리결과의 공표 및 공표명령

이 법 등의 준수를 포함하여 충실한 개인정보보호를 위하여 개인정보 침해에 대한 시정조치나 관련 법규를 위반하는 개인정보처리자의 고발 등은 공개될

---

262) 「개인정보 보호 법규 위반에 대한 징계권고 기준」[별표](제4조 제2항 관련).
263) 영 제58조 제1항.
264) 영 제58조 제2항.
265) 영 제58조 제2항 단서.

필요가 있다. 이러한 공개를 통하여 정보주체는 이 법 등을 준수하지 않고 개인정보를 안전하게 처리하지 않는 개인정보처리자로부터 보호될 수 있다. 동시에 개인정보처리자는 이렇게 이 법 등의 위반에 대한 경각심을 가질 수 있다.[266]

보호위원회는 법 제61조에 따른 개인정보 처리 실태의 개선 권고, 법 제64조에 따른 시정조치 명령, 법 제64조의2에 따른 과징금 부과, 법 제65조에 따른 고발 또는 징계 권고 및 법 제75조에 따른 과태료 부과의 내용 및 결과에 대하여 공표할 수 있다.[267] 법 제61조, 법 제64조, 법 제64조의2, 법 제65조, 법 제75조의 사항은 물론 법 제66조에 따른 처리 결과의 공표 및 공표 명령에 관한 사항은 보호위원회의 심의·의결 대상이다.[268]

보호위원회는 법 제61조에 따른 개선권고, 법 제64조에 따른 시정조치 명령, 법 제64조의2에 따른 과징금 부과, 법 제65조에 따른 고발 또는 징계권고 및 법 제75조에 따른 과태료 부과처분 등을 한 경우에는 처분 등을 받은 자에게 해당 처분 등을 받았다는 사실을 공표할 것을 명할 수 있다.[269] 보호위원회는 개선권고, 시정조치 명령, 과징금 부과, 고발, 징계권고 및 과태료 부과처분 등('처분 등')을 받은 자에게 다음 각 호의 사항을 공표할 것을 명할 수 있다:[270] 1. 위반행위의 내용, 2. 위반행위를 한 자, 3. 처분 등을 받았다는 사실.

---

266) 이 법을 위반한 기업의 소재지와 함께 실명이 공개되는 점에서 해당 기업은 사회적으로 명성의 훼손 등 큰 부담을 가지게 된다.

267) 법 제66조 제1항. 개선권고 사실 등의 공표 및 공표명령의 방법, 기준 및 절차 등은 대통령령으로 정한다. 법 제66조 제3항. 예컨대, 보호위원회는 2021년에 총 116개 사업자에 대하여 행정처분을 의결하였다. 78개 사업자에게 과태료 3억 3,620만 원, 10개 사업자에게 과징금 68억 4,540만 원을 부과하고, 7개 사업자에게 개선권고와 19개 사업자에게 시정명령을 하며, 18개 사업자에게 법 위반 사실을 공표하였다. 주요 위반사항은 개인정보 수집 미동의, 안전조치 의무 위반, 주민등록번호 암호화 조치 위반, CCTV 안내판 미설치 등이었다. 2022 연차보고서 84면 참조.

268) 법 제7조의9 제1항 참조.

269) 법 제66조 제2항. 동 규정은 2023년 3월 14일 개정으로 신설되었고, 동 개정규정은 이 법 시행, 즉 2023년 9월 15일 이후 법 제61조에 따른 개선권고, 법 제64조에 따른 시정조치 명령, 법 제64조의2에 따른 과징금의 부과, 법 제65조에 따른 고발 또는 징계권고 및 법 제75조에 따른 과태료 부과 처분의 대상이 되는 행위를 한 경우부터 적용한다. 법 부칙 제6조. 개선권고 사실 등의 공표 및 공표명령의 방법, 기준 및 절차 등은 대통령령으로 정한다. 법 제66조 제3항.

270) 영 제61조 제2항 제1문.

이 경우 공표의 내용·횟수, 매체와 지면의 크기 등을 정하여 명해야 하며, 처분등을 받은 자와 공표 문안 등에 관하여 협의할 수 있다.[271]

　　보호위원회는 다음 각 호의 사항을 보호위원회 인터넷 홈페이지 등에 게재하여 공표할 수 있다:[272] 1. 위반행위의 내용, 2. 위반행위를 한 자, 3. 개선 권고, 시정조치 명령, 과징금 부과, 고발, 징계권고, 과태료 부과의 내용 및 결과. 보호위원회는 공표하려는 경우 또는 공표할 것을 명하려는 경우에는 위반행위의 내용 및 정도, 위반 기간 및 횟수, 위반행위로 인하여 발생한 피해의 범위 및 결과 등을 고려하여야 한다.[273] 보호위원회는 공표 또는 공표명령에 대한 심의·의결 전에 처분등을 받은 자에게 소명자료를 제출하거나 의견을 진술할 수 있는 기회를 주어야 한다.[274]

9. 권한의 위임 · 위탁

　　이 법에 따른 보호위원회 또는 관계 중앙행정기관의 장의 권한은 그 일부를 대통령령으로 정하는 바에 따라 특별시장, 광역시장, 도지사, 특별자치도지사 또는 대통령령으로 정하는 전문기관에 위임하거나 위탁할 수 있다.[275] 예컨대, 보호위원회는 정보주체가 인터넷 홈페이지를 통하여 회원으로 가입하는 단계에서는 주민등록번호를 사용하지 아니하고도 회원으로 가입할 수 있는 대체가입수단 제공의 지원에 관한 권한을 다음 각 호의 기관에 위탁할 수 있다:[276] 1. 한국지역정보개발원, 2. 한국인터넷진흥원, 3. 대체가입수단의 개발·제공·관리 업무를 안전하게 수행할 수 있는 기술적·재정적 능력과 설비를 보유한 것으로 인정되어 보호위원회가 정하여 고시하는 법인·기관·단체.

---

271) 영 제61조 제2항 제2문.

272) 영 제61조 제1항.

273) 영 제61조 제3항.

274) 영 제61조 제4항. 보호위원회의 심의·의결은 법 제7조의9 제1항 제12호 참조.

275) 법 제68조 제1항. 보호위원회가 영 제62조 제2항부터 제4항까지의 규정에 따라 업무를 위탁하는 경우에는 위탁받는 기관과 위탁업무의 내용을 관보나 보호위원회의 인터넷 홈페이지에 공고해야 한다. 영 제62조 제5항.

276) 영 제62조 제2항.

보호위원회는 다음 각 호의 권한을 한국인터넷진흥원에 위탁한다:[277] 1. 법 제7조의8 제5호에 따른 개인정보 보호를 위한 국제기구와 외국의 개인정보 보호기구와의 교류·협력, 2. 법 제7조의8 제6호에 따른 개인정보 보호에 관한 법령·정책·제도·실태 등의 조사·연구, 3. 법 제7조의8 제7호에 따른 개인정보보호에 관한 기술개발의 지원·보급, 기술의 표준화, 4. 법 제13조 제1호에 따른 개인정보 보호에 관한 교육·홍보, 5. 법 제13조 제2호에 따른 개인정보 보호와 관련된 기관·단체의 육성 및 지원, 6. 법 제33조 제6항에 따른 관계 전문가의 육성 및 영향평가 기준의 개발, 7. 법 제35조 제2항에 따른 열람 요구의 접수 및 처리, 8. 법 제63조에 따른 자료제출 요구 및 검사 중 다음 각 목의 사항과 관련된 자료제출 요구 및 검사: 가. 법 제34조 제3항 전단에 따른 신고에 대한 기술지원, 나. 법 제62조에 따라 개인정보침해 신고센터에 접수된 신고의 접수·처리 및 상담, 9. 영 제36조 제2항에 따른 평가기관 지정신청서의 접수 및 같은 조 제6항에 따른 신고 사항의 접수. 보호위원회가 위 사항에 관한 업무를 위탁할 수 있는 기관은 다음 각 호와 같다:[278] 1. 한국인터넷진흥원, 2. 개인정보 보호 분야에 전문성을 갖춘 것으로 인정되어 보호위원회가 정하여 고시하는 법인·기관 또는 단체.

보호위원회 또는 관계 중앙행정기관의 장의 권한을 위임 또는 위탁받은 기관은 위임 또는 위탁받은 업무의 처리 결과를 보호위원회 또는 관계 중앙행정기관의 장에게 통보하여야 한다.[279] 보호위원회는 위의 전문기관에 권한의 일부를 위임하거나 위탁하는 경우 해당 전문기관의 업무 수행을 위하여 필요한 경비를 출연할 수 있다.[280]

---

277) 영 제62조 제3항.
278) 영 제62조 제4항.
279) 법 제68조 제2항.
280) 법 제68조 제3항.

10. 규제의 재검토

보호위원회는 다음 각 호의 사항에 대하여 다음 각 호의 기준일을 기준으로 3년마다(매 3년이 되는 해의 기준일과 같은 날 전까지를 말한다) 그 타당성을 검토하여 개선 등의 조치를 해야 한다:[281] 1. 영 제36조에 따른 평가기관의 지정 대상, 지정취소 요건 및 변경신고 사유: 2022년 1월 1일, 2. 영 제15조의3에 따른 개인정보 이용·제공내역을 통지해야 하는 자의 범위, 통지해야 하는 정보의 종류 및 통지 주기와 방법: 2023년 9월 15일, 3. 영 제48조의7에 따른 손해배상책임의 이행을 위한 보험 등 가입 대상자의 범위 및 기준: 2020년 8월 5일.

보호위원회는 다음 각 호의 사항에 대하여 다음 각 호의 기준일을 기준으로 2년마다(매 2년이 되는 해의 기준일과 같은 날 전까지를 말한다) 그 타당성을 검토하여 개선 등의 조치를 해야 한다:[282] 1. 영 제29조의3에 따른 개인정보처리자 간 가명정보의 결합: 2022년 1월 1일, 2. 영 제31조에 따른 개인정보 처리방침의 내용 및 공개방법 등: 2015년 1월 1일.

11. 벌칙 적용 시 공무원 의제

보호위원회의 위원 중 공무원이 아닌 위원 및 공무원이 아닌 직원은 형법이나 그 밖의 법률에 따른 벌칙을 적용할 때에는 공무원으로 본다.[283] 보호위원회 또는 관계 중앙행정기관의 장의 권한을 위탁한 업무에 종사하는 관계 기관의 임직원은 형법 제129조부터 제132조까지의 규정을 적용할 때에는 공무원으로 본다.[284]

---

281) 영 제62조의3 제1항.

282) 영 제62조의3 제2항.

283) 법 제69조 제1항.

284) 법 제69조 제2항. 형법 제129조는 '수뢰, 사전수뢰'에 관하여, 제130조는 '제3자 뇌물제 공'에 관하여, 제131조는 '수뢰후 부정처사, 사후수뢰'에 관하여, 제132조는 '알선수뢰'에 관하여 규정한다.

■ 참고자료

권영성: 권영성, 헌법학원론(2006년)

김철수: 김철수, 헌법학개론(2006년)

성낙인: 성낙인, 헌법학(2008년)

이창범: 이창범, 개인정보 보호법(2012년)

전승재: 전승재, 해커출신 변호사가 해부한 해킹판결(2020년)

현암사: 현암사, 법률용어사전(2020년 개정판)

2016년 해설서: 개인정보보호 법령 및 지침·고시 해설(행정자치부)

2020년 해설서: 개인정보보호 법령 및 지침·고시 해설(보호위원회)

2021년 개정안 설명자료:「개인정보보호법」개정안 설명자료(보호위원회)

2021 표준해석례: 2021「개인정보보호법」표준 해석례(보호위원회)

2022 표준해석례: 2022「개인정보보호법」표준 해석례(보호위원회)

제29조 작업반 Opinion 4/2007: Article 29 Data Protection Working Party, Opinion 4/2007 on the concept of personal data (01248/07/EN, WP136, 20 June 2007)

제29조 작업반 Opinion 1/2010: Article 29 Data Protection Working Party, Opinion 1/2010 on the concepts of "controller" and "processor"(00264/10/EN, WP 169, 16 February 2010)

제29조 작업반 Opinion 08/2012: Article 29 Data Protection Working Party, Opinion 08/2012 providing further input on the data protection reform discussions (WP199, 5 October 2012)

제29조 작업반 Opinion 03/2013: Article 29 Data Protection Working Party, Opinion 03/2013 on Purpose Limitation(WP 203, 2 April 2013)

제29조 작업반 Opinion 05/2014: Article 29 Data Protection Working Party, Opinion 05/2014 on Anonymisation Techniques(0829/14/EN WP216, 10 April 2014)

제29조 작업반 Opinion 06/2014: Article 29 Data Protection Working Party, Opinion 06/2014 on the Notion of Legitimate Interests of the Data Controller under Article 7 of Directive 95/46/EC(WP 217, 9 April 2014)

제29조 작업반 Guidelines on Portability: Article 29 Data Protection Working Party, Guidelines on the right to data portability(16/EN WP 242 rev.01, 5 April 2017)

제29조 작업반 Guidelines on Consent: Article 29 Data Protection Working Party, Guidelines on Consent under Regulation 2016/679(WP 259 rev.01, 10 April 2018)

제29조 작업반 Guidelines on Automated Individual Decision-making: Article 29 Data Protection Working Party, Guidelines on Automated Individual Decision-making and Profiling for the Purposes of Regulation 2016/679(WP251rev.01, 6 February 2018)

제29조 작업반 Guidelines on transparency: Article 29 Data Protection Working Party, Guidelines on transparency under Regulation 2016/679(WP260 rev.01, 11 April 2018)

제29조 작업반 Working document on RFID: ARTICLE 29 Data Protection Working Party, *Working document on data protection issues related to RFID technology*(10107/05/EN, WP 105, 19 January 2005)

EDPB Guidelines 2/2019: European Data Protection Board, Guidelines 2/2019 on the processing of personal data under Article 6(1)(b) GDPR in the context of the provision of online services to data subjects(8 October 2019)

EDPB Guidelines 3/2019: European Data Protection Board, Guidelines on processing of personal data through video devices(29 January 2020)

EDPB Guidelines 5/2019: European Data Protection Board, Guidelines 5/2019 on the criteria of the Right to be Forgotten in the search engines cases under the GDPR(part 1)(2 December 2019)

EDPB Guidelines 05/2021: European Data Protection Board, Guidelines 05/2021 on the Interplay between the application of Article 3 and the provisions on international transfers as per Chapter V of the GDPR(Nov. 18, 2021)

EDPB Guidelines 07/2022: European Data Protection Board, Guidelines 07/2022 on certification as a tool for transfers(Jun. 14, 2022)

EDPB Opinion 5/2023: European Data Protection Board, Opinion 5/2023 on the European Commission Draft Implementing Decision on the adequate protection of personal data under the EU-US Data Privacy Framework(28 February 2023)

EDPS Toolkit: European Data Protection Supervisor, "Assessing the necessity of measures that limit the fundamental right to the protection of personal data: A Toolkit"(11 April 2017)

UNDP Guide: Drafting Data Protection Legislation: A Study of Regional Frameworks(2023)

Bygrave: Lee A. Bygrave, 'Article 22 Automated Individual Decision-making, Including Profiling' in Christopher Kuner et al., The EU General Data Protection Regulation (GDPR): A Commentary(2019)

Jay: Rosemary Jay, Data Protection Law and Practice(2012)

Kotschy: Waltraut Kotschy, 'Article 6. Lawfulness of processing', in Christopher Kuner, et al., The EU General Data Protection Regulation(GDPR): A Commentary (2019)

UK ICO Guide: Information Commissioner's Office(UK), Guide to the GDPR, https://ico.org.uk/for-organisations/guide-to-data-protection/guide-to-the-general-data-protection-regulation-gdpr/

White & Case: White & Case, Unlocking EU General Data Protection Regulation(2016)

White Paper on Pseudonymization: White Paper on Pseudonymization Drafted by the Data Protection Focus Group for the Safety, Protection, and Trust Platform for Society and Businesses in Connection with the 2017 Digital Summit - Guidelines for the legally secure deployment of pseudonymization solutions in compliance with the General Data Protection Regulation — (June 2017)

Zanfir-Fortuna: Gabriela Zanfir–Fortuna, 'Article 14. Information to be provided where personal data have not been obtained from the data subject', in Christopher Kuner, et al., The EU General Data Protection Regulation(GDPR): A Commentary(2019)

■ 법령 약칭

가명정보 가이드라인: 가명정보처리 가이드라인(보호위원회)

가명정보 결합고시: 가명정보의 결합 및 반출 등에 관한 고시(보호위원회)

가정폭력처벌법: 가정폭력범죄의 처벌 등에 관한 특례법

감염병예방법: 감염병의 예방 및 관리에 관한 법률

개인정보 국외이전고시: 개인정보 국외 이전 운영 등에 관한 규정(안)(보호위원회)

개인정보보호 인증고시: 정보보호 및 개인정보보호 관리체계 인증 등에 관한 고시
  (보호위원회 고시)

개인정보 안전성기준: 개인정보의 안전성 확보조치 기준(보호위원회 고시)

개인정보 영향평가고시: 개인정보 영향평가에 관한 고시(보호위원회 고시)

개인정보 처리고시: 개인정보 처리방법에 관한 고시(보호위원회 고시)

공공기관운영법: 공공기관의 운영에 관한 법률

공공기록물법: 공공기록물 관리에 관한 법률

공정거래법: 독점규제 및 공정거래에 관한 법률

과징금 부과 기준: 개인정보보호법 위반에 대한 과징금 부과기준(보호위원회 고시)

국무조정실 보호지침: 국무조정실 및 국무총리비서실 개인정보 보호지침

국회증언감정법: 국회에서의 증언·감정 등에 관한 법률

근로자참여법: 근로자참여 및 협력증진에 관한 법률

금융실명법: 금융실명거래 및 비밀보장에 관한 법률

금융업무위탁규정: 금융회사의 정보처리 업무 위탁에 관한 규정

단체소송규칙: 개인정보 단체소송규칙(대법원 규칙)

민원처리법: 민원 처리에 관한 법률

법: 개인정보보호법(보호위원회)

법령정보법: 법령정보의 관리 및 제공에 관한 법률

보완규정: 한국으로 이전된 개인정보의 처리와 관련한 「개인정보보호법」의 해
  석과 적용을 위한 보완규정(보호위원회 고시)

보호위원회직제: 개인정보보호위원회 직제(대통령령)

보호위원회 운영규칙: 개인정보보호위원회 운영규칙

부정경쟁방지법: 부정경쟁방지 및 영업비밀보호에 관한 법률

비식별조치 가이드라인: 관계부처 합동, '개인정보 비식별 조치 가이드라인 –
    비식별 조치 기준 및 지원·관리체계 안내 –'(2016)

생체정보 가이드라인: 생체정보보호 가이드라인(보호위원회)

성매매처벌법: 성매매알선 등 행위의 처벌에 관한 법률

성폭력방지법: 성폭력방지 및 피해자보호 등에 관한 법률

성폭력처벌법: 성폭력범죄의 처벌 등에 관한 특례법

소년원영상정보처리지침: 소년원 및 소년분류심사원 영상정보처리기기 운영지침

소상공인법: 소상공인 보호 및 지원에 관한 법률

신문법: 신문 등의 진흥에 관한 법률

신용정보법: 신용정보의 이용 및 보호에 관한 법률

실종아동법: 실종아동등의 보호 및 지원에 관한 법률

약관법: 약관의 규제에 관한 법률

영: 「개인정보보호법」 시행령(대통령령)

위치정보법: 위치정보의 보호 및 이용 등에 관한 법률

자율규제단체지정규정: 개인정보보호 자율규제단체 지정 등에 관한 규정(보호위
    원회 고시)

재난안전법: 재난 및 안전관리 기본법

전자문서법: 전자문서 및 전자거래 기본법

전자상거래법: 전자상거래 등에서의 소비자보호에 관한 법률

정보공개법: 공공기관의 정보공개에 관한 법률

정보보호산업법: 정보보호산업의 진흥에 관한 법률

정보통신망법: 정보통신망 이용촉진 및 정보보호 등에 관한 법률

정신건강복지법: 정신건강증진 및 정신질환자 복지서비스 지원에 관한 법률

조정세칙: 개인정보분쟁조정위원회 운영세칙

중견기업법: 중견기업 성장촉진 및 경쟁력 강화에 관한 특별법
채무자회생법: 채무자 회생 및 파산에 관한 법률

청소년성보호법: 아동·청소년의 성보호에 관한 법률

테러방지법: 국민보호와 공공안전을 위한 테러방지법

특정금융정보법: 특정 금융거래정보의 보고 및 이용 등에 관한 법률

폴리스캠 규칙: 웨어러블 폴리스캠 시스템 운영 규칙(경찰청 훈령)

표준지침: 표준개인정보보호지침(보호위원회 고시)

한미범죄예방협정: 대한민국 정부와 미합중국 정부 간의 범죄 예방과 대처를 위한 협력 증진에 관한 협정

행정위임위탁규정: 행정권한의 위임 및 위탁에 관한 규정

형실효법: 형의 실효 등에 관한 법률

형집행법: 형의 집행 및 수용자의 처우에 관한 법률

119법: 119구조 · 구급에 관한 법률

2011년 표준지침: 표준개인정보보호지침(행정안전부, 2011년 제정)

2016년 표준지침: 표준개인정보보호지침(행정자치부, 2016년 전부개정)

2020년 표준지침: 표준개인정보보호지침(보호위원회 고시, 2020년 제정)

2021년 공공기관 영상정보처리기기 가이드라인: 공공기관 영상정보처리기기 설치 · 운영 가이드라인(보호위원회)

2021년 민간분야 영상정보처리기기 가이드라인: 민간분야 영상정보처리기기 설치 · 운영 가이드라인(보호위원회)

CoE 108협약: 「개인정보의 자동적 처리에 관하여 개인의 보호를 위한 협약」 (Convention for the Protection of Individuals with regard to Automatic Processing of Personal Data)

ePrivacy지침: 「전자통신 부문에서 개인정보의 처리와 프라이버시의 보호에 관한 지침 2002/58/EC」(Directive 2002/58/EC of the European Parliament and of the Council of 12 July 2002 concerning the Processing of Personal Data and the Protection of Privacy in the Electronic Communications Sector)

EU 개인정보보호지침: 「개인정보의 처리에 관하여 개인의 보호와 개인정보의 자유 이동에 관한 95/46 지침」(Directive 95/46/EC of the European Parliament and of the Council of 24 October 1995 on the Protection of Individuals with regard to the Processing of Personal Data and on the Free Movement of Such Data)

GDPR: 「지침 95/46/EC를 폐지하고, 개인정보 처리에 관하여 자연인의 보호와 개인정보의 자유로운 이동에 관한 규칙(EU) 2016/679」(REGULATION (EU)

2016/679 OF THE EUROPEAN PARLIAMENT AND OF THE COUNCIL of 27 April 2016 on the protection of natural persons with regard to the processing of personal data and on the free movement of such data, and repealing Directive 95/46/EC)

1980년 OECD 권고: 「프라이버시와 개인정보의 국경간 이동의 보호를 규율하는 가이드라인에 관한 이사회 권고」(RECOMMENDATION OF THE COUNCIL CONCERNING GUIDELINES GOVERNING THE PROTECTION OF PRIVACY AND TRANSBORDER FLOWS OF PERSONAL DATA)

1980년 OECD 프라이버시 가이드라인: 「프라이버시와 개인정보의 국경간 이동의 보호를 규율하는 가이드라인」(Guidelines on the Protection of Privacy and Transborder Flows of Personal Data)

2013년 OECD 권고: 「프라이버시와 개인정보의 국경간 이동의 보호를 규율하는 가이드라인에 관한 이사회 권고」(Recommendation of the Council concerning Guidelines governing the Protection of Privacy and Transborder Flows of Personal Data)

찾아보기

저자 소개

박노형 교수는 고려대학교 법과대학을 졸업하고, 고려대학교 대학원(법학석사), 미국 Harvard Law School(LL.M.)과 영국 Cambridge University(Ph.D.)에서 국제법을 공부하였다. 1990년 9월 이후 고려대학교 법과대학/법학전문대학원에서 국제경제법을 중심으로 개인정보보호, 사이버안전, 디지털통상에 관한 법과 협상/조정을 담당하고 있다.

고려대학교 대학원 인문사회계 부장, 기획처장, 교무처장과 법학전문대학원 원장을 맡았고, 국제경제법학회 초대회장, 한국협상학회 회장, 한국조정학회 회장을 맡았으며, 현재 한국통상법제연구소 소장, 국제사이버법연구회 회장, 국제조정센터 이사장, 고려대학교 사이버법센터 소장을 맡고 있다.

개인정보보호위원회 법령평가위원, 무역위원회 위원, 영상물등급위원회 위원, 농산물지리적표시등록심의회 위원장, 동해연구회 회장 등을 맡았다.

개인정보보호, 사이버안전, 디지털통상, 조정의 분야에서 미국, EU, 일본, 중국, 러시아 등의 전문가들과 연구 협력을 정례적으로 수행하고, 정부의 자문을 맡고 있다.

제 2 판
개인정보보호법

초판발행	2020년 10월 7일
제2판발행	2023년 10월 30일

지은이	박노형
펴낸이	안종만 · 안상준

편 집	장유나
기획/마케팅	조성호
표지디자인	권아린
제 작	고철민 · 조영환

펴낸곳	(주) **박영사**
	서울특별시 금천구 가산디지털2로 53, 210호(가산동, 한라시그마밸리)
	등록 1959. 3. 11. 제300-1959-1호(倫)
전 화	02)733-6771
f a x	02)736-4818
e-mail	pys@pybook.co.kr
homepage	www.pybook.co.kr
ISBN	979-11-303-4581-9 93360

정 가   47,000원